THE YALE EDITION

OF

HORACE WALPOLE'S

CORRESPONDENCE

EDITED BY W. S. LEWIS

VOLUME FOUR

HORACE WALPOLE'S

CORRESPONDENCE

WITH

MADAME DU DEFFAND

II

EDITED BY W. S. LEWIS

AND

WARREN HUNTING SMITH

NEW HAVEN

YALE UNIVERSITY PRESS

LONDON : HUMPHREY MILFORD : OXFORD UNIVERSITY PRESS

1939

TABLE OF CONTENTS

VOLUME II

LIST OF ILLUSTRATIONS

VOLUME II

Grateful acknowledgment is made to the Morgan Library, the Musée Condé, and the Librairie Plon for permission to reproduce illustrations listed here.

From MADAME DU DEFFAND, Sunday 3 January 1768

N° 16. Paris, ce dimanche 3 janvier 1768.

JE ne sais pas un mot de ce que contient la lettre de Mme de Sévigné.[1] La grand'maman en lut cinq ou six, qui n'étaient pas meilleures l'une que l'autre. Je ne me souviens point à laquelle je donnai la préférence, et si ce fut moi qui en fis choix; enfin quoi qu'il en soit, ce n'a été que comme relique que depuis deux mois je travaille à vous la faire avoir. Vous me faites en vérité trop d'honneur en me supposant une autre intention; il m'importe fort peu de vous réconcilier avec les sentiments, ni que vous estimiez Quinault; je n'aime pas plus que vous les choses tristes, et jusqu'à présent je ne m'étais pas doutée que l'élégie fût mon genre, et je ne passais pas pour avoir ce goût-là; il vous était réservé de faire cette découverte. Non, je n'aime point l'élégie, mais je hais encore plus les sermons. Je n'aime pas trop non plus ce qui me tourne en ridicule, et je hais par dessus tout ce qui ressemble aux menaces, je tiens pour perdu tout ce qu'on dit que je peux perdre. Si mes lettres sont ennuyeuses, cet ennui n'est pas difficile à éviter; à l'égard de mon estime pour les auteurs, nos goûts n'ont guère de rapport, surtout quand vous condamnez ce que vous n'avez jamais lu; mais laissons ce sujet-là, c'est-à-dire la défense de Quinault. Je ne puis orner mes lettres de descriptions ni de tableaux; de récits j'en ai peu à faire, et j'aurais encore la maladresse de mal rencontrer; enfin il me paraît difficile de soutenir une correspondance telle qu'il vous conviendrait qu'elle fût.

Je vais faire copier la commission[2] que vous me donnez pour la remettre dans les mains de la grand'maman; il est étrange que vous n'ayez point reçu votre plafond, j'ai la main malheureuse pour tout ce qui vous regarde, et je ne me souviens pas d'avoir jamais rien fait qui ait pu vous contenter. Vos lettres sont si différentes de ce qu'elles étaient autrefois que je pourrais croire n'être pas en relation avec la même personne; je ne les ouvre qu'avec frayeur, cependant je m'attendais que celle d'aujourd'hui serait différente des autres; je l'ai

---

1. Mme de Sévigné's entire letter was a lament to Mme de Grignan upon their recent separation. HW doubtless thought that D chose it because it expressed her own feelings on parting with him. See *ante* 21 Dec. 1767.

2. The researches which HW wanted for his *Historic Doubts* (see *post* 10 Jan. 1768).

trouvée pis: à la bonne heure. Quand je dis que je l'ai trouvée pis, ce n'est pas qu'elle ne soit fort bien écrite, mais la critique et la satire ne peut plaire à ceux qui en sont le sujet.

Quand vous recevrez cette lettre-ci, vous ne vous souviendrez plus de celle à laquelle elle répond.

J'avais beaucoup de choses à vous raconter, et je m'en faisais un grand plaisir, mais j'ai perdu la parole; vous me la rendrez quand vous jugerez à propos. Vous m'aviez dit dans votre lettre précédente[3] que les procès[4] étaient terminés, et vous y revenez toujours. Ah! soyez persuadé que je suis parfaitement corrigée, n'abusez point de ma douceur, et je peux dire de ma patience; on supporte difficilement d'être humiliée. Sans être fort orgueilleuse je suis cependant une manière de paon. Quand je fais de petits soupers chez la grand' maman avec son mari, et en très petite compagnie, on est content de moi, on me trouve gaie, de bonne humeur, je m'en applaudis, je me mire dans ma queue; mais quand on me lit vos lettres, je ne vois plus que mes pieds, et je fais des cris affreux.

Voulez-vous que je vous parle naturellement? Je ne ferai que répéter ce que je pense vous avoir déjà dit; c'est que je vous crois un grain, car il n'est pas naturel, quand on a son bon sens, de vouloir maltraiter et affliger quelqu'un qui n'a d'autres torts avec nous que celui de nous marquer trop d'attention et d'être quelquefois ennuyeux. Quand vous voudrez que je cesse de l'être vous m'écrirez avec plus de douceur et moins de dénigrement le moyen d'avoir de la gaîté quand on est mécontente?

Mandez-moi ce que deviendra M. Hume;[5] nous reviendra-t-il? Je ne le désire nullement.

Qu'est-ce qui vous a conté que Carmontelle avait dîné chez moi? Pensez-vous que je puisse croire que vous désiriez mon portrait? Vous lui feriez bien moins d'accueil qu'à la lettre de Mme de Sévigné, et vous auriez bien raison. Cela est plaisant, je m'étais figurée que vous seriez charmé d'avoir l'écriture de votre sainte, je ne m'embarrassais pas de ce que la lettre contiendrait, ce ne pouvait être que de celles qui étaient restées au rebut. Mais voilà qu'elle tourne contre moi, et que vous pensez que j'ai voulu m'autoriser dans mes prétendues

3. HW to D 25 Dec. 1767 (missing).
4. Apparently the formation of the new ministry.
5. After the resignation of Conway, to

whom he had been secretary, Hume stayed in London, correcting his history, and then returned to Edinburgh.

chimères; cette lettre ne vous a fait aucun plaisir. Tous vos désirs
sont des caprices, je n'y serai plus attrapée; cependant je ne veux
point vous quitter sur ma colère, ainsi je finis en vous disant que si
vous voulez bien m'écrire à l'avenir sans me sermonner et sans me
tourner en ridicule je vous répondrai avec plaisir et peut-être avec
gaîté.

To Madame du Deffand, Thursday 7 January 1768, N° 19

Missing. *Post* 12 Jan. 1768 gives this date, but *Paris Journals* give 8 Jan. Probably written at Arlington Street.

From Madame du Deffand, Sunday 10 January 1768

Address: To Monsieur Monsieur Horace Walpole in Arlington Street near St James's London Angleterre
Postmark: IA16

N° 17. Paris, ce dimanche 10 janvier 1768,
à 4 heures du soir.

NE voilà-t-il pas que M. du Châtelet, qui devait partir demain ou
après-demain, est actuellement dans son lit avec la fièvre? Dieu
sait quand il partira; il s'est chargé, à la recommandation de M. de
Choiseul, de porter plusieurs choses[1] de ma part, entre autres un gros
ballot pour M. Craufurd; c'est cette glacière[2] que vous avez dé-
daignée, et puis un petit paquet qui est encore pour lui, mais que j'ai
mis à votre adresse, parce que j'ai cru qu'il courrait moins de risque
d'être égaré, étant accompagné d'une lettre pour vous[3] que je n'ai pas
voulu vous faire tenir par la poste. Ce petit paquet contient une

1. Among other things, Carmontelle's portrait of D and Mme de Choiseul, and 'une boîte d'or ovale . . . émaillée, à tableaux de Tenièrs' from Mme de la Vallière for Craufurd (D to Craufurd 13 Jan. 1768, S–A i. 149–50).

2. 'M. du Châtelet vous portera aussi cette grande glacière, on y peut mettre des glaces, mais elle conviendra mieux pour y mettre des pêches ou des abricots en-
tiers que l'on pèle, où l'on ôte le noyau et où l'on met à la place du sucre en poudre; on met dans le fond de la glacière de la glace et on laisse le fruit quatre ou cinq heures se confire ou plutôt s'amortir dans le sucre; c'est une sorte de compote qui est très-bonne, il y a des personnes qui mettent du vin avec les pêches. Je ne suis pas de ce nombre' (ibid.).

3. Destroyed (see *post* 26 Jan. 1768).

boîte d'or émaillé; vous le direz à M. Craufurd quand vous le ren-
contrerez. On a repris la boîte qu'il a renvoyée pour 15 louis, celle-ci
en coûte 24, et j'ai donné les 9 louis de surplus à Madame de la
Vallière, qui en a fait l'emplette.

À peine eus-je reçu votre dernière lettre[4] que je fis faire l'extrait de
ce qui regardait le dépôt de nos affaires étrangères sur Richard III, et
je l'envoyai sur-le-champ à la grand'maman. Dans le moment qu'elle
reçut ma lettre, elle dînait tête à tête avec son mari.[5] M. de Choiseul
envoya chercher celui qui est chargé du dépôt, et lui ordonna de faire
la recherche de ce que vous désiriez, et voici ce que la grand'maman
m'a écrit et envoyé:

Avant que ma lettre fût cachetée, le monsieur du dépôt m'a apporté
cette note qui ne remplira pas, je crois, votre objet; c'est, m'a-t-il dit, tout
ce qu'il a trouvé sur Richard III; il n'y a que très peu de chose dans le dépôt de ces temps reculés.

> Extrait d'un précis historique intitulé, *Des Guerres et*
> *Traités d'entre le Roi Charles Huitième et les Anglais.*

La couronne d'Angleterre usurpée par Richard Duc de Glocestre, frère du Roi
Édouard Quatrième, duquel il fit même tuer les deux fils, le Roi Édouard Cinquième et le Duc d'Yorck, fut après plusieurs infortunes enfin recouverte par
Henri Comte de Richemont, qui fut le Roi Henri Septième, moyennant l'aide et
secours du Roi Charles Huit: le dit Roi Richard trois du nom, tué à la bataille
en août 1486.

Vous serez, je crois, peu satisfait de cet extrait; je demanderai à la
grand'maman quand je la verrai s'il n'y a point de recueils des dé-
pêches des ambassadeurs de ce temps-là; mais quand la verrai-je? Je
n'en sais rien; ce devait être mardi, j'appris hier au soir que son mari
avait la fièvre; ce peut n'être rien, c'est peut-être la grippe. J'en
saurai des nouvelles ce soir; je ne fermerai ma lettre qu'après.

Le Président, qui ne se porte point bien, et dont je suis très inquiète, vous envoie sa nouvelle édition[6] par M. du Châtelet; il voulait vous écrire, je l'en ai détourné, et je me suis chargée de vous dire
tout ce qu'il voulait vous mander—des excuses de ce qu'il n'était pas
relié; il l'a présenté de même au Roi, de peur que les feuilles ne fussent maculées, et puis Cochin[7] travaille aux estampes, aux vignettes,

---

4. HW to D 29 Dec. 1767 (missing).
5. Choiseul was Minister of Foreign Affairs; consequently the records were in his
department.
6. A new edition of his *Abrégé chrono-*

logique de l'histoire de France. D's copy of
the 1749 edition is now in the possession
of the Duc de Mouchy.
7. Charles-Nicolas Cochin (1715–90), de-
signer and engraver.

et il faut les attendre pour les mettre à leurs places, ce qui ne sera peut-être que dans deux ans. Ce pauvre Président a non seulement une tumeur et des marques noires aux jambes, mais il en a aussi sur le corps. Il a commencé à prendre hier des anti-scorbutiques. J'ai bien peur que sa fin ne soit prochaine.

Les dernières nouvelles[8] de notre gazette, à l'article de votre pays, m'ont paru bien extraordinaires; votre première lettre apparemment m'apprendra si elles sont vraies. Mandez-moi, je vous prie, si vous avez fait souvenir M. Durand[9] du paquet que vous lui avez confié, qui contient, suivant ce que vous m'avez mandé, une lunette d'approche, des crayons pour Mme de Grave,[10] et deux petits crayons d'acier pour moi.

Voulez-vous bien dire aussi à M. Selwyn quand vous le verrez que je me suis déjà informée de son soldat, que M. de Cucé,[11] m'a fait dire que c'était un coquin, mais que je prendrai de plus grands éclaircissements.

Adieu, je ne me porte pas bien, et je ne suis nullement en humeur d'écrire.

Ce dimanche à minuit.

M. de Choiseul est toujours fort enrhumé, et a gardé son lit toute la journée; c'est la grippe.

From Madame du Deffand, Tuesday 12 January 1768

Nº 18. Ce mardi 12 janvier 1768, à 5 heures du soir.

AU nom de Dieu, mon tuteur, finissez vos déclamations, vos protestations contre l'amitié. Vous recevrez une lettre par M. du Châtelet[1] qui vous expliquera mes dernières volontés, et dans lesquelles je persisterai toute ma vie. Ne nous tourmentons point l'un et l'autre, moi, en vous vantant ce que vous détestez, et vous, en blâ-

---

8. This may refer to some rumor of the Duke of Gloucester's marriage to Lady Waldegrave (see *post* 22 Jan. 1768).

9. 'Du Rang' in the MS.

10. Marie-Anne-Éléonore de Grave de Solas (b. 1730) m. (1749) Charles-François, Comte de Grave (Woelmont de Brumagne v. 217).

11. 'Cussé' in the MS. Louis-Bruno de Boisgelin de Cucé (1733–94), guillotined in the Revolution, was later called Comte de Boisgelin (Emmanuel, Duc de Croÿ, *Journal*, 1906–7, iv. 62; *post* 8 March 1768).

---

1. Destroyed by D (see *post* 26 Jan. 1768).

mant ce que j'estime. Laissons là l'amitié, bannissons-la; mais n'ignorons pas le lieu de son exil, pour la retrouver s'il en était besoin; voilà la grâce que je vous demande, et la promesse que je vous fais, c'est de ne jamais prendre son nom en vain.

Je quitte l'Abbé Barthélemy; il s'est chargé de faire les recherches que vous désirez des années 1482, '83, et '84. Il va demain à Versailles trouver la grand'maman, qui depuis quinze jours n'est pas venue à Paris, ce qui m'a d'abord inquiétée et ce qui m'ennuie à l'excès. Son mari se porte bien, je suis contente de l'un et de l'autre plus que je ne le puis dire; non, il n'y a rien sous le ciel d'aussi aimable que cette grand'maman; vous recevrez dans peu une marque de son amitié;[2] malgré votre indifférence vous ne pourrez pas vous empêcher d'y être sensible; vous recevrez en même temps les vers que je vous promets, et que vous pourrez bien trouver mauvais; vous me le direz, j'espère, avec votre vérité ordinaire. Je me flatte que vous remercierez la grand'maman[3] de la lettre de Mme de Sévigné, elle s'est donné mille soins pour l'avoir; ce n'est pas sa faute si elle ne vous a fait nul plaisir, mais vos envies sont comme celles des femmes grosses, ce ne sont que des caprices; si on ne les satisfait pas sur-le-champ, il n'est plus temps d'y revenir.

Je ne sais en vérité plus quel homme vous êtes; le panégyriste de *Richard III*, et l'auteur du *Château d'Otrante,* doit être un être bien singulier: des rêves, ou des paradoxes historiques, voilà donc à quoi vous allez employer votre loisir; et Catherine II, ne vous réconcilierez-vous point avec elle?

Je vous demande pardon du jugement que j'ai porté sur M. Montagu;[4] ce n'a été que sur ce que vous m'en aviez dit précédemment que je l'ai cru votre ami; actuellement je ne ferai plus de semblables fautes. Mais Fanny et Rosette, comment sont-elles avec vous? Sont-elles comprises dans la proscription? Selon Voltaire, vous devez vous trouver seul dans l'univers; on croirait difficilement trouver la félicité dans cet état, mais vous dites qu'il fait la félicité de votre vie. *Félicité!* ô le grand mot! Hélas! mon tuteur, que je vous crois loin de la connaître! Vous m'avez souvent accusée d'affectation; n'en seriez-vous pas plus coupable que moi? Oh! je n'ai pas d'affectation, moi, et

2. Carmontelle's portrait of D and Mme de Choiseul.

3. HW wrote to Mme de Choiseul 15 Jan. 1768 (missing).

4. See *ante* 26 Dec. 1767. The final rift between HW and Montagu which occurred two years later, is foreshadowed at this time by a silence from 17 Nov. 1767 to 12 March 1768.

surtout avec vous; aujourd'hui qu'il faut que je m'observe, notre commerce m'en devient bien moins agréable; mais n'importe, je serais fâchée de le perdre. Vous me paraissez un être si supérieur à moi, que je ne sais quel langage il faudrait vous tenir, ni de quoi je pourrais vous entretenir. Les affaires de votre chose publique ne vous intéressent plus, à plus forte raison celles de la mienne; les détails de société vous paraîtraient puérils, cela est embarrassant; il faut pourtant essayer de tout.

Il est arrivé ici ces jours passés un fils du Duc de Courlande;[5] on l'a arrêté depuis quatre jours, et on l'a mis à la Bastille; on dit que c'est pour de fausses lettres de change, et d'autres escroqueries.

La santé du Président va mieux, on l'a déterminé à prendre des anti-scorbutiques; depuis cinq jours qu'il a commencé ce remède il s'en trouve bien. Je ne lui parlerai plus de son épître dédicatoire que vous ne voulez pas faire imprimer; il me semble qu'il n'y avait point d'éloge, et qu'il vous marque seulement sa reconnaissance.

Les Pembroke ont soupé deux fois chez moi, ainsi que la demoiselle Lloyd; votre ambassadeur s'est avisé de me donner une étrenne fort jolie, je ne comprends pas pourquoi, mais malheureusement cette année il a été de mode de m'accabler de porcelaines. Celles de M. de Choiseul sont magnifiques; c'est une grande jatte à punch de la plus grande beauté;[6] mille facéties ont accompagné tous ces présents. Vous avez bien raison de trouver ce commerce de présents incommode, j'en juge de même, mais je ne croyais pas qu'une tasse, je ne dirai pas à son ami, mais à son familier, dût être traitée de présent; votre sévérité s'étend sur tout, je vous promets de ne point intervertir les commissions que vous voudrez bien faire pour moi, vous êtes à tous égards une chose sacrée, la moindre faute sera un sacrilège. Je ne disposerai donc de la lunette qu'à mon propre et privé nom, ce sera pour la grand'maman, ou pour *mon petit-fils*. Vous ne savez pas quel il est; c'est M. de Choiseul, il avait oublié quel était notre degré

5. Karl Ernst Biron (1728–1801), 2d son of Ernest Johann Biron (1690–1772), Duke of Courland (*Almanach de Gotha*, 1776, p. 16; A. M. H. J. Stokvis, *Manuel*, Leide, 1888–93, ii. 344; Stanislas II, *Mémoires*, St Petersburg, 1914–24, ii. 463). Mme Geoffrin writes to Stanislas II, 10 March 1768: 'Je supplie votre Majesté de me permettre de commencer ma lettre par lui parler du Prince de Courlande. Il m'a envoyé un homme à lui pour me prier d'im-

plorer l'humanité de Votre Majesté pour qu'elle veuille bien s'intéresser pour lui près de sa famille, pour qu'on le tire de la Bastille, dont il ne peut sortir qu'il n'ait payé ses dettes . . . Il m'a dit que son frère aîné n'avait point d'enfants, il est donc présomptif héritier du duché de Courlande' (*Correspondance de Stanislas-Auguste et de Mme Geoffrin*, 1875, i. 323).

6. D bequeathed this punch-bowl to the Prince de Beauvau (Appendix 2).

de parenté, et dans la lettre qui accompagnait sa jatte il m'appelait *ma grand'maman,* cela a fourni beaucoup de plaisanteries.

La Reine se porte mieux, on n'espère point sa guérison, mais sa fin n'est pas si prochaine; tout le monde a eu ici la grippe, hors moi et mes gens. Mlle Sanadon s'occupe de son ameublement; elle logera, à Pâques, dans le dehors du couvent; l'appartement est fort joli; elle est comblée de joie, et me témoigne sa reconnaissance d'une manière fort sensible et naturelle. Je suis extrêmement contente de lui avoir rendu service, j'en recueillerai le fruit, car elle me sera une grande ressource; ce sera un fond de compagnie qui m'en procurera d'autres, je retiendrai plus aisément quelqu'un à souper, ayant quelqu'un avec moi, que si j'étais seule. Enfin, moi, qui ne fais ni de *Château d'Otrante,* et qui m'intéresse encore moins aux morts qu'aux vivants, qui n'ai point de *Richard III* qui m'occupe, qui n'ai enfin ni goût ni talent, qui ne peux ni jouer ni travailler, qui ne trouve aucune lecture qui me plaise, et qui ne peux pas supporter l'ennui, je m'accroche où je peux; une Mlle Sanadon me devient une ressource.

Ne soyez point choqué de la manière peu respectueuse dont je vous parle de vos ouvrages, j'en fais beaucoup de cas: voilà la troisième fois que j'achète le *Monde,* à cause de vos huit discours; je l'avais prêté, on ne me l'a pas rendu. J'aime fort vos réflexions, et mille fois mieux que vos rêves ou votre savoir, et par-dessus tout, vos lettres, même quand elles m'outragent. Adieu.

Je vous ai écrit lundi 11 avant que d'avoir reçu votre lettre du 7, croyant que je pourrais bien n'en pas recevoir; cette lettre du 7 est arrivée et j'y réponds.

Je viens d'envoyer chez M. du Châtelet, il ne partira que dans huit ou dix jours, cela m'impatiente.

Ne vous avais-je pas mandé[7] que j'étais fort inquiète de Pont-de-Veyle? Il est guéri, il sort.

To Madame du Deffand, Friday
15 January 1768, N° 20

Missing. Probably written at Arlington Street. Answered, 24 Jan.

7. D had apparently forgotten to write about Pont-de-Veyle's illness.

To Madame du Deffand, Monday
18 January 1768, N° 21

Missing. *Post* 24 Jan. 1768 gives this date, but *Paris Journals* give 19 Jan. Written at Strawberry Hill.

To Madame du Deffand, Friday 22 January 1768

Fragment, B i. 203 n. Probably written at Arlington Street. Answered, 30 Jan.

IL y a un certain mariage,[1] qui recommence à faire du bruit. Je vous proteste que je ne suis pas du secret ou je ne vous en parlerais pas.—Mais on a pris une fille d'honneur[2] qui est logée à l'hôtel,[3] et le portrait du mari[4] se voit ouvertement dans le grand cabinet.

From Madame du Deffand, Sunday 24 January 1768

N° 19. Paris, ce dimanche 24 janvier 1768,
10 heures du matin.

M. DUBOIS, ci-devant premier commis du département de la guerre, mourut subitement mardi 19, comme il se préparait pour aller à la chasse; ce fut de sa quatrième ou cinquième apoplexie depuis le voyage de M. de Choiseul à Chanteloup; l'Abbé Barthélemy, qui était à Versailles, revint à Paris avec M. et Mme de Choiseul. M. de Choiseul lui dit dans le carrosse, 'L'Abbé, je suis le maître de disposer de la place de secrétaire des Suisses,[1] je vous prie de l'accepter; dès la première attaque qu'eut Dubois je vous la destinai.' L'Abbé, surpris, confondu, charmé, lui dit qu'il n'était au fait de rien de ce qui concernait cet emploi. 'Il n'y a rien à faire qu'à signer,'

1. The marriage of HW's niece, Lady Waldegrave, to the Duke of Gloucester (see *ante* 22 June 1766).
2. Miss Wriothesley, afterwards Mrs Pigot (B). Frances Wrottesley (d. 1811), m. (1769) the Hon. Capt. (later Admiral) Hugh Pigot, brother of Lord Pigot (GM 1769, xxxix. 318; 1811, cix. pt i. 497). It is surprising that so conspicuously 'royal' a step should have escaped Lady Mary Coke and other contemporary chroniclers.
3. Apparently Lady Waldegrave's house in Portman Square (see Lady Mary Coke, *Letters and Journals*, Edinburgh, 1889–96, ii. 220; *Mem. of Geo. III* iii. 269). She does not seem to have been lodged by the Duke at St Leonard's Hill, Windsor, until March.
4. The Duke of Gloucester.

———

1. Barthélemy's appointment as 'secrétaire des Suisses et Grisons' was announced in the *Gazette de France*, 7 March 1768 (*Rép. de la Gazette*).

lui dit le ministre, et joignit au bienfait les propos les plus obligeants et les plus tendres. L'Abbé était perdu de reconnaissance et de satisfaction. Cette grâce qu'il reçut dès le mardi n'a été publiée que le vendredi au soir. La grand'maman m'écrivit le vendredi après dîner pour me l'apprendre et s'excuser de ne me l'avoir pas dite plus tôt, mais son mari lui avait défendu d'en parler. L'Abbé vint me voir hier; il me dit toutes les tenances et circonstances, il épancha sa joie, et tout de suite il me pria de vous en faire part, comptant assez, dit-il, sur vos bontés pour être persuadé que vous en serez fort aise. La grand'maman doit être bien contente, je le suis par rapport à elle au delà de l'expression. Voilà une preuve bien claire, bien authentique, de l'attachement de son mari.

Je suis fort aise que M. Mariette ait réussi à vous satisfaire;[2] à l'égard du prix, quand vous m'aurez mandé ce que coûtent la lunette et les crayons dont vous avez bien voulu faire l'emplette, nous ferons nos comptes, et je suis très sûre que je vous serai redevable.

On a fait la recherche des années 1483 et '84. Il n'y pas un mot de Richard, et cette amie de feu Milord Bolingbroke[3] n'a su ce qu'elle disait, ainsi vous ne pouvez avoir aucun éclaircissement par la France.

J'espère pouvoir vous mander avant de fermer ma lettre quel jour partira M. du Châtelet. La grand'maman m'a chargée de vous dire qu'elle lui a donné un paquet pour vous, qu'il faudra que vous envoyiez chercher à son arrivée. Il en a un de moi pour M. Craufurd, et il vous remettra, ou bien M. Francès, un autre petit paquet pour le dit M. Craufurd, vous voudrez bien [le] lui remettre, et une lettre pour vous à laquelle je joindrai le second chant de la *Guerre de Genève;* je crois que vous avez le premier et le troisième. Vous trouverez dans cette lettre ma réponse sur Carmontelle et sur tous les autres articles de vos lettres auxquels il ne convient pas de répondre par la poste.

La grand'maman n'avait point encore reçu ces jours passés le taffetas que vous lui deviez envoyer.

Ce même jour, à 5 heures du soir.

Le facteur vient de venir, il m'apporte une lettre à laquelle je ne m'attendais pas; c'est la première depuis trois mois qui ne me donne pas sujet de me plaindre; mais elle me jette dans un grand embarras,

---

2. Mariette had procured for HW the drawings of the ceiling at Sceaux.

3. Henry St John (1678–1751), 1st Vct

Bolingbroke; his 'amie' has not been identified.

j'avais ajouté, comme je vous l'ai mandé ce matin, à une lettre que je vous ai écrite il y a plus de quinze jours (et que M. du Châtelet doit vous rendre) la réponse à votre lettre du 15. J'avais un peu trempé ma plume dans le fiel, je ne sais si je dois vous l'envoyer, celle que je reçois du 18 m'a un peu apaisée. Je ne sais donc quel parti je prendrai; je serais bien aise que vous n'ignorassiez aucun de mes sentiments. Toutes réflexions faites, je crois que je vous l'enverrai. Ce préambule que je fais dans cet instant doit adoucir ce qui vous paraîtra aigre ou amer; et puis que sait-on? Vous en serez peut-être fort content, c'est une chose à voir.

Oh! vous avez la main fort heureuse, je suis fâchée que la grand' maman n'ait rien,[4] gardez la grosse somme que vous avez à moi entre vos mains pour les commissions que vous voudrez bien que je vous donne. À l'égard de Wiart, vous lui enverrez son argent quand vous en trouverez l'occasion; Mme de Bentheim[5] mandera à M. Selwyn ce qui lui plaira.

Je suis fort fâchée qu'on ne puisse pas vous donner d'éclaircissements sur Richard III; la grand'maman a fait faire les plus exactes recherches. M. Craufurd a raison, votre mot[6] est excellent, je le mettrais dans la préface. Dites à M. Craufurd que son M. Mallet m'a laissée là; j'en suis fâchée parce que j'avais des vues sur lui pour traduire votre *Richard III;* M. de Montigny s'y est offert; mais indépendamment qu'il n'a pas un moment à lui je craindrais qu'il ne s'en acquittât pas bien. Mme de Meinières serait bien ce qu'il faudrait, mais je ne suis pas trop en faveur; ses bontés dépendent de celles dont Mme de Forcalquier m'honore, et cette belle Comtesse est tant soit peu variable. Enfin, envoyez-moi toujours votre *Richard,* et soyez persuadé que je ne commettrai point sa réputation, en choisissant un mauvais traducteur; je pense que si vous vouliez que ce fût Mme de Meinières qui le traduisît, il faudrait lui en envoyer un exemplaire, ou bien à Mme de Forcalquier avec un mot d'insinuation.

Je suis bien aise que votre cousin soit content.[7] Je voudrais pou-

4. Probably a reference to a lottery, in which HW had bought tickets for D and Mme de Choiseul.

5. Marie-Lydie de Bournonville (1720–91), m. (1746) Friedrich Karl Philipp, Graf von Bentheim (F.-A. Gruyer, *Chantilly. Les Portraits de Carmontelle,* 1902, p. 17).

6. HW was criticised for writing 'tinker up' in the preface to his *Historic Doubts* (see HW to Gray 18 Feb. 1768).

7. Conway returned to his military duties as lieutenant-general of ordnance; in Feb. 1768 he was given command of the fourth regiment of dragoons.

voir l'être de votre fortune, vous vous êtes fait un honneur de la négliger, je n'ai rien à dire sur cela, ce serait peut-être un ridicule, une affectation d'y prendre intérêt.

La place de secrétaire des Suisses est, dit-on, de 24,000 francs d'appointements, sur lesquels Mme de Saint-Chamans[8] a deux mille écus de pension; son père et son oncle[9] avaient eu successivement cette place.

Mme la Maréchale de L.[10] a une grande tracasserie; elle joua il y a aujourd'hui quinze jours un proverbe chez Madame la Comtesse de la Marche, dont le mot était *a beau mentir qui vient de loin.* Il n'y avait que la Princesse, Mme de Sabran,[11] Mme d'Oisi,[12] Mme de Vierville,[13] la Maréchale, et sa petite-fille.[14] Elle débita des nouvelles absurdes, sur M. de Choiseul, sur Madame Adélaïde,[15] disant qu'elle les avait apprises au Temple d'où elle arrivait. Cette mauvaise plaisanterie s'est répandue, on l'a envenimée, et aujourd'hui c'est la nouvelle de tout Paris.

Les nouvelles de mon ménage sont que j'ai les plus jolies tablettes du monde au dessus de mes encognures, elles sont de glaces, et multiplient par conséquent les porcelaines qui sont dessus; on les trouve charmantes, et on loue beaucoup mon bon goût.

Voilà, je crois, une lettre qui ne vous fâchera pas, elle me paraît bien plate et bien peu intéressante, mais pourvu qu'elle vous plaise j'en suis contente.

Je ne sais encore rien de M. du Châtelet, si j'apprends d'ici à mercredi le jour de son départ je vous le manderai.

8. Louise-Françoise-Charlotte de Malézieu (1718–92), m. (1731) Louis, Marquis de Saint-Chamans (Woelmont de Brumagne ii. 931).

9. Her father, Pierre de Malézieu (d. 1756) was secrétaire des Suisses, 1727–56; her grandfather, Nicolas de Malézieu (1650–1727), preceded him in that position (*Rép. de la Gazette*).

10. Mme de Luxembourg.

11. Apparently Marie-Antoinette-Élisabeth Coste de Champeron, m. (1762) Auguste-Louis-Elzéar, Comte de Sabran. The Marquise de Sabran (1698–1788) and the Comtesse de Sabran (ca 1693–1768) were also living (*Journal de Paris*, 1788, i. 216; *Rép. de la Gazette*; Louis-Pierre d'Hozier,

Armorial général, 1865–1908, Registre VII, pt ii. 790).

12. Probably Bénigne de Massuau (d. 1783), m. (1719) Charles-Joseph-Eugène de Tournai d'Assignies, Comte d'Oisi (*Journal de Paris*, 1783, i. 34).

13. Françoise-Élisabeth de Fresnel, m. Charles-Bernardin du Mesnildot, Marquis de Vierville (*Rép. de la Gazette*—'Puget'). HW met her many times in Paris, 1765–6 (*Paris Jour.*).

14. The Duchesse de Lauzun.

15. Marie-Adélaïde (1732–1800), 4th dau. of Louis XV. See René Dollot, 'Le dernier voyage et la mort de Mesdames Adélaïde et Victoire,' *Le Correspondant*, 10 March 1931, p. 728.

MADAME DE CHOISEUL, 'TULIPE,' AND
MADAME DU DEFFAND
BY CARMONTELLE

Le Président se trouve bien de ses anti-scorbutiques. La tumeur de sa jambe, les marques noires subsistent toujours, mais il se porte bien ailleurs. Je parlerai à son médecin[16] du quinquina.

Je ne me porte pas trop bien, les insomnies, les vapeurs, les entrailles, tout cela ne va pas bien, mais je ne m'en embarrasse pas, je ne me soucie pas plus de moi que des autres.

From Madame du Deffand, Tuesday 26 January 1768

Ce 26 janvier.

ENFIN M. du Châtelet a pris congé; le jour de son départ n'est pas encore fixé, mais je veux lui faire remettre aujourd'hui ma lettre et le petit paquet de M. Craufurd.

Je viens de jeter au feu trois lettres que je vous avais écrites depuis la fin de décembre; je vous avais annoncé dans mes dernières que je vous expliquerais mes intentions, mes résolutions, etc. Il vaut bien mieux vous en faire juger par ma conduite, oublier le passé de part et d'autre, et que notre commerce ne soit plus orageux. Voilà tout ce que je me permets de vous dire.

Il faut que je me justifie du mystère que je vous ai fait du tableau que vous recevrez; la grand'maman l'avait exigé, et ce n'a été que pour lui obéir que je vous en ai gardé le secret. Ce n'a été nullement dans l'idée de vous surprendre, je ne m'aviserai jamais de ces raffinements avec vous quand il ne s'agira que de moi, mais comme le portrait de la grand'maman est avec le mien, j'ai cru facilement que la surprise pourrait augmenter votre plaisir. Il faut vous conter l'histoire de ce tableau; vous me demandâtes mon portrait, j'en fus étonnée, je sentais bien que ce n'était qu'une fantaisie du moment; vous insistâtes, je pensai alors qu'en me faisant peindre par Carmontelle, qui peint tout le monde, cela pourrait sauver le ridicule. Ne connaissant point Carmontelle, peu de jours après votre départ je m'adressai à la grand'maman. Elle fit parler à Carmontelle, prit jour pour l'amener dîner chez moi. Elle se fit peindre dans le même tableau avec des lunettes sur le nez,[a] me présentant une poupée. Cette idée la divertit beaucoup, mais elle a été mal exécutée par Carmon-

16. Vernage.

a. There are no spectacles in the en-

graving of the portrait (see illustration opposite).

telle, car la grand'maman n'est pas ressemblante, et moi je le suis à faire peur. J'ai fait deux inscriptions; voici la première:

> Vous qui croyez que la jeunesse
> Ne peut joindre à ses agréments
> Un cœur rempli de sentiments,
> Plaignant, consolant la vieillesse,
> Voyez Choiseul et du Deffand.

Voici la seconde:

> De la gaîté dans la vieillesse,
> De la raison dans la jeunesse,
> Porter lunettes à trente ans,
> Jouer à la poupée au déclin de sa vie,
> Serait-ce manquer de bon sens?
> Ah! mon Dieu, non, c'est la philosophie![1]

J'en aimerais bien mieux une troisième de votre façon.

Monsieur le Duc de Choiseul a vu tout cela, tableau, vers, il a tout approuvé; c'est lui qui s'est chargé de l'envoi, et l'on sait par la grand'maman et non par moi que ce tableau a été fait pour vous. La grand'maman voulait qu'on le plaçât dans votre chambre, et elle avait dit à M. du Châtelet d'épier le temps que vous ne seriez pas chez vous;[2] mais je lui ai fait observer que comme il n'était pas encadré il fallait le laisser dans la caisse, et que vous auriez le même plaisir à l'ouvrir; Mariette l'a voulu emballer de cette façon, la croyant la plus sûre.

Voilà donc, mon tuteur, vos ordres exécutés; j'espère que ce tableau vous sera agréable, vous saurez gré à la grand'maman de cette marque d'amitié, et ma représentation ne vous déplaira pas, elle ne pourra ni parler ni écrire; je ressemble beaucoup aujourd'hui à mon portrait, ne pouvant faire ni l'un ni l'autre. Adieu.

Je vous envoie le second chant de la *Guerre de Genève*.

Le Président va bien, ses tâches noires s'effacent. Je vis hier Mariette, il me lut votre lettre;[3] c'est un bon homme; il est animé, et me plaît beaucoup.

---

1. A MS copy by Wiart of this second inscription is among the papers bequeathed by D to HW.

2. In this way, D's letter to HW under the name of Mme de Sévigné had been left at HW's house in Arlington Street.

3. HW to Mariette 19 Jan. 1768 (missing).

From MADAME DU DEFFAND, Wednesday 27 January 1768

N° 20. Paris, ce mercredi 27 janvier 1768.

VOUS êtes magnifique en hors-d'œuvre, mais je n'en conclus point que cela doive devenir votre ordinaire, je me contenterai de votre frugalité, c'est un très bon régime et je m'en accommoderai toujours bien. Enfin M. du Châtelet part samedi; envoyez chez lui aussitôt que vous le croirez arrivé, et accusez-moi sur-le-champ la réception de ma lettre.

Le présent de la grand'maman ne doit point vous embarrasser; un témoignage de reconnaissance vous acquittera envers elle.

Il faut demander à M. Durand le nom du fermier général à qui il a adressé votre paquet, je n'en ai point encore entendu parler; il serait désagréable qu'il fût perdu. Je suis très contente de ce que vous m'apprenez sur votre cousin, parce que je suppose que non seulement c'est votre plaisir, mais que c'est votre avantage.[1] Je loue vos principes sur le désintéressement; mais, mon tuteur, pensez-y sérieusement, il ne faut pas être pauvre et vieux à la fois, et surtout dans le système où vous êtes de trouver le bonheur dans les fantaisies. Je ne prétends pas assurément vous donner des conseils, je suis bien éloignée de croire pouvoir vous éclairer, mais plus on aime la liberté, plus on veut ne tenir à rien en particulier, plus l'aisance devient nécessaire.

Mme de Luxembourg soupa hier chez votre ambassadeur; c'était moi qui avait arrangé la compagnie, Mme de Mirepoix en devait être, mais elle était à Choisy; il y avait Mme de Lauzun, les Duchesse et Comtesse de Boufflers, MM. d'Entragues,[2] de Laval,[3] de Pont-de-Veyle, de Mercy,[4] de Souza, de Creutz, l'Abbé d'Arvillars;[5] on était quinze. Le souper fut grand, je ne le trouvai pas bon, mais personne

---

1. The meaning of this is not clear; evidently D had the mistaken idea that Conway's retirement would bring some financial advantage to HW.

2. Louis-César de Crémeaux (d. 1781), Marquis d'Entragues (*Rép. de la Gazette*). 'The Marquis d'Entragues, an assiduous courtier to Louis XV, with whom he was a favourite. He died unmarried, between thirty and forty, of the smallpox' (B). HW had often met him in Paris (*Paris Jour.*).

3. Gui-André-Pierre de Montmorency-Laval (1723–98), Duc de Laval.

4. Florimond-Claude-Charles (1727–94), Comte de Mercy-Argenteau, Austrian ambassador to France 1766–90. His *Correspondance secrète* with Maria Theresa was published 1874.

5. Sometimes spelled Auvillars; he came from a family of Gers, and was Abbé of Longvilliers, 1765 (Louis de la Trémoïlle, *Souvenirs de la Révolution*, 1901,

ne s'en plaignit. L'ambassadeur et sa femme sont extrêmement polis, et moi en particulier j'ai beaucoup de sujet de m'en louer; je m'accommode assez bien du mari, il est facile, rompu au grand monde; pour sa femme je la trouve un peu amphigourique, et je la vois rarement. Je vois assez souvent Milady Pembroke; elle est polie, douce et modeste; la demoiselle Lloyd prétend m'aimer beaucoup, elle me prend la main et la secoue à me démettre le poignet; on ne la présente point aux Princes ni aux Princesses, je crois vous avoir mandé que je faisais des tentatives pour réparer ce dégoût; elle est, dit-on, fille de condition.[6] Je ne vois presque jamais le Milord Clanbrassill, il passe sa vie chez M. le premier.[7] Je vois très rarement aussi les Milords Pembroke et Spencer, je n'aime point les jeunes gens, je ne sais que leur dire.

Je souperai ce soir avec la grand'maman chez Madame la Duchesse d'Anville. Elle ne m'a point envoyé votre dernière lettre,[8] ni même fait savoir qu'elle l'a reçue, je ne l'ai point vue depuis la place du grand Abbé; il sera du souper. La grand'maman restera encore demain à Paris. Je ne sais ce qu'elle fera, et si je la verrai; je ne lui marque point d'empressements qui puissent l'embarrasser, et comme je ne sais pas me conduire par politique je tâche de n'avoir de sentiments que ceux qui sont commodes pour le commerce.

Je suis toujours fort contente de Mme de Jonzac; c'est une personne toute raisonnable, et de qui les premiers mouvements ne troublent jamais la paix. Pour Mme de Forcalquier, elle est toujours sublime; je suis bien avec elle, ainsi qu'avec Mme d'Aiguillon. L'Idole me traite aussi fort bien. Le Prince[9] ne m'admet à aucune des marques de sa faveur, mais je n'ai pas l'air de m'en apercevoir. Enfin,

p. 186). In 1783 he was assigned to the Benedictine abbey of St-Calès, in the diocese of Mans (*Rép. de la Gazette*). He is often mentioned in Emmanuel, Duc de Croÿ, *Journal*, 1906–7.

6. Lady Mary Coke writes, 5 April 1768: 'She [Lady Strafford] said her correspondents in France wrote her word that Lady Pembroke was very much liked, but not thought handsome, and that Miss Lloyd was not admitted into all the company where Lady Pembroke went, for Madame d'Usson having said she was a concierge, an office so low in France that she could not be received at the Palais Royal, nor in any of the houses of the Princes of the Blood; this, I should think, would be a great mortification to her' (Lady Mary Coke, *Letters and Journals*, Edinburgh, 1889–96, ii. 231–2).

7. C'est-à-dire, le premier écuyer de la petite écurie de la maison du Roi, par opposition à 'M. le grand,' qui était le premier écuyer de la grande écurie (T). The premier écuyer at this time was Henri-Camille (ca 1693–1770), Marquis de Béringhen (*Almanach royal*, 1768, p. 139; *Rép. de la Gazette*).

8. HW to Mme de Choiseul 15 Jan. 1768 (missing).

9. De Conti.

ma conduite est assez sage, la vie que je mène assez douce, mais froide et un peu ennuyeuse. Voltaire dit,

> L'âme est un feu qu'il faut nourrir,
> Et qui s'éteint s'il ne s'augmente.[10]

Si cela est vrai bientôt la mienne ne sera que cendres, je souhaite qu'il n'en soit pas ainsi de la vôtre. Adieu.

Les Beauvau arriveront la semaine prochaine. M. de Grave ne reviendra pas sitôt; il m'écrit les choses les plus tendres et les plus charmantes, mais je suis de votre avis, les faits rendent les lettres plus amusantes que les sentiments.

To Madame du Deffand, Friday
29 January 1768, N° 23

Missing. Probably written at Arlington Street.

From Madame du Deffand, Saturday 30 January 1768

N° 21. Paris, ce mercredi[1] 30 janvier 1768.

BON! comment cela se fait-il? Je reçus hier une lettre du Selwyn, j'en reçois aujourd'hui une de vous;[2] cette aventure est sans exemple; mais qu'importe, quand le bien arrive, qu'on s'y soit attendu ou non?

Je me suis pressée de répondre au Selwyn, et de lui donner mes commissions pour vous et le petit Craufurd. Il faut bien vous le répéter: M. du Châtelet sera à Londres vendredi ou samedi[3] au plus tard; si ma lettre le prévient, épiez son arrivée, et ne différez pas à vous faire remettre ce qu'il a pour vous. Il y a un ballot de la grand' maman; savoir ce qu'il contient n'est pas mon affaire; la mienne a été de vous envoyer un petit paquet pour M. Craufurd[4] et le second chant de la *Guerre de Genève*.

10. Not found.

_____

1. A mistake for 'samedi.'
2. *Ante* 22 Jan. 1768.
3. 'On Friday night, [5 Feb.] his Excellency the Count du Châtelet, ambassador from France in the room of the Count de Guerchy, arrived at the house in Great George Street, Westminster, from France, and on Saturday last notified his arrival to his Majesty's Secretaries of State' (*London Chronicle*, xxiii. 130, 8 Feb. 1768).

4. D had written to Selwyn, 20 Jan. 1768: 'Je ne voulus pas à son départ le

Il y a des nouveautés sans doute; il y en a de Voltaire, toujours sur les mêmes sujets; il y a des recueils, des romans, des tragédies: notre littérature est aussi abondante en production qu'elle est stérile en imagination. Est-ce que vous voulez que je vous envoie ces rapsodies? Mon goût ne doit pas être bon, il est souvent contraire au vôtre. Vous m'avez fait relire les romans de Crébillon, ce sont les mauvais lieux de la métaphysique; il n'y a rien de plus dégoûtant, de plus entortillé, de plus précieux et de plus obscène; est-il possible que quelqu'un qui aime le style de Mme de Sévigné (qui en excepte seulement les tendresses), estime Crébillon et conseille de le lire? Je fus hier à une tragédie chez la Duchesse de Villeroy, qui fut applaudie à tout rompre; tout le monde était devenu fontaine en la lisant, et l'on fut aux sanglots en l'écoutant; ni la lecture ni la représentation ne m'ont causé la plus petite émotion. Cette pièce s'appelle *L'Honnête criminel*, l'auteur s'appelle Fenouillot,[5] la grand'maman dit *Fouille au pot*. Il y a un rôle qui est excellent: c'est un misanthrope,[6] qui est plus fondé à l'être que celui de Molière; il n'a pas tant d'esprit, il n'est pas si éloquent, mais il est encore plus naturel, et en vérité il me plaît davantage: tout le reste de la pièce est des situations forcées, d'où il naît des sentiments faux, outrés et nullement intéressants. Je suis fâchée de ne vous l'avoir pas envoyée; vous l'aurez par la première occasion.

Pour Voltaire il me faut un nouvel ordre, vous n'aimez pas les impiétés, vous êtes, ce me semble, un peu dévot.

J'attends votre *Richard;* j'ai déjà prévenu Mme de Meinières avec qui je suis fort bien; je n'ai pas osé la prier de le traduire, cela est aujourd'hui au-dessous de sa dignité; mais je lui ai demandé un traducteur; elle me propose un nommé Suard.[7] Je vous ai déjà dit que

charger d'une autre boîte pour M. Craufurd de peur d'accident ce sera M. du Châtelet qui [la] lui portera' (MS letter in Society of Antiquaries). The 'petit paquet' probably contained the glacière and snuff-box (D to Craufurd 13 Jan. 1768, S–A i. 150).

5. Charles-Georges Fenouillot de Falbaire de Quingey (1727–1800). Fenouillot 'débuta au théâtre en 1767 par *L'Honnête criminel,* drame en cinq actes et en vers, inspiré par le dévouement et les malheurs de Jean Fabre. Cette pièce fut accueillie avec enthousiasme, et c'est à elle que Jean Fabre dut son entière réhabili-

tation; elle a été souvent réimprimée et traduite en allemand, en italien et en hollandais' (NBG).

6. M. d'Olban, whose soliloquy (Act II, i) begins:

'Enfin, grâces au ciel, contre la race
    humaine
Le sort a pleinement justifié ma
    haine.'

7. Probably Jean-Baptiste-Antoine Suard (1733–1817), journalist, already mentioned (*ante* 4 Sept. 1766, n. 33) as the translator of the *Exposé* of the Hume-Rousseau quarrel. See *post* 23 Feb. 1768.

M. de Montigny s'offrait lui-même; mais je n'ai pas opinion de son style; enfin, que *Richard* arrive, et nous verrons ce que nous en ferons.

Ha! ha! mais j'en suis fort aise; tout l'attirail de la grandeur;[8] on veut pouvoir dire: *c'est toi qui l'as nommé;*[9] je vous exhorte à vous défendre d'une fausse modestie, c'est de tous les genres de *gloriole* celle qui me choque le plus; j'aime mieux l'orgueil à découvert que celui qui a le masque de la modestie. Vous ne devez pas être ravi, mais il serait ridicule que vous fussiez fâché. Mais de quoi est-ce que je me mêle? C'est bien à moi d'enseigner! Je voudrais que vous fussiez bien avec elle, qu'elle se souvînt qu'elle est *du sang d'Hector,* que c'était bien de l'honneur pour elle, et qu'elle s'en honorât encore aujourd'hui. Je voudrais savoir ce que dira l'Idole; voilà un bel exemple; elle a bien une dame d'honneur,[10] elle ne manquera pas de portraits, mais ce sera tout, ou je suis trompée.[11]

Je n'entends parler ni de lunette ni de crayons, ni la grand' maman de taffetas. Ah! vous faites plaisamment les commissions, tout cela est perdu, vraisemblablement; la grand'maman s'est plainte à moi de n'avoir point le taffetas; que ne [le] lui adressiez-vous directement? ne l'auriez vous pas pu faire remettre à M. Minet[12] à Douvres? Mais Richard III a occupé tous vos esprits; vous ne demandez seulement pas à M. Durand le nom du fermier-général à qui il a adressé votre paquet pour moi; il y a bientôt quatre mois que vous me l'avez annoncé, je ne compte plus le recevoir. Je n'ai plus rien à vous dire sur Carmontelle, si ce n'est que je suis brouillée avec lui et qu'il me refuse une copie de ce que vous recevrez, ou plutôt de ce que vous aurez reçu; peu de gens l'ont vu ici parce que je me hâtai de le faire emballer, croyant que M. du Châtelet partirait le 15 ou le 20 décembre; je suis indignée que la grand'maman soit si mal attrapée.

J'ai mandé au Selwyn que je n'avais pas dormi de la nuit, et que j'avais fait des couplets sur Colmant;[13] j'ai envie de vous les dire. J'ai une femme de mes amies qui fait des figures en papier qui sont

---

8. The reported marriage of Lady Waldegrave and the Duke of Gloucester (see *ante* 22 Jan. 1768).

9. 'Pilate l'interrogea, en *lui* disant: Êtes-vous le Roi des Juifs? Jésus lui répondit: Vous le dites' (*Marc* xv. 2).

10. Perhaps a reference to Mme de Luxembourg, who was often at the Temple with the Comtesse de Boufflers.

11. D's surmise was correct; the Prince de Conti did not marry Mme de Boufflers.

12. Hugues Minet (1731–1813), importer, of Dover (Laurence Sterne, *Letters,* ed. Lewis P. Curtis, Oxford, 1935, p. 465).

13. Jean-Godefroy Colmant (d. 1778). D's footman (Appendix 2).

abominables de près, mais de loin elle ressemblent aux biscuits; j'en ai plusieurs sur ma cheminée, et Mme de Forcalquier m'en envoie tous les jours de sa façon; cela désole Colmant, il les a prises en horreur, il en brûla trois le premier jour, et menace d'en faire autant des autres. Mme de Forcalquier accompagne ces magots de vers à la diable; voici des couplets que je lui ai envoyés ce matin:

1er.

Quand vous m'envoyez des magots
Colmant tout bas dit certains mots
Qu'on ne saurait redire—eh bien!
Encore moins les écrire—vous m'entendez bien?

2ème.

Lors qu'il regarde ces objets
Savez-vous quels sont ses projets?
C'est de mettre ces dames—eh bien!
Quelque jour toutes en flammes—vous m'entendez bien?

3ème.

Le tour est un peu scélérat;
Pour prévenir tel attentat,
Et toute autre escarmouche—eh bien!
Je défends qu'on leur touche—vous m'entendez bien?

Oh! puisque je vous ai dit ces bêtises, je veux vous dire des vers du Chevalier de Boufflers, qui sentent un peu le fagot, qui sont peut-être un peu trop libres, mais qu'importe? C'est un dialogue:

Vous fûtes empalé, m'a-t-on dit, en Turquie?
Oui, du grand Turc un jour ce fut la fantaisie.
Mais dis-moi, mon ami, que penses-tu du pal?
Qu'il commence fort bien, mais qu'il finit fort mal.[14]

Vous ai-je envoyé des vers qu'on a crus être de Voltaire sur un petit auteur nommé Dorat?[15] Ils sont d'un nommé La Harpe, je les trouve jolis:

Bon Dieu! que cet auteur est triste en sa gaîté!
Bon Dieu! qu'il est pesant en sa légèreté!
Que ses petits écrits ont de longues préfaces!
Ses fleurs sont des pavots, ses ris sont des grimaces.

14. A copy of this dialogue, entitled 'Vers sur le pal,' is in the MS volume of Boufflers' works, bequeathed by D to HW.

15. Claude-Joseph Dorat (1734–80), poet.

Que l'encens qu'il prodigue est d'insipide odeur!
Il est, si je l'en crois, un heureux petit maître;
Mais si j'en crois ses vers, ah! qu'il est fâcheux d'être
    Ou sa maîtresse, ou son lecteur![16]

J'ai fait grande connaissance avec M. Dupuits,[17] mari de Mlle Corneille; il a passé un mois ici, il a obtenu une compagnie de dragons, il est retourné chez Voltaire, il lui porte une lettre;[18] je lui donnai à souper la veille de son départ, il m'a promis de m'envoyer toutes les productions nouvelles, il les adressera à la grand'maman ou à son mari.

Adieu; si j'avais prévu ce matin que je vous écrirais cet après-dîner j'aurais épargné ma lettre à M. Selwyn.

To MADAME DU DEFFAND, Friday
5 February 1768, Nº 24

Missing. Probably written at Arlington Street. Answered, 10 Feb.

From MADAME DU DEFFAND, Wednesday
10 February 1768

Address: To Monsieur Monsieur Horace Walpole in Arlington Street near St James's *London Angleterre*
Postmark: FE19

Nº 22. Paris, ce mercredi 10 février 1768.

JE vous écris en faisant ma toilette, je commence par ce que je crains le plus d'oublier, je vous prie d'envoyer chercher Mme Dumont, de lui dire que j'ai reçu sa lettre, que j'en ai reçu une de son fils au commencement de l'année, il dit qu'il est très content,

16. Jean-François de la Harpe (1739–1803). Voltaire disclaimed authorship of the verses in his letters to Dorat, 4 March and 23 March 1767 (Voltaire, *Œuvres* xlv. 152, 180). The verses are printed in slightly different form in La Harpe's *Correspondance littéraire*, 1804–07, ii. 53.
'Bon Dieu! que cet auteur est triste en sa gaîté!
Bon Dieu! qu'il est pesant dans sa légèreté!

Que ses petits écrits ont de longues préfaces!
Ses fleurs sont des pavots, ses ris sont des grimaces.
Que l'encens qu'il prodigue est fade et sans odeur!
C'est, si je veux l'en croire, un heureux petit-maître;
Mais si j'en crois ses vers, oh! qu'il est triste d'être,
    Ou sa maîtresse, ou son lecteur.'

et j'ai su qu'on l'était de lui; il aura la protection de Madame la Duchesse de Choiseul s'il s'en rend digne; il faut que sa mère l'exhorte à bien faire son devoir pour que M. de Durfort[1] puisse à son retour dire du bien de lui.

J'enverrai demain chez MM. Bouret[2] et Treffonds;[3] je doute que le paquet[4] ne soit pas perdu, j'ai un regret infini que vous n'en ayez pas chargé Mlle Lloyd. Voilà tout ce qui me regarde; venons présentement à ce qui vous intéresse.

Je suis enchantée du régiment[5] et de la manière dont il a été donné. J'attends votre *Richard,* je serai ravie de faire connaissance avec ce parfaitement honnête homme, si beau et si bien fait; mais je suis fâchée de n'en avoir qu'un exemplaire, il y a plusieurs personnes à qui j'aurais été bien aise d'en donner, entre autres à Mme de Meinières, à qui je l'avais fait espérer. Quand vous aurez la seconde édition envoyez-m'en au moins une demi-douzaine.

Je vous enverrai par Milord Spencer le livre que vous désirez,[6] j'y joindrai une tragédie[7] qu'on a jouée chez la Duchesse de Villeroy, où tout le monde est devenu fontaine, excepté Pont-de-Veyle et moi, qui sommes restés rocher, et dont les cris de Molé n'ont pu faire sortir une goutte d'eau. *Le Galérien* m'a paru ressembler à un M. de Nancé,[8] amant de feu Madame la Duchesse de Berry;[9] elle lui demandait s'il l'aimait? 'Oh! oui, Madame, après Dieu, et mon cher père et

17. Claude Dupuits (b. 1740) m. (1763) Marie Corneille (b. 1742), grandniece of the dramatist. Voltaire had her educated, and gave her a dowry (Grimm iv. 326, v. 499, 1 Dec. 1760, 15 May 1764; Voltaire, *Œuvres* xli. 47, xlii. 436).

18. Missing. Voltaire replied to it, 8 Feb. 1768: 'Mon fils adoptif Dupuits est pénétré de vos bontés' (Voltaire, *Œuvres* xlv. 523).

———

1. French ambassador at Vienna, to whom young Dumont was page (see *ante* 28 June 1767).

2. Probably Étienne-Michel Bouret (1710–77), fermier général and administrateur des postes (Woelmont de Brumagne vi. 290; *Almanach royal*, 1768, p. 442).

3. Louis Paris de Treffonds (d. before 1779), receiver-general of finances for Rouen (*Almanach royal* 1768, p. 441; *Journal de Paris*, 1779, i. 426).

4. Containing the spy-glass and crayons.

5. The fourth regiment of dragoons, of which Conway was made commander after the death of Sir Robert Rich—'the King,

who learned the news on coming from Richmond, would not dine till he had written to Mr Conway that he gave him the vacant regiment, and intended him a better—meaning the Blues, after Lord Ligonier' (*Mem. of Geo. III* iii. 111).

6. 'Votre Pétrarque' (see *post* 2 March 1768). This was *Mémoires pour la vie de François Pétrarque,* 3 vols., Amsterdam, 1764, sold SH ii. 156. It was written by Jacques-François-Paul-Aldonce (1705–78), Abbé de Sade, and was printed at Avignon, the third volume is dated 1767 (NBG and BM Cat.).

7. *L'Honnête criminel,* also called *Le Galérien* because the hero is a convict working in the galleys (see *ante* 30 Jan. 1768).

8. Perhaps Louis-Jacques-Aimé-Théodore de Dreux (d. 1719), Marquis de Nancré, captain of the Swiss guards to the Duchesse's father, the Regent d'Orléans; or perhaps D is thinking of the affair between Louis-Armand de Brichanteau (d. 1742), Marquis de Nangis, and the Du-

ma chère mère, vous êtes tout ce que j'aime le mieux'; il n'y a pas, à ce que je trouve, un sentiment vrai, excepté le Marquis d'Olban[10] que j'aime à la folie; je suis très curieuse de l'effet que vous fera cette pièce, vous me le direz avec vérité. Je vous dirai de même ce qu'on pensera de votre *Richard*.

J'aime fort le bon mot de M. Selwyn,[11] et l'honnêteté de M. Hume;[12] s'il n'adorait pas les faux dieux je l'estimerais et je l'aimerais, mais je ne puis pousser la tolérance jusqu'à permettre le culte des idoles.[13]

Je suis ravie de ce que j'aurai quatre de vos estampes, dont je pourrai disposer; dans ce moment-ci personne ne m'en paraît digne, excepté le secrétaire des Suisses,[14] qui en aura une. D'où vient lui avez-vous écrit une mauvaise lettre?[15] C'est que vous avez voulu bien dire.

Adieu, on m'interrompt; je remets à dimanche le surplus de ce que j'ai à vous dire.

To Madame du Deffand, Friday 12 February 1768, N° 25

Missing. Probably written at Arlington Street. Answered, 17 Feb.

From Madame du Deffand, Wednesday 17 February 1768

N° 23. Paris, ce mercredi 17 février 1768.

J E me suis doutée de ce que vous m'apprenez, que les ballots de M. du Châtelet ne seraient pas arrivés. Pour ceux que M. Durand envoie ils n'arrivent jamais. J'ai envoyé chez ce M. Treffonds[1] receveur général; il dit qu'il n'a point reçu d'avis d'aucun pa-

chesse de Bourgogne, sister-in-law of the Duchesse de Berry.

9. Marie-Louise-Élisabeth de Bourbon d'Orléans (1695–1719), m. (1710) Charles (1686–1714), Duc de Berry, grandson of Louis XIV.

10. Character in the *Honnête criminel* (see *ante* 30 Jan. 1768, n. 6).

11. 'George Selwyn says I may, if I please, write Historic Doubts on the present Duke of G[loucester] too' (HW to Gray 18 Feb. 1768).

12. Probably in regard to HW's *Historic*

Doubts, to which Hume made objections (see HW to Gray 26 Feb. 1768).

13. D probably refers to Hume's friendship for Mme de Boufflers, 'l'Idole du Temple.'

14. The Abbé Barthélemy, recently appointed to that post (see *ante* 24 Jan. 1768).

15. HW to Barthélemy 2 Feb. 1768 (missing).

———

1. At the Hôtel de Canillac, Rue du Parc-Royal (*Almanach royal*, 1768, p. 441).

quet pour moi qui lui fût adressé, mais qu'il en attend lui-même un que M. Durand lui a annoncé le 5 novembre, dont il n'a pas entendu parler, il juge que peut-être mon paquet est dans le sien. Le ciel ne protège pas nos desseins.

J'ai dit au Président que vous comptiez bientôt faire imprimer sa *Cornélie,* et que vous désiriez savoir combien il en voulait d'exemplaires; cinquante lui suffisent, et cent lui feront plaisir.

Ce que vous me mandez sur Crébillon me déchire les oreilles; si dans nos belles tragédies, dans la *Princesse de Clèves,*[2] vous ne voyez que des obscénités déguisées, je conçois que tout ce qui exprime le sentiment ou la passion doit vous faire mal au cœur. J'avoue que je n'ai pas l'avantage de juger comme vous, et que tout ce que peint Crébillon me paraît de vieilles coquettes débauchées, qui sont bels esprits, et se servent de tours romanesques pour séduire des jeunes gens, qui comme de raison les accablent de mépris; mais chacun juge à sa manière, et personne n'est en droit de se croire meilleur juge qu'un autre.

J'ai lu votre lettre de remercîments[3] à la grand'maman sur la lettre de Mme de Sévigné; elle ne voulait pas me la faire voir; elle est étonnée, ainsi que moi, que ce qui vous a engagé à appeler Mme de Sévigné votre sainte soit la partie gazette de ses lettres; cela est difficile à deviner. Ce que je voudrais savoir c'est si vous y voyez des obscénités cachées dans ses tendresses pour sa fille, et dans ses lettres à M. de Pomponne; j'ai eu une sotte pensée, en me donnant tant de soins et de tourments pour vous faire avoir cette lettre; il ne m'arrivera certainement plus de vouloir imaginer et prévenir vos désirs, mais j'aurai toujours un très grand empressement à les satisfaire quand vous me les aurez signifiés clairement.

J'ai déjà le troisième volume de la vie de Pétrarque,[4] il est en feuilles. Je ne sais aucune occasion prochaine de vous l'envoyer, mais Mme de Jonzac m'a dit qu'un certain M. de l'Isle[5] devait aller en Angleterre à la fin de mars, et qu'elle vous enverrait par lui sa veste. Je le chargerai de ce volume si je ne puis vous l'envoyer plus tôt. J'y

2. Novel by Marie-Madeleine Pioche de la Vergne (1634–93), Comtesse de la Fayette.

3. HW to Mme de Choiseul 15 Jan. 1768 (missing).

4. See *ante* 10 Feb. 1768, n. 6.

5. Chevalier Jean-Baptiste-Nicolas de l'Isle (d. 1784), noted for his light verse

(*L'Intermédiaire des chercheurs et curieux,* i. 211, 354, ii. 61). See Gustave Lanson, *Choix de lettres du xviiie siècle,* n.d., p. 566; Victor du Bled, 'Un Client de l'ancien régime,' *Revue des deux mondes,* 15 Aug., 15 Sept. 1890; 'Lucien Perey' [Clara-Adèle-Luce Herpin], *Princesse de Ligne,* 1889, pp. 260 et seq.

THE DUC DE CHOISEUL
FROM A TERRA-COTTA MEDALLION

joindrai cette pièce du *Galérien*[6] dont j'ai eu la sottise de vous faire l'analyse avant que vous l'ayez lue.

J'ai lu votre lettre à M. l'Abbé Barthélemy,[7] je l'ai même prise et brûlée; tout ce qui est sérieux est fort bien, et j'aurais voulu que vous eussiez terminé là votre lettre.

Je n'ai point encore reçu votre *Richard*. Je distribuerai vos exemplaires suivant leurs adresses, et ce sera Wiart qui le traduira pour moi. Je ne me mêlerai point de chercher un traducteur, j'ai la main malheureuse, rien ne me réussit de tout ce que j'entreprends.

J'ai promis une de vos estampes à M. de Thiers, il a trouvé la mienne très bonne, et sera fort aise d'avoir la vôtre, qu'il trouve digne d'entrer dans sa collection; elle est très considérable, et d'un grand prix; il en a refusé 25,000 francs.

Je soupe ce soir chez la grand'maman, avec tous les La Rochefoucauld; elle sera très fâchée d'apprendre que vous n'ayez pas encore reçu son portrait; elle voulait vous ménager le plaisir de la surprise. Le retardement des ballots et l'indiscrétion de ma lettre a tout gâté, mais en vérité c'est un bien petit malheur. La grand'maman ne ressemble point; elle est, dit-on, grande comme Mme de Brionne[8] et forte à proportion; elle vous prépare une autre galanterie dont vous lui devez savoir autant de gré, c'est le médaillon de son mari[9] en porcelaine; vous aurez l'air de la surprise en le recevant, ce ne sera peut-être de longtemps.

Il est arrivé de grands événements dans mon ménage. La Tulipe est bannie, et Bedreddin est mort; je me suis défaite de la Tulipe parce qu'elle pissait partout; mon amitié pour elle était des plus médiocres, je ne la regrette point; la mort de Bedreddin a causé une désolation générale, celui qui vous écrit est au désespoir; c'est hier à midi qu'il mourut; il était, je crois, hydropique. Je suis bien déterminée à ne plus avoir de chiens,[10] je sens que je ne me prendrais

---

6. *L'Honnête criminel*.

7. HW to the Abbé Barthélemy 2 Feb. 1768 (missing).

8. Louise-Julie-Constance de Rohan-Montauban (1734–1815), m. (1748) Charles-Louis de Lorraine, Comte de Brionne (Wilhelm Karl, Prinz von Isenburg, *Stammtafeln*, Berlin, 1935, i. Tafel 40). Gaston Maugras (*Duc de Lauzun and the Court of Louis XV*, London, 1895, p. 246 n) says she died 1807 in Vienna.

9. D had a snuff-box, in which was Choiseul's portrait 'en porcelaine de Sèvres et sous glace' (see Appendix 2). There is also a terra-cotta medal of Choiseul in *Trésor de Numismatique et de glyptique*, 1837, iii. Plate li (see illustration opposite, and also Jéhanne d'Orliac, *Chanteloup*, [1929], p. 178). A medallion in enamel is mentioned *post* 20 Dec. 1769.

10. D failed to keep this resolve.

d'affection pour aucun; ces sortes de passions ne peuvent naître que par la vue.

Milord Pembroke est malade depuis plusieurs jours, mais pas assez considérablement pour que cela ait empêché la Milady d'aller aux bals. On commence à la trouver belle, moi je la trouve aimable; elle est douce et intéressante. La demoiselle Lloyd m'aime beaucoup, et me secoue toujours le poignet. Vous ai-je mandé que Mme de Luxembourg avait soupé chez vos ambassadeurs, et leur en avait donné?

Je n'ai point vu M. de Choiseul depuis le 20 décembre et je serai peut-être six mois sans le voir. Je ne sais si la grand'maman viendra souvent, ce carême, à Paris; c'est pour moi une grande privation quand elle ne vient pas, je crois l'aimer beaucoup. Son père, M. du Châtel,[11] disait que nous n'avions pas toujours dans le cœur ce que nous croyions y avoir, et que quelquefois on y avait ce qu'on ne pensait pas y avoir; c'était un grand métaphysicien, et un grand faiseur de galimatias.

Il y a quelques livres nouveaux qui m'ont fait assez de plaisir; les *Femmes célèbres du siècle de Louis XIV et de Louis XV*[12] en deux volumes; *Dictionnaire des portraits historiques, anecdotes, et traits remarquables des hommes illustres*[13] en trois gros volumes; si vous les voulez, je vous les enverrai.

Je suis fort aise du succès de *Richard*.[14] À quoi allez-vous vous occuper? vous me ferez plaisir de m'informer de vos occupations, et de vos amusements; je m'y intéresse beaucoup. Adieu.

To MADAME DU DEFFAND, Thursday 18 February 1768, N° 26

Fragment, B i. 207 n. Probably written at Arlington Street. Answered, 24 Feb.

ME voici le plus content des hommes; je viens de recevoir le tableau.[1] J'ai arraché toutes les enveloppes dont il était barri-

11. Louis-François Crozat (ca 1676–1750) Marquis du Châtel. See Appendix 5s.

12. Pons-Augustin Alletz (ca 1705–85), *L'Esprit des femmes célèbres du siècle de Louis XIV et celui de Louis XV*, 2 vols., 1768 (see *Mercure de France*, Feb. 1768, pp. 126–31; Antoine-Alexandre Barbier, *Dictionnaire des ouvrages anonymes*, 1872–9. ii. 183; Yale Library Catalogue).

13. Honoré Lacombe de Prezel, *Dictionnaire des portraits historiques*, 3

vols, 1768. HW's copy was sold SH v. 163. See Grimm viii. 40, 1 Feb. 1768. D's copy is now in the possession of the Duc de Mouchy.

14. It had gone into a second edition of 1000 copies ('Short Notes').

1. Carmontelle's water-colour of Mme de Choiseul presenting a doll to D (*ante* 9 Dec. 1767).

cadé et enfin je vous retrouve.—Oui vous, vous-même—je savais par inspiration que M. de Carmontelle devait vous peindre mieux que jamais Raphaël n'a su prendre une ressemblance; cela se trouve exactement vrai au pied de la lettre. Vous êtes ici en personne, je vous parle, il n'y manque que votre impatience à répondre. La Tulipe, votre tonneau,[2] vos meubles, votre chambre, tout y est, et de la plus grande vérité. Jamais une idée ne s'est si bien rendue. Mais voilà tout! Pour la chère grand'maman, rien de plus manqué. Jamais, non jamais je ne l'aurais devinée. C'est une figure des plus communes. Rien de cette délicatesse mignonne, de cet esprit personnifié, de cette finesse sans méchanceté et sans affectation. Rien de cette beauté qui parait une émanation de l'âme, qui vient se placer sur le visage de peur qu'on ne la craigne au lieu de l'aimer. Enfin, enfin, j'en suis bien mécontent.[3]

From Madame du Deffand, Tuesday 23 February 1768

The MS, up to 'Ce même jour, à 5 heures du soir,' is in Colmant's hand. The letter is finished by Wiart.

N° 24. Ce mardi 23 février, à 6 heures du matin.

CETTE lunette tant attendue est enfin arrivée, mais à quoi vous ne vous attendez pas, c'est qu'elle vous sera renvoyée; c'était pour une commission, l'on voulait une lunette excellente, de M. Dollond,[1] qui doublât quatre-vingt ou du moins soixante fois les objets; M. Lemonnier[2] a examiné celle que vous m'envoyez; elle ne les grossit que de dix; j'espère que vous pourrez la faire reprendre au marchand, et qu'il vous en donnera une autre telle qu'on la désire; c'est pour Monsieur de Toulouse, le prix ne lui fait rien; nous avons ici les boutiques pleines de lunettes comme celle que je vous renvoie. Je vous soupçonne de ne pas plus aimer les commissions que les romans (si ce n'est de Crébillon). Hé bien! si cela est vrai, chargez M. Selwyn de cette emplette; nous avons des comptes ensemble, il a l'argent du billet de Wiart[3] que j'ai acquitté.

2. D's hooded chair, shown in the water-colour.

3. The drawing was sold SH xi. 111 to W. Smith for seven guineas. Its present whereabouts is unknown.

———

1. Peter Dollond (1730–1820), optician.

The firm still (1938) exists as Dollond and Aitcheson, 281 Oxford Street.

2. Pierre-Charles Le Monnier (1715–99), astronomer. HW had met him several times in Paris (see *Paris Jour.*).

3. Wiart had apparently won some money on a ticket to an English lottery;

Milord Pembroke ira, à ce qu'il m'a dit, vers le milieu de mars à Londres; il vous portera votre Pétrarque et quelques autres brochures qui vous ennuieront, car je vous le répète, je n'ai pas la main heureuse avec vous. Ce Milord sera très peu à Londres, il voudra bien me rapporter la lunette, et quatre livres de thé que j'ai demandées à M. Selwyn;[4] il m'en a déjà envoyé une, ce qui fera cinq, dont il se payera par ses mains, ainsi que de l'emplette de la lunette.

Je suis un peu étonnée que M. Craufurd ne m'ait point accusé la réception de sa tabatière;[5] je ne doute pas que vous ne [la] lui ayez remise; je vous l'avais adressée, et M. du Châtelet a dû vous l'envoyer en même temps que ma lettre, mais la première que je recevrai de vous m'apprendra apparemment tout ce que je veux savoir.

Vous serez étonné de trouver une autre écriture que celle de Wiart; il ne se lève pas si matin que Colmant, et comme moi je ne dors pas plus que les habitants de Papefigues,[6] j'ai été bien aise d'employer mon insomnie à vous débrider tout ce qui précède. Aujourd'hui mardi, demain, ou dimanche ou le mercredi de la semaine prochaine je recevrai une de vos lettres, alors Wiart reprendra son emploi, il continuera celle-ci; en attendant, je vous souhaite le bon jour.

Ce même jour, à 5 heures du soir.

Votre *Richard* devrait être arrivé; je suis fâchée qu'il n'y en ait pour moi qu'un exemplaire, j'en aurais voulu donner un à Mme de Meinières, et à deux ou trois autres personnes à qui j'aurais fait plaisir: j'en aurais gardé un que Wiart aurait traduit. S'il partait quelqu'un de Londres pour venir ici, envoyez-m'en trois ou quatre exemplaires. Mme de Meinières a beaucoup d'empressement de le lire; elle me propose de le faire traduire par un nommé M. Suard, qui a fait des journaux; il écrit bien, à ce que l'on dit. Si cela vous convient, Mme de Meinières lui parlera, lui donnera mon exem-

Selwyn collected the money, and kept it to buy things for D, who repaid Wiart (see *ante* 24 Jan. 1768).

4. D asked for 'deux livres de bon thé' in her letter to Selwyn, 20 Jan. 1768 (MS letter in Society of Antiquaries).

5. Craufurd apparently did not write to D until March; she answered his letter of thanks, 19 March 1768 (S–A i. 155).

6. See *post* 23 Sept. 1779. T suggests that D is thinking of the 'île sonnante' (François Rabelais, *Pantagruel*, Book v. Chapters i–viii) which she has confused with the country of the Papefigues (ibid. Book iv. Chapters xlv–xlvii). The 'Papegaut' in the description of the 'île sonnante' (ibid. Book v. Chapters iii, viii) perhaps caused this confusion, since it resembles Papefigues.

plaire, il traduira tout de suite et préviendra les mauvaises traductions qu'on en pourrait faire.

Je suis bien fâchée d'être aussi ignorante, d'avoir été si mal élevée,
de n'avoir aucun talent, ou de n'être pas bête à manger du foin.
Cette dernière manière serait peut-être la meilleure, je m'ennuierais
moins, je dormirais mieux et je ne ferais pas de mauvaises digestions;
je passe presque toutes les nuits sans fermer l'œil; alors c'est un chaos
que ma tête: je ne sais à quelle pensée m'arrêter; j'en ai de toutes
sortes, elles se croisent, se contredisent, s'embrouillent; je voudrais
n'être plus au monde, et je voudrais en même temps jouir du plaisir
de n'y plus être. Je passe en revue tous les gens que je connais et ceux
que j'ai connus qui ne sont plus; je n'en vois aucun sans défaut, et
tout de suite je me crois pire qu'eux. Ensuite il me prend envie de
faire des chansons, je m'impatiente de n'en avoir pas le talent; en
voici cependant une qui ne m'a pas coûté, vous le croirez aisément;
c'est sur un vieil air que j'aime beaucoup:

> Vous n'aurez plus à vous plaindre
> De mon trop d'empressement,
> Ouvrez mes lettres sans craindre
> D'y trouver du sentiment.
> Je sens, je sens
> Que je peux, sans me contraindre,
> Prendre un ton indifférent.

Que dites-vous de l'excommunication du Duc de Parme?[7] on dit
que le premier mouvement ici a été de renvoyer le nonce. Le Parlement agira? Qu'est-ce qu'il fera? je n'en sais rien et je ne m'en soucie
guère. Il est malheureux pour vous que j'aie si peu de curiosité et si
peu de talent pour raconter: aussi ne me canoniserez-vous jamais.[8]

Adieu, je ne continuerai cette lettre qu'après en avoir reçu une de
vous.

Ce mercredi 24, à 5 heures du soir.

Voici votre lettre. Vous avez donc ce beau tableau?[9] je suis aussi

7. Ferdinand - Marie - Philippe - Louis
(1751–1802), Duke of Parma, grandson of
Louis XV, resisted the Papal power by ban-
ishing the Jesuits and abolishing the Inqui-
sition. The Duke was about to be excom-
municated, when Clement XIII's death and
the succession of a less hostile Pope recon-
ciled him with the Vatican.

8. HW preferred the 'partie gazette' of
the correspondence of his 'saint,' Mme de
Sévigné (see *ante* 17 Feb. 1768).

9. See *ante* 18 Feb. 1768.

piquée que vous, que la grand'maman soit aussi peu ressemblante. Je vous remercie du contentement que vous me marquez de ce que la mienne est parfaite; vous me trouverez digne d'être le pendant de l'Hôtel de Carnavalet;[10] et nous figurerons fort bien l'une et l'autre dans un château gothique.

Je ne pus m'empêcher de vous regretter hier au soir. Je soupai chez les Montigny avec les Pembroke. J'avais arrangé cette partie pour leur faire entendre Mlle Clairon; elle joua deux scènes de *Phèdre* dans la perfection. Je demandai à M. de Montigny s'il n'avait point reçu le ballot que vous m'envoyez. Rien n'arrive d'Angleterre, c'est l'Amérique. Milord Pembroke m'a confirmé qu'il irait à Londres le mois prochain, il y sera fort peu; ne manquez pas à m'envoyer par lui trois ou quatre exemplaires de votre *Richard,* en cas que vous ne trouviez pas une occasion plus prompte. On en a déjà vu ici des extraits dans les papiers d'Angleterre;[11] on dit du bien du style. Je lis un livre charmant, que vous trouveriez peut-être détestable, je vous en ai déjà parlé, c'est un dictionnaire de portraits[12] des gens illustres; on m'a lu ce matin les articles d'Édouard III et d'Élisabeth. Il y a des citations assez longues d'un de vos ouvrages sur les auteurs illustres;[13] je voudrais bien l'avoir, je crains qu'il ne soit pas traduit, et pourquoi ne l'est-il pas?

Vous ne m'avez point mandé si vous aviez remis à M. Craufurd sa boîte. N'est-il pas étonnant qu'il ne daigne pas m'apprendre qu'il l'a reçue? Ah! les Anglais, les Anglais ont bien des singularités!

Je soupe ce soir chez la grand'maman dans un petit comité; M. de Montigny y sera admis, c'est un bon homme; la bonté supplée en lui à l'esprit. Adieu, adieu, je ne sais d'où vient, mais je ne me sens point à mon aise, je ne puis écrire plus longtemps. Vous feriez bien de faire un petit remercîment au Président, je vous en aurai de l'obligation.

La lunette que vous m'avez envoyée n'est point achromatique;

---

10. Raguenet's drawing of the Hôtel de Carnavalet (Mme de Sévigné's former home in Paris) which HW purchased on his first visit to Paris (see *Paris Jour.*) hung in the Breakfast Room at Strawberry Hill, near Carmontelle's drawing of D and the Duchesse de Choiseul ('Description of SH,' *Works* ii. 425–6). It was sold SH xi. 18 for 6 guineas. For its subsequent history, see *Paris Jour., post* v. 304, n. 267.

11. See *London Chronicle* xxiii. 129, 137 (Feb. 1768).

12. See *ante* 17 Feb. 1768.

13. HW's *Catalogue of Royal and Noble Authors,* Strawberry Hill, 1758.

elle n'est point de Dollond[14] de la nouvelle construction; il faudrait qu'elle fût éprouvée par M. Short.[15]

M. de Morfontaine désire d'avoir le catalogue des livres de l'histoire naturelle colorés, qui se trouvent à Londres, et leurs prix.

To Madame du Deffand, Friday 26 February 1768, N° 27

Missing. Written at Arlington Street. Answered, 2 March.

From Madame du Deffand, Wednesday 2 March 1768

N° 25. Paris, ce mercredi 2 mars 1768.

OÙ trouverais-je en France un autre M. Selwyn, et un autre vous? M. Selwyn; c'est donc votre pendant dans vos lettres, comme je suis celui de l'Hôtel Carnavalet dans votre cabinet. Vous vous flattez que votre caractère divertit *la petite!* Oh! en effet rien ne doit plus la divertir. Je conviens que tous les Anglais sont des nouveautés pour moi, et que vous êtes peut-être le seul en qui on peut trouver autant de sincérité, et qu'il ne tient pas à vous que je ne voie clair dans votre façon d'être, dans l'hiéroglyphe Walpole; mais j'avoue ma stupidité, j'ai beau me creuser la tête et chercher dans moi-même (car peut-on chercher ailleurs?) l'intelligence de ce que vous êtes; je n'y comprends rien. Je prends le parti de n'y plus penser, c'est un logogriphe sans mot. Tout ce que je conclus, c'est qu'il faut que vous ayez de l'estime et de l'amitié pour moi, puisque ayant tant d'objets divers qui vous occupent et vous intéressent, vous voulez bien me réserver quelques moments, et que vous ne cherchez point à vous débarrasser d'une correspondance qui, loin de vous divertir, doit vous paraître bien fade.

Je reçus hier au soir vos exemplaires[1] et vos estampes; la distribution en est faite, je n'y ai pas perdu un instant; M. de Montigny soupait hier chez le Président, il m'apporta la caisse qu'il venait de recevoir; je donnai à Mme de Montigny son exemplaire. J'appris par Milord Spencer que Milady Pembroke et l'Idole soupaient chez Mme

---

14. Dollond was noted for his 'triple achromatic object-glasses' (DNB).

15. James Short (1710–68), optician.

---

1. HW's *Historic Doubts*.

Geoffrin, je leur en envoyai à chacune un, parce que la Milady m'avait priée de lui prêter le mien; sitôt qu'elle l'aura lu je l'enverrai à Mme de Meinières; peut-être sera-t-elle tentée de le traduire, sinon elle le donnera à M. Suard; elle prétend qu'il écrit fort bien, et M. de Montigny me l'a confirmé; vous me manderez si c'est votre intention qu'on l'imprime.

Vous ne me parlez plus de la *Cornélie* du Président. Auriez-vous changé d'avis? Je suis bien étonnée de ce que le petit Craufurd, ne m'ayant point écrit, ne vous ait pas du moins chargé de me dire s'il est content de la boîte que je lui ai envoyée, et s'il a reçu la glacière. Mme Greville m'a mandé qu'il était très malade. Pour M. Selwyn, je n'en entends plus parler. Je lui suis très obligée de désirer mon portrait, mais à moins qu'il ne soit gravé, il ne pourra jamais l'avoir; plusieurs personnes ici me le demandent, mais Carmontelle ne veut point m'en donner de copie.

On a peint la grand'maman comme cette demoiselle[2] voulait que fût le portrait de son amant, qui de peur qu'on ne le reconnût ne voulait pas qu'il lui ressemblât. Ce n'était pas l'intention de la grand'maman; j'espère qu'elle me montrera votre lettre,[3] je ne doute pas qu'elle ne soit fort bien.

La Reine se meurt, elle a été administrée ce matin, elle peut cependant vivre encore quinze jours ou trois semaines; c'est le chagrin qui la tue; c'est une maladie dont j'espère que vous ne mourrez jamais. Vous avez tant d'objets dans la tête, et ils circulent si rapidement que vous ne pouvez vous fixer sur aucun.

Je n'ai point deviné le sujet de votre tragédie,[4] vous me feriez plaisir de me l'apprendre; si vous vouliez en traduire quelques scènes et me les envoyer vous me feriez beaucoup de plaisir. Je n'aime point les Héloïses, ni l'ancienne ni la moderne; leurs tendresses, leurs passions ne sont point de mon genre. Il y a des combats, des contradictions que je n'entends point. J'aime Mme de Sévigné, Paméla, Clémentine,[5] quoique cette dernière soit folle. J'aime mieux Paméla que la Princesse de Clèves, et j'en explique la raison dans le portrait que

2. This anecdote is told by HW in *Paris Jour.* v. 355, but the lady is called 'a married woman,' not a 'demoiselle.'

3. HW to Mme de Choiseul 23 Feb. 1768.

4. HW's *Mysterious Mother*, of which fifty copies were printed at Strawberry Hill, 6 Aug. 1768. HW had begun it 25

Dec. 1766, had dropped it, and was now finishing it.

5. The heroine of Richardson's *Pamela*, and the lady Clementina della Porretta, who is the chief rival to the heroine of Richardson's *Sir Charles Grandison*. Lady Clementina's mind is deranged by her misfortunes and by her unsuccessful love

j'ai fait d'elle. Quelque amour que vous ayez pour le naturel, quelque haine que vous ayez pour l'hypocrisie et l'affectation, je crois que tout cela m'est encore plus antipathique qu'à vous. Vous avez cependant l'air de m'en croire capable. Je ne m'en justifierai pas, les paroles ne sont que du vent.

Milord Pembroke partira dans peu de jours, j'espère qu'il pourra vous porter votre Pétrarque; ce volume est d'une grosseur effroyable. Je ferai partir samedi prochain par le courrier de M. du Châtelet la comédie du *Galérien,* je vous enverrai aussi les *Femmes célèbres,* et le *Dictionnaire des hommes illustres,* volume à volume, ainsi cela fera cinq ou six envois.

Je ne doute pas que votre *Richard* réussisse. A-t-il déjà eu des critiques?[6] Mme d'Aiguillon et Mme de Chabot l'ont reçu huit jours avant moi.[7] Je n'ai point vu Mme d'Aiguillon depuis qu'elle l'a lu; je vous manderai tout ce que j'entendrai dire, et puis ce que j'en penserai moi-même quand il sera traduit.

Votre dame Brutus[8] me serait insupportable, j'aime beaucoup ce que vous lui avez dit en la quittant. Vous êtes d'une grande gaîté, je vous en félicite, c'est une marque que vous vous portez fort bien, et que vous êtes content de tout ce qui vous environne. Vous dites que mon imagination est plus abstraite que la vôtre; je n'en sais rien, je n'en crois rien, mais je me garderai bien de disserter sur cela; tout ce que je sais c'est qu'elle est bien moins gaie, et ne me rend pas aussi heureuse; je tâche de me distraire de moi-même, mais aucun objet ne m'en facilite le moyen; je ne trouve ni convenance ni rapport avec personne, non, avec personne sans aucune exception, pas même avec M. Selwyn. Adieu.

J'oubliais le taffetas de la grand'maman; il a été confié, m'avez-vous dit, à un M. de Gouvernet;[9] ce joli monsieur a passé par la

---

for Sir Charles. D wrote 'portraits' of Pamela and 'Mr B.' in her MS *Recueil de divers ouvrages.* See her criticism of Richardson, to Voltaire 28 Oct. 1759 (Voltaire, *Œuvres* xl. 205). Her copy of *Clarissa* (9 vols) was chosen, after her death, by the Prince de Beauvau (see Appendix 2).

6. Guthrie's unfavourable review appeared in *The Critical Review,* Feb. 1768 (Series i. vol. 25, pp. 116–26).

7. Presumably, HW sent them their copies, but the accompanying letters are missing.

8. This reference is to an anecdote told

by HW in a missing letter. HW called Mann 'Brother Brutus' in a letter to him, 2 Dec. 1767, but 'dame Brutus' is unknown.

9. Probably R.-L. de la Tour du Pin de Gouvernet, mentioned in 1769 in the *Archives de la Bastille* (see *Catalogue de la Bibliothèque de l'Arsenal; Archives de la Bastille,* 1892–4, ii. 582). He was probably Louis-René de la Tour du Pin de Gouvernet (ca 1731–84) (Albert, Vicomte Révérend, *Titres . . . de la Restauration,* 1901–6, iv. 214).

Hollande; il y a volé un diamant et 18,000 francs, et sans doute le taffetas; il est actuellement à la Bastille.

Je crois qu'à l'avenir je ne vous répondrai plus sur-le-champ et que j'attendrai que je sois en disposition d'écrire.

From MADAME DU DEFFAND, Thursday 3 March 1768

Ce jeudi 3 mars 1768.

LA folle raisonnable envoie au philosophe extravagant *L'Honnête criminel;* si cette brochure est exactement rendue on se servira de cette même voie pour envoyer toutes celles qu'on croira qui en vaudront la peine. On se flatte par ce secours soutenir une correspondance qui nécessairement ne pourrait manquer de devenir fort languissante. Qu'est-ce que peuvent être des lettres n'étant pas écrites du premier mouvement? Que peut-on dire quand il faut s'observer, et comment ne pas s'observer quand on a l'expérience qu'on a déplu, scandalisé, refroidi, et même dégoûté par les choses qu'on s'imaginait devoir plaire, et mériter l'estime, l'amitié et la confiance? Quand on n'exigeait rien, qu'on ne demandait rien, et que tous les désirs se bornaient à être sans inquiétude sur la santé, n'avait-on pas droit d'espérer qu'on n'intenterait pas un procès, et qu'on serait à l'abri d'interprétations folles et absurdes, et qu'au lieu de marques de reconnaissance, on ne s'entendrait pas dire les choses les plus dures et les plus désobligeantes. Enfin, enfin, on ne veut point passer pour folle ou ridicule. Il n'y a point d'attachement, quelque tendre et sincère qu'il puisse être, qui soit à l'épreuve des secousses. Tout cela se dit sans animosité, sans colère, mais dans l'intention de ne rien garder sur le cœur et de vivre dans la suite en bonne intelligence et en paix.

L'Idole a reçu son exemplaire, comme accoutumée à de pareils hommages, sans empressement, sans dédain; on a des lectures à faire, quand elles seront faites, on lira *Richard*.

La belle Comtesse[1] m'en a écrit la plus belle analyse du monde; mes faibles lumières ont cru démêler dans sa sublimité qu'elle était contente. La Duchesse[2] l'est aussi. Pour moi, je ne suis que prévenue en attendant la traduction.

1. Mme de Forcalquier.   2. Mme d'Aiguillon.

J'aurais bien une petite histoire à vous raconter qui m'a un peu fâchée, mais ma confiance est un peu affaiblie; il faut se flatter qu'on s'intéresse à nous pour oser raconter des bagatelles.

La Reine fut administrée hier matin, elle eut avant une conversation très touchante avec le Roi; elle lui dit que malgré toutes les fautes qu'elle avait à se reprocher, elle avait une grande confiance en la miséricorde de Dieu, et que si elle avait le bonheur de le voir la seule grâce qu'elle lui demanderait, serait de lui donner une longue vie, et qu'elle lui prédisait qu'elle l'obtiendrait; elle ne lui a pas dit un mot de conversion, de sanctification, etc., etc.

Je reçois des lettres immenses[3] de M. de Grave. Ah! que cet homme vous sert bien; ce n'est qu'affection, que tendresse, empressement, regret. Oh! la belle leçon qu'il me donne! On a bien raison de dire que l'exemple fait plus que la parole. Il me fait bien connaître que rien n'est plus ennuyeux que ce genre de lettre pour qui les reçoit de sangfroid. Le pauvre homme se tourmente pour avoir trente-trois lettres de Mme de Sévigné qui ne sont point imprimées, et qui sont écrites de sa propre main; il prétend vous en faire présent. Pour moi, je me lave les mains de tous les soins qu'il se donne. Je me suis trop mal trouvée de ceux que j'ai pris pour vous en faire avoir une.

Cette lettre est [un] subrécot; il me semble qu'elle vaut mieux que celle que je vous écrivis hier, je me suis sentie aujourd'hui plus à mon aise en vous écrivant, et je vous ai dit à peu près tout ce que je voulais vous dire.

Ayez la complaisance, je vous en supplie, de me raconter le sujet de votre tragédie, et d'en traduire quelques scènes; j'en ai une curiosité inexprimable.

P.S.—Je viens de recevoir par le Chevalier Lambert[4] une livre de thé et une lettre de M. Selwyn.[5] Il demande une copie de mon portrait; j'y consens volontiers. En ce cas il faudrait à la place de Mme de Choiseul mettre un petit laquais ou tel autre personnage qui me présente un petit chien ou une tasse de thé; comme vous voudrez, selon votre bon plaisir.[6]

Le Président vient d'avoir un étourdissement, il en eut encore un

3. Missing.
4. Sir John Lambert (1690–1772), 2d Bt, banker at Paris.
5. Missing. HW gave Selwyn a copy of D's portrait (see HW to Selwyn ? 1768).

6. The Prince de Beauvau had a copy made of the Carmontelle portrait, in which a footman is presenting D with a portrait of Beauvau himself (see HW to Mary Berry 26 Sept. 1793).

dimanche dernier, mais Mme de Jonzac m'assure que ce n'est rien; j'ajouterai demain à cette lettre l'état où je l'aurai trouvé ce soir.

Ce vendredi 4, à 9 heures du matin.

Je trouvai hier le Président dans son lit, sans fièvre, mais fort assoupi. Je viens d'envoyer chez lui, et en attendant de ses nouvelles j'ai relu la lettre que je vous écrivis hier; peut-être ferais-je bien de la jeter au feu, mais je suis comme Pilate, ce qui est écrit est écrit;[7] il me semble qu'à l'avenir j'en serai plus à mon aise, vous ne trouverez jamais un mot affectueux dans mes lettres; mais à votre tour n'en mettez aucun dans les vôtres qui puisse me désobliger, et surtout ne me priez point de vous écrire comme à M. Selwyn. Voilà une lettre pour lui[8] que vous lui rendrez, il y a plus de tendresses que je ne vous en marquerai jamais, et si je vous disais les mêmes choses que je lui dis, je serais perdue sans retour. Vous n'avez plus d'importunité à craindre excepté la demande que je vous ai faite et que je vous réitère sur votre tragédie.

Le taffetas de la grand'maman est certainement perdu. Je ne vous renverrai point votre lunette, je l'ai donnée hier à Monsieur de Toulouse, avec une de Dollond que M. de Montigny m'a fait avoir, ainsi il ne m'en faut point d'autres. Adieu, il me semble que je ne dois point vous appeler mon tuteur; quand je veux proférer ce mot je sens quelque chose qui m'arrête, je ne sais pas quoi. Je ne finirai pourtant pas cette lettre sans vous dire un petit mot d'amitié. Ne vous effarouchez pas; je voudrais être votre grand'mère: le voilà dit; êtes-vous fâché?

Le Président a fort bien passé la nuit et se porte fort bien ce matin.

To Madame du Deffand, Friday 4 March 1768, N° 28

Fragment, B i. 206 n. Probably written at Arlington Street. Answered, 8 March.

JE n'ai rien à dire à l'excommunication de M. de Parme,[1] je ne me soucie guère ni de lui ni du Pape. Bientôt ce sera comme si Jupiter défendait l'entrée du Capitole à l'Évêque de Londres. Votre Pape[2] est une vieille coquette qui par bienséance congédie un amant qui l'avait quittée.

7. See *ante* 2 Aug. 1767.
8. Missing.

1. See *ante* 23 Feb. 1768.
2. Clement XIII (1693–1769).

From Madame du Deffand, Tuesday 8 March 1768

Entirely in Colmant's hand; HW has inserted 'Numéro 26.'

Ce mardi 8 mars, à 7 heures du matin.

J'AIME mieux commencer à vous écrire aujourd'hui; je continuerai demain, après avoir reçu votre lettre.[1] Je vais déblayer d'abord tout ce que j'ai à vous apprendre; et demain il ne me restera qu'à répondre à la lettre que je compte recevoir; si elle n'arrive point celle-ci ne partira que lundi; vous n'en chômerez pas pour cela, vous en aurez reçu une hier ou aujourd'hui par le courrier de M. du Châtelet, avec une pour M. Selwyn et une comédie. Les Milords Pembroke et Spencer partent aujourd'hui ou demain, ils sont chargés d'un énorme volume[1a] pour vous; il est in-quarto et c'est un billot. Je serais bien fâchée d'être condamnée à le lire. Ils ont aussi un paquet pour Mme de Greville; c'est un méchant petit tabac qu'elle aime; vous me ferez plaisir si vous voulez bien vous informer si elle l'aura reçu. M. de Cucé, qu'on appelle aujourd'hui M. de Boisgelin, part avec les Milords; je lui ai donné deux brochures pour vous; ce sont les *Femmes célèbres du siècle de Louis Quatorze;* cela se laisse lire; le *Dictionnaire des portraits des gens illustres* vaut beaucoup mieux, il y a trois gros in-douze de six à sept cents pages chacun.[1b] Je ne l'ai point encore fini, je vous l'enverrai volume à volume; le Milord est un peu effrayé de celui dont je l'ai chargé.

J'aime beaucoup la Milady;[2] plus je la vois plus je la trouve aimable; sa simplicité, son naturel, sa douceur, sa modestie, ont quelque chose de piquant; sans être vive, elle est animée, elle a de la justesse dans les jugements qu'elle porte, je lui crois du discernement; sa politesse, toutes ses manières sont extrêmement nobles; j'ai le projet d'aller souper dimanche à son hôtel garni, entre elle et ma bonne amie Lloyd; si j'en reviens sans que mes poignets soient démis, je vous prierai d'en rendre grâce à Dieu.

Vous me demandez sans doute pourquoi je vais un dimanche souper dehors; c'est, Monsieur, sauf votre respect, qu'on vide les lieux du couvent. Il y a aujourd'hui huit jours que cela est commencé, et

---

1. *Ante* 4 March 1768 (missing).

1a. Probably the Abbé de Sade's *Vie de Pétrarque.*

1b. D's copy was in 27 vols (see Appendix 2).

2. Lady Pembroke. D writes to Crau-

furd, 19 March 1768: 'Je suis charmée de Milady Pembroke . . . Je lui trouve de l'esprit; elle parle peu, mais je suis persuadée qu'elle pense beaucoup, qu'elle est pénétrante, sensible, et raisonnable . . .' (S–A i. 156).

cela en durera peut-être encore autant. Vendredi dernier je n'eus point le souper de Mme de Luxembourg; le dimanche suivant j'empruntai l'appartement de Mlle de Courson³ qui est sur la rue; j'y reçus ma compagnie; je tâcherai d'obtenir encore qu'elle me le prête pour vendredi; le grand Abbé m'écrivit hier que la grand'maman arriverait demain à onze heures du soir, qu'elle me donnerait à souper si cela me convenait, que le petit-fils⁴ m'en demandait pour vendredi à la même heure, avec quatre ou cinq personnes qu'il me nomme; qu'il voulait que je lui donnasse du punch dans la belle jatte,⁴ᵃ dont vous vous souvenez bien qu'il m'a fait présent, et puis le samedi je souperai encore chez la grand'maman, dans le petit comité ordinaire.

Ah! j'ai bien d'autres choses à vous dire; j'ai pris la copie de votre lettre⁵ à la grand'maman, elle est tout au mieux. Elle l'a fait voir à son époux; lui, elle, le grand Abbé, et moi nous en sommes charmés; vous avez assez d'esprit, assez d'idées, assez d'âme.

La grosse Duchesse me dit hier qu'on avait déjà traduit votre préface;⁶ elle me dit de deviner qui c'était. 'Ha! Madame, le Chevalier de Redmond.'—'Cela est vrai.'

Adieu jusqu'à demain ou dimanche.

Ce jeudi matin 10 mars.

Je n'ai point eu de lettre hier; je ne doute pas que ce ne soit parce qu'il n'y a point eu de courrier. J'espère en recevoir aujourd'hui, mais comme ce ne sera que sur les deux ou trois heures, et que la poste part à dix du matin, il faut que je fasse partir la mienne tout à l'heure, ou bien elle ne partirait que lundi.

Je soupai hier au soir avec la grand'maman, le grand Abbé, le petit oncle,⁷ et le provençal Castellane; la grand'maman me redemanda votre lettre, à laquelle elle veut répondre et à la précédente.

3. Probably Mlle Coignet de la Thuillerie de Courson (b. ca 1724) who was suggested as a wife for D's nephew in 1745 (Pierre-Marie-Maurice-Henri, Marquis de Ségur, *Esquisses et récits*, [1908], p. 64) and was unmarried in 1764 (C–D). HW met her once in Paris (*Paris Jour.*). See also W. H. Smith, *Letters to and from Mme du Deffand . . .*, New Haven, 1938, pp. 66–8, 72. She was still living in the convent at the time of the Revolution (see Eugène Asse, *Mlle de Lespinasse et la Marquise du Deffand*, 1877, p. 24).

4. The Duc de Choiseul, who had called himself D's grandson, instead of grandfather as he usually did (see *ante* 12 Jan. 1768).

4a. Bequeathed by D to the Prince de Beauvau (see Appendix 2).

5. Wiart's copy of HW's letter to Mme de Choiseul, 23 Feb. 1768. This copy was among the papers bequeathed by D to HW.

6. The preface to HW's *Historic Doubts*.

7. The Baron de Thiers, uncle of Mme de Choiseul.

Le souper de demain chez moi subsiste toujours. Je désire qu'il soit gai, mais je n'en réponds pas; je voudrais que nous eussions l'Évêque d'Orléans, et que nous puissions faire un souper comme nous en fîmes un avec lui la semaine passée chez la grand'maman; mais nous serons tous demain des personnages assez tristes, excepté le grand Abbé, qui est toujours de bonne humeur; vous paraissez être de même, quand vous ne grondez pas.

Vous voudriez que les jours aient deux fois vingt-quatre heures, à ce que vous avez mandé dans votre dernière lettre. Je me contenterais que les miens fussent de dix, à la condition encore d'en dormir huit; voilà la différence qu'il y a d'une bête brute à un grand esprit.

Vous ne vous mêlerez plus de rien; vous ne vous intéresserez plus à rien; ah! mon Dieu, que cela est faux; vous n'irez plus au Parlement,[8] mais vous n'en serez pas moins occupé de tout ce qui se passera.

Il faudra que vous renvoyiez à la grand'maman du taffetas, l'autre est perdu; il en est arrivé de même d'une livre de thé que M. Selwyn m'annonçait; j'en devais recevoir deux, et je n'en ai reçu qu'une. Dites-lui, je vous supplie, et que ce dernier thé n'est point bon, j'aime bien mieux qu'il fût plus cher, et qu'il m'ait du meilleur. Il s'était chargé de faire avoir deux petites boîtes à thé à Mme de Mirepoix, pareilles à une dont il lui avait fait présent; je le prie d'en faire l'emplette, de les mettre sur mon mémoire. Il a dix-sept louis à moi, et quand il reviendra à Paris nous ferons nos comptes.

Adieu; comme ce n'est pas Wiart qui écrit cette lettre je ne sais quel en doit être le numéro, vous pourrez y suppléer si vous le voulez.[9]

To Madame du Deffand, Friday
11 March 1768, N° 29

Fragment, B i. 210 n. Probably written at Arlington Street. Answered 16 March.

L'HONNÊTE *criminel* me parait assez médiocre. La religion protestante n'y a que faire. Je m'étais attendu à quelque dénouement beaucoup plus intéressant. Je ne suis pas même charmé du Baron d'Olban, qui a trouvé grâces à vos yeux. Il me semble qu'il ne

---

8. HW had announced his intention to retire from Parliament (see HW to William Langley 13 March 1767).

9. He did so.

dit rien que de fort commun. Mais ce que je trouve détestable c'est le langage, qui est partout d'un prosaïque bas et même rampant. Ma propre tragédie[1] a de bien plus grands défauts, mais au moins elle ne ressemble pas au ton compassé et réglé du siècle. Je n'ai pas le temps de vous en parler aujourd'hui, et je ne sais pas si je dois vous en parler. Il ne vous plairait pas assurément; il n'y a pas de beaux sentiments. Il n'y a que des passions sans enveloppe, des crimes, des repentirs, et des horreurs. Il y a des hardiesses qui sont à moi, et des scènes très faibles, et très longues qui sont à moi aussi; du gothique que ne comporterait pas votre théâtre, et des illusions qui devraient faire grand effet et qui peut-être n'en feraient aucun. Je crois qu'il y a beaucoup plus de mauvais que de bon, et je sais sûrement que depuis le premier acte jusqu'à la dernière scène l'intérêt languit au lieu d'augmenter; peut-il [y] avoir un plus grand défaut?

From Madame du Deffand, Friday 11 March 1768

Up to 'Ce samedi,' this is in Colmant's hand; it is finished by Wiart.

N° 27. Ce vendredi 11e mars.

AH! mon Dieu, quelle aventure[1] vous venez de me raconter! Quel affreux danger vos parents ont couru! et dans quelle inquiétude doivent-ils être jusqu'à ce qu'ils aient découvert les coupables! Et votre tête, votre tête, comment s'en trouve-t-elle? Je vois d'ici votre trouble et votre effroi.

Pourquoi veut-on absolument que ce soit un vol domestique? ne pourrait-ce pas être un ouvrier, un marchand, etc.?

M. Conway s'est ôté un des moyens de découvrir les voleurs en disant qu'il avait le numéro d'un de ses billets; ils se dénonceraient eux-mêmes s'ils le portaient à la banque pour le faire payer. Je m'intéresse infiniment à cette histoire, ne m'en laissez pas ignorer la suite, ni même aucunes circonstances.

Votre lettre au Président[2] est charmante; je la lui envoyai hier

---

1. HW's *Mysterious Mother*.

———

1. One of the Duke of Richmond's servants had stolen money from Conway's house, and had set fire to the house in an unsuccessful attempt to conceal the robbery (see HW to Mann 8 March 1768, also *Whitehall Evening Post*, 8–10 March 1768,

and *London Chronicle* xxiii. 214, 226, 234, 238, 454, 3 March, 7 March, 9 March, 10 March, 12 May 1768). The guilty servant, James Sampson, was executed, 11 May 1768 (John Heneage Jesse, *George Selwyn and his Contemporaries*, 1882, ii. 267).

2. HW to Hénault 4 March 1768 (missing).

sitôt que je l'eus reçue. Je saurai aujourd'hui comment il l'aura trouvée; ne craignez point que je vous engage à aucune correspondance; je consentirai très volontiers que vous vous borniez à la mienne; je ne suis pas d'humeur à jeter mon bien par la fenêtre. Écrivez à la grand'maman,[3] à la bonne heure; elle en est digne. Je suis très fâchée que vous soyez si mécontent de son portrait, mais vous avez toute raison. J'ai tenté d'obtenir qu'elle le fît retoucher, ou qu'on en fît un autre; elle ne le veut pas; c'est une complaisance qu'elle a eue, on ne saurait insister à lui demander qu'elle la répète; ainsi donc au lieu d'un joli et charmant tableau vous n'en aurez qu'un de fantaisie, bizarre et baroque, mais assez assorti au goût qui domine dans votre château.

M. Craufurd est étonnant;[4] ce n'est point anglais qu'il est, c'est iroquois, c'est hottentot; le charmant ami que j'aurais eu si je m'étais attachée à lui. Ah! Socrate, Socrate, et plus bas Walpole, que vous connaissez bien les hommes! Bientôt je me distinguerai parmi vos disciples.

J'ai gardé le secret à tout le monde de mon souper de ce soir. Si on l'apprend ce ne sera pas par moi; on est si bête, qu'on me soupçonnerait aisément d'une sotte vanité. Je vous manderai demain comment se sera passée ma soirée. Je passai celle d'hier chez M. de Creutz. Nous étions quinze, et il lui manqua neuf personnes. Je suis sa favorite; il me communique ses pensées, ses réflexions, etc. Il a écrit à un de ses amis une définition, un portrait m'a-t-il dit, de Madame la Duchesse de Choiseul: *C'est la raison, métamorphosée en ange, qui persuade avec volupté*. Hé bien! mon tuteur, diriez-vous aussi bien que cela? Convenez de la différence qu'il y a d'un Anglais, simple et naturel, à un Suédois sublime.

Adieu, jusqu'à demain; je vais tâcher de dormir.

Ce samedi.

Le souper s'est assez bien passé, sans grande gaîté ni sans trop de sérieux. On m'a demandé de vos nouvelles, quand on vous reverrait; j'ai dit ce que j'en savais, et par conséquent vous savez ma réponse.

J'avais vu le Président l'après-dîner; votre lettre l'a comblé de joie et de gloire, mais voilà qui est fait, voilà la dernière complaisance que j'exigerai de vous dans ce genre. Envoyez du taffetas à la grand'

---

3. HW did not write to Mme de Choiseul between 23 Feb. and 13 July 1768.

4. For ignoring D's letters and gifts.

maman, faites-vous dire par l'ambassadeur ou par M. Francès quand ils font partir des courriers pour M. de Choiseul, et chargez-les de l'apporter à la grand'maman.

J'ai lu votre préface, traduite par le Chevalier de Redmond; j'en suis on ne peut pas plus contente et je la relirai une seconde fois.

Un monsieur Ward[5] (je ne sais si vous le connaissez) est parti aujourd'hui. Il s'est chargé d'une brochure[6] en trois gros volumes; si elles vous ennuient vous en serez quitte pour ne les point lire, et si elles vous amusent j'aurai bien fait de vous les envoyer.

La Reine va beaucoup mieux, on disait hier qu'on entrevoyait quelque lueur d'espérance; pour moi je n'en prends point, c'est ma manière de mettre toujours tout au pis, et malheureusement, malheureusement je ne me trompe guère. Je continuerai peut-être demain cette lettre.

Ce dimanche matin.

Je soupai hier chez la grand'maman, nous étions dix. Plus il y a de parts à un gâteau plus elles sont petites; cela ne peut être autrement; il ne faut pas s'en plaindre, mais j'ai sans cesse occasion de penser que Socrate et vous avez bien raison.[7] Voici une aventure qui confirme qu'il n'y a rien de permanent et de stable sous le soleil. Voltaire a chassé, ou a été abandonné de sa nièce Mme Denis,[8] de M. Dupuits et de sa femme, qui est Mlle Corneille, de M. et de Mme de la Harpe,[8a] qui étaient établis chez lui depuis environ un an. Il y a beaucoup de versions différentes sur cet événement; quand j'en saurai à peu près la vérité je vous en instruirai.[9]

Tout concourt à faire trouver ce monde-ci épouvantable, mais vous ne voulez point de lettres tristes, vous voulez qu'on ne vous donne que des roses et qu'on avale les épines; vous ne pouvez pas recevoir

---

5. Corrected by HW from Wiart's 'Hoüar.' Not identified. See Selwyn to Carlisle 17 Jan. 1768 in Historical MSS Commission, Report xv, Appendix vi. 230.

6. Probably *Dictionnaire des portraits historiques* (see *ante* 17 Feb. 1768).

7. See above, and *ante* 18 Jan. 1767.

8. Marie-Louise Mignot (ca 1712–90), m. (1) (1738) Nicolas-Charles Denis; m. (2) (1780) Nicolas (?François) Duvivier; her mother was Voltaire's sister (*Journal de Paris*, 1790, ii. 1026; Rosenthal-Singourof, 'La Nièce de Voltaire,' *Revue hebdomadaire*, 12 Nov. 1938, pp. 222–37; Henry Roujon, *En Marge du temps*, 1909, p. 129).

8a. Marie-Marthe Monmayeux (d. 1794) m. (1764) Jean-François de la Harpe, divorced 1793 (Gabriel Peignot, *Recherche . . . sur . . . M. de la Harpe*, Dijon, 1820, pp. 21, 120).

9. See *post* 21 March 1768. La Harpe had offended Voltaire by publishing *La Guerre de Genève*, Canto II, against Voltaire's wishes. Voltaire wrote to Mme de Saint-Julien, 4 March 1768, that Mme Denis and Dupuits had gone to Paris 'pour arranger de malheureuses affaires que vingt ans d'absence avaient délabrées' (Voltaire, *Œuvres* xlv. 549).

de moi les premières, et je me garderai bien de vous donner les autres. Je me suis fait relire votre préface; j'en suis charmée, et je trouve que le Chevalier de Redmond a surpassé de beaucoup l'opinion que j'avais de lui. Vous établissez fort bien les raisons de douter.[10] J'attends la traduction du reste avec impatience.

Mais votre tragédie,[11] j'ai un grand désir d'en voir quelques scènes; accordez-moi cette grâce si elle ne vous coûte pas trop.

Ce dimanche, à 6 heures du soir.

Je m'attendais, je l'avoue, à recevoir aujourd'hui une lettre de M. Craufurd; je me suis trompée. Vous serez accablé des miennes et de brochures, mais vous en serez quitte pour ne pas lire les unes et pour ne pas répondre aux autres. Mme du Châtelet[11a] m'a fait dire qu'il partait un courrier, et je n'ai pu résister à profiter de l'occasion. Je vous envoie donc un opéra-comique,[12] sur lequel la grand'maman et moi sommes en dispute; elle le trouve détestable, et moi assez bon, si ce n'est qu'il est un peu moral pour ce genre de théâtre. J'attends avec impatience la suite de l'histoire de M. Conway. Envoyez, si vous le pouvez, par le même courrier qui vous rendra cette lettre, le taffetas de la grand'maman, à son adresse ou à la mienne, cela est égal. Je me contenterai de deux ou trois exemplaires de *Richard*. Adieu.

From Madame du Deffand, Wednesday 16 March 1768

Address: To Monsieur Monsieur Horace Walpole in Arlington Street near St James's *London Angleterre.*
Postmark: MR21

N° 28. Paris, ce mercredi 16 mars 1768.

EN vérité, si je voyais votre lettre du 11 entre toutes autres mains que les miennes, j'en rirais de bon cœur; votre insolence et votre gaîté y sont tout à leur aise. Je vous attraperais bien si je faisais cesser notre correspondance, vous perdriez un des plus grands plaisirs que vous puissiez avoir, celui de dire avec un ton délibéré toutes les folies qui vous passent par la tête. J'eus la sottise hier de me

---

10. The accepted opinion of Richard III's character.

11. *The Mysterious Mother.*

11a. Diane-Adélaïde de Rochechouart (d. 1794), m. (1751) Louis-Marie-Florent, Comte (later Duc) du Châtelet; both were guillotined in the Revolution (Henri-Alexandre Wallon, *Histoire du tribunal révolutionnaire,* 1880–2, iii. 303).

12. Probably Charles Collé's *Île sonnante* (see *Journal encyclopédique,* 1 Feb. 1768, pp. 108–16).

fâcher à la lecture de votre lettre,[1] mais en la relisant ce matin elle m'a fait un effet bien différent; le portrait que vous faites de vous-même me fait regretter de ne pouvoir pas juger s'il est fidèle; avec le jaune, les rides et la maigreur, vous devez avoir quelque chose de fol dans la physionomie; car, Monsieur, vous devez savoir qu'il n'y en a point de trompeuse; mais comment mon portrait vous a-t-il permis de me dire tant d'impertinences? osez-vous, en le regardant, vous moquer d'une aussi jeune et belle dame? En vérité vous n'y pensez pas. Vous allez donc vous adonner aux bals; on me lisait hier dans les *Mémoires* de Gourville,[1a] qu'on le trouva avec son maître à danser, qui lui apprenait la courante, quand on vint l'arrêter pour le mettre à la Bastille. Plusieurs années après, étant exilé en Angoumois, il donnait des bals, s'adonnait à la danse; il se tirait bien de toutes, ex- cepté de la courante, qu'il n'avait point rapprise depuis la Bastille. Si vous n'avez point lu ces *Mémoires,* lisez-les; il y a des endroits très divertissants. Ah! je voudrais bien vous faire lire ce que je lis actuel- lement et que le petit-fils m'a prêté; ce sont des lettres de Mme de Maintenon à Mme des Ursins,[2] depuis 1706 jusqu'au second mariage de Philippe V:[3] il ne tiendra qu'à vous de les lire.

Vous ne me faites point perdre l'envie de lire votre tragédie,[4] tout au *con-traire,* traduisez-m'en du moins quelque chose. Je m'attends à des reproches au lieu de remercîments, pour les brochures que je vous ai envoyées; vous avez déjà reçu le *Galérien.* Vous avez beau dire, le Marquis d'Olban est un très bon homme, c'est faire le délicat que de n'en être pas content. J'ai assisté hier à la lecture du *Joueur,*[5] à l'imitation de l'anglais; tout le monde y a fondu en larmes, excepté moi: je l'ai trouvée très ennuyeuse; quand elle sera imprimée, vous l'aurez; c'est mon affaire que de calmer votre gaîté.

1. B says that his letter was already miss- ing when she prepared her edition.

1a. Jean Hérault de Gourville (1625– 1703). His *Mémoires,* which had been praised by Mme de Sévigné, were pub- lished in 1724.

2. The letters of Françoise d'Aubigné (1635–1719), Marquise de Maintenon, m. (1) (1652) Paul Scarron; m. (2) (1684) Louis XIV, to Anne-Marie de la Trémoïlle (ca 1641–1722), Princesse des Ursins, m. (1) (1659) Adrien-Blaise de Talleyrand, Prince de Chalais; m. (2) (1675) Flavio Orsini, Duke of Bracciano. The letters of Mme des Ursins to Mme de Maintenon were copied in D's MS *Recueil de lettres,* bequeathed by D to HW.

3. Philip V (1683–1746), King of Spain 1700–46, m. (2) (1714) Elizabeth Farnese of Parma (1692–1766).

4. *The Mysterious Mother* (see *ante* 11 March 1768).

5. *The Gamester* (1753), by Edward Moore (1712–57) was imitated in a play by Bernard-Joseph Saurin (1706–81) printed at Paris, 7 May 1768, called *Béverlei, tragédie bourgeoise imitée de l'anglais.* A translation of *The Gamester,* by the Abbé Bruté de Loirelle, had al- ready appeared at Paris in 1762 (Bibl. Nat. Cat.).

Je suis bien fâchée que mon amour-propre soit intéressé à cacher votre lettre; si vous m'y traitiez un peu moins mal, que vous ne me rendissiez pas un personnage si ridicule, j'aurais beaucoup de plaisir à la montrer à la grand'maman, avec qui je soupe ce soir.

J'ai reçu une lettre du petit Craufurd en même temps que la vôtre, j'en suis fort contente; il dit qu'il est toujours fort malade, mais à son style, je juge qu'il se porte mieux; il croit que son père[6] ne sera pas des nouvelles élections, et apparemment ni lui non plus;[7] j'aime bien mieux que vous soyez danseur que sénateur.

Adieu, *mon mignon* cela répond à *m'amie*;[8] dansez toujours et ne grondez jamais. Je ne trouve plus rien à vous dire; il faut que le ton élégiaque me soit plus naturel que le bouffon; mais patience, peut-être cela changera-t-il.

Vraiment j'allais oublier quelque chose que j'ai fort à cœur, c'est que vous me fassiez avoir la recette de la gêlée d'orange; le nombre d'oranges, la quantité de sucre, d'eau et de corne de cerf. Le cuisinier de Mme de Guerchy m'en fit un petit plat l'autre jour, excellent à la vérité, mais qui coûta un louis; il faut savoir aussi le temps de la cuisson.

To Madame du Deffand, Friday
18 March 1768, N° 30

Missing. Probably written at Arlington Street. Answered, 23 March.

From Madame du Deffand, Monday 21 March 1768

N° 29. Paris, ce lundi 21 mars 1768,
à 3 heures après midi.

MLLE SANADON dîne en ville; je me suis fait lire toute la matinée, je ne sais que faire; par désœuvrement, pour chasser l'ennui, je vais vous écrire tout ce qui me passera par la tête; ce ne sera pas grand'chose, et sur cette annonce je vous conseille de jeter ma lettre au feu sans vous donner l'ennui de la lire.

6. Patrick Craufurd (d. 1778), M.P. for Edinburgh, 1741, 1747, and for Renfrew, 1761 (Sir John Bernard Burke, *Landed Gentry*, 1851, i. 277).

7. John Craufurd was made M.P. for Old Sarum in 1768, and for Renfrew, 1774 (ibid.).

8. Mr Walpole had thus called her in the letter to which this is the reply (B).

Mes soupers des dimanches sont déplorables, j'en faisais hier la réflexion; je me tourmente pour avoir du monde, nous étions douze, il n'y avait personne que j'écoutasse ni dont j'eusse envie de me faire écouter, et cependant, je l'avoue, j'aime bien mieux cela que d'être seule. Je n'ai point mal dormi cette nuit, et ce matin j'ai lu une trentaine de lettres de Mme de Maintenon. Ce recueil est curieux, il contient neuf années, depuis 1706 jusqu'à 1715. Je persiste à trouver que cette femme n'était point fausse, mais elle était sèche, austère, insensible, sans passion; elle raconte tous les événements de ce temps-là, qui étaient affreux pour la France et pour l'Espagne, comme si elle n'y avait pas un intérêt particulier; elle a plus l'air de l'ennui que de l'intérêt. Ses lettres sont réfléchies; il y a beaucoup d'esprit, d'un style fort simple; mais elles ne sont point animées, et il s'en faut bien qu'elles soient aussi agréables que celles de Mme de Sévigné. Tout est passion, tout est en action dans celles de cette dernière, elle prend part à tout, tout l'affecte, tout l'intéresse: Mme de Maintenon, tout au contraire, raconte les plus grands événements, où elle jouait un rôle, avec le plus parfait sang-froid; on voit qu'elle n'aimait ni le Roi, ni ses amis, ni ses parents, ni même sa place. Sans sentiment, sans imagination, elle ne se fait point d'illusions, elle connaît la valeur intrinsèque de toutes choses, elle s'ennuie de la vie et elle dit: *il n'y a que la mort qui termine nettement les chagrins et les malheurs.*[1] Un autre trait d'elle qui m'a fait plaisir: *il y a dans la droiture autant d'habileté que de vertu.*[2] Il me reste de cette lecture beaucoup d'opinion de son esprit, peu d'estime de son cœur, et nul goût pour sa personne; mais, je le dis, je persiste à ne la pas croire fausse. Autant que je puis vous connaître, je crois que ces lettres vous feraient plaisir; cependant je n'en sais rien, car depuis feu Protée, personne n'a été si dissemblable d'un jour à l'autre que vous l'êtes.

Vous avez actuellement votre Pétrarque, je ne comprends pas qu'on puisse faire un aussi gros volume à son occasion. Le fade auteur! que sa Laure était sotte et précieuse! que la cour d'amour était fastidieuse! que tout cela était recherché, *aguinaché,* maniéré! et tout cela vous plaît! Convenez que vous savez bien allier les contraires.

On joue cette semaine cinq comédies chez Mme de Villeroy, peut-

---

1. '. . . je trouve qu'il n'y a que la mort qui finisse bien nettement toutes les peines . . .' (Mme de Maintenon to Mme des Ursins 8 April 1709, *Lettres de Mme de Maintenon,* 1826, i. 407).

2. '. . . il me semble qu'il y a autant d'habileté dans la droiture qu'il y a de vertu . . .' (Mme de Maintenon to Mme des Ursins 19 Jan. 1707, ibid. i. 76).

être irai-je demain si je me porte bien et si je n'ai rien à faire: peut-être souperai-je avec la grand'maman chez Mme d'Anville. Cette femme ne vous déplairait peut-être pas, elle n'a pas les grands airs de nos grandes dames, elle a le ton assez animé, elle est un peu entichée de la philosophie moderne: mais elle la pratique plus qu'elle ne la prêche.

Madame la Duchesse d'Antin[3] mourut hier; c'était la sœur de feu M. de Luxembourg. Cette perte sera très indifférente à la Maréchale,[4] à moins qu'elle ne l'empêche d'aller voir aujourd'hui jouer le *Galérien* chez Mme de Villeroy.

J'eus il y a deux jours la visite de Mme Denis et de M. et Mme Dupuits;[5] ils disent qu'ils retourneront dans deux ou trois mois retrouver Voltaire, qui les a envoyés à Paris pour solliciter le payement d'argent qui lui est dû: ils pourraient bien mentir, je n'ai pas assez de sagacité pour démêler ce qui en est; il y a des choses plus intéressantes que je ne cherche point à pénétrer; tout ce qui me paraît difficile à comprendre, je l'abandonne.

Adieu. Je ne sais quand je reprendrai cette lettre ni même si je la continuerai.

Ce mardi 22.

Oh! oui, je la continuerai, parce que la demoiselle Sanadon dîne encore dehors.

La Maréchale ne fut point hier à la comédie, elle ne put point non plus aller souper au Temple, elle soupa chez le Président entre Mme de Jonzac, M. et Mme de Narbonne,[6] et moi. Je n'irai point aujourd'hui à la comédie, parce que je veux voir le Président qui est un peu incommodé; je ne souperai point chez lui ce soir, mais chez Mme

---

3. Gillette-Françoise de Montmorency-Luxembourg (1704–68), m. (1722) Louis de Pardaillan de Gondrin, Duc d'Antin, d. 20 March 1768 (*Rép. de la Gazette*).

4. Mme de Luxembourg, sister-in-law of the Duchesse d'Antin.

5. D writes to Craufurd 19–20 March 1768:

'J'ai vu hier Madame Denis et M. et Madame Dupuits; ils sont revenus de Ferney il y a environ quinze jours; ils prétendent que Voltaire les a envoyés à Paris solliciter le payement des rentes qui lui sont dues; ils disent qu'ils iront le retrouver dans trois mois. Tout cela peut

être, mais il est très possible qu'il se soit dégoûté d'eux et qu'il ait été bien aise de faire maison nette . . . L'ennui, l'avarice, et quelques abus de sa confiance, en lui volant des manuscrits qu'un nommé La Harpe a rendus publics, peuvent être les véritables causes de leur bannissement' (S–A i. 156–7). See also D to Voltaire 22 March 1768, Voltaire, *Œuvres* xlv. 562.

6. Probably François-Raymond-Joseph-Hermenigilde-Amalric de Narbonne-Pelet-Alais-Melguel-Bermond (1715–ca 1780), Vicomte de Narbonne, m. (1759) Marie-Anne-Pauline de Ricard de Brégançon.

d'Anville avec la grand'maman. Je viens d'en recevoir un billet, elle ira demain à Choisy jusqu'à vendredi; elle me donnera à souper ce jour-là avec le petit-fils; je manquerai pour la seconde fois et pour la même raison au vendredi du Président, ce qui déplaira infiniment à la Maréchale, elle m'en haïra et considérera davantage, et cela ne sera pas singulier. Je suis actuellement bien persuadée qu'il n'y a pas une bien grande différence d'homme à homme, de femme à femme, et comme disait Salomon 'Vanité des vanités, tout n'est que vanité.'[7]

J'ai fait plusieurs connaissances nouvelles; je suis comme Mme de Staal, qui cherchait à en faire, parce qu'elle était, disait-elle, fort lasse des anciennes; on parierait, sans crainte de perdre, qu'on ne serait pas plus content des unes que des autres, mais il y a le piquant de la nouveauté.

Je viens d'écrire à Voltaire,[8] je lui demande[9] s'il n'a pas le projet d'aller voir sa Catherine; je lui dis que ce serait le comble de la folie; on soupçonne que c'est son projet, mais je ne le crois pas.

On dit qu'il va paraître un arrêt du Parlement[10] pour diminuer le nombre des couvents et fixer l'âge où l'on pourra faire des vœux; ce sera l'ouvrage de Monsieur de Toulouse;[11] je vous renvoie à la gazette pour ces sortes de nouvelles, je ne saurais m'occuper de ce qui ne m'intéresse point. Je suis à peu près comme un homme que connaissait mon pauvre ami Formont; il disait: *Apprenez que je ne m'intéresse qu'aux choses qui me regardent.* Tout le monde est peut-être de même, mais il y a des gens qui étendent les regards sur beaucoup d'objets. Les miens sont fort circonscrits; et de la chose publique, il n'y a que les rentes et les pensions qui m'intéressent. Ces sentiments sont un peu bas, mais du moins ils sont naturels. En voilà assez pour aujourd'hui, je ne fermerai cette lettre qu'après avoir reçu la vôtre; c'est le vent d'ouest, à ce qu'on m'a dit, qui les amène le mardi et le samedi; celui du nord est le plus fréquent, ainsi je ne les attends jamais que le mercredi ou le dimanche.

---

7. 'Vanité des vanités, dit le prêcheur: vanité des vanités, tout est vanité' (*Ecclésiaste* i. 2).

8. D to Voltaire 22 March 1768 (Voltaire, *Œuvres* xlv. 562).

9. 'Vous aimez si fort votre Catherine, qu'il pourrait bien vous passer par la tête . . . Ah! ce serait une grande folie! Ne la voyez jamais que par le télescope de votre imagination, faites-nous un beau roman de son histoire, rendez-la aussi intéressante que la Sémiramis de votre tragédie; mais laissez toujours entre elle et vous la distance des lieux, à la place de celle du temps' (ibid.).

10. The King's edict on this subject was issued 26 March 1768, and is printed in *Mercure historique* clxiv. 449–64, April 1768.

11. D's cousin, the Archbishop of Toulouse.

Dites-moi comment vous trouvez cette phrase de ma lettre à Voltaire:

'Ne voyez jamais votre Catherine que par le télescope de votre imagination; laissez toujours entre elle et vous la distance des lieux à la place de celle du temps; faites un roman de son histoire et rendez-la aussi intéressante, si vous le pouvez, que la Sémiramis de votre tragédie.'[12]

Je ne veux point oublier que Mme de Jonzac m'a chargée de vous dire qu'elle a reçu une lettre de Mme Pologne;[13] elle lui mande qu'elle sera ici dans six semaines ou deux mois.

Ce mercredi matin 23.

Le vent du nord, qui est pis qu'au mois de janvier, pourrait bien empêcher le courrier d'arriver aujourd'hui; je suis décidée à faire partir ma lettre demain matin sans attendre la vôtre.

Je soupai hier avec la grand'maman, elle me dit qu'elle vous avait écrit, et sur le compte qu'elle me rendit de ce qu'elle vous avait mandé, je juge que sa lettre[14] ne vous aura fait nul plaisir; elle dit tout ce qu'elle veut sans se concerter avec moi. Personne n'est plus éloignée que moi de tout genre de manège; je serais peu flattée du bien que je lui devrais, ce ne serait que des apparences et je hais toute espèce de prestiges.

J'ai donc parlé de vous avec la grand'maman; elle crie après son taffetas, elle n'en a plus que pour une coupure, c'est-à-dire grand comme l'ongle. Il faut qu'elle se coupe souvent, puisqu'elle se croit dans une grande extrémité. Je lui ai dit qu'elle en recevrait peut-être par le premier courrier de M. du Châtelet. Cette grand'maman a écrit à M. de Bedford; sa lettre doit être fort jolie, et sur ce qu'elle m'a dit qu'elle contenait je lui ai fait de grands reproches de ne me l'avoir pas montrée; elle en a du regret, et elle me dit 'M. Walpole ne peut-il pas prier le Duc de Bedford de la lui montrer, et lui en demander une copie? sont ils assez bien ensemble pour cela, ne sont-ils pas dans des partis opposés?' Je lui dis que je ne le croyais pas, mais qu'il n'y avait nul inconvénient à vous faire cette proposition, que vous seriez le maître de faire ce que vous jugeriez à propos; je serai bien aise de voir cette lettre, mais il me paraît que cela lui fera plaisir de la ravoir, c'est-à-dire la copie.

12. D's quotation is quite different from the sentence which she actually wrote to Voltaire (see note 9 above).

13. Czernieski.

14. Missing.

Cette maison de La Rochefoucauld est une tribu d'Israël, ce sont d'honnêtes et bonnes gens. La grand'maman s'accommode fort de Mme d'Anville. Il n'y a point de morgue dans toute cette famille; il y a du bon sens, de la simplicité; mais je ne prévois pas que je forme une grande liaison avec eux. Si j'étais moins vieille, cela se pourrait, mais à mon âge on ne construit rien; c'est le temps où tout s'écroule. S'il ne me vient point de lettres, celle-ci sera finie.

Suite du mercredi.

Je reprends ma lettre sans attendre le facteur. Que sais-je ce qu'il m'apportera, et si après avoir lu ce que vous me direz, il me restera le désir ou le pouvoir de vous rien dire!

L'on vient de revenir de chez le Président; il a encore eu un étourdissement à cinq heures du matin, il en avait eu un avant-hier à midi, et deux ou trois autres les jours précédents; Vernage est d'avis d'une saignée du pied; ce pauvre homme s'en va, c'est un triste événement pour moi; il m'affecte beaucoup, et le spectacle de son état me fait faire de fâcheuses réflexions. Je me garderai bien de vous les communiquer, mais comme, grâce au ciel, j'ai vingt-et-un ans plus que vous,[15] je ne puis vous souhaiter de parvenir à une grande vieillesse; on ne peut être heureux qu'autant qu'on a l'esprit de son état, et celui d'un grand âge est d'être imbécile; on souffre trop quand on y conserve le sens commun.

Monsieur le Prince de Monaco partira ces jours-ci pour Londres, il vous remettra un petit paquet que vous voudrez bien faire remettre à Mme Greville; c'est une tabatière pour son gendre,[16] dont elle m'a donné la commission; j'aimerais bien à lui en faire présent mais elle voudrait m'en rendre, et, comme vous dites fort bien, c'est un importun commerce que celui des présents. Je l'éprouve aux étrennes, et j'en suis bien lasse, ainsi je mande à Mme Greville le prix de la boîte, qui est de cinq louis moins six francs; elle vous remettra l'argent si elle le veut. Je vous accable d'importunités, je vous en demande pardon, mais que ce soit, je vous prie, à charge de revanche.

2ème suite.

Voilà votre lettre.[16a] Je ne sais ce que vous voulez dire en vous plai-

15. See *Paris Jour., post* v. 368, n. 3.
16. John Crewe (1742–1829), cr. (1806) Bn, m. (1766) Frances Greville, Mrs Greville's daughter.

16a. HW to D 18 March 1768 (missing).

gnant de mes deux dernières lettres;[17] j'ai une absolue certitude qu'il n'y avait pas un seul mot qui tînt de Scudéry ou de Quinault, et je serais bien étonnée si vous m'en rapportiez une phrase qui y ressemblât; il y a de fortes raisons pour que cela n'ait pu être, et pour que cela ne soit jamais, mais de grâce épargnez-moi la menace que vous me faites sans cesse de finir notre commerce; il ne me peut être agréable qu'autant qu'il peut vous l'être, s'il vous ennuie tout est dit, et je ne le trouverai point extraordinaire. Ce qui me l'a paru extrêmement c'est de m'avoir demandé mon portrait; cette idée est bien baroque; apparemment que vous vouliez qu'il vous servît à allier l'opinion que vous avez de mes sentiments à ma triste figure, et vous confirmer par là à me trouver la plus ridicule et la plus méprisable personne du monde. Comme le portrait de Mme de Choiseul ne ressemble pas, vous me feriez plaisir de jeter ce tableau au feu; il allait, me disiez-vous, devenir le sceau de notre union, il me semble qu'il est devenu celui de votre dégoût, et cela est bien plus naturel.

Je vous rends mille grâces de la peine que vous avez prise de me détailler le sujet de votre tragédie, je la crois très intéressante, mais elle ne serait pas propre à notre théâtre. J'espère, Monsieur, que comme vous ne trouverez plus dans mes lettres que des choses très indifférentes, je ne trouverai plus dans les vôtres de choses choquantes ni de menaces, et que notre correspondance, s'il vous convient de la continuer, ne vous causera point de craintes, elle pourra subir tout examen.

To Madame du Deffand, Thursday 24 March 1768, N° 31

Missing. *Post* 3 April 1768 gives this date, but *Paris Journals* give 25 March. Probably written at Arlington Street.

To Madame du Deffand, Friday 1 April 1768, N° 32

Missing. Written at Arlington Street. Answered, 6 April.

17. Probably *ante* 3 March and 8 March 1768. HW possibly objected to D's comparison of her letters to Selwyn and to him in the first of these, and to her desire to be his grandmother. In the second letter he may have been annoyed by her criticism of his lack of interest in affairs.

From Madame du Deffand, Sunday 3 April 1768

N° 30. Paris, ce dimanche 3 avril 1768.

VOTRE lettre du 24 mars n'a pas été mise à la poste sur-le-champ, puisqu'elle ne me parvient qu'aujourd'hui. Je viens de recevoir en même temps une lettre[1] de Voltaire; je satisferai votre curiosité en vous en faisant l'extrait:

Quand j'ai un objet, Madame, quand on me donne un thème, comme, par exemple, de savoir si l'âme des puces est immortelle; si le mouvement est essentiel à la matière; si les opéras-comiques sont préférables à *Cinna* et à *Phèdre,* ou pourquoi Mme Denis est à Paris, et moi entre les Alpes et le mont Jura; alors j'écris régulièrement, et ma plume va comme une folle.

L'amitié dont vous m'honorez me sera bien chère jusqu'à mon dernier moment, et je vais vous ouvrir mon cœur.

J'ai été pendant quatorze ans l'aubergiste de l'Europe, et je me suis lassé de cette profession; j'ai reçu chez moi trois ou quatre cents Anglais, qui sont si amoureux de leur patrie que presque pas un ne s'est souvenu de moi après son départ, excepté un prêtre écossais nommé Brown,[2] ennemi de M. Hume, qui a écrit contre moi,[3] et qui m'a reproché d'aller à confesse, ce qui est assurément bien dur.

J'ai eu chez moi des colonels français avec tous leurs officiers, pendant plus d'un mois; ils servent si bien le Roi qu'ils n'ont seulement pas eu le temps d'écrire ni à Mme Denis ni à moi.[4] J'ai bâti un château comme Béchamel,[5] et une église comme Le Franc de Pompignan;[6] j'ai dépensé cinq cent mille francs à ces œuvres profanes et pies; enfin, d'illustres débiteurs[7] de Paris et d'Allemagne, voyant que ces magnificences ne me convenaient point, ont jugé à propos de me retrancher les vivres pour me rendre sage, je me suis trouvé tout d'un coup presque réduit à la philosophie. J'ai envoyé Mme Denis solliciter les généreux Français, et je me suis chargé des généreux Allemands.

1. Voltaire to D 30 March 1768 (Voltaire, *Œuvres* xlv. 563, where there are minor variations).

2. Robert Brown (1728–77), pastor of the English Presbyterian church at Utrecht (Hew Scott, *Fasti Ecclesiae Scoticanae*, 1915–28, vii. 555).

3. Brown had published *Lettres critiques d'un voyageur anglais sur l'article 'Genève' du Dictionnaire encyclopédique*, 3d edn, 1766 (Bibl. Nat. Cat.).

4. See Voltaire to Choiseul 16 March 1768 (Voltaire, *Œuvres* xlv. 555–6).

5. Probably Louis de Bechameil (d. 1703), Marquis de Nointel, superintendent of buildings under Louis XIV (Louis de Rouvroy, Duc de Saint-Simon, *Mémoires,* ed. Boislisle, 1879–1928, xi. 96).

6. Probably Jean-Georges Lefranc de Pompignan (1715–90), Bishop of Le Puy, and enemy of Voltaire.

7. Among these were the Maréchal de

Mon âge de soixante-quatorze ans, et des maladies continuelles me condamnent au régime et à la retraite; cette vie ne peut convenir à Mme Denis, qui avait forcé la nature pour vivre avec moi à la campagne; il lui fallait des fêtes continuelles pour lui faire supporter l'horreur de mes déserts, qui, de l'aveu des Russes, sont pires que la Sibérie pendant six mois de l'année; on voit de sa fenêtre trente lieues de pays, mais ce sont trente lieues de montagnes de neige et de précipices, c'est Naples en été et la Laponie en hiver; Mme Denis avait besoin de Paris, la petite Corneille en avait encore plus besoin.[8] J'ai fait un effort pour me séparer d'elles, et pour leur procurer des plaisirs, à la tête desquels je mets celui qu'elles ont eu de vous rendre leurs devoirs.

J'ai recu de Hollande une *Princesse de Babylone*;[9] j'aime mieux les *Quarante Écus*,[10] que je ne vous envoie point, parce que vous n'êtes pas arithméticienne;[11] la *Princesse* part sous l'enveloppe de Madame la Duchesse de Choiseul, si elle vous amuse je ferai plus de cas de l'Euphrate que de la Seine.[12]

Je n'ai point encore reçu cette *Princesse de Babylone*, mais je l'ai lue; il y a quelques traits plaisants, mais c'est un mauvais ouvrage, et, contre son ordinaire, fort ennuyeux. Il ne me répond point sur l'article de ma lettre[13] où je lui parlais de la Czarine; je ne serais point étonnée qu'il l'allât trouver. On m'attribue un bon mot sur les philosophes modernes, dont je ne me souviens point, mais je l'adopterais volontiers. On disait que le Roi de Prusse ou le Roi de Pologne vantait beaucoup nos philosophes d'avoir abattu la forêt de préjugés qui nous cachait la vérité; on prétend que je répondis: *Ah! voilà donc pourquoi ils nous débitent tant de fagots?*

Il est arrivé un accident effroyable[14] ces jours-ci dans un couvent appelé la Présentation. Sept petites filles couchant dans la même chambre, une d'elles mit une chandelle sous son pot de chambre pour la reprendre quand les religieuses qui avaient soin d'elles se-

Richelieu in France, and the Prince of Württemberg in Germany.

8. Followed by 'elle ne l'a vu que dans un temps où ni son âge ni sa situation ne lui permettaient de le connaître,' in Voltaire, *Œuvres* xlv. 564.

9. *La Princesse de Babylone*, 1768, romance by Voltaire.

10. *L'Homme aux quarante écus*, romance by Voltaire.

11. Followed by 'et que vous ne vous

souciez guère de savoir si la France est riche ou pauvre' in Voltaire, *Œuvres* xlv. 565.

12. This is followed by two more paragraphs in Voltaire, *Œuvres*, loc. cit.

13. D to Voltaire 22 March 1768 (Voltaire, *Œuvres* xlv. 562).

14. An account of this fire, agreeing with D's, appeared in *Mercure historique*, clxiv. 464–5, April 1768.

raient retirées: elle s'endormit en lisant; le feu prit à son lit qui était à côté de la porte, le feu gagna la porte et tous les autres lits. Cinq ont été absolument brûlées, deux autres se jetèrent par la fenêtre; l'une a le visage brûlé et l'autre les pieds et beaucoup d'autres parties du corps; on ne put entrer dans la chambre, parce que la porte était en feu; jugez quelle désolation pour les pères et mères de ces enfants. Il y avait trois demoiselles de Ligny,[15] c'est l'aînée qui a mis le feu; la cadette,[16] qui n'a que dix ans, est une de celles qui se sont sauvées, l'autre est Mlle de Modave;[17] les trois autres brûlées s'appellent Lusignan,[18] Briancourt,[19] Bélanger;[20] il y avait beaucoup de filles de condition dans cette maison.

Milady Pembroke part aujourd'hui pour l'Isle-Adam, elle y restera tout le voyage; on n'en reviendra que dimanche. La pauvre Lloyd est laissée pour les gages.

Le Chabrillan, petit-gendre de Mme d'Aiguillon, a perdu, au trente et quarante, soixante-treize mille francs; il avait dépensé, depuis son mariage, quarante mille écus en équipages, en habits, etc. Le jeu ici est terrible; M. de la Trémoïlle,[21] à la même séance que le petit Chabrillan, qui se passait chez un M. de Boisgelin,[22] cousin de celui qui est chez vous,[23] perdit cent cinquante-six mille livres, et le maître de la maison, quarante-huit; c'est un Monsieur le Chevalier de Franc[24] qui a gagné toutes ces sommes. Il n'y avait que ces quatre personnes. Je ne saurais comprendre comment, dans un pays policé, on ne puisse pas trouver quelque expédient pour remédier à un tel déréglement.

La Reine et le Président vont fort mal.

15. Daughters of Claude-Adrien, Comte de Ligny, by his first wife.

16. Probably Sophie-Joséphine-Antoinette de Ligny (d. 1785), m. (1775) Louis-Étienne-François, Comte de Damas de Crux (*Rép. de la Gazette*).

17. Probably Mlle Féderbe de Maudave, daughter of a French army officer.

18. Perhaps a daughter of Philippe-Hugues-Anne-Roland-Louis, Marquis de Lusignan.

19. Probably a daughter of Augustin-Jean-François de Vesc, Marquis de Briancourt (Woelmont de Brumagne i. 860).

20. Perhaps a daughter of Antoine-Louis Bellanger (ca 1719–86) (*Rép. de la Gazette*).

21. Jean-Bretagne-Charles-Godefroy (1737–92), Duc de la Trémoïlle (Jacob-Nicolas Moreau, *Mes souvenirs*, 1898–1901, ii. 75).

22. Probably Jean-Baptiste, Vicomte de Boisgelin. 'Il jouait d'une main à tous les jeux de cartes, aussi bien et aussi vite que le plus habile joueur. Il fut l'homme à la mode, et si le goût du jeu et des filles ne s'était pas emparé de lui, il aurait sûrement fait son chemin' (Jean-Nicolas, Comte Dufort de Cheverny, *Mémoires*, 1909, i. 308).

23. The Comte de Boisgelin was now in England (see *ante* 8 March 1768).

24. Not identified.

From Madame du Deffand, Wednesday 6 April 1768

Address: To Monsieur Monsieur Horace Walpole in Arlington Street near St James's *London Angleterre*
Postmark: AP11

N° 31. Paris, ce mercredi 6 avril 1768.

JE devrais jeter mon écritoire au feu, et n'avoir de correspondance de ma vie, si elle était aussi à charge à tout le monde qu'à vous, mais pour vous prouver que cela n'est pas, voici le billet[1] que je reçois dans le moment de l'Abbé Barthélemy; il m'a été rendu en même temps que votre lettre,[2] et il en a été le contre-poison. Il est singulier de se plaire à offenser quelqu'un qui n'a d'autres torts que d'avoir marqué trop d'estime et d'amitié. Je vous le dis tout net, Monsieur, un tel commerce est insoutenable.

Le ministre de Portugal vient de m'envoyer du tabac vert, vous le recevrez par la première occasion.

To Madame du Deffand, Friday 8 April 1768, N° 33

Fragment, B i. 230 n. Probably written at Arlington Street. Answered, 13 April.

JE serais charmé à mon retour en France de lire les lettres de Mme de Maintenon, et de la Princesse des Ursins.[1] Je ne crois non plus que les lettres ressemblent aux vôtres, et à celles de Mme de Sévigné. Que de fausseté, d'hypocrisie ne doit-on pas trouver dans la correspondance de ces deux créatures ambitieuses, adroites, glorieuses, pleines de bons sens, et cherchant à l'envi de se tromper, et de se surpasser l'une l'autre. Je voudrais avoir les portraits de ces deux femmes ensemble, non pas pour faire pendant, mais pour opposer au tableau de vous, et de la grand'maman.[2] J'y écrirais sous le vôtre, le naturel; sous celui de la grand'maman, la raison; sous la Maintenon, l'artifice; et sous la Princesse, l'ambition. Savez-vous ce qui s'ensuivrait? le grand nombre aimerait leur vie durant à être les dernières, et après leur mort d'avoir été les premières.

1. See Appendix 17.
2. HW to D 1 April 1768 (missing).

2. Carmontelle's water-colour of D and Mme de Choiseul.

1. See *ante* 16 March 1768, and 21 March 1768.

From MADAME DU DEFFAND, Tuesday 12 April 1768

The first paragraph is in Colmant's hand; the date, and the rest of the letter are in Wiart's.

N° 32. Paris, ce mardi 12 avril 1768.

VOUS m'avez cité la *Nouvelle Héloïse;* permettez, à mon tour, que je vous raconte une petite histoire. Feu le Cardinal d'Estrées,[1] âgé de soixante et dix, quatre-vingts ou cent ans, c'est tout de même, se trouva un jour avec Mme de Courcillon,[2] plus belle qu'un ange, plus précieuse que tout l'Hôtel de Rambouillet,[3] d'un maintien, d'une sagesse, d'une réputation merveilleux. Les charmes de cette belle dame ragaillardirent le vieux Cardinal; il avait de l'esprit, de la grâce: il lui dit des galanteries, il voulut même baiser sa main; elle prit un ton sévère, le repoussa, le traita fort mal: 'Ah! Madame, Madame!' s'écria le vieux cardinal, *'vous prodiguez vos rigueurs.'* Soudain sa flamme s'éteignit, et, comme dit Mme de Sévigné, *il lui vit des cornes.*

Je n'en verrai jamais à la grand'maman: elle n'est que trop bonne, trop indulgente, trop modeste; elle veut être parfaite, c'est son défaut, et le seul qu'elle puisse avoir. Quoique je compte assez sur ses bontés pour l'avouer de tout ce qu'elle peut dire de moi, j'affirme et je proteste qu'elle n'a point concerté avec moi ni ne m'a communiqué la lettre que vous avez reçue d'elle: apparemment c'était une réponse à ce que vous lui avez écrit; je ne lui parle jamais de vous, que quand elle m'interroge; si vous ne vous en rapportez pas à ma prudence, rapportez-vous-en du moins à mon amour-propre; mais laissons là toutes ces noises et ces chicanes, elles sont ennuyeuses pour vous, et fort peu divertissantes pour moi; il vaut bien mieux conter des histoires; en voici une tragique et bien singulière:

Un certain Comte de Sade,[4] neveu de l'Abbé,[5] auteur de *Pétrarque,* rencontra, le mardi de Pâques, une femme[6] grande et bien faite, âgée

1. Cardinal César d'Estrées (1628–1714).
2. Françoise de Pompadour (d. 1777), m. (1708) Philippe-Égon, Marquis de Courcillon (*Journal de Paris,* 8 June 1777; Louis de Rouvroy, Duc de Saint-Simon, *Mémoires,* ed. Boislisle, 1879–1928, vii. 37).
3. The Hôtel de Rambouillet, on the Rue Saint-Thomas-du-Louvre, was the rendezvous for the 'précieuses' of the seventeenth century.

4. Donatien-Alphonse-François (1740–1814), Comte (known as 'Marquis') de Sade. The word 'sadism' is derived from his name.
5. The Abbé Jacques-François-Paul-Aldonce de Sade (1705–78), author of the *Vie de Pétrarque* which D had recently sent to HW.
6. Rose (b. ca 1738), widow of Valentin Keller. The account of this episode in

de trente ans, qui lui demanda l'aumône; il lui fit beaucoup de questions, lui marqua de l'intérêt, lui proposa de la tirer de sa misère, et
de la faire concierge d'une petite maison qu'il a auprès de Paris.
Cette femme l'accepta; il lui dit d'y venir le lendemain matin l'y
trouver; elle y fut; il la conduisit d'abord dans toutes les chambres de
la maison, dans tous les coins et recoins, et puis il la mena dans le
grenier; arrivés là, il s'enferma avec elle, lui ordonna de se mettre
toute nue; elle résista à cette proposition, se jeta à ses pieds, lui dit
qu'elle était une honnête femme; il lui montra un pistolet qu'il tira
de sa poche, et lui dit d'obéir, ce qu'elle fit sur-le-champ; alors, il lui
lia les mains, et la fustigea cruellement. Quand elle fut tout en sang,
il tira un pot d'onguent de sa poche, en pansa ses plaies, et la laissa;
je ne sais s'il la fit boire et manger, mais il ne la revit que le lendemain matin. Il examina ses plaies, et vit que l'onguent avait fait
l'effet qu'il en attendait; alors, il prit un canif, et lui déchiqueta tout
le corps: il prit ensuite le même onguent, en couvrit toutes les blessures, et s'en alla. Cette femme désespérée se démena de façon qu'elle
rompit ses liens, et se jeta par la fenêtre qui donnait sur la rue. On
ne dit point qu'elle se soit blessée en tombant; tout le peuple s'at-
troupa autour d'elle; le lieutenant de police a été informé de ce fait;
on a arrêté M. de Sade; il est, dit-on, dans le château de Saumur.[7]
L'on ne sait pas ce que deviendra cette affaire, et si l'on se bornera à
cette punition, ce qui pourrait bien être, parce qu'il appartient à des
gens assez considérables et en crédit; on dit que le motif de cette
exécrable action était de faire l'expérience de son onguent.

Voici la tragédie, tâchez de vous en distraire, et écoutez ce petit
conte:

Un curé de village élevait un petit garçon nommé Raimond;
quand il en était content, il l'appelait Raimonet. Raimond était
gourmand: il allait dans le jardin manger les fruits; le curé ne le
trouvait pas bon. Un matin, avant que de dire sa messe, le curé s'alla
promener et surprit Raimond à un espalier de muscat, dont il man-
geait avec grand appétit. Le curé fut en grand colère, et fouetta bien
fort le petit Raimond; et puis tout de suite il alla à la paroisse dire
sa messe, et ordonna au petit Raimond de venir lui répondre, comme
il avait coutume. Le petit drôle, bouffi de colère, fut obligé d'obéir;

NBG differs from that given by D. D's account, however, is used by Paul Bourdin,
Correspondance inédite du Marquis de
Sade, 1929, p. xviii, and by Otto Flake, *Mar-*
quis de Sade, Berlin, 1930, pp. 37–42.

7. In Anjou, southeast of Angers.

le curé commence sa messe, se retourne, dit: *Dominus vobiscum.*
Point de réponse. . . . *Dominus vobiscum; Raimond, réponds donc.*
Point de réponse. . . . *Dominus vobiscum; Raimonet, réponds donc.*
—*Et cum spiritu tuo, fichu flatteur!* Il faudrait que cela fût bien
conté, pour faire rire.

                                     Suite, mercredi 13, à 11 heures.

    Depuis hier j'ai appris la suite de M. de Sade. Le village où est sa
petite maison, c'est Arcueil,[8] il fouetta et déchiqueta la malheureuse
le même jour, et tout de suite il lui versa du baume dans ses plaies
et sur ses écorchures; il lui délia les mains, l'enveloppa dans beaucoup de linges, et la coucha dans un bon lit. À peine fut-elle seule,
qu'elle se servit de ses draps et de ses couvertures pour se sauver par
la fenêtre. Le juge d'Arcueil[9] lui dit de porter ses plaintes au procureur général[10] et au lieutenant de police.[11] Ce dernier envoya chercher M. de Sade, qui, loin de désavouer et de rougir de son crime,
prétendit avoir fait une très belle action, et avoir rendu un grand
service au public par la découverte d'un baume qui guérissait sur-le-
champ les blessures; il est vrai qu'il a produit cet effet sur cette
femme. Elle s'est désistée de poursuivre son assassin, apparemment
moyennant quelque argent;[12] ainsi il y a tout lieu de croire qu'il en
sera quitte pour la prison.[13]

    Le fils de l'Idole, qui n'est pas encore de retour de ses voyages, mais
qui arrive bientôt, doit épouser Mlle des Alleurs,[14] fille de celui[15] qui
a été à Constantinople; sa mère est Lubomirska, qui s'est remariée à
M. de Liré;[16] elle en est séparée, et elle est dans un couvent; sa fille a
dix-sept ans; elle est jolie, elle a vingt-deux mille livres de rente, elle

---

8. Village between Paris and Sceaux.
9. Not identified.
10. Probably Denis-François Angran
d'Alleray (1715–94), procureur-général du
grand-conseil (*Almanach royal*, 1768, p.
203).
11. Antoine-Raimond-Jean-Gualbert-Gabriel de Sartine (1729–1801), Comte d'Alby,
lieutenant de police.
12. One hundred louis (NBG xlii. 998).
13. He was imprisoned in the château
of Pierre-Encise, at Lyon, for six weeks.
14. Amélie-Constance Puchot des Alleurs (ca 1750–1825), m. (1768) Louis-
Édouard, Comte de Boufflers (later sepa-

rated) (P.-E. Schazmann, *La Comtesse de
Boufflers*, 1933; Stéphanie-Félicité Ducrest,
Comtesse de Genlis, *Mémoires*, Bruxelles,
1825, vii. 354).
15. Roland Puchot (d. 1755), Comte des
Alleurs, French ambassador at Constantinople (*Rép. de la Gazette*). Three letters
from him to D are in her bequest to HW;
two of them were copied into her MS
Recueil de lettres in the same bequest.
16. Charles-Bertrand de la Bourdon-
naye, Marquis de Liré, 2d husband of
Frédérique-Constance, Princesse Lubomirska, whose first husband was the Comte
des Alleurs.

est nièce de Mme Sonning,[17] et c'est Pont-de-Veyle qui fait ce mariage.

Je soupai, hier au soir, chez le Président avec la Milady,[18] que de plus en plus je trouve aimable, et avec ma bonne amie Lloyd, qui ne m'a pas encore démis le poignet: mais à la fin elle y parviendra.

Si je reçois cet après-dîner une lettre, je joindrai la réponse à ceci; sinon ceci partira toujours.

La traduction de *Tacite*, par l'Abbé de la Bletterie,[19] auteur de la *Vie de Julien*, paraît depuis quelques jours; on en a tiré deux mille exemplaires, qui sont tous enlevés; j'en ai pris deux, un pour moi, l'autre pour vous, si vous en avez envie.

J'ai fait une réponse à Voltaire,[20] dont la grand'maman est fort contente; mais je ne vous l'enverrai pas que vous ne me la demandiez.

À 2 heures.

Voilà votre lettre,[21] j'en suis contente. Considérez, je vous prie, qu'on n'a pas le temps de se brouiller et de se raccommoder à mon âge. Je n'ai pas parlé une seule fois en particulier avec la grand'maman, je ne lui ai fait aucune espèce de confidence sur votre façon d'être avec moi, et c'est une lettre[22] que vous lui écrivîtes où vous lui parliez de l'affection de feue madame votre mère,[22a] qui, disiez-vous, vous gênait et vous ennuyait souvent. Elle m'en fit l'application, et c'était vraisemblablement votre intention; elle avait de la répugnance à me la montrer, j'en ai la copie. Soyez certain, qu'à commencer par la grand'maman jusqu'à Mme Verdelin, il n'y a personne à qui je parle de ce qui m'intéresse, et que tous les gens avec qui je vis, font beaucoup plus d'usage de mes oreilles que je ne fais des leurs; je suis dans ce moment-ci parfaitement bien avec tout le monde, et j'éprouve que tout le monde aime à parler de soi, donne aisément sa confiance, et (à moins que ce ne soit curiosité) ne se prête pas à celle des autres. C'est dommage que je sois si vieille et que

---

17. Marie-Sophie Puchot des Alleurs (d. 1786), m. (1728) Louis-Auguste Sonning (*Journal de Paris*, 1786, i. 220).

18. Lady Pembroke.

19. Jean-Philippe-René de la Bletterie (1696–1772), author of the *Vie de l'empereur Julien l'apostat* (1735) and *Traduction de quelques ouvrages de Tacite* (1755). D refers to his *Tibère, ou les six premiers*

livres des Annales, 3 vols, 1768 (Bibl. Nat. Cat.).

20. D to Voltaire 10 April 1768 (Voltaire, *Œuvres* xlvi. 12).

21. *Ante* 8 April 1768.

22. Missing.

22a. Catherine Shorter (1682–1737) m. (1700) Sir Robert Walpole, cr. (1742) E. of Orford.

l'éducation que donne l'expérience (qui est la meilleure de toutes) commence si tard.

Mme Greville me mande qu'on croit que M. du Châtelet s'ennuie à la mort; cela pourrait bien être, et la conséquence qu'elle en tire pourrait bien être juste.

Je vous envoie une lettre[23] de Monsieur le Chevalier de Boufflers à M. de Choiseul, je la trouve jolie. Je souperai vendredi avec ce ministre chez la grand'maman, et je vous promets de ne lui pas nommer votre nom.

Le Président me donne de continuelles alarmes; la Reine va toujours très mal. Mme de Mirepoix s'abîme de plus en plus, et tout va de travers ici ainsi que chez vous.

Vous ne me répondez point sur le portrait que je vous ai fait de Mme de Maintenon; vous n'en êtes peut-être pas content; je ne le suis pas des épithètes que vous mettriez sous les quatre portraits.[24] Voici celles que j'y mettrais: à Mme de Maintenon, prudence, persévérance. Mme des Ursins, à peu près la même que vous. Celle de la grand'maman, j'ajouterais à la raison, la justice et la bonté. Et pour moi, l'affectation, le roman, etc. On m'y reconnaîtrait d'abord. Je vous remercie de votre exactitude pour mes commissions.

Voici la recette du petit fromage de Viri. Il faut prendre une pinte de crême et la faire tiédir un tant soit peu, et un demi septier de lait à part, le faire tiédir aussi, et délayer dans le demi septier de lait la grosseur d'un bon pois de présure. Quand la présure est délayée, mêlez le tout ensemble, et quand le fromage est bien pris, le verser dans un panier pour qu'il s'égoutte, et prendre garde de le laisser trop longtemps dans le linge.

Pourriez-vous m'envoyer l'histoire de Paoli?[25]

To MADAME DU DEFFAND, Tuesday
12 April 1768, N° 34

Missing. Probably written at Arlington Street. Answered, 29 April.

---

23. See Appendix 18.
24. See *ante* 8 April 1768.
25. Pasquale Paoli (1726–1807), Corsican

patriot. D refers to *An Account of Corsica* by James Boswell (1740–95).

From Madame du Deffand, Friday 29 April 1768

N° 33. Paris, ce vendredi 29 avril 1768.

CESSEZ pour un moment d'être anglais, ne prenez point l'obsti-nation pour fermeté, ni la dureté pour courage; craignez le ridicule, à la bonne heure, mais considérez que le plus grand de tous, serait de se brouiller avec une véritable amie pour une faute qu'elle n'a point commise. Oui, je le jure, je n'ai aucune part ni directe ni indirecte à la lettre de la grand'maman;[1] c'est à celle que vous lui aviez écrite[2] (et dont j'ai la copie) qu'elle a prétendu répondre. Jamais je ne lui ai confié ce que je pensais pour vous, et ce que vous pensiez pour moi; je ne parle de vous à qui que ce soit; mon malheur est que vous ne soyez pas comme Dieu, présent partout et lisant dans l'intérieur. Ha! si cela pouvait être, nous n'aurions aucun démêlé. C'est moi, je l'avoue, qui ai parlé de finir notre commerce, mais avez-vous pu croire que c'était tout de bon? Non, mais vous avez saisi l'oc-casion, et votre lettre du 12 a rompu la paille. J'espérais que celle que je vous avais écrite le 14 racommoderait tout et que vous y ré-pondriez, mais il y a aujourd'hui quinze jours que je n'ai eu de vos nouvelles. Finissons, je vous conjure, et reprenons une correspon-dance qui fait l'agrément de ma vie. Soyez certain que vous ne trou-verez dans aucune lettre à venir un mot, une virgule qui puisse vous déplaire. Je pourrais aisément justifier mes lettres précédentes, mais je souscris à leur condamnation. Je vous promets à l'avenir que vous ne distinguerez que par le caractère de l'écriture mes lettres d'avec celles des personnes les plus indifférentes. Si vous vous faites scrupule de n'être pas fidèle à la résolution que vous m'avez signifié avoir prise, de ne m'écrire que pour des commissions, j'y consens, mais tenez votre parole. Voici donc la commission que je vous donne aujourd'hui; achetez-moi un millier de petites épingles, et envoyez-m'en un quarteron toutes les semaines dans une lettre, et que ce soit l'unique chose piquante que j'y trouve.

Tout le monde va se disperser, la grand'maman part jeudi pro-chain pour Chanteloup; ce sera une absence de deux mois.

La grosse Duchesse s'établit lundi a Rueil pour jusqu'au mois d'octobre. Elle demande si vous ne lui ferez pas quelque visite; aurai-

1. Missing.   2. HW to Mme de Choiseul 23 Feb. 1768.

je encore une fois en ma vie une occasion de vous parler de Mme de Coulanges?[3]

J'ai loué une loge à la Comédie en commun avec Mme de Forcalquier. Il n'y a que trois places, pour elle, pour moi, et pour vous quand cela vous conviendra.

Le Président se porte un peu mieux, j'espère que nous pourrons le conserver encore cet été; je ne le quitte presque point, il prétend que je lui suis nécessaire.

Je vous écris aujourd'hui par le courrier de M. du Châtelet. Je ne sais ce qui est arrivé aux courriers ordinaires, voilà trois jours de poste de suite que le facteur dit qu'il n'y a point eu de courrier; ce qui me le fait croire, c'est que je n'ai point reçu de M. Selwyn une réponse[4] que j'attendais, et qu'ordinairement il est fort exact.

Souvenez-vous, je vous supplie, que vous m'avez promis de m'envoyer quelques scènes de votre tragédie. J'ai trouvé dans le *Journal encyclopédique*[5] un éloge et un extrait de vos Patagons.

Je vous ai demandé si vous vouliez le *Tacite* de l'Abbé de la Bletterie, j'attends votre réponse. Je pourrai bien charger un Anglais[6] qui part ces jours-ci d'un flacon de tabac vert.

J'ai encore entre les mains les lettres de Mme de Maintenon à Mme des Ursins. Le petit-fils ne se souvient plus de me les avoir prêtées, je les garderai sans rien dire si vous croyiez pouvoir les venir lire. Si ce n'est pas votre projet, mandez-le-moi pour que je les lui rende. Ce n'est point une astuce pour découvrir vos intentions. Je déteste l'artifice quelque innocent qu'il puisse être, je n'en aurai de ma vie avec personne, et certainement moins avec vous qu'avec qui que ce soit, je m'abandonne sur tous les points à la divine Providence; je prends la fable de Jupiter et du Métayer[7] pour la règle de ma conduite, c'est dommage que je n'ai pas cinquante ans de moins, je deviendrais toute parfaite.

J'ai reçu une seconde lettre de Voltaire;[8] il convient de tout ce qu'il a fait, cette lettre est faite pour être montrée, et par conséquent n'est pas digne de l'être.

3. D, in her youth, had seen Mme de Coulanges, the wife of Mme de Sévigné's cousin (see *post* 27 Jan. 1775) and had apparently told HW some anecdotes about her when they were going to Rueil.

4. To her letter to Selwyn, 8 April 1768.

5. A very favourable review of HW's *Account of the Giants Lately Discovered* is in the *Journal encyclopédique*, 1 Dec. 1766, pp. 105–13.

6. William Norton (1742–1822), 2d Bn Grantley, 1789, minister to the Swiss cantons 1765–82 (see *post* 30 April 1768).

7. La Fontaine, *Fables* vi. 4.

8. Missing.

Je ne vous ai pas remercié de votre recette de la gelée d'orange; Wiart la traduisit en perfection. J'ai fait de très bonne gelée, presque aussi parfaite que celle du cuisinier de Mme de Guerchy. Cette dame ne voit encore personne; on dit qu'elle marie sa fille[9] à M. d'Haussonville, c'est un homme de qualité et de mérite. M. de Lamballe[10] était avant-hier à l'agonie, à ce que disaient tous les médecins, cependant il n'est point encore mort, et même il se porte mieux.

Je n'espère pas trop avoir de vos nouvelles dimanche. Si je n'en dois attendre qu'en réponse à cette lettre, il faudra attendre encore quinze jours, mais je suis résignée à tout, excepté à vous perdre.

From Madame du Deffand, Saturday 30 April 1768

N° 34. Paris, ce samedi 30 avril 1768.

IL m'arriva hier un paquet de M. de Grave, je vous l'envoie tel que je l'ai reçu.[1] Ce pauvre homme est bien obligeant et bien empressé à faire plaisir. Il m'avait écrit plusieurs fois sur ces lettres de Mme de Sévigné, et je m'étais obstinée à ne point répondre à cet article, parce que vous ne m'aviez pas répondu sur ce que je vous en avais écrit. C'est le souvenir de ce qu'il vous avait entendu dire qui lui a fait prendre tous ces soins. Vous trouverez dans le paquet un petit billet pour vous, sans enveloppe, sans cachet, tel qu'il me l'a envoyé, vous trouverez sa lettre pour moi, vous lui répondrez vous-même si vous le voulez aux propositions qu'il me charge de vous faire, ou bien vous me manderez ce que vous souhaitez que j'y réponde. Je n'ai nulle part à tout ceci que celle d'avoir été l'occasion de votre connaissance avec M. de Grave. J'ai certainement un très-grand désir et une très grande volonté de faire tout ce qui peut vous être agréable, mais je n'agirai jamais que quand vous m'aurez fait connaître ce que vous voulez, je ne préviendrai rien et je ne vous embarrasserai jamais par des empressements qui pourraient être à contresens et à contretemps.

J'ai actuellement les deux derniers chants de la *Guerre de Genève*.

9. Victoire-Félicité de Regnier de Guerchy (ca 1749–1838) m. (1768) Joseph-Louis-Bernard de Cléron (d. 1806), Comte d'Haussonville (Joseph-Othenin-Bernard de Cléron, Comte d'Haussonville, *Ma jeunesse*, 1885, pp. 19, 22).

10. The Prince de Lamballe, d. 6 May 1768.

1. See Appendix 19, and the Comte de Grave to HW 20 April 1768.

Je ne les ai point lus, et je ne les lirai qu'après les avoir fait copier. Comme vous avez les trois premiers chants vous serez peut-être bien aise d'avoir les deux derniers;[2] vous me le ferez savoir.

Nous envoyons à ce qu'on dit (et je crois cela certain) seize bataillons en Corse.[3] Je ne sais pas encore qui les commandera;[4] cette nouvelle, je l'avoue, me déplaît beaucoup; *ai-je tort ou raison?*[5]

Il y a plus de quinze jours que je n'ai eu de nouvelles de votre pays. Je suis curieuse de savoir la suite de l'histoire du héros Wilkes;[6] peut-être demain recevrai-je des lettres, je ne me flatte pas d'en avoir de vous, j'attendrai pourtant pour fermer celle-ci que le facteur soit passé. C'est un M. Norton[7] (qui était votre envoyé en Suisse) qui vous rendra cette lettre, le paquet de M. de Grave, et le tabac de Portugal. J'ai fait connaissance avec lui chez l'ambassadrice, il s'offrit le plus poliment du monde à se charger de mes commissions.

Le Président hier était moins bien, je fus chez lui l'après-dîner, il était tout seul et dormait; après y être restée une petite demi-heure, je le quittai avant qu'il fût éveillé, et je m'en revins chez moi attendre la compagnie qui y devait souper. C'était Mme de Luxembourg et beaucoup d'autres.

J'ai fait une nouvelle connaissance, le Chevalier de Listenois; c'est un fort bon homme, d'une conversation facile, assez instruit, connaissant tout le monde et en étant bien voulu, c'est une bonne acquisition. Je fais des récoltes autant que je peux. Je suis bien près du

2. The fourth and fifth. A MS copy by Wiart of these cantos is among the papers bequeathed by D to HW.

3. 'Depuis quelques jours on assure si positivement que seize bataillons des troupes du Roi, indépendamment des Légions de Coigny et de Soubise, seront incessamment transportés en Corse sous les ordres du Lieutenant-Général Marquis de Chauvelin, qu'on n'ose presque plus douter que cet avis ne soit fondé' (*Mercure historique* clxiv. 594–5, May 1768). Genoa ceded Corsica to France, 15 May 1768. The Corsicans, led by Paoli, were opposed to French domination, and so the troops were sent to take possession of the island (*Lalanne*).

4. Claude-François (d. 1773), Marquis de Chauvelin (*Intermédiaire des chercheurs et curieux* xx. 411, 429); his name is also given as Bernard-Louis, and as François-Claude, but probably incorrectly.

5. D probably means that the acquisition of Corsica by France might bring on a war between France and England, a catastrophe which D dreaded because it would prevent future visits from HW. See *Mem. of Geo. III* iii. 147.

6. Wilkes, who had been a refugee in Paris for several years, returned to London in March 1768, and announced himself as candidate to represent the city of London in Parliament. When he was defeated, he tried to be elected member for the county of Middlesex, and this time he was successful. The mob, with whom he was a favourite, celebrated his election with riots. The riots became worse after Wilkes was arrested for outlawry, and sent to prison. (See ibid. 125–35.)

7. See *ante* 29 April 1768.

temps où je passerai presque toutes les soirées chez moi, et où il me sera fort nécessaire d'avoir quelque compagnie. Mlle Sanadon me sera de ressource, elle est depuis trois jours établie dans le dehors. Ma sœur partira dans un mois pour Avignon, et alors Mlle Sanadon prendra son appartement.[8]

Vous jugerez par ces détails que je me flatte que vous vous inté-ressez à moi. Oh! oui, je n'en doute point, cela est parce que cela doit être.

Ce M. Norton qui vous rendra cette lettre a vingt-cinq ans, depuis sept ans il est hors de l'Angleterre; il n'avait certainement jamais en-tendu parler de moi, mais comme il est fort poli, il m'a assurée que Mme Geoffrin et moi, nous étions les deux femmes de France les plus estimées à Londres.

Ce dimanche 1er mai, à 3 heures après midi.

La poste est arrivée, et ne m'apporte rien; je commence à croire que c'est un parti pris; ce n'est point ma lettre du 9 d'avril, dont vous me punissez, puisque vous en avez reçu une du 14 qui me semblait ne devoir pas vous déplaire. Voici la réflexion que je fais: je n'ai nul tort à réparer avec vous; quand vous auriez craint que mes lettres vous donnassent du ridicule, quand vous auriez été choqué de ma let-tre du 9 ou 10, ce ne sont pas des raisons suffisantes pour se brouiller avec son amie. Il faut qu'il y ait une autre cause, et je ne puis douter qu'elle ne soit fort indépendante de ma conduite, c'est-à-dire de moi, car en pensées, paroles, et actions vous ne pouvez, la main sur la conscience, avoir rien à me reprocher. À quoi puis-je donc m'en prendre? À un ennui, un dégoût, un changement? Il n'y a point de remède à cela; mais, Monsieur, vous m'avouerez qu'il n'est pas ordinaire qu'une femme de mon âge éprouve un pareil genre d'in-constance. Je n'ai perdu aucun de mes charmes; que vous dirai-je? Rien. Ce ne seront pas mes paroles qui vous feront changer. Je ne suis pas fort étonnée du mal que vous dites de l'amitié; si vous l'avez toujours menée de cette sorte il n'est pas étonnant que vous n'ayez pas trouvé beaucoup d'amis. Cependant, Monsieur, je puis vous as-surer que jusqu'au dernier moment de ma vie j'aurai pour vous une véritable estime, et que je conserverai un éternel regret de n'avoir pu conserver la vôtre. Je n'aurais jamais pensé qu'une connaissance,

8. On the ground floor, beneath D's apartment (see Appendix 1, and Pierre-Marie-Maurice-Henri, Marquis de Ségur, *Julie de Lespinasse* [1905], p. 552).

qui m'avait paru si agréable et devoir faire le bonheur des derniers jours de ma vie, en dût faire tout le malheur. Que pouvez-vous faire de mon portrait? il ne servira qu'à entretenir votre aversion. Malgré mon chagrin il me passe par la tête une idée assez ridicule. Que diriez-vous si un jour vous me trouviez à Strawberry Hill, et qu'au lieu d'envoyer Wiart à Londres, comme vous en avez eu la peur, je fusse moi-même vous trouver? Vous en mourriez, n'est-ce pas? Il ne faut pourtant pas que cette crainte vous fasse m'écrire les dernières horreurs; elles ne m'empêcheraient pas d'exécuter ce projet si je l'avais bien mis dans ma tête.

Croyez-moi, Monsieur, le meilleur parti que vous ayez à prendre c'est de reprendre notre commerce, et d'essayer pour cette fois-ci (qui sera la dernière) si je suis bien corrigée. J'ai déchiré de mon dictionnaire à la lettre A, *amitié, affection, ardeur, attendrissement.* Pour *amour, affectation,* et *artifice* ils n'y ont jamais été. J'y laisserai, si vous le permettez, *attention.* À la lettre B, rien. Au C, *caresse, compliments, contrainte* seront retranchés, *constance* et *confiance* resteront. Jugez du reste de l'alphabet par ce commencement. Qu'avez-vous à craindre de mes lettres à l'avenir? quelque plates qu'elles puissent être, ne seront-elles pas bien l'équivalent des nouvelles à la main? Il me serait difficile de me priver du plaisir de vous écrire. Cependant je me sens de la répugnance à fatiguer et à ennuyer qui que ce soit, et moins vous que personne. Ah! mon ancien tuteur, ne persistez pas à traiter si mal votre pupille, il n'y a ni générosité ni humanité à ce procédé.

Le courrier de M. de Choiseul à M. du Châtelet vous remettra une lettre du 29; vous recevrez celle-ci par M. Norton, qui partira mardi 3. Il arrivera à Londres le 8 ou le 9, j'attendrai jusqu'au 15 pour décider du parti que je prendrai, ou de me pendre ou de partir pour Strawberry Hill. Adieu; c'est M. Chauvelin qui commandera les troupes qu'on envoie en Corse.

La grand'maman soupe chez moi mercredi à huit heures du soir, parce qu'elle part le lendemain jeudi à cinq ou six heures du matin.

J'aurai ce soir un monde effroyable, je ne serai pas fort en train de m'en amuser. Milady Pembroke, Mlle Lloyd, l'ambassadeur, peut-être l'ambassadrice, M. Norton, ne me rappelleront pas des idées trop agréables. C'est ainsi qu'il faut passer sa vie, et puis que l'on me dise qu'il est heureux d'être né!

To Madame du Deffand, Friday 6 May 1768, N° 35

Missing.

To Madame du Deffand, Tuesday 10 May 1768, N° 36

Missing. Probably written at Arlington Street. Answered, 15 May.

From Madame du Deffand, Sunday 15 May 1768

N° 34. Paris, ce dimanche 15 mai 1768.

J'AIME et j'estime tant la vérité, que quelque désagréable et désobligeante qu'elle puisse être, je la préfère aux compliments et à la flatterie. Convenez que si j'ai trop aimé les douceurs et les sentiments, vous aimez trop de votre côté les corrections, les conditions, les marchés à la main, etc., etc. Mais, au nom de Dieu vivant et mourant, ne parlons plus de cela, souvenez-vous seulement qu'en fait de douceurs vous avez été le premier agresseur.

Le paquet que vous avez reçu et que vous prenez avec raison pour un logogriphe, vient de Mme de Choiseul: le mot est *vous êtes une bête*. Je vous ai demandé *du taffetas pour des coupures,* et vous envoyez un morceau de moire et un de taffetas tout à l'ordinaire. Vous en renvoyez un second tout de même. La grand'maman répond à votre présent par un du même genre; vous en recevrez un second tout de même. Mais vous n'êtes pas le seul imbécile de votre pays; ennuyée de votre lenteur à faire cette commission, je m'étais adressée à M. Selwyn.[1] Sa réponse fut qu'il voudrait savoir si c'est pour faire

1. D to Selwyn 1 May 1768:
'Vous avez une étrange idée: comment pourrais-je vous demander du taffetas pour faire une robe sans vous dire la couleur? c'était un apothicaire qu'il fallait consulter et non pas une marchande de mode. Le taffetas dont il s'agit est préparé avec un onguent souverain pour les coupures; quand on se coupe le doigt, le bras, le pied, la jambe etc., on y applique un petit morceau de ce taffetas: il se vend par petit rouleau. M. Walpole est tombé dans la même méprise que vous, Mme la Duchesse de Choiseul a reçu deux envois de lui, tout deux semblables, d'un morceau de moire et d'un morceau de taffetas, elle en a bien ri, et elle y répondra par une assez bonne plaisanterie. Je vous prie donc, mon cher monsieur, de m'envoyer incessamment trois ou quatre de ces petits rouleaux, il faudra les mettre à mon adresse et non à celle de Mme la Duchesse de Choiseul, parce qu'elle part jeudi pour sa campagne, où elle sera deux mois, et que je les lui ferai tenir' (MS letter in Society of Antiquaries).

une robe, ou si c'est du taffetas découpé. Il va consulter sa nièce[2] et une marchande de modes; je lui réponds que c'est un apothicaire qu'il faut consulter, parce que c'est du taffetas préparé avec un onguent pour appliquer sur les coupures, soit aux doigts, aux pieds, etc., que cela se vend par rouleaux, et que je le prie de ne pas tarder à en envoyer deux à l'adresse de Madame la Duchesse de Choiseul. Elle en a reçu deux grands comme le petit doigt, mais dans l'intervalle de toutes ces écritures, un de ses gens en a fait venir une douzaine de Londres qui coûtent 12 francs. Tout cela a extrêmement diverti la grand'maman, elle m'avait bien recommandé de ne vous en pas dire un seul mot, et en partant pour Chanteloup elle me fit promettre de lui envoyer l'extrait de votre réponse;[3] elle n'est pas trop plaisante, et j'en suis fâchée. Il s'est passé des choses ineffables entre elle, son mari et moi depuis dix jours qu'elle est absente; elles vous auraient fort diverti si vous en aviez été témoin, mais je n'ai pas le talent des récits, et puis il faut de la gaîté pour écrire des bagatelles. Ce n'est pas ma disposition présente, j'ai des insomnies insupportables, qui abattent encore plus mon esprit que mon corps.

Il y a plus de huit jours que Mme de Forcalquier est à Crécy[4] avec M. de Penthièvre; je m'acquitterai de votre commission auprès d'elle. Je ne sais quand elle reviendra.

Votre ambassadeur est assez malade depuis dix ou douze jours; sa femme ne voit personne. Mme de Guerchy marie sa fille à M. d'Haussonville, homme de qualité de Lorraine; il a trente-et-un ans, une belle figure, quarante-deux mille livres de rente. La demoiselle en aura seize; ils seront logés et nourris chez Mme de Guerchy, qui leur en donnera quatre en cas de séparation. Le mariage se fera mercredi 18. Il y aura très peu de monde, Mme de Guerchy ne voit encore personne.

J'ai encore chez moi les lettres de Mme de Maintenon. M. de Choiseul me demanda l'autre jour pourquoi je ne les lui renvoyais pas, si c'était je ne les eusse pas encore lues, ou si je les faisais copier. Je me récriai sur ce dernier article, j'avouai que je les avais lues et que je les gardais dans l'intention de vous les prêter si vous veniez bientôt ici. Il me dit de les lui rendre toujours, et qu'il vous les prêterait

2. Probably Miss Mary Townshend, daughter of Selwyn's sister.
3. Missing. *Paris Jour.* give 13 July as the date of HW's next letter to Mme de Choiseul.

4. The country seat of the Duc de Penthièvre, whose half-brother, the Marquis d'Antin, had been Mme de Forcalquier's first husband (see *ante* 19 July 1766).

quand vous reviendriez. Je lui demandais tout de suite le mémoire de ses négociations;[5] il n'en avait pas d'exemplaire, il m'en promit un, et je convins avec lui que je donnerais à celui qui me l'apporterait les lettres de Mme de Maintenon. Il y a dix jours de cela, j'ai reçu depuis ce temps deux lettres de lui, il ne m'en parle pas, et je ne dis mot.

Je viens de recevoir en même temps que votre lettre[6] une petite épître[7] de la grand'maman, qui est tout à fait charmante; elle est écrite à ravir, gaie, plaisante; elle me met au désespoir. Je ne suis point en train d'y répondre, je me sens un dégoût pour écrire qui vient de stérilité, de stupidité. Cependant je vous quitte pour écrire à cette grand'maman,[8] qui m'a si mal mise avec vous par son indiscrète affection pour moi. Se pourrait-il bien que vous me soupçonnassiez de fausseté et que je vous eusse menti en vous assurant que je ne lui ai jamais fait aucune confidence? Je ne vous pardonnerais pas cette opinion; on peut exiger l'estime qu'on mérite; convenez de cette vérité, et je conviendrai de mon côté qu'il n'y a que cela qu'on puisse exiger.

Je ne sais ce qu'est devenu le petit Craufurd; si vous en savez quelque chose, mandez-le moi. Et M. Selwyn, à quoi pense-t-il? il ne m'écrit point, je ne sais point s'il a reçu les porcelaines dont je lui ai fait l'emplette, et s'il en est content.

Le Président continue à être assez bien. Ma sœur partira bientôt. J'ai tous les dimanches un monde effroyable et je puis me vanter qu'il n'y a pas de souper plus ennuyeux. La Milady Pembroke est à l'Isle-Adam, elle s'y plaît fort. La pauvre Lloyd est toute délaissée; j'en prends quelque soin; c'est une bonne créature.

Vous avez reçu actuellement le paquet qu'un M. Norton s'était chargé de vous rendre; peut-être aurez-vous pris au pied de la lettre la menace que je vous fais d'aller à Strawberry Hill; cela ne me surprendrait pas. J'espère que vous ne serez pas choqué de la lettre de Mme de Sévigné.[9] Si elle avait été à sa fille je ne me serais pas chargée de vous l'envoyer.

5. 'Madame de la Vallière, encore plus heureuse, a dû s'en bien divertir elle-même: elle a fourni un fond qui a produit des incidents merveilleux. L'Abbé les a rassemblés et en forme un mémoire historique, auquel il joint les pièces justificatives dans le goût de celui que M. de Choiseul a fait sur les premières négociations de la paix, qui ont été rompues' (Mme de Choiseul to D 20 May 1768, S–A i. 166).

6. HW to D 10 May 1768 (missing).

7. Perhaps Mme de Choiseul to D 9 May 1768, S–A i. 159.

8. Missing.

9. The letter sent to HW by the Comte de Grave (see *ante* 30 April 1768).

J'ai une proposition à vous faire; tandis que vous avez des impri-
meurs chez vous, faites-leur imprimer toutes les conditions que vous
me prescrivez; cela vous épargnera la peine de les répéter dans toutes
vos lettres. Adieu.

Il est bon que l'incommodité que vous avez eue se soit placée dans
le temps de notre brouillerie. Si je l'avais su je n'aurais pu vous éviter
le ridicule d'en laisser voir de l'inquiétude. Si on entreprenait de
vous gouverner, ce serait par la crainte du ridicule qu'il faudrait vous
mener. On vous ferait faire par là tout ce qu'on voudrait. Si j'ai
quelques ennemis cachés auprès de vous et qu'ils connaissent votre
faible, ils ont beau jeu.

To Madame du Deffand, Tuesday 17 May 1768, N° 37

Missing. Answered, 22 May.

To Madame du Deffand, Friday 20 May 1768, N° 38

Missing. Answered, 25 May.

From Madame du Deffand, Sunday 22 May 1768

N° 35. Paris, ce dimanche 22 mai 1768.

DU taffetas pour *descoupures* ne voudrait rien dire; mais s'il y a
pour *des coupures,* on peut bien ne pas le comprendre, si on
n'en a jamais entendu parler; mais on voit bien que cela veut dire
quelque chose, et on s'informe. Enfin tout est éclairci; cela a extrêmement diverti la grand'maman, et sauf votre respect, et la soumission
que j'ai à vos décisions, je crois que vous feriez bien de lui écrire un
mot. Elle est à Chanteloup, fort occupée à faire un petit ouvrage sur
un pot de chambre et des petits pois[1] que je reçus, il y a aujour-
d'hui quinze jours, sous le nom de la grand'maman, avec une lettre
de l'Abbé Barthélemy;[2] le tout imaginé, donné et composé par Mme

---

1. The Duc de Choiseul had written to
D: ' "Je mande à Madame de Choiseul, ma
petite-fille, que l'on peut offrir des petits
pois, l'on peut aussi offrir des pots de
chambre; mais des pois dans des pots de
chambre . . ." ' (D to the Abbé Barthélemy
10 May 1768, S–A i. 162).

2. Missing.

de la Vallière. M. de Choiseul était dans la confidence; il y a eu des lettres à l'infini; l'Abbé a recueilli toutes les pièces, il en formera un roman, une histoire ou un poème,[3] qui sera dédié à M. de Choiseul. C'est ce que la grand'maman m'apprend dans une lettre[4] que je reçois aujourd'hui en même temps que la vôtre; je lui avais envoyé l'extrait de votre dernière sur son premier ballot, et voici ce qu'elle me mande:

La lettre de M. Walpole est réellement charmante; il m'a fort bien devinée, mais je vois qu'il y a eu de la méprise dans les emballages, il faut lui expliquer l'intention de l'auteur afin de rendre à notre plaisanterie tout son sel.

Ce Chevalier de Listenois, dont je vous ai parlé, est positivement celui avec lequel vous avez soupé; il est parti aujourd'hui pour Chanteloup. Je le trouve un bon homme, doux, facile, complaisant; en fait d'esprit, il a à peu près le nécessaire, sans sel, sans sève, sans chaleur, un certain son de voix ennuyeux; quand il ouvre la bouche, on croit qu'il bâille, et qu'il va faire bâiller; on est agréablement surpris que ce qu'il dit n'est ni sot, ni long, ni bête; et vu le temps qui court, on conclut qu'il est assez aimable.

Je ne connais point M. de Monaco;[5] mais il y a vingt-cinq ans que je lui trouvais l'air d'un héros de roman, non pas d'*Astrée* ni de *Clélie,* mais de la *Princesse de Clèves,* ou de la Reine de Navarre.[6] Je ne connais pas non plus le petit Rochechouart;[7] M. Selwyn m'en paraît coiffé. Je crois que vous voyez un peu en beau le Baron de Breteuil;[8] homme d'esprit, c'est beaucoup dire; sa manière ne me déplaît pas, et il m'aurait peut-être plu davantage, s'il m'avait paru faire plus de cas de moi, mais après m'avoir vue quelquefois, il m'a laissée là. On a beau se flatter qu'on juge sans prévention, notre amour-propre entre toujours dans les jugements que nous portons.

Je ne puis vous rendre raison de la conduite de Mme de Guerchy;

3. See *ante* 15 May 1768, n. 5.

4. See ibid.

5. Honoré-Camille-Léonor Goyon-de-Matignon de Grimaldi (1720–95), Prince of Monaco (Ethel C. Mayne, *The Romance of Monaco and Its Rulers,* 1910, p. 277). He was then in England: 'Portsmouth, May 7. His Serene Highness the Prince of Monaco arrived here on Friday [May 6]' (*London Chronicle* xxiii. 446).

6. *Astrée* by d'Urfé, *Clélie* by Mlle de Scudéry, *La Princesse de Clèves* by Mme de la Fayette, and the *Heptaméron* of Marguerite of Navarre. D's copy of *Astrée,* 10 vols, 1733, is in the possession of the Duc de Mouchy.

7. Perhaps Louis-François-Marie-Honorine de Rochechouart-Pontville (ca 1733–79), Vicomte de Rochechouart (*Rép. de la Gazette*).

8. Louis-Charles-Auguste le Tonnelier (1733–1807), Baron de Breteuil.

je me suis enfin lassée d'envoyer et de me faire écrire chez elle, elle ne voit encore que ses parents et ses plus intimes amis. Il n'y avait que treize ou quatorze personnes à la noce de sa fille,[9] et jamais enterrement ne fut plus triste. Je trouve M. Élie de Beaumont un impertinent; il y a quelque temps que je le rencontrai avec sa femme chez votre ambassadrice; ils me parlèrent l'un et l'autre de votre *Richard,* qu'ils louèrent; ils devaient me venir voir, et je n'en ai point entendu parler. M. de Nivernais est, ce me semble, le mâle de l'Idole; tout cela est ridicule. Mon Dieu, mon Dieu! qu'il y a peu de gens supportables! mais de gens qui plaisent, il n'y en a point. Plus ma prudence augmente, plus j'observe; car moins on parle, plus on réfléchit. Je trouve tout le monde détestable: celle-ci[10] est honnête personne, mais elle est bête, entortillée, obscure, pleine de galimatias qu'elle prend pour des pensées; celle-là[11] est raisonnable, mais elle est froide, commune; tout est conduite, ses propos, ses attentions; cette autre[12] jabote comme une pie, son élocution est celle des filles d'opéra; cette autre[13] parle comme une inspirée, ne sait presque jamais ce qu'elle dit; et tout ce qu'elle veut conclure, c'est qu'elle est un grand esprit, qu'elle est savante, brillante, etc., etc. Voilà la peinture d'un cercle. Il y en aurait bien d'autres à peindre qui seraient encore bien pis, car du moins dans celui-ci il n'y a pas trop de fausseté, de jalousie, ni de mauvais cœur. Il est très vrai qu'il n'y a que la grand'maman qu'on puisse aimer, et qui dégoûte de tout le reste. Cette grand'maman serait au désespoir si elle savait les chagrins qu'elle m'a causés, mais je lui laisserai faire des fautes tant qu'elle voudra plutôt que d'en faire une seule.

Enfin, vous êtes donc content de cette lettre de Mme de Sévigné.[14] Je souhaite que vous puissiez avoir les trente-trois autres; mais j'en doute. La première,[15] qui vous a tant déplu, venait de M. de Castellane,[16] c'était de celles qu'on avait mises au rebut; il n'en a que de celles à sa fille, et elle fut prise au hasard. Assurément je ne me doutais pas que tous les soins que je m'étais donnés devinssent un crime

9. The marriage of Victoire-Félicité de Regnier de Guerchy to Joseph-Louis-Bernard de Cléron, Comte d'Haussonville, 15 May 1768.

10. Mme de Forcalquier (HW).

11. Mme de Jonzac (HW).

12. Mme d'Aubeterre (HW).

13. La Duchesse d'Aiguillon (HW).

14. The letter of 2 March 1689 procured for HW by the Comte de Grave from the two old ladies at Montpellier (see *ante* 3 March, 30 April 1768).

15. The letter sent to HW by Mme de Choiseul (see *ante* 21 Dec. 1768).

16. Jean-Baptiste de Castellane, Marquis d'Esparron, whose first wife was Julie de Simiane, great-granddaughter of Mme de Sévigné.

capital, mais n'en parlons plus. La fin de votre lettre[17] n'est pas délicieuse, vous m'avez toujours dit *que nos caractères ne se convenaient pas;* j'en suis fâchée, parce qu'il ne dépend pas de soi d'en changer.

La Reine reçut avant-hier l'extrême-onction; elle est peut-être morte au moment présent.[18] On dit que le Roi ira à Marly tout de suite, et y passera six semaines, et qu'ensuite il ira à Compiègne; ces arrangements ne m'intéressent que par rapport à la grand'maman; son retour en est dépendant.[19]

J'ai fait vos compliments à Mme de Forcalquier; elle les a reçus très agréablement, et consent avec plaisir à vous donner la troisième place dans notre loge.[20] Je vis hier votre ambassadrice; l'ambassadeur ne voit encore personne; il a été fort malade. J'aurai ce soir à souper peut-être vingt personnes, entre autres M. St. John,[21] qui m'apporta du thé, du taffetas pour des coupures, avec une grande lettre de M. Selwyn. Il me paraît qu'il n'a pas le projet de venir ici cette année. Il me dit qu'il ne compte plus retrouver le Président; mais qu'il espère encore me revoir, que je suis moins vieille que sa mère,[22] qui se porte bien, et qui ne mourra pas si tôt. Il me mande que la santé de M. Craufurd va mieux, que ce n'est peut-être pas son intention qu'on me le dise; il me dit mille biens de M. St. John, je me prépare à le beaucoup questionner ce soir sur vos émeutes.[23] Vous ne m'avez ni entendue ni bien répondu à ce que je vous mandais sur la Corse,[24] si vous avez encore ma lettre voyez ce qui est souligné.

C'est une chose assez fâcheuse que toutes les lettres soient ouvertes; cela gêne beaucoup. Mandez-moi où en est la *Cornélie* du Président; je suis fâchée que vous ayez entrepris cet ouvrage.

Vraiment j'allais oublier une chose importante. J'ai depuis dix ou onze jours un ballot à vous envoyer, c'est la veste que Mme de Jonzac a brodée; elle est, dit-on, charmante, mais on me fait craindre qu'elle ne soit confisquée à la douane, malgré la précaution de l'adresser à M. du Châtelet et de l'envoyer par le courrier de M. de Choiseul; je

17. HW to D 17 May 1768 (missing).
18. She lived until 24 June (see *post* 26 June 1768).
19. The Duc de Choiseul, as minister of foreign affairs, was obliged to attend the King.
20. D and Mme de Forcalquier shared a box at the Comédie Française (see *ante* 29 April 1768).
21. The Hon. Henry St John (d. 1818), brother of the 2d Vct Bolingbroke, and friend of Selwyn (John Heneage Jesse, *George Selwyn and his Contemporaries,* 1882, i. 258).
22. Mary Farrington (ca 1690–1777), m. Col. John Selwyn.
23. The riots in London following Wilkes' imprisonment.
24. See *ante* 30 April 1768. The underlined words were 'ai-je tort ou raison?'

ne suis plus à portée de voir ce ministre, et je ne veux pas lui écrire pour une pareille bagatelle; mandez-moi le plus tôt que vous pourrez ce qu'il faut que je fasse.

J'ai encore les lettres de Mme de Maintenon; je ne sais combien on me les laissera, je ne dis mot. Adieu.

From MADAME DU DEFFAND, Wednesday 25 May 1768

Address: To Monsieur Monsieur Horace Walpole in Arlington Street near St James's *London* Angleterre
Postmark: MA30

Nº 36. Ce mercredi 25 mai 1768.

VOTRE lettre pour M. de Grave[1] est partie aujourd'hui, celle pour Mme de Montigny[2] lui sera rendue demain, et je demanderai qu'il vous soit permis d'adresser votre ballot à M. de Montigny.

Je doute que les vieilles demoiselles[3] se dessaisissent jamais de leurs lettres; si elles y consentent il faudra que l'épître dédicatoire[4] soit signée *Le Public.* C'est le seul tour qu'il reste à prendre pour éviter les lieux communs. Je ne crois pas, ou du moins je ne me souviens pas, que ce tour ait jamais été pris. Vous en ferez une, s'il vous plaît, l'Abbé Barthélemy une autre, le Chevalier de Boufflers [une autre]; enfin, il y aura concours dont je me dispenserai d'être, s'il vous plaît; je n'ai point l'esprit de commande.

Vous aurez les deux derniers chants de *Genève,* ou par le courrier de M. de Choiseul ou par Milord Farnham,[5] qui doit partir dans quinze jours ou trois semaines.

La grand'maman ne tirera pas un grand amusement de sa plaisanterie, elle s'attendait qu'elle ne tomberait pas si plate; mais je ne suis pas seule à n'avoir pas l'esprit de commande, il faut se taire quand on n'a rien à dire.

J'eus hier la visite de la nouvelle mariée, Mme d'Haussonville.

1. HW to the Comte de Grave 20 May 1768, enclosed with his letter to D, of that date.
2. HW to Mme Trudaine de Montigny, also sent to D in his letter of 20 May 1768.
3. The old ladies at Montpellier, whose collection of letters by Mme de Sévigné was sought by the Comte de Grave for HW. They were apparently the Mademoiselles Girard, granddaughters of the President de Moulceau, who had been one of

Mme de Sévigné's correspondents. At their deaths in 1772, the letters passed to their cousin and heir, the Marquis de Girard, who had them printed in 1773. See *post* 19 Dec. 1772, and 5 Jan. 1773; also the preface to *Lettres nouvelles ou nouvellement recouvrées de la Marquise de Sévigné et de la Marquise de Simiane,* 1773.
4. See Appendix 19.
5. Robert Maxwell (d. 1779), 1st E. of Farnham. 'Yesterday the Earl of Farnham,

C'est Mme de Lillebonne qui la présente. Mme de Guerchy est ab-
sorbée, anéantie dans sa douleur, elle remplit strictement ce qui est
de devoir, elle ne fait rien par delà. Je dis à sa fille la part que vous
aviez prise à son établissement, je lui parlai de vos regrets, qui méri-
taient quelque marque de souvenir d'elle et de Mme de Guerchy.
Elle me répondit qu'excepté les parents sa mère n'avait ni vu ni écrit
à personne. 'Mme d'Aiguillon,' lui dis-je, 'm'a cependant dit que
Madame Hervey avait eu de ses nouvelles.' Mme de Lillebonne prit
la parole et dit, 'C'est une réponse qu'elle a faite au bout des six
mois; elle fait les choses dont elle ne peut se dispenser'; ainsi vous et
tout le monde devez conclure qu'elle n'a dans le cœur, dans l'âme, et
dans la tête que le chagrin, la tristesse, et la douleur. La jeune femme
me pria de vous faire tous ses remercîments; on la trouve médiocrement mariée.

J'irai cet après-dîner pour la seconde fois au *Joueur;* Mme de Forcalquier devait y venir, elle vient de me mander qu'il lui est sur-
venu une affaire; j'irai avec Mlle Sanadon. Cette pièce m'a beaucoup
plu à la première représentation.[5a]

Vous ne voulez pas lire les *Annales* de Tacite; avez-vous jamais lu
la *Vie d'Agricola* par le même traducteur?[6] J'imagine que non.

J'ai appris que M. Selwyn avait perdu des sommes énormes cet
hiver,[7] je trouve cela abominable. J'ai enfin reçu une lettre du petit
Craufurd, il se dit toujours fort malade, mais je sais qu'il se porte
bien.

Je suis fort aise que vos émeutes soient finies; je ne suis pas de ces
gens qui se plaisent dans le désordre, tout m'épouvante, je suis fort
poltronne, je n'aurais été propre à rien; je serai bien aise si ce beau
M. Wilkes est condamné au carcan.[8]

who has resided some time in the south of
France, arrived at his house in Dover
Street, perfectly recovered of his late indisposition' (*London Chronicle* xxiii. 562,
11 June 1768).

5a. On the contrary, D had disliked it
(see *ante* 16 March 1768).

6. La Bletterie.

7. That Selwyn did lose a considerable
sum may be inferred from a letter to him
from Henry St John 21 June 1768: 'I hope
time has now softened your sufferings on
account of play. I believe you might exert
your resolution so far as to leave off play
totally, on reflecting on the cursed conse-
quences of it' (John Heneage Jesse, *George

Selwyn and his Contemporaries*, 1882, ii.
310).

8. 'On the 18th [of June], sentence was
pronounced on Wilkes. For the *North
Briton*, No. XLV, he was condemned to pay
a fine of £500 and to suffer imprisonment
for ten months. For the Essay on Woman,
£500 more, and imprisonment for twelve
months, to be computed from the expira-
tion of the first ten. He was to find se-
curity for his good behaviour for seven
years, himself being bound in £1000, and
two sureties in £500 each' (*Mem. of Geo.
III* iii. 154). His outlawry had already
been declared illegal by Lord Mansfield
(ibid. iii. 152 n.).

To Madame du Deffand, Friday 27 May 1768, N° 39

Missing. Answered, 31 May.

To Madame du Deffand, Saturday 28 May 1768, N° 40

Missing. Answered, 5 June.

From Madame du Deffand, Tuesday 31 May 1768

N° 37. Paris, ce mardi 31 mai 1768.

LA poste est merveilleusement diligente, les lettres depuis quelque temps arrivent le samedi et le mardi. Celle que je reçois aujourd'hui[1] est couci-couci, mais qu'importe, c'est toujours un souvenir, cela suffit.

Ce que vous appelez *passiveté* pourrait bien être ce que j'appelle ennui; pourvu que cela ne vienne pas de quelque dérangement de santé, je dirai encore, qu'importe? surtout si cet état ne vous est pas insupportable; si par malheur il vous déplaisait, vous seriez toujours moins à plaindre qu'un autre, vous êtes si variable, que la succession du moment présent en annonce une toute différente pour le moment à venir; c'est peut-être une façon d'être fort heureux, c'est ce que j'ignore. Oh! je suis ignorante sur bien des choses, plus je vieillis plus j'observe, plus je réfléchis, plus je suis persuadée que tous les jugements qu'on porte sont précipités et téméraires. On ne connaît ni les gens ni les choses. Quelquefois je pense qu'il y a une différence énorme d'homme à homme, d'état à état, et puis l'instant d'après je crois que tous les hommes sont semblables, que tous les états sont égaux. Qu'importe après tout, quand la journée est finie, comme on l'a passée? Cela peut s'appliquer à la vie; au dernier moment il est bien indifférent d'avoir été heureux ou malheureux. L'essentiel est, tandis qu'on vit, de se garantir des douleurs et de l'ennui. Je tiens que toute créature raisonnable doit se contenter de ce bonheur, et ne pas désirer par delà.

Je suis fort aise que vous ayez changé d'avis sur l'épître dédica-

1. HW to D 27 May 1768 (missing).

toire.[2] Comme mon génie tremble devant le vôtre[3] je n'avais osé hasarder aucune représentation. Je ne sais si je vous ai mandé que M. de Montigny trouvera très bon que vous lui adressiez votre ballot. Sa femme a été très flattée de votre lettre,[4] elle a un très grand désir de vous voir; ce sont les meilleurs gens du monde et dont j'ai infiniment sujet de me louer; vous savez les obligations[5] que j'ai à M. de Montigny; il ne refuse aucune occasion de faire plaisir.

Je comprends aisément que vous n'êtes pas fort honteux de votre bêtise,[6] je m'intéresse beaucoup à vous *comme vous savez.* Eh bien! je n'en suis pas embarrassée non plus; il est impossible que vos lettres ne soient pas bonnes quand vous ne songez pas à bien dire. À propos de lettres, Mme de Forcalquier s'est avisée de vous écrire; je n'en suis l'occasion que par lui avoir fait vos compliments sur la mort de M. de Lamballe.[7] Cela lui a rappelé votre souvenir, mais non pas votre nom, puisqu'elle vous appelle Robert. Vous ai-je dit que j'ai reçu une lettre du petit Craufurd?

J'appris hier une chanson[8] que je lui enverrai la première fois que je lui écrirai. Je me garderai bien de vous la dire, vous y trouveriez du dessein, vous croiriez que c'est moi qui l'ai faite ou qui l'ai fait faire, tandis qu'il n'en est rien, c'est M. d'Albaret qui me l'a apprise.

Vous recevrez ces jours-ci les deux derniers chants de la *Guerre de Genève,* par un de vos compatriotes qui est parti ce matin. Il s'appelle M. Schutz;[9] c'est M. St. John qui me l'a indiqué.

Vous me parlez de vos rossignols, je pourrais vous parler d'un petit serin qui a le plus joli son de voix, et qui pendant que je vous écris chante à tue-tête; je n'en reçois pas une grande sensation; ce n'est pas que je ne sois assez sensible à toutes les choses naturelles ou champêtres, mais il faut avoir l'âme dans une situation bien douce et

2. To Président Hénault's tragedy, *Cornélie.*

3. 'Mon génie étonné tremble devant le sien.'
(Racine, *Britannicus,* II. ii.) (T.)
D uses this quotation in her letter to Voltaire 28 Dec. 1765 (Voltaire, *Œuvres* xliv. 154).

4. HW to Mme Trudaine de Montigny 20 May 1768 (missing).

5. M. Trudaine de Montigny had been instrumental in securing an income for D's companion, Mlle de Sanadon (see *ante* 26 Dec. 1767). He had also performed many smaller services for D, such as help-

ing young Dumont to find a position, and forwarding articles from HW to D (see *ante* 21 May 1766 and 18 Aug. 1766).

6. HW had mistaken D's request for court plaster for Mme de Choiseul (see *ante* 15 May and 22 May 1768).

7. The Prince de Lamballe's father, the Duc de Penthièvre, was half-brother to Mme de Forcalquier's first husband, the Marquis d'Antin.

8. See *post* 14 June 1768.

9. There were families of Schutz at Shotover, Oxford, and at Gillingham, Norfolk; it is uncertain which Mr Schutz was D's messenger.

bien paisible pour qu'elles fassent grand plaisir. Je ressemble assez à Mme de Longueville;[10] vous seriez scandalisé si j'articulais en quoi; il ne faut pas vous dire des paroles malsonnantes, vous avez les oreilles trop délicates.

La pauvre Lloyd a d'abord été fort fâchée d'être mise à l'écart, elle m'en a fait l'aveu très ingénument, mais actuellement elle en est ravie. Je pensais que cela pourrait la refroidir pour la Milady.[11] Oh! *po-int du tout,* elle a l'esprit très bien fait, je la crois une très bonne créature. Milord Ossory va donc en Irlande?[12] Je pense (en tout bien et tout honneur) qu'il n'est pas indifférent. L'amitié qu'on dit avoir pour le petit Craufurd, le désir qu'on a qu'il vienne ici, me donnent quelque soupçon. Vous allez bien dire que c'est un effet de ma *léthargie.* À propos, qu'est-ce que vous voulez dire sur ma jalousie? Dieu m'est témoin que je n'ai jamais pensé à en avoir. Et pourquoi et comment, par quelle raison, par quel droit? Cela n'a pas le sens commun. Quand j'ai mis le mot *jalousie* j'entendais ces petites jalousies de société, de femmes, mais comme il n'y a point de synonyme, j'aurai dû dire *envie.* Vous êtes preste, c'est-à-dire prompt, à saisir les occasions de quereller, et peu s'en est fallu que ce mot n'ait élevé un différend entre nous; il n'y en aura plus jamais, moyennant l'aide de Dieu.

Ce mercredi matin 1er juin.

Ma lettre fut interrompue hier, je la reprends. Je fus passer la soirée chez le Président, je le trouvai dans un pitoyable état, de l'érysipèle, une petite plaie et de grandes douleurs à une jambe; de plus, un peu de fièvre. Il ne faut pas se flatter, il n'y a pas d'espérance de le conserver longtemps; sa perte me sera très sensible, je lui étais devenue nécessaire; il me comble d'amitié, ses torts passés ne m'empêcheront pas de le regretter. Où trouve-t-on des amis parfaits? du moins il en a l'apparence; ce sera un grand vide dans ma vie que je ne pourrai pas remplacer. Je suis bien avec tout le monde, c'est-à-dire point mal; mais excepté Pont-de-Veyle, qui a assez de suite pour moi,

---

10. Anne-Geneviève de Bourbon (1619–79), m. (1642) Henri d'Orléans, Duc de Longueville. D probably means that Mme de Longueville's passionate nature resembled her own; Mme de Longueville was so turbulent that, even after she renounced politics for religion, she plunged immediately into ecclesiastical disputes.

11. Lady Pembroke.

12. Ossory does not seem to have received any political office in Ireland at this time; D probably refers to a visit made to his Irish estates.

et un nommé Tourville, tout le reste sont des personnages de lanterne magique. J'en excepte la grand'maman, car réellement elle me traite bien; quoique sa raison la rapproche de tous les âges, cependant l'énorme distance du sien au mien diminue la convenance; je ne doute pas de l'intérêt qu'elle mettra à me faire conserver ma pension; je suis bien déterminée à ne lui en pas dire un mot.

La Reine depuis deux jours est un peu moins mal, peut-être vivrat-elle encore une ou deux semaines; cela retardera le voyage de Compiègne, et peut-être le fera manquer; en ce cas le séjour de la grand' maman à Chanteloup deviendrait plus long, ce qui me fâcherait extrêmement. Ma correspondance avec elle et avec le grand Abbé est fort vive et fort gaie; vous êtes bien maussade d'avoir laissé tomber la plaisanterie du drap et du velours, elle s'en était promis beaucoup de plaisir; mais je vous dirai en confidence que je ne suis pas étonnée qu'elle ne vous ait pas paru piquante, et qu'elle ne vous ait rien inspiré; et puis elle a été contente de l'extrait d'une de vos lettres.[13] Nous sommes moins sérieux ici qu'on ne l'est chez vous, nous tirons parti des bagatelles, il y en a peu qui conviennent à la dignité anglaise.

Je pourrais vous apprendre une nouvelle[14] qui vous surprendrait bien, mais j'ai envie de la remettre à ma première lettre; je serai bien aise de vous donner de l'impatience de la recevoir; de plus, il faut que je dorme, ainsi je finis comme vous, bonjour, au lieu de bon soir.

From Madame du Deffand, Saturday 4 June 1768

N° 38. Ce samedi 4 mai[1] 1768.

IL y a longtemps que je désirais que vous m'écrivissiez par des occasions; je n'osais vous le proposer, vous vous en êtes avisé de vousmême, ainsi je suis satisfaite et très satisfaite; vous le serez de moi à l'avenir, vous y pouvez compter. J'aime mieux condamner ma conduite passée pour finir tout procès, que d'entreprendre de la justifier. J'y parviendrais aisément devant un tribunal impartial, mais je n'ai que vous pour juge, et vous êtes juge et partie; il n'y a qu'un article que je veux défendre, c'est ma prétendue indiscrétion. Vous êtes à cet

13. Missing.
14. D wished to extend her apartment into the garden of the convent (see *post* 14 June 1768).

1. A mistake for 'juin.'

égard infiniment injuste; on ne peut pousser plus loin la réserve, et souffrez que je vous dise encore une fois que je n'ai eu aucune part à la lettre de la grand'maman; aucuns de vos Anglais ne vous diront que je les interroge, je ne sais de nouvelles de votre pays que par les gazettes; celle d'hier m'a fort déplu.[2]

Je suis fort aise que vous vous soyez retiré du Parlement et que vous ne soyez plus aujourd'hui que spectateur; c'est encore trop, car un Anglais ne l'est jamais aussi bénévole que le sont les Français. Convenez que je suis fort raisonnable sur le désir de vous revoir; je ne vous en parle point, je m'en rapporte absolument à vous. Votre dernière lettre[3] m'a extrêmement plu, il y a de la raison, de la vérité, de la bonté. Votre tête se trouble quelquefois, il y a longtemps que je m'en étais aperçue. Ces moments ne sont pas favorables, mais ils passent, et l'on vous retrouve; cela me suffit. Ce n'est pas votre faute ni la mienne de ce que la mer nous sépare, la véritable amitié se forme par d'autres convenances que celle de l'habitation; il serait heureux pour moi d'être anglaise, ou que vous fussiez français; cela n'est pas, il faut se contenter de la correspondance et de l'espérance de quelques visites. Je me borne quant à présent à compter sur une, et quoique plus jeune que la mère de M. Selwyn, je ne me promets ni ne désire un grand nombre d'années. L'exemple du Président ne me donne pas de goût pour une extrême vieillesse.

La Reine était fort mal hier, je vous en dirai demain des nouvelles.

Je vous avais annoncé que je vous en apprendrais une qui m'est personnelle et de petite importance; ce ne sera pas encore par cet ordinaire-ci.

Je soupai hier chez le Président avec les Maréchales, l'Idole, etc., etc. Je ne serai point comme Julien,[4] je ne relèverai point leurs temples; elles seraient des sujets fort convenables pour l'anatomie morale, tous les ligaments, les fibres, etc., des passions sont chez elles tout à découvert. Leur cercle et celui de mes dimanches sont des genres différents; quand on est dans l'un on préfère l'autre, et le résultat serait, ni l'un ni l'autre. Ce que j'aime mieux, sans nulle comparaison, ce sont les petits soupers de la grand'maman. Je crains de ne la revoir de longtemps; elle ne reviendra que pour Compiègne, et l'on n'ira à Compiègne qu'après la guérison de la Reine, ou quarante

2. Perhaps it contained references to probable English interference in Corsica.

3. HW to D 28 May 1768 (missing).
4. Julian the Apostate (331–363).

jours après sa fin; cela peut mener bien loin, il pourra bien être qu'on n'y aille point du tout. Demain je reprendrai cette lettre.

Ce dimanche à midi.

Je viens de relire votre Nº 40.[5] J'ai une tête qui se trouble encore plus que la vôtre; je ne sais si je ne devrais pas jeter au feu ce que j'ai écrit hier. Je suis comme ces enfants qui, à force de gronderies et de menaces, ne savent plus ce qu'ils font ni ce qu'ils doivent faire. Depuis plus de quatre mois notre correspondance a été misérable; elle ne sera pas de même à l'avenir je l'espère, du moins il n'y aura pas de ma faute; mais ne vous méprenez point en lisant mes lettres, ne croyez pas quand elles vous ennuieront y voir du sentiment, des questions imprudentes; de plus je consens très volontiers que vous ne vous assujettissiez point à aucun tarif. Quand vous avez la tête pleine d'idées d'affaires, remettez à m'écrire quand elle sera plus libre; mais ce que j'aimerais le mieux, écrivez-moi quatre mots *je me porte bien*. Je n'ai nulle envie de vous contraindre, tout au contraire, c'est tout ce que je crains.

Quand je vous ai parlé de la loge[6] et des lettres de Mme de Maintenon,[7] ce n'a point été une finesse pour vous faire expliquer sur votre retour. Je le désire sans doute, et je pense qu'il n'y a pas de mal à en faire l'aveu, mais en même temps je m'en rapporte à la Providence, ainsi que sur la durée de ma vie. Vous me donnez des espérances que je ne prends point; il n'y a guère de gens à qui je fusse bien aise de survivre, et comme j'ai vingt ans plus que vous, laissez-moi croire, je vous prie, à toutes les probabilités qui m'assurent de finir bien avant vous.

Je tâche de me rappeler tout ce que j'ai pu dire d'imprudent dans mes lettres, et je ne trouve rien; faites-moi le plaisir à l'avenir en répondant de me marquer le numéro et de me spécifier ce que vous aurez trouvé à redire; ce qui m'effraye pour mes lettres à venir, c'est que, [dans] toutes celles que je vous ai écrites depuis votre dernier voyage, j'ai toujours eu l'intention d'éviter tout ce qui vous choque et vous déplaît; il n'y en a qu'une où j'étais inquiète de votre santé,

5. HW to D 28 May 1768 (missing).
6. The box at the Comédie Française, shared by D and Mme de Forcalquier, in which there was a third seat to be used by HW when he came to Paris (see *ante* 29 April 1768).

7. The letters of Mme de Maintenon to the Princesse des Ursins, lent to D by the Duc de Choiseul, which D was hoping to keep for HW to read on his next visit to Paris (see ibid.).

où je m'expliquai peut-être trop vivement; mais je me suis fort calmée, je vous assure, et je ne désire aujourd'hui que la paix; conservons-la à tout jamais. Je serais fort aise que notre commerce vous fût agréable, parce qu'il me l'est infiniment, mais j'y renoncerais s'il était pour vous tout le contraire. Vous avez beau me rassurer sur mon âge; je ne puis vivre longtemps et j'en suis fort aise. Cette pensée me rend tout supportable; à soixante et onze ans on ne doit plus tenir à rien.

Votre ambassadeur a été assez malade; il se porte bien présentement. S'il va à Londres je lui donnerai votre veste, s'il n'y va pas la Providence y pourvoira de quelque autre façon; c'est ma seule divinité, j'abjure la prévoyance pour n'avoir de confiance qu'en elle.

En vérité vous m'en croirez si vous voulez, mais je n'ai point marqué de confiance au Colonel St. John, ni à Milord Pembroke, ni même à la bonne Lloyd, et je ne sache aucun Anglais à qui j'ai fait d'autres questions sur vous, si ce n'est de parler de votre château.

La Reine hier n'était pas plus mal; je viens d'écrire à la grand' maman.[8] Vous me tarabustez tant sur mes lettres que bientôt je ne saurai plus écrire à qui que ce soit.

Adieu; vous êtes pourtant fort bien avec moi.

À propos, j'oubliais de vous remercier de votre livre.[9] Wiart traduit la seconde partie, et je suis fort contente de ce qu'il m'en a lu. Pourquoi ne m'écririez-vous pas quelquefois en anglais? J'y consens de tout mon cœur; enfin, mettez-vous à votre aise, et que notre commerce ne soit pas une gêne ni une fatigue.

Un autre article de votre lettre qui mérite qu'on y réponde c'est que *nul autre que vous* n'aurait poussé la patience aussi loin, et qu'avec beaucoup de politesse il m'aurait quittée. Cela aurait pu être, mais je n'en pouvais jamais courir le risque avec vous. Votre malheur est que je ne pouvais jamais m'exposer à une telle aventure avec *nul autre*.

To MADAME DU DEFFAND, Thursday 9 June 1768, N° 41

Missing. *Post* 14 June 1768 gives this date, but *Paris Journals* give 10 June. Written at Strawberry Hill.

8. Missing.

9. Boswell's *Account of Corsica* (see *ante* 12 April 1768).

From Madame du Deffand, Saturday 11 June 1768

Nº 39. Paris, ce 11 juin 1768.

DEUX heures après midi sonnent, je tire ma sonnette; Wiart entre. 'Le facteur est-il venu?'—'Oui.'—'Qu'apporte-t-il?'—Il répond à ma pensée et me dit 'Rien.' Voilà cependant deux lettres, une de M. Selwyn, une autre de Mme Greville. Je ne les attendais pas. Avez-vous été mécontent de mes dernières lettres? Je tâche de me les rappeler, et il me semble qu'il n'y avait rien à y redire. Saint Paul dit qu'il faut servir Dieu avec crainte et tremblement;[1] j'ai bien en moi cette disposition, il ne s'agirait que de la bien diriger. Si mes dernières lettres vous ont déplu, si celles que je vous écrirai à l'avenir ont le même sort, je croirai sans aucun doute qu'il y a quelque génie malin, quelque diable qui nous fascine les yeux quand nous lisons nos lettres, et qu'ils nous y font trouver à vous des douceurs dans les miennes, à moi de l'absinthe dans les vôtres.

Je n'oserais pas vous dire ce qui trouble ma tête aujourd'hui; après mon insomnie ordinaire j'ai dormi une heure dans la matinée, je me suis réveillée en faisant des cris épouvantables, jamais on n'a eu un plus furieux cauchemar; j'en suis encore toute émue, et sans la lettre de M. Selwyn qui est du 4, je serais bien agitée. Remarquez, s'il vous plaît, que je ne vous raconte point mon rêve, et n'allez pas vous récrier avec un ton méprisant *'Ah! les rêves en seront aussi.'* Non, non, ne le craignez pas, je suis bien éloignée des faribole, je suis pour le moins aussi solide, aussi majestueuse, aussi dédaigneuse que l'ineffable Comtesse.[2] Je passerai aujourd'hui la soirée chez elle, peut-être lui aurez-vous écrit, je payerais bien cher que cela fût, et j'en serais bien contente.

Depuis ma dernière lettre j'ai fait deux grands voyages; je fus mercredi à Roissy chez Mme de Caraman, avec Mme de Bentheim, l'Évêque de Mirepoix[3] et M. de Creutz. J'y trouvais Mme de la Vallière, sa fille Mme de Châtillon,[4] la Vicomtesse de Narbonne, et le

---

1. 'Et tant que j'ai été parmi vous, j'y ai *toujours* été dans un état de faiblesse, de crainte, et de tremblement' (I *Corinthiens* ii. 3).

2. Mme de Forcalquier.

3. François-Tristan de Cambon (d. 1790) was not made Bishop of Mirepoix until 13 July 1768; he had, however, been nominated for this position on 8 April (*Rép. de la Gazette*).

4. Adrienne-Émilie-Félicité de la Baume le Blanc (1740–1812), m. (1756) Louis-Gaucher, Duc de Châtillon. See Charlotte-Louise-Eléonore-Adélaïde, Comtesse de Boigne, *Mémoires*, 1907, i. 216–7 (T).

Marquis de Brancas.[5] On aurait mis tout cela à l'alambic (si l'on en avait excepté l'Évêque) qu'on [n']en aurait pas tiré un grain de sens commun.

Hier je fus souper à Montmorency avec l'Archevêque de Toulouse et sa cousine Mme de Loménie;[6] il y avait peu de monde, il n'y avait d'Idoles que la femelle,[7] le reste était les deux Maréchales, les Duchesses de Boufflers et de Lauzun, pour les autres il suffit de dire, 'etc.' Nous étions douze et nous n'avions d'hommes que le prélat. Il est fort aimable, il est franc sans être sincère; je m'occupe quelquefois à faire des synonymes, ou plutôt à les défaire.

Il me paraît que vous n'avez nulle curiosité d'apprendre la nouvelle que je vous ai annoncée. Si je tarde encore quelques jours elle s'évanouira. C'est un projet que j'ai qui vraisemblablement n'aura point de succès. Je ne le saurai certainement que dans huit ou dix jours.

Où est l'impression de votre tragédie, quand partira-t-elle?[8] Mais celle que vous faites, en avez-vous traduit quelques scènes?[8a] Avez-vous oublié que vous me l'avez promise? Avez-vous reçu les deux chants de la *Guerre de Genève?* Je fus l'autre jour à une comédie nouvelle d'un nommé Sedaine,[9] elle a pour titre *La Gageure imprévue;* elle ne vaut rien, mais elle est bien jouée, il y a quelques traits. En voici un:[10] La Marquise[11] est à la campagne, elle s'ennuie mortellement, elle va à son clavecin, elle le quitte, à son métier, elle fait de même, elle demande un livre, elle l'ouvre, elle le rejette en disant, 'Ah fi! c'est de la morale';[11a] elle sort, sa femme de chambre[12] reste, est curieuse de voir ce que c'est que de la morale, elle ouvre le livre, et elle lit *Essai sur l'homme.*[12a] 'Ah! ah'! dit-elle, 'c'est là ce qu'ils appellent de la morale! Eh bien! cela me convient fort.'[12b]

Vous convient-il à vous que je vous entretiens de telles balivernes?

Vous avez beaucoup grondé le Selwyn, à ce qu'il me mande.[13] La

5. Louis-Paul de Brancas (1718–1802), later Duc de Céreste (Emmanuel, Duc de Croÿ, *Journal*, 1906–7, ii. 431).

6. Marie-Louise-Anne-Constance Poupardin d'Amanzy, m. (1) Jean Boissière, m. (2) Paul-Charles-Marie, Marquis de Loménie who was 1st cousin to the Archbishop of Toulouse (Woelmont de Brumagne iii. 154).

7. The Comtesse de Boufflers.

8. Hénault's *Cornélie, vestale.*

8a. HW's *Mysterious Mother* was printed at Strawberry Hill, 6 Aug. 1768, but was not published in London until 1781.

9. Michel-Jean Sedaine (1719–97).

10. Scene II.

11. La Marquise de Clainville.

11a. 'Ah! de la morale: je ne lirai pas' (Scene II).

12. Gotte.

12a. By Alexander Pope.

12b. 'Voilà une singulière morale. Il faut que je lise cela' (Scene II).

13. This letter is missing.

pauvre Mme Greville m'écrit qu'elle vient de perdre son fils aîné;[14] cette femme me paraît complètement malheureuse; mais personne ne peut l'être autant que je l'ai été ce matin tant qu'a duré mon cauchemar. Vous ne me demanderez jamais ce que c'était? Oh! non, vous êtes un sublime philosophe, à qui tout paraît puéril. Je vous respecte beaucoup, je vous assure, et vous êtes pour moi une croix de fer, comme celles qu'on met aux petites filles pour les faire tenir droit; mais heureusement je n'ai point de répugnance à craindre et à respecter. Adieu jusqu'à demain.

Ce dimanche 12 à midi.

Je n'ai point eu de cauchemar, j'ai bien dormi, et pour la première fois depuis bien longtemps. Je fus hier au soir chez la Comtesse,[15] j'y trouvai votre ambassadrice, qui dans un taudis de paroles me fit entendre que son mari pourrait bien partir pour Londres quand il serait entièrement rétabli. J'irai lui rendre visite ces jours-ci pour le prier de se charger du paquet de Mme de Jonzac.

La Reine va fort mal. M. de Choiseul a eu la colique à Chanteloup, on lui a envoyé un médecin; j'ai appris tout cela par le public; le grand Abbé, le petit oncle,[16] le Chevalier de Listenois, n'ont pas daigné m'écrire un mot. J'aurai peut-être des nouvelles aujourd'hui, je ne fermerai ma lettre qu'après la venue du facteur. S'il ne m'apporte point de lettres de Chanteloup je pourrai bien ne pas faire partir celle-ci, et remettre à vous l'envoyer au jeudi 16. M. de Sade a été interrogé sur la sellette, et condamné à une prison perpétuelle.[17] Il y a encore une nouvelle aventure; le Duc de Pecquigny[18] a tué un menuisier qui lui venait demander de l'argent, les uns disent à coups d'épée, d'autres à coups de bâton; on dit cependant qu'il n'est pas encore mort. On veut assoupir cette affaire, il n'y a point de dénonciation, mais le procureur général n'en fera-t-il point? Nos jeunes gens ne sont-ils pas charmants?

À 5 heures du soir.

Les idées du cauchemar s'effacent, l'envie d'écrire se passe, cependant je veux vous dire que je suis dans une grande colère contre

14. Algernon Greville (d. 1768) (Arthur Collins, *Peerage*, ed. Brydges, 1812, iv. 358).

15. Probably Mme de Forcalquier, who was a friend of the Rochfords.

16. Abbé Barthélemy, and the Baron de Thiers.

17. He was released after six weeks in prison.

18. Marie-Joseph-Louis d'Albert d'Ailly (1741–93), Duc de Pecquigny, later Duc de Chaulnes.

les habitants de Chanteloup; je n'ai reçu d'eux aucune nouvelle, j'ai écrit ce matin des injures[19] au grand Abbé, et je viens d'écrire tout à l'heure à M. de Choiseul,[20] qui suivant les ouï-dire doit arriver ce soir à Versailles.

C'est aujourd'hui ma bacchanale; j'y verrai pour la dernière fois la Milady[21] et sa compagne; en vérité je les regrette, l'une est très aimable, et l'autre très bonne créature.[22] Je leur dis hier que j'échangerais bien contre elles une quinzaine de mes connaissances. Le petit Pembroke,[23] qui a huit ans et demi, est le plus drôle enfant qu'il y ait, c'est un petit quaker, il répond exactement ce qu'il pense aux questions qu'on lui fait; il dit 'oui,' 'non,' 'j'aime,' 'je hais,' etc., sans 'monsieur' ni 'madame,' point de révérences, parce que cela n'est bon à rien. Il m'a prise en amitié, il me trouve fort vieille, mais cela ne lui fait rien.

Je ferai des additions à cette lettre, peut-être deux ou trois fois par jour; elle ne partira que quand j'en aurai reçu de vous.

Ce lundi, à 7 heures du matin.

Les nuits ainsi que les jours se suivent et ne se ressemblent pas, je n'ai pas encore fermé l'œil, mais qu'importe? ce n'est pas cela qui m'inquiète, c'est l'état de M. de Choiseul. J'appris hier au soir par Mme de la Vallière, qui le tenait de M. de la Borde, que M. de Choiseul avait eu un second accès de colique et beaucoup de fièvre, qu'il était resté à Chanteloup, que son médecin était parti le matin, et Mme de Gramont à quatre heures après dîner. Jugez de l'état de la grand'maman, j'en suis pénétrée. Que deviendrait-elle si cela se terminait mal? J'en serais fâchée aussi par rapport à moi, parce que je l'aime, et un peu par les conséquences dont cela pourrait m'être, au moment de perdre la Reine. Toutes réflexions faites, je prends le parti de vous envoyer cette lettre, je crois machinalement que vous vous intéressez à moi, j'écarte tout ce qui pourrait m'en faire douter. Ce qui m'aurait empêchée de vous l'envoyer, c'était de n'en avoir point reçu de vous, non pas assurément pour vous bouder, et encore bien moins pour vous punir, mais pour me conformer à vos intentions, qui pourraient être de mettre de plus grandes lacunes dans notre correspondance; s'il était vrai, il faudrait me le dire tout natu-

19. Missing. The Abbé's reply, 15 June 1768, is in S–A i. 175–6.
20. Missing.
21. Lady Pembroke.

22. Lady Pembroke and Miss Lloyd.
23. George Augustus Herbert (1759–1827), Lord Herbert, 11th E. of Pembroke, 1794.

rellement; ce que je crains le plus c'est d'être importune. Je ne veux point vous tuer en vous assommant de coton et de duvet. C'est une mort trop lente, il vaudrait bien mieux avoir la tête cassée par une grosse pierre.

J'appris hier que Mme Geoffrin avait été dîner à Montmorency; on croit que je hais cette femme; je sentis qu'on avait une joie maligne de m'apprendre cet événement; je fus tentée de dire, 'Ah! tant mieux,' et de citer un vers de Corneille:—

> Fiez-vous aux Romains du soin de son supplice.[24]

Ah! mon Dieu, les hommes sont bien méchants, bien petits, bien sots. Excepté la grand'maman, et un certain *quidam,* je suis persuadée que tous les hommes se ressemblent; depuis le premier Anglais jusqu'au dernier Français, tous ne valent rien, tous se détestent. Il faut vivre au milieu de ces gens-là, et quiconque n'a pas le talent d'être faux et dissimulé est exposé à tous les inconvénients de la société, qui sont innombrables.

Pardonnez-moi cette longue lettre, je vous ennuie; c'est ce qui me désole, mais à qui voulez-vous que je parle? Vous êtes le seul homme que je crois sincère, vous n'avez pas plus de venin dans le cœur contre moi que vous ne m'en laissez voir; il est vrai que la dose est quelquefois un peu forte; mais qu'est-ce que cela fait? Tout compté, tout rabattu, vous valez mieux que les autres.

L'Idole prétend qu'on a augmenté la pension de M. Hume[25] par la protection de Milord Hertford, cela est-il vrai? Wiart traduit à force l'histoire de Paoli, j'en suis extrêmement contente; il y a des traits charmants. Adieu.

From Madame du Deffand, Tuesday 14 June 1768

In Colmant's hand, except the last sentence, which is in Wiart's.

N° 40. Ce mardi 14 juin.

WIART traduit à force, et point mal; je ne veux pas le détourner; je vais lui redonner un maître pour le perfectionner; il revisera sa traduction,[a] et la corrigera. Je vous la ferai voir si jamais vous revenez ici.

24. Racine, *Mithridate,* V. v.
25. 'Lord Hertford then told me, that   he and his brother had made a point with the King and the ministers, that in con-

Depuis votre lettre du 17 avril 1766, je n'en ai point reçu qui m'ait fait autant de plaisir que celle d'aujourd'hui du 9 juin, numéro 41. Nous avons un refrain de chanson qui dit, 'Eh! non, non, non, il n'en faut pas d'avantage.' Je suis en bonheur aujourd'hui, premièrement j'ai assez bien dormi cette nuit; à mon réveillé j'ai reçu une lettre de M. de Beauvau, à qui j'avais écrit hier pour lui demander des nouvelles de la Reine et de M. de Choiseul. La Reine est moins mal, et M. de Choiseul arriva hier en bonne santé; il me restait l'inquiétude de n'avoir pas de nouvelles de la grand'maman. Le facteur arriva à trois heures et n'apporta point de lettre de Chanteloup; mais il en avait une de Londres, elle m'aida à prendre patience; ensuite j'eus la visite de Mme de Beauvau; j'en fus assez contente; à peine m'eut-elle quittée que je reçus un petit billet de M. de Choiseul[1] en réponse à celui qu'il avait reçu de moi en arrivant, et puis une très longue lettre de la grand'maman, pleine d'amitié et de confiance; je serais ravie de vous la faire voir. M. de Choiseul me dit dans son billet qu'à son premier voyage à Paris il me viendra rendre compte de son voyage à Chanteloup. Il n'en fera rien. Est-ce qu'on tient parole? Il a oublié les lettres de Mme de Maintenon, il ne s'en souviendra que quand il me reverra, et il ne me reverra qu'au retour de la grand'maman.

Je suis bien reconnaissante des frais que vous avez faits et de la peine que vous avez prise pour la *Cornélie* du Président. Je vous éviterai une lettre de remercîments.

Vous voulez donc savoir cette nouvelle[2] tant annoncée, et qui (comme je l'avais prévu) est devenue à rien. C'était un bâtiment que je voulais faire en continuant mon appartement sur le jardin; j'aurais eu une jolie chambre à coucher, un petit cabinet pour des livres, des garde-robes pour moi et pour mes femmes en entresol. Les religieuses qui y devaient trouver un grand avantage ont eu la bêtise de refuser leur consentement; un plus long détail vous ennuierait, il ne serait bon à rien, puisque ce projet est à vau-l'eau.

                       Ce mercredi, à 7 heures du matin.

Vous m'avez demandé si j'avais vu M. de Boisgelin; si j'avais ré-

sideration of my services, I should have some farther provision made for me, which was immediately assented to, only loaded with this condition, by the King, that I should seriously apply myself to the consummation of my History' (Hume to the Comtesse de Boufflers, 26 April 1768, in David Hume, *Letters,* ed. Greig, Oxford, 1932, ii. 174).

---

a. Of Boswell's *Account of Corsica.*
1. This, and the other notes mentioned in this paragraph, are missing.
2. See *ante* 31 May 1768.

pondu hier à cette question j'aurais dit non, aujourd'hui je vous dis oui. Je soupai hier avec lui chez le Comte de Broglie, et il a été l'occasion d'un pari que j'ai fait avec le Comte de Broglie; j'ai dit que M. Wilkes serait condamné à une peine quelconque, et qu'il ne pourrait jamais plus après être membre du Parlement. M. de Broglie dit qu'il ne sera pas condamné et que quand même il le serait, cela ne l'empêcherait pas de profiter de son élection, ou bien de se faire élire de nouveau. Je lui ai remis un louis: mandez-moi positivement s'il a gagné mon louis, ou s'il a perdu le sien.[3] J'ai interrogé modérément M. de Boisgelin, votre article surtout a été traité très légèrement. J'ai fort appuyé sur le petit Craufurd,[4] je lui donne toute préférence sur le ridicule que produisent mes affections. Il s'en tirera comme il pourra, je ne m'en embarrasse guère, je ne lui ai point envoyé la chanson. Il ne m'écrit point; je le laisse dans sa paresse. M. de Boisgelin l'a beaucoup vu, il m'a fait ses compliments, il ne m'a pas fait les vôtres. Je lui ai demandé s'il avait vu mon portrait,[5] il ne s'en souvenait pas, mais à la fin il m'a dit que oui. Il vous trouve de l'esprit et de la politesse; soyez content, car il s'y connaît bien; je n'ai point encore vu le Baron de Breteuil; il ne fait pas tant de cas de moi que le Boisgelin. Mais c'est qu'il est ambassadeur, ainsi qu'un *M. de Poullayon.*[6] Après vous avoir dit ce nom il faudrait vous en conter l'histoire, mais elle est trop longue à écrire; si je vous vois jamais je vous la dirai.

Je consens à vous envoyer la chanson.[7] Elle a été faite par M. Chauvelin en 1751 pour feu Madame [la] Duchesse de Parme,[8] qui disait qu'elle aimait beaucoup à s'ennuyer; l'air est du *Devin du village,*[9] 'Dans ma cabane obscure':

> Quand j'ai mon cœur bien tendre,
> Et mon esprit bien noir,
> J'écoute sans entendre,
> Je regarde sans voir.

3. Both were partly right; Wilkes was fined £1,000, but did not lose his right to sit in the House of Commons, though, until 1774, the illegal action of the House prevented him from occupying his seat.

4. D's letter to him of 30 May 1768 is in S-A i. 170; no further letters to him have been preserved, until those of 6 and 8 Dec. 1768.

5. Carmontelle's water-colour of D, then at Strawberry Hill, which M. de Boisgelin had evidently visited when he was in England.

6. Not identified.

7. See *ante* 31 May 1768.

8. Louise-Élisabeth (1727–59), dau. of Louis XV, m. (1738) Filippo, Duke of Parma.

9. Interlude by Jean-Jacques Rousseau.

Puis de ma léthargie
Sortant par un soupir,
Je dis que je m'ennuie,
C'est là mon vrai plaisir.

La quatrième page est bien avancée, il ne me reste plus de place que pour vous demander ce que l'on fait pendant huit jours à la campagne tout seul, à quoi l'on pense quand on n'a ni dévotion, ni passion, ni affaire; on doit dire, ce me semble, que 'je m'ennuie, c'est là mon vrai plaisir.' Dieu vous y maintienne, ou vous en tire suivant votre désir. Adieu.

La Reine hier au soir était beaucoup plus mal.

Prenez un billet de loterie, que j'en sois de moitié avec vous.

To Madame du Deffand, Tuesday 21 June 1768, N° 42

Two fragments. The first, quoted by D in her reply to HW, 28 June 1768, is part of HW's translation of his letter to Voltaire, 21 June 1768; he made this translation for D's benefit, since the original letter to Voltaire was in English; Wiart evidently made changes in copying this translation. The second fragment is B i. 244 n. HW was at Strawberry Hill.

'N'AYANT rien dit que ce que je pensais, rien de malhonnête ni messéant à un homme de condition . . .'[1]

J'avais voulu lui[2] vanter l'amitié dont vous m'honorez, mais de peur qu'il ne vous sachât mauvais gré de ne lui avoir pas parlé de cette préface,[3] j'ai bu ma gloire, et n'en ai pas soufflé.

To Madame du Deffand, Friday 24 June 1768, N° 43

Missing. Written at Strawberry Hill.

1. The original letter to Voltaire read: 'having said nothing but what I thought, nothing illiberal or unbecoming a gentleman . . .' Wiart's MS copy (bequeathed by D to HW) of HW's translation omits 'à un homme de condition.'

2. Voltaire.

3. HW's preface to the second edition of the *Castle of Otranto* 1765 (see HW to Voltaire 21 June 1768). The preface attacked Voltaire's criticism of Shakespeare, and, when Voltaire made friendly overtures to HW, the latter felt obliged to warn Voltaire that this preface had been published.

From Madame du Deffand, Sunday 26 June 1768

Up to the heading 'Suite de la lettre d'hier dimanche,' this letter is in Wiart's hand; that heading is in Colmant's hand; the two succeeding paragraphs are in D's own hand; and the rest of the letter is in Colmant's.

N° 40. Paris, ce dimanche 26 juin 1768.

VOUS êtes un *être* ineffable, vous êtes l'éternité ou le commencement, le vide ou le plein, incompréhensible de toute manière. J'abandonne la recherche de tout ce qui est de ce genre, et je conclus qu'il ne m'est pas nécessaire de le comprendre. Vous êtes un second Daniel: vous devinez fort bien ce qu'on a rêvé; mais votre science ne va pas si loin que la sienne, puisque vous n'en tirez pas le pronostic.

Ah! oui, je vous permets toute licence; mon indulgence est extrême, elle va jusqu'à souffrir ce qu'on ne peut empêcher.

Le grand-papa se porte bien; mais la Reine n'est plus; elle mourut vendredi 24, entre dix et onze heures du soir. Le Roi est à Marly pour plusieurs jours. Je crois que la grand'maman reviendra la semaine prochaine. Je suis très déterminée à ne lui pas dire un mot de ma pension.[1] Je ne doute pas qu'elle ne fasse son devoir de grand' maman, ainsi que son époux celui de grand-papa: si l'amitié ne les y engage pas, mes sollicitations seraient inutiles; je suis fort tranquille sur cet article.

Vous aurez appris par ma dernière lettre quels étaient mes projets. À la place de bâtir, j'ai acheté de l'argent que j'y destinais une rescription sur la caisse d'escompte;[1a] cela n'augmente pas beaucoup mon revenu, et le bâtiment aurait fort augmenté mes commodités. Nous avons su le jugement de M. Wilkes mardi au soir, non par la poste, cela ne se pouvait pas, mais par le courrier de M. de Choiseul; je croyais avoir gagné mon pari en plein, et ce que vous me mandez aujourd'hui me persuade que je pourrai bien le perdre. Je soutenais que sa condamnation l'excluait *ipso facto* de rentrer jamais dans le Parlement, ou pour le moins dans celui-ci; et le Comte de Broglie prétend qu'il y rentrera après la fin de sa prison, ou du moins qu'il faudra une délibération pour l'en exclure; c'est sur cela qu'il faut me donner une explication nette et précise.

Voulez-vous que je vous envoie notre pièce du *Joueur?* Je l'ai ex-

1. D's pension of 6000 livres, granted by the Queen.

1a. Perhaps this was the rescription paid 22 July 1779 (D's Journal).

cessivement approuvée. L'auteur, qui est M. Saurin, en a été flatté et me l'a apportée avec de jolis vers. Je ne vous envoie plus rien de Voltaire, parce qu'il dit toujours les mêmes choses, et je trouve que la prédiction du Chevalier de Boufflers, pour dans cinquante ans, est déjà arrivée; que tous les écrits sur cette matière sont aussi superflus, aussi plats et aussi ennuyeux que s'ils étaient contre les sorciers et les magiciens.

Votre *Cornélie*[2] n'est point encore arrivée; mais M. de Montigny en a eu des nouvelles, et il m'a dit qu'elle ne pouvait pas tarder. Le Président est fort sensible à cette marque d'amitié, mais il est dans la crainte que cet ouvrage ne lui attire des critiques. Mme de Jonzac et moi nous le rassurons, en lui disant que, comme elle ne sera pas en vente, il sera le maître de ne la donner qu'à qui il voudra. Je voudrais que Mme Greville en reçût un exemplaire de ma part.

Vous ne savez pas si M. Hume a eu une augmentation de pension; mais il vous est bien aise de le savoir.

J'ai, dites-vous, l'esprit critique, et vous, vous l'avez orgueilleux: cela peut être, et je le crois; mais je m'ennuie, et vous vous amusez; vous trouvez des ressources en vous; je ne trouve en moi que le néant, et il est aussi mauvais de trouver le néant en soi, qu'il serait heureux d'être resté dans le néant. Je suis donc forcée à chercher à m'en tirer; je m'accroche où je peux, et de là viennent toutes les méprises, tous les mécontentements journaliers, et un dégoût de la vie qui est peut-être bon à quelque chose; il me fait supporter patiemment les délabrements de la vieillesse, et diminue la vivacité et la sensibilité pour toutes choses.

Ne sachant que lire, j'ai repris, à votre exemple, l'*Héloïse* de Rousseau; il y a des endroits fort bons; mais ils sont noyés dans un océan d'éloquence verbiageuse. Je crayonne les endroits qui me plaisent: ils sont en petit nombre, en voici un:

'Les âmes mâles ont un idiome dont les âmes faibles n'ont pas la grammaire.'[3]

Wiart avance beaucoup la traduction de M. Boswell,[4] je serai fort tentée de vous l'envoyer pour que vous jugiez de sa science; réellement, il ne s'en tire pas mal.

2. Président Hénault's tragedy, printed at Strawberry Hill.

3. D is probably misquoting the sentence: 'Ce penser mâle des âmes fortes, qui leur donne un idiome si particulier, est une langue dont il n'a pas la gram-maire' (Jean-Jacques Rousseau, *Julie; ou, la nouvelle Héloïse,* Part I, Lettre lxv).

4. It is not known what HW thought of Wiart's translation of the *Account of Corsica.*

Dans ma première lettre je vous manderai tout ce que je saurai de la Reine; aujourd'hui je ne sais rien, si ce n'est que j'ai moins mal dormi cette nuit.

Dites-moi quel est un Anglais dont Mme de Forcalquier m'a donné la connaissance; il me paraît commun et assez bon homme;[5] on l'appelle le Général Irwin.[6] Je regrette tant soit peu la Milady Pembroke et la bonne fille Lloyd; je les aimais mieux que deux Princesses polonaises, dont l'une s'appelle Radziwill,[7] et l'autre Lubomirska. Je suis quelquefois effrayée quand je passe en revue tout ce que je connais; je ne suis plus étonnée qu'il y ait si peu d'élus; pour peu que Dieu soit plus difficile que moi, il n'y en aurait point du tout.

Ma relation avec la grand'maman n'est plus de la même vivacité que dans les commencements: c'est plus ma faute que la sienne; je n'aime point à écrire: vous direz avec raison que vous n'êtes pas payé pour le croire. Adieu.

Je vais tout à l'heure chercher dans les *Nouvelles* de la Reine de Navarre le sujet de votre tragédie.[8]

Suite de la lettre d'hier dimanche 26 juin.

[9]Il est trop matin pour avoir un secrétaire, et je veux vous dire tout ce que j'appris hier sur la Reine. Les causes de sa mort ont été les poumons presque consumés, deux cuillerées d'eau qu'on a trouvées dans sa tête, et de plus une membrane du cerveau presque ossifiée. Le Roi a marqué beaucoup de sensibilité; il partit le samedi matin avec Mesdames pour Marly, où il restera, dit-on, dix ou douze jours. On croit qu'il n'y aura point de Compiègne. La Reine a fait un testament; je ne vous en ferai point le détail que l'ordinaire prochain. Il y a près de huit jours que je n'ai eu de nouvelles de Chanteloup. C'est un grand relâchement, mais j'ai résolu de ne me plus inquiéter de rien, ou du moins de ne le pas laisser voir. J'ai lu la nouvelle trentième de la Reine de Navarre; envoyez-moi votre pièce, Wiart me la

---

5. Changed by B to 'comme un assez bon homme.'

6. Major-General John Irwin (1728–88), later K.B. D sometimes refers to him as 'Éléazar.'

7. Princess Marja Lubomirska, divorced in 1763 from her husband, Prince Karol Stanislaw Radziwill (Stanislas Poniatowski, *Mémoires*, St Petersburg, 1914–24, ii. 710).

8. The thirtieth tale in the *Heptaméron* of Queen Marguerite of Navarre describes an instance of double incest like the theme of HW's *Mysterious Mother*.

9. This paragraph and the next are in D's own handwriting.

traduira. Il n'y aura que moi qui la verrai, et puis quand cela sera fait je vous l'enverrai pour la corriger.

J'eus hier tant de visites, tant de monde à souper, que j'étais une seconde Geoffrin. J'eus votre ambassadrice et votre Général. Il me parla d'un petit séjour qu'il avait fait avec vous à la campagne; il vous loue beaucoup. Je ne sais à qui la belle Comtesse[10] croit le plus d'esprit de lui ou de l'ambassadeur; quoiqu'il en soit, cette belle Comtesse est peut-être la plus honnête personne de tout ce que je connais, et vous voulez que je ne m'ennuie pas! Adieu, adieu.

Voilà un secrétaire éveillé, je puis causer encore un moment; il n'est que sept heures, et l'on a jusqu'à dix pour porter les lettres à la grande poste.

Je vous enverrai à l'avenir tout ce que vous voudrez par le courrier de M. de Choiseul; M. de Chabrillan me dit hier que Mme du Châtelet avait donné ordre qu'on m'avertît toutes les fois qu'il en partirait, mais je crains de vous envoyer des choses qui vous ennuient. J'ai deux petites pièces de vers de Voltaire; une brochure de lui (son titre est *Conseils à l'Abbé Bergier sur la manière de défendre le Christianisme*);[11] et puis le *Joueur* de Saurin; dites ce que vous voulez de tout cela.

Rien n'est plus singulier que votre rencontre avec la Reine de Navarre.[12]

La *Cornélie* n'est point encore arrivée; il serait malheureux qu'elle pérît par l'eau après que vous l'avez tirée du tombeau; le plaisir que vous avez fait au Président est troublé par la crainte de la critique, mais vraiment nous sommes bien empêchés à lui sauver un grand chagrin; il paraît un écrit[13] (que je n'ai point vu), qui est adressé à M. de Bury[14] sur une vie qu'il a faite de Henri Quatre. M. de Malesherbes[15] vint hier m'avertir qu'il y avait à la page trentième une

10. Mme de Forcalquier.

11. The title really is *Conseils raisonnables à M. Bergier pour la défense du christianisme*. Nicolas-Sylvestre Bergier (1718–90), had attacked Voltaire in his *Certitude des preuves du christianisme* (1767) (Voltaire, *Œuvres* xxvii. 35).

12. See note 8 above.

13. *Examen de la nouvelle histoire de Henri IV de M. de Bury par M. le Marquis de B[élesta] lu dans une séance d'académie . . . Genève*, 1768 (Bibl. Nat. Cat.). It was sometimes attributed to Vol-

taire, but was really written by Laurent Angliviel de la Beaumelle (1726–73) in collaboration with the Marquis de Bélesta (1725–1807). It treated Hénault's *Abrégé chronologique* with great severity. See Grimm viii. 101–2, 15 June 1768.

14. Richard de Bury (1730–94). His *Histoire de la vie de Henri IV* appeared in 1765 (Bibl. Nat. Cat.).

15. Chrétien-Guillaume de Lamoignon de Malesherbes (1721–94), Président de la Cour des Aides, guillotined in the Revolution. HW later dined with him at Mme

critique très piquante de la *Chronologie;* il était d'avis qu'on mît un carton à l'exemplaire qu'on lui donnerait. J'en délibérai ce soir avec Mme de Jonzac; il n'aurait pas la force de soutenir un tel chagrin, tout s'affaiblit en lui hors l'amour-propre; je ne suis pas comme lui en vérité, je crois, que quoique je n'aime guère mon prochain, je l'aime cependant plus que moi-même, mais c'est que je me hais beaucoup; adieu, vous vous seriez bien passé de cette seconde lettre, mais il faut que je vous fatigue ou que je vous ennuie de façon ou d'autre.

From Madame du Deffand, Tuesday 28 June 1768

Paris, ce mardi 28 juin 1768.

VOUS me faites beaucoup plus d'honneur que je ne mérite; vous ne savez pas que quand on me demande mon avis,[1] je ne sais plus quel il est; toutes mes lumières sont premiers mouvements; je ne juge que par sentiment; si je demande à mon esprit une opération quelconque, je reconnais alors que je n'en ai point du tout. Cependant le désir de vous complaire va me faire parler; je vous demande de me pardonner tout ce que je dirai de travers.

Le style me paraît très bien; si j'y trouve quelques fautes, je les attribue à la traduction,[2] ce sont des riens; il y a une seule phrase qui, quoique noble et juste, pourra bien choquer Voltaire; la voici:

'N'ayant rien dit que ce que je pensais, rien de malhonnête ni messéant à un homme de condition, etc.'

Ces mots *'homme de condition'*[3] blessent une oreille bourgeoise; ils lui paraîtront une vanité, et peut-être il dira qu'il ne savait pas que les gens de condition eussent des privilèges différents des autres, quand ils se font auteurs. Voilà la critique que vous avez à craindre de lui, et il n'y a pas grand mal: d'ailleurs votre lettre est charmante, rien n'est plus poli, plus élégant; enfin j'en suis enchantée. Vous ne

de Villegagnon's (*Paris Jour.*, 7 Oct. 1775; HW to Mason 25 Oct. 1775). Wiart's MS copy of Malesherbes' *Discours au Duc de Chartres,* 1769, is in D's bequest to HW. See *post* 26 March 1771, n. 6. See Lévis, *Souvenirs,* p. 149, and J. M. S. Allison, *Malesherbes,* New Haven, 1938.

———

1. *Ante* 21 June 1768 had enclosed Voltaire to HW 6 June 1768, and a translation of HW to Voltaire 21 June 1768. Vol-

taire had asked for a copy of HW's *Historic Doubts.*

2. The letter to Voltaire was written in English, which, as Mme du Deffand did not understand, Mr Walpole had translated it for her (B). A copy of this translation, together with a copy of Voltaire to HW 6 June 1768 (both in Wiart's hand), is in D's bequest to HW.

3. See *post* 4 July 1768.

pouviez pas vous dispenser de lui parler de votre préface.⁴ Je viens de me la faire relire, elle est terrible; il n'est pas vraisemblable qu'il l'ignore; mais s'il l'ignorait, il l'apprendrait un jour, et en ce cas il est bon de le prévenir: il y a de la noblesse et de la franchise dans ce procédé. Vous vous tirez d'affaire aussi bien qu'il est possible, et cela était très embarrassant; car, je le répète, elle est terrible, et je ne conçois pas, le connaissant comme je fais, que s'il l'a lue, il vous l'ait pardonnée.

Il me vient dans l'esprit que n'ayant rien à faire, il ne serait pas fâché de vous attirer à une correspondance littéraire, qui se tournerait en discussion, en dispute, et lui donnerait l'occasion de se venger de vous. Vous avez décidé que Shakespeare avait plus d'esprit que lui:⁵ croyez-vous qu'il vous le pardonne? c'est tout ce que je peux faire, moi, de vous le pardonner; mais malgré cela votre lettre est très bien: vous déclarez qu'il serait indigne de vous de vous rétracter, que vous n'avez dit que ce que vous pensiez, qu'il n'a pas besoin d'être flatté, etc. Tout cela est à merveille, et vous prendrez le parti qu'il vous plaira, suivant la conduite qu'il aura.

Vous auriez très mal fait de lui parler de votre lettre à Jean-Jacques.⁶ Eh, mon Dieu! pourquoi lui en auriez-vous parlé? Pour lui faire votre cour, pour l'adoucir? Oh! vous êtes trop fier, et vous êtes incapable d'une pareille lâcheté.

J'aurais été bien aise et très honorée que vous lui eussiez parlé de moi;⁷ le motif qui vous en a empêché est une marque d'amitié à laquelle je suis fort sensible; mais je ne crains point d'entrer dans vos querelles, d'épouser tous vos intérêts: ainsi, à l'avenir, ayez moins de ménagement, et donnez-moi toutes sortes de marques de confiance, excepté celle de demander mes avis. Hélas! hélas! en puis-je donner, moi qui ai besoin de guide et de conseil à tous les instants de ma vie?

J'ai une si grande discrétion sur tout ce qui vous regarde que si vous ne me donniez pas la permission tacite de parler sobrement de cette affaire, je n'en aurais dit mot à personne. Le nombre de ceux a

4. To the second edition of the *Castle of Otranto*. HW, though flattered by the request, thought it necessary to tell Voltaire that the preface to the second edition of HW's *Castle of Otranto* attacked Voltaire's remarks on Shakespeare (see HW to Voltaire 21 June and 27 July 1768; Voltaire to HW 6 June and 15 July 1768; *ante* 21 June 1768; 'Short Notes').

5. 'Voltaire is a genius—but not of Shakespeare's magnitude' (preface to the *Castle of Otranto*, 2d ed., 1765).

6. HW's letter to Rousseau under the name of the King of Prussia.

7. See *ante* 21 June 1768.

qui j'en parlerai sera bien petit; le Président, Mme de Jonzac, Pont-de-Veyle, Mme de Forcalquier, voilà tout; il faut trouver des oreilles qui en soient dignes par l'esprit ou l'amitié. J'en ferai part aussi à la grand'maman, et au grand Abbé à leur retour. Je ne sais quand ce sera; je le fis demander hier à M. de Choiseul; il dit le 10 ou le 12 de juillet. Il me paraît que l'absence de cette grand'maman n'ennuie pas tout le monde autant que moi. Elle n'a pour compagnie actuellement que le grand Abbé et le petit oncle; je reçus d'elle hier une lettre charmante,[8] si vous ne m'aviez pas rendue incrédule je croirais en elle; je lui parlerai de vous et tout de mon mieux. Craignez-vous de l'aimer trop, ou craignez-vous que je ne le pense? Je trouve du louche dans votre conduite avec elle. Ah! cette grand'maman mérite qu'on l'aime, c'est véritablement un phénix. L'affaire de ma pension ne lui donnera point de peine; c'est M. de Beauvau qui s'en est mêlé sans que je l'en ai prié, il a parlé à M. de Saint-Florentin, et je serai payée comme à l'ordinaire; j'en reçois vos compliments, car je suis sûre que vous en êtes fort aise.

Je le suis beaucoup du détail que vous me faites de vos occupations, je vois que l'abandon des affaires ne vous laisse point de vide, vous n'en aurez jamais à craindre que celui de votre bourse, mais quand vous n'aurez plus d'argent vous vous en passerez. De quoi ne vous passeriez-vous pas? Vous êtes le plus heureux des hommes, j'en ai une véritable joie, et surtout de ce que vous vous portez bien. Je voudrais vous ressembler de tout point, mais je ne bâtirai point ni ne me porterai jamais bien, je passe des nuits affreuses, je m'affaiblis sensiblement, tout en moi se détruit, si j'étais comme la chanson[9] j'aurais un vrai plaisir, car je dis souvent que je m'ennuie.

En voilà assez pour aujourd'hui; comme de raison je n'aurai de longtemps de vos lettres.

Je ne sais si vous devez envoyer votre préface à Voltaire, et si vous ne feriez pas aussi bien de ne lui en plus parler. S'il l'a lue, c'est inutile; s'il ne l'a pas lue, pourquoi le forcer à la lire? ne suffit-il pas de lui en avoir fait l'aveu? ne serait-ce pas une sorte de bravade, si vous en faisiez davantage? Je suis fâchée d'avoir laissé tomber mon commerce avec lui; ce n'est pas le moment de le reprendre,[10] il y aurait de l'affectation.

8. Missing. Her letter to D of 17 June is too early to be the one mentioned here.
9. See *ante* 14 June 1768.

10. D wrote to Voltaire, 3 July 1768 (Voltaire, *Œuvres* xlvi. 73).

To Madame du Deffand, Wednesday
29 June 1768, N° 44

Missing. Probably written at Strawberry Hill. Answered, 9 July.

To Madame du Deffand, Monday 4 July 1768, N° 45

Fragment, B i. 242 n. Probably written at Strawberry Hill. Answered, 13 July.

NE soyez pas en peine de l'*homme de condition*,[1] c'est la faute de ma traduction, et non pas de ma lettre.[2] Il fallait traduire *honnête homme;* mais venant d'employer le mot *malhonnête,* et ne voulant pas le répéter, je me suis servi d'un mot qui ne rendait pas le véritable sens de ce que j'avais dit.—C'était avec raison que je craignais de me servir de termes équivoques, et qui m'a fait écrire en Anglais dont je me trouve bien.

Du reste n'allez pas dire des injures de votre jugement. C'est précisément votre pensée que je vous demande, parce que je sais qu'elle est toujours juste quand vous parlez ou raisonnez de sang froid. Si je ne faisais pas cas de ce jugement-là, vous savez très bien que je ne vous le demanderais point.

Je ne vois pas le moyen de lui dérober la préface[3] après avoir donné promesse de la lui envoyer. Il aurait fallu donner une autre tournure à ma lettre.—Je crois comme vous qu'elle le fâchera. Mais est-il possible qu'il s'avoue offensé de ce qu'on lui conteste le rang du premier génie?—Moi, je me ferais brûler pour la primauté de Shakespeare. C'est le plus beau génie qu'ait jamais enfanté la nature.

From Madame du Deffand, Wednesday 6 July 1768

N° 42. Paris, ce mercredi 6 juillet 1768.

VOUS savez actuellement ce que je pense de votre lettre à Voltaire.[1] Pouviez-vous douter que je n'en fusse extrêmement contente? elle est si noble et si franche que sans vous connaître elle vous

1. See *ante* 21 June 1768, and 28 June 1768.
2. HW to Voltaire 21 June 1768.

3. HW's preface to the second edition of the *Castle of Otranto*.

1. HW to Voltaire 21 June 1768.

ferait aimer et estimer de quiconque la lirait. Je reçus lundi au soir
vos deux livres,[2] je fis d'abord traduire l'endroit critique de votre
préface;[3] je trouvai beaucoup de différence entre la traduction de
Wiart et celle qui a paru ici.[4] Hier au soir je fus souper chez les
Montigny, j'y portai votre *Château d'Otrante* en anglais, en français,
et la traduction de Wiart. Je fis examiner le tout par M. de Montigny, qui acheva de me confirmer ce que j'avais déjà connu, et qui
est persuadé que Voltaire se trouvera médiocrement offensé en lisant
l'original, et que votre lettre (que je ne lui ai pas fait voir, mais dont
je lui ai dit le contenu) sera plus que suffisante pour adoucir son ressentiment, supposé qu'il en ait contre vous. Je suis fort calmée, je
n'imagine point que Voltaire vous attaque. Je lui viens d'écrire[5] en
lui envoyant la *Cornélie* du Président; j'ai été tentée de la joindre à
vos livres et de n'en faire qu'un même paquet. Cela l'aurait peut-
être engagé à me parler de vous, voyant que j'étais au fait de ce qui se
passait; mais la réflexion m'en a empêchée, j'ai pensé que, supposé
qu'on eût cherché à lui donner de l'humeur contre vous, la mauvaise
volonté s'augmenterait quand on pourrait se flatter qu'on aurait de
plus le plaisir de m'offenser; ainsi j'ai envoyé la *Cornélie* par la poste
en la faisant contresigner. Je suis en balance si ce sera aussi par la
poste que j'enverrai vos livres ou bien si je les enverrai au chef du
bureau des interprètes, suivant l'adresse que Voltaire vous a donnée;
cela sera décidé aujourd'hui, et de façon ou d'autre vos livres partiront demain. Je viens de relire ce que j'ai écrit. Vous pourriez en
conclure que j'ai parlé de vous à Voltaire, et pour vous prouver que
cela n'est pas, voici la copie de ma lettre:

Vous vous applaudissez peut-être, Monsieur, de m'avoir perdue. Oh!
que non, de telles bonnes fortunes ne sont pas faites pour vous; vous ne
me perdrez jamais. Soyez saint ou profane, je ne cesserai point d'entretenir une correspondance qui me fait tant de plaisir. Je ne savais comment m'y prendre pour la renouer, mais voilà le Président qui m'en fournit une occasion admirable. M. Walpole, qui a une très belle presse à sa
campagne, vient de lui faire la galanterie d'imprimer son premier ouvrage. Il veut que ce soit moi qui vous l'envoie, il n'oserait pas, dit-il,

2. HW's *Castle of Otranto* and *Historic Doubts*, sent to D to be forwarded to Voltaire.
3. See Appendix 20. D encloses a copy of this translation, in Colmant's hand; a copy in Wiart's hand is in D's bequest to HW.

4. The translation of the second edition of the *Castle of Otranto*, made by Marc-Antoine Eidous, Amsterdam [Paris], 1767 (see *ante* 8 March 1767).
5. D to Voltaire 3 July 1768 (Voltaire, *Œuvres* xlvi. 73).

vous faire lui-même un tel présent. Cette pièce et votre *Œdipe* sont des productions du même âge, mais pas faites, dit-il, pour être comparées.

'Je ne décide point entre Genève et Rome.'

L'amitié que j'ai pour les deux auteurs me garantit de toute partialité, etc., etc.

Je vous épargne le reste qui est inutile; j'ai été bien aise de vous nommer, cela l'induira peut-être à me parler de vous, et alors nous verrons ce qu'il y aura à dire et à faire. J'aime mieux vous envoyer la traduction de Wiart (vous jugerez de sa science, et vous confronterez sa traduction avec celle qui est imprimée). M. de Montigny traduisit hier tout comme Wiart. Ce M. de Montigny est le meilleur homme du monde, un échappé de l'âge d'or; on ne peut avoir plus de bonté et de simplicité, je crois qu'il vous plairait. Il m'a prié d'obtenir de vous un exemplaire de votre *Château d'Otrante*, vous ne [le] lui refuserez pas j'en suis sûre, et vous me l'enverrez pour le lui donner le plus tôt qu'il sera possible. Je suis extrêmement contente de lui et de sa femme, je leur dois beaucoup; leur société me convient à plusieurs égards, il y a toujours beaucoup de monde chez eux, mais un monde différent du monde qu'on trouve dans le monde, c'est une diversité qui me plaît.

J'ai absolument détourné le Président de l'intention où il était de vous écrire; votre *Cornélie* est arrivée dans le meilleur état du monde, elle n'a point été mouillée en chemin. Le Président en a eu quatre-vingts exemplaires et moi soixante-dix; nous nous accordons pour la distribution.[6]

On n'en a point encore fait aux Idoles et aux idolâtres, je ne leur ferai point part de celle que je ferai.

À propos d'Idole, le mâle[7] et la femelle ont été fort malades. J'ai été voir l'un et l'autre, d'abord le mâle, qui voulut me retenir à souper; je le refusai, mais je soupe ce soir chez la femelle avec les Beauvau et mon neveu l'Archevêque. Je me conduis avec dignité, car quoique je ne sois pas si fière que vous, j'ai quelquefois ma petite morgue.

Enfin je suis contente de moi et je me flatte que vous l'êtes aussi, et je puis vous répondre que vous le serez toujours.

J'ai reçu une lettre de la grand'maman[8] que vous traiteriez bien

6. HW kept fifty copies for himself (HW's *Journal of the Printing Office at Strawberry Hill*, 1923, p. 13). See illustration opposite.

7. The Prince de Conti and the Comtesse de Boufflers.

8. Missing.

CORNÉLIE,

VESTALE.

TRAGÉDIE.

IMPRÎMÉE
à STRAWBERRY-HILL.
MDCCLXVIII.

TITLE-PAGE OF HÉNAULT'S TRAGEDY

d'hérésie. Imaginez-vous qu'elle fait le panégyrique du sentiment, qu'elle déteste ces cyniques sauvages qui veulent le proscrire. Je lui ai répondu[9] que ces sauvages n'en étaient pas eux-mêmes dénués, et tout de suite je lui dis combien vous avez été troublé, inquiet, agité, de l'indisposition du grand'papa.

J'admire vos lettres, vous êtes plein de vie en écrivant, et moi le plus souvent quand j'écris je suis à demi morte, témoin aujourd'hui; en vérité, en vérité je ne sais plus que vous dire. Adieu.

Il y a plusieurs petits écrits nouveaux médiocres de Voltaire. Voulez-vous que je vous les envoie? Un discours à son vaisseau,[10] le *Galimatias Pindarique*,[11] *L'Expulsion des Jésuites de la Chine*,[12] *Conseils à l'Abbé Bergier sur la manière de défendre le Christianisme*, la *Relation de la mort du Chevalier de la Barre*,[13] etc.

From Madame du Deffand, Saturday 9 July 1768

Nº 43. Paris, ce samedi 9 juillet 1768.

DITES-MOI, je vous prie, pourquoi vous avez mis dans vos ballots de *Cornélie* une brochure qui a pour titre *Pensées philosophiques*.[1] J'ai toujours oublié de vous le demander. Je m'obstine à la lire, mais je la quitte un quart d'heure après l'avoir prise; c'est un galimatias de phébus allégorique. Dites-moi si j'ai tort de la trouver détestable, indiquez-moi ce que vous y trouvez de bon.

Vos livres pour Voltaire partirent avant-hier contresignés *La Raynière;* il sera tout étonné qu'un paquet envoyé de Londres ait été contresigné à Paris. Je suis bien curieuse de la lettre[2] où il vous en

9. Also missing, but Mme de Choiseul quotes phrases from it in her reply, 6 July 1768, S–A i. 182.

10. Voltaire's *Épître à mon vaisseau*, written for a ship which had been named after him (see Voltaire, *Œuvres* x. 395). A MS copy of this poem is among the papers bequeathed by D to HW.

11. Voltaire's *Galimatias pindarique sur un carrousel donné par l'impératrice de Russie* (ibid. viii. 486). A MS copy of this poem is also in D's bequest to HW.

12. Voltaire's *Relation du bannissement des Jésuites de la Chine* (ibid. xxvii. 1).

13. It first appeared in 1766, but a new edition was issued in 1768 (ibid. xxv. 501–16) Jean-François Lefèvre, Chevalier de la Barre (1747–66) was beheaded at Abbeville for an alleged sacrilege. Voltaire protested against this horrible example of religious intolerance.

1. A MS copy of Diderot's *Pensées philosophiques* is among the papers bequeathed by D to HW.

2. Voltaire to HW 15 July 1768.

accusera la réception et de la réponse que vous y ferez. Vous ne me ferez point attendre l'une et l'autre, je vous en prie bien fort.

Je vous ai demandé votre *Château* pour M. de Montigny, je vous en demande un pour moi, je serai bien aise de pouvoir dans l'occasion faire lire dans l'original ce que vous dites de Voltaire.

J'eus hier la visite de votre ambassadeur,[3] il y avait deux mois que je ne l'avais vu. Je causai beaucoup avec lui sans ennui, mais assurément sans plaisir. Le soir j'eus à souper la plus brillante compagnie, mais je me garderai de dire la plus agréable. La Maréchale de Luxembourg[3a] était dans son plus violent accès d'humeur, la Maréchale de Mirepoix[3b] aussi silencieuse qu'une muette, la Princesse de Beauvau[3c] passablement bien, le reste ennuyeux; et je déplorais ma sottise de rassembler quatorze personnes qui ne m'aiment point et dont je ne me soucie guère; l'ennui nous place toujours entre Charybde et Scylla.

Ici ma lettre a été interrompue par l'arrivée du facteur qui m'en a apporté deux, une de vous,[4] et une de la grand'maman.[5] Toute la réponse qu'il y a à faire à la vôtre, c'est de se préparer avec patience à n'en recevoir de longtemps.

La grand'maman dans la lettre précédente faisait une grande déclamation contre les gens qui proscrivent le sentiment, elle les traiterait de cyniques sauvages; mais je me souviens de vous avoir mandé cela, et même la réponse que je lui avais faite, que ces gens-là n'étaient pas aussi dénués de sentiment qu'ils le voulaient faire croire, et tout de suite, je lui disais, sans vous nommer, la part que vous aviez prise à l'accident de M. de Choiseul.[6] Voici ce qu'elle me répond aujourd'hui, je le transcris d'autant plus volontiers que j'ai peu de chose à dire; je lui avais parlé aussi de la lettre de Voltaire et de votre réponse, je me rappelle encore que je lui avais mandé que je la croyais refroidie pour vous; ce qui m'avait portée à le lui dire, c'est qu'il me semblait qu'elle vous avait eu en vue dans sa déclamation. Il faut encore ajouter que je ne vous avais point nommé dans ma lettre. Tout

---

3. Lord Rochford (HW).

3a. Expanded by HW from Wiart's 'M. de L.'

3b. Expanded by HW from Wiart's 'M. de M.'

3c. Expanded by HW from Wiart's 'P. de B.'

4. *Ante* 29 June 1768.

5. Mme de Choiseul to D 6 July 1768, S–A i. 181.

6. Choiseul was seized with a severe kidney disease, just after he reached Chanteloup (see Gaston Maugras, *Le Duc et la Duchesse de Choiseul*, 1902, p. 359).

cela vous paraîtra galimatias, et votre premier mouvement sera la colère d'être dans nos caquets. Ah! rassurez-vous; vous pourriez écouter aux portes sans que j'en eusse de l'inquiétude. Je suis si confirmée dans le bien que je suis aussi incapable de la faute la plus vénielle qu'aucun des habitants du Paradis. Voici donc la réponse:

C'est M. de Choiseul, ma chère enfant,[7] qui a déterminé et arrêté lui-même le jour de mon départ; il me mande qu'il ne pourrait pas me voir, et que je ne pourrais pas faire ma cour au Roi avant le lundi 18, et comme ce sont les motifs apparents qui me rappellent, ne serait-il pas moins inconséquent de revenir sans les remplir? Voyez donc si je n'ai pas raison, et ne me soupçonnez pas sur toute chose de me plaire à éloigner le moment de vous revoir.

Vous me faites un grand présent en m'envoyant la tragédie du Président, imprimée par M. Walpole; nous nous préparons, l'Abbé, le petit oncle, et moi à la lire ce soir.

Je trouve la franchise de M. Walpole envers Voltaire extrêmement noble, et j'aime beaucoup ces manières-là. Mais pourquoi me dites-vous, ma chère enfant, *ne vous détachez pas de notre ami?* Vous savez combien je suis disposée à aimer ceux que vous aimez, et surtout ceux qui vous aiment, et celui-là plus qu'aucun, parce que son personnel me plaît infiniment et que j'ai très bonne opinion de son cœur et de son âme.

M. de Choiseul m'avait déjà dit, avant de partir, sur votre pension ce que M. de Saint-Florentin en a dit à M. de Beauvau; mais comme cela ne me rassurait pas entièrement, je lui en ai écrit encore depuis la mort de la Reine, et n'ai point eu de réponse à cet article, apparemment parce qu' étant bien sûr de son fait il n'a plus pensé à m'en parler.

Je ne conçois pas, ma chère enfant, quels sont ces gens qui *prêchent tant contre le sentiment, qui n'en sont pas dénués et qui en ont même beaucoup pour moi,* et qui vous ont chargée de me dire *que l'accident qu'avait eu le grand-papa à Chanteloup leur avait tourné la tête.* Étaient-ils aussi à Chanteloup? Ah! non, je suis une bête; c'est M. de Beauvau, je le voudrais au moins; mais vous voyez, ma chère enfant, votre grand' maman est si imbécile, et devenue si provinciale qu'il faut lui dire les choses tout platement pour qu'elle les entende, etc., etc.

En voilà assez, n'est-ce pas? Je devine votre pensée? Eh bien! je ne m'en soucie pas, vous me racontez des dîners, je vous riposte par une copie de lettre. Je vais répondre à cette grand'maman, lui dire que c'est vous, et qu'elle vous aurait dû deviner. Je serais bien tentée de

7. Omitted in S–A.

lui envoyer la copie de votre lettre, et de celle de Voltaire, mais vous me l'avez défendu, je la lui montrerai quand elle sera de retour.

Mme de Valentinois est très malade, je crois qu'elle mourra; cela ne fera pas grande sensation, mais cela fera dire bien des choses vagues: son âge, sa fortune, matière à beaucoup de lieux communs. On n'entend que cela, j'en suis bien dégoûtée, bien ennuyée; moins on a de sentiment, moins on a de pensées, plus on débite de ces sortes de choses; les livres ainsi que les conversations en sont remplis; tous les beaux diseurs et les beaux écrivains me sont en horreur, j'en suis venue à haïr tout ce qu'on trouve bien écrit; il n'y a que des mots et un étalage d'esprit qu'on n'a pas. Je recherche les vieux bouquins, je lis actuellement les lettres de Saint François de Sales; elles sont pleines de galimatias mystique, mais à travers duquel on découvre l'âme la plus douce, le cœur le plus tendre et le plus passionné, et le caractère le plus simple et le plus vrai. Je suis fâchée qu'il soit mort, il m'aurait quelquefois ennuyée, mais je l'aurais aimé. Ce que j'aime de votre style, c'est que vous ne dites que ce que vous pensez; ce ne sont pas vos pensées que j'aime, mais la vérité qui vous les fait dire. Ah! je ne suis pas si naturelle que vous, je le veux bien. Je crains tout, je suis toujours en garde, je me méfie de tout le monde; tout cela me rend fort désagréable, et je trouve qu'on n'est point injuste de ne me point aimer; et cela l'est d'autant plus, qu'en bonne foi je n'aime rien; vous savez qu'on excepte toujours la personne à qui l'on parle.

Nous avons ici de quoi faire le pendant de votre Irlandaise;[8] c'est un M. et Mme de Narbonne,[9] qui poussent la provinciale gloire aussi haut qu'elle peut monter.

Adieu, bon voyage, divertissez-vous, portez-vous bien, c'est ce que je vous souhaite au nom du Père, etc.

Je vous enverrai des brochures quand j'en trouverai l'occasion. Puis-je me servir du courrier de votre ambassadeur?

Et ce billet de loterie en communauté avec vous, l'avez-vous pris, et vos bâtiments[10] où en sont-ils, et le Roi votre beau-frère[11] quand arrivera-t-il?

8. Mrs Balfour (*ante* 26 May 1767).

9. Perhaps Jean-Denis-Hercule de Narbonne-Pelet, who 'est marié et réside à Alais' (C–D).

10. HW was finishing the round chamber at the west end of Strawberry Hill (see COLE i. 151).

11. Christian VII (1749–1808), King of Denmark, called 'votre beau-frère' because he had married the Princess Caroline Matilda, sister of George III. He visited England in the summer of 1768.

From Madame du Deffand, Monday 11 July 1768

N° 44. Paris, ce 11 juillet 1768.

LE Chevalier Bunbury part mercredi, c'est une occasion dont je n'ose profiter qu'à demi; il vous portera quelques brimborions. Je vous envoie l'exemplaire du *Joueur* que j'ai reçu de l'auteur, les vers de Voltaire à son vaisseau (il y en a un qu'on appelle le 'Voltaire'). M. de Choiseul a été fort scandalisé du coup de patte qu'il donne à La Bletterie;[1] sa traduction de Tacite lui est dédiée, il est son protecteur déclaré, et en dernier lieu il a rendu à Voltaire de grands services; aussi dans la lettre que j'ai écrite[2] à Voltaire en lui envoyant *Cornélie* je lui ai fait des reproches de son épigramme contre La Bletterie, et je lui cite un de ses vers:

> Enfants du même Dieu, vivez du moins en frères.[3]

Ce vers est du poème de *La Loi naturelle*.

J'aurai bien des choses à vous dire, mais quand on veut pratiquer une vertu avec laquelle on n'est pas née, on ne sait quelle mesure y donner, on est toujours en deçà ou par delà; et comme la vertu dont il est question est la prudence, il vaut mieux être par delà. Je n'ose donc m'expliquer clairement, mais je vous dirai énigmatiquement que quand je vois le beau temps je prévois la pluie, l'orage, et voulant me promener je n'attends pas qu'il soit arrivé.

Vous devez être de retour de vos campagnes, mais j'admire que vous ne me parliez jamais de vos bâtiments. Quand on ne rend point compte de ses pensées, il faut du moins rendre compte de ses actions; en un mot, quand on écrit à son amie, il faut parler de soi de manière quelconque, c'est la seule façon de rendre un commerce agréable. Pour moi je prends le ton qu'on me donne, je n'en ai point par moi-même. J'aime que vous me communiquiez vos réflexions, elles ne sont jamais des spéculations, vous les tirez toutes du fond de votre âme, de votre disposition du moment; vous avez l'esprit très philosophique, mais comme votre humeur est très inégale, il y a en vous une variété qui vous met à cent lieues du pédantisme sans vous

---

1. 'Hier on m'apporta, pour combler mon ennui,
   Le *Tacite* de la Blétrie.'
   (Voltaire, *Épître à mon vaisseau*.)
2. D to Voltaire 3 July 1768 (Voltaire, *Œuvres* xlvi. 73).

3. 'Enfants du même Dieu, vivons au moins en frères.'
   (Voltaire, *Poème sur la loi naturelle*, Part III, 99.)

écarter jamais de la justesse et de la raison; et puis ce que j'aime encore, c'est l'air libre et dégagé que vous poussez à la vérité, quelquefois un peu trop loin, et qui vous fait employer des termes malsonnants. Il y en a un entre autres dans une de vos lettres qui m'a tellement choquée que je ne passe guère de jour sans me le rappeler. Il me sert de bride quand je suis prête à m'échapper.

La belle Comtesse me traduisit hier votre lettre,[4] elle est fort bien, et d'une longueur raisonnable; ne me faites jamais valoir, je vous prie, que vous m'en écrivez de plus longues, et ne vous faites plus valoir en me disant que tout autre m'aurait *quittée,* que vous ne me *quittez* pas; ce mot *quitter* est abominable dans notre langue, et ne doit jamais être prononcé par un ami. Je suis très raisonnable, je ne puis plus cesser de l'être, je n'ai plus d'illusions, le voile est déchiré, je me connais, je me juge, je ne prendrai plus jamais pour parole d'honneur des paroles d'honnêteté, des mouvements passagers pour des sentiments fixes; enfin, enfin je me prépare à tout événement, et mon âge me console de tout. Je ne regrette point de n'être pas plus jeune, et je vois sans chagrin les pas de géant que je fais vers le but; tous les événements sont contre moi; mais je finis.

Je suis bien curieuse de la réponse que vous recevrez de Voltaire. Je suis persuadée qu'il en sera content, pour moi c'est tout de bon que j'en suis charmée.

Ah! mon Dieu, je ne vous ai point dit une nouvelle qui ne vous intéressera guère, c'est que Mme de Valentinois se meurt.[5] Il y a cent circonstances qui font le sujet des conversations qui m'ennuieraient à la mort à vous raconter.

Monsieur le Prince de Conti part demain pour les eaux de Pougues, l'Idole ira le joindre jeudi, quoique encore convalescente. Mme de Luxembourg l'adore, tout le monde lui rend hommage; on lui mena hier sa prétendue belle-fille Mlle des Alleurs. Elle est, dit-on, assez jolie, et a 23,000 livres de rente, elle logera au Temple chez sa belle-mère et sera vêtue, alimentée, portée, elle deviendra la compagne de Mme de Lauzun; le mari de celle-ci part ces jours-ci pour la Corse. À propos de Corse, Wiart a fini sa traduction,[6] c'est-à-dire du journal; quand vous nous aurez envoyé votre tragédie il la traduira, parce que je suppose qu'elle n'est point en vers.

Vous avez raison, le Général Irwin est du temps de Louis XIII ou

---

4. HW to Mme de Forcalquier 4 July 1768 (missing).

5. She recovered, and lived until 1774.
6. Of Boswell's *Account of Corsica.*

du temps de Louis XII; je ne sais pas de quelle époque est votre ambassadeur, je sais encore moins de laquelle est le nôtre; je crois pourtant qu'il est de ce temps-ci.

Adieu, songez en lisant cette lettre qu'elle ne vous est point arrivée par la poste.

To Madame du Deffand, Wednesday 13 July 1768, N° 47

Missing. *Post* 19 July 1768 gives this date, but *Paris Journals* give 15 July. Probably written at Strawberry Hill.

From Madame du Deffand, Wednesday 13 July 1768

N° 44. Paris, ce mercredi 13 juillet 1768.

J'ENVOYAI hier matin chez le Chevalier Bunbury un petit paquet contenant le *Joueur,* deux pièces de vers de Voltaire, et une lettre; l'après-dîner je reçus la vôtre du 15,[1] qui ne me surprit pas autant que vous vous l'imaginez; je me doutais bien que vous auriez le temps de répondre à ma lettre du 28, ne devant partir pour votre campagne que le 6; cela est arrivé comme je l'avais prévu. J'aurais pu envoyer cette lettre-ci au Chevalier Bunbury, mais la prudence m'a fait penser qu'il fallait mieux écrire par la poste que de le charger de deux paquets pour vous.

Je suis fort aise que vous ayez de la confiance dans mon jugement quand je suis de sang-froid; je crois pouvoir répondre que j'y serai toujours; je persiste à être persuadée que Voltaire ne sera point choqué de votre préface, il n'y a qu'un trait qui puisse le blesser, c'est que son jugement s'affaiblit au lieu de se perfectionner; d'ailleurs il y a beaucoup d'éloges que le traducteur de l'imprimé a eu soin de supprimer, et c'est pour le moins un palliatif qui adoucit tout le reste; je suis bien curieuse des remercîments qu'il vous fera; je voudrais que dans la lettre que j'attends de lui il me parlât de vous, mais il n'en fera rien, il ignore si je vous connais.

Je suis bien persuadée que vous êtes fort aise de ma pension et de la manière dont elle m'est conservée, mais n'allez pas croire que je

1. A mistake; D means *ante* 4 July 1768.

n'avais que ce lien-là avec le ministère, j'en ai d'autres qui me tiennent encore plus à cœur. Oh! je vous donne carte blanche pour toutes les correspondances que vous voudrez avoir ou éviter. Jamais, non jamais je n'exigerai rien de vous pour moi-même, à plus forte raison pour les autres. Je voudrais que vous puissiez me répéter tout ce que vous me dîtes un soir étant à côté de mon tonneau; je ne me le rappelle que par vos actions et votre conduite, mais je voudrais l'avoir en écrit; ce serait comme le mot d'une énigme qui m'expliquerait tout d'un coup ce qui me paraît d'abord incompréhensible.

Vous ai-je dit qu'on m'a repris les lettres de Mme de Maintenon? Il y a déjà longtemps, mais avec promesse de les rendre *dans l'occasion*.[2]

L'envoyé de Danemark[3] me dit hier que son Roi s'embarquerait entre le 22 et le 26 pour aller chez vous, et qu'il viendrait ici au commencement de septembre. Je ne sais d'où vient je m'intéresse à ses voyages. Cela doit-il me faire quelque chose? J'ai écrit à Lindor et au petit Craufurd[4] par M. Bunbury, j'ai été bien aise de donner des compagnes à ma lettre pour vous, pour vous sauver le ridicule d'être le seul préféré.

Approuvez-moi donc quelquefois, on me reproche d'être enfant: les enfants ont besoin d'être encouragés.

Le Président se porte fort bien. On vient de me dire que Mme de Valentinois était un peu moins mal, mais je ne crois pas qu'elle se tire d'affaire. Mon bon ami, M. de Saulx, est dans un état effrayant, mais il a résolu de ne pas mourir chez lui, il ne peut pas se traîner, à peine peut-il parler, il a l'air d'un agonisant; il soupa dimanche chez moi, et hier chez le Président. Je ne me suis pas mise à table ces deux jours-là, sous prétexte que j'étais malade, pour rester avec lui, et lui épargner la fatigue d'un souper, et au soupeurs le spectacle d'un agonisant.

Adieu, voilà tout ce que vous aurez de moi aujourd'hui. C'est vous qui devez vous trouver inondé de mes lettres, pour moi je sais résister à de telles débâcles, je supporte moins la sécheresse, cependant je m'y prépare, et je ne compte pas avoir de vos lettres avant mardi prochain 19, et je ne serai pas même étonnée si je n'en reçois que le 23.

J'ai écrit au petit Craufurd pour lui apprendre que M. Pomme, suivant toute apparence, guérira l'Évêque de Noyon.

---

2. When HW should return to Paris.

3. Carl Heinrich (1733–1807), Baron Gleichen; HW had met him (*Paris Jour.*).

4. Both letters are missing.

From Madame du Deffand, Friday 15 July 1768

N° 45. Paris, ce vendredi 15 juillet 1768,
à 4 heures après midi.

JE ne veux pas différer d'une minute à vous faire mille remercîments de votre histoire de Corse. Wiart vient de me faire la lecture de sa traduction du journal, j'en ai la tête tournée. Paoli,
Grandison, et quelqu'un[1] que je ne veux pas nommer, sont trois personnes qui se ressemblent à mille et mille égards; leur état est tout ce
qui fait leur différence, mais la bonté, la vérité, la raison, la justice
etc., etc., sont égales dans chacun d'eux, les circonstances les dévelop-
pent de différentes manières. J'aime l'auteur[2] à la folie; son cœur est
excellent, son âme est pleine de vertus; je vais être en garde à ne pas
laisser voir l'engouement que j'ai de son ouvrage. Il faut cependant
que je trouve quelqu'un qui fasse quelques corrections à notre traduction, et éclaircisse quelques passages que j'ai trouvés obscurs. Que
cette citation des Machabées[3] est singulière! Pourquoi dans ce moment n'êtes-vous pas ici? Voilà pour le présent tout ce que je peux
vous dire.

Ce samedi 16.

Je n'attends point de vos nouvelles aujourd'hui, et je ne compte
faire partir cette lettre que jeudi 21; il faut donner relâche au théâtre.

Je fis hier un souper où j'exerçai toutes mes nouvelles vertus, la
prudence, la patience, et la tempérance. Cette dernière ne me réussit
pas, je ne m'en porte pas mieux; je prévois que je vais avoir un ca-
tarrhe, j'ai des bruits dans la tête et mal à la gorge; vous ne croiriez
pas que c'est chez le Président que je m'enrhume, il vient du vent
par-dessous les fenêtres qui me gêle; il y a quinze jours que je suis
percluse.

Vous ne me parlez jamais de votre santé, et je voudrais qu'il y en
eût toujours un petit article dans vos lettres.

La grand'maman arrive ce soir, j'en suis bien aise, je trouverai en
elle un parfait contraste aux quatre divinités d'hier, les deux Maréchales,[4] la Princesse,[5] et l'Idole;[6] dignité, majesté, dédain, décision,

1. HW himself.
2. Boswell.
3. Boswell, in his Corsican journal,
quotes a large part of *Maccabees,* Chap-
ter viii, a favourite passage with Paoli,
who found in the relations of the Romans
with the Jews, an analogy to those of the
English with the Corsicans (James Boswell, *Account of Corsica,* 1768, pp. 324–8).
4. De Luxembourg et de Mirepoix
(HW).
5. De Beauvau (HW).
6. Mme de Boufflers (HW).

prétention, distraction, impolitesse, il y eut de tout, c'est-à-dire de tout ce qui est contraire à l'agrément et au plaisir; je ne vous regrettai point dans ce moment, dans quelque lieu que vous pussiez être vous y étiez mieux que vous n'auriez été chez nous; mais tout cela va se disperser. L'Idole part ce matin pour Pougues, et pour les autres je n'en entendrai parler que vendredi.

Je vous écrirai tous les jours un petit mot, et je ne fermerai ma lettre qu'après avoir répondu à celle que je recevrai de vous. Il faut se faire des règles, n'est-ce pas, pour qu'elles suppléent et qu'elles tiennent lieu du bon sens et de la raison.

Ce dimanche 17, à 9 heures du matin.

Ma soirée d'hier s'est fort bien passée; la grand'maman est forte comme un Turc; elle était partie de Chanteloup à 5 heures du matin, elle arriva à 8 heures du soir, se mit dans le bain en sortant de carrosse, ensuite à sa toilette, s'ajusta, se pimpelocha pour être en état de recevoir l'époux. L'époux arriva à 10 heures; l'accueil fut tendre, familier, de très bonne grâce. Je faisais des réflexions sur cette grand'maman. Ah! s'il y a une créature parfaite dans le monde c'est elle; elle a assujetti toutes ses passions, personne n'est plus sensible et n'est si maîtresse d'elle-même, tout est vrai en elle, rien n'est contrefait, mais tout est soumis. Qu'il y a peu de gens faits pour sentir tout ce qu'elle vaut! S'il n'y avait pas trop d'orgueil je dirais qu'il n'y a que moi qui connaisse tout son mérite. La conduite du grand Abbé me pourrait faire croire qu'il voit, sent, et juge ainsi que moi, mais il ne m'est pas démontré que ses sentiments et sa conduite soient sans alliage; enfin, enfin, il me semble qu'il n'y a que vous qui pourrez penser exactement comme moi.

J'aurais infiniment de plaisir à vous écrire si je vous pouvais parler librement, mais mes lettres (m'avez-vous répété bien des fois) vous ont rendu malheureux; ce ne peut pas être par ce que vous appeliez mes folies, et qui étaient bien nommées; ces folies ne pouvaient être qu'un ridicule pour moi en les interprétant de travers. Quels sont donc les autres articles qui vous ont donné du chagrin? Cette ignorance me tient en bride, et je n'ose rien dire. Si en effet vous venez ici, je ne manquerai pas de matière de conversation; peut-être ne vous reverrai-je jamais, mais même en ce cas je ne regarderai pas comme un malheur de vous avoir connu; vous avez, pour ainsi dire, tiré mon âme de l'enfance, vous m'avez apprise à apprécier la valeur de toutes choses, j'en suis plus tranquille, ma sensibilité n'est plus éparpillée, il n'est presque plus possible à personne de m'offenser ni de me plaire. Que vous dirai-je? Je vous attends, mais sans impatience; si vous venez de bon gré, je trouverai un grand délice à causer avec vous; si vous ne venez que par complaisance, restez où vous êtes.

Je ne sais si je vous ai mandé[7] que j'ai rendu les lettres de Mme de Maintenon, mais je me suis assurée hier de les ravoir quand je voudrai. J'espère avoir après demain de vos nouvelles.

Je suis étonnée qu'il vous faille de la matière pour m'écrire; j'ai lu, je ne sais où, que les lettres les plus stériles étaient celles qui étaient remplies de nouvelles. Vous n'êtes jamais sans penser, faites-moi part de tout ce qui vous passe par la tête, je m'occuperai à vous répondre; écrivez-moi par bâtons rompus, ayez sur votre table un papier où vous mettrez tout ce qui vous viendra dans l'esprit à différents jours, à différentes heures; cela vous est bien plus facile qu'à moi à qui il faut toujours un secrétaire.

Avez-vous le *Journal encyclopédique?* On m'a lu ce matin l'extrait de vos *Doutes littéraires*,[8] je le trouve très bien fait, et j'aime encore plus ce journal que je ne l'aimais auparavant; si vous ne l'avez pas, faites-en l'emplette; si vous ne le trouvez pas à Londres je vous l'enverrai. Il commence à l'année 1756. Adieu, jusqu'à demain, c'est-à-dire jusqu'à ce que la fantaisie me prenne d'ajouter à cette lettre; je ne veux pas la faire partir avant jeudi, peut-être en aurai-je une de vous mardi ou mercredi. Oh! je suis bien changée; je désire, mais sans impatience.

Ce même dimanche, à 5 heures après midi.

Malgré mes belles résolutions, je ne puis attendre à jeudi à faire partir cette lettre, il y a trop loin d'ici là. Vous ne devez pas trouver mauvais que je vous écrive tant qu'il me plaît, n'exigeant point que vous me fassiez réponse; je vous prierais même, s'il en était besoin, de vous en dispenser.

Je viens de recevoir de Voltaire une lettre[9] de quatre pages, en réponse à celle que je lui avais écrite en lui envoyant *Cornélie;* je crois vous avoir dit que je lui faisais des reproches sur ce qu'il disait de La Bletterie dans le discours à son vaisseau. En conséquence il se ré-

7. See *ante* 13 July 1768.
8. See *Journal encyclopédique*, 15 April 1768, p. 78, where HW's *Historic Doubts* is reviewed.

9. Voltaire to D 13 July 1768 (Voltaire, *Œuvres* xlvi. 76).

pand en invectives contre ce vieux bonhomme, ce n'est pas de l'animosité, c'est de la rage; il veut que je montre sa lettre à la grand' maman, je le ferai, et elle en sera fort irritée; il me propose de lui adresser pour moi tous ses petits brimborions, je lui avais déjà mandé qu'il le pouvait; mais il voudrait lier une correspondance avec cette grand'maman, à qui il a déjà écrit une ou deux fois, et qui est déterminée à ne lui pas répondre directement, elle lui fait passer ce qu'elle veut lui dire par M. Dupuits, mari de Mlle Corneille. J'attends avec impatience le remercîment qu'il vous fera. Je n'aurais pas été fâchée qu'il eût su que j'étais à portée qu'il pût me parler de vous, mais il vaut peut-être mieux qu'il n'en soit rien.

C'est ce soir mon triste souper, il ressemblera à celui de l'Évangile,[10] les personnages importants se sont excusés, je n'aurai que les subalternes; cela m'est assez égal. Quand je dis que je m'ennuie, je voudrais bien pouvoir ajouter 'c'est là mon vrai plaisir,' mais cela ne se peut pas. Adieu.

From MADAME DU DEFFAND, Tuesday 19 July 1768

N° 46. Paris, ce mardi 19 juillet 1768.

VOUS voilà donc revenu de chez M. de Richmond,[1] et peut-être êtes-vous de retour aujourd'hui de chez M. Conway.[2] J'aime assez que toutes vos courses soient finies; mais savez-vous, mon cher Monsieur, ce que je n'aime point du tout? C'est l'ironie. C'est votre genre favori: gardez-le pour vos ennemis, et ne l'employez jamais pour moi. Vous vous récriez; sur quoi est fondé ce reproche? le voici: sur ce que je dois être accablée, dites-vous, de l'abondance de vos lettres; il y avait aujourd'hui huit jours que je n'en avais reçu; et si je ne m'étais pas interdit d'épiloguer, et si je n'étais pas décidée à trouver tout bon, je pourrais critiquer le petit papier où il n'y a pas trois pages complètes; mais je dis, comme le Barnabite des épigrammes de Rousseau:

Ceci pour nous n'est encore que trop bon;[3]

c'est bien moi qui vous accable de lettres; mais comme je n'exige

---

10. The parable of the feast, from which the invited guests begged to be excused (*Luc* xiv. 16–24).

1. At Goodwood, Sussex.

2. At Park Place, Henley-on-the-Thames.

3. Not found. Probably by Jean-Baptiste Rousseau (1671–1741).

point de réponse, je ne vous en fais point d'excuse. Je me divertis à vous écrire: ne me lisez pas si vous voulez; mais laissez-moi jaser tant qu'il me plaît.

Je suis bien aise que vous ayez écrit à la grand'maman;[4] cela me plaît dans tous les sens et de toutes les façons. Je ne l'ai encore vue qu'une fois, qui était samedi, le grand-papa y était: mais demain je soupe avec elle; et s'il n'y a que notre petit cercle, je lui lirai la lettre de Voltaire et votre réponse;[5] je l'ai fait voir hier au grand Abbé, qui en a été très content; j'ai supprimé *l'homme de condition*.

Il y a plus de neuf mois que Wiart n'a plus de maître, il n'a d'aide que son dictionnaire; vous serez bien plus surpris si vous voyez jamais sa traduction de Paoli; l'Idole en a été dans l'admiration, mais il y a quelques endroits qui me paraissent obscurs. Je comptais avoir hier la traduction que le grand-papa en a fait faire, et la collationner avec celle de Wiart; il m'a manqué de parole, mais cela n'est que différé.

Si votre lettre à la grand'maman n'est pas jolie je serai bien en colère contre vous, parce que vous vous serez éloigné de votre naturel; enfin nous verrons, elle me la montrera et je vous en dirai mon avis; mais elle vous aime, ainsi pour elle, elle sera fort indulgente. Je crois qu'elle ne le sera pas pour la lettre que j'ai reçue de Voltaire,[6] mais qu'elle et le grand-papa en seront très en colère.

Depuis le 3, qui est la date de la lettre que je reçois aujourd'hui, vous en aurez reçu trois de moi quand vous m'écrirez; une par le Chevalier Bunbury du 11 et 12, une du 13 par la poste, et une du 15, 16, et 17. C'est là ce qui s'appelle un flux de lettres, et à qui sont-elles adressées? À un insulaire, plus froid, plus dédaigneux, plus ironique que tous les habitants des îles et du continent.

Vraiment, vraiment, je savais la grossesse de Milady Sarah. Je loue votre discrétion; c'est apparemment parce que vous vous défiez de la mienne, que vous ne voulez pas m'apprendre ce qui regarde Milord Ossory:[7] je l'apprendrai, je le crois, mais ce ne sera pas par des Anglais; je n'en vois plus, excepté votre Général.[8] Il a l'air d'un juge du peuple de Dieu; je le crois peu instruit de ce qui regarde les filles

4. HW to Mme de Choiseul 13 July 1768 (missing).

5. Voltaire to HW 6 June 1768; HW to Voltaire 21 June 1768 (Voltaire, *Œuvres* xlvi. 57, 79 n.).

6. Voltaire to D 13 July 1768 (Voltaire, *Œuvres* xlvi. 76).

7. Probably a reference to the relations between Lord Ossory and the Duchess of Grafton, who, in the following year, were married, after the Duchess had been divorced from the Duke.

8. General Irwin, later called 'le juge Éléazar.'

d'Israël; le grand-papa en sait plus long que lui, et c'est lui que j'interrogerai.

L'arrivée des Richmond dans ce pays-ci ne me fera pas grand'-chose; j'ai vu les Lennox,[9] mais point les Richmond.

Je suis bien aise que vous envoyiez votre *Château* à M. de Montigny. Vous n'oublierez pas de m'en donner aussi un exemplaire. Mais ce qui me fait un grand plaisir c'est le livre de médecine pour le grand-papa,[10] c'est une attention charmante; c'est bien dommage que tout ne soit pas assorti chez vous, mais vous ne seriez pas si original si tout était d'accord.

Dans l'instant où je vous écris je suis fort inquiète du Président, il s'est trouvé mal ce matin, a beaucoup vomi, et a perdu connaissance; comme je ne fermerai cette lettre que demain, je vous en dirai des nouvelles plus fraîches. Adieu.

Bon! je croyais n'avoir plus rien à vous dire; je viens de relire votre lettre, elle me fournit beaucoup d'autres choses. J'ai eu mille fois envie de vous envoyer l'écrit de Saint-Foix sur le Masque de fer;[11] mais j'ai craint vos dédains; je vois que vous le savez par cœur; vous voulez pourtant l'avoir, je vous l'enverrai par la première occasion; je me ferais scrupule de vous en faire payer le port. Les trois suppositions qu'il fait sont toutes trois absurdes, mais la troisième, qui est le Duc de Monmouth,[12] est la plus absurde de toutes, elle n'a pas le sens commun: le fait est vrai, et ce Masque de fer pouvait devenir

---

9. Lord and Lady George Lennox, brother and sister-in-law of the Duke of Richmond.

10. Apparently *An Essay on the virtues of Lime-Water in the cure of the Stone. With an appendix containing the case of the Honourable H. Walpole . . . written by himself*, by Dr Robert Whytt (1714–66) of Edinburgh. Horace Walpole, later Lord Walpole of Wolterton, and uncle of HW, had suffered from attacks of the stone, and had followed the treatment described by Dr Whytt in the fifth volume of *Scots Medical Essays*. The treatment had such good effect that 'old Horace' Walpole wrote *An Account of the Right Honourable* Horace Walpole *Esq; drawn up by himself*, which was read before the Royal Society of London, 24 Jan. 1750, and was printed in the Society's *Transactions*, xlvii. 43. A sequel to his *Account* of his case was read before the society, 28 May

1752 (ibid. xlvii. 472). Another sequel was read 21 April 1757 (ibid. l. pt i. 205), and a postscript was read 8 Dec. 1757 (ibid. l. pt i. 385). Dr Whytt's book, with Walpole's appendix, was published at Edinburgh, 1752; later editions appeared in 1755 and 1762. See BM Cat.; and *post* 23 July and 23 Aug. 1768.

11. *Lettre au sujet de l'homme au masque de fer*, Amsterdam [Paris], 1768, by Germain-François Poullain de Saint-Foix (1698–1776).

12. Saint-Foix concluded that the Man in the Iron Mask was James Scott (1649–85), Duke of Monmouth and Buccleuch, illegitimate son of Charles II by Lucy Walters. D's remark implies that she believed the Iron Mask to be a brother of Louis XIV, which was also believed by Lady Bolingbroke (HW, *Anecdotes told me by Lady Denbigh, 1768*, Farmington, Conn., 1932, p. 2). See *Paris Jour.*, 9 Nov. 1765.

un homme bien considérable, s'il avait connu sa naissance, ou, pour mieux dire, s'il avait pu la révéler: il ne mourut qu'en 1704; et je me souviens d'en avoir entendu parler dans ma jeunesse et dans mon enfance; ce serait un sujet de conversation en allant ou en revenant de Rueil.[12a]

À propos de Rueil, la grosse Duchesse pensa étouffer vendredi dernier; elle était dans le bain, tout d'un coup il lui remonta dans la gorge quelque chose de gros qui pensa l'étrangler; on crut qu'elle allait mourir. Cet accident dura trois quarts d'heure, mais dès qu'il fut passé elle se porta fort bien. À propos, la belle Comtesse me dit avant-hier qu'elle vous avait encore écrit en anglais;[13] il me paraît qu'elle a des desseins coquets sur vous, elle aurait envie de votre estampe; je lui dis que j'en avais deux encadrées, que je vous en réservais la distribution. Elle me dit qu'elle voulait la tenir de votre main.

Dans ce moment, il arrive un petit garçon qui m'apporte un paquet d'Angleterre. De quelle part vient-il? C'est le courrier de M. du Châtelet. Je l'ouvre, je trouve votre petit billet du 13, le paquet pour la grand'maman, et votre *Château* pour M. de Montigny. Celui que je vous demande n'est pas pressé, vous me le donnerez en même temps que vous donnerez l'estampe à Mme de Forcalquier.

On dit que le polisson de Danemark[14] pourra être sept semaines en Angleterre. Combien faut-il de temps pour l'observer?

Pour cette fois-ci adieu, je n'ajouterai demain que les nouvelles du Président.

Je suis assez contente de vous, gardez-vous bien de me jamais dire que vous l'êtes de moi.

                                        Ce mercredi, à midi.

Je trouvai hier le Président avec une fièvre assez forte, qui avait été précédée de frisson, cependant je jugeai à son pouls et à sa respiration qu'il n'y avait rien de dangereux; en effet la fièvre tomba dès le soir même, il n'a point mal passé la nuit et son pouls aujourd'hui est presque au naturel; c'était une transpiration arrêtée, il avait été sur son balcon par le temps abominable qu'il faisait; enfin pour cette fois je le crois encore hors d'affaire. J'irai cet après-dîner à la Comé-

12a. Like D's anecdotes of Mme de Coulanges, told when she and HW were going to Rueil (see *ante* 29 April 1768, n. 3).

13. Mme de Forcalquier's letter to HW, August 1768, is in English.

14. Christian VII, King of Denmark.

die avec la belle Comtesse et le juge Éléazar;[15] ensuite je ferai une petite visite au Président, et puis j'irai chez la grand'maman à qui je remettrai votre paquet, elle me lira votre lettre[16] dont je suis fort curieuse. Je proteste d'avance contre la réponse qu'elle vous fera, je ne puis empêcher qu'elle vous dise ce qu'elle pense, mais elle ne vous dira jamais mes pensées, ni elle, ni vous, ni moi, ne les saurons jamais. Il est extraordinaire que je ne les sache pas moi-même, mais c'est que je ne veux pas les savoir, c'est que je n'en veux pas avoir, c'est qu'en un mot je veux vous ressembler en ce point. Avez-vous la traduction imprimée de votre *Château d'Otrante?* Je vous l'enverrai si vous la voulez avec le Masque de fer et quelques brimborions de Voltaire. Dans votre première lettre, mettez quelques lignes d'anglais, vous verrez comme nous vous entendrons.

Je n'entends plus parler de Lindor ni du petit Craufurd, mais la religion console de tout. Adieu, portez-vous bien, ne vous enrhumez pas, gardez-vous de la goutte, etc., etc.

Je reçois dans ce moment une lettre de Spa de ma bonne amie Lloyd. C'est une bonne fille, je l'aime, j'aime aussi Milady Pembroke; son mari va revenir ici, il y attendra sa femme qui reviendra au commencement de septembre, et puis ils partiront pour l'Italie; ma bonne amie Lloyd s'en retournera à Londres.

From MADAME DU DEFFAND, Thursday 21 July 1768

The number, and the end of the letter, are in Wiart's hand; the date and the first four paragraphs are in Colmant's.

2ème lettre du N° 46. Ce jeudi 21e, à 8 heures du matin.

COMME je n'ai pas d'autre manière de juger des autres qu'en les jugeant par moi-même, je suis persuadée que vous avez la plus grande impatience d'avoir la réponse de Voltaire.[1]—Hé bien, hé bien, la voici; c'est à la grand'maman qu'il l'a envoyée: elle l'avait reçue hier matin; le soir nous en fîmes la lecture, je la priai de me la remettre, et de me donner la lettre de Voltaire pour elle,[2] parce que la

15. General Irwin.
16. HW to Mme de Choiseul 13 July 1768 (missing).

1. Voltaire to HW 15 July 1768.
2. Voltaire to Mme de Choiseul 15 July 1768 (Voltaire, *Œuvres* xlvi. 84).

poste partait ce matin, et que je serais bien aise qu'il n'y eût pas un moment de perdu; vous recevrez donc le tout dimanche ou lundi.

Je n'ai point eu le temps d'examiner la lettre de Voltaire, elle m'a paru extrêmement polie; mais c'est la première escarmouche, pour établir une petite guerre entre vous et lui, sur Shakespeare. Au nom de Dieu, ne donnez point dans ce panneau; tirez-vous de cette affaire le plus poliment qu'il vous sera possible, mais évitez la guerre; c'est le sentiment et le conseil de la grand'maman; c'est celui du grand Abbé, et pardessus tout, c'est le mien; je suis bien sûre que ce sera aussi le vôtre.[3]

J'ai résisté, comme de raison, au désir de faire faire une copie de ce que je vous envoie, parce que, la poste partant ce matin, je n'ai pas voulu risquer de manquer son départ; j'aurais pu attendre un courrier de M. du Châtelet, il ne vous aurait point coûté de port; mais j'ai cru que vous ne regretteriez pas les frais, et que vous êtes plus impatient qu'avare.

Voici la grâce que je vous demande: c'est de me renvoyer la lettre de Voltaire à la grand'maman, de me faire faire une copie de sa lettre à vous,[4] et de votre réponse,[5] et tout cela le plus promptement qu'il vous sera possible.

Votre lettre à la grand'maman[6] est tout au mieux; elle est gaie, elle est jolie; elle ne vous écrira que de Compiègne, et elle n'y sera que le premier du mois prochain.

Je vais me faire relire la lettre de Voltaire, faire vite ensuite mon paquet, et ne pas perdre un moment à l'envoyer à la poste. Vous recevrez incessamment par le courrier de notre ambassadeur beaucoup de brimborions. Adieu, je finis.

La première lettre de Voltaire[7] a été trouvée polie, et on a été fort content de votre réponse.[8] Nous n'étions point en particulier, il y avait Mme de Châteaurenaud, le Comte de Mercy, M. O'Dunn,[9] le

---

3. See *post* 26 July 1768.

4. A MS copy in HW's hand, bequeathed by D to HW, is at the Folger Shakespeare Library, Washington, D.C. See *ante* i. p. xlviii.

5. HW to Voltaire 27 July 1768. A translation of this letter was bequeathed by D to HW.

6. HW to Mme de Choiseul 13 July 1768 (missing).

7. Voltaire to HW 6 June 1768.

8. HW to Voltaire 21 June 1768.

9. Probably Jacques, Comte O'Dunne, Irish adventurer who was twice French ambassador to Portugal, and once at Mannheim; he eloped with the daughter of Humphry Parsons, Lord Mayor of London (see *Recueil des instructions données aux ambassadeurs, Portugal*, ed. Vicomte Caix de St Aymour, 1886, pp. 333, 381; Jean-Nicolas, Comte Dufort de Cheverny, *Mémoires*, 1909, i. 177; Alexandre Tausserat-Radel, *Papiers de Barthélemy*, 1886–1910, vi. 5; *Rép. de la Gazette*).

grand Abbé, le petit oncle, le Chevalier de Montbarey,[10] le Chevalier de Listenois et votre petite; tout cela était indifférent ou bénévole.

Je viens de relire la grande lettre de Voltaire; en vérité je la trouve parfaitement bien; celle qui est pour la grand'maman[11] vous choquera beaucoup, mais vous sentez bien que Voltaire ne doit pas savoir que vous en avez connaissance: ne laissez donc rien échapper dans votre réponse qui puisse le lui faire soupçonner, et surtout renvoyez-la-moi promptement.

To Madame du Deffand, Friday 22 July 1768, N° 48

Missing. Probably written at Strawberry Hill. Answered, 27 July.

From Madame du Deffand, Saturday 23 July 1768

N° 47. Paris, ce 23 juillet 1768.

JE vous envoie la lettre que la grand'maman m'a écrite,[1] et la copie de la mienne à Voltaire.[2] Je ne sais si vous l'approuverez, mais je vous exhorte de nouveau à éviter toute discussion et toute controverse, cela serait au-dessous de vous. Je ne vous envoie pas la dernière lettre que j'ai reçue de lui;[3] je n'ai point voulu répondre à ses injures contre La Bletterie.[4]

Le pauvre M. de Saulx[5] mourut avant-hier, on lui a trouvé trois pierres dans la vessie; la crainte d'une opération lui faisait cacher ses douleurs. Adieu, vous devez être las de moi, et moi je suis un peu lasse d'écrire.

10. Claude-Anne-François de Saint-Mauris (1701–81) (Alexandre-Marie-Éléonor, Prince de Montbarey, *Mémoires*, 1826, i. 72, 109; Théodore de Lameth, *Notes et Souvenirs*, 1914, p. 9; *Journal de Paris*, 1781, ii. 887; F.-A. Gruyer, *Chantilly. Les Portraits de Carmontelle*, 1902, p. 129).

11. See Appendix 21. This letter is not with the MS.

1. See Appendix 22. Colmant's copy is with the MS. Wiart's MS copy of this letter is No. 4 of a sheaf of copied letters concerning Voltaire's controversy with HW, all bequeathed by D to HW. Evidently the copies were made to be sent to HW, because a sentence inserted after the first letter reads,

'Il faut mettre ensuite la lettre de Voltaire à la grand'maman, que je vous ai envoyée en même temps que celle qu'il vous a écrite.' For an account of these letters, see Appendix 22.

2. D to Voltaire 22 July 1768 (Appendix 23). Wiart's copy is with the MS.

3. Voltaire to D 13 July 1768 (Voltaire, *Œuvres* xlvi. 76).

4. D replied to Voltaire's remarks about La Bletterie in her letter to him, 23 July 1768 (N° 2 of the MS copies in her bequest to HW, unpublished).

5. Charles-Henri de Saulx-Tavannes died at Paris, 21 July 1768 (*Rép. de la Gazette*).

Ce dimanche 24.

Le grand-papa est très reconnaissant de votre livre,[6] il le fait traduire. Je souperai demain avec lui.

Le Président vient dîner aujourd'hui chez moi, c'est une complaisance que j'ai pour Mme de Jonzac, à qui cela donne la liberté d'aller dîner à la campagne; je prévois que ce pourra être un engagement pour tous les dimanches.

Je ne sais encore rien de Milord Ossory. Vous êtes un peu trop mystérieux. Il est bien plaisant que je n'entende plus parler de Lindor; pour le petit Craufurd, je n'en suis pas surprise. Le Docteur Pomme ne guérira pas l'Évêque de Noyon.

Mme de Valentinois va mieux. Ce ne sera que samedi ou dimanche que je saurai comment vous avez trouvé la lettre de Voltaire;[7] je crains que celle qu'il a écrite à la grand'maman,[8] et que je vous ai envoyée, vous ait mis en colère, je vous ai dit expressément qu'il ne fallait pas que vous eussiez l'air d'en avoir connaissance.

Bon jour.

To Madame du Deffand, Tuesday 26 July 1768, N° 49

Fragment, B i. 252. Incomplete in Toynbee. Post 3 Aug. 1768 dates this letter 26–7 July, but *Paris Journals* give 28 July. Written at Strawberry Hill.

VENONS à la lettre de Voltaire,[1] elle est très belle, mais ne me persuade nullement que les merveilleuses beautés de Shakespeare ne rachètent pas ses fautes. Ce que Voltaire n'arrivera jamais à me persuader encore, c'est que ces deux vers de Racine,[2] ne soient

6. Dr Whytt's *Essay on the virtues of Lime-Water*, with an appendix containing Lord Walpole of Wolterton's case of the stone (see *ante* 19 July, and *post* 23 Aug. 1768). A MS criticism of this book was bequeathed by D to HW, with a MS translation of Lord Walpole's *Case* in Wiart's hand. The latter may be copied from the translation made by the Duc de Choiseul's orders. A MS note by HW to the copy of the *Case* identifies 'M. Walpole' as 'Mr Horace Walpole frère du Chevalier Robert, Comte d'Orford, et anciennement ambassadeur en France.'

7. Voltaire to HW 15 July 1768.

8. Voltaire to Mme de Choiseul 15 July 1768 (Appendix 21).

1. Voltaire to HW 15 July 1768, replying to HW's letter of 21 June.

2. 'De son appartement cette porte est prochaine,
   Et cette autre conduit dans celui de la reine.'

   (*Bérénice*, I. i.)

HW had quoted these verses, in his preface to the second edition of the *Castle of Otranto*, because Voltaire had defended them. Voltaire, in his letter to HW, 15 July, had again tried to defend them.

parfaitement ridicules et si vos bienséances et la rime réduisent vos poètes à la nécessité de faire le plan d'hôtel, je dirai que cette gêne-là est très absurde. Mais ce que je vois encore moins, c'est pourquoi il fallait entrer dans ce détail minutieux de ce que Titus et Bérénice représentaient Louis XIV et sa belle-sœur.[3] Voltaire voulait faire parade de son information, et prétendait faire passer une anecdote pour un argument. Mais vous verrez par ma réponse que je lui passe tout ce qu'il veut. Je n'ai jamais pensé entrer en lice avec lui.

Quant à cette lettre à la grand'maman,[4] vous voyez la bonne foi de cet homme-là![5] Il me recherche, il me demande mon *Richard*,[6] je le lui envoie, et puis il en parle, comme si je m'étais intrigué à le lui faire lire.—Sa vanité est blessée de ce qu'on a osé lui donner un rival, et il a la faiblesse de se démasquer,[7] et la faiblesse plus grande encore de vouloir le rejeter sur la part qu'il prend à l'honneur de Corneille et de Racine.

From Madame du Deffand, Wednesday 27 July 1768

N° 48. Paris, ce mercredi 27 juillet 1768.

N'AYEZ jamais la plus légère inquiétude que je contrevienne en rien à vos intentions; j'avais écrit à Chanteloup[1] à la grand' maman que vous aviez reçu une lettre de Voltaire,[2] que vous y aviez répondu,[3] que je lui ferais voir tout cela à son retour; ce que j'ai fait sans lui en donner copie; d'ailleurs j'ai parlé de cette aventure à fort peu de personnes. Je n'ai même rien dit à qui que ce soit de la seconde lettre de Voltaire,[4] de celle qu'il a écrite à la grand'maman,[5] de la réponse indirecte[6] qu'elle lui a faite en m'écrivant; enfin, je n'ai point parlé de tout ceci, de tout cela, et j'approuve infiniment la résolution où vous êtes de terminer le plus promptement qu'il sera possible cette correspondance.

3. Voltaire had said that *Bérénice* represented the story of Louis XIV and his sister-in-law, Henrietta Anne of England (1644–70), m. (1661) Philippe, Duc d'Orléans; their apartments at St-Germain were separated only by a salon.

4. Voltaire to Mme de Choiseul, 15 July 1768 (see Appendix 21).

5. See HW to Lort 2 Nov. 1781.

6. HW's *Historic Doubts,* which Voltaire in his letter to HW, 6 June 1768, had asked to have.

7. Clause omitted in Toynbee.
———
1. Missing.

2. Voltaire to HW 6 June 1768.

3. HW to Voltaire 21 June 1768.

4. Voltaire to HW 15 July 1768.

5. Voltaire to Mme de Choiseul 15 July 1768 (Appendix 21).

6. Mme de Choiseul to D 20 July 1768 (Appendix 22).

Si je ne savais pas que vous êtes de très bonne foi je ne croirais pas que vous ne m'eussiez pas entendue quand je vous ai parlé de la pluie et du beau temps. Tant mieux si vous ne m'avez pas entendue, je suis ravie si cette énigme n'a point de mot.

Je fais une réflexion; il est heureux pour vous de m'avoir rencontrée, j'ai dans la tête que vous aurez vécu sans être connu de personne; du moins il y a quelqu'un sur terre qui ne vous prend pas pour un personnage de comédie, et qui n'ayant point de masque elle-même, voit bien que vous n'en avez pas.

Je vous dirai que je suis plus charmée que jamais de la grand'maman. Malgré tout mon pyrrhonisme je suis persuadée qu'elle m'aime; la façon simple et naturelle dont elle vit avec moi ressemble fort à la confiance, et me flatte d'autant plus qu'elle me prouve son estime. Son époux me traite à merveille; le petit cercle de ses vrais amis s'empresse pour moi; enfin, quand je passe de la société des Idoles à celle de cette grand'maman il me semble que je change de climat, ce n'est ni le même langage, ni les mêmes mœurs, ni les mêmes façons. On veut que j'aille à Chanteloup l'année prochaine, c'est sur quoi il faudra délibérer; ne craignez jamais que je vous expose à former ou à refuser aucun engagement; reposez-vous sur moi, j'ai autant de délicatesse pour éviter de vous commettre, que vous en pouvez avoir vous-même; il appartient à peu de personnes de vous connaître, il faut avoir de certaines lunettes qu'on ne trouve guère dans ce pays-ci. Ah! si jamais je vous revois j'aurai bien des sujets de conversation.

Vous avez raison sur la mort du Marquis de Saulx, il est aisé à oublier et difficile à remplacer; ce ne sera qu'en laissant son fauteuil vide que je m'épargnerai des regrets.

Mme de Valentinois a recouvré tout son bon sens, la voilà hors d'affaire, et cela ne fait rien à personne.

Je vous prie de croire que mon amitié n'est point inquiète; ne me cherchez point noise, trouvez-moi toute parfaite comme je le suis devenue; j'ai le bon sens que vous dites être le correctif de tout, même de la vertu. Je ne comprends pas comment ayant beaucoup d'idées, avec le talent de les rendre facilement et clairement, on ne laisse pas de sentir dans vos lettres que vous n'aimez point à écrire, et que c'est une complaisance qui vous coûte. Toutes vos dispositions sont contagieuses pour moi, vous me communiquez votre paresse. Mais non, ce n'est pas cela, mais vous me faites avoir la crainte de vous fatiguer et de vous ennuyer. Adieu, je vous quitte, il est trois heures, il faut que je me lève pour aller chez la grand'maman, je passerai l'après-dîner avec elle, ne pouvant pas y passer la soirée. Je rentrai hier à plus de trois heures après minuit parce que le grand-papa nous vint trouver après souper, et ne nous quitta qu'à cette heure-là.

Je sais enfin ce qui regarde Milord Ossory, c'est Éléazar qui me l'a appris; c'est bien le meilleur homme qu'il y ait sous le ciel; il n'a point d'esprit, mais il a de l'âme et un bon cœur; il me dit l'autre jour un bon mot de vous fort joli, à l'occasion d'une certaine dame[7] qui ressemble à la Duchesse de Grafton,[8] et qu'on prenait pour elle. Voici deux vers de Piron:[9]

> Si j'avais un vaisseau qui se nommât Voltaire,
> Sous cet auspice heureux j'en ferais un corsaire.[10]

Adieu, adieu, adieu.

From Madame du Deffand, Wednesday 3 August 1768

N° 49. Paris, ce mercredi 3 août 1768.

C'EST bien dommage que je n'aie pas répondu hier sur-le-champ à votre lettre du 26 et 27, qui par parenthèse est sans numéro. Je vous aurais dit les plus belles choses du monde, je remis à aujourd'hui, voilà que je ne suis point en train d'écrire, j'ai mal aux entrailles, je suis hébétée, il me semble que je ne me soucie de rien, pas même de vous. Comme vous connaissez toutes sortes d'états, que vous passez par toutes sortes de situations, vous ne serez point surpris.

Votre lettre à Voltaire[1] m'a paru tout au mieux. En la faisant transcrire[2] pour l'envoyer à la grand'maman j'ai pris la liberté d'y faire quelques corrections, qui m'ont fait sentir la difficulté de traduire; votre langue doit avoir plus de force et d'énergie que la nôtre; peut-

---

7. HW told Lady Mary Coke that Marie Antoinette resembled the Duchess of Grafton (see *Paris Jour.*, 22 Aug. 1775, n. 8), but HW had not yet seen Marie Antoinette at this time.

8. Anne Liddell (1738–1804), m. (1) (1756) Augustus Henry Fitzroy, 3d D. of Grafton, who divorced her (1769); m. (2) (1769) John Fitzpatrick, 2d E. of Upper Ossory. She was HW's correspondent.

9. Alexis Piron (1689–1773), dramatist and poet.

10. This couplet was provoked by Voltaire's *Épître à mon vaisseau*, on the subject of the ship which had been named 'Voltaire' (see *ante* 6 July 1768).

1. HW to Voltaire 27 July 1768.

2. Wiart's translation of this letter, bequeathed by D to HW, is now in the Folger Shakespeare Library, Washington, D.C. It probably formed part of lot 394 at the Parker-Jervis Sale at Sotheby's, 1920.

être ai-je un peu affaibli vos expressions; quand vous viendrez ici je vous en ferai juge. Voltaire doit être très content de vous, vous devez l'être de lui, et rester ferme dans votre résolution de finir cette correspondance; elle ne percera pas dans le public par moi, je sais combien il y a peu à profiter à occuper les autres de soi. La lettre de Voltaire à la grand'maman[3] vous a fait voir qu'il cherche de l'occupation, et qu'il aurait été charmé que vous vous fussiez prêté à entrer en escrime.

J'attends incessamment une de ses lettres,[4] la réponse à celle dont je vous ai envoyé la copie;[5] je lui aurai souverainement déplu au sujet de La Bletterie. Mais qu'est-ce que cela me fait? je ne crains qu'une seule chose, c'est l'ennui, tout le reste ne me fait rien. Votre intendant[6] n'est-il pas à Strawberry Hill? Est-ce lui qui vous y a fait passer huit jours de suite? Me manderez-vous sa mort ou sa guérison? Saurai-je quand vous aurez touché ce qui vous est dû? Ce n'est point une finesse dont j'use pour m'instruire du temps de votre retour; j'ai tout remis entre les bras de la Providence.

Ne vous tourmentez point pour la lettre de Voltaire.[7] Sur toute chose ne prenez pas la peine de la copier vous-même, vous me l'apporterez quand vous viendrez, je n'en suis nullement pressée, je puis l'attendre six mois, un an, sans aucune impatience; et même je me passerai bien de la ravoir jamais.

Voilà des vers du Chevalier de Boufflers que j'ai trouvés jolis:

À Monsieur le Prince de Beauvau qui était attendu dans un vieux château, que Madame la Marquise de Boufflers, sa sœur, avait meublé exprès pour le recevoir.

> Venez ici passer des jours sereins,
> Ne dédaignez point un asile
> Que l'amitié para de ses modestes mains;
> L'intrigue de la cour, le fracas de la ville
> Font pour vous enchaîner des efforts superflus;
> Des goûts plus innocents, un bonheur plus tranquille
> Conviennent mieux à vos vertus.

3. Voltaire to Mme de Choiseul 15 July 1768 (Appendix 21).

4. Voltaire to D 30 July 1768 (Voltaire, Œuvres xlvi. 87).

5. D to Voltaire 22 July 1768 (Appendix 20). D's retorts about La Bletterie, however, were in her letter to Voltaire ?23 July 1768 (see Appendix 22).

6. Grosvenor Bedford (d. 1771) (see post 13 Nov. 1771).

7. Probably Voltaire to Mme de Choiseul 15 July 1768 (Appendix 21), which D had asked HW to return to her (see ante 21 July 1768).

> Les fleurs et les moutons qu'on trouve en ces retraites
>   Valent vos dames, vos seigneurs,
> Bien de ces messieurs sont des bêtes,
> Peu de ces dames sont des fleurs.[8]

Ai-je tort, cela n'est-il pas joli? *retraite* et *bête* ne riment pas, mais qu'est-ce que cela fait?

Vous ne pouvez pas poliment vous dispenser de répondre à la belle Comtesse;[9] quatre ou cinq lignes en anglais ne vous coûteront pas, et me la rendront bénévole; elle ne me hait que par intervalle, quand elle n'est pas contente d'elle-même, que lorsque voulant dire de belles choses, elle ne trouve en elle aucune pensée. Sa vocation est d'être solide, réfléchissante, sentencieuse, philosophe; elle veut qu'on la recherche, elle fait des avances pour attirer et pour après avoir la gloire de dédaigner; enfin telle qu'elle est il me convient d'être bien avec elle, ainsi écrivez-lui quatre lignes, et qu'il y en ait une du bien que je vous dis d'elle.

Il y a deux mois qu'une certaine Mme de Meinières, ci-devant Mme Belot,[10] me persécute pour que je m'informe de la manière dont les Anglais cultivent la pimprenelle; si vous en avez quelque connaissance, communiquez-la-moi.

Qu'est devenu Lindor? Je n'entends plus parler de lui, il n'a pas daigné répondre à une lettre[11] que le Chevalier Bunbury lui a portée; aurais-je quelque tracasserie avec lui? Il me croit peut être morte ou que je le serai trop tôt pour prendre la peine de m'écrire.

J'ai reçu une lettre du petit Craufurd d'un style de Quaker.

L'Idole soupera vendredi chez moi sans la Maréchale de Luxembourg, qui a la fièvre double-tierce depuis 18 jours.

La grosse Duchesse est toujours à Rueil; j'ai regret au voyage que nous pourrions y faire ensemble, mais vanité des vanités, tout n'est que vanité. Quand on est au cinquième acte de la comédie ce n'est plus la peine de s'occuper de la pièce.

Le grand-papa a fait traduire Boswell;[12] il m'en a prêté le manuscrit, je le lis avec beaucoup de plaisir; je n'en suis pas encore au

8. A copy of these verses is in the MS volume of *Œuvres de M. le Chevalier de Boufflers*, bequeathed by D to HW.

9. HW had written to Mme de Forcalquier, 4 July 1768; there is no record in *Paris Jour.* of any later letters to her, but a letter to her is mentioned, *post* 23 Aug. 1768.

10. 'Blot' in the MS.

11. Missing.

12. Boswell's *Account of Corsica*.

journal, je suis curieuse de le comparer avec la traduction de Wiart, celle-ci sera moins élégante, mais je suis persuadée qu'elle sera plus fidèle.

Je suis fort aise d'être en faveur, mais cela durera-t-il? Le pauvre Président se porte toujours assez bien, il dîne chez moi un jour par semaine, il en est charmé; j'ai fait cet arrangement pour son plaisir, et puis pour donner un jour de liberté à Mme de Jonzac. Je fais une réflexion; vos goûts, vos fantaisies vous ruinent, et moi si jamais je me ruine ce sera pour éviter l'ennui que je retrouve toujours de quelque côté que je me tourne. Adieu.

To Madame du Deffand, Friday 5 August 1768, N° 50

Missing. Probably written at Arlington Street. Answered, 10 Aug.

From Madame du Deffand, Wednesday 10 August 1768

N° 50. Paris, ce mercredi 10 août 1768.

CETTE lettre sera longue, j'ai cent choses à vous dire. Après cette annonce peut-être resterai-je tout court? Eh bien! c'est ce que nous allons voir. Il faut que je commence par me vanter, il faut que vous connaissiez les progrès de ma raison; c'est entièrement votre ouvrage, je vous en dois l'hommage.

Hier à deux heures après midi, le lecteur Wiart entre dans ma chambre. 'Voilà,' dit-il, 'deux lettres.'—'De qui est l'autre?'—'De M. Selwyn,[1] à ce que je crois.'—'Ah! ouvrez-la vite, combien a-t-elle de pages?'—'Quatre, et toute l'enveloppe qui est in-folio est écrite.'—'Qu'importe, lisez toujours.'—'La première ligne est "J'embrasse de tout mon cœur le bon Président." ' Cette première ligne, je suppose, devait être écrite la dernière, et faute de place a été mise la première. Cette lettre est admirable, et vaut autant dans son genre que les vôtres et celles de Voltaire. Il faut que vous décidiez ce Lindor à re-venir ici; c'est un vrai original qui jamais n'embarrasse et qui di-

1. Missing.

vertit souvent. Il me dit qu'il a soupé avec vous[1a] et que vous aviez la goutte;[2] votre manie est de ne me point parler de vous, et rien n'est si contraire à l'amitié que cette sorte de réticence; mais ne prenez pas cela pour des reproches ni pour des leçons, j'ai fait une ferme résolution de prendre les gens tels qu'ils sont, de m'accommoder à leurs façons sans jamais tenter de les en faire changer. Cependant je vais beaucoup vous gronder. Comment avez-vous pu prendre la peine de transcrire vous-même l'énorme lettre de Voltaire?[3] Vous devez avoir vu que je vous priais de n'en rien faire, mais je m'y suis prise trop tard. Vous me connaissez bien peu d'avoir pu penser que vous m'obligiez en vous donnant cette fatigue. Je ne veux vous être à charge en rien; où l'on ne trouve point de roses il ne faut pas remontrer d'épines; mais le mal est fait; que cela ne soit plus jamais à l'avenir, et recevez tous mes remercîments. Cette lettre de Voltaire est admirable, c'est le dieu du style. Comment est-il possible qu'il ne soit pas le modèle de tous les écrivains? et comment le goût se perd-il tandis qu'il vit? Votre réponse[4] vaut sa lettre, et n'en est point déparée, elle est charmante, polie, aimable; on se borne à admirer l'auteur de la première, on admire aussi celui de la seconde, mais de plus on voudrait le connaître et l'aimer. La grand'maman pense tout comme moi. J'aurais bien du plaisir à aller à Chanteloup avec cette grand' maman, parce qu'il me semble que je l'aime, mais la gloriole n'y entrerait pour rien; Chanteloup n'est pas le chemin qui y conduit, du moins dans le mois de mai; c'est dans celui de septembre[5] qu'il y a plénitude de gloire, et c'est celle à laquelle je ne prétends pas.

Le grand-papa m'a envoyé la traduction entière du livre de Boswell, j'en reçus hier au soir les derniers cahiers qui sont le journal; nous allons nous occuper ces jours-ci à le confronter avec la traduction de Wiart, celle-ci sera moins élégante, mais j'imagine qu'elle est plus exacte.

J'ai beaucoup de petites brochures assez amusantes, mais je ne vous les enverrai que quand j'aurai perdu toute espérance de vous revoir. Vous ne prendrez jamais cette résolution, me direz-vous, mais

1a. HW to Conway 9 Aug. 1768 says that this took place at Strawberry Hill 7 Aug. As D received Selwyn's letter on the 9th, there is a confusion of dates here.

2. HW's serious attack of gout did not occur until Oct. 1768 (HW to Mann 24 Oct. 1768).

3. Voltaire to HW 15 July 1768. A MS copy of this letter, in HW's hand, was bequeathed by D to HW, and is now in the Folger Shakespeare Library.

4. HW to Voltaire 27 July 1768.

5. Quand Mme de Gramont y allait (HW).

si votre retour est différé à un certain point, votre goutte et mon âge me le feront regarder comme rompu; le retardement qu'y peut apporter le polisson[6] ne m'effraie pas. Cette curiosité sera bientôt satisfaite. On prétend que votre Comte[7] sera obligé de passer par Paris, mais qu'il ne veut se laisser voir par personne; en cela je l'approuve.

Votre grande Duchesse[8] me fait pitié, cependant j'aime assez que les superbes soient humiliés. Le petit Craufurd est tout fait pour être *consolatrix afflictorum*. Cette aventure lui vaudra mieux que l'eau de poulet de M. Pomme;[9] il a besoin d'être remué, et comme il a un bon cœur il se passionnera de bonne foi pour les intérêts de son ami[10] et pour le malheur de cette femme. Eh bien! voilà que je ne trouve plus rien à dire, et que l'ennui d'écrire me prend.

Adieu donc, il est fort doux de se mettre à son aise.

À propos, j'oubliais de vous dire que j'ai reçu une lettre de Voltaire[11] qu'il a adressée, ainsi qu'il avait fait la vôtre, à la grand' maman; elle était à cachet volant, je vous l'enverrais, mais cela rendrait mon paquet trop gros, et ne vous ferait pas grand plaisir; je me contente de copier l'endroit qui vous regarde. Après m'avoir parlé de sa querelle avec La Bletterie il dit:

M. Walpole est d'une autre espèce que La Bletterie. On fait la guerre honnêtement contre des capitaines qui ont de l'honneur, mais pour les pirates on les pend aux mâts[11a] de son vaisseau.

J'ai senti votre modestie d'avoir mis dans la copie que vous avez faite ce qui est de compliment pour vous en anglais. Ah! je ne sais ce que je dis, Wiart prétend que cela est de même dans l'original.

La grand'maman me mande qu'elle vous a écrit[12] et qu'elle a fait de son mieux pour faire une belle lettre; gardez-vous de l'imiter! et livrez-vous à votre naturel.

Le pauvre Président me fait grande pitié, il est accablé non seulement d'années, mais de chagrins. Il me marque une amitié infinie, je me fais un plaisir et un devoir de le consoler, sans oublier cependant les sujets que j'ai eus de m'en plaindre.

---

6. Christian VII of Denmark (see *ante* 19 July 1768).

7. Lord Bute (HW). He was travelling for his health.

8. De Grafton (HW).

9. See *ante* 8 Nov. 1767, n. 4a.

10. Lord Ossory (HW).

11. Voltaire to D 30 July 1768 (Voltaire, *Œuvres* xlvi. 87).

11a. 'Au mât' in Voltaire, *Œuvres* xlvi. 88.

12. Missing.

To Madame du Deffand, Friday 12 August 1768, N° 51

Two fragments, B i. 255 n. and 258 n. Probably written at Arlington Street.
Answered, 17 Aug.

AH! ma Petite, on nous a trompés; ce n'est pas le Roi de Dane-mark[1] qui vient de débarquer dans notre île, c'est l'Empereur des Fées. C'est une poupée[2] que la grand'maman pourrait vous présenter dans un tableau.[3] Son visage n'est pas mal; il est assez bien fait, et son air, dans un microscope, est très imposant. Il est poli, sérieux, fort inattentif, et sa curiosité déjà usée. Il est accompagné d'une chevalerie entière de cordons blancs,[4] ce qui fait que cette cour ambulante a tout l'air d'une croisade. Le premier ministre (le Baron de Bernstoff):[5] cordon bleu,[6] comme le Roi, est un Hanovrien, personnage assez matériel, mais qui plie sa matérialité à chaque parole, car il se prosterne quasi à terre quand il parle à son maître. Au-dessus du premier ministre est le favori (le Comte Holck):[7] jeune fat à qui la faveur tourne la tête, et qui, je crois, est charmé de montrer à nous autres qu'il ose être favori en titre d'office. L'incognito[8] est très mal observé, la majesté du diadème perce les nuées du mystère. Voilà de grands mots; si vous n'en voulez pas, gardez-les pour Mme du Pin.[9] Hier le petit monarque fut à l'opéra et s'y ennuya comme les sultans de Crébillon.[10] Il n'a point d'oreilles pour la musique, peut-être qu'il aimera la vôtre. Pardonnez cette escapade; mais vous savez que je suis incorrigible sur votre opéra.

1. Christian VII, who had just come to England (see *ante* 9 July 1768).
2. For the King's doll-like appearance, see HW to Montagu and to Mann 13 Aug. 1768.
3. D refers to Carmontelle's water-colour of Mme de Choiseul presenting a doll to D.
4. The Danish order of the Dannebrog wore white ribbons.
5. This parenthesis, omitted by T, may have been added by B from a marginal note by HW. Johan Hartvig Ernst (1712–72), greve Bernstorff, had met D in Paris; two letters which he wrote her shortly after his visit, in 1751, were bequeathed by D to HW. Copies of these letters are in D's MS *Recueil de lettres* in the same bequest. The first of these copies (Bernstorff to D 9 March 1751) has a note in HW's hand: 'Il était premier ministre de Danemarc.' For

Bernstorff's distinguished career, see Carl Frederik Bricka, *Dansk Biografisk Lexikon*.
6. i.e. Knight of the Garter.
7. This parenthesis was also omitted by T, and may have been a note incorporated by B. Frederik Vilhelm Conrad (1745–1800), greve Holck, was the favourite of Christian VII (Carl Frederik Bricka, *Dansk Biografisk Lexikon*).
8. The King travelled under the name of Comte de Travendahl.
9. D disliked Mme Dupin, and called her 'cette fastidieuse créature' (*ante* 8 June 1766).
10. HW is probably referring to the Sultan in *Le Sopha*, by Crébillon fils (Claude-Prosper Jolyot de Crébillon, 1707–77). Although the Sultan is well provided with birds, parrots, and women—'malgré de si grandes occupations, et des plaisirs aussi

J'admire comme vous le style et le goût de Voltaire, mais je suis très éloigné de me payer de ses raisonnements; rien de plus faux et de plus frivole que ce qu'il donne pour les arguments dans la dernière lettre[11] qu'il m'a adressée. Je n'ai jamais pensé de vanter notre théâtre, ni de lui donner la préférence sur le vôtre. J'ai préféré Shakespeare à lui Voltaire. C'est un faux-fuyant pour sa gloriole blessée, quand il donne le change, et prétend que je mets Shakespeare au-dessus de Racine et Corneille. Rien de plus faux que tout ce qu'il débite sur ses trente mille juges à Paris;[12] exagération outrée. Je douterais fort que dans tout le monde il y eût trente mille personnes capables de juger les ouvrages de théâtre. Encore ne connaît-il pas son Athènes: dans la lie du peuple athénien, le moindre petit artisan jugeait de l'élégance, de la pureté de sa langue, parce qu'il entrait au théâtre; au lieu que Voltaire dit que les trente mille juges décident à Paris, parce que le bas peuple n'entre point au spectacle. Pour ses beautés d'exposition, je m'en moque. Quoi de plus trivial, de plus ennuyeux, et de plus contraire à l'attente, ressort ingénieux pour exciter les passions, que ces froides expositions si usitées dans la première scène des tragédies? Quelle petitesse de génie que d'être réduit à décrire l'emplacement des appartements,[13] de peur que l'audience ne s'arrête au milieu d'un grand intérêt, pour examiner si une amante malheureuse devait entrer sur la scène par telle ou telle porte! Il faudrait qu'il y eût force maîtres de cérémonies, parmi les trente mille juges, pour que de telles expositions fussent nécessaires.

From Madame du Deffand, Wednesday 17 August 1768

N° 51. De Paris, ce mercredi 17 août 1768.

SERAIT-IL bien possible que la question que je vous ai faite *si ma faveur durerait longtemps*[1] vous donnât de l'inquiétude pour l'avenir? Rassurez-vous, je vous prie, je ne désire rien tant au monde

varíés, il fut impossible au Sultan d'éviter l'ennui' (*Introduction* to *Le Sopha*).

11. Voltaire to HW 15 July 1768.

12. Voltaire had said that there were more men of taste in Paris than in Athens, 'parce qu'il y a plus de trente mille âmes à Paris uniquement occupées des beaux arts, et qu'Athènes n'en avait pas dix mille; parce que le bas peuple d'Athènes entrait

au spectacle et qu'il n'y entre point chez nous . . .' (ibid.).

13. HW is referring to the verses of Racine, already mentioned in his correspondence with Voltaire (see *ante* 26 July 1768).

———

1. 'Je suis fort aise d'être en faveur, mais cela durera-t-il?' (*ante* 3 Aug. 1768).

que de vous faire oublier le passé. Quand je me le rappelle c'est avec la plus grande confusion, non pas assurément pour que j'aie à rougir à mes propres yeux, mais les vôtres, les vôtres ne m'ont pas vue telle que j'étais. Oubliez donc le passé, je vous conjure, ou du moins ne m'en rappelez jamais le souvenir; c'est une marque de considération que je puis exiger de vous.

Je vais écrire[2] à la grand'maman et lui envoyer l'extrait de votre lettre qui la regarde. Je suis bien honteuse de vous avoir importuné de la pimprenelle de Mme de Meinières; vous vous acquittez si exactement des commissions que c'est un très bon avertissement de ne vous en pas accabler.

Vous voilà donc en possession du polisson. Mandez-moi comment vous trouvez son mentor.[3] Il a eu ici la plus grande vogue, il était l'ami de tout le monde, il aurait été honteux de ne le pas connaître, de ne pas recevoir de ses visites. Chacun vantait son esprit, c'était l'homme de la meilleure compagnie, du meilleur ton. À travers tous ces éloges je m'avisai de l'appeler Puffendorf, cela fut trouvé plaisant et ce nom n'est point encore oublié; chacun se prépare ici à lui faire fête, pour moi je me promets de l'attendre sans le rechercher.

Savez-vous qui j'ai beaucoup vu depuis quelque temps? L'Idole. Nous fûmes hier ensemble à Rueil avec son fils et Pont-de-Veyle. Nous y trouvâmes la belle Comtesse, Mme Boucault,[4] et le Général,[5] que je persiste à trouver le meilleur homme du monde. Je soupe ce soir au Temple, en petite petite compagnie, le Prince, l'Idole, Mme de Lauzun, sa grand'mère,[6] et Pont-de-Veyle; cela n'a-t-il pas l'air de la faveur? Cependant il n'en est rien, je ne suis favorite de personne, si ce n'est de la grand'maman; il n'y a qu'elle aussi que j'aime; elle est toujours à Compiègne, elle ira le 28 à Chantilly, et le 30 elle viendra souper chez moi. Je la verrai vraisemblablement beaucoup tout le mois de septembre. Toutes mes connaissances alors seront à l'Isle-Adam, il ne me restera que le Président; ce pauvre homme traîne sa vie languissante, il m'accable d'amitié, me confesse tous ses torts, m'exagère ses remords; je lui pardonne tout, quoique bien assurée qu'il ne lui manque que les occasions et les circonstances pour faire de même, mais je me fais un devoir de le consoler et d'adoucir

2. Missing.

3. Bernstorff (HW).

4. Jeanne-Marie-Thérèse-Tècle de Moreton de Chabrillan (d. 1812), m. (1) —— Boucault; m. (2) (1773) François-Louis-Antoine de Bourbon, Comte de Bourbon-Busset (Albert, Vicomte Révérend, *Titres . . . de la Restauration*, 1901–6, i. 302).

5. Irwin (HW).

6. Mme de Luxembourg (HW).

ses chagrins; il en a un bien sensible, son vilain neveu[7] s'est établi chez lui, et ne sachant où donner de la tête il emmène sa femme à des promenades, à des dîners à la campagne, et le pauvre Président reste seul. C'est ce qui est cause qu'il y a un dîner de fondation chez moi tous les lundis, où j'ai l'Abbé Barthélemy, le Chevalier de Listenois, et Mlle Sanadon; lundi dernier j'eus Mariette. Voilà comme je passe ma vie et les ressources que j'ai contre l'ennui. Si du moins je pouvais dormir les nuits, ce serait demi mal.

Ne vous effrayez point des questions que je vous ai faites sur vos affaires et sur votre intendant; ma curiosité ne porte que sur l'intérêt que je prends à ce qui vous regarde.

J'ai jugé tout comme vous sur le petit Craufurd. L'occupation est tout ce qui peut lui être plus salutaire; je crois lui en avoir dit un mot dans une très petite lettre que je lui ai écrite, et que je pense sera la dernière. Notre correspondance et notre amitié en restera là. Pour Lindor[8] je ne sais pas ce qu'il fera, je doute qu'il revienne.

Je n'ai point de nouvelles à vous mander qui soient plus intéressantes que celles de la gazette; je vous accable en vous parlant de moi, je ne sais rien qui puisse vous amuser. Vous avez une grande complaisance de vouloir bien soutenir un commerce aussi insipide.

Wiart a traduit votre préface,[9] je crois que vous n'en seriez pas mécontent, je la trouve charmante, elle mérite les louanges que Voltaire lui donne. À propos, je lui ai écrit[10] ces jours-ci; ce qui m'y a déterminée c'est le présent que m'a fait Mme de Luxembourg de sa nouvelle édition in-quarto.[11] Il n'y en a encore que sept volumes, il y en doit avoir vingt-et-un ou vingt-deux.

Je devais aller aujourd'hui au *Misanthrope,* mais j'ai préféré à la plus belle comédie de vous écrire la plus plate des lettres.

7. M. de Jonzac (HW). François-Pierre-Charles Bouchard d'Esparbez de Lussan (b. 1714), Marquis de Jonzac, nephew of Hénault.

8. M. Selwyn (HW).

9. To HW's *Historic Doubts* (see Voltaire to HW 15 July 1768).

10. D to Voltaire 14 Aug. 1768 (Voltaire, *Œuvres* xlvi. 93; B iv. 99). To the original of this letter there is the following note in Mr Walpole's handwriting: 'L'amitié de Mme du Deffand pour moi dictait cette expression, qu'assurément je n'ai jamais autorisée. J'avais rompu tout commerce avec Voltaire, indigné de ses mensonges et de ses bassesses' (B). The words to which HW thus objected were 'M. Walpole est bien converti.'

11. A quarto edition of Voltaire's works was published at Geneva, 1768–77, in thirty volumes (BM Cat.). D left this edition in her will to Mouchard, her executor (Appendix 2). D had written to Voltaire, 14 Aug. 1768: 'Je suis au comble de ma joie; je viens de recevoir, pour bouquet de ma fête, les sept premiers volumes de votre dernière édition; je m'en suis fait lire les tables' (Voltaire, *Œuvres* xlvi. 93).

Adieu; j'attends la semaine prochaine des détails sur votre beau-frère.[12] L'Idole m'apprit hier la mort de Milady Tavistock;[13] elle nous dit des choses ineffables pour nous persuader de l'extrême douleur qu'avait encore le Duc de Bedford de la mort de son fils. Adieu encore une fois. Si vous voulez des nouvelles intéressantes, je vous renvoie aux gazettes, ce n'est plus que là où je les trouve.

From MADAME DU DEFFAND, Tuesday 23 August 1768

No 52. Paris, ce mardi 23 août 1768.

IL y a aujourd'hui un an que ce ne fut point une lettre qui m'arriva, mais une personne qui interrompit les belles scènes de *Phèdre* que récitait Mlle Clairon; vous en souvenez-vous?[1] Ah, mon Dieu, non! Ce sont les gens oisifs, les têtes romanesques qui font de telles remarques.

Il faut que vous ayez fait en votre vie grand usage des finesses et des astuces, vous en trouvez partout. J'ai voulu savoir s'il ne fallait pas remettre à votre retour à vous faire voir toutes les misérables petites brochures qui ne méritent pas beaucoup d'impatience; au lieu de me dire si vous les voulez, vous ne songez qu'à vous défendre des pièges que je vous tends. Oh! ils sont très inutiles avec vous; on n'a nulle difficulté à découvrir ce que vous pensez, et si l'on s'y trompe, ce n'est pas assurément votre faute, c'est qu'on est volontairement aveugle. Je me contente de l'aveuglement où le sort m'a condamnée; et heureusement, ou malheureusement, je n'en ai pas d'autres.

La description que vous me faites de votre petit monarque[2] est très plaisante; je vois d'ici le révérencieux Bernstorff: cet homme n'est pas sans mérite; mais il s'en faut bien qu'il en ait autant qu'on lui en trouve ici; c'est un homme factice, il n'a rien de simple ni de naturel, mais il veut être honnête homme, judicieux, solide, etc., etc., et je crois qu'il l'est devenu; mais c'est son ouvrage, et non, je crois, celui de la nature. Je vous renverrais à Mme Dupin, si vous la connaissiez, pour vous expliquer ce galimatias.

La belle Comtesse est charmée de votre lettre,[3] elle y a fait sur-le-

12. Le Roi de Danemark (HW).

13. Evidently a false rumour; she did not die until 2 Nov. 1768. Elizabeth Keppel (1739–68) m. (1764) Francis Russell, M. of Tavistock, son of the D. of Bedford.

1. She means Mr Walpole's arrival at Paris, the 23d August, 1767 (B).

2. See *ante* 12 Aug. 1768.

3. Missing. The date of this letter is not recorded in *Paris Jour*.

champ la réponse[4] que je vous envoie; c'est de la ferveur que vous lui inspirez, car pour de l'ardeur, si elle en était capable, elle serait toute pour le Général; je le crois un peu amoureux. Je favorise sa flamme de tout mon pouvoir, c'est réellement un bien bon homme.

Tous vos cousins[5] sont arrivés, il me semble qu'il aurait été assez naturel que vous leur eussiez conseillé de me voir, surtout au secrétaire; ce seraient des occasions de vous faire tenir ce que je voudrais, mais je ne prétends pas m'ingérer à examiner et contrôler ce que vous faites, j'ai pour vous une foi implicite, et mon système vis-à-vis de vous est l'optimisme.

J'ai envoyé, comme je vous l'ai mandé, l'extrait de votre lettre[6] à la grand'maman; voici ce qu'elle m'a répondu:—

J'ai montré à M. de Choiseul, ma chère petite-fille, l'article de la lettre de M. Walpole, dont j'ai été sensiblement touchée par le véritable intérêt qui y règne. M. de Choiseul avait déjà montré à Richard[7] la traduction de la recette du remède,[8] par lequel l'oncle de M. Walpole avait été guéri; mais il avait dit que loin de convenir à M. de Choiseul il lui serait nuisible, 1°. parce que M. Walpole avait des pierres, et que M. de Choiseul n'a que du gravier; 2°. parce que c'était un remède dans le genre de celui de Mlle Stephens,[9] et encore plus fort, et que celui-là lui avait déjà fait du mal; cependant j'ai obtenu qu'en refusant le remède de l'oncle de M. Walpole on enverrait Richard causer avec le cousin[10] chez M. de la Borde. Tout cela, ma chère enfant, me cause bien du chagrin et de l'inquiétude, car je ne puis avoir de foi en Richard et je n'ose pas lui être incrédule, je sens que je suis mal, et je n'ose pas faire d'efforts pour me trouver mieux, parce que dans ce cas on est dans le doute sur tout.

4. Mme de Forcalquier to HW ? Aug. 1768.

5. The Hon. Robert Walpole (1736–1810) and the Hon. Thomas Walpole (1727–1803), sons of HW's uncle, Lord Walpole of Wolterton (see Bernard Burke, *Peerage*, 1928, pp. 1784–5). Robert Walpole was secretary of the English embassy at Paris, and later minister to Portugal; Thomas was a banker in Paris. Possibly Thomas Walpole jr, who was later in Paris with his father, was with them at this time.

6. Probably *ante* 5 Aug. or 12 Aug. 1768.

7. François-Marie Richard (1712–89), Baron de Haute-Sierck, physician to Louis XV and Louis XVI (*Lalanne;* Florimond-Claude-Charles, Comte de Mercy-Argenteau, *Correspondance*, 1874, ii. 188).

8. Apparently Dr Robert Whytt's *Essay on the virtues of Lime-Water in the cure of the stone*, with an appendix by HW's uncle, Lord Walpole of Wolterton (see *ante* 19 July and 23 July 1768). A MS criticism of this book, perhaps written by Dr Richard, was bequeathed by D to HW.

9. Joanna Stephens (d. 1774), who published a cure for the stone in 1739 (*Scots Magazine* xxxvi. 623, Nov. 1774). According to HW, Mrs Stephens' cure was prepared under the direction of Dr Jurin (HW to Mann 24 Dec. 1744, 14 Jan. 1745). See BM Cat.

10. Probably Robert or Thomas Walpole, sons of 'old Horace,' HW's uncle, whose cure of the stone was mentioned above.

La grand'maman vient dimanche à Paris avec son mari; je ne donnerai point à souper ce jour-là et je souperai chez eux dans le plus petit comité; je vous rendrai compte de ce qui s'y dira. Le lendemain lundi le mari partira pour Chanteloup avec sa sœur et toute sa troupe; ils ne reviendront que le samedi 3. La grand'maman ira à Chantilly, dont elle reviendra le lendemain [mardi][10a] après souper, et je compte la voir tous les jours de la semaine.

Je vous vois occupé pendant huit ou dix jours de votre petit poinçon.[11] Quand nous arrivera-t-il? On se prépare ici à le très bien recevoir, et à lui rendre tous les honneurs qu'il voudra admettre à son *incognito*. Il sera pour moi comme s'il était à Londres, je ne le connaîtrai que par récit, et je préférerai ceux de Londres à ceux de Paris. On me conta hier un trait du Chevalier de Montbarey qui me parut plaisant. Il y a un M. du Hautoy[12] qui a perdu un procès; il est condamné à payer douze ou treize cent mille francs: il s'en faut plus de cent mille écus que tout son bien monte à cette somme. On en parlait au jeu de Mesdames, elles le plaignaient extrêmement, et tout le monde, à l'envi, marquait y prendre un grand intérêt, entre autres une certaine femme qu'on appelle Mme Berchény,[13] qui est enthousiaste, exagérative, hardie, etc. Le Chevalier de Montbarey, qui était présent, dit d'un ton tranquille, qu'il espérait qu'il arriverait à M. du Hautoy ce qu'il avait vu arriver à plusieurs autres, à qui leur malheur avait causé leur fortune, par les grâces qu'on leur avait accordées, pour les dédommager de leur perte. Le lendemain, le Chevalier passant dans la galerie, fut abordé par cette dame de Berchény, qui lui dit d'un ton fier et arrogant: 'Apprenez, Monsieur le Chevalier, que vous ne fîtes et ne dîtes hier que des sottises.' Lui, sans s'émouvoir, avec un regard assez méprisant, lui dit: *Ah! Madame, il fait trop chaud pour faire des sottises; il m'arrive quelquefois d'en entendre, et vous me prenez sur le fait.*

Nous avons une oraison funèbre de la Reine, par M. de Pompignan, Évêque du Puy,[14] qui est le chef-d'œuvre de la platitude.

Je suis fâchée d'avoir commencé la cinquième page, parce que j'ai

---

10a. Added by HW.
11. Christian VII of Denmark. The allusion is to the *Contes de ma mère l'oie* (B).
12. Perhaps Charles, Comte du Hautoy.
13. Agnès-Victoire de Berthelot de Baye (b. 1741), m. (1757) Nicolas-François de

Berchény, and lady of honour to the daughters of Louis XV (Woelmont de Brumagne iv. 87).
14. The wits of Paris said that this funeral oration was composed *à la fraîcheur du Puits* (B).

regret à laisser du papier blanc, mais j'ai un projet que je voulais exécuter dès aujourd'hui, je n'ai pas pu m'y résoudre, ce sera pour une autre fois. Ce projet est de ne point répondre par la première poste d'après la lettre que je reçois, de remettre ma réponse à la seconde poste. Quand je réponds sur-le-champ à votre lettre tout est fini en un jour, et je n'ai plus rien à faire de la semaine; au lieu qu'en ne répondant que le dimanche à la lettre que je reçois le mardi, je puis écrire quelques lignes tous les jours qui sont entre le mercredi et le dimanche; je ne vous demande point si cet arrangement vous plaît, je sais combien tout vous est égal, et qu'il n'y a point de liberté que vous ne consentiez à donner pourvu que ce soit à charge de revanche.

Je pourrais remplir cette page de discussions sur nos théâtres, sur nos ouvrages dramatiques, etc., mais je m'en tirerais mal: tout ce que je sais, c'est que je trouve que Voltaire a raison et que vous n'avez pas tort, c'est-à-dire que je suis de votre avis sur l'exposition qu'il ne faut pas rendre trop claire, et sur l'unité de lieu dont il ne faut pas faire le plan; mais il faut se garder de croire que l'extrême licence soit nécessaire au génie, et doive l'augmenter: les règles sont des maîtres à danser qui perfectionnent la bonne grâce qu'on a reçue de la nature.[15]

Je lis de nouveaux *Mémoires* de Bussy qui m'amusent assez.

Voilà la liste des brochures[16] que je peux vous envoyer, marquez-moi celles que vous désirez.

'*Le Masque de fer; la Relation de la mort du Chevalier de la Barre; l'Expulsion des Jésuites de la Chine; la Profession de foi du Théiste;*[17] *Conseils à l'Abbé Bergier; Discours aux confédérés de Pologne.*'

Savez-vous que M. de Lauzun n'a point attendu M. Chauvelin à Toulon, et contre les ordres il s'est embarqué dans un bateau de pêcheur pour se rendre en Corse; c'est le 9 qu'il est parti, on n'avait point encore hier de ses nouvelles. Adieu.

Ce mercredi 24, à 3 heures.

On apprit hier que M. de Lauzun était arrivé en Corse.[18] Le hasard me fit rencontrer chez votre ambassadeur M. Thomas Walpole, il

---

15. See *ante* 12 Aug. 1768.

16. The first of these is by Saint-Foix; the rest are by Voltaire.

17. *La Profession de foi des théistes, par* —— *au R. D.*, addressed to the King of Prussia.

18. 'J'avais ordre de ne pas aller en Corse sans M. de Chauvelin que j'avais encore laissé à Paris. J'appris qu'il se tirait des coups de fusil, et je m'embarquai sur le chébec du roi, *le Singe*, pour passer à Saint-Florent. M. de Bomluer, com-

y arriva en même temps que moi; *cette rencontre, n'eût-elle que le son,*[19] me fut agréable, je lui fis des politesses, je me plaignis de ce que vous ne lui aviez pas conseillé de me voir; je le questionnai beaucoup sur la pierre de monsieur son père;[20] ces pierres n'ont point été fondues, on lui en trouva trois après sa mort; mais le remède avait fait cesser les douleurs en ôtant le pointu et le raboteux des pierres, mais il me dit que ce même remède avait tué monsieur votre père; je doute par ce qu'il me dit que M. de Choiseul se détermine à ce remède.

Ah! que je m'ennuyai hier au soir chez le Président! c'étaient cependant des gens que j'estime et que j'aime assez, mais qui ont la prétention de l'esprit sans en avoir un brin. Ces sortes de gens sont fatigants, fastidieux, insupportables. Je veux que l'on consente à n'être rien, quand la nature l'a ainsi ordonné; mais tout ce qu'on fait malgré ses ordres m'est odieux. J'ai passé une mauvaise nuit; depuis trois jours je ne me porte point bien, je suis ennuyée et encore plus ennuyeuse. Je vous trouve bien bon de conserver une telle correspondance, elle doit vous fatiguer et vous contraindre. Quel besoin en avez-vous? quel plaisir peut-elle vous faire? Croyez que je fais toutes les réflexions qui se peuvent faire; elles ne sont pas gaies; mais par qui apprendrons-nous la vérité, si ce n'est par nous-mêmes? Quand je trouve des gens qui m'ennuient, je me dis: je suis pour eux ce qu'ils sont pour moi; quand j'en rencontre qui me plaisent, j'imagine leur plaire aussi, et c'est en quoi souvent je me trompe. En quoi je ne me trompe pas dans ce moment-ci, c'est que j'ai mal aux entrailles, que j'ai de la fluxion dans la tête, que je n'ai point dormi.

Adieu, vous n'avez que faire de tout cela.

To MADAME DU DEFFAND, Friday 26 August 1768, N° 52

Missing. Probably written at Arlington Street.

mandant de la marine du roi, me fit donner ordre de débarquer. Je descendis à terre. Je ne mis que Madame Chardon dans ma confidence, et je passai le soir dans un bateau de pêcheur. M. de Chauvelin arriva trois semaines après moi, et me mit aux arrêts pendant quelques jours'

(Armand-Louis de Gontaut, Duc de Lauzun, *Mémoires*, 1858, pp. 84–5).

19. D means that the sound of Walpole's name made the visit agreeable.

20. Horatio (1678–1757), 1st Bn Walpole of Wolterton, author of the *Account* mentioned *ante* 19 July 1768, n. 10.

To Madame du Deffand, Monday
29 August 1768, N° 53

Missing. Probably written at Arlington Street. Answered, 11 Sept.

To Madame du Deffand, Saturday
10 September 1768, N° 54

Missing. According to *Paris Journals* this letter was 'from Wentworth Castle' (the Earl of Strafford's seat in Yorkshire). Answered, 18 Sept.

From Madame du Deffand, Sunday 11 September 1768

N° 53. Paris, ce dimanche 11 septembre 1768.

OÙ êtes-vous? Où allez-vous? Que devenez-vous? Cette lettre vous trouvera-t-elle arrivé à Strawberry Hill, vous y attendra-t-elle, ou bien à Londres? Aurez-vous suivi l'itinéraire projeté?[1] Ne vous aura-t-on point retenu? N'aurez-vous point été pris de la goutte? Lisez la fable des *Deux Pigeons*,[2] et faites-en l'application. Vous aurez bien des choses à dire; pour moi, qui suis le pigeon sédentaire, j'en ai bien peu à raconter. Quelques soupers avec la grand'maman depuis le retour de Compiègne, un avec son mari, que je trouvai assez froid. Pour la grand'maman, elle est toujours la même, elle n'est que ce qu'elle veut être; ainsi elle est toujours bien, toujours bonne, mais elle est toujours errante. D'ici à Fontainebleau, qui est pour le 6 d'octobre, elle ne sera pas trois jours de suite dans le même lieu. Des Choisy, des Bellevue, des Saint-Hubert[3] et des entrepôts à Paris, voilà son histoire. La mienne est de passer ma vie avec des gens aussi mal-heureux que moi, et peut-être pourrais-je dire plus, c'est le Président, son neveu, et sa nièce; l'amitié que j'ai pour l'oncle et la nièce me

1. See HW's *Journey to Weston, Ragley, Warwick Castle, Combe Abbey, Newnham Padox, Kenilworth, Guy's Cliff, Donning-ton, Kedleston, Matlocke, Wentworth Castle, etc. Sept. 2d 1768*, in *Country Seats* 62.

2. La Fontaine, *Fables* ix. 2.
3. Different residences of the King of France, to which, as wife of the first min-ister, the Duchesse de Choiseul was obliged to follow the court (B).

fait jouer un fort beau rôle, mais beaucoup plus triste que le comique larmoyant; le récit ne vous intéresserait guère.

Je fus hier à la Comédie, on jouait *Alzire:*[4] je ne trouve point que
ce soit une bonne pièce; il me semble que rien n'y est amalgamé; ce
sont différents caractères qu'on a voulu peindre, mais qui ne jouent
point bien ensemble. Il y a les plus belles tirades du monde; chaque
personnage y fait de très belles réflexions, de très belles définitions,
dont celui qui les écoute n'a que faire. Le seul rôle d'Alvarès me paraît bon; aucun des autres ne me plaît, et puis cela est rendu à faire
horreur. On a bien de la peine à avoir du plaisir, mais je ne le
cherche plus, j'y ai renoncé, *c'est vainement qu'il se cache.* Si je fais
autant de progrès tous les ans que j'en ai fait cette dernière année, la
mort sera bien peu de chose pour moi; il y aura bien peu de différence entre elle et la vie.

Nous attendons le petit Poinçon[5] au commencement du mois prochain. Je suis bien trompée s'il n'y aura pas beaucoup de tracasseries
à l'occasion de la conduite des Princes avec lui.

J'ai vu vos deux cousins, mais si peu que je n'ai rien à vous en
dire; j'ai rencontré M. Thomas; le secrétaire[6] est venu deux fois chez
moi; la première avec l'ambassadeur qui me l'amena, j'allais me mettre à ma toilette, il dut être surpris de ma parure, je le priai à souper
pour le dimanche suivant, il était malade, il ne put y venir. Quelques
jours après il me rendit une seconde visite, j'étais obligée de sortir,
je ne fus qu'un demi quart d'heure avec lui; voilà où en est ma connaissance; vous voyez que je n'ai pas été à portée de leur trop parler
de vous; j'ignore quels sont vos motifs pour m'imposer silence; tels
qu'ils puissent être, vous serez obéi.

Je n'entends plus parler de Voltaire, et je n'en suis point fâchée;
il faut que j'aime infiniment les gens pour avoir du plaisir à leur
écrire; il faut pouvoir dire ce qu'on fait ou ce qu'on pense: en qui
peut-on avoir cette confiance? Elle est souvent dangereuse pour ceux
qui l'ont, et encore plus souvent ennuyeuse pour ceux pour qui on
l'a. Il n'y aurait que deux plaisirs pour moi dans ce monde, la société
et la lecture. Quelle société trouve-t-on? Des imbéciles qui ne débitent que des lieux communs, qui ne savent rien, qui ne sentent rien,
qui ne pensent rien; quelques gens d'esprit pleins d'eux-mêmes, jaloux, envieux, méchants, qu'il faut haïr ou mépriser. Enfin, enfin,

4. Comedy by Voltaire.   6. Robert Walpole.
5. Le Roi de Danemark (HW).

tout ce qui est, est bien; c'est un bonheur de n'avoir rien à regretter; il vaut mieux avoir vécu que d'avoir à vivre. Vous pensez peut-être que j'ai des vapeurs, que je suis bien triste? *Oh! point du tout;* moins que vous ne me l'avez vue; mais c'est assez parler de moi, je vous en demande pardon. Mais de quoi remplirais-je mes lettres? Serait-ce de vous? Qu'est-ce que j'en sais? Qu'est-ce que vous m'en dites? que vous voyagez; que vous avez vu le petit Poinçon; que vous ne vous souciez plus de le revoir. Je pourrais vous parler de la belle Comtesse, de la grosse Duchesse, des importantes Maréchales, des Idoles, etc., etc.; mais qu'est-ce que tout cela vous ferait? Y prenez-vous quelque intérêt? *Oh! point du tout.*

J'ai chargé l'ambassadeur d'un paquet pour vous, contenant cinq petites brochures, dont aucune ne vous fera plaisir. Je ne sais plus que lire, tout m'ennuie, excepté le huitième tome des *Lettres de Mme de Sévigné*,[7] où il y en a de Mme de la Fayette, de M. et de Mme de Coulanges:[8] elles m'ont fait plaisir, mais elles m'ont dégoûtée d'écrire.

Adieu; je ne sais pas quand j'aurai de vos lettres, celles-là me font encore plus de plaisir que celles dont je viens de vous parler. Milord Pembroke est ici, il part bientôt pour aller courre le monde, il m'a dit que sa femme passerait l'hiver à Paris, cela me fait, en vérité, je crois, rien du tout.

From Madame du Deffand, ca Sunday 18 September 1768

N° 54. Ce dimanche 17[a] septembre.

PAR toutes sortes de raisons, combinaisons, et calculs, je n'attendais de vos nouvelles que d'aujourd'hui en huit, c'est-à-dire le dimanche 25. Ma surprise a été grande, et ma joie aurait été de

---

7. *Recueil de lettres de diverses personnes amies de Mme de Sévigné,* the eighth volume of the edition of Mme de Sévigné's letters published in 1754; this volume was apparently a reprint of the *Recueil des lettres choisies pour servir de suite aux lettres de Mme de Sévigné à Mme de Grignan, sa fille,* Paris, 1751; it was added to the 1754 edition in the edition published at Amsterdam in 1756 (Mme de Sévigné, *Lettres* xi. 446).

8. Philippe-Emmanuel (1631–1716), Marquis de Coulanges, cousin of Mme de Sévigné, m. (1659) Marie-Angélique du Gué Bagnolles (1641–1723) (Louis du Rouvroy, Duc de St-Simon, *Mémoires,* 1879–1928, xx. 11).

---

a. A mistake. Sunday was 18 September.

même, sans la tristesse où vous êtes, et que j'avais bien jugé devoir être; mais vous deviez vous attendre aux deux pertes que vous avez faites, ces deux Miladis étaient vos mères.[1] Quand on forme de tels attachements on doit prévoir quelle en sera la fin. Vous êtes si raisonnable qu'on ne peut vous rien dire que vous ne vous disiez vous-même. Soyez sûr que je partage votre chagrin, je le crois très sincère, vous êtes incapable d'affectation et d'exagération, on peut toujours vous croire au pied de la lettre. Milady Hervey m'intéresse aujourd'hui plus qu'elle ne faisait. Le petit présent qu'elle vous fait[2] prouve son affection, et toute personne capable d'en avoir est infiniment regrettable, il est infiniment rare d'en rencontrer. Je regrette cependant encore plus la Milady Suffolk, elle vous était de grande ressource à votre campagne, et cette perte est irréparable. Suivant votre lettre,[3] j'aurai de vos nouvelles d'aujourd'hui en huit, et j'espère que la date sera de Londres ou de Strawberry Hill. Je vous crois arrivé à l'un ou à l'autre, et j'en suis bien aise; ce surcroît d'absence m'ennuyait beaucoup.

Je viens de recevoir une lettre du petit Craufurd, il compte passer l'hiver à Naples, et être à Paris vers le milieu d'octobre, y séjourner huit jours, mais je ne fais pas un grand fond sur tout ce qu'il dit.

J'ai ce soir à souper la grand'maman, je n'ai pu déranger mon dimanche, et elle veut bien avoir la complaisance d'y venir. Le Président passera aussi la soirée chez moi. J'aurais bien des choses à vous conter, mais mille raisons m'en empêchent, la plus forte c'est que tout cela ne vous ferait rien, et la plus pressante, c'est que je vais aujourd'hui à la Comédie; il est trois heures passées, il faut que je me lève. Adieu, jusqu'à dimanche 25, ou bien jusqu'à mercredi 21 si je reçois de vos lettres. Je suis bien aise que vous vous portiez bien.

To MADAME DU DEFFAND, Monday 19 September 1768

Missing. Marked 'billet' in *Paris Journals*. Probably written at Arlington Street on HW's arrival there after the tour of the provinces mentioned *ante* 11 Sept. 1768, n. 1; he spent one night in town before going to Strawberry Hill (see HW to Thomas Warton 20 Sept. and to Mann 22 Sept. 1768). Answered, 27 Sept.

1. Lady Suffolk died July 1767 aged 86, and Lady Hervey died 2 Sept. 1768 aged 68.

2. Not identified.

3. HW to D 10 Sept. 1768 (missing).

To Madame du Deffand, Thursday
22 September 1768, N° 55

Fragment, B i. 264 n. Written at Strawberry Hill. Answered, 28 Sept.

MAIS de quoi je ne suis pas aussi satisfait, c'est que le huitième tome (de Mme de Sévigné)[1] vous dégoûte d'écrire. Je ne trouve rien de plus médiocre que ce tome-là, excepté une lettre du Cardinal de Retz,[2] et une admirable de Mme de Grignan à Pauline;[3] tout le reste me paraît d'une platitude extrême. Mme de la Fayette est sèche, Mme de Coulanges indifférente, et son mari un gourmand, et bouffon médiocre. Ah! que c'était bien ma sainte qui dorait tout ces gens-là. Mais elle, elle-même ne doit pas vous décourager. Votre style est à vous comme le sien à elle. Si vous essayiez à l'imiter, vous perdriez les grâces d'originalité, et peut-être n'y réussiriez-vous pas. Enfin je vous prie d'être contente de vos lettres; je le suis infiniment.

From Madame du Deffand, Tuesday
27 September 1768

N° 55. Ce mardi 27 septembre 1768.

LE ciel ne favorise pas notre correspondance; il survient des circonstances *de toutes sortes* qui souvent la dérangent. Vous avez été trois jours de plus à vos courses que vous n'aviez prévu; je vous avais écrit le jour qu'il fallait pour que vous reçussiez ma lettre[1] à votre retour, que je croyais devoir être le 15. Qu'est donc devenue cette lettre? Vous ne l'avez point trouvée à Londres, elle aura peut-être été portée à Strawberry Hill. Vous aurez du moins reçu ma réponse[2] à votre lettre de chez Milord Strafford?[3] Quoiqu'il en soit, vous voilà chez vous et tout va rentrer dans l'ordre accoutumé.

1. See *ante* 11 Sept. 1768. The parenthesis was probably a note by HW or B.
2. Apparently the letter from Jean-François-Paul de Gondi (1614–79), Cardinal de Retz, to Mme de Sévigné, 20 Dec. 1668 (Mme de Sévigné, *Lettres* i. 536).
3. Apparently the letter of 4 Jan. 1697 (ibid. x. 425). Pauline was Françoise-Pauline d'Adhémar de Monteil de Grignan (1674–1737), m. (1695) Louis de Si-

miane du Claret, Marquis de Truchenu et d'Esparron; she was Mme de Grignan's daughter.

———

1. *Ante* 11 Sept. 1768.
2. *Ante* 17 Sept. 1768.
3. HW to D 10 Sept. 1768 (missing), written while he was visiting Wm Wentworth (1722–91), 2d E. of Strafford.

Vous vous vantez de vous fort bien porter, et cependant je n'en crois rien; j'ai le pressentiment que vous n'avez prolongé votre séjour chez Milord Strafford, ou ailleurs, que parce que vous ne vous portiez pas bien. Malgré tous vos beaux raisonnements sur l'amitié, je suis persuadée que vous n'êtes pas exempt de cette faiblesse; il est fâcheux que ce soit par les regrets que vous cause la perte de vos amies que l'on ait connaissance de votre sensibilité; je crains que la mort de Milady Hervey ne vous ait fait trop d'impression. La grand' maman, qui vous aime véritablement, en a de l'inquiétude aussi bien que moi, elle ne cesse de me recommander de vous le dire; il me semble que vous regrettez encore plus Milady Hervey que Milady Suffolk; celle-ci cependant, à ce que je crois, était plus aimable et vous était plus nécessaire; je vous plains beaucoup d'avoir perdu l'une et l'autre. Rien ne se remplace, on ne saurait vivre seul; vous avez quitté les affaires, les amis qui vous restent sont bien partagés; enfin je vous plains peut-être plus que je ne dois, mais je ne juge que par moi-même, je n'ai pas d'autres manières de juger. Parlons d'autres choses.

J'aurais dû recevoir dimanche votre petit billet du 19, je ne l'ai eu qu'hier; si vous m'avez tenu parole j'aurai demain une lettre et j'ajouterai ma réponse à celle-ci.

Vous devriez écrire un petit mot à Mme d'Aiguillon,[4] elle en serait flattée, et il me semble que vous lui devez cette marque d'attention. Elle est affligée[5] à sa manière, elle se donne pour votre amie, et si vous devez revenir jamais ici, il vous conviendra de vivre avec elle. Mme de Forcalquier m'a chargée de vous dire qu'elle ne vous écrivait pas parce qu'elle ne veut pas entretenir votre douleur, mais qu'elle la partageait très sincèrement. Je suis très contente de ces deux dames, cela doit vous faire juger de ce qu'elles pensent pour vous. Mais de qui je suis parfaitement contente, c'est de la grand' maman; depuis dix ou douze jours j'ai presque passé toutes les soirées chez elle, c'est une femme adorable; je lui menai hier au soir le bon Éléazar, dont elle a été fort contente,[5a] il a une simplicité et une bonhommie qui le fait aimer; il fut de très bonne conversation; je crois que si vous le connaissiez particulièrement vous l'aimeriez; je veux le

---

4. HW had already written to Mme d'
Aiguillon, 22 Sept. 1768 (missing).
5. Lady Hervey had been her friend.

5a. The following clause is omitted in
Toynbee.

remarier, c'est avec une femme que vous avez pu voir chez Mme d'Aiguillon, Mme Boucault;[6] si elle y voulait consentir, ce serait une affaire faite.

Votre petit cousin le secrétaire[7] est aimable, je lui crois de l'esprit, il entend promptement, je lui crois le tact fin, il a de la gaîté, et il plaira à tous ceux qui ne jugent pas sur la première écorce; je l'ai très peu vu, de trois fois que je l'ai prié chez moi il n'est venu qu'une, ce fut hier à dîner; il a assez de vos manières, il marche comme vous,[8] il y en a même qui lui trouvent de votre air. Le Président l'a prié à souper pour vendredi, Mme de Luxembourg y sera, il pourra bien ne pas réussir auprès d'elle; il doit m'amener ces jours-ci M. Thomas, à qui je remettrai la veste de Mme de Jonzac. L'ambassadeur ne voulut pas s'en charger; le secrétaire m'a dit que M. Thomas était un excellent contrebandier, et qu'il saurait bien la faire passer; il est peut-être imprudent de vous mander cela par la poste.

Adieu, en voilà assez pour aujourd'hui; si je reçois une lettre demain j'y répondrai, si je n'en reçois pas tout sera dit.

Ce mercredi, à 3 heures après midi.

Le facteur est le bienvenu; il m'apporte une lettre[9] de quatre pages; n'allez pas conclure de là que je veux vous engager à m'en écrire toujours d'aussi longues; j'ai renoncé, abjuré, abdiqué toutes prétentions.

Votre chute m'a bien effrayée, mais je vous crois et veux croire que vous n'avez pas plus de mal que vous n'en dites. Quand vous avez cacheté vos lettres, vous oubliez totalement ce qu'elles contiennent. Les recommandations que vous m'avez faites sur vos cousins sont si vives, si pressantes, que toute autre que moi, et certainement vous-même, aurait pensé qu'elles tenaient à quelque chose de plus que ce que vous me dites. Il y a si longtemps que je ne parle plus de vous, et j'ai si fort l'intention et la volonté de m'abstenir d'y penser, que je suis toute surprise quand je vous vois encore des craintes et des terreurs. Ce qui remplit ma tête présentement c'est la rapidité du temps, le peu qu'il m'en reste; ces pensées produisent nécessairement le détachement de toutes choses, et pour peu qu'il se joigne à cette

6. HW had met her at Mme d'Aiguillon's country house at Rueil, 16 Sept. 1767 (*Paris Jour.*).

7. Robert Walpole.

8. HW was said to walk like a dabchick (see HW to Lady Ossory 18 Aug. 1775).

9. *Ante* 22 Sept. 1768.

disposition des choses qui concourent à l'augmenter, on est parfaitement guérie des *effusions*.

Vous aurez appris tous nos changements dans le ministère, mais
vous êtes apparemment aussi indifférent sur ces sortes de nouvelles,
que vous supposez que je le suis. Jamais vous ne me parlez de ce qui
se passe chez vous, et je m'applique à suivre vos exemples. Nos goûts
ne sont pas les mêmes en fait d'ouvrages; vous aimez Crébillon et je
le déteste; des lettres du huitième tome[10] vous n'aimez que celles de
Mme de Grignan, vous détestez celles de Mme de la Fayette, et moi
j'aime celles de Mme de la Fayette; elle ne pense point à bien dire,
elle n'a point de plaisanterie de coterie, c'est une femme d'esprit,
d'assez mauvaise humeur, qui n'était point aimable, mais qui n'était
point caillette; elle était triste ainsi que moi, je ne l'aurais peut-être
pas aimée, mais j'aurais bien moins aimé Mme de Coulanges, mais ce
que j'aime encore bien moins, c'est moi-même.

Il faut pourtant vous apprendre de nos nouvelles, on nous a
donné hier un nouveau contrôleur général, c'est un nommé M. d'Invault,[11] conseiller d'État, qui a cinquante ans, fort peu connu et qui,
dit-on, va faire de grandes révolutions dans les finances, suivre un
nouveau système.

M. de Grave est de retour d'hier, il n'a point rapporté les lettres de
Mme de Sévigné,[12] il prétend qu'il les aura après la mort de la sœur
aînée, qui a quatre-vingt-deux ou quatre-vingt-trois ans.

Vous aurez le temps de me mander si je dois confier votre veste à
M. Thomas, il ne partira pas avant 15 jours. Adieu.

P.S.—Je viens de relire votre lettre, j'y réponds mal, j'en conviens,
mon style tient un peu de celui de Mme de la Fayette; mais je n'ai
été frappée d'abord que de l'espèce de reproche que vous me faites
de chercher le plaisir, au risque des peines qui en sont souvent la
suite; je veux, dites-vous, qu'on m'intéresse, et vous ne voulez point,
dites-vous, vous intéresser; ce sont toujours de nouveaux sermons sur
l'indifférence; prêchez-la sans cesse puisque cela vous amuse, elle est
pour vous la source du bonheur et pour moi celle de l'ennui.

10. i.e. of Mme de Sévigné's correspondence.

11. Étienne Maynon d'Invault (1721–
1801) (Emmanuel, Duc de Croÿ, *Journal*
1906–7, i. 398; Marie-Sylvie, Princesse de
Beauvau, *Souvenirs*, 1872, p. 158).

12. The letters in the possession of the
Mademoiselles Girard of Montpellier (see
ante 25 May 1768).

To Madame du Deffand, Friday
30 September 1768, N° 56

Fragment, '*Je cultive mon jardin,*' quoted by D in her reply, 5 Oct. 1768. Probably written at Strawberry Hill.

To Madame du Deffand, Tuesday
4 October 1768, N° 57

Missing. *Post* 16 Oct. 1768 gives this date, but *Paris Journals* give 7 October. Probably written at Strawberry Hill.

From Madame du Deffand, Wednesday 5 October 1768

N° 56. Paris, ce mercredi 5 octobre 1768.

PERSONNE ne rend mieux ce qu'il pense que vous; tout ce que vous dites a le caractère de la vérité; aussi n'êtes-vous jamais ni fade ni languissant; mais vous êtes changeant, une espèce de Protée, tantôt fontaine, tantôt volcan, oiseau, poisson, singe, ours, etc., etc.; mais qu'on patiente, et l'on vous retrouve sous votre véritable forme. Il m'arrive quelquefois de penser à vous, et de chercher ce que vous pensez de moi: un peu de bien, un peu plus de mal, et puis je dis: Mais c'est qu'il n'y pense jamais qu'au moment qu'il m'écrit, et même dans ce moment il n'y pense guère; la plupart de ses lettres pourraient être adressées aussi bien à d'autres qu'à moi. Il n'y a que l'intention qu'il a de m'écrire qui me les rende personnelles; et cette intention est une gêne et une contrainte que la bonté de son cœur lui impose. Il croit me devoir de la reconnaissance, et ses lettres sont la monnaie avec laquelle il s'acquitte; cette monnaie n'est point fausse, elle est pour moi de grande valeur; mais c'est de la monnaie dont j'aimerais mieux la grosse pièce.

Vos regrets de Milady Hervey et de Milady Suffolk me touchent sensiblement; je sais ce que c'est que la perte des amis, c'en est [en] même temps une grande que de perdre ses connaissances; mais vous avez des goûts, des talents, du courage, de la fermeté, rien ne vous est absolument nécessaire. Rien, c'est trop dire; mais vous n'êtes pas menacé de perdre ce que vous aimez le mieux.

Le petit cousin[1] que vous avez ici est fort aimable; s'il vivait avec vous, il acquerrait bientôt ce qui peut lui manquer; il a certainement de l'esprit, il est naturel, il a de la grâce, mais il manque d'usage du monde; je me suis un peu établie sa gouvernante, il me plaît et je voudrais qu'il plût autant aux autres; cela viendra, mais vous savez qu'ici nous jugeons ordinairement sur l'écorce.

Je ne sais point encore comment le grand-papa et la grand'maman l'auront trouvé, je sais seulement par lui que la grand'maman lui parla hier de vous et qu'elle lui fit beaucoup de politesses. Le bon Éléazar est parfaitement bien avec elle; il a soupé deux fois dans notre petit comité et a parfaitement bien réussi. Ce bon Général est parti aujourd'hui avec M. de Chabrillan[2] et sa sœur Mme Boucault pour Véret, campagne de M. d'Aiguillon; ils y doivent être douze ou quinze jours, nous verrons ce que produira ce voyage, et s'il s'ensuivra des noces.

Ah! vraiment, ce que vous me mandez de Voltaire ne me surprend pas; je pourrais vous raconter un manège de lui avec le Président, qui vous confirmerait bien dans l'opinion que vous en avez, mais cela serait trop long et ne vous amuserait pas à proportion de la fatigue que cela me donnerait; je me crois très mal avec lui, et qu'il est fort mécontent de la grand'maman. Vous avez évité un grand piège en terminant votre correspondance. Il voudrait engager le Président à répondre à un écrit où l'on attaque sa *Chronologie;*[3] il lui offre d'être son champion en lui prêtant sa plume; il croit avoir terrassé la religion, il cherche une nouvelle guerre; il aurait voulu vous amener par ses douceurs à vous jeter dans ses griffes; mais vous n'avez pas été le souriceau. Comme vous lisez La Fontaine, cela n'a pas besoin d'explication.[4]

Votre cousin me dit l'autre jour l'application qu'on avait faite d'une de ses fables[5] au petit Roi Poinçon visitant les universités, les bibliothèques; c'est celle où le singe passe dans un cercle sans toucher les bords; je ne me ressouviens plus du titre, je ne saurais me donner la peine de le chercher.

J'espère que vous me donnerez des nouvelles des couches de Rosette.

1. Apparently Robert Walpole (*ante* 27 Sept. 1768).

2. Jacques-Aimar-Henri de Moreton, Comte de Chabrillan.

3. La Beaumelle's *Examen de la nouvelle histoire de Henri IV, de M. de Bury, par le* Marquis de B—— (see *ante* 26 June 1768 and *post* 13 Nov. 1768).

4. See La Fontaine, *Fables* vi. 5, *Le Cochet, le chat, et le souriceau.*

5. *Le Singe et le léopard,* ibid. ix. 3.

Savez-vous bien que vous pourriez me faire un grand plaisir si vous vouliez? ce serait un jour que vous seriez à Strawberry Hill, que vous vous seriez promené longtemps seul, que vous n'auriez rien à faire en rentrant, de vous mettre à votre écritoire et de faire de vous un portrait avec votre vérité ordinaire, sans modestie pour vos bonnes qualités, sans honte pour vos défauts, et vous dire en l'écrivant 'je veux que ma petite me connaisse, et qu'elle sache quel est l'homme dont elle a eu la fantaisie de faire son meilleur ami.' Je me souviens d'un soir que vous étiez auprès de mon tonneau où vous vous depeignîtes; je ne me rappelle point assez bien tout ce que vous me dîtes, je me souviens seulement que cela me fit une impression fort vive; le temps et le défaut de mémoire l'ont effacée, il est bon de la renouveler surtout si. . . . Adieu.

J'oubliais de vous prier à souper pour après demain vendredi avec la grand'maman qui partira le lendemain pour Fontainebleau. Est-ce que vous bâtissez actuellement le pavillon[6] que vous ne deviez bâtir que l'année prochaine? Pourquoi avez-vous souligné, *je cultive mon jardin?*[7] Pourquoi ne me parlez-vous plus de vos affaires?

To MADAME DU DEFFAND, Monday
10 October 1768, N° 58

Missing. Written at Strawberry Hill. Answered, 16 Oct.

From MADAME DU DEFFAND, Wednesday
12 October 1768

Address: To Monsieur Monsieur Horace Walpole in Arlington Street near St James's *London* Angleterre.
Postmark: OC 17

N° 57. Paris, ce mercredi 12 octobre 1768.

LE courrier de dimanche a manqué, cela ne m'a rien fait; celui d'aujourd'hui est arrivé, il ne m'apporte rien, cela me fait beaucoup. Si je pouvais par d'autres apprendre de vos nouvelles, et que je

6. Robert Adam made four designs (now WSL) for a cottage at Strawberry Hill which he dated 1766, 1768 (*A Catalogue of the Collection of Scarce Prints Removed from Strawberry Hill* . . . 1842, N° 1248). HW rejected them for a design largely the work of John Chute, which is pasted into HW's extra-illustrated 'Description of SH,' 1784, now WSL. Chute's cottage was built in 1769 (see HW's *Strawberry Hill Ac-*

counts, 1927, pp. 11, 131, where Toynbee confuses the cottage newly acquired by Franklin's death in 1765 with this cottage built on its site, or remodelled from it, in 1769).

7. HW was paraphrasing Voltaire's phrase, 'Il faut cultiver notre jardin' (*Candide,* Ch. xxx), and possibly meant that, alone once more at Strawberry Hill, he was taking stock of himself.

susse que vous vous portez bien, cette incertitude ne me ferait rien du tout, mais je n'aime pas être inquiète de votre santé; je sais que vous craignez de m'inquiéter, et c'est ce qui augmente mon inquiétude, parce que si vous étiez malade[1] vous ne me le feriez pas savoir. Oh! que cela impatiente, et que je donnerais le peu de jours qui me restent à bon marché! je n'ai pas assez de force pour supporter le chagrin. J'avais aujourd'hui de quoi vous écrire un volume, il m'est impossible de vous dire une parole jusqu'à ce que j'aie de vos nouvelles.

To Madame du Deffand, Friday 14 October 1768, N° 59

Missing. Probably written at Strawberry Hill. Answered, 18 Oct.

From Madame du Deffand, Sunday 16 October 1768

Address: N° 58. To Monsieur Monsieur Horace Walpole in Arlington Street near St. James's *London* Angleterre.
Postmark: OC 21

> Paris, ce dimanche 16 octobre, à 2 heures
> après midi.

VOILÀ que vous êtes malade, je l'avais prévu, et j'étais aujourd'hui dans la plus grande crainte de ne point recevoir de vos nouvelles. Je reçois dans cet instant deux lettres, l'une du 4 et l'autre du 10.

Je commence par vous remercier de votre extrême bonté, et par vous prier si cela ne vous est pas trop pénible de vouloir bien la continuer. Je suis, je vous l'avoue, très inquiète de vous savoir seul,[1] éloigné de tout secours; le souvenir de votre maladie, je pourrais dire de l'extrémité où vous fûtes, il y a trois ans, tout cela, je l'avoue, me tourne la tête. Vos lettres sont fort gaies, et sembleraient devoir rassurer, mais je connais vos attentions et vos intentions, ainsi en vérité je ne saurais être tranquille; c'est une extraordinaire fatalité pour moi de vous avoir connu; enfin il n'arrive rien qui ne dût arriver, je ne vous reverrai peut-être jamais. Je ne crois pas qu'il y ait sous le

1. HW had the gout at this time.   1. HW was at Strawberry Hill.

ciel personne d'aussi malheureuse que moi; j'attendrai la lettre que vous m'annoncez pour mercredi pour vous parler de choses indifférentes, aujourd'hui cela m'est impossible. Je vous dirai seulement que je suis d'accord avec vous sur tout ce que vous dites sur les amis anciens et nouveaux; vous voulez bien m'excepter, en vérité, en vérité, vous avez raison. Mais pourquoi écrivant à Mme d'Aiguillon[2] lui donnez-vous l'espérance de vous revoir, et que vous ne m'en dites jamais un mot? je me fais un effort extrême en ne vous en parlant pas. Ne devez-vous pas le deviner et répondre à ma pensée? Mais il n'est pas question de cela aujourd'hui, vous êtes malade. Dans quel état serez-vous quand vous recevrez ma lettre? Ah! je suis trop faible pour soutenir l'inquiétude et le chagrin!

To Madame du Deffand, Monday 17 October 1768, N° 60

Missing. Probably written at Strawberry Hill. Answered, 23 Oct.

From Madame du Deffand, Tuesday 18 October 1768

N° 59. Ce mardi 18 octobre 1768.

LE courrier que je n'attendais que demain arrive aujourd'hui. Quelle nouvelle il m'apporte! Ah! mon Dieu, je m'y attendais. Je mets toujours les choses au pis, et rarement je suis trompée. Dans quel état serez-vous quand vous recevrez cette lettre? La tête me tourne. Si je pouvais faire ma volonté sans vous causer d'indignation je partirais sur-le champ, et je n'ose pas seulement faire partir Wiart. Quel abus que cette contrainte, et pourquoi vit-on, et pour qui doit-on vivre, si ce n'est pour soi et pour ce qu'on aime? Ne vous fâchez pas contre moi, je ne ferai ni ne dirai rien qui puisse vous inquiéter et vous troubler. Mais comment puis-je soutenir cette inquiétude? Est-il possible qu'ayant vingt ans de plus que vous je sois exposée à craindre de vous perdre? C'était le seul malheur de notre liaison dont je me croyais à l'abri. N'en était-ce pas d'assez grand qu'une absence presque éternelle? J'ai écrit au petit Craufurd[1] de

2. HW to Mme d'Aiguillon 22 Sept. 1768   1. Missing.
(missing).

vous aller trouver, mais il ne recevra ma lettre que vendredi 21. Le plus tôt que j'aurai de vos nouvelles ce sera samedi ou dimanche; ma lettre ne partira que jeudi. Que faire? Que penser? Que devenir? Mme de Montrevel,[2] qui n'a que trente et un ans, est à l'agonie, j'envie son sort.

Ce mercredi.

Ah! qu'il y a loin d'ici à dimanche! Si ce jour-là j'allais ne point recevoir de lettre ou qu'elle ne fût pas de votre écriture. . . . Il faut chasser cette idée; mais comment s'en défendre? Certainement vous craignez de m'inquiéter. Je me suis fait relire vos lettres du mois de septembre 1766.[3] Vous étiez à la mort, et vous m'écriviez des lettres assez longues et fort gaies. Vous étiez à Londres environné de vos connaissances, de vos amis; je ne dis pas de médecins, ils font souvent plus de mal que de bien, cependant ils sont quelquefois utiles; aujourd'hui vous êtes dans votre petit château tout seul, n'ayant que trois ou quatre domestiques dont je n'ai nulle connaissance. Sont-ils entendus? Sont-ils attachés?[4] Vous êtes dans les plus grandes souffrances, vous ne pouvez pas vous remuer. Par une attention pleine d'amitié vous voulez m'écrire vous-même, et vous ne pouvez m'écrire que quatre lignes, je ne puis chasser ces considérations ni m'empêcher de vous les communiquer; je sens bien qu'elles vous seront importunes. Si vous êtes aussi malade elles vous fatigueront, si vous êtes guéri vous les trouverez ridicules; mais cependant passez-les-moi. Le plus grand inconvénient c'est qu'elles arriveront trop tard. Pourquoi ne pas avertir vos amis? Pourquoi prendre la peine de m'écrire vous-même, n'avez-vous aucun domestique qui sache écrire, ne savez-vous pas que Wiart traduit fort bien? Mon premier mouvement si la lettre n'est pas de votre écriture sera d'être troublée, mais quand vous m'apprendrez que c'est pour vous éviter de la fatigue je serai rassurée et contente. Ah! je fais de beaux projets pour l'avenir; si vous vous tirez heureusement de cette maladie vous serez bien content de moi, je vous assure. Tous les événements de la vie (m'avez-vous écrit il y a quelques jours) sont les vrais sermons; rien n'est plus véritable. Recouvrez votre santé et puis faites tout ce qu'il vous plaira. Il me semble dans ce moment-ci que je renoncerais pour tou-

---

2. Mme de Montrevel d. 18 Oct. 1768 (*Rép. de la Gazette*).

3. During HW's attack of that year.

4. They were (see Laetitia M. Hawkins, *Anecdotes*, 1822, i. 97).

jours à vous revoir pourvu que vous vous portassiez bien. Adieu, jusqu'à ce fatal dimanche que je crains et que je désire.

Mme de Montrevel est morte. La pauvre demoiselle Sanadon est au désespoir; c'était son amie intime.

Ne vous mettez point en colère de ce que j'ai prié le petit Craufurd de vous aller voir, pardonnez-moi cette indiscrétion, si c'en est une, passez-moi cette faiblesse, et mettez-vous à ma place. Je suis bien sûre que si votre meilleur ami était sérieusement malade, éloigné de vous, vous en feriez autant.

From Madame du Deffand, Sunday 23 October 1768

Address: To Monsieur Monsieur Horace Walpole in Arlington Street near St James's *London Angleterre.*

Nº 60. Paris, ce 23 octobre 1768.

VOUS ne me paraissez point absolument guéri, et je ne suis point encore sans inquiétudes; je me flatte, malgré la sévérité ou l'ironie de votre lettre,[1] que vous me donnerez de vos nouvelles s'il vous survient quelque accident. Vous aurez vu par mes dernières que ce qui augmentait mon inquiétude était de vous savoir seul, éloigné de toute espèce de secours. Remplie de cette idée j'écrivis au petit Craufurd de vous aller voir. Cela vous paraîtra un crime irré-missible, et je m'attends aux plus piquantes railleries. Mais pour le coup j'espère que ce seront les dernières, et j'étudierai mes phrases à l'avenir, de sorte qu'il n'y en aura pas une semblable à celles que je mettrais dans mes lettres à la grand'maman, à l'Abbé Barthélemy, à Pont-de-Veyle, etc., etc. La phrase que vous avez pris la peine de transcrire, et qui vous a tant choqué, j'aurais pu la leur écrire sans qu'ils y eussent pris garde. Je vous ai demandé votre portrait, je vous l'avoue. Ah! c'est un furieux tort! Si on ouvre nos lettres à tous les bureaux comme vous dites, il est bien gracieux pour moi que l'on connaisse la façon dont vous me traitez. Faites votre almanach, je vous y exhorte, mais songez que nous sommes au commencement de l'hiver, ainsi n'y annoncez que de la gelée. Je n'ai point la goutte, mais si je l'avais vos lettres seraient des bottines plus efficaces que les vôtres. Adieu.

1. HW to D 17 Oct. 1768 (missing).

To MADAME DU DEFFAND, Monday
24 October 1768, N° 61

Missing. Written at Strawberry Hill. Answered, 30 Oct.

From MADAME DU DEFFAND, Sunday 30 October 1768

One sentence was omitted in Toynbee.

N° 61. Paris, ce dimanche 30 octobre 1768.

AH! je suis bien éloignée de vous croire guéri, et je vous tiens encore plus malade de l'esprit que du corps; mes lettres sont pour vous ce que sont les pâtés de Périgueux[1] que M. Wilkes reçoit dans sa prison; il les trouve remplis de poisons, et s'il y en a, en effet, c'est celui qu'il y met. Nous avons un dicton ici qui dit: 'Quand Dagobert voulait noyer ses chiens, il disait qu'ils étaient enragés.'[1a] Pour moi, je crois que vous l'étiez un peu quand vous avez écrit cette charmante lettre que je reçois. La belle comparaison que vous faites d'une phrase de ma lettre,[2] dans laquelle je dis que *craignant de vous perdre, je regarde comme un malheur de vous avoir connu!* Je ne crois pas que la religieuse portugaise[3] d'abord eût un amant goutteux; et s'il le devenait, je crois qu'elle ne s'en souciait plus guère. Mais, Monsieur, j'ai cru qu'il n'était pas indécent, ni trop passionné, de dire de son ami ce qu'on dit tous les jours de son chien; je suis persuadée, par exemple, que si les couches de Rosette ont été fâcheuses, vous aurez dit dans ces instants que vous étiez fâché de vous y être attaché, etc. Mais, Monsieur, un article sur quoi il faut que je vous parle sérieusement, c'est sur l'opinion où vous êtes qu'on ouvre nos lettres à la poste. Votre intention est donc d'apprendre à tous MM. des bureaux que je suis une folle que vous traitez avec le mépris qu'elle mérite. Sera-ce un effet d'amour-propre d'en être offensée? Si vous continuez à me faire l'honneur de m'écrire je vous supplie de me traiter avec un peu plus d'égard; cette prière que je vous fais, est le premier acte d'amour-propre que je vous aie jamais donné de ma vie, soit en présence ou en absence. Je n'ai jamais eu la prétention à aucune préférence, et je ne me suis jamais plainte que vous m'ayez

1. D apparently refers to an article about Wilkes in the *Gazette d'Amsterdam* (see below).

1a. See *ante* 5 Dec. 1766, n. 4.

2. *Ante* 16 Oct. 1768: 'c'est une extraor-

dinaire fatalité pour moi de vous avoir connu.'

3. Marianna Alcoforado (see *ante* 20 May 1766).

préféré personne; mais terminons là, j'observerai plus scrupuleuse-
ment à l'avenir toutes mes expressions, j'éviterai qu'elles ne soient ni
romanesques ni enfantines. En vous écrivant je ferai abstraction de
vous et de moi: je sens bien que ce qui vous conviendrait le mieux ce
serait de terminer notre correspondance, mais j'ai peine à m'y résoudre. Aux injures et aux insultes près que vos lettres contiennent
je les trouve agréables et amusantes, ainsi si vous voulez bien continuer à m'en honorer vous me ferez plaisir, et quoique je sois bien
résolue à ne vous plus marquer ni intérêt ni inquiétude sur votre
santé, je serai cependant bien aise d'en avoir des nouvelles.

De ce moment-ci je maintiens tout procès fini entre nous. Parlons
d'autre chose.[3a]

Votre beau-frère[4] a le plus grand succès ici, on lui rend tous les
honneurs dus à la majesté, il n'est pas question d'incognito. Il arriva
le vendredi 21 à Paris; le lundi 24, il fut à Fontainebleau; on le conduisit dans son appartement, qui est celui de feu Madame la Dauphine. Le Roi était à la chasse; dès qu'il en fut de retour, il lui envoya dire que quand on était vieux, il fallait faire une toilette avant
que de se laisser voir. La toilette faite, M. de Duras[5] fut le chercher
et le conduisit chez le Roi, lequel alla au-devant de lui jusqu'à la
porte de son cabinet, l'embrassa très cordialement, et le conduisit
vis-à-vis deux fauteuils, lui donnant celui de la droite; ils ne s'assirent
point, causèrent debout un quart d'heure. Le Roi le reconduisit
jusqu'à la porte dudit cabinet, en lui disant: 'Votre Majesté ne veut
pas que j'aille plus loin.' Le Danois retourna chez lui, et jusqu'à huit
heures du soir il reçut les présentations de tout ce qu'il y avait de
grands seigneurs à la cour. À huit heures, M. de Duras vint le chercher pour le mener souper avec le Roi dans les cabinets. Il fut à table
à la droite du Roi, ensuite Mme de Mirepoix, après M. de Bernstorff,
tout le reste au hasard. Pendant le souper, les Rois se parlèrent de
leurs familles: le nôtre dit qu'il avait perdu beaucoup d'enfants, que
ceux qui lui restaient lui étaient bien précieux, mais qu'il en avait
un grand nombre d'autres: ce sont mes sujets, dit-il, et je pourrais en
effet être le père du plus grand nombre.[6] Sa Majesté danoise dit:
'Mais Votre Majesté a d'anciens serviteurs qui sont de son âge: Mon-

3a. Sentence omitted in Toynbee.
4. Christian VII of Denmark.
5. Emmanuel-Félicité de Durfort (1715–
89), Duc de Duras (B).
6. Diderot gives a different account of

this conversation, in his letter to Sophie
Volland, 4 Nov. 1768. (T). See Denis Diderot, *Lettres à Sophie Volland*, ed. Babe-
lon, 1930, iii. 169.

sieur le Duc de Choiseul?'—'Oh! non,' dit le Roi, 'il pourrait être mon fils.'[7]—'Comme votre sujet,' répondit M. de Choiseul. Ensuite notre Roi dit à l'autre: 'Quel âge croyez-vous qu'a Mme de Flavacourt?'[8]—'Vingt-quatre ans.'—'Elle en a cinquante-quatre bien sonnés.' —'On ne vieillit donc point à la cour de Votre Majesté!'

Le mardi, le souper fut chez la grand'maman, le mercredi chez le Roi avec Mesdames et tous les Princes. Le jeudi il revint à Paris, débarqua à l'Opéra-Comique, soupa le soir chez M. de Duras; on lui donna après souper la représentation de *La Chasse de Henri IV*.[9] Depuis ce jour-là il a été à tous les spectacles. Après-demain, mardi, Mme de la Vallière lui donne à souper; mercredi 2, il retourne à Fontainebleau; le vendredi 4, Monsieur le Duc d'Orléans lui donnera un bal; le samedi 5, il reviendra à Paris; le mardi 8, Mme de Villeroy lui donnera la tragédie de *Didon*,[10] jouée par Mlle Clairon; il soupera ensuite chez elle. Le mardi 15, autre spectacle chez Mme de Villeroy, et le souper chez Monsieur le Duc de Villars. Par delà cela je croyais ne plus rien savoir; mais je me rappelle que le 27 il doit aller à Chantilly, où il y aura de grandes fêtes. Cela s'appelle-t-il une gazette? Je peux ajouter que M. de Bernstorff soupe chez moi ce soir, avec votre cousin secrétaire, le petit Craufurd, et le Général. Ce Général part mardi; il a été excessivement content de ce pays-ci et par-dessus tout du grand-papa et de la grand'maman; il vous dira tout cela, car il compte vous voir, sans en vérité que je l'en aie prié. Monsieur votre cousin Thomas s'est chargé de votre veste; je vous prie de me faire le plaisir de me mander comment vous aurez trouvé cette lettre, et si j'aurai encore le malheur qu'elle vous ait déplu.

J'ai une fable de Voltaire,[11] fort longue, fort jolie, qui vous ferait plaisir; peut-être vous l'enverrai-je par la suite, mais ce ne sera pas pour ce moment-ci.

J'oubliais qu'il y a ce soir un bal à l'Opéra.

Quand vous répondrez à cette lettre je vous prie de m'en rappeler

---

7. The Duc de Choiseul was only nine years younger than Louis XV.

8. Hortense-Félicité de Mailly-Nesle (1715–99), m. (1739) François-Marie de Fouilleuse, Marquis de Flavacourt (Woelmont de Brumagne vii. 402). Other accounts of this conversation are given by Denis Diderot, *Lettres à Sophie Volland*, 1930, iii. 176, 12 Nov. 1768, and by Emmanuel, Duc de Croÿ, *Journal*, 1906, ii. 354.

9. *La Partie de chasse de Henri IV*, comedy by Charles Collé (1709–83).

10. There were several tragedies of this name. This *Didon* was probably that of Jean-Jacques Lefranc, Marquis de Pompignan (see Soleinne).

11. Probably *Le Marseillais et le lion*, which had just appeared.

la date. Je fais transcrire votre réponse[12] pour Mme de Forcalquier, après quoi, votre lettre et la précédente seront mises en lumière, c'est-à-dire jetées au feu.

Le pâté de Périgueux de M. Wilkes est un article de la *Gazette d'Amsterdam*.[13]

From Madame du Deffand, Monday 31 October 1768

N° 62. Ce lundi 31 octobre 1768.

VOUS serez fort surpris de cette lettre, moi je ne suis pas moins surprise de l'écrire. Celle que je reçus de vous hier[1] me troubla la tête, parce qu'elle me parut injuste, j'y répondis dans ma colère; la nuit m'a porté conseil, j'ai passé ma matinée à me faire relire une vingtaine de vos lettres que j'ai fait trier pour ne lire que celles qui m'avaient offensée. Les anciennes m'ont apaisée sur les dernières, et ce qui vous surprendra infiniment c'est que je ne suis plus du tout fâchée contre vous, et que vous serez dans votre tort si à l'avenir vous l'êtes jamais contre moi. J'ai vu dans ces lettres qu'on m'a relues que depuis le mois de juin vous n'avez eu aucun sujet de me gronder; ainsi j'ai eu trois mois et plus de parfaitement bonne conduite. Cette lettre que vous avez reçue au milieu de votre goutte est bien peu criminelle; en vérité la phrase qui vous a choqué je l'aurais écrite, comme je vous l'ai dit, à plusieurs autres. Pour le reproche que je vous y fais de parler de votre retour à Mme d'Aiguillon et de ne m'en rien dire, pouvez-vous taxer cela de vanité? Et pouvez-vous jamais donner ce principe-là à aucune de mes pensées, de mes actions, et de mes paroles vis-à-vis de vous?

Je chargerai le Général de cette lettre. S'il vous dit la vérité et qu'il ne croie pas vous obliger en exagérant ce que je lui ai dit de vous, il vous dira bien peu de chose; j'ai sur ce qui vous regarde la retenue la plus scrupuleuse.

Tout ce que je vous demande aujourd'hui, c'est des nouvelles de votre santé, voilà où se borne tout ce que j'exige de vous.

Le Danois ne reviendra que dimanche ou lundi de Fontainebleau, toutes nos caillettes sont ivres de lui. En effet il se conduit bien; le

12. HW to D 8 Nov. 1768 (missing).
13. This semi-weekly periodical was popularly called the *Gazette d'Amsterdam;* its title was 'Amsterdam. Avec privilège de

nos seigneurs les États de Hollande et de West-Frise.'

———

1. HW to D 24 Oct. 1768 (missing).

Bernstorff soupa hier chez moi, je l'ai retrouvé comme je l'avais quitté, doux, révérencieux, composé, mystérieux, et fort commun. On m'amène un M. Diede,[2] envoyé du Danois à votre cour; il me dit qu'il savait que vous étiez fort mon ami; je lui dis que j'avais cet honneur-là, que je l'étais fort aussi de MM. Selwyn, Craufurd, etc.

J'ai bien envie d'apprendre votre arrivée à Londres,[3] et comment vous aurez soutenu le chemin. Malgré toutes vos colères vous ne serez pas assez méchant pour ne me pas donner de vos nouvelles.

Adieu, il faut que je me lève, j'ai à dîner le Président, le Général, etc., etc.

Je vous enverrai la fable[4] incessamment.

Ce mardi 1er novembre, à 8 heures du matin.

J'ai fait copier la fable et la voici;[4a] on n'a pas eu le temps de transcrire toutes les notes.

N'ayons plus jamais, je vous conjure, aucun différend. J'observerai avec soin d'éviter tout ce qui pourrait embrouiller votre tête, et vous donner des idées fausses sur ce que je pense pour vous. Si je fais quelque faute d'inadvertance, si dans des moments de tristesse et d'ennui il m'échappe quelque terme, quelque expression qui vous blesse, pardonnez-les-moi, et que je ne trouve plus dans vos lettres le titre de *Madame*. Ce traité passé entre nous, vivons en paix et rendons notre absence aussi supportable qu'une éternelle absence peut l'être.

Si vous êtes sans souffrances, sans douleurs, si vos forces se rétablissent, si votre gaîté, votre appétit, sont revenus, enfin, si vous êtes dans une parfaite convalescence, je serai contente, oui, très contente, et je m'en rapporterai à vous pour tout ce que je peux désirer d'ailleurs. J'accède à tous vos principes, à toutes vos résolutions, j'y conformerai ma conduite, je vous demande seulement pour toute grâce que vous exceptiez Rosette et moi de la règle générale, de n'aimer rien.

J'espère que le Général arrivera à Londres en même temps que la poste, et que cette lettre-ci sera le correctif de l'autre. Oh! non, jamais, non jamais je ne me fâcherai contre vous.

J'ai regret au bon Éléazar,[5] il a le cœur bon, l'esprit droit, il est

2. Wilhelm Christopher von Diede (1732–1807), Danish envoy at London (Carl Frederik Bricka, *Dansk Biografisk Lexikon*).

3. HW apparently went to London about 2 Nov. (see HW to Montagu 10 Nov. 1768).

4. Voltaire's fable (see *ante* 30 Oct. 1768, n. 11).

4a. It is not with the MS.

5. General Irwin was about to leave Paris for London.

abondant en paroles, il a très bien réussi ici. Je suis curieuse de savoir ce que le grand-papa pense de votre cousin. Je ne le crois pas sans mérite, il sait mal notre langue, il n'a point d'usage du monde, mais il a sûrement de l'esprit et plusieurs ressemblances avec vous; ironique, ferme, et doux; il n'aura pas peu de besogne. Le Rochford[6] avait bien mal réussi, nous ne sommes pas de bonne humeur, nous avons acheté la peau de l'ours avant qu'il fût par terre, qu'en arrivera-t-il? Voilà ce qui m'inquiète. Adieu, mon tuteur, ne soyez plus fâché, portez-vous bien; je n'en veux pas davantage.

To MADAME DU DEFFAND, Tuesday 1 November 1768, N° 62

Missing. Written at Strawberry Hill.

From MADAME DU DEFFAND, ca Sunday 6 November 1768

A missing 'N° 63' was probably written at this time.

To MADAME DU DEFFAND, Tuesday 8 November 1768, N° 63

Missing. Written at Arlington Street. Answered, 13 Nov.

From MADAME DU DEFFAND, Sunday 13 November 1768

N° 64. Paris, ce dimanche 13 novembre 1768.

IL n'y a rien de si incompréhensible que vous; Dieu ne l'est pas davantage; mais s'il n'est pas plus juste, ce n'est pas la peine d'y croire. Votre dernière colère est de la plus extrême extravagance; mais je me garderai bien de chercher à vous le démontrer; vous avez la tête fêlée, j'en suis sûre. Je m'en étais toujours un peu doutée,

---

6. Lord Rochford, former English ambassador to France, had returned to England to be secretary of state for the southern department. He was disliked in France because of his unjustified opposition to the French occupation of Corsica (see *Mem. of Geo. III* iii. 168).

mais pour aujourd'hui j'en suis convaincue. Comme la mienne est fort saine, c'est à moi à me conduire de façon à éviter à l'avenir de pareilles scènes.

Je vous dis donc, avec la plus grande vérité, que vous avez réussi dans votre projet; l'amitié, tout ainsi qu'à vous, m'est devenue odieuse; attendez-vous, si vous voulez, à en trouver dans mes lettres; vous verrez si je suis incorrigible. Oh! non, je ne le suis pas, l'injustice me révolte et me fait le même effet que vous fait le romanesque. Je suis bien aise que vous vous portiez mieux; vous avez tiré un bon parti de votre maladie, en lisant l'*Encyclopédie;* ne me condamnez pas, je vous prie, à une pareille lecture, je n'estime aucun des auteurs, ni leur goût, ni leur savoir, ni leur morale.

Je viens de recevoir quatre volumes de Voltaire; une nouvelle édition[1] de son *Siècle de Louis XIV,* avec beaucoup d'augmentations, font les deux premiers volumes; les deux derniers sont le *Siècle de Louis XV* jusqu'à l'expulsion des Jésuites inclusivement; je vous les enverrai, si vous voulez.

Je ne crois pas vous avoir conté un fait assez singulier: il parut, il y a un an ou deux, une *Vie de Henri IV,*[2] par M. de Bury. Il y a environ six mois qu'il a paru une petite brochure dont la police a arrêté le débit, qui a pour titre: *Examen de la nouvelle histoire de Henri IV, de M. de Bury, par le Marquis de B. . . .*[3] Il y a dans cette brochure une critique amère et sanglante de la *Chronologie* du Président; nous avons été occupés pendant quatre mois à empêcher qu'il en eût connaissance; je me fis amener un M. Castillon,[4] qui travaille au *Journal encyclopédique,* pour obtenir de lui de ne point faire l'extrait de ce petit ouvrage; il me le promit et m'a tenu parole. Il y a six semaines ou deux mois que le Président reçoit une lettre de Voltaire[5] qui lui parle de cette brochure et lui transcrit l'article qui le regarde, et un autre qu'on peut appliquer à une personne bien considérable.[6] Nous fûmes bien déconcertés; le Président ne fut point aussi troublé que nous l'appréhendions. Il fit une réponse[7] fort sage: Voltaire lui a récrit trois lettres[8] depuis cette première; il veut absolu-

---

1. *Le Siècle de Louis XIV, nouvelle édition, revue, corrigée et augmentée, à laquelle on a ajouté un Précis du siècle de Louis XV,* 1768, 4 vols (Voltaire, *Œuvres* xiv, p. xii). For D's copy, see Appendix 2.
2. See *ante* 26 June 1768.
3. See ibid.
4. Jean Castillon or Castilhon (1718–99).

5. Voltaire to Hénault 13 Sept. 1768 (Voltaire, *Œuvres* xlvi. 115).
6. The Duc de Choiseul (B).
7. Missing.
8. Voltaire to Hénault 28 Sept., 17 Oct., and 31 Oct. 1768 (Voltaire, *Œuvres* xlvi. 128, 140, 149).

ment qu'il réponde, et comme le Président persiste à ne le vouloir pas, il lui offre de répondre pour lui; le Président y consent, pourvu que Voltaire y mette son nom. Voltaire lui a d'abord dit qu'il croyait que l'auteur de cette critique était La Beaumelle,[9] depuis il lui a dit que c'était un Marquis de Bélesta,[10] lequel ne sait ni lire ni écrire. Ce n'est ni l'un ni l'autre, on en est sûr; mais savez-vous qui on en soupçonne avec juste raison? Voltaire, oui, Voltaire lui-même. C'est de cela qu'on peut dire: cela est *ineffable*. Oh! tous les hommes sont fous ou méchants, et le plus grand nombre est l'un et l'autre.

Nous ferons crever le petit Danois: il est impossible qu'il résiste à la vie qu'il mène; c'est tous les jours des bals, des opéras comiques, des comédies, [à] toutes les maisons royales qu'il visite. Le Roi le comble de présents et d'amitiés, le traite comme son fils. Je pourrais vous dire mille traits de leur conversation, mais cela m'ennuierait. C'est un petit oiseau bien sifflé; son mentor ne le perd point de vue, et comme il est la décence même, il le conduit fort bien. J'ai fort envie que nous en soyons débarrassés, je ne jouirai point de la grand'maman tant qu'il sera ici.

La Milady Pembroke ne touche pas du pied à terre; vos Anglaises aiment furieusement le plaisir: elle fut à l'Isle-Adam mardi, où il y a tous les jours opéra et comédie; elle en revint hier, elle soupera aujourd'hui chez moi, et ira, après souper, au bal chez M. de Monaco; elle retournera demain à l'Isle-Adam, où elle restera apparemment jusqu'au 22, qui sera la fête de M. de Soubise;[11] le 24, au Palais-Royal; le 28, à Chantilly jusqu'au 30. Le départ est pour le 8 de décembre, je voudrais déjà y être. Je ne crois pas que les Idoles donnent des fêtes. Adieu. Si vous avez envie de cette histoire de Louis XIV et de Louis XV je vous les enverrai par Mlle Lloyd, qui part dans trois semaines ou un mois.

To Madame du Deffand, Friday
18 November 1768, N° 64

Missing. Written at Arlington Street.

9. Laurent Angliviel de la Beaumelle (1726–73), enemy of Voltaire.

10. François de Varagne-Gardouch (1725–1807), Marquis de Bélesta.

11. For a description of this fête, see D to Selwyn 25 Nov. 1768, in John Heneage Jesse, *George Selwyn and his Contemporaries*, 1882, ii. 350.

From Madame du Deffand, Saturday
19 November 1768

N° 65. Paris, ce samedi 19 novembre 1768.

JE préviens le jour de la poste; si elle m'apporte une lettre ce que je vais vous écrire sera le préambule de ma réponse; si elle ne m'en apporte pas, ceci partira toujours. Il faut éclaircir nos différends, et examiner de sangfroid sur quoi est fondée votre colère. *Je vous ai blessé profondément, vous avez pris mauvaise opinion de mon naturel, je vous ai causé le plus violent chagrin dans le temps que vous étiez malade, et que vous vous faisiez beaucoup d'effort pour me donner de vos nouvelles, aussi ne m'en donnerez-vous plus en semblable occasion, et je ne dois plus m'attendre qu'à apprendre votre mort, et pour notre correspondance, elle aurait été rompue sans la lettre que vous a remise le Général.* Voyons actuellement quels sont mes torts. 1°. Une lettre du commencement d'octobre,[1] ou de la fin de septembre, écrite dans le temps que vous vous portiez bien, et que vous reçûtes ayant la goutte; je vous y faisais une mauvaise plaisanterie et non des reproches. 2°. Vous m'apprenez que vous êtes très malade à Strawberry Hill, éloigné de tout secours; je me rappelle votre maladie il y a deux ans, je suis effrayée, j'écris mon inquiétude au petit Craufurd, et je le prie de vous aller trouver. Si le Général avait été à votre place dans les mêmes circonstances, je me serais adressée à vous pour vous faire la même prière pour lui que j'ai faite au petit Craufurd pour vous; 3°. *Les expressions dont je me suis servie;* mon élocution peut être mauvaise, je ne la défends pas, mais le sentiment qu'elle exprimait est si peu exagéré et même est si simple qu'on l'a pour tout ce qu'on craint de perdre; père, mère, mari, amis, domestiques, chiens et chats, on voudrait n'avoir point connu ce qu'on doit regretter, il n'y a personne qui ne le pense et ne le dise, surtout dans le premier mouvement. 4°. Le petit Craufurd a fait ma commission tout de travers; vous avez reçu son message en présence d'une vieille et méchante Comtesse,[2] elle a appris, ou a été confirmée, qu'il y avait une vieille et aveugle Marquise qui s'intéressait à vous. De plus une autre Milady[3] vous a écrit qu'elle était aussi inquiète de vous que Mme du Deffand. Je vous demande pardon de la honte que

---

1. *Ante* 5 Oct. 1768, in which D asked for HW's portrait (see *ante* 23 Oct. 1768).
2. Not identified.

3. Perhaps Anne Pitt (see HW to Anne Pitt 28 Oct. 1768).

vous en avez reçue, mais au bout du compte on voit bien que ce n'est pas votre faute. Cette honte ne saurait être bien grande, et ce n'est pas, comme vous voyez, un crime à moi de vous l'avoir occasionnée. Vous avez été très injuste dans cette occasion, c'est de cela dont vous devriez avoir honte. Cependant je suis très résolue d'avoir à l'avenir avec vous une conduite toute différente, je ne vous distinguerai plus de tout ce qu'on appelle amis dans le monde, de ces amis qu'on a et qu'on n'aime point; si à ce prix je puis vous contenter la paix sera éternelle entre nous.

Je soupai hier chez la grand'maman avec la petite Choiseul, le grand Abbé, le petit oncle, le Chevalier de Listenois. Le grand-papa y arriva à une heure, et nous veillâmes jusqu'à trois heures et demie, aussi la grand'maman en est-elle malade, elle devait souper chez moi aujourd'hui, et elle restera chez elle; j'avais mandé ce matin à votre cousin de venir chez moi entre huit et neuf heures, j'étais bien aise de lui procurer l'occasion de faire connaissance avec la grand'maman; son peu d'usage du monde ne l'a point prévenue contre lui, et quoi-qu'elle l'ait très peu vu elle a démêlé qu'il avait de l'esprit et de la douceur; effectivement malgré son peu d'usage on sent qu'il est aima-ble, qu'il a un caractère, et qu'il est fort supérieur au petit Craufurd qui est ici, quoique ce petit Craufurd soit extrêmement poli et qu'il ne manque pas d'esprit. Votre cousin vous plairait, j'en suis sûre. Le grand-papa m'a dit qu'il restait secrétaire de l'ambassade et que M. Hume ne venait point, malgré ce qu'en disait hier la Gazette de France. J'en suis bien aise, c'est un prêtre de moins pour l'Idole, et je réponds que votre cousin sera iconoclaste. La petite pagode,[4] que nous posséderons encore quelque temps, a un grand nombre d'adora-trices; rien n'est si ridicule, et c'est dommage que vous ne soyez pas témoin de tout cela, il n'y a pas de jour que je ne regrette de ne pou-voir pas rire avec vous de tout ce qui se passe; je n'ai personne avec qui je puisse m'entendre, non personne, au pied de la lettre.

J'ai bien des choses à vous envoyer; les quatre volumes de l'*His-toire*[5] de Voltaire, des vers, qui ne sont pas si bons que son *Mar-seillais*,[6] qui ont pour titre *Les Trois empereurs en Sorbonne*;[7] cette pièce a pourtant ses partisans, mais ce sont ceux qui n'ont point de goût.

4. Christian VII of Denmark.
5. *Le Siècle de Louis XIV* (see *ante* 13 Nov. 1768).

6. Voltaire's fable, *Le Marseillais et le lion* (see *ante* 30 Oct. 1768).
7. By Voltaire, written in 1768.

From Madame du Deffand, ca Thursday 24 November 1768

A missing 'N° 66' was probably written at this time.

To Madame du Deffand, Friday 25 November 1768, N° 65

Missing. Written at Arlington Street. Answered, 30 Nov.

From Madame du Deffand, Wednesday 30 November 1768

N° 67. Paris, ce mercredi 30 novembre 1768.

DIEU soit mille et mille fois loué, si à l'avenir je puis ouvrir vos lettres sans crainte d'y trouver des choses choquantes, humiliantes, et insoutenables. Il n'y a rien dont la persévérance ne vienne à bout, et vous avez enfin détruit jusqu'au fond de mon âme tous les sentiments qui vous étaient odieux. Soyez bien convaincu, je vous prie, que du jour de la date de cette lettre vous n'en recevrez plus de moi qui soient en rien différentes de celles que j'écris à tout autre. Soyez sûr aussi que, si vous revenez en France, je me range dans la classe de vos connaissances, sans prétendre à aucune attention particulière, ni à aucune préférence; à l'égard de la discrétion, je n'ai rien à y ajouter, il y a longtemps que je me suis fait une loi de ne point parler de vous, et s'il a été jamais question de notre intelligence vous ne devez vous en prendre qu'à vous-même. Je prétends n'être plus à vos yeux un personnage des romans de Crébillon,[1] je ne puis pas soutenir l'idée de vous avoir paru aussi ridicule, mais il était difficile de penser que la crainte de perdre un ami dût paraître une passion effrénée et indécente; il n'y a peut-être que vous dans le monde capable d'une pareille idée, mais laissons cela et perdons à jamais un tel souvenir.

La grand'maman me demanda hier au soir de vos nouvelles, elle me dit qu'il lui semblait que ce que le Général Irwin avait dû vous

1. Mme de Lursay (see *post* 27 Dec. 1768, n. 12).

dire de sa part aurait dû vous engager à lui écrire. Je ne lui répondis rien. Le Roi de Danemark soupa dimanche chez elle sans aucun apparat, ils ne furent que douze. La grand'maman et le grand-papa auraient désiré que j'y fusse; c'était mon dimanche; mais quand cela n'aurait pas été je me serais bien gardée d'accepter cet honneur; rien ne me paraît aussi ridicule que l'empressement qu'on a eu ici pour ce monarque. Il me semble que c'est jouer à la poupée; chacun a fait l'étalage de sa magnificence pour une petite pagode qui ne voit rien ni des yeux du corps ni de ceux de l'âme. Il n'a rien fait ni rien dit de mal à propos; voilà la louange qu'il mérite, par delà cela il n'y a rien à en dire. Le Bernstorff siffle sa linotte tous les matins, c'est un ministre bien sérieux pour une poupée. L'extérieur du Baron de Gleichen est, suivant ce que j'en entends dire, très semblable à la peinture que vous m'en faites, mais c'est un homme d'esprit, il me plaît beaucoup, et c'est un homme de bonne conversation; chose assez rare à rencontrer. Nous allons perdre incessamment Mlle Lloyd, mon poignet sera en sûreté. Je la chargerai de vous porter les *Trois empereurs,* qui ne me plaisent pas beaucoup; il s'en faut bien que cela soit aussi bon que *Le Marseillais.* Je reçus il y a trois ou quatre jours un petit billet de Voltaire,[2] il me parle de la brochure contre le Président;[3] je fis voir hier à la grand'maman la réponse[4] que je lui fais, elle en fut contente; il connaîtra que je ne suis pas sa dupe.

J'ai reçu aujourd'hui une lettre du bon Éléazar; il a eu de grands succès ici, et je suis persuadée qu'il y reviendra. Je suis persuadée aussi que le petit Craufurd ne reviendra pas, ni mon cher ami Lindor.[4a] Eh bien! il faudra s'en passer; la vie est trop courte, et surtout la mienne, pour donner un quart d'heure à des regrets. Je suis bien aise que votre cousin[5] nous reste; il me plaît infiniment, et je suis bien trompée s'il n'a pas véritablement du mérite. Je ne sais pas s'il acquerra jamais ce que nous appelons ici l'usage du monde, qui ne consiste qu'à des mines, des manières et des façons; mais il pourra s'en passer, et quiconque aura du discernement démêlera promptement qu'il a de l'esprit, de la discrétion, de la fermeté, en un mot un excel-

2. Voltaire to D ? Nov. 1768 (Voltaire, *Œuvres* xlvi. 167).

3. La Beaumelle's *Examen* (see *ante* 13 Nov. 1768).

4. D to Voltaire 29 Nov. 1768 (Voltaire, *Œuvres* xlvi. 176).

4a. See D to Selwyn 25 Nov. 1768 in John Heneage Jesse, *George Selwyn and his Contemporaries,* 1882, ii. 349.

5. Robert Walpole.

lent caractère. Je suis bien sûre que quand vous le connaîtrez vous en serez très content. Je suis ravie que David[6] ne nous revienne point; il fortifierait le culte des faux dieux.

Voilà donc votre faux prophète qui rentre sur la scène; mon premier mouvement a été d'en être fâchée, et puis la réflexion me dit que tout cela ne me fait rien. Je suis très curieuse du jugement de M. Wilkes, à cause de mon pari avec le Comte de Broglie. Son frère l'Évêque[7] se trouve très bien de M. Pomme, et j'espère qu'il guérira. Il faut que je finisse cette lettre par une chanson qui m'a fait rire. C'était sur un prêtre fort petit, qui s'appelait Petit, et qui allait dire la messe.

> Petit, Petit,
> Vous allez faire bonne chère,
> Petit, Petit.
> Tâchez d'avoir de l'appétit.
> Le Dieu du ciel et de la terre
> Pour votre dîner va se faire
> Petit, petit.

J'aimerais mieux que vous vinssiez chercher tout cela, mais je ne l'espère pas. Je ne sais si j'aurai demain de vos nouvelles, quoiqu'il en soit ce que je viens d'écrire partira.

Ce dimanche, à 3 heures.

Le facteur vient de passer, il dit qu'il n'y a point de courrier. Je n'en ferai [pas] moins partir cette lettre, ce qui y est dit ne sera plus à dire.

Je soupai hier chez la grand'maman avec son beau-frère, l'Archevêque,[8] et le Bernstorff. Celui-ci soupera chez moi ce soir, et votre cousin aussi, je saurai par lui si en effet il n'y a point eu de courrier.

Je me suis bien ennuyée ce matin à la lecture des gazettes; je me persuade que vous ne les lisez guère. Je ne suis pas trop contente des nouveaux volumes de Voltaire, il a un ton tranchant et décisif qui ne me plaît pas. Ses *Trois empereurs* ne valent rien; c'est ce qu'il a toujours dit; je vous les enverrai pourtant par la bonne Lloyd; je vous écrirai par elle, et plus à mon aise que je ne fais par la poste.

La grand'maman croit que vous ne l'aimez plus. Elle m'a dit qu'elle avait écrit au Général, et qu'elle lui parlait de vous. Je suis

---

6. David Hume.
7. Charles de Broglie, Bishop of Noyon.

8. Léopold-Charles de Choiseul-Stainville (1724–74), Archbishop of Cambrai.

toujours parfaitement contente d'elle; si son amitié n'est pas véritable, il ne faut compter sur rien. Je m'accommode fort de la société du grand Abbé, il devient tous les jours plus assidu; il y a encore l'envoyé de Danemark, qui s'appelle le Baron de Gleichen, qui a beaucoup d'esprit, que je vois souvent, et qui est de très bonne conversation; et puis un nommé Tourville; voilà les gens qui me conviennent le mieux, et qui dînent chez moi les lundis avec le Président. Ce pauvre homme est dans un état pitoyable, sourd comme un pot, n'ayant plus du tout de mémoire, s'ennuyant à la mort; c'est une perspective qui produit des réflexions bien tristes.

J'ai bien de l'impatience d'apprendre que vous êtes entièrement quitte de votre goutte, elle a duré cette année des temps infinis à tous ceux qui l'ont eue; j'ai bien peur qu'elle n'ait dérangé vos projets et détruit mes espérances. Ma santé n'est pas trop bonne, je digère mal, je ne dors point, mais je ne souffre pas. Je vous écris étant à ma toilette; je vais sortir tout à l'heure pour aller prendre du thé chez Mme de Mirepoix; je souperai demain et après-demain chez la grand'maman parce que *la signora è impedita*. Je ne me plais véritablement qu'avec elle. Adieu.

To Madame du Deffand, Friday
2 December 1768, N° 66

Missing. Marked X in *Paris Journals*. Written at Arlington Street. Answered, 7 Dec.

From Madame du Deffand, Wednesday
7 December 1768

Address: À Monsieur Monsieur Horace Walpole in Arlington Street near St James's *London* Angleterre

N° 68. Paris, ce mercredi 7 décembre 1768.

JE voudrais, en revanche de vos nouvelles, pouvoir vous en mander d'intéressantes de ce pays-ci; c'est ce qui est impossible. Sa Majesté Danoise a jeté d'abord tout son feu. Excepté quelques louanges[1] qu'il donne de temps en temps à Voltaire et au feu Prési-

---

1. The King said, at Fontainebleau, that the author of the *Siècle de Louis XIV* 'lui avait appris à penser' (D'Alembert to Voltaire 12 Nov. 1768, in Voltaire, *Œuvres* xlvi. 162).

dent de Montesquieu, il ne dit rien qu'on puisse répéter; tous les éloges qu'on peut faire de lui consistent à n'avoir rien dit ni rien fait de ridicule et de mal à propos; il est, dit-on, comme une figure de cire; on croirait qu'il ne voit ni n'entend. Il n'a point paru sensible à aucune des fêtes qu'on lui a données; quand, au spectacle, le parterre applaudit, il bat des mains. À Chantilly on représenta le *Sylphe;*[2] l'acteur qui chanta,

> Vous êtes Roi, jeune et charmant,
> Et vous doutez qu'on vous adore, etc.

se tourna vers lui. Tout le monde battit des mains, et lui avec les autres: de là, on a jugé qu'il était imbécile. Je suspends mon jugement, je crois que c'est un enfant fatigué, ennuyé et étourdi de tout ce qu'on lui fait voir et entendre; j'en ai fait une petite relation au Général Irwin, à qui j'ai mandé de vous la communiquer. Il part après-demain vendredi, et j'espère que nous n'en entendrons plus parler. Il y aurait de quoi faire des volumes des vers qu'on a faits pour lui, tous plus plats et plus mauvais les uns que les autres. Il y en a de l'Abbé de Voisenon,[3] qui sont affreux, et que beaucoup de gens trouvent excellents, parce qu'ils sont de l'Abbé de Voisenon, qui est un bel esprit à la mode, et qui, en effet, a fait d'assez jolies choses; comme par exemple *La Fée Urgèle, Isabelle et Gertrude,* deux opéras comiques.

Nous n'avons point ici de Wilkes, ce mâle vous donne de l'inquiétude; ce sont des femelles[4] qui nous en donnent; mais comment vous expliquer cela? il n'est pas possible.

Je montrerai votre lettre[5] à monsieur votre cousin puisque c'est votre volonté, c'est assurément ce que je n'aurais pas fait si vous ne me l'eussiez pas commandé.

P.S.—J'ai donné à lire votre lettre à monsieur votre cousin; elle lui a fait grand plaisir, et il me charge de vous en faire mille remercîments. C'est lui qui vous enverra cette lettre, et la pièce de *François II*[6] du Président.

---

2. It is uncertain what play this is. The opera *Sylvie* was performed before the King in Paris (Grimm viii. 210, 15 Dec. 1768).

3. Claude-Henri de Fuzée (1708–75), Abbé de Voisenon, supposed to have assisted Favart in writing *La Fée Urgèle* and *Isabelle et Gertrude.* HW had seen both

operas on his first visit to Paris (*Paris Jour.*).

4. A veiled reference to the King's new favourite, Jeanne Bécu (1743–93), m. (1768) Guillaume, Comte du Barry.

5. HW to D 2 Dec. 1768 (missing).

6. A second edition of Président Hénault's tragedy, *François II,* was published

To Madame du Deffand, Tuesday
13 December 1768, N° 67

Missing. Probably written at Arlington Street.

From Madame du Deffand, Thursday
15 December 1768

N° 69. Paris, ce jeudi 15 décembre 1768.

IL me prend une si forte envie d'écrire, que je n'y puis résister. Je n'ai point reçu de lettres hier mercredi, je n'en recevrai peut-être point dimanche, celle-ci ne partira que lundi, mais qu'importe?

Vous avez dû recevoir le *François II* du Président; la préface m'en avait plu, j'ai voulu lire la pièce, le livre m'est tombé des mains. La curiosité m'a pris de relire votre Shakespeare; je lus hier *Othello,* je viens de lire *Henry VI.* Je ne puis vous exprimer quel effet m'ont fait ces pièces; elles ont fait à mon âme ce que lilium[1] fait au corps, elles m'ont ressuscitée. Oh! j'admire votre Shakespeare, il me ferait adopter tous ses défauts; il me fait presque croire qu'il ne faut admettre aucune règle, que les règles sont les entraves du génie; elles refroidissent, elles éteignent; j'aime mieux la licence, elle laisse aux passions toute leur brutalité, mais en même temps toute leur vérité. Que de différents caractères, que de mouvement, que de chaleur! Il y a bien des choses de mauvais goût, j'en conviens, et qu'on pourrait aisément retrancher; mais pour le manque des trois unités, loin d'en être choquée, je l'approuve; il en résulte de grandes beautés. Le contraste de Henry VI avec des héros et des scélérats m'a ravie; tout est animé, tout est en action. Ah! voilà une lecture qui me plaît et qui va m'occuper quelque temps. Si je me portais mieux, si j'avais plus de force, je vous rendrais plus vivement le plaisir qu'elles m'ont fait, mais je suis abattue par les insomnies.

Voici des vers[2] où l'on fait parler Sa Majesté Danoise:

Paris, 1768; D's copy was in 8vo, 1747 (Appendix 2). *François II* was intended to start a series of French historical tragedies in imitation of those of Shakespeare; the preface mentions *Henry VI;* hence D was led to read Shakespeare (see *post* 15 Dec. 1768).

——————

1. Drug used to prevent fainting.

2. Another version of these verses, in Wiart's hand, was bequeathed by D to HW:

'Frivole nation on m'assomme
De mauvais vers et d'opéras.
Je suis venu pour voir des hommes
Rangez-vous, Messieurs de Duras.'

> Peuple frivole qui m'assommes
> De vers, de bals et d'opéras,
> Je suis ici pour voir des hommes;
> Rangez-vous, Messieurs de Duras.[3]

Voilà tout ce qui j'ai à vous dire pour aujourd'hui.

Ce samedi 17.

Savez-vous que l'Idole a marié son fils[4] à Mlle des Alleurs; la Maréchale de Luxembourg a donné des boucles d'oreilles magnifiques: au repas du lendemain il y avait quatre-vingts personnes, mais pas un Prince du sang, mais pas un seul; par dignité, par bienséance, etc., etc.[5] On est depuis mardi à Montmorency, on n'en reviendra que le 24; j'y suis fort invitée; mais je n'irai point. Je n'ai qu'à me louer de toutes leurs politesses; j'y ai répondu avec discrétion, et sous prétexte de ma santé, je n'ai pris nulle part à tout cela. Je crois que je vais faire une connaissance qui me sera peut-être plus utile, M. Pomme: mes insomnies deviennent trop fortes, j'observe depuis plusieurs jours le plus sévère régime, et je ne m'en trouve pas mieux.

Je pourrais bien essayer de changer l'heure de mes repas; j'y ai quelque répugnance; ce sera changer toute ma vie; il se pourrait faire que ce serait tant mieux.

J'ai interrompu Shakespeare pour une brochure de Voltaire qui a pour titre l'*A B C*.[6] Il y a seize dialogues, on m'en a lu quatre ce matin, et je n'en lirai pas davantage; il n'y a rien de plus ennuyeux; je suis très fâchée de le lui avoir demandé. Depuis quelque temps il m'envoie ses petits ouvrages. Il y en a par-ci par-là d'agréables; le plus joli de tous est la fable du *Marseillais*. Je ne puis parvenir à voir le discours[7] de d'Alembert au petit Danois; il est, dit-on, de la

---

3. The Duc de Duras, and his son, Emmanuel-Céleste-Augustin de Durfort (1741–1800), Marquis de Duras, who were delegated to be the King's escorts in his visit to France. The French men of letters were offended because the King had been overwhelmed with social rather than intellectual entertainment during his visit. These verses have been attributed to Chamfort, and to the Chevalier de Boufflers (Grimm viii. 221, 15 Dec. 1768).

4. 'Le Roi et la famille royale signent le 7 décembre le contrat de mariage du Comte de Boufflers avec demoiselle Désalleurs, fille du Comte Désalleurs, ci-devant

ambassadeur à la Porte' (*Rép. de la Gazette*).

5. She alludes to the Prince de Conti's not being present (B).

6. *L'A, B, C, ou Dialogues entre A, B, C, traduit de l'anglais de M. Huet*, Londres, 1762 (Voltaire, *Œuvres* xxvii. 311). The imprint and date are probably false.

7. *L'Influence et l'utilité réciproques de la philosophie envers les princes et des princes envers la philosophie*, delivered at a meeting of the Académie des Sciences, when the King of Denmark was present, 3 Dec. 1768 (see Grimm, viii. 216, 15 Dec. 1768).

dernière insolence. On ne parle plus de ce petit Roi; nous avons d'autres sujets de conversation; ils sont plus sérieux, mais c'est de quoi je ne vous parlerai pas. Si vous étiez ici, vous vous en occuperiez, j'en suis sûre; mais votre maudite goutte a dérangé tous vos projets, a détruit tous mes châteaux. Le Président traîne toujours sa déplorable vie; je passe presque toutes les soirées chez lui, excepté quand la grand'maman est à Paris; il y a longtemps qu'elle n'y est venue, et elle n'y reviendra pas si tôt; mais peut-être par la suite passerai-je bien du temps avec elle. J'espère avoir de vos nouvelles demain, cette lettre partira toujours, je ne saurais m'imaginer que vous vouliez rompre toute correspondance.

Ce dimanche 18, à 7 heures du matin.

Voilà le jour critique; je ne veux point attendre l'arrivée du facteur pour ajouter à cette lettre; ce qu'il m'apportera ou ce qu'il ne m'apportera pas pourrait me couper la parole; je vais donc vous débrider tout ce que je veux vous dire.

Je vis hier le grand Abbé qui arrivait de Versailles. La grand' maman ne se porte point bien, elle a des indigestions, des maux d'estomac, de la toux, des insomnies, elle maigrit. On dit que son esprit est tranquille, je le souhaite, mais j'en doute; elle ne viendra pas ici de longtemps; le Roi ne quittera Versailles que le 27, qu'il ira passer deux jours à Bellevue pour faire détendre et tendre son appartement.[8] On prédit plusieurs événements pour le commencement de l'année; mais je ne saurais croire à ces prophéties, cependant je ne laisse pas de les craindre.[9]

Je fus hier priée à souper chez Milady Pembroke, avec tous [les] Anglais, car il y en a qui ne me renient pas; mais je n'y fus point; j'étais priée chez Mme de Mirepoix. J'y fis un souper fort agréable; de la conversation, de la gaîté; nous n'étions pas tous fils de Ducs et Pairs (comme disait M. de Bezons);[10] mais nous n'en étions pas moins tous gens de bonne compagnie. Ces sortes de soupers sont fort rares, et ce n'est ordinairement que chez la grand'maman que l'on en fait de semblables; chez le Président, chez moi et partout ailleurs, ils sont déplorables.

8. Which had been hung with black upon the death of the Queen (B).

9. D probably refers to the growing power of Mme du Barry whose presentation at Versailles was impending, and who favoured the Duc d'Aiguillon rather than the Duc de Choiseul.

10. Probably Jacques-Gabriel Bazin (b.

Vous voyez l'heure où je vous écris, je n'ai pas encore fermé l'œil. Je n'ai plus que deux ressources pour ma guérison, la première est la plus infaillible, ce serait une réconciliation parfaite avec vous; la seconde, les ordonnances de M. Pomme; mais je suis persuadée que la première me rendrait la seconde superflue. Ce que je vous dis est très vrai; je ne prends point de ton pathétique pour vous le dire; je voudrais n'en avoir jamais fait usage avec vous sur aucun sujet, mais on ne peut pas remédier à ce qui s'est passé, il faut seulement espérer qu'il n'est pas irréparable, s'il est ineffaçable. Mon dernier crime pourrait s'excuser, et je ne craindrais pas d'être condamnée par aucun juge si ce procès était plaidé, mais je ne veux avoir d'autre juge que vous-même, il suffit que vous me trouviez coupable pour que je convienne de l'être. Mon procès est perdu sitôt que je connais que je vous ai déplu, mais écoutez-moi et croyez-moi: je vous promets de me conformer à l'avenir à toutes vos volontés, à toutes vos intentions, et je me soumets à une entière rupture si vous trouvez dans aucune de mes lettres une parole malsonnante. En vérité ce serait grand dommage de se brouiller pour de telles bagatelles. Qu'est ce qui vous estimera jamais plus que je fais? Qui est-ce qui dans l'univers pourrait me dédommager de vous? Ah! ne nous brouillons jamais, et *sans nous aimer,* ou du moins sans jamais nous le dire, vivons encore quelques années en paix; vous aurez du temps de reste pour tout ce qui pourra me remplacer. Ce sont les derniers mots que j'écrirai et que j'articulerai sur ce sujet. Il faut encore que j'y ajoute que si vous revenez ici, comme je l'espère, vous me trouverez toute différente de votre dernier voyage; le plaisir que j'aurai de vous voir ne sera pas moindre, mais les marques que je vous en donnerai ne seront pas les mêmes. Je me suis hâtée de vous dire tout ceci pour n'avoir plus rien à dire après l'arrivée du facteur, j'ai le pressentiment qu'il ne m'apportera rien. Si je ne me trompe pas je croirai que c'est une punition et non pas une rupture; une rupture, ce n'est point votre usage; vous êtes dur, variable, mais vous êtes bon et constant. Adieu, si je n'ai point de lettre je n'ajouterai rien. Milord Carlisle dit qu'il attend Lindor.[11]

1725), Marquis de Bezons, husband of Pont-de-Veyle's friend, the Marquise de Bezons.

11. 'Tell me if I shall take lodgings for you. Where shall I take them? If you disappoint me I shall be furious. The blind woman is in raptures. She charged me to say a thousand things to induce you to pursue your intentions' (Lord Carlisle to Selwyn 11 Dec. 1768, John Heneage Jesse, *George Selwyn and his Contemporaries,* 1882, ii. 355–6).

À 3 heures.

Il n'y a point de courrier, il n'y a rien à conclure.

J'ai oublié de vous dire que dans le magnifique repas de Madame de Luxembourg pour la noce,[12] vous et moi y avons beaucoup brillé, vous par votre grande jatte bleue, et moi par mes petites corbeilles, l'une et l'autre furent remarquées, vous fûtes trouvé fort beau et moi fort jolie.

J'ai lu ce matin *Richard III*.[13] O l'effroyable bossu! Comment vous est-il venu l'idée de le justifier? Quand il aurait été un peu moins laid et un peu moins scélérat, c'était toujours un monstre; il faut avoir un grand amour pour la vérité, pour se plaire à faire des recherches sur un tel personnage. Mais, comme dit Fontenelle,[13a] il y a des hochets pour tout âge, et il y en a de tout genre; je n'en trouve point pour moi, il n'y a presque plus rien qui m'amuse ni qui m'intéresse. Le premier dialogue de l'*A B C* de Voltaire, est le moins ennuyeux des quatre que j'ai lus: c'est un parallèle de Grotius,[13b] de Hobbes[13c] et de Montesquieu. Il conclut que Grotius était un savant, Hobbes un philosophe, Montesquieu un bel esprit; il rabaisse autant qu'il peut celui-ci. Dans la dernière lettre qu'il m'a écrite,[14] il me parle encore de cette brochure contre le Président; il me dit qu'il ne fait que d'apprendre qui en est l'auteur, et il ne me le nomme point. Précédemment il l'avait attribuée à trois autres, d'abord à La Beaumelle, ensuite à un M. Beloste,[15] et puis au Marquis de Bélesta; aujourd'hui ce n'est plus aucun des trois, c'en est un autre. Il a fait un tour d'écolier. M. de Choiseul a reçu une lettre de lui qu'il écrivait à sa nièce,[16] où il lui raconte l'inquiétude qu'il a d'être mal avec M. de Choiseul pour avoir écrit contre La Bletterie; il lui dit les raisons qui l'y ont engagé, et la méprise de la suscription prouvera à M. de Choiseul la vérité de tout ce qu'il dit, parce qu'il est bien clair qu'il ne comptait pas que le ministre vît jamais cette lettre. Ne voilà-t-il pas un tour bien ingénieux et bien neuf? Voici une épigramme que l'on

---

12. The wedding of the Comte de Boufflers and Mlle des Alleurs, to whom D and HW had evidently sent presents.

13. Shakespeare's tragedy.

13a. Bernard Le Bovier de Fontenelle (1657–1757), writer.

13b. Hugo Groot (1583–1645), called Grotius, Dutch writer and statesman.

13c. Thomas Hobbes (1588–1679), English philosopher.

14. Voltaire to D 7 Dec. 1768 (Voltaire, *Œuvres* xlvi. 183).

15. A mistake by Voltaire for the Marquis de Bélesta, who had probably collaborated with La Beaumelle in writing the *Examen* (Bibl. Nat. Cat.).

16. Missing.

croit être de Dorat, contre qui Voltaire en avait fait une que je vous ai envoyée:[16a]

> Bon Dieu! que cet auteur est jeune à soixante ans!
> Bon Dieu! quand il sourit comme il grince les dents!
> Que ce vieil Apollon a bien l'air d'un satyre!
> Sa rage est éternelle et son génie expire.
> Qu'il fait de beaux vers! qu'il montre un mauvais cœur!
> Qu'il craint peu le mépris, pourvu qu'on le renomme!
> Que j'admire ce grand auteur!
> Et que je plains ce petit homme![17]

Adieu, mon tuteur. Je redeviendrai[18] votre petite quand il vous plaira, le plus tôt serait le mieux.

To MADAME DU DEFFAND, Tuesday
20 December 1768, N° 68

Missing. Marked X in *Paris Journals*. Written at Arlington Street. Answered, 27 Dec.

To MADAME DU DEFFAND, Friday
23 December 1768, N° 69

Missing. Probably written at Arlington Street. Answered, 28 Dec.

From MADAME DU DEFFAND, Tuesday
27 December 1768

Memorandum by HW (unexplained): L'état présent du Christ. 137

219

N° 70. Ce mardi 27 décembre.

LA poste n'a pas le sens commun, les lettres n'arrivent plus que les lundis après dîner, ce qui fait qu'on n'y peut répondre que l'ordinaire d'après. Mais nous ne sommes point esclaves de la régularité,

16a. See *ante* 30 Jan. 1768.
17. Two MS copies of this epigram were bequeathed by D to HW. One copy is almost identical with the one given here; the other begins:

'Mon dieu! que ce vieillard est jeune à soixante ans

Mon dieu! quand il sourit comme il grince les dents;
Sa haine est éternelle et son génie expire.'
18. 'Reviendrai' in the MS.

le plus grand mal qui en résulte, c'est que les nouvelles de la gazette préviennent souvent celles que contiennent vos lettres.

Ce M. Wilkes[1] est un spectacle pour votre pays, et produit de l'intérêt et de la gaîté. Ce qui se passe ici n'est pas de même; l'incertitude et l'inquiétude, voilà notre partage.

Je vous dois bien des remercîments de la peine que vous avez prise de me transcrire l'écrit de Jean-Jacques,[2] j'y ai bien du regret, je l'ai depuis plus d'un mois. Les réflexions qu'il vous a fournies sont très solides et très agréables. Vous ne me dites point s'il persiste à venir en Angleterre; et vous ne me parlez pas non plus de Madame votre sœur,[3] qui devait, m'avez-vous mandé, passer trois semaines avec vous. J'ai reçu une lettre de Mlle Lloyd, toute pleine d'amitié, elle me mande vous avoir vu, que vous êtes fort gai, et que vous vous portez fort bien, mais qu'il n'en est pas de même du petit Craufurd; il n'est pas, dit-elle, encore décidé s'il viendra ici, non plus que Lindor. Je ne connais point du tout notre ambassadrice et sa sœur;[4] je sais qu'elles sont aimables, et le succès qu'elles ont chez vous me donne bonne opinion d'elles.

Je vois très fréquemment votre feue ambassadrice,[5] je persévère à la trouver amphigourique; monsieur votre cousin[6] me paraît du dernier bien avec elle, elle aime fort tous vos collatéraux. Je me fais expliquer vos lettres par celui-ci, je me suis persuadée qu'elles étaient autant pour lui que pour moi.

Depuis le 6 ou 7 de ce mois je n'ai point vu la grand'maman; je soupe avec elle ce soir, apparemment qu'elle me parlera de votre lettre que je lui ai fait tenir à Versailles; j'attendrai pour fermer celle-ci que j'aie à vous mander ce qu'elle m'aura dit. J'ai reçu ces jours-ci une lettre de Voltaire[7] extravagante et assez plate. Mme d'Ai-

1. Wilkes demanded that Lords Temple, Sandwich, and March appear to be examined by him at the House of Commons. There were riots at the election for Middlesex (see HW to Mann 2 Dec. and 20 Dec. 1768).

2. Probably Rousseau's *Jugement du public sur mon compte*. Wiart's MS copy was bequeathed by D to HW. It was printed in the *London Chronicle* xxv. 63, 18 Jan. 1769.

3. Lady Maria (or Mary) Walpole (d. 1801), legitimated natural dau. of Sir Robert Walpole by Maria Skerrett, m. (1746)

Charles Churchill (COLE i. 165, GM 1801, lxxi. pt i. 481). Her visit is not mentioned elsewhere.

4. Diane-Adélaïde de Rochechouart (d. 1794), m. (1751) Louis-Marie-Florent, Comte du Châtelet, French ambassador to England, and her sister, Zéphirine-Félicité de Rochechouart (1733–76), m. (1755) Jacques-François, Marquis de Damas d'Antigny.

5. Lady Rochford.

6. Probably Robert Walpole.

7. Voltaire to D 12 Dec. 1768 (Voltaire, *Œuvres* xlvi. 187).

guillon m'a donné pour mes étrennes son buste; c'est-à-dire celui de Voltaire; il est, dit-on, très ressemblant.[7a] Adieu jusqu'à demain.

Ce mercredi 28.

Ah! pour le coup la poste est une extravagante, mais elle le peut être de cette manière-là tant qu'elle voudra, je le trouverai fort bon. Imaginez-vous que je reçus hier à trois heures votre lettre du 23. C'est une richesse, c'est une abondance, mais c'est une prodigalité que vous réparerez j'imagine dans la suite par une grande économie. Ne vous contraignez jamais. Voltaire n'est pas le seul qui fasse des révolutions dans les têtes; il en est arrivé une dans une tête de ma connaissance des plus complètes, dont il n'a pas l'honneur; il est dû à un autre philosophe, dont les raisonnements sont souvent peu justes, mais dont l'éloquence est un peu sauvage et farouche; c'est du beau Shakespeare. Mais à propos, tout ce que vous me conseillez de lire, n'est point traduit, il n'y a du siècle du Roi Jean et de Henry VI que la mort de celui-ci, qui était je crois sous Louis XI. M. de la Place,[8] le traducteur, n'a fait que l'analyse et quelques extraits de presque toutes les pièces; il n'y en a, je crois, que dix ou douze de traduites, encore avec beaucoup de retranchement. Oh! je suis pour vous, je trouve Shakespeare un beau et grand génie.

La grand'maman avait laissé votre lettre[9] à Versailles, elle croyait me l'avoir envoyée, elle me l'enverra, elle m'a dit en être fort contente; je lui ai demandé si elle était sans prétentions: 'Oh! oui,' m'a-t-elle dit, 'fort naturelle.' Je n'ai point vu le grand-papa, ma faveur n'est pas dans son apogée; si je n'avais pas la conscience plus nette et plus transparente que le cristal, je serais inquiète, mais j'observe que quand je suis intacte sur toutes sortes de fautes je suis exempte d'aucune sorte d'inquiétude. Ah! que le monde est drôle, et comme dit M. de la Rochefoucauld[10] (je pense que c'est lui), qu'il est difficile d'être content de quelqu'un; chaque maison est un temple, et a son idole, malgré qu'on en ait il faut avoir souvent l'encensoir à la main. Je casserais volontiers les têtes qui me forcent à cet exercice. Je voudrais savoir si on revenait une seconde fois au monde avec l'expérience qu'on aurait acquise dans la première, si l'on serait plus

---

7a. This bust in plaster, repaired, was put in D's 'Cabinet de toilette' (Appendix 2).

8. Pierre-Antoine de la Place (1707–93), translator of English books (*Lalanne*).

9. HW to Mme de Choiseul 13 Dec. 1768.

10. Perhaps D is thinking of La Rochefoucauld's *Maximes,* No. ccclxxxv: 'On est presque également difficile à contenter quand on a beaucoup d'amour et quand on n'en a plus guère.'

heureux et plus sage; je crois que non; connaissant mieux les hommes, on se trouverait encore plus malheureux d'avoir besoin d'eux; et quand on n'est pas heureux est-on sage? Qu'est-ce que c'est qu'une sagesse qui ne produit ni satisfaction ni plaisir? Je ne demande pourtant ni l'une ni l'autre, je ne désire que l'exemption de l'ennui; mais j'éprouve que le fruit que je tire de ma philosophie, est de m'ennuyer beaucoup plus que je ne ferais si j'étais livrée à quelque passion ou agitée par quelque désir:

> J'ai souhaité l'indolence et j'y suis parvenue,
> Mais en la souhaitant je ne l'ai pas connue.[11]

Vous ne la connaîtrez jamais et je vous en félicite. Si vous étiez né français avec votre caractère anglais, vous deviendriez fol. Oh! ce pays-ci n'est pas fait pour vous, vous ferez un grand effort si vous y revenez jamais; vous dites que cela arrivera un jour, je ne doute pas que vous ne le pensiez; mais dans quel temps de l'année peut-on placer un voyage? La chose publique occupe pendant six mois, puis vient le temps des campagnes, ensuite l'hiver, sans compter les accidents extraordinaires et imprévus. Oh! non, non, quiconque a pour ami un Anglais doit s'accommoder d'une absence éternelle, et ne pas s'aviser d'en marquer le moindre chagrin; non-seulement il faut supporter l'absence, il faut encore ne laisser voir aucune inquiétude pour les maladies; sans quoi, si c'est une femme, les marques d'intérêt qu'elle donne la rendent une Mme de Lursay,[12] ou telle autre quelconque des impudentes héroïnes des romans de Crébillon. Brisons-là; ce souvenir allume ma bile.

Je donnai hier les étrennes à la grand'maman; c'était un œuf, qui en contenait cinq autres, dont le dernier était d'or, dans lequel il y avait une petite bague. J'avais eu recours à tous mes poètes, qui comme de raison m'abandonnèrent, et me confirmèrent dans l'estime que j'ai pour la fable de l'alouette et de ses petits:[13] *ne t'attends qu'à toi seul.* Je fis mon couplet,[14] c'est-à-dire je parodiai une ancienne

11. 'J'ai souhaité l'empire et j'y suis parvenu
Mais en le souhaitant je ne l'ai pas connu.'
(Corneille, *Cinna* II. i.)

12. The Marquise de Lursay, a character in *Les Égarements du cœur et de l'esprit*, novel by Crébillon fils. She is a friend of the hero's mother, and makes advances to the hero.

13. La Fontaine, *Fables* iv. 22.

14. A copy of these verses, in Wiart's hand, was in D's bequest to HW:

'Ma grand'maman, de votre cœur
Cet œuf me semble être l'emblème
Tournez, en changeant de couleurs:
Sa forme toujours est la même,
Tournez, et retournez encore
Vous verrez que le fond est d'or.'

chanson,[15] cela nous amusa un quart d'heure; mais je m'aperçois que je pourrais bien ne vous pas amuser si je rendais cette lettre plus longue. Adieu donc.

A l'égard du nom de *petite*,[16] je n'insiste point, je me suis même reprochée de vous en avoir parlé.

Je n'ai point l'adresse de Mlle Lloyd, ainsi vous en payerez le port.

To MADAME DU DEFFAND, Friday
30 December 1768, N° 70

Missing. Probably written from Arlington Street. Answered, 5 Jan.

From MADAME DU DEFFAND, Thursday 5 January 1769

N° 71. Paris, ce 5 janvier 1769.

JE continue à numéroter mes lettres, il y a longtemps que les vô-tres ne le sont plus; il n'y a pas grand mal à cela. J'aurais dû re-cevoir hier la lettre que je reçois aujourd'hui,[1] mais les facteurs dans ce temps-ci n'apportent les lettres que le lendemain du jour qu'elles arrivent, ce qui fait qu'on ne peut y répondre que trois jours après; celle-ci ne partira que lundi, il n'y a pas encore grand mal à cela, vous n'êtes pas difficile à vivre.

Il faut aimer terriblement Crébillon pour avoir la patience de lire son dernier ouvrage,[2] j'entends dire à tout le monde qu'il n'y a jamais rien eu de plus mauvais, je me garderai bien de le lire; c'est un auteur sans esprit, sans goût, dont la prétention a été d'imiter Ham-ilton,[3] et qui a été comme l'âne de la fable qui imite le petit chien.[4] Je comprends que vous auriez été fort aise que vos ambassadrices[5] n'eussent été à Strawberry Hill que dans le beau temps, mais elles

---

15. The couplet is inscribed 'sur l'air du *Confiteor.*'

16. That is, HW's name for D. He had apparently in one of his recent scoldings abandoned it for 'Madame' and been scolded in his turn (see *ante* 31 Oct. 1768).

1. HW to D 30 Dec. 1768 (missing).

2. *Lettres de la Duchesse de —— au Duc de ——*, published 1768 (Grimm viii. 206, 15 Nov. 1768).

3. Anthony Hamilton, author of the *Mémoires de Gramont*.

4. La Fontaine, *Fables* iv. 5.

5. Mme du Châtelet, and her sister, Mme de Damas.

vous y rendront sans doute plus d'une visite;[6] je conviens qu'il aurait mieux valu qu'elles y eussent été pour la première fois dans toute sa beauté. Je ne connais point du tout ces deux dames, mais je ne doute pas que vous n'en jugiez très bien; elles sont toutes deux très raisonnables, l'aînée[7] est, dit-on, indolente, et la cadette[8] fort vive; il me semble qu'on a chez vous beaucoup d'attention pour elles, sans doute qu'elles reviendront contentes de leur séjour et qu'elles en diront du bien.

La grand'maman a passé deux jours ici, elle s'en retourne aujourd'hui. Je n'ai vu son mari qu'une seule fois depuis Fontainebleau, on dit que je n'en suis pas moins bien avec lui; il voit actuellement fort souvent les Idoles, il fait avec eux des petits soupers; c'est du nombre des choses qui me paraissent ineffables. Toutes les inquiétudes[9] diminuent, elles n'étaient pas plus raisonnables à prendre qu'elles ne le sont à quitter. Je vous prédis que votre Wilkes sera triomphant.

Comme cette lettre ne partira que lundi j'aurai le temps de la continuer, je n'ai pas non plus que vous beaucoup de matière pour la remplir.

Ce samedi 7.

Je vis hier M. de la Rochefoucauld,[10] il part mardi pour Londres, je le chargerai de cette lettre; vous la recevrez un ou deux jours plus tard, ce n'est pas un grand inconvénient, et j'y gagnerai de vous écrire avec moins de contrainte. Cependant je ne risquerai pas d'écrire tout ce que je pourrais vous dire à vous-même et que vraisemblablement je ne vous dirai jamais, car je compte peu sur l'espérance de vous revoir.

Ce dimanche matin.

Hier ma lettre fut interrompue, je la reprends ce matin dans l'espérance qu'après vous avoir écrit tout ce que je pense je pourrai parvenir au sommeil; mes insomnies sont d'une obstination insurmontable, j'observe le plus sévère régime, je ne mange presque plus, j'observe de ne rien manger qui me soit contraire, rien ne me réussit; je n'ai point vu M. Pomme, ni ne le verrai, non plus que

---

6. They returned in May, at which time HW gave them an elaborate entertainment (see *post* 16 May 1769).

7. Mme du Châtelet.

8. Mme de Damas.

9. Over the growing influence of Mme du Barry.

10. Louis-Alexandre de la Rochefoucauld d'Anville (1743–92), Duc de la Rochefoucauld.

tout autre médecin; qu'est-ce qu'ils me diraient? Je ne hasarderais aucun de leurs remèdes et ils ne pourraient rien ajouter à mon régime; ah! je sais bien ce qu'il me faudrait.

J'ai encore changé d'avis; ce ne sera point M. de la Rochefoucauld qui vous portera cette lettre. Je sais bien que vous n'êtes ni impatient, ni empressé, ni inquiet, mais je ne veux pas que vous soyez si longtemps sans entendre parler de moi, et vous en laisser prendre l'habitude. Je vous enverrai par M. de la Rochefoucauld des copies de lettres de la grand'maman, de Voltaire, et de moi;[11] vous trouverez peut-être que cela ne vaut pas grand'chose; cependant, comme à la mienne près je les trouve belles et jolies, et que si vous étiez ici je vous les montrerais, je me décide à vous les envoyer; vous êtes si prudent que je ne suis jamais inquiète de ce que je vous confie. Puis-je vous confier sans vous fâcher que je désire beaucoup de vous revoir? Ma frayeur est que vous n'arriviez ici que quand il n'en sera plus temps. Si j'avais dix ans de moins, ou que ma santé fut meilleure, j'aurais moins d'impatience; cependant je ne suis pas assez injuste pour penser que vous deviez tout quitter pour me venir voir; je ne désire pas même que vous fassiez ce voyage dans la mauvaise saison, ni que vous quittiez le soin de vos affaires ni de celles de vos amis. J'espérais, je l'avoue, que n'étant plus du Parlement, vous ne seriez plus si fortement occupé de la chose publique, mais peut-être celles qui vous sont particulières s'y trouvent liées nécessairement. Je m'en rapporte à vous, et me confie entièrement en votre prudence et en votre raison.

Je ne suis point encore parvenue à avoir la lettre que vous avez écrite à la grand'maman,[12] j'espère qu'elle me l'enverra aujourd'hui.

Je vous ai dit que je ne voyais plus M. de Choiseul; j'imaginai l'autre jour de lui faire une petite agacerie, qui a parfaitement réussi, à ce qu'on m'a dit; c'est un couplet que voici:

> Du grand-papa
> Je ne suis plus petite-fille
> Du grand-papa.
> Ah! je sais bien pourquoi cela!
> Dès qu'on cesse d'être gentille,
> On est rayé de la famille
> Du grand-papa.

11. See Appendix 24, and *post* 9 Jan. 1769.   12. HW to Mme de Choiseul 13 Dec. 1768.

Vous me trouvez bien sotte, mais je me plais à être à mon aise avec vous, et à me persuader que vous le trouvez bon.

Le Président tombe en enfance, son état fait grande compassion, et ne dissipe pas mes vapeurs. Quand on est sur la même route, qu'on est près du même terme, cela n'inspire pas beaucoup de gaîté. Cependant la plupart des gens qui me voient vous diraient que je ne suis pas triste; je cherche de bonne foi à me distraire, mais les nuits où l'on ne dort point sont terribles. On repasse malgré soi dans son esprit tout ce qui désespère et afflige; j'ai un ver rongeur qui ne dort pas plus que moi, je me reproche tous mes malheurs, il me paraît démontré que je me les suis tous procurés, et surtout celui qui m'est le plus sensible, et auquel il n'y a point de remède; je n'en dirai pas davantage; il faut parler d'autres choses.

J'ai été accablée d'étrennes, elles m'ont ennuyée et ruinée; j'ai déclaré très positivement que je n'en voulais plus à l'avenir.

On me conta hier que Monsieur le Duc de Chartres avait dit qu'il venait de faire une partie bien singulière, qu'il avait été à la chasse avec un ministre, un magistrat, un banquier, et un Prince. Le Prince était Monsieur le Prince de Conti, le ministre M. de Choiseul, le magistrat le premier Président,[13] et le banquier M. de la Borde. Tout cela après allèrent souper ensemble. Adieu, en voilà assez pour aujourd'hui; demain je vous écrirai un mot que je mettrai dans le paquet que vous portera M. de la Rochefoucauld. Comme il me reste plus d'une demie page je vais transcrire des vers de Saurin *À M. de Voltaire sur l'A B C.* Ils ont eu beaucoup de succès ici, et moi je les trouve plats:

> Esprit vaste et sublime, et le plus grand peut-être
> Qu'aucun pays jamais, qu'aucun âge ait vu naître,
> Voltaire, des humains le digne précepteur,
> Poursuis; en l'instruisant amuse ton lecteur,
> Et joignant à propos la force au ridicule
> Dans tes écrits, nouvel Hercule,
> Abats l'Hydre des préjugés;
> De cette nuit profonde où des fourbes célèbres
> Au nom du ciel nous ont plongés,
> Ose dissiper les ténèbres.
> Arrache à l'erreur son bandeau,
> Rends à la vérité ses droits et son flambeau;

13. Étienne-François d'Aligre (1726–98), first president of the parliament of Paris (*Almanach royal,* 1769, p. 264).

Mais du doux Fénelon ne trouble point la cendre,
Laisse au grand Montesquieu son immortalité.
Ton cœur de les aimer pourrait-il se défendre?
Du genre humain tout deux ont si bien mérité;
Ils ont pu se tromper, mais ils aimaient les hommes;
Et combien par l'amour de péchés sont couverts!
Le sublime écrivain que bel esprit tu nommes
A même en se trompant éclairé l'univers;
Nous lui devons ce que nous sommes.
    Trop libre peut-être en mes vers
Je te dis ma pensée; ô grand homme, pardonne.
Souvent par ses écrits jugeant de sa personne
Voltaire me paraît une divinité;
Mais quand rabaissant ceux que l'univers renomme,
Le génie est par toi de bel esprit traité,
Je vois avec chagrin que le dieu se fait homme.

To MADAME DU DEFFAND, Friday
6 January 1769, N° 71

Missing. Probably written at Arlington Street. Answered, 12 Jan.

From MADAME DU DEFFAND, Monday 9 January 1769

In Colmant's hand up to 'À midi'; it is finished by Wiart.

Ce lundi 9 janvier 1769, à 6 heures du matin.

VOICI un autre secrétaire, c'est que Wiart n'a point fini sa nuit, et que quand elle le sera, j'espère que je commencerai la mienne. La lettre que je vous écrivis hier vous arrivera par la poste, celle-ci vous sera rendue par Monsieur le Duc de la Rochefoucauld; je vous prie de lui faire la meilleure réception possible, elle lui est due à toutes sortes de titres; sa naissance, ses vertus, sa simplicité, etc. Joignez à cela qu'il est fort de ma connaissance, qu'il a des attentions pour moi, que je le vois souvent, et qu'en parlant comme tout le monde je pourrais dire qu'il est de mes amis; mais c'est une qualité qu'aujourd'hui je trouve que l'on ne doit accorder à personne. Il sera deux mois à Londres; il est fort curieux de votre Parlement; c'est un observateur; il faudrait que Lindor s'occupe de lui; enfin procurez-lui des connaissances, et voyez-le de temps en temps, c'est tout ce que je vous demande.

Mme de Jonzac me manda hier que le dîner d'aujourd'hui lundi était contremandé, que le Président avait entièrement perdu la tête; j'en avais été témoin la veille, mais cette confirmation me frappa, et me saisit d'une grande force. Je perds une ancienne connaissance, une habitude de cinquante ans; sa société mettait de l'agrément dans ma vie; je n'avais plus à craindre aucun inconvénient, il se repentait de ses torts; il en avait des remords, il m'en demandait pardon; enfin soit que ce fût faiblesse en lui, soit par sentiment d'amitié, je lui étais plus chère, plus nécessaire que je ne le suis à qui que ce soit au monde; mon âme est remplie de tristesse, et ma seule consolation depuis bien longtemps est qu'il me reste bien peu de moments; trouvez bon que je vous répète, que je désire de vous voir encore une fois en ma vie; n'attribuez ce désir à aucun sentiment qui puisse vous choquer; j'ai des motifs fort sérieux, et s'il y avait dans ce pays-ci quelqu'un que j'estimasse autant que vous, et en qui j'eusse autant de confiance, loin de vous presser de venir, je vous en détournerais, parce qu'il m'est bien démontré que ce séjour-ci ne peut pas vous être agréable; mais malgré le scrupule que je me fais de vouloir vous y attirer, je persiste à vous demander cette grâce, qui certainement vous acquittera, et bien par delà de ce que quelquefois vous vous figurez me devoir.

Venons aux lettres que je vous envoie;[1] il faut les lire suivant qu'elles sont numérotées, et vous souvenir que la grand'maman ne veut point de correspondance directe avec Voltaire; et qu'ainsi elle écrit à M. Dupuits, et que la réponse de Voltaire que vous voyez est faite à ce même Dupuits, mais que le dessous de la lettre est à Madame la Duchesse de Choiseul; elle fut toute étonnée de se voir appeler 'mon capitaine.'[2] Il en écrivit une autre sous l'adresse de M. de Choiseul,[3] qu'il appelait 'ma chère nièce.'[4] C'est un homme bien singulier que ce Voltaire.

Informez-vous, je vous supplie, si on connaît chez vous ce M. Huet[5] qu'il dit être l'auteur de l'*A B C.* Je ne doute pas qu'il ne mente. Je

1. See Appendix 24.
2. M. Dupuits was an officer in the dragoons.
3. See *ante* 15 Dec. 1768.
4. Mme Denis.
5. 'L'A B C est un ouvrage anglais com-

posé par un M. Huet très connu; traduit il y a six ans, imprimé en 1762' (Voltaire to D 26 Dec. 1768, Appendix 21). The whole affair was a hoax of Voltaire's, who wrote the dialogue himself in 1768.

garde le reste de cette page pour vous mander les nouvelles que j'apprendrai du Président.

À midi.

Ma nuit a été de deux ou trois heures. Wiart arrive de chez le Président, il l'a trouvé levé, il en a été très bien reconnu, il ne lui a rien dit d'insensé, mais il a l'air de ne prendre part à rien; on va lui donner des anti-scorbutiques, il n'y a pas grand bien à en espérer. Il ne verra que sa famille et moi jusqu'à ce qu'il soit en meilleur état. On ne peut s'empêcher de désirer qu'il reprenne sa connaissance entière, mais peut-être serait-il plus heureux pour lui de rester comme il est.

Je me suis fait relire ma lettre. Je vous y dis exactement ce que je pense; je me flatte que c'est ce que vous désirez que je pense; soyez bien persuadé que je penserai toujours de même. Mais vous, comment avez-vous pu penser que je ressemblais aux honnêtes dames de Crébillon?[6] Il était bien plus naturel de me regarder comme la fée Urgèle.[7] C'est une humiliation qu'il fallait que je subisse pour guérir à tout jamais ma tête et mon cœur.

Je viens de recevoir dans ce moment une grande lettre de Voltaire,[8] qui m'envoie la copie d'une lettre de M. de Bélesta, que je serais encore fort portée à croire qu'il a composée; si cela n'est pas vrai, nous sommes bien injustes.

On commence à être persuadé qu'une certaine dame[9] dont vous aurez entendu parler ne sera point présentée, je n'ai jamais cru un instant qu'on la présentât. Mais qu'est-ce que cela fait? Tant que le goût sera vif elle sera toujours à craindre, et toutes choses vont assez mal pour donner sujet à des inquiétudes. Monsieur le Duc de Choiseul fait de fréquentes parties de chasse avec les Idoles; on dit que la divine Comtesse[10] lui plaît infiniment. Tout cela ne fait rien à la grand'maman, et elle a raison, ni à moi non plus, je vous assure.

Je vois assez souvent votre cousin, il me plaît beaucoup, je crois qu'il vous plaira aussi; je suis curieuse de voir l'effet qu'il fera sur vous, et si son manque d'usage vous choquera, pour moi il ne me choque pas, tout au contraire; c'est une originalité qui me divertit.

6. See *ante* 27 Dec. 1768.
7. Comedy by Favart.
8. Voltaire to D 4 Jan. 1769 (S–A i. 188), printed by M. de Sainte-Aulaire from a copy made by the Prince de Beauvau.
9. Mme du Barry.
10. De Boufflers.

La belle Comtesse[11] le voit de très bon œil, et il me paraît qu'elle est fort à son gré.

Nous aurons mercredi un lit de justice, nos finances vont mal, je ne suis pas encore payée de ma pension. Adieu.

From MADAME DU DEFFAND, Thursday 12 January 1769

Entirely in Colmant's hand.

Ce jeudi 12 janvier 1769, à 7 heures du matin.

LES vents et les postillons ont pour cette fois-ci très bien fait leur devoir; votre lettre du 6 est arrivée hier le 11, elle ne m'a point fait l'effet de l'opium; mais je n'y répondrai pas; il vaut mieux vous raconter ma soirée d'hier. Je fus souper chez la grand'maman; le grand-papa arriva comme nous étions à table, il me combla de caresses; ce beau couplet[1] que je vous ai envoyé l'avait charmé; jamais je n'ai été si bien avec lui et ce refroidissement que je lui supposais était une pure vision; il me demanda beaucoup de vos nouvelles; quand vous reviendriez; pourquoi vous ne vous faisiez pas nommer notre ambassadeur; je répondis à toutes ces questions avec la prudence d'un serpent, la simplicité d'une colombe, et l'ignorance d'un baudet; il reparla de votre lettre à Jean-Jacques,[2] qu'il traite de chef-d'œuvre, il l'aime à la folie; la grand'maman était charmée de ce que le grand-papa aimait sa petite famille; enfin je passai une soirée fort douce, qui aurait dû me procurer une bonne nuit; mais il est sept heures, et je n'ai pas encore fermé l'œil; ma grand'maman en la quittant me donna votre lettre[3] qu'elle m'avait promise, et qu'elle avait toujours oubliée. J'en suis si contente, que c'est elle qui m'a déterminée à vous écrire aujourd'hui; j'étais dans la résolution hier d'attendre une nouvelle lettre de vous avant de vous écrire; savez-vous, Monsieur, que si la grand'maman s'avisait de m'appeler *Madame,* je ne lui écrirais plus jusqu'à ce qu'elle m'eût rendu mon nom et mes titres?

Nous eûmes hier un lit de justice, qui se tint à Versailles; la grand' maman y était, elle nous en fit une relation très détaillée; le premier

---

11. De Forcalquier.

1. See *ante* 27 Dec. 1768.
2. HW to Rousseau under the name of the King of Prussia, Jan. 1766.

3. HW to Mme de Choiseul 13 Dec. 1768.

président[4] dit dans sa harangue que les grandes qualités du Roi avaient attiré à sa cour deux puissants monarques;[5] ce trait ressemble assez au discours de L'Intimé dans *Les Plaideurs*, 'quand je vois le soleil, et quand je vois la lune';[6] celui-ci était pour en venir à un chien, et l'autre pour en venir à la continuation du vingtième;[6a] on n'a jamais été aussi sot qu'on l'est aujourd'hui.

Je vous prie très fort de continuer à me mander des nouvelles de M. Wilkes; je persiste à dire qu'elles sont autant pour votre cousin que pour moi; elles lui apprennent des circonstances qu'on néglige de lui mander.

Oh! c'est votre tour de vous récrier sur ma profusion et sur ma prodigalité; voilà la troisième lettre que je vous écris depuis dimanche. Eh bien! quand vous concluriez qu'une telle dépense sera suivie d'économie, je vous dirais que vous vous trompez, et je ne me fâcherais pas; je pourrai bien vous écrire encore dimanche prochain par Milord Fitzwilliam[7] qui s'en retourne à Londres.

Adieu, Monsieur, je relirai tantôt votre lettre, et j'y répondrai dimanche si j'y trouve quelque article qui exige une réponse.

La tête du Président revient par intervalles, mais il a de fréquentes disparates; rien n'est plus triste.

La grand'maman me recommanda bien hier de lui rapporter votre lettre, parce qu'elle y veut répondre incessamment; elle n'a pas un moment à elle; mais soyez sûr qu'elle ne vous oublie point, qu'elle vous aime, et qu'elle désire beaucoup que vous veniez prendre votre place à nos petits soupers; je puis vous dire avec vérité qu'ils sont charmants, et que les gens qui sont admis vous conviendraient fort.

Adieu encore une fois; plus d'humeur, si ce n'est par amitié, que ce soit par pitié. Je souperai encore ce soir avec la grand'maman. Je ferai infidélité à la belle Comtesse chez qui j'étais engagée, mais je chargerai votre cousin de [le] lui faire trouver bon.

4. Étienne-François d'Aligre.

5. '. . . qui a attiré sous votre règne deux souverains du nord dans vos états, pour venir admirer vos talents' (*Mercure historique* clxvi. 180, 1 Feb. 1769). The two sovereigns were probably the Prince of Brunswick and Christian VII of Denmark.

6. By Petitjean, not by L'Intimé:

'Lorsque je vois, parmi tant d'hommes différents,
Pas une étoile fixe, et tant d'astres errants,
Quand je vois les Césars, quand je vois leur fortune,

Quand je vois le soleil, et quand je vois la lune. . . .'

(Racine, *Les Plaideurs*, iii. 3.)

6a. The continuation till July 1772 of a 5% tax (*Mercure historique* clxvi. 182).

7. William Wentworth-Fitzwilliam (1748–1833), 2d E. 'On Thursday [19 Jan.], Earl Fitzwilliam arrived at his house in Dover Street from the south of France where his lordship has been upwards of two years past' (*London Chronicle* xxv. 70, 21 Jan. 1769).

From Madame du Deffand, Saturday 14 January 1769

Nº 72. Paris, ce 14 janvier 1769.

JE veux mourir si j'ai jamais l'intention de vous gronder et de vous picoter; mon estime pour vous va jusqu'au respect et même à la crainte; mais j'ai souvent des accès de haine pour moi-même, de tristesse, de repentir, de remords; je me crois insupportable à tout le monde, et qu'on me trouve aussi haïssable que je le suis. Dans ces moments, malheur à vous et à la grand'maman, quand il me prend envie de vous écrire! ce n'est que vous deux qui avez le privilège exclusif de supporter ma tristesse; mais la grand'maman est plus patiente que vous, elle me réconcilie avec moi-même; une soirée passée avec elle me donne du courage pour plusieurs jours. Mais gare l'arrivée de la poste! Une feuille de papier renverse tout l'édifice de mon bonheur. Je me prépare à trouver tout ce qu'il y a de pire dans votre première lettre; je serai bien surprise s'il en arrive autrement.

Ah! pourquoi, me direz-vous, étant aussi craintive, n'évitez-vous pas toutes querelles et toutes noises? Hélas! hélas! dans le temps qu'on fait mal, on ne s'aperçoit pas qu'on a tort; et puis on a des repentirs, des remords; en huit jours de temps on vieillit de dix ans, on avance à pas de géant au bout de sa carrière; on meurt, personne ne vous regrette; ainsi finit l'histoire. Ceci est l'histoire particulière. L'histoire générale est tout autre chose; elle ne consiste actuellement qu'en conjectures. On prétend que demain est le grand jour, jour où une toilette décidera peut-être du destin de l'Europe, de la destinée des ministres, etc. etc.[1] Il y a des paris; le petit nombre est pour la robe de chambre, je suis de ceux-là. Le grand nombre est pour le grand habit; on s'appuie sur le témoignage des tailleurs, des couturières, des maîtres à danser. Ce sont bien en effet des prophètes qu'on peut croire. Tout cela dépend d'un degré de chaleur, et ce degré est, dit-on, au plus haut; on n'aime plus le jeu ni la chasse, les dames des soupers sont négligées, les courtisans désœuvrés, ils ne sont point encore admis dans les sacrés mystères, ils ont le ton frondeur; ils en changeront bien vite, si la toilette change. Mes grands parents[2] n'ont pas l'air d'être inquiets, leur gaîté se soutient; mais mon étoile leur

1. The presentation of Mme du Barry at the court of Louis XV. This event took place at the end of the following April (B). See *post* 3 May 1769.

2. M. and Mme de Choiseul.

portera malheur. Leur intention actuelle est de me donner des preuves solides de leur amitié; c'est un symptôme de chute et de disgrâce. S'il leur arrive malheur, j'en serai fâchée, parce que je les aime; mais par rapport à moi, je ne m'en soucierai guère, j'en vivrai davantage avec eux; et qu'est-ce que peut procurer la fortune de mieux que de vivre avec les gens qu'on aime?

Je suppose que vous êtes au fait de la divinité en question; c'est une nymphe[3] tirée des plus fameux monastères de Cythère et de Paphos. Non, non, je ne puis croire tout ce que l'on prévoit; on peut surmonter les plus grands obstacles, et être arrêté par la honte; on brave les plus grands dangers, et on est arrêté par les bienséances; enfin nous verrons. Je vous écrirai lundi 'j'ai perdu' ou 'j'ai gagné.' 'J'ai perdu,' vous apprendra la présentation; 'j'ai gagné,' qu'elle n'est point faite. Mais cela n'assurera pas qu'elle ne le soit [pas] par la suite.

Cette lettre-ci vous sera rendue par Milord Fitzwilliam, j'attendrai quelque autre occasion pour vous apprendre la suite de tout ceci.

Ne me grondez plus, mon ami, je vous en conjure, ne m'appelez plus *Madame*,[4] c'est une punition qui m'est odieuse, c'est pour moi ce qu'est le fouet pour les enfants. Vous êtes un précepteur trop sévère, vous êtes intolérant.

Je ne sais pas pourquoi je m'obstine à me soucier de vous. Adieu. Le Président est toujours dans le même état.

To Madame du Deffand, Monday
16 January 1769, N° 72

Missing. Written at Arlington Street. Answered, 25 Jan.

To Madame du Deffand, Tuesday
24 January 1769, N° 73

Missing. Probably written at Arlington Street. Answered, 29 Jan.

---

3. Mme du Barry.
4. It was HW's habit in writing to his female correspondents to insert 'madam' in the first sentence. He doubtless did this with D, without thinking, and with no desire to 'punish' her.

From Madame du Deffand, Wednesday
25 January 1769

N° 73. Paris, ce 25 janvier 1769.

VOTRE lettre du 16 n'est arrivée qu'hier 24. Le vent et les postillons sont d'accord avec vous pour me corriger et m'accoutumer à la patience; vous y réussissez tous très bien. Je vois que vous n'aviez point encore reçu le paquet de M. de la Rochefoucauld.[1] Vous aurez reçu deux lettres depuis celle où vous répondez; je ne me souviens plus du tout de ce qu'elles contiennent, je suis toujours dans le tremblement d'avoir dit quelques paroles malsonnantes, mais soyez persuadé que mon intention est bonne, et que je suis aussi éloignée que vous le pouvez désirer de vous offenser d'une manière quelconque; je vous dirai comme le Marseillais au lion:[2]

> Sire, je suis battu,
> Vos griffes et vos dents m'ont assez confondu,
> Ma tremblante raison cède en tout à la vôtre.

Je vous avais promis une suite de nouvelles et de vous mander si celle que je vous annonçais serait arrivée, mais vous ayant écrit quatre lettres en très peu de jours je trouvai que ce serait trop d'une cinquième, où je n'aurais à vous dire rien autre chose, sinon qu'il n'était rien arrivé. On dit que c'est pour aujourd'hui; vous le saurez, car je ne fermerai ma lettre que demain matin. D'autres disent que ce sera dimanche, et moi j'espère et je crois que ce ne sera jamais. J'ai parié avec quatre différentes personnes, avec deux pour aujourd'hui, avec une autre pour dimanche, et avec une quatrième pour le 1er de février; je compte gagner tous ces paris, ainsi que celui du Comte de Broglie sur M. Wilkes.[3]

Vous m'avez fait grand plaisir en m'envoyant vos vers;[4] Wiart les a traduits en attendant votre cousin; j'en trouve le sens très joli et la manière dont vous avez fait le présent. Je suis très contente de la politesse de votre Princesse;[5] mon premier mouvement a été d'envoyer à l'hôtel Jabac[5a] chercher un autre Henri IV[6] pour vous l'en-

---

1. He did not reach London until 17 Jan.: 'Yesterday arrived in Suffolk Street from Paris, the Duke de la Rochefoucauld' (*London Chronicle* xxv. 58, 18 Jan. 1768).

2. Voltaire, *Le Marseillais et le lion*, fable.

3. See *ante* 14 June 1768.

4. HW's verses to Princess Amelia (see below).

5. Princess Amelia.

5a. See *Paris Jour.* v. 264, n. 47.

6. HW had given the Princess a portrait

voyer, mais la crainte de vous déplaire me fait attendre votre permission.

Je ne sais pas ce que vous voulez dire quand vous supposez que nos aïeux[7] forment des souhaits différents;[8] ils sont du moins très d'accord dans l'occasion présente.

M. de l'Isle ne se trompe pas sur le Président, sa santé n'est point mauvaise, mais sa tête est perdue. Les disparates ne sont pas continuelles mais elles sont fréquentes; il pourrait vivre longtemps, mais sa tête ne reviendra pas; sa porte est fermée, il ne voit que sa famille et un petit nombre d'amis; je le vois tous les jours. Je n'y ai soupé qu'une fois depuis quinze jours,[9] parce que la grand'maman en a passé huit à Paris, et que j'ai soupé chez moi quatre ou cinq fois. La grand'maman se reproche de ne vous point écrire, elle en fait tous les jours le projet, mais elle a bien des choses dans la tête, bien des affaires, bien de la paresse, et bien de la faiblesse; je continue à être très contente d'elle, il ne tient pas à elle de me donner toutes sortes de marques de son amitié; j'en reçois celles auxquelles je suis le plus sensible.

Vous avez raison, la nouvelle liaison[10] du grand-papa ne se soutient pas avec vivacité, il n'y a eu que deux soupers, et on s'est extrêmement ennuyé au second; mais la sœur[11] est réconciliée, elle soupa avant-hier dans la grande pagode,[12] c'est l'Idole et son adorateur le banquier[13] qui ont fait cette réconciliation. Les spéculatifs prétendent qu'il y a les plus superbes projets. Que diriez-vous si vous appreniez que le Turc et la Russie[14] seraient mis d'accord par le dieu[15] de la pagode? Je ne sais si vous m'entendez, mais je ne sais pas m'ex-

of Henri IV (see below). On his visit to Paris, 1767, HW had paid 36 livres for a snuff-box with Henri IV's picture (see *Paris Jour.*), which he may have presented to the Princess. T suggests that he gave her a Sèvres medallion of Henri IV, and that the one mentioned in *Description* was a replica given by D to replace it.

7. The Choiseuls, 'grandparents' of D and HW.

8. Possibly HW had suggested that Mme de Choiseul might be glad to have her husband retire, so that she could be with him more often.

9. 'The blind woman has invited herself to supper with me; with Mademoiselle Faulkolkice (how the deuce her queer name is spelt I do not know), and half a

dozen more. She says I must ask the Duchesse d'Aiguillon; I have no chair large enough for her' (Lord Carlisle to Selwyn 10 Jan. 1769, in John Heneage Jesse, *George Selwyn and his Contemporaries*, 1882, ii. 359).

10. With Mme de Boufflers (see *ante* 5 Jan. and 9 Jan. 1769).

11. Mme de Gramont, sister of M. de Choiseul.

12. The Temple, home of the Prince de Conti, and his 'Idole,' Mme de Boufflers.

13. M. de la Borde.

14. The two nations were then at war. D perhaps means the Duc de Choiseul and Mme du Barry.

15. Prince de Conti.

pliquer mieux que cela. Tout cela sont des billevesées, mais très dignes d'entrer dans les têtes que nous connaissons.

M. de Montigny a perdu son père.[16] Malgré le crédit que Mme de Montigny a sur son beau-frère, le contrôleur général,[17] je n'ai point encore été payée de ma pension.

J'ai reçu aujourd'hui la lettre du monde la plus tendre de M. Craufurd. Il se prétend toujours très malade, et je crains qu'il ne dise vrai.

Je crois Lindor abîmé dans la politique; il n'a point répondu à ma dernière lettre,[18] dans laquelle je lui donnais une commission. Je ne sais de quelle manière se sert le Général Irwin dans celles qu'il prend la peine de faire; la grand'maman n'entend point parler de son clavecin, ni moi de mes livres; ceux-ci sont partis de Londres plus d'un mois avant qu'il partît d'ici, et il y a plus de trois semaines que la grand'maman devait avoir son clavecin. Adieu.

Ce jeudi, à 7 heures du matin.

J'ai gagné mon premier pari; on dit que c'est une entorse qui en est cause, et que cela n'est que différé.

J'ai fait voir vos vers à votre cousin, il a été content de la traduction de Wiart;[19] la voici, corrigez-la:

Vois, grand Henri, de la sphère céleste,
Le charmant triomphe que le destin te réservait,
La plus belle princesse de la maison de Brunswic,
Quoique d'une main comme la mienne, accepte ton portrait.
Ses vertus sont semblables aux tiennes,
Et elle seule est digne de les avoir couronnées.

Il me semble que j'aurais bien des choses à vous dire, mais je suis comme l'Apollon d'un certain temple, j'ai le corps et l'esprit des-

16. Daniel-Charles de Trudaine (1703–69) died at Paris, 19 Jan.

17. Etienne Maynon d'Invault, whose wife, Adélaïde-Agnès-Élisabeth Bouvard de Fourqueux, was sister of Mme Trudaine de Montigny (*Rép. de la Gazette*).

18. D's latest letter to Selwyn, in the collection of the Society of Antiquaries, is dated 25 Nov. 1768.

19. Two translations of this poem, in Wiart's hand, were bequeathed by D to HW. One version is like the one quoted here, except that 'la,' in the first line, is given as 'ta.' The second version is different:

'De ta céleste sphère vois grand Henri
Le riant triomphe que le destin te réservait,
La plus belle fille de la maison de Brunswic
Accepte ton portrait, quoique d'une main comme la mienne.
Ses vertus sont semblables aux tiennes
Lesquelles vertus elle seule est digne de les avoir couronnées.'
Both versions exaggerate the attractions of the princess, who was 58 years old, deaf, and plain.

séchés, je n'ai de moments de gaîté qu'avec la grand'maman; je souperai encore avec elle ce soir, et puis demain elle partira pour Versailles.

Je demandai hier à votre cousin si on pouvait écrire par lui sans inconvénient, il dit que oui, quand il envoie des courriers. Il en partira un dans quinze jours. Voulez-vous que je vous envoie une lettre du parlement de Dijon[20] sur les affaires de Bretagne, et le discours[21] du premier président de la cour des aides à Monsieur le Duc de Chartres quand il alla faire enregistrer les édits du lit de justice? Ces deux pièces sont bien écrites. S'il y a quelque chose de nouveau et qui en vaille la peine je vous les enverrai par ce courrier.

Nous devons faire un souper lundi prochain chez Milord Carlisle; c'est un enfant très aimable, d'une politesse et d'une douceur extrêmes, je lui crois beaucoup d'esprit; il ne pense plus à Milady Sarah, il me paraît que les objets présents[22] lui font oublier les absents, vous m'entendez. Milady Rochford nous restera jusqu'au mois de mars, elle soupe les dimanches chez moi; j'ai abandonné la prétention de l'entendre, nos conversations sont des coq-à-l'âne. Je serai bien aise quand vous connaîtrez votre cousin, son caractère vous plaira, il est tel que la nature l'a fait, on n'y aperçoit point la main d'œuvre; je ne le vois pas souvent. Il ne me paraît pas d'humeur à former des liaisons particulières, tout lui est assez égal, cependant il n'a point l'air ni froid ni indifférent, il ne doit plaire qu'à ceux qui ne jugent pas par l'écorce.

Adieu, je ne suis pas en train d'écrire.

From MADAME DU DEFFAND, Sunday 29 January 1769

Ce dimanche, 29 janvier 1769.

QUE répondre à votre lettre? rien du tout; c'est le parti que je prends pour celle-ci et pour toutes les autres; je n'ai point de promesse à vous faire, mais je m'en fais à moi-même et j'y serai fidèle.

20. Wiart's copy of this appeal was bequeathed by D to HW. It is entitled 'Lettre du Parlement de Bourgogne au Roi sur le rétablissement de celui de Bretagne.'

21. Wiart's copy of this *Discours*, now wsl, is in the same bequest. The premier président de la cour des aides was Chrétien-Guillaume de Lamoignon de Malesherbes.

22. 'If they tell you I am in love with Lady P[embroke], do not believe them' (Lord Carlisle to Selwyn 7 Dec. 1768, in John Heneage Jesse, *George Selwyn and his Contemporaries*, 1882, ii. 353-4).

Ce que je craignais[1] pour mercredi n'est point arrivé, mais le glaive est toujours suspendu; je crains que cette année-ci ne soit fort orageuse. Je vous manderai par monsieur votre cousin ce que je croirai qui en vaudra la peine; il envoie un courrier tous les quinze jours, et il dit que cette voie est sûre.

La grand'maman reviendra mardi à Paris, elle ne me paraît pas encore excédée, fatiguée, ni même ennuyée de mes attentions, non plus que son mari.

Le Président est toujours dans le même état.[2] Je vous quitte pour l'aller trouver, je reviendrai après chez moi pour mon souper du dimanche.

Je suis fâchée du départ de madame votre sœur; plusieurs personnes qui la connaissaient m'en ont fait de grands éloges.

M. Selwyn, de qui je viens de recevoir une lettre, me mande qu'il ne joue plus. Je joue quelquefois au vingt et un, et j'y perds toujours. Adieu.

Ce lundi.

Hier, après que je vous eus écrit ce que vous venez de lire, quelqu'un me vint dire que la présentation se devait faire sur les six ou sept heures du soir; je ne voulus point faire fermer ma lettre, pour pouvoir vous mander ce grand événement. Nous sûmes le soir qu'il n'était point arrivé; j'avais chez moi les dames d'Aiguillon et de Forcalquier, radieuses comme des soleils, mais jetant des rayons différents; ceux de la première étaient brillants, ceux de la seconde moins lumineux, mais réfléchis. Ce sont deux dames bien contentes,[3] cependant je persiste à croire leur triomphe douteux. La grosse[4] me dit que M. de la Vauguyon avait été chargé par le Roi d'informer Mesdames,[4a] et que Mme du Barry avait été chez leurs dames d'honneur (c'est le protocole). On a nommé plusieurs dames qui devaient la présenter, mais cela ne s'est point vérifié, et l'on prétend aujourd'hui que ce sera le premier gentilhomme de la chambre[5] qui la présentera au Roi

1. The presentation of Mme du Barry.

2. 'The President is quite gone, and sees nobody but the old Sibylle' (Lord Carlisle to Selwyn 29 Jan. 1769, in John Heneage Jesse, *George Selwyn and his Contemporaries*, 1882, ii. 361).

3. The Duchess dowager d'Aiguillon was mother to the Duc d'Aiguillon, who by supporting and bringing forward Mme du Barry at length turned the Duc de Choiseul out of the ministry, and succeeded to his situation. Mme de Forcalquier sided, and was connected with this party, in opposition to the Duc de Choiseul (B).

4. Mme d'Aiguillon.

4a. Besides Mmes Adélaïde and Victoire, this probably refers to Sophie-Philippine-Élisabeth-Justine (1734–82), called Mme Sophie, dau. of Louis XV (Wilhelm Karl, Prinz von Isenburg, *Stammtafeln*, Berlin, 1935–, ii. Table 18).

5. The Ducs d'Aumont, Villequier, Richelieu, Fleury, Fronsac, and Duras were then first gentlemen of the bedchamber (*Almanach royal*, 1769, p. 139). Richelieu is the one intended here (see below).

et chez Mesdames, ce seront les honneurs. Voilà ce qui fut dit hier au soir; ce matin j'ai reçu un billet du grand Abbe[6] qui m'avertissait d'aller souper ce soir chez la grand'maman, qui partirait peut-être demain matin pour aller à Tugny, chez son petit oncle.[7] J'étais doublement désespérée; premièrement, parce que je craignais que la présentation ne fût faite, ce qui n'était pas impossible, parce qu'elle aurait pu l'être à neuf heures du soir; ou qu'il ne fût absolument décidé qu'elle se ferait aujourd'hui; secondement, de ce que j'étais dans l'impossibilité d'aller souper chez la grand'maman, étant engagée chez Milord Carlisle,[8] qui n'avait invité que les personnes que je lui avais nommées, dont la belle Comtesse était. J'avais écrit à l'Abbé mon désespoir, mais que j'arriverais malade chez le Milord, que je sortirais de très bonne heure, et que je me rendrais chez la grand'maman. Un instant après, autre billet de l'Abbé, par lequel il m'apprenait que la grand'maman ne venait point à Paris aujourd'hui et qu'elle pourrait bien n'y venir que jeudi. De plus M. de Beauvau a passé chez moi, il doit y revenir cet après-dîner, il m'a dit en courant qu'il augurait très bien du delai de la présentation, qu'il croyait qu'elle ne se ferait pas aujourd'hui, et qu'il espérait qu'elle ne se ferait jamais.

À demain la suite.

Ce mardi 31, à midi.

La journée d'hier n'a rien produit de nouveau; j'ai appris seulement quelques circonstances du dimanche; c'est en effet M. de la Vauguyon qui fut apprendre à Mesdames la présentation. Madame[9] lui demanda si c'était de la part du Roi qu'il lui annonçait cette nouvelle. 'Non,' dit-il, 'c'est M. de Richelieu qui m'a chargé de le dire à Votre Altesse Royale.' Madame lui tourna le dos et le congédia. On est persuadé que ce qui a empêché la présentation dimanche a été la foule prodigieuse de monde, et qu'elle se fera en coup fourré; mais enfin elle n'est pas encore faite. La grand'maman vient ce soir à Paris; je souperai avec elle chez la petite Choiseul-Betz, et ce sera demain que je pourrai vous mander de vraies nouvelles.

6. Barthélemy; these billets are missing.

7. Baron de Thiers.

8. 'I supped last night at Madame d'Aiguillon's, where I was tired to death. I believe I shall sup at the Convent St Joseph tonight, and tomorrow the blind woman brings a posse of people to sup with me' (Lord Carlisle to Selwyn 29 Jan. 1769, in John Heneage Jesse, *George Selwyn and his Contemporaries*, 1882, ii. 361).

9. Madame Adélaïde, dau. of Louis XV (B).

Samedi dernier, qui a été le dernier jour où les dames soupèrent dans les cabinets, le Roi dit à la Maréchale de Mirepoix: 'Je vous prie de venir souper avec moi mercredi.' Il ne dit rien à Mmes de Choiseul et de Gramont, il les reconduisit quand elles sortirent et leur dit: *'Mesdames, vous voyez que je vous reconduis bien loin.'* Ce souper de mercredi devient fort curieux. Ces deux dames reconduites seront-elles invitées? Mmes de Château-Renaud et de Flavacourt sont toutes les deux malades, et dans leur lits; Mme de Beauvau vient de perdre sa belle-mère, Madame la Duchesse de Saint-Pierre;[10] elle sera trois semaines sans pouvoir aller à la cour; Mme de Mirepoix soupera-t-elle seule de femme, ou trouvera-t-elle Mme du Barry présentée, et l'aura-t-elle pour compagnie? Sa position est embarrassante, nous verrons comment elle s'en tirera. C'est M. de Richelieu qui est d'année,[11] ce sera lui qui présentera Mme du Barry. Tout ceci ne serait que des misères s'il n'y avait pas une terrible suite à craindre; je ne sais pas si la grand'maman ne partira pas demain pour Tugny, c'est le prélude de tous les chagrins que je prévois.

Votre cousin, avec qui je soupai hier chez Milord Carlisle, me dit qu'il aurait une occasion sûre pour vous faire tenir cette lettre; j'en suis bien aise, parce qu'elle ne partirait de longtemps s'il fallait attendre son courrier.

Peut-être tous ces détails vous intéressent fort peu: si cela est, vous me le direz. J'attends les nouvelles de M. Wilkes,[12] mais je crois qu'elles n'arriveront que dimanche.

Ce mardi, à 10 heures du soir.[13]

M. Walpole fait dire que l'occasion qu'il a pour l'Angleterre part demain dès le grand matin, ainsi cette lettre ne peut être continuée, et comme Mme du Deffand est allée souper dehors, Wiart croit qu'il fera bien de donner le paquet.

---

10. She died 27 Jan. 1769. By her first husband, the Marquis de Renel, she was the mother of the Princesse de Beauvau's first husband, the following Marquis de Renel (C–D and *Rép. de la Gazette*).

11. He was first gentleman of the bed-chamber for the year (*Almanach royal*, 1769, p. 139).

12. Wilkes was expelled from the House of Commons, 4 Feb. 1768, but was immediately reelected member for Middlesex (HW to Mann 6 Feb. 1769).

13. This postscript is evidently by Wiart alone.

To Madame du Deffand, Tuesday
31 January 1769, N° 74

Missing. Written at Arlington Street. Answered, 6 Feb.

To Madame du Deffand, Sunday
5 February 1769, N° 75

Fragment, B i. 205 n. *Post* 13 Feb. 1769 gives this date, but *Paris Journals* give 6 Feb. Written at Arlington Street.

ELLE[1] me dit l'autre jour que c'était une dame de Bordeaux[2] qui devait présenter la nymphe (Mme du Barry).[3] Je repondis, je crois que vous vous trompez, Madame; n'est-ce pas une Dame de *Bordel,* que vous voulez dire?

From Madame du Deffand, Monday 6 February 1769

N° 75. Paris, ce lundi 6 février 1769.

VOYEZ votre lettre du 31. Vous avez dû recevoir hier ma lettre de la même date; c'était une espèce de journal. Puisque vous êtes curieux de nos nouvelles, que vous voulez bien paraître y prendre quelque intérêt, je vais le continuer.

Mardi 31, je sortis de bonne heure pour aller chez le Président, et de là souper avec la grand'maman chez la petite Choiseul-Betz; je la trouvai pour moi telle qu'elle est toujours, et telle qu'il faut être pour qu'on l'adore. Il y avait douze personnes, ainsi il n'y eut point de conversations particulières: elle me dit qu'elle partirait le lendemain à dix heures pour Tugny, chez son petit oncle, en cas que sa voiture, où il y avait beaucoup de choses à faire, pût être réparée dans la nuit; que si elle ne l'était pas, elle ne partirait que le jeudi, et que je viendrais souper avec elle le lendemain mercredi. La voiture fut raccommodée, et elle partit le lendemain à dix heures du matin.

Je crois vous avoir dit, dans mon précédent journal, que, le dernier

1. Mme du Châtelet.
2. Angélique-Gabrielle Achard des Joumards (1716–82), m. (1738) François-Alexandre, Comte de Galard de Béarn (*Rép. de la Gazette;* Étienne-François, Duc de Choi- seul, *Mémoires,* 1904, p. 224; *post* 11 Jan. 1774).

3. This parenthesis was probably a note added by HW or B.

souper que le Roi avait fait avec ces dames, qu'en les quittant, il avait dit à Mme de Mirepoix qu'il la priait à souper pour le mercredi suivant; qu'il avait reconduit Mmes de Choiseul et de Gramont en leur disant: 'Mesdames, je vous reconduis loin, fort loin, tout au plus loin.' Tout le monde resta persuadé que la présentation serait pour le lendemain dimanche, ou tout au plus tard pour le mercredi ou jeudi; vous savez qu'il n'en a rien été. La grand'maman se décida à partir le mercredi; Mme de Gramont pria beaucoup de monde à souper chez elle pour ce jour-là. Ce jour-là, le grand-papa reçut, en-tre trois ou quatre heures [de] l'après-midi, un billet du Roi qui lui ordonnait d'avertir ces dames d'aller souper avec lui. La grand' maman était par monts et par vaux; Mme de Gramont ne contre-manda personne, mais elle partit sur-le-champ pour Versailles; elle et Mme de Mirepoix soupèrent avec le Roi. Mme de Beauvau, qui n'avait point été invitée et qui ne pouvait pas l'être, étant dans les premiers jours de deuil de la Duchesse de Saint-Pierre, sa belle-mère, fut chez Mme de Gramont et fit les honneurs de son souper. Le Roi fut de très bonne humeur, et invita ces dames pour aujourd'hui à un petit voyage à Trianon jusqu'à demain mardi après souper; jeudi, il ne se passa rien. Le vendredi au soir j'appris par M. de Beauvau que sa femme, dont il y avait longtemps que je n'avais entendu parler, ne se portait pas bien, qu'elle avait eu de la fièvre. Le lendemain samedi j'écrivis un petit mot à la Princesse où je me plaignais de ce qu'elle ne m'avait pas fait savoir son indisposition. Elle me manda qu'elle avait chargé Pont-de-Veyle de m'en informer, qu'elle m'avait fait ex-cepter à sa porte pour qu'on me laissât entrer, et qu'elle avait été fort scandalisée de n'avoir point entendu parler de moi; qu'elle donnait à souper le soir à M. de Choiseul, à Mme de Gramont, et à l'Arche-vêque de Toulouse, qu'elle croyait que cette compagnie me serait agréable et qu'elle me priait d'y venir. Dans le temps que je reçus son billet j'écrivais[1] à la grand'maman; je ne manquai pas de [le] lui mander, et j'ajoutai que j'ordonnais à mon génie de consulter le sien sur ce que je devais faire; que je recevais sur-le-champ la réponse, qui était de souper, comme je l'avais projeté, chez le Président et d'aller après souper chez Mme de Beauvau.

Le vendredi après dîner, j'eus assez de monde. Sur les huit heures, on vint me dire que le Roi était tombé de cheval[2] auprès de Saint-

1. These billets are all missing.   2. See *Mercure historique* clxvi. 191–2
(1 Feb. 1769).

Germain; qu'il avait un bras cassé, et qu'on ne savait pas s'il pourrait être transporté à Versailles; que MM. de Choiseul et de Praslin étaient partis sur-le-champ. Je ne puis vous peindre mon effroi: tout ce qu'il y a de plus funeste se présenta en foule à mon esprit. Je fus chez le Président, et nous sûmes vers les dix heures que le Roi était de retour à Versailles, qu'il n'avait point le bras cassé, que tout le mal consistait à une contusion depuis l'épaule jusqu'au coude; il garda hier le lit toute la journée. On n'a pas osé le saigner, et pour donner au sang un certain mouvement, on lui a, dit-on, fait prendre quelques gouttes du Général la Motte[3] dans un bouillon. Je n'en sais point de nouvelles d'aujourd'hui; si j'en apprends, je les ajouterai à ceci. Revenons au samedi. Après le souper du Président, je fus chez la Princesse;[4] Mme de Gramont me fit des reproches de ce que je n'étais pas venue souper; son accueil fut des plus gracieux; il y avait, outre le maître de la maison, le Toulouse, le cadet Chabot,[5] le Marquis de Boufflers[5a] et l'Abbé de Breteuil;[6] ils défilèrent l'un après l'autre, et nous restâmes près d'une heure, la Princesse, la Duchesse et moi. La Princesse me mit en valeur autant qu'elle put; la Duchesse fut la plus accorte, la plus obligeante et même la plus confiante; il semblait que j'eusse sa livrée; l'intérêt du grand-papa était le point de réunion, elle saisit même deux ou trois occasions de louer la grand'maman. Je refis de nouveaux paris contre elle et Mme de Beauvau, elles, qu'elle serait présentée demain, et moi, qu'elle ne le serait pas.

Voilà le premier point de mes récits. Venons au second. C'est le plus difficile à vous expliquer. M. de la Vauguyon a eu une conduite abominable; il est certain qu'il a voulu persuader à Mme Adélaïde qu'il était de son intérêt et de son devoir de se soumettre de bonne grâce à la volonté du Roi, et il a joint à ses beaux propos toute la gaucherie qui en pouvait augmenter l'infamie. Mme Adélaïde en a été indignée, elle a écrit au Roi. Le reste n'est que conjectures. On juge que cette lettre a retardé la présentation, mais on ne croit pas qu'elle en ait fait perdre le dessein. M. de Richelieu joue dans tout cela un rôle misérable. M. d'Aiguillon, qui est *visible-*

---

3. '*Les gouttes d'or du Général de la Mothe.* Mélange d'or, d'alcali, d'acide nitreux, de perchlorure de fer, etc. célèbre surtout par sa cherté' (Alfred Franklin, *Les Médicaments,* 1891, p. 225).

4. De Beauvau (B).

5. Marie-Charles-Rosalie de Rohan-

Chabot (1740–1813), Vicomte de Chabot, and later Comte de Jarnac (Woelmont de Brumagne vii. 193).

5a. See *post* 22 Aug. 1770, n. 3.

6. Élisabeth-Théodose le Tonnelier (1710–81), Abbé de Breteuil.

ment caché, est chef de toutes ces intrigues; il vient de présenter une requête au conseil du Roi, pour qu'il lui soit permis de demander que le Parlement et les Pairs soient informés des libelles faits contre lui.[7] On prétend qu'il se flatte que sa requête sera refusée, parce que c'est contre la politique de faire agir le Parlement. Cette affaire a été en délibération jeudi dernier, on a remis la décision à la huitaine. De neuf voix, il y en a déjà eu cinq pour lui accorder sa demande. MM. de Choiseul sont du nombre de ceux-là; il ne peut pas s'en plaindre, puisqu'il paraît que c'est ce qu'il souhaite; mais si cet avis prévaut, il aura fait une bien fausse démarche, parce que le Parlement examinera bien rigoureusement sa conduite, qui, dit-on, est fort éloignée d'être irréprochable; il y en a qui prétendent qu'il a un assez grand parti dans le Parlement; que M. de Saint-Fargeau[8] est pour lui, et que Mme de Forcalquier lui donne tous les Fleury.[8a] La grosse Duchesse n'est pas plus instruite des affaires de son fils que le public. La belle Comtesse a redoublé ses voiles, et elle joue le rôle du mystère mille fois mieux que Mme Vestris[9] le rôle d'Aménaïde,[10] c'est le seul que je lui aie vu jouer. Je suis bien éloignée de la trouver une grande actrice; on dit que sa figure, son maintien, ses gestes, sa manière d'écouter, sont au plus parfait; voilà de quoi je ne puis pas juger; mais elle a la voix sourde, froide; nulle sensibilité; elle a des cris assez douloureux, mais mon opinion est qu'elle ne sera que très médiocre; elle ne sera jamais si détestable et si admirable que Mlle Dumesnil,[11] et elle n'égalera jamais Mlle Clairon. Je vous fais l'horoscope que dans quatre mois il ne sera plus question d'elle.

Vous sentez bien que cette lettre est trop longue pour parler de M. Wilkes. Ce sera votre cousin qui vous la fera rendre; il me dit hier qu'il avait une occasion sûre; j'ajouterai tantôt les nouvelles que j'apprendrai du Roi. Adieu.

À 8 heures du soir.

Les nouvelles du Roi de ce soir sont qu'il se porte très bien.

---

7. Respecting the affairs of the province of Brittany (B).

8. Michel-Étienne le Pelletier (1736–78), Comte de Saint-Fargeau, président à mortier de la cour du parlement de Paris (*Rép. de la Gazette*).

8a. Probably André-Hercule de Rosset ʹ1715–88), Duc de Fleury, and his brothers: the Bailli de Fleury, the Archbishop of Tours, the Bishop of Chartres, and Jean-

André-Hercule de Rosset (1726–81), Commandeur de Fleury (Albert, Vicomte Révérend, *Titres . . . de la Restauration,* 1901–6, vi. 139).

9. Françoise-Rose Gourgaud (1743–1803), m. (ca 1767) the dancer's brother, Angiolo Vestris (NBG; Grimm viii. 72–3, 1 May 1768).

10. Chief rôle in Voltaire's *Tancrède.*

11. Marie-Françoise Dumesnil (1711–1803), actress.

TO MADAME DU DEFFAND, Thursday
9 February 1769, N° 76

Missing. Probably written at Arlington Street. Marked in *Paris Journals* 'by Mr [Robert] W[alpole]'s servant.' Answered, 15 Feb.

From MADAME DU DEFFAND, Monday 13 February 1769

N° 76. Paris, ce lundi 13 février 1769.

C'EST mon insomnie qui me fait commencer cette lettre; je ne la fermerai peut-être de longtemps; j'attendrai que monsieur votre cousin ait une occasion de la faire partir.

Votre lettre du 5, que je reçus hier, m'apprend que j'ai gagné mon pari contre le Comte de Broglie; je soutenais que M. Wilkes serait expulsé. J'ai jusqu'ici gagné tous mes paris; j'en ai hasardé un nouveau qui pourrait bien être un peu téméraire, c'est que la présentation ne se fera pas avant Compiègne. Mon idée est qu'elle ne se fera jamais. Je ne vois pas qu'il doive s'ensuivre ni bien ni mal qui ne puisse arriver indépendamment de cette présentation: c'est une action indécente qui ne peut avoir d'autre but, d'autre fin, que de satisfaire la vanité de cette créature. J'ai toujours dit que je ne parierais pas qu'on ne pût par son moyen faire tous les bouleversements possibles, mais qu'il n'était pas nécessaire qu'elle fût présentée pour cela. Après les grands objets, les grandes spéculations, on est occupé de savoir quel parti prendront les dames des soupers[1] en cas que cette présentation ait lieu. La grand'maman est toujours à Tugny, je n'ai eu de ses nouvelles qu'une seule fois par l'Abbé Barthélemy;[2] je ne les ai pas non plus fatigués de mes lettres, je n'ai écrit qu'une seule fois à l'Abbé.[3] Mes vivacités sont fort calmées; ainsi il se trouve que tout naturellement je suis le conseil que vous me donnez de ne pas mettre trop de chaleur dans l'intérêt que je prends à ceux avec qui je suis liée.

La requête de M. d'Aiguillon[4] n'a point été admise; on voulait

1. The ladies who were of the intimate society of Louis XV, and who either from being the wives of his ministers or of the great officers of his household were, by their places, part of the company of his private *soupers* (B.)

2. Abbé Barthélemy to D 3 Feb. 1769, S–A i. 190.

3. Missing.

4. 'Comme il paraît . . . des écrits anonymes à la charge du Duc d'Aiguillon, ci-devant commandant de Bretagne, ce seigneur se propose, dit-on, de publier un mémoire pour se justifier ce de qu'on lui impute, et faire voir que la conduite qu'il a tenue dans cette province a été conforme

THE COMTESSE DE BOUFFLERS
BY AUGUSTIN

qu'il y fît de grands changements, il a mieux aimé la retirer; il voulait qu'on crût qu'il désirait d'être jugé par le Parlement, il aurait
été bien attrapé si on y avait consenti; mais il savait bien que cela
n'arriverait pas. Sa conduite a paru une fausseté très plate: un enfant
l'aurait découverte.

Je ne sais ce que pense votre cousin, ni ce qu'on pense de lui; mais
je sais que le séjour de votre ambassadrice ici est très suspect; on la
croit d'intelligence avec M. de la Vauguyon et les Jésuites.[5] Pour
moi, je ne puis me figurer que cette femme soit propre à rien.

Je vis hier votre ambassadeur;[6] votre cousin me l'amena; il parle le
français comme sa langue naturelle. La Milady Pembroke part mercredi, au grand regret je crois du petit Milord Carlisle, à qui il me
paraît qu'elle a fait oublier Milady Sarah. Elle s'est assez divertie ici;
mais je pense qu'elle nous quitte sans peine; le séjour de Paris ne
peut plaire aux gens de votre nation, j'en suis intimement persuadée;
tout au plus le bon Éléazar et peut-être Lindor ne s'y déplaisent-ils
pas.

L'Idole est la plus grande déesse qui ait jamais descendu sur terre,
elle est liée avec toutes les puissances, elle les domine toutes, on n'ose
la contredire; elle disait l'autre jour que M. Chauvelin[7] avait eu
les plus grands succès en Corse, les plus grands avantages, la plus excellente conduite: en vain voulut-on alléguer des faits qui prouvaient
le contraire, elle n'en voulut jamais démordre. En vérité, en vérité,
le monde est bien plat et bien sot; mais ce qu'il y a de pis, c'est qu'il
est bien ennuyeux.

Ce mardi 14.

En reprenant ma lettre je me la suis fait lire; j'y ai trouvé deux
lignes qui m'ont déplu, et plutôt que de la recommencer je les ai fait
rayer.

aux ordres de la cour' (*Mercure historique*
clxvi. 191, Feb. 1769). See also *ante* 6 Feb.
1769.

5. This idea of Lady Rochford, the English ambassador's wife, taking any part
with the Duc de la Vauguyon in French
politics, or the intrigues of the Jesuits, of
whom the Duc de la Vauguyon was the
declared protector, never entered into any
head but that of some intriguing French
women, who, always meddling themselves,
suspect everybody else of doing the same
(B).

6. Simon Harcourt (1714–77), 1st E. Har-

court, recently named ambassador to
France. 'I expect to hear from you today,
and have something to humbug Madame
du Deffand with. I told her two or three
great lies yesterday. She has no opinion of
our ambassador's understanding, because
she does not live well with the family of
Harcourts here' (Lord Carlisle to Selwyn 11
Dec. 1769, in John Heneage Jesse, *George
Selwyn and his Contemporaries*, 1882, ii.
354).

7. Commander of the French forces in
Corsica (see *ante* 30 April 1768).

L'on me dit hier au soir que l'Abbé Barthélemy arrivait aujour-
d'hui; j'en serais fort aise, il m'apprendra des nouvelles de la grand'
maman; je me figure qu'elle ne reviendra pas sitôt. Selon mes calculs,
elle est bien près du temps où elle garde sa chaise longue, dans ces
circonstances elle ne se mettra pas en route. On me dit aussi hier
que le Roi avait dit à M. de Richelieu que de quinze jours il n'y
aurait point de présentation; il doit y en avoir trois indépendamment
de l'importante. Le Roi se porte mieux, mais la foulure a été très
considérable.

M. de Vaux[8] a été nommé hier général ou commandant de nos
troupes en Corse, malgré l'admirable conduite de M. de Chauvelin.
Comprenez-vous qu'on ait l'assurance qu'a l'Idole? Quand personne
n'ignore que M. de Choiseul, avant le départ du Chauvelin, avait lu
en plein conseil ses instructions, qu'après les fautes du Chauvelin, il
les a relues une seconde fois, et que M. Chauvelin est convenu lui-
même d'avoir outre-passé ses ordres, dans une lettre que M. de Choiseul a fait voir à tout le monde, il faut une grande hardiesse et une
extraordinaire présomption pour se flatter d'en imposer de cette
sorte; mais je crois que ce que l'on voit ici se voit partout, et que
tous les mondes possibles se ressemblent; il y a partout des Idoles. On
serait bien heureux de pouvoir se suffire à soi-même; mais malheureusement on n'est pas plus content de soi que des autres. Mais je ne
me laisserai point aller aux réflexions.

La situation du Président m'en fait faire trop souvent de bien tristes; il est cependant mieux depuis quelques jours. Je pense qu'il est
impossible que la raison et le bon sens puissent subsister dans la vieillesse, surtout dans les têtes qui étaient sujettes à se troubler. Que
faire à cela? Se livrer au hasard, écarter toutes pensées, et tâcher de
végéter.

J'ai lu ces jours-ci une brochure qui m'a fait assez de plaisir, c'est
des lettres sur les animaux et sur l'homme;[9] elles sont bien écrites, et
d'une bonne et saine philosophie. Il est difficile de les avoir, je m'offre de les chercher si vous le désirez.

Je vais cet après-dîner prendre du thé avec Milady Pembroke; elle
part demain. Le petit Milord, je crois, ne tardera pas à la suivre.

8. Noël de Jourda (1705–88), Comte de
Vaux.
9. Charles-Georges Le Roy (1723–89),
Lettres sur l'instinct des animaux, Nurem-
berg, 1768 (see D to Voltaire 8 Feb. 1769,
in Voltaire, *Œuvres* xlvi. 257; also ibid.
xxviii. 489, and Library of Congress Catalogue).

Cette Milady est assez aimable, elle a du goût, du discernement, de la grâce; comme elle s'exprime avec difficulté on ne peut pas juger si elle a beaucoup d'idées. Le petit Milord est assez agréable; on dit qu'il a beaucoup d'esprit, mais tout cela ne me laisse pas de grands regrets.

Pourquoi ne m'avez-vous pas mandé si vous aviez été content ou mécontent de la traduction de Wiart de vos vers à la Princesse Amélie? Dites-moi, je vous prie, comment vous l'avez trouvée. Et dites-moi aussi, avec votre vérité ordinaire, si des lettres telles que celle-ci ne vous ennuient pas à la mort.

Une heure après avoir quitté cette lettre j'en reçois une du grand Abbé,[10] gaie, jolie, telle que vous seriez bien aise d'en recevoir; mais ce qui m'en plaît le plus, c'est qu'il m'apprend que la grand'maman part aujourd'hui, et qu'elle sera ici demain; il ne me dit point si elle soupera chez elle, ainsi je pourrais bien ne la voir que jeudi. Cette lettre m'a un peu ranimée, le retour de la grand'maman rendra les miennes moins insipides; je ne sais l'effet que vous fait l'insipidité, pour moi elle m'anéantit; relisez mon portrait et vous verrez que j'ai toujours été de même.

Je ne sais quand cette lettre partira, c'est monsieur votre cousin qui en décidera.

Ce mercredi, à 7 heures du matin.

Applaudissez-vous de votre talent pour réformer les caractères. Votre cousin m'apporta hier chez Milady Pembroke la lettre[11] dont vous aviez chargé son domestique. Je n'aurais pas manqué autrefois de sortir sur-le-champ, de voler chez moi pour me la faire lire par Wiart. Voyez la différence: j'ai mis tranquillement cette lettre dans mon sac, j'ai resté une grande heure chez la Milady, de là j'ai été chez la petite Choiseul-Betz, ensuite souper chez le Président, où après un très ennuyeux piquet j'ai tiré avec des cartes si je serais contente de votre lettre; elles ont dit oui, et ne m'ont point trompée; ensuite j'ai voulu voir quand vous viendriez; j'ai trouvé au mois de mars. Si elles sont sur tous points de bons prophètes, ce sera donc du mois de mars en un an. Je vous jure, je vous proteste, que si je n'étais pas aussi vieille que je suis, j'aurais tout le courage possible pour vous attendre; mais songez que j'ai soixante-douze ans, que ma vie ou que ma tête ne dureront pas longtemps; que j'ai cru et que je

10. Missing.   11. HW to D 9 Feb. 1769 (missing).

crois avoir trouvé en vous un véritable ami; il y avait sept ou huit ans quand je vous ai connu que j'en avais perdu un.[12] Vous aviez réparé cette perte, et mille qualités que je trouvais en vous faisaient l'équivalent d'une habitude de trente années que j'avais avec lui. Je vous ai marqué trop d'empressement, dites-vous; je ne vous propose point de vous donner l'ennui de relire mes lettres, mais si vous les lisiez de sang-froid vous verriez que je ne vous pressais de venir que par la crainte de mourir sans vous avoir revu; mais abandonnons ce sujet, je m'en rapporte à vous et je ne vous en parlerai plus. Je vous demande de votre côté de me juger avec indulgence et de ne jamais me soupçonner de sentiments absurdes et ridicules, de ne me jamais traiter avec indifférence et de ne pas craindre qu'une parole douce me tourne la tête, et vous attire de moi des phrases qui vous affadissent, vous choquent, et vous ennuient; cela n'arrivera plus jamais, je vous jure. Promettez-moi à votre tour de n'avoir aucune réticence avec moi sur votre santé, sur vos affaires, etc., etc.

Je serai fort aise que vous connaissiez votre cousin; je n'ai eu aucune sorte d'ouverture avec lui, je ne sais ce qu'il pense de notre ministère; je soupçonne qu'il n'en est pas content, et qu'il aurait du penchant pour le parti d'Aiguillon; c'est ce que je n'ai point tenté de pénétrer, et que j'aurais vraisemblablement tenté inutilement; d'ailleurs je me suis fait un principe que j'observe très exactement, de ne me mêler de rien, de ne me faire parente d'aucune maison. Je suis attachée à la grand'maman en qualité de sa petite-fille, elle ne se méfie point de moi; mais je ne suis pas dans sa confidence au même degré que le grand Abbé. Je vois rarement le grand-papa; il est bien loin d'être réservé, car tout lui échappe. J'ai beaucoup d'espérance qu'il se maintiendra; l'aversion, l'horreur et le mépris qu'on a pour ses adversaires, ses rivaux, est ce qui fait sa force et fera sa stabilité. Il a fait bien des fautes; l'entreprise de Corse est peut-être la plus grande, je l'ai dit dès les commencements à la grand'maman, et puis le choix du Chauvelin a été misérable.

Toutes ces belles réconciliations[13] dont je vous ai parlé sont des platitudes qui ne mènent à rien. On veut s'assurer du Parlement, et si vous connaissiez celui qui en est premier président,[14] dont on veut

---

12. Perhaps Formont.
13. See *ante* 25 Jan. 1769. The reconciliations were those of Mme de Gramont and M. de Choiseul with the Prince de Conti and the Comtesse de Boufflers.

14. René-N.-C.-A. de Maupeou (*Almanach royal*, 1769, p. 215).

s'assurer, vous hausseriez les épaules. C'est une bête brute, qui a été pris à *Bordeaux*,[15] ainsi que la dame présentante. Ah! mon ami, si vous voyiez tout cela par vous-même, nous vous ferions grande compassion. Ah! ne craignez pas que je me passionne pour l'intérêt de qui que ce soit; excepté la grand'maman que j'aime, mais que j'aime très raisonnablement, sans chaleur, sans passion, tout le reste m'est de la dernière indifférence.

Les dames d'Aiguillon et de Forcalquier ne sont point mécontentes de moi; mais elles doivent l'être du public, car l'objet qui les intéresse est en exécration. On prétend, comme je vous l'ai déjà dit, que Milady Rochford tracasse avec le La Vauguyon; vous pourriez en savoir quelque chose; si cela est, votre ministère choisit bien mal ses agents.

Ce que je vous ai dit[16] des Turcs et des Russes était au propre; c'est la guerre que je crains. Vous secourez, dit-on, la Czarine; nous, le Roi de Suède;[16a] et d'encore en encore, nous nous ferons la guerre et nous ne nous reverrons plus. Je lis les gazettes, je raisonne avec l'envoyé de Danemark; voilà où je m'instruis de la politique.

Je ne répéterai point votre mot *de Bordeaux;* j'y aurai du mérite, car il est excellent. Plaignez-moi du moins, je vous prie, de ce que je ne vous verrai point; songez quel plaisir j'aurais de causer avec vous, et que, dans l'exacte vérité, je ne peux causer avec personne. Quand vous connaîtrez votre cousin, vous me manderez quel usage j'en peux faire, et vous lui direz celui que vous croyez qu'il pourrait faire de moi. Adieu. Cette lettre est infinie.

Je viens de relire votre lettre pour voir si j'avais répondu à tout. Je ne sais ce que j'ai voulu dire par les Turcs et les Russes; si j'ai prétendu faire un apologue, il n'était pas juste; car cette réconciliation du Temple est une puérilité, une misère, dont le principal objet est une augmentation de gloriole pour la ridicule Idole. Son ami La Borde a été son entremetteur.

Wiart me dit l'autre jour que votre Wilkes était le Clodius[17] du temps de Cicéron; cette ressemblance, est, ce me semble, bien trouvée.

Mes paris n'ont point été indiscrets. Voici les noms de ceux avec qui j'ai parié: Mme de Villeroy, qui est pour nous, l'Archevêque de

15. See *ante* 5 Feb. 1769.
16. See *ante* 25 Jan. 1769.
16a. Adolf Fredrik (1710–71), King of Sweden 1751–71.

17. Publius Clodius (ca 93–52 B.C.), called 'Pulcher,' demagogue.

Cambrai, Mme de Beauvau, Mme de Gramont, l'Abbé Barthélemy, et le grand-papa lui-même. Tous les ennemis parient comme moi, à la différence que c'était contre ce qu'ils désirent, et moi pour ce que je souhaitais; mais ceux contre qui je pariais croyaient ce qu'ils craignaient. Enfin, enfin, confiez-vous à ma prudence, je n'ai pas de sentiments assez vifs pour appréhender qu'ils m'emportent trop loin.

Marquez-moi votre amitié, je vous prie, en ne me laissant rien ignorer de ce qui vous intéresse. Croyez-vous que je ne fusse pas bien aise de savoir quels sont vos amis et vos ennemis dans le ministère, et craignez-vous de ma part quelque indiscrétion?

Je n'oserais vous faire une proposition, mais l'amitié ne doit-elle pas tout permettre, ne rien interdire? Ne puis-je donc pas vous offrir ce qu'il pourrait vous en coûter pour votre voyage ici? Je le puis sans m'incommoder, et vous comprenez bien que c'est l'usage le plus agréable que je pourrais faire de ce que je dois à mon économie.

Ne prenez point cette offre comme une importunité d'un nouveau genre; vous me ferez plaisir si vous l'acceptez, mais je me soumettrai à tout ce que vous voudrez. Adieu.

To MADAME DU DEFFAND, Friday 17 February 1769, N° 77

Fragment, 'Mr Wilkes a été réélu sans opposition,' quoted by D, *post* 22 Feb. 1769. Probably written at Arlington Street.

From MADAME DU DEFFAND, Wednesday 22 February 1769

Ce mercredi 22 février 1769.

MA lettre sera encore plus courte que la vôtre;[1] il y aura moins d'articles dans ma gazette que dans la vôtre; mais qu'est-ce que cela fait? nous nous apprenons mutuellement que nous sommes en vie.

Tout est ici dans le même état, mais je ne parie plus, ni ne parierai à moins que je ne trouve à parier le contraire de ce que j'avais parié jusqu'à présent.

1. HW to D 17 Feb. 1769 (missing).

J'avais fini mon dernier journal le mardi 14, je vous mandais que la grand'maman arrivait le lendemain mercredi et qu'on ne me disait rien du souper. Le mercredi matin je reçus une invitation du grand-papa qui soupait chez la grand'maman; je dis à la grand'maman votre bon mot, lui en demandant le secret. Elle ne jugea pas à propos de le garder, elle le dit au grand-papa qui en fut enchanté. N'en ayez point d'inquiétude.

Vous laissez toujours quelques obscurités dans vos nouvelles. Vous dites 'Mr. Wilkes a été réélu sans opposition,'[2] sans ajouter s'il sera rejeté. Vous direz à cela que vous le dites au-dessus, mais ces deux mots 'sans opposition' me laissent quelques doutes.

Je voudrais que Milord Ossory et sa chaste épouse[3] vinssent à Paris; c'est, je crois, ce qu'ils ne feront pas. Je regrette un peu la Milady Pembroke, c'est une très jolie femme, tout son esprit est en dedans, on ne fait que l'entrevoir, mais ce qu'on en voit est agréable, délicat, et juste. Le petit Milord m'en paraît fort épris. J'approuve bien plus cet attachement que celui de Milady Sarah. Je hais la coquetterie plus que toute chose au monde. J'ai donné un cuisinier[4] à ce petit Milord, c'est le frère d'une de mes femmes.[5] Je ne suis pas fâchée d'avoir un correspondant de cette sorte en Angleterre, il me sera utile pour mes commissions. Son maître et lui partirent hier; il ne me reste plus d'Anglais que votre cousin et l'ambassadeur, qui est le meilleur homme qu'il y ait sur terre. On prétend qu'il a la figure d'un homme de cinq cents ans, parfaitement conservé. Nous avons encore votre feue ambassadrice. Ces trois personnes sont de mes dimanches, qui vont toujours leur train.

Je vous enverrai la semaine prochaine par le courrier de votre cousin une grosse brochure d'un nommé M. de Saint-Lambert.[6] Le principal de l'ouvrage est un poème sur les saisons;[7] on m'en a lu quelques tirades du chant de l'automne, dont les vers m'ont paru très beaux, et sauf votre respect, sans me méfier de votre goût et de votre jugement, je prendrai la liberté de crayonner ce qui m'aura plu. Adieu. La grand'maman m'a dit vous avoir écrit de Tugny.[8] La tête du Président va mieux, sa santé est tout de même.

2. Wilkes had been reelected M.P. for Middlesex, 16 Feb. 1769 (*Mem. of Geo. III* iii. 223).

3. Lord Ossory married, 26 March 1769, the Duke of Grafton's divorced wife.

4. Couty.

5. Mlle Couty.

6. Jean-François (1716–1803), Marquis de Saint-Lambert (see Charles Collé, *Journal et mémoires*, 1868, iii. 254–5).

7. See *post* 21 March 1769.

8. Mme de Choiseul to HW 7 Feb. 1769.

To Madame du Deffand, Friday
24 February 1769, N° 78

Missing. Marked 'Mrs Choml[ey]' in *Paris Journals,* to indicate either the subject of the letter or the messenger by whom it was sent. Probably written at Arlington Street. Answered, 1 March.

From Madame du Deffand, Wednesday 1 March 1769

Address: To Monsieur Monsieur Horace Walpole in Arlington Street, near St James's *London* Angleterre
Postmark: MR 6

N° 78. Paris, ce mercredi 1er mars 1769.

JE ne puis rien vous mander de madame votre nièce,[1] je n'en ai point entendu parler. Peut-être n'est-elle point encore arrivée, je m'en informerai à votre cousin, et j'observerai même avec lui la discrétion que vous me prescrivez d'avoir avec tout le monde. Je comprends que c'est elle qui n'est pas de condition,[2] mais cela ne fait rien dans mon pays quand le mari est gentilhomme. N'ayez point d'inquiétude que je fasse plus qu'il ne faut; je lui serai utile en tout ce qui dépendra de moi, n'en doutez pas, mais j'observerai toujours la modération, la prudence, la retenue qui sont vos qualités favorites, et qui sont devenues aussi les miennes. Dès que j'aurai vu madame votre nièce je vous en rendrai un compte fidèle.

Il n'y a ici rien de nouveau. Je vous écrirai par la première occasion que me donnera votre cousin; pour aujourd'hui je me contenterai de vous dire que j'ai eu de grandes alarmes ces jours-ci et que je n'en suis pas encore quitte. Le Président a pensé mourir, il fut saigné samedi dernier deux fois dans la journée, il avait un point de côté, un râle abominable, une grosse fièvre; il soutint ces deux saignées, où on lui tira quatre palettes de sang, avec une force surprenante. Hier il était sans fièvre, la poitrine débarrassée, mais sa tête est perdue sans retour; il a pris médecine aujourd'hui, et Wiart l'a trouvé ce matin de la plus grande faiblesse. J'ai bien de la peine à croire qu'il dure encore longtemps.

La grand'maman vint hier à Paris, je soupai chez elle; le grand-

1. Mrs Robert Cholmondeley.

2. Mrs Cholmondeley was the daughter of an Irish bricklayer.

papa rentra à une heure et demie, il nous vint trouver; il est en vérité charmant, et pour la grand'maman vous savez ce que j'en pense.

Vous êtes si dédaigneux sur les lectures que je vous propose que je ne sais plus si je dois vous envoyer le livre de Saint-Lambert,[3] non plus que la *Canonisation de Saint Cucufin*[4] de Voltaire, ses lettres à la grand'maman sous le nom de M. Guillemet,[5] ses lettres à moi, nos réponses. Si vous voulez toutes ces rapsodies vous les aurez.

Mme d'Aiguillon reçut l'autre jour par la petite poste un petit papier anglais[6] sur l'affaire de vos colonies, il y avait sur le dessus 'de la part de l'auteur'; elle m'écrivit pour savoir si c'était de vous, qu'elle croyait avoir reconnu votre style. Ma réponse fut que je n'en savais rien, que je vous le demanderais si elle le voulait, ou qu'elle pourrait vous le demander elle-même.

La belle Comtesse est à Rambouillet depuis vendredi, je viens d'en recevoir un billet qui est bien moins bon français que votre lettre; elle traduit mal ses pensées. Les dialogues entre elle et l'ambassadrice doivent être sublimement obscurs.

Je suis enrhumée du cerveau et enchifrenée à ne pouvoir parler. Adieu. Je saurai de votre cousin quand je pourrai vous écrire.

L'histoire de Milady Sarah[7] est ineffable; je l'appris hier par Madame la Duchesse d'Anville. Vos Anglaises sont excessives dans tout et dans leur modestie et dans leur désordre. Quand vous verrez Milady Pembroke dites-lui mille choses de moi, et à Mlle Lloyd.

To Madame du Deffand, Thursday 2 March 1769, N° 79

Missing. *Post* 12 March 1769 gives this date, but *Paris Journals* give 3 March. Probably written at Arlington Street.

3. *Les Saisons.*

4. Wiart's MS copy of this work is in D's bequest to HW. Voltaire to D 3 Feb. 1769 calls it 'un manuscrit sur la canonisation que notre saint-père le Pape a faite, il y a deux ans, d'un capucin nommé Cucufin' (Voltaire, *Œuvres* xlvi. 252). D received it, 27 Feb., from M. de Choiseul (see D to Voltaire 1 March 1769, ibid. xlvi. 272).

5. These letters, dated 12 Jan. 1768 and 2 Feb. 1769, are in ibid. xlv. 484; xlvi. 250. They were followed by other letters under the same pseudonym. Guillemet was supposed to be a printer at Lyons.

6. Not identified.

7. 'In February, 1769, Lady Sarah left Sir Charles Bunbury's house in Privy Gardens, taking with her Louisa Bunbury, then two months old, and joined Lord William Gordon, to whom she was devotedly attached' (*Life and Letters of Lady Sarah Lennox*, ed. the Countess of Ilchester and Lord Stavordale, 1901–2, i. 223).

TO MADAME DU DEFFAND, Friday
10 March 1769, N° 80

Missing. Probably written at Arlington Street. Answered, 16 March.

From MADAME DU DEFFAND, Sunday 12 March 1769

Address: To Monsieur Monsieur Horace Walpole in Arlington Street near St
    James's *London Angleterre*
Postmark: MR 17

N° 79. Paris, ce dimanche 12 mars 1769.

VOTRE lettre du 2, que je devais recevoir mercredi 8, n'est
    arrivée qu'aujourd'hui, et comme on ne perd pas tout d'un
coup toutes ses mauvaises habitudes, j'ai eu un mouvement de crainte
que vous ne fussiez malade. Je ne vous écrivis point parce que je serai fidèle à ce que je me suis prescrit, de régler ma conduite sur la
vôtre.

J'ai eu l'honneur de voir Mme Cholmondeley trois fois depuis que
vous avez jugé à propos qu'elle me connût; j'ai appris avec surprise
qu'il y avait trois mois qu'elle était à Paris. Elle soupera chez moi ce
soir, je lui ferai faire connaissance avec Mmes d'Aiguillon et de Forcalquier; je la menai jeudi dernier à la Comédie, on jouait *Nanine*,[1]
et *La Surprise de l'amour*.[2] Elle entend bien le français dans tous les
sens qu'on peut l'entendre; c'est-à-dire, que rien ne lui échappe, elle
fut extrêmement touchée à *Nanine*, elle pleura. Je jugeai qu'elle
trouva quelque rapport de la situation de Nanine à la sienne;[3] c'est
une charmante pièce.

Je suis du dernier bien avec son auteur, j'ai reçu une lettre de lui[4]
de quatre pages aujourd'hui, en même temps que la vôtre;[5] il me
comble d'amitiés et d'attentions; il nous envoie, à la grand'maman et
à moi, tout ce qu'il fait: il y a quelquefois un peu de bourre, mais il
y a toujours une facilité charmante.

1. Comedy by Voltaire. HW had seen it
in Paris, 21 Sept. 1767 (*Paris Jour.*).
2. Comedy by Marivaux.
3. Nanine, the heroine of the comedy, is
a poor girl whom the Comte d'Olban
marries in spite of the intrigues of his
proud relative, the Baronne de l'Orme.

The marriage of Robert Cholmondeley to
a poor Irish girl seemed similarly unsuit-
able to the Walpole family.
4. Voltaire to D 8 March 1769 (Voltaire,
Œuvres xlvi. 281).
5. HW to D 2 March 1769 (missing).

Je ne vous enverrai point Saint-Lambert; rien, selon mon goût, n'est plus fastidieux, excepté huit vers que voici:

> Malheur à qui les dieux accordent de longs jours!
> Consumé de douleurs vers la fin de leur cours,
> Il voit dans le tombeau ses amis disparaître,
> Et les êtres qu'il aime arrachés à son être.
> Il voit autour de lui tout périr, tout changer;
> À la race nouvelle il se trouve étranger,
> Et quand à ses regards la lumière est ravie,
> Il n'a plus, en mourant, à perdre que la vie.[6]

Rien n'est si beau à mon avis que cette peinture de la vieillesse; j'aurais voulu que les expressions du quatrième vers eussent été plus simples; mais le mot *être* est du style à la mode. Ce Saint-Lambert est un esprit froid, fade et faux; il croit regorger d'idées, et c'est la stérilité même; et sans les roseaux, les ruisseaux, les ormeaux et leurs rameaux, il aurait bien peu de choses à dire. En un mot, je ne vous l'enverrai point; c'est assez de l'ennui de mes lettres, sans y ajouter les œuvres des encyclopédistes. Quelqu'un qu'on ne m'a point nommé, disait d'eux, qu'ils poussaient leur orgueil jusqu'à croire qu'ils avaient inventé l'athéisme.

Rien n'est si ineffable que Milady Sarah et ses aventures. D'où vient est elle si intéressante avec tant de folie et d'effronterie? Est-ce qu'elle est extrêmement naturelle? est-ce qu'elle est extrêmement vraie? Comment cela se peut-il avec tant de coquetterie? A-t-elle un degré de bonté qui puisse servir d'excuse à ce qu'on a bien de la peine à n'appeler que fragilité? Enfin, enfin, on ne comprend rien à tout ce qui se passe chez vous, et mon mot favori *ineffable* est fait pour l'Angleterre et ses habitants. Adieu.

From Madame du Deffand, Tuesday 14 March 1769

N° 80. Paris, ce mardi 14 mars 1769.

VOTRE cousin part demain, il faut bien qu'il vous porte un mot de moi; je vous exhorte à faire connaissance avec lui, il en vaut la peine, je suis trompée si vous n'êtes content de lui. Je suis

6. These lines are in Saint-Lambert's *l'Automne* (Jean-François, Marquis de Saint-Lambert, *Les Saisons,* Amsterdam [Paris], 1769, pp. 114–5) where 'quand' (in the next to the last line) is 'lorsqu'.'

ravie d'apprendre le jugement que vous en porterez; il me plaît beaucoup, et ce n'est pas assurément par le cas qu'il fait de moi, et si vous prenez la peine de l'interroger, vous connaîtrez promptement que ce n'est pas un observateur; il est comme un homme qui répondait à de certaines questions que lui faisait mon ami Formont, 'Apprenez, Monsieur, que je ne m'intéresse qu'à ce qui me regarde.' Il a bien des rapports avec vous, de la franchise, un très bon cœur; sa tête vaut mieux que la vôtre, il n'y a pas tant de cellules parce qu'il n'a pas tant d'idées à y placer; il est tel que Dieu l'a fait, le monde ne l'a ni gâté ni perfectionné, il n'aime ni ne hait les hommes, il est né doux, prudent, fidèle et sincère, il a de la gaîté sans chercher ni aimer les amusements, je le crois très propre aux affaires; je ne connais pas l'étendue de ses talents, mais je crois qu'il ne perd point de vue son objet, et que rien ne le détourne du but où il veut arriver. Il vous dira que j'ai eu l'honneur de voir plusieurs fois madame votre nièce. Il me paraît qu'elle a de l'esprit, elle est fort polie, mais je ne la connais pas encore assez pour vous en dire davantage; elle dit beaucoup de bien de vous et paraît vous aimer; son beau-père[1] et son petit-fils[2] sont arrivés il y a trois ou quatre jours; je n'en ai point encore entendu parler. Je me flatte que vous ne doutez pas de mes attentions pour tout ce qui vous appartient.

Il n'y a point encore eu de présentation, elle devient fort douteuse, on dit qu'on commence à s'ennuyer, mais que sait-on? Peut-être que cet événement arrivera dans le moment qu'on ne le craindra plus; ce que je crois et que j'espère, c'est que de façon ou d'autre il n'en arrivera aucun préjudice à mes parents. Je continue à être parfaitement contente d'eux, mais je vais être fort longtemps séparée de la grand' maman; elle ne viendra point à Paris de cette semaine ni peut-être de l'autre; c'est un grand ennui de ne la point voir, je ne me plais qu'avec elle et sa petite compagnie, tout le reste me paraît plat, ridicule, et fastidieux.

Je soupai hier au soir chez les Montigny-Trudaine; Mmes d'Anville et de Chabot y étaient. On nous donna le spectacle d'un homme qui se place derrière un paravent, et qui joue à lui tout seul les matines d'un couvent, une matinée de village; on croit entendre vingt personnes différentes; entre autres il y a une grande messe, avec le

1. George Cholmondeley (1703–70), 3d E. of Cholmondeley.
2. George James Cholmondeley (1749–

1827), Vct Malpas, and later 4th E. of Cholmondeley, grandson of the 3d E.

serpent, l'orgue, un sermon, une querelle à la porte de l'église, des chiens qui aboient; c'est la contre-partie des spectacles de Servandoni,[3] où l'on voyait tout sans rien entendre; et dans celui-ci on entend tout sans rien voir. Revenons à votre cousin.

Il vous dira qu'il a loué une maison à la barrière de Vaugirard[4] pour lui et pour son frère Thomas, qu'il aime uniquement. Votre feue ambassadrice partira, à ce qu'elle dit, à la fin du mois; la belle et ineffable Comtesse y aura regret; je ne comprends pas les charmes qu'elle lui trouve.

Le pauvre Président s'est tiré de sa dernière maladie, mais je doute qu'il aille loin, sa tête est affaiblie et ne reviendra point. Je suis touchée de son état, je le regretterai, non comme un véritable ami, mais comme un homme aimable, et qui valait mieux que beaucoup d'autres à bien des égards. Plus je vis, plus je réfléchis, plus je trouve que vous avez raison; quand on cherche l'amitié on court après une chimère.

Je voudrais remplir les quatre pages, mais je ne trouve plus rien à dire. Adieu.

From Madame du Deffand, Thursday 16 March 1769

In Colmant's hand, except the last paragraph, which is in Wiart's.

N° 81. Ce jeudi 16 mars, à 6 heures du matin.

VOUS souvenez-vous de m'avoir dit autrefois que si jamais je m'avisais de vous écrire étant triste, de me bien garder de vous envoyer ma lettre, mais de la jeter sur-le-champ derrière le feu? Celle-ci est menacée de cet accident; voyons si elle s'en sauvera. J'ai plusieurs articles à traiter, et la variété ne vous déplaît pas.

Mme Cholmondeley m'amena hier son beau-père avec son petit-fils. Ah! Monsieur, quel Milord! J'avais vu un facétieux il y a quelques jours qui contrefait les Anglais en caricature extrêmement outrée, elle me le paraîtrait moins aujourd'hui, vous avez là un étrange beau-frère. Il est cependant très poli; j'ai bien peur qu'il n'en dise pas autant de moi; quand il partit, j'appelai Mme Cholmondeley

---

3. Chevalier Jean-Jérôme Servandoni (1695–1766), architect and scene-painter, composed elaborate tableaux and pantomimes for royal festivals, etc.

4. There were sixty 'portes' of entrance into Paris at this time (see *Dict. de Paris*); that of Vaugirard was southwest of the city.

pour la prier de me faire l'honneur de souper chez moi dimanche, et d'amener monsieur son neveu et de faire en sorte que je peux me dispenser d'avoir monsieur son beau-père. Cela n'est-il pas extrême-ment incivil et même impertinent? J'en ai des remords; si je passe au repentir, je pourrai réparer ma faute; mais je n'en réponds pas.

Venons à un autre article: j'ai des soupçons affreux et violents con-tre votre cousin; je crains d'avoir à me retracter de tout le bien que je vous ai dit de lui; il m'a fait les serments les plus forts, les plus sacrés qu'il reviendrait à la fin d'avril, et comme je paraissais en dou-ter il m'a prouvé par mille circonstances que j'avais tort; il a, dit-il, loué une maison à la barrière de Vaugirard pour lui et son frère Thomas; il a compté sur ses doigts combien de semaines il pourrait être absent. Eh bien! Monsieur, on dit qu'il m'a trompée, je vous prie de me confier ce que vous en saurez; je serai fidèle au secret si vous l'exigez. Vous serez étonné que ce ne soit pas lui qui vous porte le livre de Saint-Lambert, mais c'est que je n'ai reçu votre lettre du 10 par où vous me le demandez que deux heures après son départ, et c'est Mme Cholmondeley qui s'est chargée de vous le faire tenir par le courrier de l'ambassadeur.

Parlons de Milady Sarah: plus je réfléchis à son histoire plus je la trouve digne que Jean-Jacques en fasse un beau roman; par où il nous prouvera que ses mœurs et sa conduite sont fort d'accord avec la morale de l'âge d'or; que son mari et ses parents ont des sentiments très naturels, qu'elle doit inspirer un grand intérêt, qu'elle est un parfait modèle de sincérité et de bonne foi. Il faut bien que cela soit, puisque je suis son exemple; oui, Monsieur, je vous l'avoue, et je me hâte de vous apprendre, que j'ai un nouveau mari; mais il faut un di-vorce, et pour cela ne faut-il pas votre consentement? Le refusez-vous? Le charmant objet qui m'engage est celui[1] à qui vous trouvez beaucoup de ressemblance à l'écuyer de la Doloride[2] (et l'on dit que vous avez raison); ce fut lui qui l'apprit mardi dernier au grand-papa et à la grand'maman au dîner des ambassadeurs; ils se récrièrent sur mon infidélité, mais je saurai bien me justifier, et pourquoi ne sui-vrais-je pas les usages de votre nation? Si on me blâme, les philosophes modernes me défendront; mon nouvel époux est leur partisan; si

1. L'envoyé de Danemark (HW).
2. 'Trifaldin, el de la barba blanca, soy escudero de la condesa Trifaldi, por otro nombre llamada la Dueña Dolorida' (Don *Quixote*, Part ii, chap. xxxvi; and *post* 7 April 1769). See also Ariosto's *Orlando Fu-rioso*, Canto 29.

vous avez oublié son nom, demandez-le à votre cousin, il était au dîner où il en fut question.

J'approuve extrêmement tout ce que vous dites sur la philosophie; elle n'est faite que pour engourdir l'âme, et non pour la perfectionner; heureusement elle ne saurait détruire les passions, mais elle en diminue les ressorts, et sans ce ressort, point de grandes vertus; votre comparaison du génie à un monarque, et de la philosophie à une république, est charmante. Je vous dirai comme Nicomède à Attale, ou bien Attale à Nicomède:

> Vous avez de l'esprit, si vous n'avez du cœur.[3]

Adieu, vous voyez bien que Wiart n'est point éveillé.

Il vient de se lever. Ce qu'on dit de votre cousin c'est qu'il ne reviendra pas; j'en avais eu le soupçon, il l'avait détruit, mais j'y reviens aujourd'hui plus que jamais; j'en serais véritablement fâchée, il n'est pas mon ami, mais il me plaît beaucoup; faites-moi le plaisir de me mander ce que vous en saurez, et soyez très sûr de ma discrétion. Peut-être va-t-il se marier, peut-être sera-t-il, comme a été M. Hume, adjoint de Milord Rochford. Votre petit-neveu[4] est de la plus belle figure.

To MADAME DU DEFFAND, Tuesday 21 March 1769, N° 81

Three fragments. The first two are B i. 309 n. and 311 n. The third is quoted by D in her reply *post* 1 April 1769. Probably written at Arlington Street.

MME DU CHÂTELET m'avait prêté les *Saisons*[1] avant l'arrivée de votre paquet. Ah! que vous en parlez avec justesse; le plat ouvrage! point de suite, point d'imagination, une philosophie froide et déplacée; un berger et une bergère qui reviennent à tous moments; des apostrophes sans cesse, tantôt au bon Dieu, tantôt à Bacchus, les mœurs et les usages d'aucun pays. En un mot c'est l'Arcadie encyclopédique. On voit des pasteurs, le dictionnaire à la main, qui cherchent l'article *tonnerre* pour entendre ce qu'ils disent eux-mêmes d'une tempête. Peut-on aimer les éléments de la physique

---

3. Corneille, *Nicomède* III. vi.
4. Lord Malpas, then aged twenty.

1. By Jean-François, Marquis de St-Lambert (see *ante* 12 March 1769).

rimés? Vous y avez trouvé huit vers à votre usage: voici un qui m'a frappé moi:

Fatigué de sentir il paraît insensible.[2]

Quant aux contes orientaux[3] ce sont des épigrammes en brodequins; de petites moralités écrasées sous des turbans gigantesques. Je persiste à dire que le mauvais goût qui précède le bon goût est préférable à celui qui lui succède. *Corruptio optima fit pessima.* C'est une sentence latine qu'on a dite,[4] je ne sais quand, ni à quelle occasion, mais qui peint au naturel tous les singes de Voltaire, et la plus grande partie de vos auteurs modernes.

Que dit la reine-mère de Pologne de cette prétention?[5] ma foi vous aurez une guerre civile dans la rue St-Honoré.[6] Voilà le canevas d'un beau poème épique. Le poème s'ouvre; le Maréchal d'Alembert harangue son armée d'Encyclopédistes, s'agenouille pour demander la bénédiction du ciel, se souvient qu'il n'y a point de Dieu, invoque Sainte Catherine de Russie;[7] un poignard[8] tombe à ses pieds, il accepte l'augure, et trace un manifeste sur le sable contre les rebelles. On vient lui dire que son ami le Général Marmontel est tombé dans une ambuscade, et vient d'être fait prisonnier par un exempt de po-

2. This line is in *Le Printemps* (St-Lambert, *Les Saisons*, Amsterdam [Paris], 1769, p. 71).

3. *Fables orientales* are at the end of the 1769 edition of the *Saisons*.

4. This quotation has been traced to Aristotle, Eusebius, St Gregory, and St Thomas Aquinas (see Jehiel K. Hoyt, *New Cyclopedia of Practical Quotations*, New York, 1923, p. 140).

5. Mme Geoffrin was called *la reine-mère de Pologne* because of her maternal fondness for King Stanislas II of Poland, whom she had protected in Paris, and who had entertained her at Warsaw. HW implies that she would probably not encourage the pretensions of the Prince de Conti to the throne occupied by her protégé.

Conti's grandfather, François-Louis de Bourbon (1664–1709), Prince de Conti, had been elected king of Poland in 1697, but had never obtained the throne (C–D iii. 765–6). The present Prince hoped to succeed where his grandfather had failed.

'Le Comte de Broglie, nommé ambassadeur en Pologne en 1754, crut, à l'aide du temps et des intrigues les plus compliquées, pouvoir réaliser les vœux du Prince de Conti, et Louis XV devint le confident de l'un et de l'autre; mais il exigea que cette correspondance fût ignorée de ses ministres, et la cacha même à la Marquise de Pompadour. Après la mort de cette favorite, il fit également mystère au Duc de Choiseul . . . Le Comte de Broglie la fit continuer par des agents sans mission, lorsqu'il eut quitté la Pologne' (Jean-Charles-Dominique Lacretelle, *Histoire de France pendant le 18ème siècle*, 1810, iv. 216).

6. Mme Geoffrin lived in the Rue St-Honoré.

7. Catherine II had invited d'Alembert to tutor her son. She had also assisted Stanislas II, who was crowned King of Poland on Saint Catherine's day in her honour.

8. An allusion, perhaps, to Catherine's supposed assassination of her husband.

lice. Le maréchal fait une belle satire contre la police, et se retire dans sa tente, où sa bien-aimée (*Mlle de Lespinasse*)⁹ lui apporte une armure complète qu'elle a obtenue de Vénus. Rien de si facile comme vous voyez que de surpasser Homère et Virgile, il n'y manque que les paroles. Adieu. Jetez au feu cette folie.

Un étourdi a des folies à troquer contre les crimes ou contre les vertus.¹⁰

To Madame du Deffand, Saturday 25 March 1769, N° 82

Missing. *Post* 7 April 1769 dates this letter 25–28 March, but *Paris Journals* give only 28 March. Completed at Arlington Street, but started at Strawberry Hill.

From Madame du Deffand, Sunday 26 March 1769

Address: To Monsieur Monsieur Horace Walpole in Arlington Street near St James's *London* Angleterre
Postmark: MR 31.

N° 82. Paris, ce 26 mars 1769.

IL n'y a peut-être rien de plus triste au monde que de ne pouvoir pas lire votre lettre¹ avec quelqu'un; elle est fort longue, et il faut la relire plusieurs fois pour y pouvoir bien répondre; je ne vous dirai point que j'en suis charmée, vous pourriez penser que cela tient du vieil homme, et je vous proteste qu'elle serait de Marmontel ou de Mme Verdelin que je la trouverais charmante. Mais pourquoi ne pourrais-je pas la lire avec votre nièce; elle en est digne, et en sentirait tout l'agrément bien mieux que moi, je n'en ferai cependant rien; il faut être stricte avec vous. Je suis bien aise qu'elle soit contente de moi, elle le serait bien davantage si elle savait qu'indépendamment de vous j'aurais les mêmes attentions pour elle. Elle a beaucoup d'esprit, et une sorte de sensibilité qui m'apprendrait, si je ne le savais pas, qu'elle a éprouvé des chagrins et des peines. Tous les jugements qu'elle porte sont d'une justesse infinie. Nous avons fait

---

9. Probably a note inserted by HW or B.
10. D asked to have this sentence explained to her (*post* 1 April 1769). The explanation was apparently given in HW to D 12 April 1769 (missing). See *post* 15 April 1769.

1. *Ante* 21 March 1769.

ensemble de petits arrangements qui lui rendront son séjour ici plus facile et plus agréable; je vous conterai tout cela par le premier ordinaire. Je ne vous écrirai pas plus longuement aujourd'hui parce qu'il est trois heures, qu'il faut que je me lève pour aller chez le Président, que je n'ai point vu hier, et avec qui je ne me conduis pas trop bien. Adieu.

Voilà des vers qu'on soupçonne d'être du Chevalier de Boufflers,[2] mais je n'en sais rien.

Les Saisons.

Seul avec toi, séduisante friponne,
Je réunis, tendre amant, gai buveur,
Tous les plaisirs que chaque saison donne.
Quand la glace a frappé le nectar enchanteur,
Je retrouve à la fois et l'hiver et l'automne,
Le printemps sur ta bouche, et l'été dans mon cœur.

Prière.

Seigneur, faites parler la foi,
Et faites taire la nature;
Faites perdre à la créature
L'ascendant qu'elle a pris sur moi.
Vous êtes la beauté suprême,
Vous êtes le souverain bien,
Hors vous tout le reste n'est rien,
Et c'est pourtant ce rien que j'aime.

From Madame du Deffand, Saturday 1 April 1769

Nº 83. Paris, ce samedi 1er avril 1769.

MON usage est de répondre sur-le-champ à vos lettres; je les reçois avant que de me lever; j'ai ma toilette à faire, les visites arrivent; il faut sortir pour souper; enfin je suis toujours pressée; je réponds mal à vos lettres le même jour, parce que je ne les ai lues que superficiellement; j'ai eu tout le temps de relire avec attention la dernière, j'en suis très contente.

Votre analyse de Saint-Lambert[1] a débrouillé tout ce que j'en pensais; c'est un froid ouvrage et l'auteur un plus froid personnage. Les

2. These verses are not by Boufflers (see *post* 1 April 1769).

1. See *ante* 21 March 1769. This letter is 'la dernière.'

Beauvau se sont faits ses Mécènes. Ah! qu'il y a des gens de village et des trompettes de bois! Peut-être y a-t-il encore quelques gens d'esprit, mais pour des gens de goût, pour de bons juges, il n'y en a point.

Je suis désolée de ce que madame votre nièce ne sait pas mieux le français, j'aurais infiniment de plaisir à causer avec elle. Je la trouve extrêmement aimable, mais je ne suis pas aujourd'hui en verve, ainsi je ne la peindrai pas. Ses filles[2] seront dans mon couvent de lundi en huit, elle ne tardera pas à les suivre, non pas dans le couvent, mais dans deux petites chambres qui ne me sont bonnes à rien, et dont elle veut bien se contenter.

Vous voilà tout effrayé; que dira-t-on? que pensera-t-on? Rien du tout, Monsieur; et puis, qu'est-ce que cela vous fait? Mme Cholmondeley est votre nièce, cette considération me la fait recevoir avec plaisir, mais cette considération n'a plus de part aujourd'hui a ce que je pense pour elle; elle serait nièce de Saint-Lambert, de Marmontel, ou de d'Alembert que je penserais de même.

Le prétendant à la couronne de Pologne,[3] en attendant son élection, s'occupe à faire la musique et les paroles d'un opéra, qu'il veut faire représenter apparemment à l'Isle-Adam ou au Temple, car je me persuade que ce ne sera pas aux Italiens; c'est une fête qu'il veut donner à Monsieur le Duc de Chartres à l'occasion de son mariage.[4] Le sujet est Ariane abandonnée par Thésée dans l'île de Naxos; elle y a trouvé Bacchus, et elle suit le conseil de Mlle Antier,[5] médiocre actrice, à qui on disait, en lui faisant répéter un rôle d'amante abandonnée: 'Qu'est-ce que vous feriez, Mademoiselle, si vous vous trouviez dans cette situation, si votre amant vous quittait?'—'Ce que je ferais? J'en prendrais un autre.' Jugez des talents de cette actrice, et jugez de l'intérêt dont sera le drame de Sa Majesté Polonaise. J'ai conté et non pas lu à la grand'maman, qui me l'a fait conter au grand-papa, le canevas de votre poème[6] qui a eu un succès infini. Effectivement, rien n'est d'un meilleur ton.

2. Henrietta Maria Cholmondeley (1754–1806), killed by falling out of the Princess of Wales' carriage; and Hester Frances Cholmondeley (1763–1844), m. (1783) Sir William Bellingham, cr. (1796) Bt (Arthur Collins, *Peerage,* ed. Brydges, 1812, iv. 35). Collins gives the older daughter's name as Mary Harriet, but her grandfather's will at Somerset House names her as above. See also GM 1806 lxxvi. pt. ii. 971.

3. The Prince de Conti (see *ante* 21 March 1769).

4. The Duc de Chartres m. (5 April 1769) Louise-Marie-Adélaïde de Bourbon (1753–1821), dau. of the Duc de Penthièvre.

5. Marie Antier (ca 1687–1747) (*La Grande encyclopédie*).

6. HW's proposed epic poem on the civil war at Mme Geoffrin's salon (see *ante* 21 March 1769).

Je comprends ce que vous pensez de votre cousin, et quelle doit être ma conduite; mais il y a une phrase que je n'entends point du tout; la voici: *Un étourdi a des folies à troquer contre les crimes ou contre les vertus.* Voilà ce que je n'entends point; le reste est clair, quoique très fin.

Je crois madame votre nièce sincère, mais je me tiens à quatre pour suspendre mon jugement, je ne puis pas me vanter d'avoir jusqu'à présent porté aucun jugement parfaitement juste. Je tâche actuellement de ne point juger; ce serait un grand avantage que j'acquerrais si on en usait ainsi pour moi, car en vérité je ne voudrais pas qu'on me jugeât comme je me juge moi-même.

Adieu, à tantôt. La plus grande partie de cette lettre est écrite aujourd'hui dimanche à 6 heures du matin, et ayant eu ma grande insomnie, je me suis amusée à écrire de ma main cette feuille que je vous envoie, mais qu'il a fallu faire copier, parce qu'elle était peu lisible. Vous me trouverez bien bête, vous aurez raison, répondez-moi pourtant.

Je compte avoir cet après-dîner une lettre; s'il est vrai, j'ajouterai à celle-ci; si je me trompe, je la ferai cacheter et elle partira sans rien de plus.

P.S.—Il est trois heures, point de facteur, point de lettres, la mienne partira. Je vous envoyai des vers dans celle de dimanche dernier.[7] Je vous dis qu'on les croyait être du Chevalier de Boufflers; ah! point du tout, ce sont d'anciens vers, et ils en valent bien mieux. Une application bien juste vaut mieux qu'une faite exprès; je ne parle que des huit derniers vers, car pour la *séduisante friponne* [elle] n'a pas plus de rapport à la dame de Bordeaux qu'à toutes autres. Je n'ai point encore perdu mon pari. On me doit vingt-quatre sols par jour tant qu'on ne fera pas de pas en avant, et moi je devrai cinq louis le jour qu'ils seront faits. C'est du 10 janvier qu'a commencé le pari, il me payera, j'espère, ma loge à la Comédie. Mme Cholmondeley pourra bien en faire plus d'usage que moi.

Savez-vous que j'ai l'impolitesse de n'avoir point encore vu mesdemoiselles ses filles, et que je n'ai pas demandé à les voir? Cela est horrible, mais en revanche M. Milord[8] soupa chez moi dimanche avec le Chevalier de Redmond. N'êtes-vous pas content de l'assortiment? je l'ai imaginé et exécuté. Pour votre petit-neveu je crois que

---

7. *Ante* 26 March 1769.   8. Evidently Lord Cholmondeley.

je lui fais peur, il soupa aussi chez moi, mais il n'ouvrit pas la bouche. Je l'avais vu deux fois auparavant sans l'entendre parler. Je ne l'ai point revu depuis, mais on dit que sa figure est très bien et qu'il a un très bon maintien.

Adieu. J'ai mal à la tête, des douleurs dans les entrailles, je me sens très échauffée; cela ne me fait rien; il me semble que je suis toute prête à faire mon paquet et à partir. Cette disposition me vient peut-être de ce que j'en suis encore bien loin; tout comme on voudra.

Dites-moi pourquoi, détestant la vie, je redoute la mort?[9] Rien ne m'indique que tout ne finira pas avec moi; au contraire je m'aperçois du délabrement de mon esprit, ainsi que de celui de mon corps. Tout ce qu'on dit pour ou contre ne me fait nulle impression. Je n'écoute que moi, et je ne trouve que doute et qu'obscurité. *Croyez*, dit-on, *c'est le plus sûr;* mais comment croit-on ce que l'on ne comprend pas? Ce que l'on ne comprend pas peut exister sans doute; aussi je ne le nie pas; je suis comme un sourd et un aveugle-né; il y a des sons, des couleurs, il en convient; mais sait-il de quoi il convient? S'il suffit de ne point nier, à la bonne heure, mais cela ne suffit pas. Comment peut-on se décider entre un commencement et une éternité, entre le plein et le vide? Aucun de mes sens ne peut me l'apprendre; que peut-on apprendre sans eux? Cependant, si je ne crois pas ce qu'il faut croire, je suis menacée d'être mille et mille fois plus malheureuse après ma mort que je ne le suis pendant ma vie. À quoi se déterminer, et est-il possible de se déterminer? Je vous le demande, à vous qui avez un caractère si vrai, que vous devez, par sympathie, trouver la vérité, si elle est trouvable. C'est des nouvelles de l'autre monde qu'il faut m'apprendre, et me dire si nous sommes destinés à y jouer un rôle.

Je fais mon affaire de vous entretenir de ce monde-ci. D'abord je vous dis qu'il est détestable, abominable, etc. Il y a quelques gens vertueux, du moins qui peuvent le paraître, tant qu'on n'attaque point leur passion dominante, qui est pour l'ordinaire, dans ces gens-là, l'amour de la gloire et de la réputation. Enivrés d'éloges, souvent ils paraissent modestes; mais le soin qu'ils prennent pour les obtenir en décèle le motif, et laisse entrevoir la vanité et l'orgueil. Voilà le portrait des plus gens de bien. Dans les autres sont l'intérêt, l'envie, la jalousie, la cruauté, la méchanceté, la perfidie. Il n'y a pas une seule personne à qui on puisse confier ses peines, sans lui donner

9. See *post* 6 April 1769.

une maligne joie et sans s'avilir à ses yeux. Raconte-t-on ses plaisirs et ses succès? on fait naître la haine. Faites-vous du bien? la reconnaissance pèse, et l'on trouve des raisons pour s'en affranchir. Faites-vous quelques fautes? jamais elles ne s'effacent; rien ne peut les réparer. Voyez-vous des gens d'esprit? ils ne seront occupés que d'eux-mêmes; ils voudront vous éblouir, et ne se donneront pas la peine de vous éclairer. Avez-vous affaire à de petits esprits? ils sont embarrassés de leur rôle; ils vous sauront mauvais gré de leur stérilité et de leur peu d'intelligence. Trouve-t-on, au défaut de l'esprit, des sentiments? aucuns, ni de sincères ni de constants. L'amitié est une chimère; on ne reconnaît que l'amour; et quel amour! Mais en voilà assez, je ne veux pas porter plus loin mes réflexions; elles sont le produit de l'insomnie; j'avoue qu'un rêve vaudrait mieux.

C'est Mlle Sanadon qui a fait l'arrangement de mesdemoiselles vos nièces pour leur entrée dans le couvent, ainsi dans votre réponse mettez un mot pour elle que je lui puisse lire.

To Madame du Deffand, Thursday
6 April 1769, N° 83

Fragment, B i. 313 n. Incomplete in Toynbee. *Post* 12 April 1769 dates this letter 6–17[?7] April, but *Paris Journals* give 8 April. Probably written at Arlington Street.

ET c'est à moi que vous vous addressez pour résoudre vos doutes![1] N'étant ni prêtre, ni philosophe, je ne vous dirai rien de positif, ni de négatif. Je crois fermement à un Dieu tout puissant, tout juste, tout plein de miséricorde et de bonté. Je suis persuadé que l'esprit de bienveillance et de bienfaisance est l'offrande la moins indigne de lui être présentée. Pour tout le reste, c'est-à-dire pour tout ce qui est matière de conjecture, j'attends sa volonté avec soumission, et je n'ai garde de deviner pour les autres ce dont je suis incertain moi-même. Le vide, le plein, l'éternité—oh! quant à toutes ces questions-là, je m'en mêlerai quand je préfèrerai les inepties de MM. de l'Encyclopédie aux contes de ma mère l'oie.[2]

1. See *ante* 1 April 1769.
2. The sixth edition of *Contes du Tems Passé de ma Mère L'Oye . . . Tales of Passed Times by Mother Goose, Englished* by Charles Perrault (1628–1703) had appeared in London, 1764, in French and English (BM Cat.).

From Madame du Deffand, Friday 7 April 1769

Nº 84. Paris, ce vendredi 7 avril, à 6 heures du matin.

VOTRE lettre du 25 et du 28 que je devais recevoir dimanche n'est arrivée qu'hier. Je voudrais que vous eussiez une lunette ou un télescope qui vous fît voir de Strawberry Hill ce qui se passe dans ma cellule à Saint-Joseph; vous jouiriez de la gloire que donne le succès; vous verriez le progrès de vos leçons; ma patience surpasse celle de Grisélidis. Si ce que je désire n'arrive point, je me dis, 'Il arrivera un jour,' et je me dirai ce jour-là, 'C'est un bonheur que cela ne soit pas arrivé plus tôt'; parce que le moment où commencent mes plaisirs aurait pu être celui où commenceraient mes regrets; et puis en mettant les choses au pis, si la mort prévenait l'accomplissement de mes souhaits, qu'aurais-je alors à regretter? Trouvez-vous que je sois devenue philosophe? Est-ce bien calculer? Est-ce bien raisonner?

Sachez, Monsieur, que je ne me soucie nullement de votre cousin; j'étais curieuse de savoir[1] ce que vous en penseriez, parce que j'aime à me rencontrer avec vous sur les jugements que je porte. J'ai eu quelque curiosité sur son retour, pour deux raisons, l'une un brimborion de politique, l'autre d'un commencement de coquetterie ou galanterie entre lui et la Bellissima. Je ne fais point des enjambées[2] de la politesse aux sentiments, j'ai pris pour modèle dans mes allures la marche de l'écrevisse; j'espère qu'à force de rétrograder je me retrouverai dans le chemin où je vous ai d'abord rencontré, dont j'espère que vous n'êtes point sorti, et dont (il faut que cela soit vrai, puisque vous le dites) je m'étais horriblement égarée.

C'est vrai que dans la plaisanterie de mon mariage avec l'écuyer Trufaldin,[3] j'oubliai que vous étiez mon époux. Je fus charmée de cet oubli et je n'eus rien de plus pressé que de vous le mander; c'était une nouvelle preuve d'une parfaite conversion. Cependant je vous ai plus demandé que je ne désirais; je vous prie même de ne point suivre l'exemple de Sir Bunbury,[4] ou du moins d'attendre pour m'envoyer l'acte de divorce, que je sois à Copenhague; d'ici à ce temps-là ayez la même exactitude à m'écrire. Vos lettres charment mes ennuis, elles sont d'un style dont il n'y a point eu de modèle, et qui ne peut

---

1. See *ante* 16 March 1769.
2. 'Ajambés' in MS.
3. Baron Gleichen (see *ante* 16 March 1769).

4. Sir Thomas Charles Bunbury, whose wife eloped with Lord William Gordon.

être imité; c'est le sublime de l'abondance et du naturel; elles seraient adressées à Mlle de Lespinasse que je ne pourrais pas m'empêcher de les trouver charmantes. Ah! je ne vous réponds pas de n'en pas montrer quelques articles à madame votre nièce; certainement elle en est digne, elle devrait l'être plus que moi, puisque elle a mille fois plus d'esprit.

En voilà assez pour aujourd'hui; il faut pourtant avant que de finir que je vous parle de Rosette.[5] J'ai cru entendre vos cris et voir votre agitation. Je suis assez de votre avis sur la préférence que vous donnez aux animaux à quatre pattes, ils sont plus honnêtes gens que les autres, mais ils parlent trop haut et pissent partout, c'est ce qui m'en a détachée.

Nous fûmes hier, madame votre nièce, mademoiselle votre petite-nièce et moi, au *Tartuffe*[6] dans ma petite loge. Il fut joué indignement, mais la pièce est si parfaitement belle que je ne laissai pas d'avoir du plaisir.

Ne manquez pas, je vous prie, de m'envoyer le discours que vous avez fait pour votre comédienne;[7] Wiart le traduira fort bien, il a traduit votre dernière lettre à Mme Cholmondeley;[8] vous n'avez pas de foi à sa science et vous avez tort.

Demain ou dimanche je continuerai cette lettre, et je vous promets de ne pas dire un mot de vous ni de moi; je suis tombée dans la faute d'en beaucoup parler aujourd'hui, c'est une sorte de purgation dont ma tête avait besoin, et qui fera peut-être que je dormirai.

Ce dimanche, après-midi, 9 avril.

Vous êtes charmant; il n'y avait qu'une chose dont je pouvais vous louer, elle n'existe plus; vous entendez bien que c'était votre exactitude. À présent tous les jours de poste, de la semaine, du mois, des années, tout est à l'aventure, et Dieu merci ma tranquillité n'en est point dérangée; c'est ainsi que vous avez souhaité que je devinsse, vous y êtes parvenu, applaudissez-vous de votre ouvrage. Ce n'est pas que je sois insensible; j'ai pensé pleurer cette nuit, en voyant pleurer Mlle Couty sur l'extrémité d'un petit serin, qui n'est pas de votre connaissance et qui, quoiqu'il m'appartienne, n'est pas beaucoup de la mienne, mais la Couty m'en a conté tant de choses intéressantes que

5. Perhaps Rosette had had puppies (see *post* 3 May 1769).

6. HW had seen Molière's comedy in Paris, 27 Nov. 1769 (*Paris Jour.*).

7. HW's 'Epilogue, spoken by Mrs Clive, on her quitting the stage, April 24, 1769' (*Works* iv. 399).

8. Missing.

je suis toute affligée de sa perte. Tenez-le pour mort, car je ne vous en parlerai plus.

Madame votre nièce viendra demain s'établir dans son nouveau gîte, et mesdemoiselles ses filles entreront dans le couvent; je souhaite que toutes les trois soient contentes.

On disait hier que la présentation était pour aujourd'hui, je n'enverrai ma lettre que demain matin pour vous mander ce qui en sera.

Il y a bientôt quinze jours que je n'ai vu la grand'maman. Le mariage de Monsieur le Duc de Chartres l'a retenue à la cour, elle a grand besoin de repos. J'espère, malgré l'ennui que me causera son absence, qu'elle ira à Chanteloup à la fin du mois, c'est là où elle fait une petite provision de santé, qu'elle dissipe bientôt après; elle n'a pas en vérité assez de force pour soutenir les fatigues de son état; et moi je n'en ai pas pour soutenir mes insomnies. Chaque nuit ajoute une année à mon âge, ainsi comme il y a près d'un mois que je ne dors pas, j'ai pour le moins cent ans, avec toutes les circonstances, dépendances, et ornements de ce charmant âge. Mais j'ai le courage des âmes faibles, la patience. Celui des âmes fortes vaudrait peut-être mieux, on combat les malheurs, on les surmonte, on s'en délivre. Voilà comme vous êtes; je vous en félicite, je ne suis pas de même.

Nous avons eu tous ces jours-ci l'ennuyeux récit de tous les habits de la noce,[9] broderie, réseaux, paillettes et paillons, fleurettes, fleurs et fleurons. Ah! j'en bâille encore en y pensant.

Mon commerce avec Voltaire devient plus vif de jour en jour; la grand'maman y joue un rôle; elle écrit à M. Guillemet,[10] typographe à Lyon, ou à M. Dupuits, et ces messieurs lui répondent. Toutes ces lettres de part et d'autre sont jolies. Je vous les enverrais, ainsi qu' une *Épître à Boileau*[11] et une à l'auteur des *Trois imposteurs;*[12] mais vous êtes si dédaigneux qu'on vous ennuie quand on croit vous amuser.

Adieu donc. J'ai quelques regrets de laisser une page et demie de vide, mais vous aimez autant le papier blanc que l'écriture.

Le courrier qui est arrivé aujourd'hui n'avait pas pour moi les mains vides, il m'a apporté une lettre de Milady Pembroke, de très

9. The wedding of the Duc de Chartres.
10. See *ante* 1 March 1769.
11. Voltaire sent this to D, with his letter to her of 15 March 1769 (Voltaire, *Œuvres* xlvi. 285). A MS copy in Wiart's hand was bequeathed by D to HW.

12. Voltaire's *Épître à l'auteur des Trois Imposteurs* was sent to D at the same time, and is represented in the same collection by Wiart's MS copy. Colmant's MS copy was sent to HW and is with the MS. See Appendix 25.

bon français, fort naturelle, fort simple, fort aimable; je n'entends plus parler de Lindor, du Craufurd, ni d'Éléazar. Votre cousin a écrit à la Bellissima. Cette Bellissima ne soupera pas ce soir chez moi, elle est priée au Palais-Royal, mais j'aurai la grosse Duchesse, Mme de la Vallière, qui pourrait remplacer votre sourde, et madame votre nièce, qui a un rhume effroyable. Adieu, adieu.

Comprenez-vous que je n'ai point eu de vos lettres aujourd'hui? en relisant ma lettre j'ai trouvé qui je ne vous le disais pas clairement.

Ce dimanche, à 2 heures après minuit.

Point encore de présentation, on dit que ce sera pour demain ou pour dimanche prochain, ou celui d'après, enfin avant le voyage de Marly, qui doit être le 28. Si ce voyage a lieu avant que la présentation soit faite, vraisemblablement elle ne se fera jamais. Mais ce qui arrivera incessamment c'est le départ de Milady Rochford.

Je vais me coucher, sans espérance de dormir, avec une fluxion dans la tête; je verrai demain M. Pomme.

L'oiseau est mort.

To MADAME DU DEFFAND, Wednesday 12 April 1769, Nº 84

Missing. Probably written at Arlington Street.

From MADAME DU DEFFAND, Wednesday 12 April 1769

Nº 85. Ce mercredi 12 avril 1769.

JE reçois votre lettre du 6 et du 7; vous aurez vu quand vous recevrez celle-ci, que mon intention n'est pas de ralentir notre correspondance; jamais cet accident n'arrivera par moi.

Je viens de recevoir une lettre de Mme Greville, dont je suis extrêmement irritée; il y a plus de dix-huit mois qu'elle ne m'avait écrit, ni moi à elle; elle me mande:

À propos, on m'a dit une chose dans ce pays-ci que je n'ai pas crue, et j'ai promis de vous la demander. On prétend que les lettres qu'on a l'hon-

*Receuil De lettres choisies
De Differentes personnes.*

*Ce Livre, avec tous les Manuscrits, m'a été leguée par
Madame Marie de Vichy Marquise du Deffand, 1780.*

Horace Walpole.

TITLE BY WIART AND NOTE BY WALPOLE
FROM MADAME DU DEFFAND'S 'RECUEIL'

neur de vous écrire sont vues de plusieurs personnes, et qu'elles sont ar-
rangées dans un grand livre pour être conservées.[1] J'ai bien de la peine à
ajouter foi à un tel conte, mais il ne laisse pas d'y avoir bien du monde ici
qui le disent, ce qui a effrayé mortellement tous ceux qui ont eu jusqu'ici
le bonheur d'être en correspondance avec vous. Rassurez-nous, Madame,
afin que je puisse donner le démenti à une si grande extravagance. On
m'a demandé très sérieusement si j'avais un commerce de lettres avec vous,
parce que, dit-on, on vous verra imprimée si cela est. Mandez-moi, Madame, ce qui a pu donner naissance a un tel rapport.

Je vous envoie ma réponse,[2] si vous la trouvez bien vous la lui ferez
tenir, si elle ne vous paraît pas bien vous la jetterez au feu, et vous me
manderez ce que je dois répondre.

Madame votre nièce[3] est d'hier au soir chez moi, elle n'y est arrivée qu'à minuit et je n'ai point encore eu l'honneur de la voir.
Wiart a été savoir de ses nouvelles, elle prétend qu'elle se trouve fort
bien. Je le souhaite, je crains que cet établissement ne soit pas de
longue durée, parce que le corps de logis qu'elle habite ne vaut rien,
et qu'on doit l'abattre au mois d'octobre; mais mesdemoiselles ses
filles sont établies dans le couvent depuis deux jours, elles s'y trouvent à merveille, et elles y resteront tant qu'on voudra.

La présentation n'a point été faite dimanche, mais on la regarde
toujours comme certaine; je persiste toujours à en douter. Si elle ne
l'est pas le 28, j'aurai eu raison.

Vous êtes content de l'*Épître à Boileau,* et vous avez bien raison;
il y en a une autre à l'auteur des *Trois imposteurs,* que j'aime encore
mieux. Ma correspondance avec Voltaire est très vive; je vous ai déjà
dit que je ne vous envoyais pas tout cela, parce que je crois que vous
ne vous en souciez guère, mais vous aurez toujours tout ce qui est
en ma disposition quand vous le voudrez.

C'est vous dont j'entends parler quand je dis que mon grand livre[4]
sera brûlé, ou remis entre des mains fidèles. Oui, je crois vos mains
très fidèles, je souhaite qu'il en soit ainsi du reste. Adieu.

---

1. This accusation was partly true; D
showed to her friends many letters which
she received, and she left (among the papers
bequeathed to HW) a large folio volume
called *Recueil de lettres* in which Wiart
had copied letters which she considered to
be worth keeping. Nevertheless, this volume contains only a small fraction of the
letters addressed to her; there are few
letters from English people, and none from
Mrs Greville in it. D had no intention of
publishing the letters; they were kept so
that she could reread them at her leisure
and show them to her friends. See illustration opposite.

2. Missing.
3. Mrs Cholmondeley.
4. The *Recueil de lettres.*

To Madame du Deffand, Friday 14 April 1769, N° 85

Missing. Written at Arlington Street. Answered, 23 April.

From Madame du Deffand, Saturday 15 April 1769

N° 86. Paris, ce samedi 15 avril.

LA poste est soumise à vos intentions; la lettre[1] qu'à peine j'espérais pour demain arrive aujourd'hui. Celles que vous écriviez avec répugnance arrivent à la vérité trop tôt, mais presque toujours fort tard.

Je sens comme je le dois l'espérance que vous voulez me donner de vous revoir un jour; je n'ai rien à vous dire sur cela, si ce n'est que je vous prie d'être persuadé que vous ne me devez rien. Il est vrai que sans vous je n'aurais jamais connu Mme Cholmondeley. Vous êtes l'occasion des services que j'ai cherché à lui rendre; mais l'occasion n'est pas toujours le motif; elle me paraît très aimable, notre connaissance est encore fort superficielle, mais il n'était pas nécessaire qu'elle fût plus fondée pour m'empresser à lui rendre service; son établissement chez moi serait solide si le bâtiment où elle loge pouvait l'être, mais comme je crois vous l'avoir mandé, on parle de l'abattre au mois d'octobre. À l'égard de mesdemoiselles ses filles, la petite[2] restera dans le couvent, mais la grande[3] en sortira incessamment pour aller dans un autre. Il lui est échappé de dire que le signe de croix était une superstition; tout le couvent a été en alarme, on ne veut plus la garder. Je crois que Mme Cholmondeley la mettra à la Présentation,[4] c'était son premier projet, elle vous rendra compte de tout cela.

J'ai vu M. de la Rochefoucauld,[5] il m'a paru très content de vous, et m'a rendu très bon compte de votre château, il lui a paru plus singulier que vous; il me semble que vous lui avez plu, il dit qu'il vous trouve très aimable, et il se loue beaucoup de vos politesses. Mais c'est le fils[6] de Milord Harcourt avec qui il me paraît le plus lié.

1. Probably HW to D 12 April 1769 (missing). It was very unusual for a letter to reach Paris from London in only three days' time.
2. Hester Frances Cholmondeley.
3. Henrietta Maria Cholmondeley.

4. Convent situated on the Rue des Postes (*Dict. de Paris*).
5. The Duc de la Rochefoucauld d'Anville.
6. George Simon Harcourt (1736–1809),

Que voulez-vous que je vous dise de M. de Voyer?[7] Le jugement que vous en portez doit être très juste, il se rapporte à tout ce que j'en ai entendu dire. C'est l'esprit d'aujourd'hui d'observer, de s'occuper de détails, et de ne faire nulle attention au résultat. Votre lettre est si pleine d'esprit que mon génie tremble devant le vôtre;[8] il m'est impossible dans ce moment de ne pas penser à ce que je vous écris; et je ne sais plus ce que je dis quand je veux bien dire. Tout est hasard en moi, tout est premier mouvement. Vous avez très parfaitement expliqué la phrase sur votre cousin[9] que je trouvais obscure. Vous avez une sorte d'esprit et de caractère si singulière, si originale, que l'habitude qu'on a de traiter avec les hommes ordinaires ne peut servir de rien pour traiter avec vous. En vérité si j'étais bien sûre d'une autre vie, je remettrais à ce temps-là notre liaison et notre correspondance; mais comme je suis fort dans le doute d'un autre monde, il faut bien consentir à faire usage de celui-ci, et employer tous les moments quand on [n'] en a pas de reste. Il me semble que cette lettre est toute à bâtons rompus, mais c'est que je vous réponds sur-le-champ, et que mes pensées ne sont pas mûries. Je me flatte que cela ne vous fait rien, mais de quoi je me flatte, c'est que vous ne vous êtes pas trouvé jeudi dans la bagarre;[10] j'ai bien de l'impatience de savoir ce qui sera arrivé. Apparemment que Mme Cholmondeley en recevra des nouvelles mardi ou mercredi. Croiriez-vous que je n'ai point encore eu de conversation en particulier avec elle? je ne l'ai jamais vue seule, elle m'en paraît fâchée, et je le suis aussi. Pour moi, je n'ai plus besoin d'épanchement, ni de faire aucune confidence, mon âme est desséchée et entièrement tournée à la défiance. Je ne connais plus de plaisir et d'amusement que celui du moment, sans espérer ni désirer qu'il ait de la suite. Tout me paraît spectacle, décoration, acteurs; le monde est devenu comédie[11] pour moi *par ce que je pense;* il ne deviendra jamais tragédie s'il plaît à Dieu *par ce que je ne sentirai plus.* Je ne m'exprime pas avec votre éloquence, il s'en faut bien, et j'en

Vct Nuneham, later 2d E. Harcourt, HW's correspondent.

7. Marc-René de Voyer (1722–82), Marquis de Voyer, son of the Comte d'Argenson who had been minister under Louis XV.

8. See *ante* 31 May 1768, n. 3.

9. See *ante* 21 March 1769 and 1 April 1769.

10. On the occasion of Wilkes's re-election as M.P. for Middlesex, 12 April 1769; there was no riot (see *Mem. of Geo. III* iii. 236).

11. HW believed that 'this world is a comedy to those who think, a tragedy to those who feel' ('Detached Thoughts,' *Works* iv. 369, HW to Mann 31 Dec. 1769).

sais bien la raison; ce n'est pas uniquement celle de la supériorité de votre esprit, que je reconnais et que je confesse sans humilité et sans envie.

Peut-être que la première fois que je vous écrirai je répondrai encore à votre lettre d'aujourd'hui, car je soupçonne que je ne vous dis pas tout ce que j'aurais à vous dire. J'ai quelque chose qu'il faut que je vous dise aujourd'hui, j'y ai de la répugnance, mais je veux la surmonter; c'est que je désire de ravoir mon portefeuille,[12] vous me ferez plaisir de me le renvoyer par votre cousin.

Comme cette lettre ne partira que lundi je pourrai bien y ajouter demain quelques lignes. Adieu.

Ce dimanche.

Ah! bon Dieu! quel galimatias je vous ai écrit hier. Despréaux dit de l'ode—

Chez elle un beau désordre est un effet de l'art.[13]

Nous avons eu hier un long tête-à-tête, madame votre nièce et moi, j'ai très bonne opinion d'elle; elle n'en a pas mauvaise de moi, et je vous en ai l'obligation. Elle n'a point eu d'ouverture de cœur. L'affaire de ses filles est terminée, elles sortiront d'ici toutes les deux, elle ne les mettra point en couvent, mais auprès d'une personne qui élève de jeunes filles. J'étais fort malade hier d'un rhume, la grand'maman vint me rendre une petite visite, je lui présentai votre nièce, qui avait fort envie de la voir; la grand'maman lui demanda beaucoup de vos nouvelles, lui parla de votre retour. Je soupai hier en très petite compagnie: Mme Cholmondeley, Mlle Sanadon, mon frère,[14] et deux cousins. Ce soir j'aurai MM. Cholmondeley, père et fils,[15] et un M. Chamier,[16] la feue ambassadrice, qui partira bientôt. Je pourrais vous envoyer par elle l'épître de Voltaire sur les *Trois imposteurs,* et les dernières lettres que j'ai reçues de lui, mais vous ne vous souciez pas de tout cela.

J'ai mieux dormi cette nuit, je suis moins enrhumée, mais je ne

12. It is not clear to which portfolio D refers.

13. Nicolas Boileau-Despréaux, *L'Art poétique,* Chant ii.

14. Probably Nicolas-Marie de Vichy (d. 1783), Abbé de Champrond, treasurer of the Sainte-Chapelle, who lived at Montrouge, near Paris. D's other brother, the Comte de Champrond, lived at the family castle in Burgundy. See Pierre-Marie-Maurice-Henri, Marquis de Ségur, *Esquisses et récits,* [1908], pp. 25–30. HW apparently did not meet him until 1771 (*Paris Jour.*).

15. D means 'grandpère et petit-fils.'

16. Anthony Chamier (1725–80), friend of Dr Johnson and member of the Club.

me porte pas trop bien. Ma sœur[17] est morte; si elle avait différé son retour à Avignon d'un mois, elle n'aurait plus été en état de partir et j'aurais eu le chagrin de la voir mourir, elle avait neuf ans moins que moi. C'était une bonne femme, mais pour laquelle on ne pouvait avoir nul sentiment.

Je me sens toute hébétée aujourd'hui, ainsi je vous dis adieu.

To MADAME DU DEFFAND, Tuesday 18 April 1769, N° 86

Missing. The words 'Mrs Grev[ille]' in *Paris Journals* indicate its subject. Probably written at Arlington Street. Answered, 23 April.

From MADAME DU DEFFAND, Sunday 23 April 1769

Misplaced by Mrs Toynbee before *post* 26 April 1769.

Address: To Monsieur Monsieur Horace Walpole in Arlington Street near St James's *London* Angleterre.

Postmark: AP 28

N° 87. Paris, ce dimanche.

POUR ne vous laisser aucune inquiétude, je vous renverrai vos lettres par monsieur votre neveu.[1] Mon intention avait été de prendre des mesures avec vous quand je vous verrais, pour assurer votre tranquillité en cas d'événement,[2] et si cet événement avait précédé le voyage que vous annoncez, j'avais pris mes précautions pour que la cassette où sont vos lettres fût remise à Pont-de-Veyle, qui aurait été chargé de vous les rendre. Je préfère de vous les renvoyer à les brûler, vous serez plus tranquille quand vous verrez par vous-même tous vos numéros.

Il est bien simple que je vous nommasse dans ma lettre à Mme Greville, j'y joignais M. Craufurd; il est difficile d'imaginer qu'il y eût quelque inconvénient, mais je m'en rapporte entièrement à votre prudence. À l'égard du Général Irwin, il est ineffable qu'il croie que j'ai montré ses lettres. Apparemment que M. Selwyn a les mêmes idées, car je n'entends plus parler de lui, mais je vous avouerai que je n'ai nul regret à ces deux correspondances, non plus qu'à celle de

17. Mme d'Aulan.   1. Lord Malpas.
                                     2. Her death.

Mme Greville, à qui il me semble qu'il serait plus court de ne pas répondre.[2a] Ne croyez point que tout ceci me fâche; quand je n'ai rien à me reprocher je me console aisément.

Je suis fort aise que vous soyez content de moi, il me semble en effet que vous devez l'être, et que ce n'est qu'une justice que vous me rendrez, quand vous aurez une parfaite sécurité que vous n'éprouverez jamais par moi le plus léger chagrin.

Mesdemoiselles vos nièces sont encore dans le couvent, mais elles en sortiront; j'ai, je crois, réussi à les faire recevoir dans un autre, et cet autre est Panthémont.[3]

Enfin, ce qu'on craignait tant est arrivé,[4] je ne sais quelle en sera la suite. Je vous enverrai ces jours-ci l'épître de Voltaire sur *Les Trois imposteurs*. Il partira mardi pour l'Angleterre un homme de la connaissance de madame votre nièce;[5] peut-être le chargerai-je d'une partie de vos lettres, pour que le paquet que vous portera monsieur votre neveu soit moins gros.

To Madame du Deffand, Tuesday
25 April 1769, N° 87

Missing. Probably written from Arlington Street. Answered, 3 May.

From Madame du Deffand, Wednesday 26 April 1769

N° 87. Ce 26 avril.

CE n'est pas ma faute si vous ne recevez pas toutes vos lettres en même temps que celle-ci. J'en ai fait le paquet, elles sont au nombre de cent soixante-six; je les ai mises entre deux cartons dans une enveloppe bien cachetée, et emballée dans une toile cirée. M. Ba-

2a. See *post* 26 April, 3 May, 10 May 1769.

3. The Abbaye de Panthémont was situated on the Rue de Grenelle (*Dict. de Paris*). The Abbess was Marie-Catherine de Béthizy de Mézières (d. 1794), whose mother was English, sister of General Oglethorpe (HW to Montagu 7 Sept. 1769; Jean-Baptiste-Pierre Jullien de Courcelles, *Histoire généalogique . . . des pairs de France*, 1822–33, i. 'Béthisy,' p. 12).

4. Mme du Barry's presentation at court, 22 April 1769. See Pierre de Nolhac, 'La Présentation de Mme du Barry' in *La Revue de Paris*, 15 Aug. 1896, iv. 851–69.

5. Giuseppe Marc'Antonio Baretti (1719–89), writer, and friend of Dr Johnson. He and Mrs Cholmondeley moved in the same literary circle in London. See *post* 26 April 1769.

retti, l'ami de madame votre nièce, s'en chargeait volontiers; mais il a représenté qu'il ne répondait pas que ce paquet ne fût visité à la douane de Douvres. Je me suis hâtée de le reprendre, je l'ai remis dans le petit coffre, où il restera jusqu'à nouvel ordre; car la voie de Milord Malpas ne sera pas plus sûre que celle de M. Baretti. Dites donc ce que vous voulez que je fasse. Si je les brûlais, vous n'auriez pas la conviction qu'il n'en reste aucune, et je désire que vous l'ayez. De plus, je ne serai pas fâchée que vous vous donniez le plaisir de les relire; vous verrez des variations peu communes, et vous jugerez si mon amitié est à toute épreuve. Il ne me restera rien de vous, mais j'aurai le contentement de vous avoir satisfait. Je vous prie de croire que madame votre nièce ne sait pas ce que contient le paquet, je suis corrigée des confidences. Madame votre nièce, qui paraît m'aimer, ne m'en a fait aucune des chagrins qu'elle a dû avoir; elle ignore que j'ai connaissance de son extraction. Personne ne m'en a parlé, ex- cepté Pont-de-Veyle et M. de Grave; ce sont par des Anglais qu'ils l'ont appris; je les ai priés de n'en point convenir, et d'assurer qu'elle est considérée dans sa famille et estimée de tous ceux qui la con- naissent. Parmi les gens que je vois, ceux qui ont de l'esprit ont dé- mêlé qu'elle en a beaucoup; cela est bien vrai, et je la crois sincère; elle est naturelle et de bonne humeur; c'est bien fâcheux qu'elle ne sache pas mieux notre langue, mais malgré sa difficulté à s'exprimer j'aime mieux l'écouter qu'aucune Française.

Voilà la grand'maman qui part samedi pour jusqu'à Compiègne. Eh! qui sait si son séjour ne sera pas plus long?[1] On peut s'attendre à tout, et chaque jour peut produire un événement. Il y en a un bien prochain pour moi qui doit me rendre indifférente pour tout autre; mais c'est le cas de dire que le remède est encore pis que le mal.

Je vous fais grâce de toutes mes réflexions, vous n'en trouverez plus d'aucun genre dans mes lettres. À quoi sert de dire tout ce qu'on pense? On augmente le dégoût, l'éloignement.

Adieu, j'ai écrit à Mme Greville selon votre conseil.

Si vous voyez le Selwyn tâchez de savoir s'il craint aussi d'être dans le grand livre; je ne puis imaginer d'où part une telle sottise. Serait-ce M. Craufurd? Cela serait bien infâme; c'est le seul Anglais à qui j'ai confié le manuscrit des lettres de Voltaire, où il y en a quelques-unes de mes autres amis.

La belle Comtesse fait un grand mystère de sa correspondance avec

1. D foresaw the disgrace and exile of the Duc de Choiseul.

votre cousin, elle le reverra la semaine prochaine; mais sa très bonne amie l'ambassadrice nous quitte lundi.

Voilà l'épître de Voltaire,[2] peut-être l'aviez-vous?

J'ai commencé une lecture que je ne suis pas sûre de continuer; c'est la traduction des *Nuits* d'Young.[3] Rien n'est plus triste, je n'en ai encore lu que deux chants; il y a un grand galimatias poétique, mais il y a du feu et des traits, je crois que je le lirai jusqu'à la fin. J'ai mis dans le paquet de vos lettres la traduction de celle à madame votre nièce;[4] ainsi je vous le répète, il ne me restera plus rien de vous; j'augmenterai le paquet de toutes celles que je recevrai jusqu'à son départ. À l'égard de toutes les autres lettres de votre pays, vous pouvez affirmer qu'elles sont toutes brûlées; rassurez ces messieurs sur la crainte qu'ils ont d'être imprimés.

To MADAME DU DEFFAND, Tuesday 2 May 1769, N° 88

Missing. Marked in *Paris Journals* 'by Mr R[obert] W[alpole].' Probably written at Arlington Street. Answered, 10 May.

From MADAME DU DEFFAND, Wednesday 3 May 1769

Address: To Monsieur Monsieur Horace Walpole in Arlington Street near St James's *London* Angleterre
Postmark: MA 8

N° 88. Ce mercredi 3 mai 1769.

MON intention n'était pas de vous écrire aujourd'hui, parce que je croyais que l'ami de madame votre nièce devait arriver hier ou avant-hier à Londres; mais elle m'a dit qu'il passait par Lille, ce qui peut le retarder beaucoup, et vous ne sauriez à quoi attribuer mon silence.

Je reçus hier une lettre du bon Éléazar, pathétique, onctueuse, tant pour moi que pour la grand'maman. Selon lui, votre Parlement[1] a dû finir hier; il part vendredi pour l'Irlande où est son régiment, et puis il reviendra tout de suite ici, se mettre aux pieds de la Dame

2. *L'Épître à l'auteur des Trois imposteurs.*

3. *Night Thoughts* by Edward Young (1683–1765) were translated into French by Pierre-Prime-Félicien Le Tourneur, whose translation (*Les Nuits*, 2 vols) appeared at Paris in 1769.

4. Wiart's translation of HW's (missing) letter to Mrs Cholmondeley (see *ante* 7 April 1769).

———

1. Parliament remained in session until 9 May (see HW to Mann 11 May 1769).

Boucault et de la Bellissima. Votre cousin arrive, dit-on, lundi prochain, il est désiré et sera bien reçu. L'ambassadrice partit hier, je ne l'ai chargée de rien.

La lettre que vous recevrez[2] par M. Baretti vous apprendra que ce n'est pas ma faute si je ne vous renvoie pas vos lettres. Vous avez craint de vous compromettre avec Mme Greville; ce n'était pas mon intention, je ne vous envoyais ma lettre pour elle que pour avoir votre conseil, et puis parce que je ne savais pas son adresse; je comptais si vous l'aviez approuvée que vous la lui feriez rendre, sans qu'elle sût qu'elle la recevait par vous. M. Baretti lui porte ma réponse.

Je n'entends plus parler du tout du Selwyn, non plus que de M. Craufurd.

Vos petites-nièces sont encore ici, mais elles s'établiront la semaine prochaine à l'Abbaye de Panthémont. Milord Cholmondeley s'en retournera dans quinze jours.

Mme du Barry est à Marly, elle va tous les soirs au salon avec Mme du Béar;[3] dans peu on n'en parlera plus.

Je n'ai point encore fait traduire vos vers,[4] Wiart trouve l'entreprise un peu difficile: je vous dirai bientôt une nouvelle[5] qui le regarde.

Mme de Jonzac me demande beaucoup des nouvelles de *vachette*,[6] elle m'a bien recommandé de la nommer ainsi.

Le Président se porte bien, je dînai hier chez lui, je me couchai sans souper, et j'ai beaucoup mieux dormi cette nuit; comme je n'avais pas fermé l'œil la nuit précédente, je ne puis pas savoir si c'est le changement de l'heure des repas qui m'a procuré le sommeil. Adieu.

From MADAME DU DEFFAND, Wednesday 10 May 1769

N° 89. Paris, ce mercredi 10 mai.

VOTRE cousin arriva lundi, il m'a rendu mon portefeuille et votre lettre,[1] votre neveu vous rendra celle-ci; vous savez la raison qui m'empêche de vous renvoyer toutes les vôtres; nous se-

2. *Ante* 26 April 1769.
3. So spelled in the MS. D probably means Mme de Béarn.
4. HW's 'Epilogue, spoken by Mrs Clive' (see *ante* 7 April, and *post* 16 May 1769).

5. Not explained.
6. Rosette.
———
1. HW to D 2 May 1769 (missing).

rions dans le cas de Gribouille,[2] qui se jetait dans l'eau de peur de la pluie. La crainte d'un accident qui ne peut jamais arriver, nous ferait courre le hasard que le paquet fût visité à la douane de Douvres. Vous consentez que je les garde jusqu'à votre arrivée; si vous changez d'avis vous me le manderez; soyez convaincu de ma parfaite déférence; je crois en vous à la manière des parfaits fidèles, sans examen, sans raisonnement.

J'ai été fort occupée hier toute la journée du temps qu'il faisait, il était ici très vilain, j'ai craint qu'il ne fût de même à Strawberry Hill, et que votre fête[3] n'en fût dérangée; j'en attends le récit avec impatience. Je suis fort aise de votre engouement pour nos Françaises, votre projet de venir ici vous coûtera moins à exécuter. Je comprends très aisément tous les inconvénients que l'on trouve à se déplacer, et je serais plus affligée que surprise si vous ne veniez plus ici. Mme Cholmondeley peut vous dire que je suis très raisonnable. Ah oui! certainement je suis raisonnable; et bien honteuse de ne l'avoir pas toujours été; ou du moins de ne l'avoir pas paru. Je m'intéresse autant que vous l'imaginez à la grand'maman, mais avec beaucoup de prudence, sans qu'il m'en coûte aucun effort; si j'avais vingt ans de moins cela serait admirable, mais à mon âge on n'est occupée que du présent sans songer et sans s'embarrasser de l'avenir. Je ne sais pas comment toute cette affaire-ci se tournera, je ne saurais penser que M. de Richelieu et son neveu[4] soient des gens bien redoutables. L'oncle est méprisé, le neveu détesté; il y a un chancelier, un M. Bertin,[5] qui me semble plus à craindre qu'eux.

La créature[6] est une sotte, qui n'a nulle volonté par elle-même; il paraît que jusqu'à présent il n'y a nul parti lié, mais le grand-papa a bien des ennemis, et il est fort imprudent.

La grand'maman est à Chanteloup depuis le 29 du mois passé, elle n'a pour compagnie que l'Abbé Barthélemy, le Marquis de Castellane et le médecin Gatti. La petite Comtesse de Choiseul ira la trouver lundi, et le petit oncle, M. de Thiers, ira à la fin de la semaine. Le Chevalier de Listenois, qui y passe ordinairement tout le voyage, n'ira point cette année, parce que son frère, le Prince de

2. See *ante* 4 Jan. 1767.

3. HW's fête for his French visitors at Strawberry Hill, 9 May 1769 (see HW to Montagu 11 May 1769).

4. The Duc d'Aiguillon, who was not the nephew of the Duc de Richelieu, but his cousin's grandson. The terms 'nephew' and 'niece' were loosely used at this time to indicate the descendants of one's cousins.

5. Henri-Léonard-Jean-Baptiste Bertin (1719–92).

6. Mme du Barry.

Bauffremont,[7] se meurt. Cette grand'maman se contente de cette petite compagnie, elle m'écrit souvent, ainsi que l'Abbé; ils ne reviendront tous qu'au commencement de juillet, c'est-à-dire quelques jours avant Compiègne; et que sait-on ce qui arrivera d'ici là? Il est vraisemblable qu'il n'arrivera rien, mais on n'en peut répondre. Il m'était dû une année de ma pension, on m'en a payé la moitié, on me promet l'autre incessamment.

Vous n'êtes pas si avancé que moi suivant ce que vous me mandez; et pourquoi cela? Quand vous serez payé, mandez-le-moi.[8]

Milord Cholmondeley a eu un procédé assez généreux avec sa belle-fille; il se charge des pensions des petites-filles, mais à son départ, qui sera demain, elle n'aura plus de carrosse. Comme elle vit beaucoup avec moi elle pourra plus aisément s'en passer. C'est une femme de beaucoup d'esprit, je la crois très sincère; il me semble que je lui plais, j'en serai plus sûre dans quelque temps, je ne crois pas avoir des atomes accrochants.

Votre neveu ne s'est pas soucié de me connaître. Je ne l'ai pour ainsi dire point vu, Mme Cholmondeley l'aime beaucoup et m'en dit mille biens. Pour votre cousin, il a pris des allures, c'est-à-dire des liaisons, différentes des miennes, et je ne crois pas vivre beaucoup avec lui. Tout cela vous intéresse fort peu, et moi aussi.

Je ne connais point M. de Liancourt,[9] je ne l'ai jamais rencontré. Son cousin[10] est parti lundi pour la Suède; c'est un bon homme, bien né, qui veut avoir du mérite et qui en aura à la manière des automates de Vaucanson,[11] il ne lui manquera qu'une âme. Je ne connais point M. de Voyer, mais sur les louanges que je lui ai entendu donner, je crois que vous le jugez fort bien. Ici les airs et les prétentions sont prises pour des réalités. Le Maletête[12] est un robin, un provincial, un suffisant, un sot; M. de l'Isle a, dit-on, de l'esprit, mais un très mauvais ton, je ne le connais point. Pour notre ambassadeur,[13] je ne le connais guère non plus, mais il m'a paru ridicule, important,

7. Louis (1712–69), Prince de Bauffremont d. 13 May (*Rép. de la Gazette*).

8. D probably refers to their financial accounts, and means that HW has spent more money for her than she has spent for him.

9. François-Alexandre-Frédéric (1747–1827), Duc de la Rochefoucauld-Liancourt (Lalanne). HW was seeing him in England at this time.

10. The Duc de la Rochefoucauld d'Anville.

11. Jacques de Vaucanson (1709–82), inventor and mechanic.

12. Not identified. Possibly some one who went to England with Liancourt, Voyer, and l'Isle.

13. M. du Châtelet.

borné, impertinent, et un fat à jouer à la comédie. Ce ne sont pas là des gens qu'il me faut. Je vois fort souvent un homme qui vous plaira beaucoup, j'en suis sûre; c'est le Chevalier de Listenois; j'ai fait son portrait,[14] où il s'est reconnu comme dans un miroir; je ne vous l'enverrai pas, mais voici l'épitaphe qu'il a fait de lui-même, qui le peint parfaitement:

> Charles Roger le fainéant
> Eut l'esprit de vivre content;
> De bien, de mal il ne fit guère,
> Il vous quitte de vos prières.

J'ai reçu une lettre de dix pages de Lindor. La Greville est une tracassière. J'ai montré la lettre que je lui ai écrite à Mme Cholmondeley, qui l'a approuvée; je crois que je n'entendrai plus parler d'elle, et je n'y aurai pas regret.

Que vous dirai-je encore? Le Président vit toujours, il me marque beaucoup d'amitié, j'en suis touchée. J'aime beaucoup Mme de Jonzac, et j'en suis fort contente; enfin j'attrape la fin de la journée sans plaisir, mais sans grandes peines. Adieu.

To MADAME DU DEFFAND, Thursday 11 May 1769, N° 89

Missing. Marked 'fête' in *Paris Journals* to show that the subject of the letter was HW's fête at Strawberry Hill, 9 May 1769 (see HW to Montagu, 11 May 1769). Written at Arlington Street. Answered, 16 May.

From MADAME DU DEFFAND, Tuesday 16 May 1769

N° 90. Ce mardi 16 mai 1769.

VOTRE fête est charmante; n'ayez point de regret à Mme de Sévigné, vous racontez aussi bien qu'elle, et vous dites toujours fort bien tout ce que vous voulez dire; votre style a [au]tant[1] de clarté, de vivacité et de vérité que le sien. Vos couplets[2] sont très jolis. Sur

---

14. Missing.

1. 'Tant' in the MS.
2. HW's couplets in honour of Mmes du Châtelet, de Villegagnon, de la Vaupalière, and de Damas, on the occasion of their

visit to the Strawberry Hill Press at HW's fête, 9 May 1769 (see HW's *Journal of the Printing Office at Strawberry Hill*, 1923, pp. 14–6, 54–5; HW to Montagu 11 May 1769). A translation by the Chevalier de l'Isle accompanied these verses, and it was

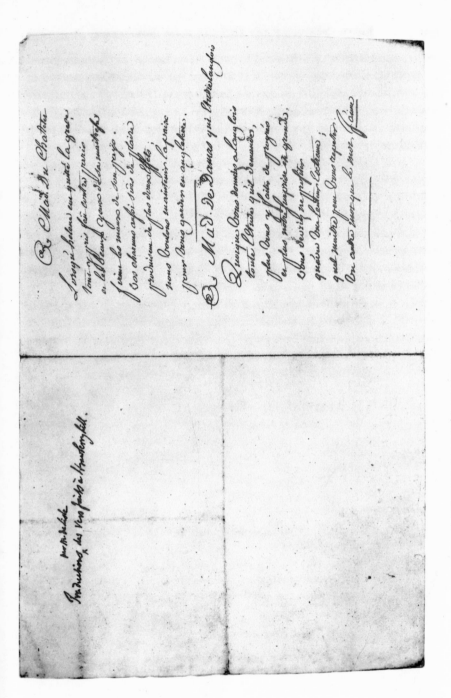

L'ISLE'S TRANSLATION OF WALPOLE'S VERSES
TO FRENCH VISITORS IN WIART'S HAND WITH NOTE BY WALPOLE

quel air sont-ils?[3] Je suis ravie que vous ayez fait autant de connaissances agréables, cela me met à mon aise; si vous venez ici je serai sans inquiétude, et j'avoue que j'en aurais si vous étiez borné au Président et à moi; j'ai pourtant une compagne qui pourrait me rassurer, Mme Cholmondeley est réellement fort aimable.

Vous aurez vu par la lettre que vous avez dû recevoir[4] par Milord Cholmondeley, que j'ai reçu la vôtre[5] avec mon portefeuille par votre cousin. Je garderai donc vos lettres jusqu'à tant que vous les veniez chercher. Je suis fort reconnaissante de toutes les choses obligeantes que vous vouliez bien me dire, je ne doute pas qu'elles ne soient sincères. Celles qui les ont précédées ont produit tout l'effet que vous pouviez désirer, et nous pouvons compter à l'avenir sur une paix imperturbable; non-seulement je suis pour vous de la façon que vous souhaitiez, mais cela se répand sur tout, j'ai une tranquillité et un calme que rien ne pourra jamais plus troubler; c'est une vérité, vous avez rendu mon cœur et mon âme comme ces terres sur lesquelles on sème du sel, elles ne peuvent plus rien produire. Exécutez donc votre projet de voyage en toute sûreté, placez-le au temps qui vous conviendra, ne craignez de moi ni empressement, ni reproche, ni plainte; j'espère que vous retrouverez encore le Président, si ce n'est sa personne, du moins son effigie. Vraisemblablement la grand'maman sera de retour de Chanteloup, vous aurez du plaisir à la revoir, et à vous retrouver à ses petits soupers, qui sont les seuls moments que je passe agréablement; j'en serai privée encore deux mois; je prends patience, mais je sens qu'on ne s'accoutume point à l'ennui, et, comme dit Mme de Maintenon,[6] la philosophie peut vaincre toutes les passions, mais rien ne peut surmonter l'ennui, et comme je sais qu'il est communicatif je finis cette lettre.

J'ai trouvé, ainsi que vous, bien ridicule à Voltaire d'avoir fait mettre sa lettre à vous[7] dans le *Mercure*. Vous ne me dites rien de son épître à l'auteur des *Trois imposteurs;* est-ce que M. Baretti, par qui je vous l'ai envoyée, ne vous l'aurait pas encore rendue? Wiart n'a pas

apparently this translation which HW sent to D, since Wiart's MS copy of it was bequeathed by D to HW. See illustration opposite.

3. 'My dear old Frenchwoman would have asked me to what tune it was set, and would have insisted on my singing it' (HW to Lady Ossory 9 Oct. 1783). No tune has been discovered.

4. *Ante* 10 May 1769. It was sent by Lord Malpas, not by Lord Cholmondeley.

5. HW to D 2 May 1769 (missing).

6. Quotation not found.

7. Voltaire to HW 15 July 1768, printed in the *Mercure de France*, May 1769, p. 134.

pu traduire l'épilogue pour votre comédienne.[8] Avez-vous lu la *Vie de François premier* par M. Gaillard?[9] Elle parut il y a deux ou trois ans,[10] il y avait quatre volumes, il en vient d'ajouter trois, c'est une lecture très agréable.

Je suis très fâchée que la bonne Lloyd n'ait pas été de votre fête. C'est une bonne fille; on ne sait que lui dire, mais on l'aime.

Lindor m'a adressé un M. Fanshawe,[11] qui vient passer ici deux mois avec toute sa famille; je ne compte pas le voir souvent. Madame votre nièce m'est d'un grand secours pour tout, et surtout pour ces sortes de connaissances; je voudrais lui en procurer d'agréables, cela ne se tourne pas jusqu'à présent comme je le désirerais, la Bellissima et la grosse Duchesse ne se conduisent pas à mon gré; indépendamment des grands chagrins on rencontre mille épines qui rendent la vie insupportable.

Le voyage de Marly a fini vendredi dernier, il y en aura un autre le 4 du mois prochain, et dans l'intervalle plusieurs petits à Saint-Hubert. Mon ami le Chevalier de Listenois vient de perdre son frère,[12] le voilà Prince de Bauffremont, il sera obligé de se marier, et il cessera peut-être d'être heureux.

Je suis en grande correspondance avec Chanteloup, l'Abbé Barthélemy est de la plus grande gaîté, la grand'maman est très heureuse de l'avoir pour ami, c'est peut-être le seul homme qui puisse faire douter que l'amitié ne soit qu'une chimère; mais non, ce n'est pas le seul, j'espère.

To Madame du Deffand, Thursday
18 May 1769, N° 90

Missing. Probably written at Strawberry Hill. Answered, 24 May.

8. HW's 'Epilogue, spoken by Mrs Clive' (see *ante* 7 April and 3 May 1769).

9. *Histoire de François Ier*, 1766–9, by Gabriel-Henri Gaillard (1726–1806).

10. Three years; the first volumes were published 1766 in Paris (Bibl. Nat. Cat.).

11. 'Fanchaut' in MS. Probably Simon Fanshawe (1716–77), M.P. for Old Sarum (Sir John Bernard Burke, *Landed Gentry*, 1894, i. 621).

12. See *ante* 10 May 1769, n. 7.

From Madame du Deffand, Wednesday 24 May 1769

Ce mercredi 24 mai 1769.

SI vous êtes encore aujourd'hui dans votre petit château, je m'en réjouis; loin de mourir de froid, vous devez mourir de chaud; vous devez être environné de tous les rossignols, vous devez être content d'être loin de la ville, de ne plus entendre parler de Wilkes, ni des Vauxhall; enfin, vous devez être content, et comme je vous veux du bien, j'en suis fort aise.

Sachez, je vous prie, une fois pour toutes, que vous me faites infiniment trop d'honneur, quand vous prétendez que je dois penser comme vous; vous avez infiniment plus de lumières, plus de fermeté, de courage, de constance, de talent, de ressource, que moi, qui suis faible, incertaine, portée à la mélancolie, ayant besoin d'appui, ne connaissant plus de plaisir que celui de la conversation. La société m'est devenue nécessaire, c'est le plus grand besoin de ma vie; et vous voulez qu'il me soit aussi indifférent qu'à vous de vivre avec des gens faux ou sincères! N'est-il pas insupportable de n'entendre jamais la vérité? Cela ne vous fait rien à vous, vous n'observez que pour vous moquer, vous ne tenez à rien, vous vous passez de tout; enfin, enfin, rien ne vous est nécessaire; le ciel en soit béni, vous êtes heureux; non pas à ma manière, mais à la vôtre, qui vaut cent fois mieux. Que voulez-vous dire avec Mme Greville? Je n'ai point à me repentir de ma conduite avec elle. Je lui ai trouvé de l'esprit, je n'ai point eu d'engouement, je ne ferai point imprimer ses lettres, je n'en recevrai vraisemblablement plus, et ce qui s'est passé entre nous ne pourrait pas remplir trois lignes dans mon histoire. Il n'en est pas de même de votre nièce; j'en ai fort bonne opinion, toutes les apparences sont qu'elle m'aime, et comme je ne vous ressemble nullement sur certains articles, rien ne me fait plus de plaisir que d'être aimée; d'ailleurs sa situation est intéressante, et je trouve un fort grand plaisir à l'adoucir; si elle parlait un peu mieux notre langue elle me serait d'une grande ressource. Je n'ai point de secret à lui confier, je m'occupe de ce qui l'intéresse; c'est une très bonne compagnie dont je puis jouir quelques années. Qu'avez-vous à dire à cela? Ai-je tort? Faut-il être cynique ou misanthrope? Je ne puis me suffire à moi-même, il n'y a pas de plus mauvaise compagnie pour moi que moi-même.

Je suis ravie que vous trouviez dans votre neveu[1] tant de qualités aimables et estimables; il fera le bonheur de votre vieillesse, et vous sentirez à cet âge qu'il est très heureux d'avoir un objet qui intéresse. Pour moi, j'ai une famille détestable, aucun genre de bonheur ne se présente à moi naturellement, je ne puis en attraper que par conquête, et les conquêtes sont difficiles à conserver. Mais je m'aperçois que je ne fais que vous parler de vous et de moi, et que par conséquent je vous déplais beaucoup. Eh bien? passons à autre chose. Encore un mot cependant.

Tout le bien que vous m'avez dit de M. de Liancourt m'a donné envie de le connaître, on me l'a amené; il est infiniment content de vous, il m'a très bien raconté votre fête, il vous trouve très aimable, il se loue beaucoup de vos attentions, de votre politesse; je l'ai trouvé fort naturel, fort simple; je ne sais d'où vient qu'il passe ici pour un sot; j'ai plus de foi à vos jugements qu'à ceux de mes compatriotes. Venons à la grand'maman.

Je suis ravie qu'elle soit à Chanteloup, et qu'elle n'ait aucun rôle à jouer. J'aurais bien des choses à vous dire, mais la discrétion que je professe m'impose silence. Je trouverai peut-être quelque occasion, et j'en profiterai. Je passai hier la soirée avec les deux Maréchales; je les verrai encore ce soir. Voilà les personnes qu'il faut voir pour étudier le monde et le bien connaître. Oh! que la grand'maman est peu faite pour ce monde-là, et qu'elle est bien à Chanteloup, avec son Abbé, son petit oncle, ses moutons, ses manufactures,[2] ses paysans, ses curés, ses chanoines, quoiqu'il y ait entre ces deux derniers de grandes divisions sur qui aura le pas à la procession de demain![3] L'Abbé me fait un journal[4] de tout ce qui se passe; il vous divertirait; notre correspondance est assez agréable, et fort gaie. Elle amuse beaucoup Mme Cholmondeley. Nous allons, elle et moi, vendredi à Rueil, Mme d'Aiguillon la traite bien. Je la menai hier chez Mme de la Vallière (qui depuis un mois ne sort point; sans être malade, elle est fort incommodée); elle la reçut très bien. Mme de Jonzac l'aime beaucoup, ainsi que Mme de Broglie. Il n'y a que la Bellissima[5] qui lui marque

1. Perhaps Lord Malpas.
2. The wool from the sheep at Chanteloup was spun and woven there (see Gaston Maugras, *Le Duc et la Duchesse de Choiseul*, 1902, p. 420).
3. The procession on Corpus Christi Day.

4. The 'journal' was a joint letter to D from the Abbé Barthélemy and the Duchesse de Choiseul, 4–8 May 1769 (S–A i. 200–203).
5. Mme de Forcalquier (HW).

de la froideur; elle n'en a pas pour le cousin.[6] Ce cousin fait bien peu de cas de moi, et en vérité je ne m'en soucie guère.

Voulez-vous souper chez moi dimanche avec M. et Mme Fanshawe,[7] Mlle Snelling,[8] MM. Chamier et Wroughton?[9] Ne me demandez point pourquoi je donne à souper à tout cela, contentez-vous que je n'ai pas pu faire autrement.

Votre ambassadeur[10] qui est le meilleur homme du monde, qui se couche tous les jours à onze heures, donna hier à souper au grand-papa,[11] à sa sœur,[12] à tout le corps diplomatique, à Mmes de Beuvron, de Lauraguais, de Luxembourg et de Lauzun; ces deux dernières vinrent chez Mme de Mirepoix en sortant de chez l'ambassadeur. Cette compagnie n'était pas assortie, mais ce souper s'était arrangé à Marly, chez le grand-papa, entre toutes les dames qui s'y trouvèrent. Adieu, je ne sais d'où vient, mais il me semble que je ne dois pas attendre de vos lettres avant le 27 ou le 28. Je ne sais ce que je dis, je me méprends d'une semaine; c'est entre le 3 ou le 4. Cherchez-moi, je vous prie, une estampe de monsieur votre père, une de François Bacon, et une de Pope.

To Madame du Deffand, Friday 26 May 1769, N° 91

Missing. Probably written at Strawberry Hill. Answered, 30 May.

From Madame du Deffand, Tuesday 30 May 1769

N° 92. Paris, ce mardi 30 mai 1769.

JE ne sais d'où vient, mais je ne m'attendais pas aujourd'hui à avoir de vos nouvelles, cependant machinalement j'ai demandé, 'Le facteur est-il arrivé?'—'Oui, et voilà une lettre';[1] cette lettre est très agréable, vous êtes bien persuadé que j'en dois être contente, et je le suis en effet.

6. M. Robert Walpole (HW).

7. Corrected by HW from Wiart's 'Fanchaut.' Althea Snelling (d. 1805), m. (1753) Simon Fanshawe (Sir John Bernard Burke, *Landed Gentry*, 1894, i. 621).

8. Corrected by HW from Wiart's 'Snéleque.' T suggests that Miss Snelling was a relative of Mrs Fanshawe.

9. Corrected by HW from Wiart's 'Ra-ton.' Probably Sir Thomas Wroughton (d. 1787), K.B., and minister to Poland and Sweden.

10. Lord Harcourt (HW).

11. Duc de Choiseul (HW).

12. Mme de Gramont (HW).

———

1. HW to D 26 May 1769 (missing).

Je ne connais point vos nouvelles connaissances, mais il est très vraisemblable qu'elles auront du plaisir à vous revoir; il n'y a point de conséquence à tirer de la conduite de Mme de Guerchy;[2] c'est une femme triste et sauvage, qui ne vit que dans sa famille, qui n'a de sentiments que ceux que son état lui indique; elle aurait aimé et regretté un mari quelconque; sa simplicité et sa politesse vous l'ont fait croire femme d'esprit, et vous vous êtes trompé; de plus, sa passion est l'avarice, et cette passion suffit pour écarter toute espèce de goût et de sentiment. Chaque jour me confirme ou m'apprend qu'on ne peut être content parfaitement de personne, mais le malheur des malheurs c'est d'être plus mécontent de soi-même que de tout autre.

La Bellissima partit il y a trois jours pour rendre une visite de six semaines à une cousine qui est dans la Basse Normandie,[3] et qui vint l'année passée lui rendre une pareille visite. Quand on a dit à cette cousine bon jour ou bon soir, on n'a en vérité plus rien à lui dire; elle est très bien assortie à la Bellissima, ainsi que la dame Boucault qui vise à être une merveille. Cette Boucault est l'amie en titre de la Bellissima, et fait le voyage avec elle. Si le bon Éléazar arrive dans le temps qu'il s'annonce, il trouvera ses amies intimes absentes; je n'ai pas l'ambition de l'en dédommager, mais votre cousin aura soin de lui, il est de cette coterie; savez-vous qu'il est ministre plénipotentiaire? Il conduit fort bien sa barque, nous sommes fort bien ensemble, sans nous soucier beaucoup l'un de l'autre.

La grosse Duchesse traite fort bien madame votre nièce, elle l'avait priée à souper à Rueil la semaine dernière; cette partie a été rompue, et remise au 8 du mois prochain. Votre nièce est aimable, elle a certainement beaucoup d'esprit, son humeur n'est pas fort égale, mais sa situation fait son excuse; je me flatte qu'elle est contente de moi; mais elle est logée indignement, et il n'y a point d'espérance qu'elle puisse l'être mieux avant le mois d'octobre. J'eus dimanche dernier la tribu des Fanshawe;[4] connaissez-vous ces gens-là? Ils ont l'accent de M. Stanley, leur figure, dit-on, est hideuse. Je ne compte pas les voir souvent, d'ailleurs ils ne resteront pas longtemps ici.

Paris commence à être fort désert. Les voyages de Saint-Hubert[5]

2. Not explained.

3. Mme de Canisy (see *post* 11 June 1769). She was probably Marie-Marguerite-Louise-Françoise de Marguerye de Vassy, m. (1750) Charles-Éléonor-Hervé de Carbonnel, Marquis de Canisy (Woelmont de Brumagne iii. 153). Her husband was cousin to Mme de Forcalquier, and heir to her lands.

4. 'Je suis bien aise que vous soyez délivrée de vos *fâcheux*' (Abbé Barthélemy to D 16 June 1769, S–A i. 222).

5. The King's trips to his country house at Saint-Hubert.

ont commencé samedi dernier; à ce premier il n'y a eu que deux dames, les Comtesses du Barry et de Flavacourt. On va aujourd'hui à Choisy; Mme de Mirepoix sera la troisième femme. Dimanche 4 commencera le voyage de Marly, qui sera de trois semaines, et chaque semaine il y aura un voyage à Saint-Hubert. Le grand-papa va aujourd'hui à Chanteloup, dont il ne reviendra que dimanche pour être à Marly à l'heure du conseil. La grand'maman ne reviendra que peu de jours avant Compiègne.

Mme de Luxembourg et les Idoles sont établies à Montmorency d'avant-hier, et y séjourneront trois semaines, je pourrai bien y aller souper une fois ou deux. Les Caraman sont à Roissy. Je menai hier votre nièce à Sceaux, elle ne put point voir les jardins parce qu'il faisait trop vilain; nous soupâmes chez mon frère[6] à Montrouge, elle fut charmée de sa petite maison, et nous avons fait le projet d'y aller souvent. Je lui ai fait faire connaissance avec Mlles de Clérembault; ce sont les meilleures filles du monde, et qui s'assortissent avec tout.

Ah! mon Dieu, que j'ai entendu quelque chose de joli ces jours passés; c'est un poème dans le goût de l'Arioste; il y a un chant *De l'Enfer,* qui sera l'enfer de Voltaire si jamais il l'entend. J'ai la promesse de l'auteur[7] de vous le faire entendre si jamais vous venez ici. Il ne saurait être imprimé, il ferait mal d'en donner copie, mais je puis dire avec vérité que je n'ai jamais rien entendu de plus gai ni de plus plaisant. Cet ouvrage n'est point fini, il aura vingt-quatre chants, il n'y en a encore que quatorze de faits, et je n'en ai entendu que trois. Le titre est *La Conquête de Naples par Charles VIII.*[7a] Rappelez-vous quels étaient les souverains de ce temps-là, Bajazet,[7b] Alexandre VI,[7c] etc. Vous voyez que cela peut fournir.

Voilà une lettre qui ne vous déplaira pas. Adieu.

                                                        Ce mercredi.

Le Cardinal de Bernis[8] vient d'être nommé notre ambassadeur à

---

6. The Abbé Nicolas de Vichy.

7. Paul-Philippe Gudin de la Brenellerie (1738–1812). He worked for thirty years on his *Conquête de Naples,* which was not published until 1801 (Grimm vi. 390–1, 15 Oct. 1765). HW on his visit to Paris in 1769, met Gudin several times, and heard him read selections from his poetry (*Paris Jour.*).

7a. (1470–98), King of France 1483–98.

7b. Bajazet II, sultan 1481–1512.

7c. Pope Alexander VI (Roderic Borgia, 1431–1503), Pope 1492–1503.

8. 'Le Cardinal de Bernis succède au Marquis d'Aubeterre en qualité d'ambassadeur extraordinaire près du Saint-Siège' (*Rép. de la Gazette* 3 July 1769). François-Joachim de Pierre (1715–94), Cardinal de Bernis, was sent to Rome at the election of the new Pope with orders to 'put a negative on any candidate but Cardinal Ganganelli; and succeeding, was

Rome. M. d'Aubeterre[9] sera de retour dans le mois de juillet au plus tard. Le Président et Mme de Jonzac en sont fort aises, et je crois sa femme aussi, et peut-être moi aussi. Le connaissez-vous?[10] J'ai reçu hier et aujourd'hui des paquets de Chanteloup; hier, c'était la copie d'une lettre de M. Guillemet à la grand'maman,[11] et aujourd'hui la copie de sa réponse à M. Guillemet;[12] l'une et l'autre accompagnées de lettres à moi du grand Abbé,[13] qui valent mille fois mieux que les deux autres; cet Abbé a l'esprit le plus gai et le plus facile; s'il n'avait pas un petit accent provençal il serait parfait, mais quand on prononce les *e* muets je suis un peu en garde.

Je ne me porte pas trop bien aujourd'hui, je me suis crevée hier au soir de pois, de fèves, de fraises et de crème. Vous êtes l'homme le plus sage, parce que vous êtes le plus sobre.

To Madame du Deffand, Tuesday 6 June 1769, N° 92

Fragment, B i. 322. Probably written at Strawberry Hill. Answered, 11 June.

JE ne suis pas surpris qu'il[1] vous ait plu; c'est de tous vos Français celui qui me revenait le plus. Il a beaucoup d'âme, et point d'affectation. Je me moque bien de ceux qui le croient sot. Il peut le devenir en perdant son naturel, et en pratiquant les sots. Il est vrai qu'il y a peu d'apparence qu'il y tombe. Il n'y a que la bonne tête, et le cœur encore meilleur de la grand'maman qui sachent résister à toutes les illusions.[2] La sottise est à peu près comme la disposition à la petite vérole. Il faut que tout le monde l'ait une fois dans la vie. Plusieurs en sont bien marqués, et l'inoculation même qui ré-

named ambassador to the new pontiff' (*Mem. of Geo. III* iii. 244).

9. Henri-Joseph Bouchard d'Esparbez de Lussan (1714–88), Marquis d'Aubeterre. His wife (who was also his cousin), was Mme de Jonzac's sister-in-law and Hénault's niece.

10. HW did not meet d'Aubeterre until his visit to Paris in 1769; he had met Mme d'Aubeterre many times, on previous visits (*Paris Jour.*).

11. Probably Voltaire to Mme de Choiseul 20 May 1769, under the name of M. Guillemet (Voltaire, *Œuvres* xlvi. 332).

12. Missing.

13. Abbé Barthélemy to D 15 May and 26 May 1769 (S–A i. 206, 210).

1. Identified by B as 'the Duc de Liancourt.' See *post* 11 June 1769.

2. This sentence is quoted by D to Mme de Choiseul, 11 June 1769 (S–A i. 220). She says, introducing the quotation, 'J'ai reçu aujourd'hui une lettre d'Angleterre qui n'est pas d'un fâcheux . . .'

pond à l'éducation,[3] étant prise quelquefois de mauvais lieu, corrompt le sang, et laisse des traces encore plus mauvaises que la maladie naturelle.

From Madame du Deffand, Sunday 11 June 1769

N° 93. Paris, ce dimanche 11 juin 1769.

JE ne suis point comme vous, je ne m'applaudirai jamais de mon indifférence; c'est un genre de bonheur que je ne connais point, et que je n'ambitionne pas. Ceux qui en jouissent s'en vantent rarement, et ceux qui le possèdent véritablement ne me font point d'envie; je ne souhaite ni de leur ressembler ni de vivre avec eux. Je doute très fort que vous ressembliez en rien à ces gens-là; si cela est vrai, je vous en félicite; mais je ne vous en estime pas davantage.

Convenez qu'on dit bien des paroles oiseuses, qu'on se connaît bien peu soi-même, et que, quand on veut parler sans avoir rien à dire, on ne dit rien qui persuade.

Je reçois dans cet instant un billet de la grand'maman;[1] il m'a fait plaisir; son amitié ne me laisse rien à désirer; elle me garantira toute ma vie de l'ennuyeux bonheur de ne rien aimer, et de ne l'être de personne. Je vois avec grand plaisir que le terme de son retour s'approche; il n'y a plus qu'elle et ceux de sa société qui me plaisent véritablement; c'est un autre climat que l'air qu'on respire dans son petit appartement. Depuis huit jours, j'ai fait plusieurs courses: j'ai été à Versailles, chez les Beauvau; à Châtillon, chez les Montigny; à Rueil, à Montmorency. Tous ces gens-là sont dignes du bonheur de l'indifférence; je me flatte qu'ils le possèdent, puisqu'ils le communiquent. La grosse Duchesse reçut fort bien madame votre nièce. Votre cousin y était; il est original, je ne le trouve pas déplaisant, c'est un Quaker pour les manières, on ne sait que lui dire, tout lui est indifférent; il est pourtant gai et animé. Il ne se soucie guère de la Bellissima, ni moi mon plus; elle est en Basse Normandie chez sa cousine Canisy.

---

3. In the same letter, D says: 'Il y a dans cette lettre une comparaison de l'éducation à l'inoculation, qui est très triste et très ingénieuse. J'ai une admiration stupide pour tout ce qui est spirituel. Je suis pénétrée de ma bêtise et de la crainte qu'on ne daigne plus me parler.'

1. Perhaps Mme de Choiseul to D 4 June 1769, S–A i. 216.

Je reçus hier une lettre,[2] qui devrait être dans le recueil des pièces choisies. Votre cousine[3] voudrait que je vous en écrivisse une dans ce genre; elle croit que ce serait la première lettre ridicule que vous auriez reçue de moi, elle ignore que ce ne serait qu'un nouveau genre. Oh! non, je n'ai point de talent pour la plaisanterie; je ne puis écrire que ce que je pense et ce que je sens; et comme je perds tous les jours la faculté de l'un et de l'autre, je touche au moment de n'avoir plus rien à dire. Les nouvelles ne m'intéressent point; on ne peut les confier à la poste, et quand on le pourrait, je n'ai pas le talent des gazettes. J'ai beaucoup vu M. de l'Isle, je lui ai fait raconter votre fête;[4] il a rapporté le plan de votre château: il se croit très bien avec vous; vous lui avez confié vos projets; il ne vous attend qu'au mariage de Monsieur le Dauphin.[5] Les deux personnes qui lui plaisent le plus, ce sont vous et Milord Holdernesse; il ne sait positivement lequel a le plus d'esprit et d'agrément, mais l'un et l'autre vous en avez presque autant que notre ambassadeur. Oh! cet homme a bien du discernement! pour moi, qui n'en ai pas tant que lui, je lui trouve quelques talents, mais peu d'esprit; du plat, du grossier, du familier, le ton d'un parvenu; mais je le verrai cependant quelquefois; il raconte assez bien ce qu'il a vu, ce qu'il a entendu, et j'aime mieux ses récits que les raisonnements sur la morale, et les descriptions du bonheur champêtre, de la Bellissima et de sa tendre amie Mme Boucault. Votre nièce a du goût, ses jugements sont prompts et justes, elle vous plaira quand vous la connaîtrez; je n'ai point d'engouement pour elle, et, comme de raison, elle n'en a point pour moi, mais nous nous convenons assez.

Votre article de M. Liancourt m'a fait plaisir; je vous appliquerai ce vers de Corneille dans *Nicomède:*

Vous avez de l'esprit, si vous n'avez du cœur.[6]

Mais comment cela se peut-il? je crois, moi, qu'on n'a de l'esprit qu'autant qu'on a du cœur. C'est le cœur qui fait tout connaître, tout

2. *Ante* 6 June 1769.

3. A mistake for 'nièce' (see *post* 25 June 1769); neither Robert nor Thomas Walpole had a wife living at this time.

4. HW's fête for his French visitors (of whom l'Isle was one) at Strawberry Hill, 9 May 1769.

5. The marriage of the future Louis XVI with Marie-Antoinette of Austria; it did not take place until 1770.

6. *Nicomède*, III. vi (see *ante* 16 March 1769).

démêler; tout est de son ressort; j'en excepte *l'arithmétique,* et toutes les sciences que je n'estime pas plus que celle-là. La comparaison de l'éducation à l'inoculation prouve ce que je dis.[7] D'Alembert ne l'aurait pas faite. Allez, allez, il n'y a que les passions qui fassent penser. Vous jugerez par cette lettre que je n'en ai point, parce qu'assurément elle est aussi bête que celles de la Bellissima.

Je vous serais obligée de me parler de votre santé.

Mon deuil est fait de M. Craufurd. Nous serons bientôt délivrés des Fanshawe; ils ne sont pas faits pour avoir de grands succès nulle part.

Je ne suis nullement pressée des estampes que je vous ai demandées.[8] Je les attendrai tout le temps que vous voudrez.

Adieu; vous pouvez conclure de cette lettre que j'ai encore trop mangé de pois et de fèves; je suis incorrigible.

To Madame du Deffand, Tuesday 13 June 1769, N° 93

Missing. Probably written at Strawberry Hill. Answered, 18 June.

From Madame du Deffand, Sunday 18 June 1769

Ce dimanche 18 juin 1769.

D'OÙ vient est-ce que je ne suis point en train de vous écrire? D'où vient est-ce qu'il faut que je rêve à ce que je veux vous dire? Peut-être ferais-je bien de remettre à l'ordinaire prochain à vous répondre; mais non, je ne le veux pas. Eh bien! je vous dirai donc que je suis fort aise de l'espérance que vous me donnez de vous revoir; vous pouvez être assuré que je me contenterai du temps que vous voudrez être ici; je sens bien tout l'effort que vous faites, je devrais n'en point abuser, je devrais vous prier de ne point venir; votre santé, vos affaires, vos amusements, sont des raisons pour vous retenir; vous croyez me devoir de la reconnaissance; vous vous trompez, vous ne me devez rien, faites-y encore vos réflexions et ne me faites aucun sacrifice.

7. *Ante* 6 June 1769.   8. See *ante* 24 May 1769.

Je lis actuellement les *Mille et une nuits.*[1] Votre château y devrait tenir sa place. Cette chambre ronde[2] renferme quelque talisman; vous êtes heureux d'avoir des imaginations de ce genre; ce serait pour vous un furieux malheur d'être aveugle, tous vos plaisirs tiennent à la vue; les miens tiennent aux oreilles, mais les contes de fées ne suffisent pas pour les satisfaire.

Le séjour de la grand'maman à Chanteloup est sur sa fin, elle sera ici dans trois semaines au plus tard. On n'est pas content de sa santé. Je ne le suis pas trop de la mienne, surtout aujourd'hui; mais je le suis bien moins de ce que je viens d'écrire, et il ne m'est pas possible d'y rien ajouter. Adieu, peut-être vous écrirai-je mercredi.

Voilà le troisième accident de chute de cheval qui arrive depuis trois mois. Le premier est celui du Roi,[3] dont il se ressent encore. Le second, il y a dix jours,[4] de Monsieur le Duc d'Orléans, dont le cheval mit le pied dans un trou de lapin, fit la panache, et le jeta par dessus ses oreilles; il tomba sur le visage, perdit cinq palettes de sang par le nez, et est encore défiguré par ses contusions. Le troisième arriva avant-hier et c'est le plus sérieux de tous, car je crois que M. de Pontchartrain,[5] qui est celui à qui il est arrivé, en est mort; il venait de monter à cheval avec M. de Maurepas dans la cour de Pontchartrain,[6] son cheval se cabra si violemment qu'il fut jeté loin, et sa tête porta sur les pierres, il perdit connaissance; il a été saigné quatre fois sans qu'elle lui soit revenue, et on le disait hier au soir à toute extrémité. Ma première pensée en apprenant cet accident a été de craindre qu'il n'arrive malheur à la grand'maman, et d'être bien aise de ce que vous ne vous exposez pas à ce danger.

To MADAME DU DEFFAND, Tuesday 20 June 1769, N° 94

Missing. Probably written at Strawberry Hill. Answered, 25 June.

1. Antoine Galland's translation of the Arabian tales was published at Paris, 1704–17. It is uncertain which edition D had. Her copy in 23 vols, 12mo, was chosen after her death by the Prince de Beauvau (Appendix 2).

2. The Round Drawing-Room in the tower at Strawberry Hill.

3. See *ante* 6 Feb. 1769.

4. This accident is not mentioned in contemporary periodicals.

5. Paul-Jérôme Phélypeaux (1703–75), Marquis de Pontchartrain, brother of the Comte de Maurepas (Louis de Rouvroy, Duc de St-Simon, *Mémoires,* 1879–1928, xxi. 382 n). He recovered from this accident.

6. The Château de Pontchartrain, in the Département de Seine-et-Oise.

From Madame du Deffand, Sunday 25 June 1769

Nº 95. Paris, ce dimanche 25 juin 1769.

SERAIT-CE bien tout de bon que vous vous excusez de la stérilité de vos lettres quand vous ne les remplissez pas de nouvelles? Je pourrais vous faire une belle citation de Mme de Sévigné, mais elle vous déplairait, et j'observe religieusement de me tenir à mille lieues de tout ce qui peut vous choquer.

Réellement Lindor est fou; quel plaisir peut-on prendre à conduire un troupeau de jeunes gens?[1] Vous avez nommé d'abord la Milady Pembroke et le petit Milord,[2] cela me paraissait de la dernière confiance, j'en étais tout étonnée, mais la litanie m'a remise. Quelle est donc la compagnie du lendemain?[3] Oh! vous n'êtes point fâché qu'on vienne voir votre château: vous ne l'avez point fait singulier, vous ne l'avez pas rempli de choses précieuses, de raretés, vous ne bâtissez pas un cabinet rond, dans lequel le lit est un trône, et où il n'y a que des tabourets, pour y rester seul, où n'y recevoir que vos amis. Tout le monde a les mêmes passions, les mêmes vertus, les mêmes vices; il n'y a que les modifications qui en font la différence; amour-propre, vanité, crainte de l'ennui, etc.; c'est ce qui remue tout ce qui est sur terre; les uns font la cour à Mme du Barry,[3a] les autres la bravent; ceux-ci ont une conduite réservée, et s'en glorifient; ceux-là souffrent le martyre de ne s'y pas livrer à corps perdu; enfin tous ont des motifs différents, et tous ne sont guère dignes d'estime.

Il me semble qu'autrefois vous n'aimiez point tant le Duc de Richmond;[4] je suis fort aise quand je vous vois penser qu'on peut trouver quelqu'un d'estimable; je suis toute prête à être persuadée que cela est impossible. Mon rôle actuel est celui d'observateur, je ne vois rien qui ne me confirme dans le plus souverain mépris pour tout ce qui respire. En vérité, j'en excepte la grand'maman: c'est peut-être la seule personne qui soit parfaitement exempte de reproche ou de blâme; mais elle est parfaite, et c'est un plus grand défaut qu'on ne pense et qu'on ne saurait imaginer; c'est l'assemblage de toutes les vertus qui forment son être; on n'est point digne d'elle, on ne peut

---

1. The other members of the 'troupeau' are unknown.

2. Carlisle.

3. Mr Walpole had complained to her of some very large parties of young people of his acquaintance who had come unexpectedly to see his house at Strawberry Hill (B). See COLE i. 165.

3a. Expanded by HW from Wiart's 'B.'

4. He was always a favourite with HW.

atteindre à sa sphère; enfin, enfin, je vous le dis en secret, on l'adore; mais, mais, ose-t-on l'aimer? Il y a déjà huit semaines qu'elle est absente, et ne doit revenir que le 15 du mois prochain pour aller tout de suite à Compiègne. Ma correspondance avec elle et sa compagnie est très vive; je fais la chouette à trois personnes: à elle, à l'Abbé,[4a] et au Baron de Gleichen.[5] Vous pensez que cela me fait grand plaisir, vous supposez que j'aime à écrire, il n'en est rien. Cependant il y a des moments (mais ils sont rares) où j'aurais peine à m'en passer. Cette nuit, que j'ai eu une parfaite insomnie, je vous ai écrit quatre pages de ma propre main; j'étais fort contente; je vous ai dit tout ce que je pensais; mais après trois heures de sommeil et la réception de votre lettre,[6] j'ai plié mon griffonnage; et quoique j'en sois fort contente, je ne vous l'enverrai point, car c'est vous qui aimez les nouvelles, et non pas moi; et il n'y en avait point certainement dans ce que je vous ai écrit cette nuit; mais il faut vous en dire actuellement.

J'ignore ce qui cause l'incertitude de nos ambassadeurs;[7] je ne vois personne dans ce moment-ci qui soit bien au fait de toutes choses. Il n'est pas douteux que les cabales et les intrigues ne soient dans ce moment-ci dans la plus grande vivacité; on peut parier en sûreté de conscience; les vents soufflent de toutes parts; déracineront-ils les arbres? je n'en sais rien. La Maréchale de Mirepoix[8] joue un rôle indigne; elle cherche à faire des recrues pour diminuer sa honte, mais jusqu'à présent sans grand succès. D'autres ont poussé l'honnêteté et la dignité jusqu'à l'insolence.[9] Enfin de toutes parts on ne trouve rien digne d'être loué, approuvé et même toléré. L'autre jour à la campagne, pendant le whisk du maître de la maison,[10] le chef de la conjuration[11] établit un petit lansquenet pour l'apprendre à la dame;[12] c'était un jeu de bibus, il y perdit deux cent cinquante louis. Le maître du logis se moqua de lui, lui demanda comment il avait pu perdre autant à un si petit jeu; il y répondit par une citation d'un opéra:

4a. Barthélemy (HW).
5. All three were at Chanteloup.
6. HW to D 20 June 1769 (missing).
7. The Comte and Comtesse du Châtelet (B).
8. Expanded by HW from Wiart's 'M de M.' She was the first woman of distinction who appeared in public at Versailles with Mme du Barry (B).

9. In refusing to see Mme du Barry or appear in company with her. Of this number was the Prince de Beauvau, brother of Mme de Mirepoix, and his wife, to whom Mme du Deffand refers here (B).
10. Le Roi (HW).
11. Duc de Richelieu (HW).
12. Mme du Barry (HW).

Le plus sage
S'enflamme et s'engage,
Sans savoir comment.[13]

Le maître rit et toute la troupe.

Je crois vous avoir mandé l'accident de M. de Pontchartrain, sa chute de cheval, la première pensée que j'eus en l'apprenant.[14] Je crois pouvoir vous apprendre aujourd'hui sa mort, il était hier à l'agonie, et je n'ai encore vu personne aujourd'hui.

Je donnerai à souper samedi aux Beauvau, au Toulouse; peut-être le grand-papa y viendra, mais je n'y compte pas.

J'aurai ce soir beaucoup de monde. Je ne m'aperçois pas de l'absence de la Bellissima.[15] Cette lettre que votre nièce[16] voulait que j'imitasse n'aurait été que pour vous; mais deux raisons m'auraient empêchée de la faire, l'une que cette plaisanterie vous aurait paru froide, et l'autre que je n'ai pas le talent de l'imitation; il faut un esprit plus souple et plus malléable que le mien. C'est l'Abbé Barthélemy qui a le talent de faire de son esprit tout ce qu'il veut, c'est de tous ceux qu'on n'aime point celui qu'on aime le mieux; il est de bonne compagnie, a un cœur excellent, mais hermétiquement rempli de la grand'maman. Le vrai bonheur de cette grand'maman, c'est l'attachement que cet Abbé a pour elle, il est parfait dans tous les points.

Votre cabinet est-il fini?[17] Vos autres ouvrages que j'ignore sont-ils bien avancés? quels sont vos projets, quand tout cela sera fini? ne devez-vous pas faire un ermitage[18] au bout de votre jardin? Oh! vous travaillez pour la postérité, pour votre mémoire.[19] Si vous vous amusez, vous avez raison; mais je ne comprends pas bien, qu'excepté la

13. Quinault, *Thésée*, V. ix.
14. See *ante* 18 June 1769.
15. Mme de Forcalquier (HW).
16. Mme Cholmondeley (HW).
17. The Cabinet was originally called the Chapel, and finally the Tribune; it was a square room with a semicircular recess on each side, adjoining the Great Gallery, and it was apparently built in 1763 (W. S. Lewis, 'Genesis of Strawberry Hill,' *Metropolitan Museum Studies*, V. Part I. 76–9). This probably refers to the Round Drawing-Room; the Cabinet was finished in 1763.

18. See *ante* 5 Oct. 1768, n. 6.
19. Could Mme du Deffand ever have seen any of the additions made by Mr Walpole to the house at Strawberry Hill, she would certainly not have suspected him of building for posterity, for it was very truly observed by one of his oldest friends, the late Mr G. J. Williams, that he had himself outlived three sets of battlements to his own castle (B). D was possibly thinking of HW's literary labours as well.

justice, qui doit faire penser à assurer le bien des autres après soi, on puisse s'occuper et s'intéresser sérieusement à ce qu'on pensera et l'on dira de nous quand nous n'y serons plus. Adieu, le papier manque.

To MADAME DU DEFFAND, Friday 30 June 1769, N° 95

Missing. Probably written at Strawberry Hill. Answered, 4 July.

From MADAME DU DEFFAND, Saturday 1 July 1769

N° 96. Ce samedi 1ᵉʳ juillet 1769.

JE n'ai point de vos lettres aujourd'hui; d'où vient cette intercadence? Je ne m'en plains pas si vous vous portez bien, mais comme vous m'avez menacée de ne me plus faire savoir quand vous seriez malade, il est tout simple que j'aie un peu d'inquiétude quand je ne reçois pas de vos nouvelles le jour que j'en attends. Cependant le Chevalier de Redmond, que je n'ai point encore vu, m'a fait dire qu'il vous avait laissé en bonne santé;[1] on vous en dirait autant de moi, parce que le jour je me porte bien, mais la nuit il n'en est pas de même, j'ai des insomnies désespérantes. Je les attribue à mon intempérance; je fais sans cesse les plus belles résolutions que je n'exécute jamais; les pois, les fèves, les fraises me font un mal marqué, et je ne puis rompre avec elles; vous en aurez beaucoup de mépris pour moi, et vous aurez raison.

J'espère que la semaine prochaine ne se passera pas sans que je revoie la grand'maman. Le Baron de Gleichen arrivera demain de Chanteloup, il m'apprendra les arrangements; comme cette lettre ne partira que lundi, j'aurai le temps de vous dire ce que je saurai; vous ne vous souciez peut-être guère de le savoir, mais il est naturel de communiquer ce qui fait plaisir. Je vous rendrai compte aussi du souper que je ferai ce soir; j'aurais bien des choses à dire de celui que je fis hier avec les deux Maréchales,[2] chez elle qui est ma voisine;[3] mais ce n'est pas matière à lettre. Je vous dirai seulement que cette

1. 'A few days ago arrived in town, from France, General de Redmond, a general officer in the French service' (*London Chronicle* xxv. 494, 25 May 1769).

2. De Mirepoix et de Luxembourg (HW).

3. Mme de Mirepoix (HW).

compagnie est pour moi pois, fèves et fraises, mais qu'il m'est aisé de m'en abstenir.

Tout le monde se disperse ici; Mme d'Aiguillon partira incessamment pour Véret,[4] où elle sera un mois. Les Trudaine, chez qui je vais une fois la semaine, s'en vont; je serai incessamment réduite au Président, parce que Compiègne enlevera toutes mes connaissances. Pont-de-Veyle est à Pougues avec son Prince,[5] c'est lui que je regrette le plus, mais je pense que j'aurai bientôt l'Abbé Barthélemy. Vous vous moquez bien de moi, vous qui vous passez de tout, mais je vous répéterai que je n'ai point de château à embellir, que je n'ai que ceux que je fais en Espagne, qui sont détruits aussitôt que formés; aussi je n'en veux plus faire.

C'est bien la peine de vous écrire pour ne vous rien mander qui vous intéresse; je comprends que mes lettres vous ennuient, et dans ce moment-ci j'en suis si persuadée que je ne continuerai point. Je reprendrai demain.

Ce dimanche 2.

Mon souper s'est tourné tout de travers, le grand-papa[6] n'avait garde d'y venir, il y avait un conseil à Versailles. La Princesse[7] ne vint pas non plus, parce qu'elle a des hémorroïdes. Je n'eus donc que le Chevalier de Listenois, le Toulouse,[8] l'aîné Chabot,[9] et le Prince.[10] Personne ne mangea, le Prince et le Chabot avaient dîné; je ne fis servir que la moitié du souper, et le reste servira ce soir. Au sortir de table nous montâmes en carrosse, et fûmes trouver la Princesse, qui souffre beaucoup, et qui n'ira point en Lorraine, comme elle l'avait projeté; ce voyage est remis au mois de septembre.

J'ai reçu ce matin une lettre de la grand'maman,[11] j'y ai répondu sur-le-champ, et j'y ai épuisé toute ma gaîté. Rien ne rend plus gai et ne met plus en train d'écrire que la sûreté de plaire à celui ou à celle à qui on écrit. Je n'ai pas cette confiance parfaite en vous écrivant, l'effet de mes lettres dépend de la disposition où elles vous trouvent.

Que dites-vous de ce vilain Chevalier de Redmond? je ne l'ai point encore vu, parce que j'ai envie de le voir; j'éprouve tant de contra-

---

4. The country seat of the Duc d'Aiguillon, her son, upon the river Cher, above the town of Tours (B).
5. Le Prince de Conti (HW).
6. Le Duc de Choiseul (HW).
7. De Beauvau (HW).
8. L'Archevêque (HW).

9. Louis-Antoine-Auguste de Rohan-Chabot (1733–1807), Comte (later Duc) de Chabot, and finally Duc de Rohan. HW had met him often in Paris (*Paris Jour.*).
10. De Beauvau (HW).
11. Mme de Choiseul to D 30 June 1769, S–A i. 228.

diction sur tout ce que je désire que je devrais ne plus rien désirer, mais ce serait anticiper le néant, et un néant qui ferait souffrir, parce qu'on le sentirait, et je prétends que c'est là l'enfer.

Ah! mon Dieu, on m'a chargée de vous faire une proposition[12] que je ne vous ferai certainement pas, du moins par écrit. Si je vous revois jamais je vous la raconterai.

J'oublie de vous dire que la grand'maman ne me parle point de son retour; ma lettre[13] n'est qu'un transport de colère, moins contre elle que contre ce grand Abbé, qui est ravi de la retenir à Chanteloup. Je vais perdre mon Chevalier de Listenois, qui s'en va pour deux ou trois mois en Franche Comté. J'en suis au désespoir. Est-ce que je l'aime? Oui, comme j'aime le pain; si vous le connaissiez vous trouveriez que j'ai raison, et vous vous en accommoderiez infiniment.

J'ai reçu ces jours-ci une lettre de la Bellissima,[14] moins tortillée que la première; j'ai voulu dans ma réponse mettre du tortillage, et j'ai fait du galimatias. Je ne saurais m'applaudir d'être simple et vraie, je n'ai pas l'esprit et le pouvoir d'être autrement, aussi je suis la dupe de tout.

M. de Pontchartrain n'est point mort, mais il mourra.

M. de Lauzun est revenu de Corse,[15] il a rapporté tous les détails. Il s'est très bien conduit, et c'est de nos jeunes gens celui qui a su faire le meilleur usage du temps.

J'ai deux belles estampes, M. de Turenne[16] et M. de Rosny.[17] Je ne sais comment arranger tout cela.[18] Voyez, je vous prie, toutes les pauvretés que je vous dis. Adieu. Il est quatre heures après midi; je n'ai point dormi, je vais me lever.

From Madame du Deffand, Tuesday 4 July 1769

N° 97. Paris, ce 4 juillet 1769.

VOUS êtes content de moi, parce que je me contente de tout. L'on estime mon courage parce que je ne me plains pas d'être aveugle; il y a beaucoup de mérite à souffrir ce que l'on ne peut em-

---

12. See post 26 July 1769.

13. D to Mme de Choiseul 2 July 1769, S-A i. 229.

14. Missing.

15. 'The Paris Gazette, which arrived yesterday, mentions that the Duke de Lauzun had brought the French King the agreeable news, that the whole island of Corsica had entirely submitted to his forces

under the Count de Vaux. . .' (London Chronicle xxvi. 30, 8 July 1769).

16. Henri de la Tour d'Auvergne (1611–75), Vicomte de Turenne.

17. Maximilien de Béthune (1559–1641), Baron de Rosny, Duc de Sully, minister of Henri IV.

18. HW arranged the prints for her (Paris Jour., 12 Sept. 1769).

pêcher. À la bonne heure, je veux bien qu'on me loue et que l'on soit content de moi, mais je voudrais qu'une fois pour toutes vous sussiez que j'aime cent fois mieux les nouvelles de Vachette ou de Rosette, les descriptions de vos cabinets, etc., etc., que les nouvelles politiques, qui ne peuvent m'intéresser que par rapport à vous. J'aime tous les détails domestiques; j'aime les lettres de Racine parce qu'elles en sont pleines. Dans les lettres de Mme de Sévigné c'est un des articles qui me plaît le plus; enfin je les préfère dans les romans à tous les grands événements et aux belles descriptions; c'est ce qui me fait préférer les romans de Richardson à ceux de La Calprenède, et à tous nos romanciers.

Vraiment j'ai lu votre lettre à M. de l'Isle,[1] il me l'apporta hier; il voulait par modestie passer l'article des louanges que vous lui donnez; je lui fis la douce violence de lui faire tout lire. Votre lettre est réellement très belle, elle pétille d'esprit, elle pourrait vous faire recevoir à notre Académie, il n'y a pas une faute de langue ni de construction, sans qu'il paraisse le moindre effort. Je fus surprise d'y trouver que vous ne seriez ici que dans l'automne.[2] Le Chevalier de Redmond m'avait dit la veille que vous lui aviez dit que vous partiez incessamment, j'en avais conclu que vous seriez ici à la fin de ce mois; votre lettre,[3] sans rien assurer, vous annonce dans le courant du mois d'août. Wiart s'acquittera de vos ordres, observant bien de ne vous faire prendre aucun engagement; premièrement parce que c'est votre volonté, et secondement parce qu'il est très possible que vous changiez de projet. À tout événement le sage est préparé, et moi aussi.

D'où vient ne me dites-vous rien de votre pavillon au bout de votre jardin?[4] je suis curieuse de savoir où il en est, et la description m'en plaira beaucoup. Je n'ai jamais douté de votre facilité et de votre indulgence pour les lacunes et les négligences; vous n'avez pas besoin de me rassurer sur la crainte que je pourrais avoir d'en abuser, ni [de] me renouveler la permission d'en user tant qu'il me plaira; je suis présentement bien au fait de ce qui peut vous plaire ou déplaire, et sans mettre d'art dans ma conduite je puis vous assurer affirmativement que vous en serez content dans toutes les situations,

1. Missing. HW did not enter it in his list of French correspondence in *Paris Jour.*

2. HW left London 16 Aug. and reached Paris 21 Aug. 1769 (ibid.).

3. HW to D 30 June 1769 (missing).

4. See *ante* 5 Oct. 1768, 25 June 1769; *post* 2 Aug. 1769.

dans tous les événements présents et à venir; oubliez le passé et tout ira bien.

Je soupe ce soir chez votre cousin, avec votre nièce, Mme d'Aubeterre, Mlle Sanadon, le Chevalier de Listenois, et M. de Grave. Ce cousin est drôle, il me divertit. Votre nièce a beaucoup d'esprit, et du genre qui me plaît. Le Chevalier, que je prétends qui vous conviendrait infiniment, nous quittera demain pour aller prendre possession de ses états; il sera absent deux ou trois mois, je dirai tous les jours mon *Pater* à son intention; *panem nostrum,* etc., me fera penser à lui.

Ah! s'il n'y avait pas de bureaux de Paris à Londres, je pourrais remplir mes lettres de ce qui vous amuserait, mais la prudence me coupe la parole.

La grand'maman n'arrivera que le 12 ou le 13, et ne paraîtra que comme un éclair. Je me flatte qu'elle n'emmènera pas à Compiègne l'Abbé Barthélemy. La Bellissima, sa dame Boucault et M. de Chabrillan reviendront entre le 15 et le 20; ils seront remplissage, et ne peuvent être rien de plus.

La grosse Duchesse partira la semaine prochaine pour Véret, et n'en reviendra qu'à la fin du mois d'août. Les Caraman sont à leur campagne,[5] les Maréchales sur les grands chemins. Les Beauvau resteront à Paris, mais ce n'est pas une société ni facile ni journalière; enfin, enfin, je prévois de l'ennui, il faut s'y laisser aller, c'est le seul moyen de le supporter.

On ira demain à Choisy, il y aura, dit-on, beaucoup de femmes, je ne sais quelles elles sont, excepté Mme de l'Hôpital[6] qu'on m'a nommée; notre ambassadrice n'est plus à Londres, elle vous dirait quelle est cette dame de l'Hôpital; devinez-le si vous pouvez.

---

5. Roissy.

6. Apparently Benoîte-Marie-Louise Eynard de Ravanne (b. 1722), m. (1741) Jacques-Raymond de Galluccio de l'Hôpital, Comte de l'Hôpital-Saint-Mesme (see Gaston Maugras, *The Duc de Lauzun,* London, 1895, pp. 205, 321). HW had met her 13 Feb. 1766 (*Paris Jour.*).

'It became necessary for the King to form a new set of company; yet all his authority could assemble but five or six women of rank, and those of the most decried characters, except the last I shall mention. There was Madame de l'Hôpital, an ancient mistress of the Prince de Soubise; the Comtesse de Valentinois, of the highest birth, very rich but very foolish, and as far from a Lucretia as Madame du Barry herself. Madame de Flavacourt was another, a suitable companion to both in virtue and understanding. She was sister to three of the King's earliest mistresses, and had aimed at succeeding them. The Maréchale Duchesse de Mirepoix was the last, and a very important acquisition. . . To accelerate the Prime Minister's ruin, to secure her own favour, and in opposition to her sister-in-law, the Princesse de Beauvau, Madame de Mirepoix now united herself strictly, not only with the mistress, but with Maréchal Richelieu . . .' (*Mem. of Geo. III* iv. 11–13).

Adieu. Je termine cette lettre brusquement, parce que je m'interdis tant de choses en vous écrivant qu'il m'en reste bien peu à dire.

Ce mercredi 5.

Le souper de votre cousin s'est passé à merveille, il a une politesse rustique qui ne me déplaît pas; je le crois un bon garçon, je suis parfaitement bien avec lui, il a de l'amitié pour votre nièce; et il me paraît content de la façon dont je vis avec elle.

J'eus hier une grande alarme; M. de Choiseul eut un accès de sa néphrétique des plus violents, mais à sept heures du soir il avait rendu beaucoup de gravier et ne souffrait plus; il suivra aujourd'hui le Roi qui va poser la première pierre de l'église de l'école militaire,[7] et tout de suite il ira à Choisy; on y doit avoir demain un opéra comique.[8] Le Roi en reviendra samedi, il ira lundi 11 à Chantilly avec *Mesdames de France* et non celles de Saint-Hubert,[9] excepté Mme de Mirepoix, qui a obtenu d'être de ce voyage.

Il faut que je vous raconte un mot que l'on me dit hier; il y avait une musique chez Helvétius;[10] un violon attirait les louanges et l'admiration de toute l'assemblée, et surtout de l'Abbé Morellet[11] (encyclopédiste distingué). Cet Abbé dit au Président de Meinières[12] avec grande exclamation, 'Rien n'est si parfait que cette exécution, sentez-vous combien elle est admirable et difficile?'—'Ah! Monsieur,' dit le Président, 'je voudrais qu'elle fût impossible.' Si ce mot ne vous paraît pas bon, c'est ma faute, c'est parce que je le rends mal, il parut charmant hier à tout ce qui était chez moi, et surtout à votre nièce; il est incompréhensible d'entendre aussi bien une langue qu'elle parle aussi mal.

J'ai prié M. de l'Isle à souper pour dimanche; c'est la première fois que je lui ai fait cette faveur.

Cette lettre ne partira point demain, notre costume[13] n'est qu'une fois la semaine, on y peut manquer, mais on ne doit pas en écrire

7. L'École Royale Militaire, in the Plaine de Grenelle, near Paris (*Dict de Paris*).

8. *Alix et Alexis* by Antonio Poisinetto and Jean-Benjamin de la Borde (Charles Vatel, *Mme du Barry*, 1883, i. 217–20).

9. The ladies who accompanied Mme du Barry.

10. Claude-Adrien Helvétius (1715–71), philosopher. HW had met him many times in Paris, 1765–6 (*Paris Jour.*).

11. 'Morley' in the MS. Abbé André Morellet (1727–1819) (see his *Mémoires*, 1821; Lytton Strachey, *Portraits in Miniature*, 1931). HW, who spelled his name 'Morlaix,' had met him twice in 1765–6 (*Paris Jour.*).

12. Jean-Baptiste-François Durey de Meinières (1705–87). HW had met him twice in 1767 (ibid.).

13. Spelled thus in the MS.

deux, parce qu'il vaut beaucoup mieux en toute chose être en deçà que par delà; et puis j'aurai peut-être quelque chose de plus intéressant à vous mander d'ici à dimanche.

Ce jeudi.

Il serait encore temps d'envoyer cette lettre à la poste, mais je n'en ferai rien, elle ne partira que lundi; entre ci et ce jour-là. Je voulais dire que Wiart irait au Parc-Royal, mais il m'apprend qu'il y a été hier; voici ce que lui a dit Mme Simonetti:[14] qu'elle serait bien fâchée que vous logeassiez ailleurs que chez elle, elle a actuellement deux MM. Smith[15] qui doivent bientôt s'en aller, un Anglais dont elle ne sait pas le nom,[16] qui attend le Général Irwin, qui doit arriver incessamment; elle voudrait être avertie de votre arrivée quelques jours à l'avance pour pouvoir vous donner votre même appartement, mais soit que vous ayez celui-là ou bien un autre, elle prétend que vous serez content de celui qu'elle vous donnera.

On n'a point encore parlé à La Jeunesse,[17] mais on saura sa réponse avant lundi; toutes ces précautions ne seront-elles point inutiles? Je ne doute pas que vous ne soyez dans l'intention de venir, mais dans la vie il y a bien des chapitres des accidents, et je ne me permets pas de compter sur rien. Mais vous, sur quoi vous pouvez compter, c'est que je serai fort aise de vous revoir.

Le Roi est à Choisy depuis hier. Il y aura aujourd'hui un opéra comique de M. de la Borde,[18] qui a été refusé par les comédiens. Les dames sont au nombre de huit, Mmes du Barry, de Talmond,[19] de Mirepoix, Duchesse de Duras,[20] de Valentinois, de Flavacourt, d'Ava-

14. Landlady of the Hôtel du Parc-Royal, where HW stayed on his visits to Paris.

15. Perhaps James Smyth (d. 1771), and his son Edward Skeffington Smyth (1745–97), cr. (1776) Bt (Sir John Bernard Burke, *Landed Gentry*, 1894, ii. 1872). Mrs Mathew and Miss Elizabeth Smyth (later Comtesse de Jarnac), who were daughters of James Smyth, were frequent visitors to Paris, where HW met Mrs Mathew in 1765–6. See the Prince de Beauvau to HW 27 Jan. 1776, and *Paris Jour.*

16. Perhaps Mr Fortescue or Mr Deane (see *post* 4 Aug. 1769).

17. HW's servant during his previous visits to Paris.

18. Jean-Benjamin de la Borde (1734–94), guillotined in the Revolution, valet

de chambre to Louis XV (Lalanne), not to be confused with La Borde, the banker.

19. Marie-Louise Jablonowska (1701–73), m. (1730) Antoine-Charles-Frédéric de la Trémoïlle, Prince de Talmond (*Rép. de la Gazette*). HW had called on her in Paris in 1766, and had been requested to get a successor to her deceased greyhound (see *Paris Jour.* and her letter to HW 18 March 1766). D wrote a portrait of her, copied in her MS *Recueil de divers ouvrages*, bequeathed to HW (see Appendix 5t). Mme de Talmond was formerly the Young Pretender's mistress.

20. Louise-Françoise-Maclovie-Céleste de Coëtquen (d. 1802), m. (1736) Emmanuel-Félicité de Durfort, Duc de Duras (François-René, Vicomte de Chateaubriand,

ray,[21] de l'Hôpital; la Vicomtesse de Pons[22] était nommée, et sa fille Mme de Saint-Maigrin, mais elles n'iront pas, parce que Mme de Pons est malade. Voilà tout ce que je sais aujourd'hui.

Ce dimanche 9.

Il n'est pas sûr que vous puissiez avoir La Jeunesse, mais en ce cas vous aurez quelqu'un de sa main dont il répondra; vous ne trouverez jamais aucune difficulté de notre part, plaise au ciel qu'il n'en survienne pas de la vôtre.

La grand'maman n'arrive que le 20, et le 21 elle sera à Compiègne.

Le spectacle de Choisy[23] a été déplorable, mais on y était de bonne humeur, c'est le refrain de la chanson, 'Mais enfin je suis amoureux, c'est assez pour être heureux.'

L'affaire de Bretagne est finie, l'ancien parlement est rappelé, excepté les deux La Chalotais.[24]

La paresse m'empêche de vous conter une chute qu'a faite le Président[25] il y a deux nuits, je vous la dirai si je vous revois; il s'en porte très bien, et il désire beaucoup, ainsi que Mme de Jonzac, de vous revoir. M. d'Aubeterre arrive[26] à la fin du mois; sa femme est aux eaux d'Aix-la-Chapelle, et n'en revient qu'au mois de septembre. Je pourrais vous mander des nouvelles domestiques; si vous venez je vous les dirai, si vous ne venez pas je ne vous donnerai pas l'ennui de vous les conter. J'aurai des gimblettes pour Mlle Rosette; elle ne trouvera point de compagnie chez moi, j'ai banni toutes les bêtes qui ne parlent pas; j'ai tort, car elles valent mieux que celles qui parlent, mais comme je suis du nombre de celles-là je ne m'y rends pas difficile.

Adieu, cette lettre est bien longue, mais remarquez que c'est l'ouvrage de plusieurs jours.

Memoirs, New York, 1902, i. 17n; Gabriel Pailhès, *La Duchesse de Duras*).

21. Angélique-Adélaïde-Sophie de Mailly-Nesle (d. 1823), m. (1758) Claude-Antoine de Bésiade, Marquis d'Avaray (Jean-Baptiste-Pierre Jullien de Courcelles, *Histoire généalogique . . . des pairs de France*, 1822–33, vii. 262).

22. Louise-Gabrielle-Rosalie le Tonnelier de Breteuil (1725–92), m. (1) (1743) Claude-Armand de Pons, Comte de Roquefort, Vicomte de Pons; m. (2) Louis-Armand-Constantin, Prince de Montbazon (1731–94) (St-Allais xiii. 361; *Intermédiaire des chercheurs et curieux* xciii. 590).

23. La Borde's *Alix et Alexis* (see above).

24. Louis-René de Caradeuc de la Chalotais (1701–85), and his son, Aimé-Jean-Raoul de Caradeuc de la Chalotais (1733–94), guillotined in the Revolution, leaders of the Breton opposition to the Duc d' Aiguillon.

25. Hénault had risen from bed, when he was alone in the room, and was found lying on the floor, the next morning (see D to Mme de Choiseul 8 July 1769, S–A i. 236).

26. See *ante* 30 May 1769.

To Madame du Deffand, Thursday
6 July 1769, N° 96

Missing. Probably written at Strawberry Hill. Answered, 11 July.

From Madame du Deffand, Tuesday 11 July 1769

N° 98. Paris, ce mardi 11 juillet 1769.

ON se connaît bien peu soi-même, si en effet j'ai la tête romanesque et l'esprit disserteur. Je ne puis souffrir qu'on cherche les causes, j'ai en horreur les dissertations, et je vous parais une pédante, une philosophe, etc! Comment ne désirerais-je pas de vous revoir, quand ce ne serait que pour détruire cette singulière opinion? Vous l'appuyez en dernier lieu sur ce que je vous ai dit,[1] que l'on ne meublait pas une chambre de tabourets et d'un lit en trône[2] uniquement pour soi et pour ses amis. Rien n'est si vrai, mais j'éprouve qu'il y a du plaisir à entendre louer ce qui est à soi, sans en avoir soi-même la jouissance; ainsi loin de trouver singulier que vous ayez du plaisir à ceci, à cela, rien ne me paraît plus naturel; j'ai voulu vous dire seulement que vous êtes fatigué et non pas fâché de faire voir votre château. Vraiment vous avez raison quand vous jugez que nous ne nous ressemblons point, je n'en suis que trop persuadée; mais il n'y a que notre ombre qui nous ressemble, et je suis, comme vous savez, bien éloignée d'être la vôtre, et vous la mienne; mais vous jugez fort mal si vous croyez que je ne serai pas bien aise de vous revoir, mais, mais, vous ne le pensez pas, et je ne donnerai point dans le panneau de chercher à détruire cette idée. Vous ne l'avez jamais eue, vous ne l'avez point, et vous ne l'aurez jamais.

La grand'maman retarde son retour, chaque lettre[3] que j'en reçois me remet à trois ou quatre jours de plus, mais comme elle ne sera qu'un jour à Paris peu m'importe le temps où elle le placera. Je lui

1. See *ante* 25 June 1769, in which she accuses him of building for posterity.
2. This probably refers to a project, which HW never completed, for the Round Drawing-Room. See *ante* 18 June 1769, n. 2.

3. See Mme de Choiseul to D 5 July 1769, S–A i. 232. There were other letters to D from the Abbé Barthélemy, at Chanteloup.

crois peu d'impatience de se retrouver dans le brouhaha; bien des raisons lui font aimer son Strawberry Hill; elle y est actuellement fort seule, toute sa compagnie l'a quittée, il ne lui reste plus que le grand Abbé et le médecin Gatti, et c'est peut-être le moment qui lui plaît le plus.

J'suis inquiète aujourd'hui du Président, il est enrhumé, il a un peu de fièvre, il tient à si peu de chose que je crains à chaque instant de le perdre. M. de Pontchartrain se tire d'affaire et ne mourra point de sa chute, elle a occasionné un violent retour de goutte, qui a produit tous les accidents qui l'ont fait croire à l'agonie.

J'ai eu cette nuit une insomnie insupportable; j'ai été depuis trois heures jusqu'à huit livrée à mes belles pensées, et depuis huit [heures] jusqu'à midi à entendre lire votre *Spectateur*, des anecdotes d'Italie, et les *Mille et un jours;*[4] tout cela m'a plus fatiguée qu'amusée.

J'ai eu hier à souper les Beauvau et l'Archevêque de Toulouse; j'aurais matière à causer avec vous, mais ce n'est peut-être une à vous écrire, et moins la prudence m'est naturelle, plus je la porte loin; mais je compte m'en dédommager quand je vous verrai, car il est certain que vous viendrez ici, vous n'êtes pas capable de me tromper; ce sera peut-être votre dernier voyage.

Je vous ai mandé[5] ce qui regarde votre logement et votre domestique, j'espère que dans peu vous m'apprendrez dans quel temps je dois vous attendre; nous serons fort bien ensemble à ce que j'espère, vous ne vous repentirez pas de votre complaisance; vous verrez à quel point j'en suis reconnaissante; vous conviendrez, malgré toutes vos expériences, qu'il n'est pas impossible de trouver un ami véritable. Oui, vous l'avez trouvé en moi, et rien ne me peut jamais faire changer. Demain je continuerai cette lettre.

Ce mercredi matin, à 8 heures.

Avant de fermer ma lettre, je me suis fait relire la vôtre,[6] elle me donna hier une impression de tristesse que la seconde lecture n'a point dissipée; est-il possible, est-il possible que je n'adoucirai jamais votre humeur sévère; serait-il possible que vous eussiez le désir, la pensée de rompre les liens d'amitié? Non, non, je ne le veux pas

---

4. François Pétis de la Croix's translation of Persian tales, Paris, 1710–12. See *ante* 18 June 1769, n. 1 for D's reference to *Mille et une nuits.*

5. *Ante* 4 July 1769.
6. HW to D 6 July 1769 (missing).

croire. Mais d'où vient donc prenez-vous si mal tout ce que je vous dis; une plaisanterie, un lieu commun vous choquent, et vous me dites avec la dernière sécheresse que nous ne nous ressemblons point; ah! je ne le sais que trop, mais souffrez que je vous le dise, vous vous exagérez mes défauts, vous grossissez ceux que j'ai et vous m'en trouvez que je n'ai pas; mais je vous pardonnerai toutes vos injustices si vous me tenez parole, et si je vous revois le mois prochain. Vous serez plus content de moi que de mes lettres; je serais au désespoir de ne vous point écrire, et je ne suis point à mon aise en vous écrivant, je vous crains, mon imagination est toujours bridée, et c'est en cela que nous nous ressemblons bien peu; vous êtes libre, délibéré, toujours vivant, toujours animé, et moi toujours timide, tremblante, n'allant qu'en tâtonnant . . . mais ne voilà-t-il pas que vous bâillez à vous tordre la bouche? Eh bien! je n'ai plus qu'un mot à vous dire, mais écoutez-le patiemment. Si mes lettres sont des *essais* ce n'est pas mon intention; je ne veux ni définir, ni creuser, ni prouver, je ne veux que causer avec vous et si je vous ennuie il faut me le pardonner.

Vous croyez que je n'ai pas grande envie de vous revoir. Qu'est-ce qui vous a fait écrire cela? Vous croyez bien que je n'y répondrai pas. Je pourrais, je l'avoue, vous mander bien des choses divertissantes, mais vous savez pourquoi je n'en fais rien. Venez, venez, et nous aurons belle matière à la jaserie.

Je trouvai hier le Président avec du rhume et un peu de fièvre; j'espère que ce ne sera rien, mais peut-on s'assurer du lendemain? Adieu.

J'oubliais de vous dire que j'ai donné à souper à M. de l'Isle; je lui fis voir des petites brochettes ou fourchettes que je donne à Mme de Luxembourg le jour de la Madeleine[7] pour sa fête, elles sont faites pour des mûres et des huîtres si l'on veut. Je lui avais demandé quelques couplets sur l'air le plus commun, et d'éviter le sublime; voici ce qu'il m'envoya hier:

Sur l'air *Des fraises*.
Ce petit don vous sera
Utile à bien des titres,
Aussitôt qu'on le verra,
Tout le monde s'écriera
Des huîtres, des huîtres, des huîtres!

7. 22 July. Mme de Luxembourg's first name was Madeleine.

Pour le montrer il faudra
Prendre bien vos mesures,
Car dès qu'on le montrera
D'abord on demandera
Des mûres, des mûres, des mûres!

De ces différents emplois
Je vous laisse l'arbitre,
Si vous n'approuvez mon choix
Je craindrai que je ne sois
Une huître, une huître, une huître.

Voilà comme je voulais la chanson. J'oubliais de vous dire qu'il y a des endroits de votre lettre qui m'ont extrêmement plu; un où vous dites que l'exercice, sans but, sans goût, sans utilité, est une oisiveté; un autre, que la recherche des causes n'est qu'une vaine métaphysique qui ne mène qu'à la nouveauté et qui détourne de la vérité. J'ai toujours pensé cela, et si nous ne sommes pas toujours de même avis c'est faute de nous entendre. J'ai la certitude aussi bien que la vanité d'en être intimement persuadée.

Le Président se porte beaucoup mieux, je viens d'en avoir des nouvelles, j'espère que vous le retrouverez. Voilà une lettre de Chanteloup, je vais la lire, je vous en rendrai compte.

C'est de l'Abbé Barthélemy[8] qui me dit que Gatti doit partir le 11, et que la grand'maman reviendra la semaine prochaine. J'aurais bien du plaisir à vous faire lire les lettres de l'Abbé, elles font mourir de rire; on ne peut avoir l'esprit plus gai et plus naturel.

To Madame du Deffand, Thursday
13 July 1769, N° 97

Missing. Probably written on HW's return from his expedition to Ely.

From Madame du Deffand, Tuesday 18 July 1769

N° 99. Paris, ce mardi 18 juillet 1769.

VOUS souhaitez que je vive quatre-vingt-huit ans! eh! pourquoi le souhaiter, si votre premier voyage ici doit être le dernier? Pour que ce souhait m'eût été agréable, il fallait y ajouter: je verrai

8. Abbé Barthélemy to D 10 July 1769, S–A i. 238.

encore bien des fois *ma petite,* et je jouirai d'un bonheur qui n'était réservé qu'à moi, l'amitié la plus tendre, la plus sincère et la plus constante qui fut jamais.

Je vous espérais plus tôt, mais vous avez voulu rendre vos deux années complètes.[1] Ah! ne craignez point mes reproches; je n'ai que des grâces à vous rendre. Tous les jours je m'applaudis d'avoir si bien placé mon amitié; nul autre que vous ne la connaît si bien et n'en est si digne; aussi je puis vous jurer que vous l'avez sans partage. La grand'maman arrive demain avec son grand Abbé, je passerai la soirée avec eux, et je m'en fais un grand plaisir; c'est immense tout ce que nous aurons à nous dire. C'est grand dommage que vous ne puissiez faire la partie carrée.

J'ai annoncé[2] à la grand'maman votre arrivée pour le mois d'août, et celle du Général. *Je serai fort aise,* m'a-t-elle écrit,[3] *de revoir le Général, mais mille et mille fois plus de revoir mon Horace.* C'est bien parler, et je l'approuve.

Vous me faites mourir de peur; quoi, le Chatham?[4] Mais non, j'espère que les vapeurs nous tireront d'affaire. Point de quatre-vingt-huit ans s'il y a la guerre. Tenez, mon tuteur, il ne m'est pas possible de continuer cette lettre; ma tête est troublée, je ne puis arranger aucune idée; mais comme la poste ne part que jeudi matin je pourrai continuer demain.

Ce mercredi.

M. de Voyer vous avait annoncé pour le mois prochain. Vous lui avez fait un présent magnifique. Pourquoi cela? Un exemplaire de tous les livres que vous avez imprimés;[5] en est-il digne? Je ne connais ni M. d'Ayen[6] ni sa sœur.[7] Savez-vous? le savez-vous? Les bureaux ne le savent pas, je ne veux pas leur apprendre.

1. D evidently means that HW does not wish to return to Paris until exactly two years after his last trip there. His previous arrival was 23 Aug. 1767; this time he arrived 21 Aug. 1769 (*Paris Jour.*).

2. D to Mme de Choiseul 8 July 1769, S–A i. 235.

3. Mme de Choiseul to D 11 July 1769, ibid. i. 240.

4. Lord Chatham, who had been in retirement, unexpectedly appeared at the King's reception, 6 July 1769. He said that his health prevented his resuming public office, but the French were alarmed at any

reappearance of the prime minister who had done so much to defeat them in the Seven Years' War. See *Mem. of Geo. III* iii. 248–50.

5. T suggests that this gift was destined not for M. de Voyer but for his relative, M. de Paulmy, whose splendid library, sold in 1785 to the Comte d'Artois, now belongs to the French nation.

6. Jean-Louis-François-Paul de Noailles (1739–1824), Duc d'Ayen and de Noailles.

7. Adrienne-Catherine de Noailles (1741–1814), m. (1755) René-Mans de Froulay, Comte de Tessé; and Philippine-Louise-

Une chose assez singulière c'est que nous n'avons pas beaucoup de connaissances communes; de celles que j'ai faites en votre absence il n'y a que les La Rochefoucauld.[8] Vous trouverez la pauvre Mme de la Vallière terriblement sourde; elle s'est établie au commencement de cet été à Athis chez Mme de Rohan,[9] qui mène le plus grand deuil de la mort de Mme Chabot,[10] ne voit presque personne, et cela convient à Mme de la Vallière.

On attend ces jours-ci la Bellissima. La grosse Duchesse partit lundi pour Véret et elle reviendra en même temps que vous. Le Compiègne finira le 1er septembre; Paris sera moins désert qu'il ne l'est aujourd'hui, et j'en serai bien aise, car je n'aimerais pas que vous n'eussiez que moi à voir.

Je ne veux point parler de votre arrivée, je ne veux rien dissiper du plaisir que j'aurai de vous revoir; je renferme tout ce que je pense, je le réserve pour vous; mais ne craignez point les grandes effusions, vous devinerez ma joie et mon plus grand soin sera de la contenir; nous aurons tant de sujets de conversation, qu'il me sera facile de ne vous pas parler de moi. Il y a deux ans que je ne vous ai vu, et je ne sais par quel enchantement il me paraît qu'il y a très peu de temps que nous nous sommes séparés; je me rappelle tout ce qui s'est passé en votre absence, mais avec peine; tout cela n'a fait que des traces très légères; le moment de votre départ, celui de votre arrivée, ce sont là mes deux seules époques; tout ce qui est entre-deux est presque effacé; quand je me ressouviens d'un fait, d'un événement, je ne sais où le placer, si c'était avant ou après votre départ; vous aiderez à ma mémoire.

Je vous écrirai encore trois fois avant votre arrivée; le 26, le 2, et le 9. Vous manderez s'il faut retenir votre logement et si au défaut de La Jeunesse vous voudrez prendre un domestique de sa main.

Je trouve, je vous l'avoue, qu'un mois est bien long, je crains tous

Catherine de Noailles (1745–91), m. (1763) Louis-Antoine-Armand de Gramont, Comte de Guiche (*Journal de Paris,* 31 Dec. 1791; Edith Sichel, *Household of the Lafayettes,* 1910, p. 331).

8. Probably François-Alexandre-Frédéric, Duc de la Rochefoucauld-Liancourt, m. (1764) Félicité-Sophie de Lannion (1745–1830) (Ferdinand Dreyfus, *La Rochefoucauld-Liancourt,* 1903, pp. 10, 232n). See *ante* 24 May 1769. HW had met Mme de Liancourt once in Paris (*Paris Jour.*).

9. Émilie de Crussol (1732–91), m. (1758) Louis-Marie-Bretagne-Dominique, Duc de Rohan-Chabot. She was Mme de la Vallière's niece. See Paul Montarlot, *Les Émigrés de Saône-et-Loire,* Autun, 1922–30, i. 246. HW had met her once in Paris (*Paris Jour.*).

10. Mary Apolonia Scolastica, Comtesse de Chabot, died 16 May 1769 (*London Chronicle* xxv. 471, 18 May 1769). Her husband was an uncle of Mme de Rohan's husband.

les événements qui peuvent arriver, je suis inquiète de votre passage. Fâchez-vous si vous voulez, mais je ne puis m'empêcher de penser que si je ne vous avais jamais connu j'aurais été plus tranquille, mais je suis forcée d'avouer que j'aurais eu beaucoup plus d'ennui. Préparez-vous à toutes les questions que je vous ferai sur votre château, je vous donnerai le plaisir de m'en faire la description.

Si le beau temps pouvait continuer pendant que vous serez ici, nous ferions beaucoup de voyages dans la banlieue de Paris. Il y aura un voyage de huit jours à Chanteloup au commencement de septembre, dont la grand'maman ne sera pas, vraisemblablement elle restera à Paris, et nous passerons bien des soirées avec elle; nous irons souper à Rueil; il faudra que vous fassiez connaissance avec les Montigny-Trudaine, et puis le Président, qu'il faudra voir souvent, et puis chez moi; enfin, le temps s'écoulera bien vite. N'oubliez pas les estampes que je vous ai demandées, ce sera vous qui les placerez dans mon cabinet.

Adieu: mon plaisir est troublé, je l'avoue; je crains que ce ne soit un excès de complaisance qui vous fasse faire ce voyage.

To Madame du Deffand, Thursday
20 July 1769, N° 98

Missing. Probably written at Arlington Street. Answered, 26 July.

To Madame du Deffand, Tuesday 25 July 1769, N° 99

Missing. Answered, 2 Aug.

From Madame du Deffand, Wednesday 26 July 1769

N° 100. Paris, ce mercredi 26 juillet 1769.

COMMENT, vous avez cru que c'était La Borde le banquier qui faisait des opéras? Cela est ineffable; c'est un valet de chambre du Roi.

Je me hâte de vous tirer de peine; la proposition[1] qu'on voulait

1. See *ante* 1 July 1769.

que je vous fisse, c'était d'amener avec vous une vache blanche qui
fût pleine d'un petit taureau. M. de l'Isle a vanté votre troupeau à
la Duchesse de Villeroy; elle ne trouvait pas plus de difficulté à demander une vache qu'un petit moineau; je m'en suis débarrassée en
lui disant qu'elle vous ferait elle-même cette proposition, et je lui ai
fait sentir combien elle était absurde.

Vous m'étouffez en me débridant tout ce que vous avez à faire;
comment, depuis deux ans que vous êtes de retour chez vous, avez-
vous si peu avancé besogne s'il vous reste tant de choses à terminer
dans le dernier mois qui précède votre départ? Je vous vois arriver
hors d'haleine, avec si peu de temps devant vous que vous ne pourrez
commencer aucun récit avec la possibilité de le finir; dès qu'on me
dit qu'on n'a qu'un moment à être avec moi c'est comme si on était
parti, je n'ai plus rien à dire. N'allez pas conclure de là que je vous
tourmenterai pour obtenir de vous quelques jours de plus que vous
ne prétendez me donner; ah! mon Dieu, non, je suis ravie de vous
revoir, cela est certain, et pourquoi ne l'avouerais-je pas? Mais en
même temps je suis fâchée, inquiète de ce qu'il vous en coûte (dans
tous les sens qu'on le peut prendre) pour me donner cette marque
d'amitié; il me semble que c'est un remboursement que vous me
faites pour vous acquitter avec moi, et ne plus jamais me rien devoir;
c'est une affaire terminée dont vous vous débarrassez, et vous n'aurez
plus à l'avenir qu'à vous occuper de vos galeries, cabinets, pavillon,
ou cabane. Ah! mon Dieu, mon Dieu, je me dis souvent, *qu'allais-je
faire dans cette galère?*[2] J'ai un regret infini que vous n'ameniez pas
le Selwyn; je me passe aisément de lui, mais vous étant à Paris, il me
devient très nécessaire, je ne puis m'ôter de la tête que vous vous
ennuierez à la mort, que rien de ce que je vous dirai ne vous intéressera, que vous compterez les jours que vous aurez à passer loin de
votre Strawberry Hill. Enfin, ce ne sera pas un plaisir pur, ce ne sera
pas comme votre autre voyage, qui n'était déjà plus aussi agréable
que votre séjour de 1765 et '66. Mais, comme vous dites, ce sont des
mondanités que toutes ces distinctions-là. N'en craignez aucune dans
nos conversations.

Vous verrez beaucoup la grand'maman, elle reviendra de Compiègne le 13 et sera un mois de suite à Paris. Mme d'Aiguillon sera
de retour à Rueil le 17. Mme de Forcalquier va le 2 à Boulogne ou
elle compte s'établir pour un mois ou six semaines; ce sera des cam-

2. See *ante* 3 Aug. 1767, n. 2a.

pagnes où nous irons souper. Je suis bien aise de savoir le jour de votre arrivée. Cependant j'en suis fâchée, je calcule sans cesse involontairement combien il reste de jours, combien j'ai de lettres à écrire et à recevoir, et voici mon décompte. J'ai encore à vous écrire le 3 et le 10. Je dois recevoir de vos lettres le 2, le 9, et le 16. L'idée de vous savoir si occupé, si pressé, si embarrassé, me coupe la parole, je ne veux pas vous détourner, vous n'avez pas un moment à perdre. Adieu.

Wiart ira tantôt au Parc-Royal pour s'assurer de votre logement. La Jeunesse ne pourra pas entrer à vous, il vous propose celui que vous aviez, il y a deux ans, un nommé Cabo;[3] vous aurez le temps de me faire savoir votre réponse.

From Madame du Deffand, Wednesday 2 August 1769

No 101. Paris, ce mercredi 2 août.

AVEC les meilleurs procédés du monde, vous conservez toujours un ton sévère; vous me blâmez de prévoir l'avenir. Dans le fond vous avez grande raison, car je crois qu'il sera bien court pour moi, surtout si mes insomnies continuent comme elles sont; il y a plus de huit jours que je ne dors pas plus de deux ou trois heures par nuit. Je ne puis pas en deviner la cause: je ne souffre de nulle part et je n'ai point d'agitation; mais je tombe en ruines; ce sont les ruines de Chaillot ou de Vaugirard.[1] Je suis un grand contraste à la description que vous me faites de votre petite cabane:[2] je la crois charmante, je comprends que l'occupation de la construire, de l'orner, vous a fait passer d'agréables moments; je doute que n'ayant plus rien à y faire, sa jouissance vous rende aussi heureux; mais je ne sais ce que je dis; on veut toujours juger des autres par soi-même, on a tort. Rien n'est si différent que les goûts; on peut s'accorder sur les choses de raisonnement, mais rarement, et peut-être jamais sur celles du sentiment. Pour bien des gens, la musique n'est que du bruit; les uns aiment le bleu, les autres le rouge; pour vous c'est le *vert de pois;*[3] je n'avais jamais entendu parler de ce vert-là.

3. Spelled Cabot and Cabau in *Paris Jour.*

1. See *ante* 26 April 1767.
2. The Cottage, across the road from Strawberry Hill (see *ante* 5 Oct. 1768, n. 6).

3. Mr Walpole had told her that the walls of the room of the cottage in his

Mais, mais, je trouve de la plus grande singularité la facilité qu'on a à vous demander des présents; rien n'est plus ridicule et plus indiscret.

Vous me faites un grand plaisir de m'apprendre que David Hume va en Écosse. Je suis bien aise que vous ne soyez plus à portée de le voir, et moi ravie de l'assurance de ne le revoir jamais. Vous me demanderez ce qu'il m'a fait? Il m'a déplu. Haïssant des Idoles,[4] je déteste leurs prêtres et leurs adorateurs. Pour d'Idoles, vous n'en verrez pas chez moi; vous y pourrez voir quelquefois de leurs adorateurs, mais qui sont plus hypocrites que dévots; leur culte est extérieur; les pratiques, les cérémonies de cette religion sont des soupers, des musiques, des opéras, des comédies, etc. Cela convient à bien des gens; pour moi, tout cela m'est devenu en horreur; je ne me plais que dans mon tonneau, en compagnie de quatre ou cinq personnes avec qui je cause.

Je crois que la grand'maman sera de retour de Compiègne quand vous arriverez; je ne lui dirai point le jour que je vous attends; si le vent ne s'y oppose pas, ce doit être un samedi: je m'arrangerai à souper chez moi ce jour-là, et à n'avoir le lendemain dimanche que nos amis les plus féaux. Depuis que la grand'maman est à Compiègne, je ne lui ai écrit qu'une fois, parce que je ne veux point lui donner la fatigue de me répondre. J'apprends de ses nouvelles par tout le monde, et l'on me dit qu'elle se porte bien; d'ailleurs, je vous avouerai que mes insomnies éteignent un peu ma vivacité. Ah! j'entends que vous dites: 'À quelque chose le malheur est bon.' Mon ami, n'ayez pas peur, prenez courage, il n'y a que patience à avoir, tout cela ne saurait durer longtemps. Je crois que je n'ai été mise au monde que pour être de quelque utilité aux autres; quand j'aurai satisfait à cet article, qui est déjà bien avancé, je dirai: 'Bonsoir la compagnie, bonsoir.'

Voyons un peu l'itinéraire de nos lettres à venir; il est aujourd'hui le 3, je puis vous écrire le 9, vous recevrez ma lettre le 14, veille de votre départ. Vous m'écrirez sans doute demain 4, je recevrai votre lettre le 9. Vous pouvez m'écrire encore le 11; et votre lettre m'arrivera le mercredi 16. J'espère que rien ne dérangera cet arrange-

garden were pea-green (B). In the 'Description of SH,' the tea room in the Cottage is merely 'hung with green paper' (*Works* ii. 509).

4. This is always to be understood of the society of the Prince de Conti at the Temple (B). Hume was a friend and correspondent of the Comtesse de Boufflers, the 'Idole' of D's letters.

ment; je vous manderai par ma lettre du 9 si vous pouvez compter sur votre logement. Mme Simonetti le fait espérer, mais elle n'a pas voulu s'engager, à moins que vous ne vous engageassiez le 1er de ce mois, et c'est ce que je n'ai osé prendre sur moi.

Devinez de qui j'ai reçu une lettre aujourd'hui: de Mme Greville. Elle me parle beaucoup du petit Craufurd, de sa santé, de son jeu, mais elle ne me dit rien de lui pour moi; il m'a totalement oubliée.

Personne n'entend parler du Général Irwin, sa Mme Boucault est à Véret avec tous les d'Aiguillon. La grosse Duchesse en doit revenir le 17. La Bellissima va s'établir ces jours-ci à Boulogne pour quatre ou cinq semaines, parce qu'elle est incommodée du bruit que lui fait le bâtiment du Palais de Bourbon.[5] Nous irons souper chez elle tant que nous voudrons, ainsi qu'à Rueil, et puis le Président et moi, et j'oubliais la grand'maman. Voilà l'expectative de vos plaisirs; j'en aurai beaucoup à vous embrasser. Adieu.

Je prendrai sur moi d'arrêter votre logement pour le 15.

To MADAME DU DEFFAND, Friday 4 August 1769, N° 100

Missing.

From MADAME DU DEFFAND, Friday 4 August 1769

Address: To Monsieur Monsieur Horace Walpole in Arlington Street near St James's *London* Angleterre
Postmark: AU 11.

N° 102. Paris, ce vendredi 4 août.

SUIVANT mes calculs vous ne pourriez recevoir ma dernière lettre que le lundi 14, veille de votre départ; il vaut mieux ne pas attendre à l'extrémité, et que cette lettre-ci, qui sera la dernière et qui partira lundi 7, vous soit rendue le vendredi 11. Je la commence dès aujourd'hui.

Nous sommes assurés de votre appartement au Parc-Royal; nous avons été forcés de l'arrêter pour le mardi 15, faute de quoi nous

---

5. Now the Chambre des Députés, built in 1722 by the dowager Duchesse de Bourbon, and continued by her son, the Prince de Condé (Karl Baedeker, *Paris,* 1924, p. 296).

n'aurions pas pu y compter; si j'ai mal fait, pardonnez-le-moi. Il y a présentement dans cet hôtel M. et Mme Fortescue,[1] de la connaissance de madame votre nièce, Milady Deane et monsieur son fils.[2]

La grand'maman arrive à Paris le dimanche 13, je souperai chez elle, et je ne lui dirai point le jour de votre arrivée, pour que vous soyez plus libre de ne la voir que le jour qui vous conviendra. Vous serez témoin du déménagement de madame votre nièce; elle a été logée jusqu'à présent dans une niche à chiens, mais ce n'a pas été ma faute.

Je ne veux point vous dire tout le fatras que j'ai dans la tête; il faut que je me garde d'en mettre dans la vôtre; mais je ne veux pas vous laisser ignorer à quel point je sens l'excès de votre complaisance; je devrais m'y opposer; comment puis-je jamais reconnaître ce que vous faites pour moi? La reconnaissance n'est point un sentiment qui me soit pénible, je vous en dois beaucoup, et je m'acquitte bien de cette dette.

Ce samedi 5.

C'est aujourd'hui en quinze que je puis me flatter de vous revoir. Croyez-vous que je sois bien aise? Je m'interdis de vous le dire, mais si vous allez vous ennuyer je serai bien fâchée; si vous allez être incommodé du voyage, du passage, de la chaleur, vous maudirez ma connaissance, je ne serai qu'une gêne pour vous; mais je veux écarter toutes ces idées, et me livrer au plaisir de me trouver avec le seul ami que j'ai au monde.

Adieu; mon secrétaire aura trop d'affaires demain pour que je l'en détourne, c'est ce qui me fera fermer cette lettre aujourd'hui.

To Madame du Deffand, Friday
11 August 1769, N° 101

Missing. Probably written at Strawberry Hill.

1. Probably William Henry Fortescue (1722–1806), cr. Bn (1770), Vct (1776), and E. (1777) of Clermont, m. (1752) Frances Cairnes Murray (ca 1734–1820). HW, in a note to his letter to Mann, 23 Jan. 1783, says, of Lord Clermont that he was 'an Irish peer, who went frequently to Paris, where his wife was much taken notice of by the Queen of France.' They were apparently the same Mr and Mrs Fortescue who were in Paris during HW's first visit there in 1766 (*Paris Jour.*).

2. Perhaps Charlotte Tilson (d. 1798), m. (1738) Sir Robert Deane, 5th Bt; and her son, Robert Tilson Deane (1745–1818), cr. (1781) Bn Muskerry.

To MADAME DU DEFFAND, Thursday 5 October 1769

Missing. Written from Clermont, the night of HW's departure from Paris. Answered, 8 Oct.

From MADAME DU DEFFAND, Friday 6 October 1769

In Colmant's hand up to 'ce dimanche'; it is finished by Wiart.

Nº 1ᵉʳ. Ce vendredi, à 7 heures du matin, 6 octobre,
lendemain de votre départ.

N'EXIGEZ point de gaîté, contentez-vous de ne pas trouver de tristesse; je n'envoyai point chez vous hier matin, j'ignore à quelle heure vous partîtes; tout ce que je sais, c'est que vous n'êtes plus ici.[1]

Mme de Mirepoix ne vint point chez moi le soir. Je me levai hier fort tard, je ne fus dans mon tonneau qu'à cinq heures et demie. La Maréchale de Broglie et le Baron[2] assistèrent à mon thé; Pont-de-Veyle arriva et puis le Prince,[3] et puis M. d'Usson. Je sortis à huit heures avec la nièce, nous fûmes chez le Président, où nous restâmes jusqu'à neuf heures. Je dis à Mme de Jonzac qu'une de vos dernières paroles avaient été de me recommander de ne la point faire veiller. Elle a été touchée de cette attention, et me pria de vous le dire.

Nous trouvâmes chez la grand'maman Mmes de la Vallière, de Châteaurenaud, et l'Abbé. On joua deux proverbes. Votre nièce était malade. Mesdames s'en allèrent; quand il n'y eut que votre nièce, l'Abbé, et moi, la grand'maman parla de vous, avec beaucoup de tendresse. Elle s'étendit sur ses regrets, et sur ses craintes pour l'avenir, elle en dit tant que je n'y pus pas tenir; il ne fut pas en mon pouvoir d'être aussi maîtresse de mes yeux que de ma langue. Je me levai pour m'en aller, la grand'maman nous demanda encore un moment; la minute d'après arriva le grand-papa; il fut à son aise avec votre nièce, il parla de vous, la grand'maman se répandit sur vos louanges. Il marqua du regret de vous avoir si peu vu, et il désire de vous revoir, il ne nous quitta qu'à deux heures et demie passées. Il me donna un billet de sa loge à la Comédie pour tous les jours de ce mois. En rentrant je descendis la nièce chez elle, je vins me coucher,

1. HW reached Paris 21 Aug. and left, 5 Oct. 1769 (*Paris Jour.*).

2. Baron de Gleichen.
3. De Beauvau.

je n'ai pas mal dormi. Vous avez peut-être passé une mauvaise nuit à Clermont. Je n'espère de vos nouvelles que de Calais, ainsi je n'en puis avoir plus tôt que lundi ou mardi. Demain je continuerai mon journal.

J'oubliais de vous dire que le Prince, qui est revenu de Lorraine, me dit qu'il avait été chercher Milady Churchill,[4] quoiqu'il n'ait pas l'honneur de la connaître, mais pour vous donner une marque de son attention, et pouvoir vous apporter de ses nouvelles. Il ne l'a pas trouvée. Samedi le Prince, la Princesse, et Pont-de-Veyle souperont chez moi, cela pourra fournir quelques articles pour le dimanche.

Ce dimanche matin 8.

Clermont a tout réparé,[5] tout remplacé; non, il ne faut plus re-gretter Chantilly,[6] l'air en paraissait plus chaud et plus vif, mais la douceur et l'aménité de celui de Clermont me paraît préférable; d'ailleurs j'en jouirai toujours, il ne me sera jamais ôté, n'est-ce pas, mon ami? Je suis contente de vous au delà de toute expression, mais je ne suis pas tranquille, il me faut une lettre de Douvres, et qui me parle de votre santé. Vous êtes parfaitement bien avec moi, mais je suis bien mal avec moi-même, je vous cause mille peines, mille fa-tigues, j'abuse de votre bonté, de votre complaisance, je n'en vaux pas la peine; vous vous occupez de mon bonheur, et beaucoup trop pour le vôtre; je sens tout cela plus que je ne le puis dire. Soyez assuré que je n'écouterai point mon empressement, que je ne vous préviendrai sur rien, je me remets entre vos mains, et je vous sou-mets toutes mes pensées, tous mes désirs. Je renfermerai en moi-même tous mes sentiments, je ne me permettrai pas de vous en dire un mot, et je m'interdirai encore davantage de parler de vous à qui que ce soit; enfin vous serez content.

Je n'ai point continué mon journal, parce que le vendredi ne m'a rien fourni, je vis peu de monde; je soupai le soir chez la grand' maman, j'y dormis et je fus me coucher de bonne heure. La nièce[7] vous rendra compte de la visite que la grand'maman fit à Panthé-mont.

Je n'ai point vu les deux dames[8] jeudi ni vendredi. La vieille vint

4. Lady Mary Churchill, HW's half-sister.

5. HW's letter to her from Clermont, 5 Oct. 1769.

6. HW's first letter to D, written at Chantilly, 17 April 1766, the day of his departure from Paris.

7. Mrs Cholmondeley (HW).

8. La Marquise de Boufflers et sa nièce Mme de Cambis (HW).

hier à 8 heures ¾ et ne resta qu'un instant. Il me sera bien facile de suivre vos préceptes.

Nous soupâmes hier partie carrée, le Prince[9] et la Princesse, Pont-de-Veyle, et moi. J'aurais cent mille choses à raconter en causant, mais elles ne valent pas la peine d'être écrites—et puis l'inconvénient des bureaux. Je vous écrirai par les Richmond.[10] Vous savez qu'ils soupent demain chez moi, suivant les nouvelles qu'ils recevront aujourd'hui de leur sœur.[11] Je leur proposerai la comédie pour demain; c'est le *Philosophe sans le savoir*.[12] Je ne sais pas si je dois y mener votre nièce. Vous n'êtes pas là pour me conseiller. Je suis fort contente d'elle, elle vous aime beaucoup. Je vis hier votre cousin,[13] nous ne proférâmes pas votre nom, je ne l'aime plus du tout. Le Nazare Éléazar[14] vaut beaucoup mieux; il prétend vous remplacer auprès de moi. Ah! il y réussira sans doute?

Je ne fermerai ma lettre que ce soir, ou même demain matin.

Ce lundi 9, à 8 heures du matin.

Je ne respirerai à mon aise qu'après une lettre de Douvres. Ah! je me hais bien de tout le mal que je vous cause; trois journées de route, autant de nuits détestables, un embarquement, un passage, le risque de mille accidents, voilà le bien que je vous procure. Ah! c'est bien vous qui pouvez dire en pensant à moi: *Qu'allais-je faire dans cette galère?*[15] Eh! mon Dieu, qui suis-je? Oh! le centenier de l'Évangile[16] ne se rendait pas plus de justice que moi; plus je suis contente de vous, moins je le suis de moi; mais pour le présent je n'épluche point de certaines choses. Vous êtes à Douvres, vous serez, j'espère, ce soir à Londres,[17] voilà ce que j'ai impatience d'apprendre, après quoi je causerai plus à mon aise avec vous.

Je vis hier les Richmond; ils me plaisent infiniment; je vais aujourd'hui avec eux à l'Opéra-Comique, au *Déserteur*.[18] Notre nièce

---

9. De Beauvau (HW).

10. The Duke and Duchess of Richmond had been in Paris since the end of August (*Paris Jour.*).

11. Lady Cecilia (HW). Lady Cecilia Margaret Lennox (1750–69), d. at Paris 21 Nov. (Arthur Collins, *Peerage*, ed. Brydges, 1812, i. 210).

12. Comedy by Sedaine. HW had seen it twice in Paris in 1765, and had discussed its plot with Diderot (*Paris Jour.*).

13. R. Walpole (HW).

14. General Irwin (HW).

15. See *ante* 26 July 1769.

16. 'Mais le centenier lui répondit: Seigneur, je ne suis pas digne que vous entriez dans ma maison . . .' (*Matthieu* viii. 8).

17. HW did not reach London until 11 Oct., two days later (*Paris Jour.*).

18. Comedy by Sedaine.

va à la Comédie-Française, au *Philosophe sans le savoir*. Elle y mène sa compagnie, la donna Sanadona,[19] la dame Hart,[20] Mme d'Aubeterre, le Général,[21] le voisin,[22] enfin elle fera les honneurs de la loge de nos parents.[23] Je ne sais pas trop comment je me tirerai de l'Opéra-Comique. J'y serai mal assise, parce que ce n'est point une petite loge; je pris de la casse avant hier, qui n'a point encore fait son effet, je risque de me trouver mal; je ferais peut-être bien de rester chez moi, mais je passerai la journée seule parce que tous mes compatriotes de Saint-Joseph seront sortis, que j'ai vu hier mes autres connaissances, que je n'aurai point à vous écrire, et que je serai toute à moi-même, et je ne puis être en plus mauvaise compagnie; de plus ce serait une impolitesse pour les Richmond, et un embarras, ayant compté sur moi; j'irai donc, il en arrivera ce qu'il pourra.

Mme de Jonzac me parut bien malade hier, elle se coucha avant souper. Mme de Beauvau m'avait chargée de lui demander à souper pour mercredi avec le ton de faire grâce et faveur. Mme de Jonzac, avec sa complaisance ordinaire, y consentait, mais je m'y suis opposée, son Altesse n'y soupera point, et s'il lui faut un souper ce sera chez moi.

Les Richmond attendent leur sœur, mais vous saurez cela mieux que moi.

Je vis hier le grand Abbé,[24] le Marquis de Castellane. Les Richmond parlèrent à l'Abbé de vos vers[25] de mon portrait, le Duc me pressa de les lui montrer; l'Abbé les lut, il en fut très content. Le Duc y mit le plus grand intérêt; ce sont des gens qui vous aiment, mon ami, qui vous connaissent, jugez s'ils me plaisent. Je ne vis, Dieu merci, qu'avec ceux qui pensent de même. Je vous quitte parce que l'heure me presse, il faut envoyer cette lettre à la grande poste. Vous n'avez pas voulu en trouver une de moi en arrivant à Londres. Je ne m'en plains pas, je consens que vous soyez plusieurs jours sans penser à moi, et que mon rendez-vous soit à Strawberry Hill. Vous m'y trouverez dans mon tonneau, et moi je n'aurai que la petite chaise à côté

19. A name which Mr Walpole had given to Mademoiselle Sanadon, the lady who lived with Mme du Deffand as her companion (B).

20. Jane Cotton (d. 1778), wife of Thomas Hart of Warfield, Berks, and sister of the Countess of Denbigh (GM 1778, xlviii. 190; *Journal de Paris*, 1778, i.

507). HW had met her several times in his most recent visit to Paris (*Paris Jour.*).

21. Irwin (HW).

22. Comte de Grave (HW).

23. Les Choiseul (HW).

24. Barthélemy (HW).

25. See Appendix 3f.

du véritable; l'Abbé l'occupera souvent, et je sais bien qu'il me parlera de vous; il est très convaincu de votre amitié pour moi, de votre
estime pour la grand'maman, et il connaît tout ce que vous valez.
Adieu.

To Madame du Deffand, Saturday 7 October 1769

Missing. Written from Calais. Answered, 11 Oct.

To Madame du Deffand, Sunday 8 October 1769

Missing. Written from Calais. Answered, 13 Oct.

To Madame du Deffand, Monday 9 October 1769

Missing. Written from Calais. Answered, 13 Oct.

To Madame du Deffand, Tuesday 10 October 1769

Missing. Written from Dover. Answered, 17 Oct.

From Madame du Deffand, Tuesday 10 October 1769

N° 2. Paris, ce mardi 10 octobre 1769.

SI vous craignez les longues lettres, priez Dieu qu'il me délivre de
mes insomnies, je ne les puis rendre supportables qu'en m'occu-
pant de ce qui m'intéresse.

Je fus hier au *Déserteur* avec M., Mme de Richmond et Milord
Dunmore;[1] ils me vinrent prendre chez moi, j'avais envoyé Wiart
m'attendre à la Comédie pour me donner la main et me soigner en
cas de besoin. Je m'en serais bien passée, car le Duc eut des attentions
infinies; rien n'égale leur politesse: ils firent entrer Wiart dans la
loge, l'y firent asseoir. Le *Déserteur* fut joué à ravir; mais devinez
ce qui manquait à mon plaisir. Nous vînmes ensuite souper chez moi,
nous fûmes dix, les quatre de l'Opéra-Comique, quatre autres de la

1. Corrected by HW from Wiart's 'Dannemore.' John Murray (1730–1809), 4th E. of
Dunmore.

loge de la grand'maman, qui étaient votre nièce, la Sanadona, le voisin,[2] et le Général, et puis Mme de la Vallière et Pont-de-Veyle. Le souper fut fort gai. Après le souper je chantai *L'Ambassade*[3] du Chevalier de Boufflers, j'engageai à jouer des proverbes. Mme de la Vallière, la nièce, la Sanadona, le voisin, s'en acquittèrent à merveille. Le Duc, la Duchesse, le Milord y prirent grand plaisir. Le Duc s'empara de votre petite chaise; c'est le meilleur homme du monde, sa femme la plus naturelle, la plus gaie, la plus facile, l'un et l'autre parfaitement aimables. Indépendamment de vous ils me plairaient, mais en dépit de vous et de moi-même vous entrez pour quelque chose dans tout ce que je pense et dans tout ce que je fais; ils vous parleront de moi, j'en suis sûre. Je voudrais que tout Londres m'aimât, et qu'il n'y eût pas un chat qui n'approuvât ce qu'on peut faire pour moi, et n'imaginât jamais d'y trouver le moindre ridicule. Voilà mon ambition, voilà l'objet de mes intrigues; elles sont toutes pour l'Angleterre, celles de mon pays ne m'occupent guère. Les deux dames[4] n'étaient, je crois, que des oiseaux de passage, je ne les vois plus depuis votre départ. Je compte voir ce soir la Princesse;[5] cela est plus *conséquencieux*. Je ne sais aucune nouvelle, si ce n'est de la grand'maman, qui se porte bien. J'attends avec impatience la lettre de Douvres, je la recevrai apparemment avant [le] jeudi que celle-ci partira. Ne soyez point effrayé de l'affluence de mes lettres, elle n'aura qu'un temps, je reprendrai bientôt la règle d'une fois la semaine, mais je prévois que vous aurez d'ici là deux ou trois lettres de contrebande; je vous en demande pardon, mais je vous ai fait le sacrifice de celle que je vous avais écrite la veille de votre départ, qui serait partie quelques heures avant vous, que vous auriez reçue à votre arrivée; vous ne l'avez pas voulu, je n'examine pas pourquoi, et voilà comme je serai toujours à l'avenir avec vous; je vous promets les trois vertus théologales, la foi à ce que vous me direz, l'espérance à ce que vous me promettrez, et la charité comme vous la voudrez. N'êtes-vous pas édifié de l'usage que je fais de mon catéchisme?

Adieu, bonjour, en attendant que je vous revienne.

Ce mercredi, à 2 heures après midi.

Je n'attendais des lettres que de Douvres, il m'en arrive de Calais;[6] grand'merci, mon ami. Vous vous portez bien, vous êtes dans d'ex-

2. Comte de Grave (see *post* 17 Oct. 1769).

3. See *ante* 18 May 1766.

4. Boufflers et Cambis (HW).

5. De Beauvau (HW).

6. HW to D 7 Oct. 1769 (missing).

cellentes dispositions, vous voulez à toute force que je sois heureuse, eh bien! je le serai, mais donnez-moi des nouvelles de votre santé; songez qu'une inquiétude passagère vaut mieux qu'une inquiétude continuelle; c'est le seul article qui manque à nos traités, ajoutez-le, je vous prie, et nous n'aurons plus de procès.

Votre lettre est charmante, elle est d'une gaîté communicative, elle a dissipé des nuages que l'insomnie avait fait naître.

Je n'ai rien à vous dire de nouveau des Richmond, je voudrais qu'ils fussent aussi contents de moi que je le suis d'eux, c'est ce que je n'apprendrai que par vous; ils souperont encore lundi chez moi; j'ai le projet de leur donner des proverbes. Je voudrais que M. Gudin fît de petites scènes et que le proverbe fût aisé à deviner. L'Abbé et moi lui donnerons des idées. Si nous réussissons, je vous enverrai par les Richmond ces beaux drames, ils ne seront pas, j'espère, aussi plats que ceux de M. de Carmontelle. Je vous écrirai aussi par eux le pré- cis de mes conversations avec la Princesse, qui soupa samedi dernier chez moi, que je vis hier au soir, à qui je donne encore à souper ce soir; je compte que notre nièce, la Sanadona, Pont-de-Veyle, et le Prince de Bauffremont seront de ce souper; il n'y aura point de con- versations particulières, il n'y a pas grand mal.

Ce Prince de Bauffremont est arrivé d'hier. Si vous étiez parti huit jours plus tard vous l'auriez vu, j'aurais entendu le *Déserteur* avec vous, vous auriez été au souper des Richmond, mais vous partiriez demain. J'ai eu des nouvelles de la grand'maman;[7] voici ce qu'elle m'écrit, 'Faites bien des amitiés à Mme Cholmondeley, et pour M. de Walpole, *si vous lui écrivez,* que ne devez-vous pas lui dire de ma part? vous savez ce que je pense.'

Je lui ai répondu[8] qu'il faudrait bien que je vous écrivisse pour vous mander ce qu'elle me dit.

J'ai reçu aujourd'hui une lettre du petit Craufurd, il prétend qu'il va venir, qu'il passera ici le mois de novembre, je ne l'espère pas; engagez-le à tenir sa résolution, et donnez-moi la permission de lui parler de vous. Votre cousin est bien triste, je ne sais ce qu'il a, notre nièce n'en sait rien non plus.

Adieu, j'attends des nouvelles de Douvres.

7. Missing.
8. 'Ah! oui, chère grand-maman, j'écri- rai à votre petit-fils, ne fût-ce que pour lui envoyer l'article de votre lettre, il en est bien digne' (D to Mme de Choiseul 11 Oct. 1769, S–A i. 251).

To Madame du Deffand, Friday
13 October 1769, N° 1

Missing. *Post* 19 Oct. 1769 calls this HW's first numbered letter. Written at Arlington Street.

From Madame du Deffand, Friday 13 October 1769

N° 3. Paris, ce vendredi 13 octobre 1769.

J'AI été bien étonnée de recevoir deux lettres à la fois.[1] Je regrette bien que vous ne nous ayez pas donné les deux jours dont le vent vous a fait faire un si triste usage.[2]

Vous avez relu vos lettres;[3] je ne sais si je dois dire *à quelque chose le malheur est bon,* je ne le crois pas; elles vous ont rappelé ce qui vous a tant déplu, elles vous auront encore exagéré mes crimes; vos corrections, vos menaces, vous auront persuadé que j'ai été bien coupable. Vous vous trompez cependant, le jour n'a jamais été plus pur que l'a toujours été pour vous le fond de mon cœur.[3a] L'amitié a plus d'un langage; je croirais que le style d'une mère à sa fille pouvait être permis à une femme septuagénaire en écrivant à son ami; eh bien! je me suis trompée; ne craignez plus à l'avenir une pareille méprise, il ne reste entre mes mains aucune trace du passé; je m'en rapporte à vous pour celles qui sont entre les vôtres, je n'en ai nulle inquiétude; vraisemblablement elles ne deviendront pas publiques, mais quand elles le seraient[4] je ne crois pas que j'eusse à en rougir, c'est à vous à en juger, vous connaissez votre nation, et moi je ne la connais pas.

Vous savez que Mme de Beauvau devait souper chez moi mercredi. Je lui donnai pour compagnie la nièce, la Sanadona, le Prince de Bauffremont, Pont-de-Veyle et Saint-Laurent; elle fut fort populaire

1. Probably HW to D 8 Oct. and 9 Oct. 1769 (missing).

2. HW had been delayed two days at Calais by unfavourable winds (*Paris Jour.*).

3. HW had taken back with him his letters to D.

3a.
    'Le jour n'est pas plus pur
      que le fond de mon cœur'
        (Racine, *Phèdre* IV. ii)

4. Evidently D and HW had discussed the posthumous publication of their correspondence, or, at least, D's letters to HW. He had doubtless repeated to her that hers were as good as Mme de Sévigné's, to which the phrase above, 'le style d'une mère à sa fille' may be a reference. Miss Berry was to prove to be the editor of this posthumous correspondence.

et trouva votre nièce aimable et lui fit fort bien. Je n'eus point de tête-à-tête avec elle. Eh! pourquoi en chercherais-je? Qu'est-ce que tout cela me fait? J'aime la grand'maman, mais je ne puis lui être utile à rien; je n'ai point d'ennemis, pourquoi m'en ferais-je? Oh! la prudence ne me coûtera rien, vous pouvez en être assuré. J'ai soixante-treize ans;[5] si dans des moments je l'oublie, je me le rappelle bientôt après; le souvenir de cette vérité est le chef de mon conseil. Vos conseils ne font qu'appuyer les siens.

La grand'maman est charmante. Je suis chargée de faire faire une poupée pour sa nièce;[6] elle me recommandait dans une lettre[7] que je reçus hier de ne l'avoir pas plus belle que celle de Miss Fanny,[8] de peur de faire naître de la jalousie entre ces deux petites filles, qui doivent longtemps vivre ensemble. J'ai écrit ce matin une lettre à cette grand'maman[9] que j'aurais voulu vous faire voir. Je n'ai personne à qui parler, je m'accoutumerai s'il plaît à Dieu à l'indifférence qui convient à mon âge et à mon état.

Je vous promets que je n'aurai jamais d'autre lecteur que Wiart,[10] mais suivant l'heure que je vous écrirai je pourrai changer de secrétaire; tant mieux, vous en lirez mes lettres avec plus de sécurité. Dimanche je fermerai celle-ci; peut-être ce jour-là en recevrai-je une de Douvres. Je soupe ce soir chez Mme de Forcalquier, qui en m'invitant m'a fait dire qu'elle aurait Mme d'Aiguillon, qui lui en avait fait demander pour le jour de son arrivée de B——;[11] je crois que le cousin y sera. Je soupçonne quelque grabuge entre lui et qui vous savez;[12] je ne ferai rien pour m'en éclaircir, et je dirai ainsi que vous sur toutes choses *ce n'est rien que tout cela.*

Ce samedi.

Il y avait hier chez Mme de Forcalquier, Mme d'Aiguillon, votre cousin,[13] le Général,[14] et le Hessenstein.[15] La Bellissima était extrême-

---

5. She had just passed her seventy-third birthday, 25 Sept. 1769.

6. Probably Marie-Stéphanie de Choiseul (1763–1833), dau. of the Duc de Choiseul's brother, the Comte de Stainville, m. (1778) Claude-Antoine-Gabriel de Choiseul, later Duc de Choiseul (see *ante* 3 Feb. 1767, n. 14a).

7. Mme de Choiseul to D 10 Oct. 1769, S-A i. 249.

8. Hester Frances Cholmondeley.

9. D to Mme de Choiseul 14 Oct. 1769, S-A i. 251.

10. D means that no one else will read HW's letters; she had other servants who read books, etc., to her.

11. Apparently 'breine' in the MS; possibly Brienne, the country seat of Louis-Marie-Athanase de Loménie, Comte de Brienne.

12. Perhaps Mme de la Vallière.

13. R. Walpole (HW).

14. Irwin (HW).

15. Fredrik Wilhelm (1735–1808), Furste von Hessenstein, natural son of Fredrik I of Sweden by Hedvig von Taube (*Nordisk*

ment triste, sa bonne amie Mme Dupin a la petite vérole à Chenonceaux.

Je vais à *Hamlet*[15a] aujourd'hui avec Mme d'Aiguillon, avec votre nièce et le Prince de Bauffremont. Les Richmond n'ont pas voulu la voir une seconde fois, et moi j'y vais parce que Mme d'Aiguillon n'avait personne pour aller avec elle; Mme de Forcalquier est trop affligée, et sa sorte d'affliction observe les protocoles. Je trouvai votre cousin moins triste, il me fit fort bien, mais je persiste à croire qu'il y a quelque brouillerie. Mme de Richmond vient de m'envoyer proposer la comédie italienne que je n'ai pas pu accepter, étant engagée à la française; elle attend Milady Cécile,[16] que vous aurez dû voir à Calais. Mais à propos, vous ne m'avez point parlé dans vos deux lettres de Rosette. Comment n'a-t-elle pas charmé votre ennui? J'ai eu bien de la peine à charmer celui que j'ai eu cette nuit, sur dix heures que j'ai passées dans mon lit je n'en ai dormi qu'une et demie, et vous voulez qu'on ne se fasse pas de dragons; je parie bien que vous ne prêchez pas d'exemple et que personne ne s'en fait plus souvent que vous; ils n'ont pas les mêmes objets, voilà la différence. Je viens d'écrire à Mme Greville parce que je lui devais une réponse, ce n'est pas assurément que je l'aime, je voudrais ne lui avoir jamais écrit et n'avoir jamais reçu de ces belles lettres qui lui ont donné tant d'inquiétude.

J'ai écrit aussi au petit Craufurd; tout cela partira lundi, et arrivera à Londres vendredi ou samedi. Je ne sais pas quels sont les jours où vous recevez vos lettres; j'ai bien de l'impatience d'apprendre comment se sera passé votre passage, je crois dans cette occasion que vous maudissez bien l'honneur de ma connaissance, et que vos projets alors ne me sont pas favorables. Ah! mon Dieu, qu'il y a de choses qui nous séparent, qu'il y a de distances, de dissemblances; chanterez-vous *ce n'est rien que tout cela?* Je voudrais vous ramasser toutes les chansons du Chevalier de Boufflers,[17] mais je n'y vois pas trop de possibilités. Je n'entends plus parler de ces dames;[18] elles n'entendront sûrement pas parler de moi; je les prendrai quand elles viendront, mais

Familjebok, Stockholm, 1923–34). HW had met him and his brother Edvard in Paris, spelling his name 'Dessestein,' 'Dessestin,' 'd'Essestein,' etc., in *Paris Jour.* In a letter to Lady Ossory, 27 Aug. 1783, HW says that he had met Hessenstein in 1771 (as well as in 1769).

15a. Ducis's adaptation (see *post* 14 July 1776, n. 7b).

16. Lady Cecelia Lennox.

17. A MS volume entitled *Œuvres de Boufflers,* containing Wiart's copies of the Chevalier's letters and poems, was bequeathed by D to HW.

18. Probably the Marquise de Boufflers and Mme de Cambis (see *ante* 10 Oct. 1769).

je ne les chercherai pas; peut-être m'a-t-on fait des tracasseries avec elles, ou peut-être est-ce parce que je ne leur propose point à souper; qu'importe, la grand'maman n'aura plus d'inquiétude, et la perte est légère.

Ce dimanche 15.

Eh bien! eh bien! ne voilà-t-il pas que je n'ai point de vos nouvelles, et que je n'en puis plus attendre que mercredi; je suis bien persuadée que ce n'est pas votre faute, aussi mon inquiétude n'est-elle pas de ce genre. Je pense bien que ce retardement n'a point de cause fâcheuse, que le paquebot est parti de Douvres avant que vous y fussiez arrivé, mais convenez que quand on attend on est bien impatient. Cependant je me tais pour ne vous point fâcher; il faut que je m'accoutume à marcher sur des œufs, car tout ce que je crains le plus au monde c'est de vous donner la plus légère occasion de me gronder. Je n'ai rien de nouveau à vous dire. Je revis hier *Hamlet;* Molé y joua à ravir, il se tuera. Votre Mlle Dumesnil[19] est abominable, elle fait de grands cris, et puis elle débride dix ou douze vers de suite, comme si elle parlait à l'oreille. Je fus ensuite souper chez le Président où il y avait une Vicomtesse de Crussol[20] à qui on donnerait volontiers des soufflets pour la faire taire. Je me couchai de bonne heure, j'étais morte de fatigue, je n'avais pas dormi la nuit précédente; cela a été un peu mieux cette nuit, mais pas encore fort bien; je m'en consolais parce que j'attendais le courrier; ce n'est pas ma faute si je n'ai pas l'esprit de mon âge. Voltaire dit *qui n'a pas l'esprit de son âge, de son âge a tous les malheurs.*[21] Il a raison.

J'aurai demain les Richmond à souper; je prévois que ce sera pour la dernière fois.

Notre nièce ne se porte pas bien, elle a pris des drogues, elle vient de m'envoyer dire qu'elle ne sortirait pas. Elle a vu son cousin aujourd'hui qui n'avait pas reçu de lettres, elle n'en a point eu non plus; peut-être n'y a-t-il point eu de courrier, cela me laisse quelque espérance pour demain.

Adieu. Un T, un I, un A, un M, et un O.[22]

---

19. HW admired her acting; Garrick said that she had many faults (David Garrick, *Diary*, New York, 1928, pp. 33, 75).

20. Not identified. HW met her in Paris, 1765–6, 1771, and 1775 (*Paris Jour.*).

21. 'Qui n'a pas l'esprit de son âge
De son âge a tout le malheur.'
(*À Mme du Châtelet*, Voltaire,
Œuvres viii. 512).

22. D's way of saying 'I love you.'

From Madame du Deffand, Tuesday 17 October 1769

N° 4. Paris, ce mardi 17 octobre 1768.[1]

ENFIN vous voilà passé; mais quatorze heures et demie sur mer, c'est bien long, et me fait faire de tristes réflexions. Vous vous portez bien; la lettre que j'attends demain me le confirmera, à ce que j'espère; vous aurez vu dans ce que je vous ai écrit que je ne comptais pas enfreindre la règle des huit jours; vous serez donc arrivé à Londres mercredi d'assez bonne heure, vous y aurez passé le jeudi et le vendredi, mais je suis bien trompée si vous n'avez pas été le samedi à Strawberry Hill; je ne sais pas combien vous y aurez resté. Je vous y crois encore ou du moins vous n'en partirez qu'aujourd'hui; vous me direz si j'ai bien deviné. Hier après dîner on m'annonce de la part de M. Craufurd. 'Est-il arrivé?'—'Oui.'—'Où loge-t-il?'—'Rue des Petits-Augustins, à l'Hôtel d'Orléans.'—'Quand est-il arrivé?'—'Tout à l'heure, et voilà un billet.' On le lit, et c'est du cadet.[2] Je le verrai cet après-dîner, il m'apprendra, non pas ce que fera son aîné, mais quels étaient ses projets quand il l'a quitté. Le soir nous fûmes onze à souper; les deux Richmond, les deux Dunmore,[3] le Général, le Bauffremont, Mme de la Vallière, le voisin,[4] notre nièce, la Sanadona, et moi. Je ne m'amusai pas beaucoup, je les ai pourtant priés pour la huitaine; il y aura de moins les Dunmore; et de plus Milady Holland[5] et le petit Craufurd.

Les oiseaux de Steinkerque[6] sont revenus, ils arrivèrent avant-hier, et restèrent si tard qu'ils me firent manquer mon souper chez le Président. Votre nièce avait pris médecine, je ne l'avais point vue de la journée; ces dames voulurent la voir, je les accompagnai, et tout d'un coup nous prîmes la résolution de souper chez elle. Vous jugez de la bonne chère, mais nous fûmes fort gaies. Nous nous sommes engagées pour jeudi chez la Marquise;[7] nous aurons le Prince de Bauffremont de plus; nous feuilletterons tous les manuscrits et je

---

1. Evidently a mistake by Wiart for 1769.

2. James Craufurd (d. 1811), younger brother of John, and afterwards governor of Bermuda (Sir John Bernard Burke, *Landed Gentry*, 1851, i. 277).

3. Charlotte Stewart (d. 1818), m. (1759) John Murray, 4th E. of Dunmore.

4. Comte de Grave (HW).

5. Georgiana Caroline Lennox (1723–74), Baroness Holland, sister of the D. of Richmond, m. (1744) Henry Fox, 1st Bn Holland.

6. Mesdames de Boufflers et de Cambis (HW). Perhaps D gave them this name because of their enmity to Mme de Luxembourg, whose father-in-law had defeated the Dutch at the battle of Steinkerque, 3 Aug. 1692 (see Gaston Maugras, *La Marquise de Boufflers et son fils*, 1907, p. 100).

7. De Boufflers.

ramasserai tous les vers du Chevalier,[8] je vous les enverrai, vous en serez l'éditeur si vous voulez. La Marquise nous dit quatre vers[9] qui sont pour le moins aussi vieux que moi; les voici:

> Broussin[10] dès l'âge le plus tendre
> Posséda la sauce à Robert,
> Sans que son précepteur lui pût jamais apprendre
> Ni son *Credo* ni son *Pater.*

Ce Broussin était un débauché, ami de Chapelle; il était Brulart, de même famille et de même nom que ma mère.[11]

Ces oiseaux de Steinkerque souperont dimanche chez moi, il y aurait de l'affectation à ne les jamais inviter; il paraîtra peut-être à Mme de Forcalquier que j'en mets dans ma conduite avec elle, cependant le hasard en décide plus que l'intention.

Je ne suis pas fâchée qu'elle ait senti que son procédé avec notre nièce m'a déplu, mais je ne veux pas pousser cela trop loin, ainsi je compte à la fin de la semaine prochaine lui donner à souper avec la dame Boucault, Mme de la Vallière, et une dame Berthelot,[12] qui est une nouvelle connaissance. Dites-moi avec votre vérité ordinaire si tous ces détails ne vous ennuient point; je ne puis dire que ce que je fais et ce que j'entends, puisqu'il m'est interdit de dire ce que je pense. Adieu, jusqu'à demain, que je recevrai et répondrai à la dernière lettre de contrebande.

Jeudi.

Voilà votre première lettre numérotée;[13] si je l'avais reçue hier, celle-ci serait partie aujourd'hui, mais je vois que le calme et le trouble nous sont également contraires. Le calme vous fait rester quatorze heures et demie sur mer, et met du retardement dans notre

---

8. De Boufflers, son of the Marquise.

9. *Chanson de Boucingo* in *Œuvres de Chapelle et de Bachaumont,* 1854, p. 131. Chapelle was Claude-Emmanuel Lhuillier Chapelle (1626–86).

10. 'Boucingo' in ibid. Boucingo was a wine merchant; Broussin was probably Pierre Brulart, seigneur de Broussin, second cousin of D's great-grandfather. He is mentioned elsewhere in Chapelle's verses. Another version is given in Boileau, *Satires* iii.

11. Anne Brulart, m. (1690) Gaspard de Vichy, Comte de Champrond.

12. Probably   Marie-Anne-Louise-Char-

lotte de Compagnolt (1728–1804), m. (1759) Étienne-Louis-Alexandre Berthelot de Baye (St-Allais iii. 166–7). HW had met a M. et Mme Berthelot on his visit to Paris in 1765, and he was interested to find that they were brother and sister-in-law of Mme de Prie, the Duc de Bourbon's mistress. Since he met them at Mme Geoffrin's, it is quite possible that D did not know them then (see *Paris Jour.,* 18 Nov. 1765). On his later visits also, HW had met Mme Berthelot at Mme Geoffrin's, and on 3 Oct. 1769 he met her at Mme de la Vallière's, when D was not there.

13. HW to D 13 Oct. 1769 (missing).

commerce; et le trouble dérange votre tête et abrège vos lettres: mais enfin vous voilà arrivé, et j'ai presque autant de joie de vous savoir à Strawberry Hill, que j'en aurais à vous avoir auprès de mon tonneau; je dis presque, car cela n'est pas tout à fait de même. Ah! je reviens aux troubles, c'est bien ma tête qui en est dérangée, et certainement plus que la vôtre; j'imagine qu'ils influent sur les affaires de votre nièce; car elle était hier d'une humeur ineffable, et j'eus besoin de me souvenir qu'elle était votre nièce. J'espère que cela sera différent aujourd'hui, mais rien ne met tant à l'abri de tous les petits chagrins et petites contrariétés que d'avoir un objet principal. On dit de tout le reste, *ce n'est rien que tout cela.*

J'eus hier ma chambre pleine comme un œuf de toutes sortes de gens; excepté l'Abbé Barthélemy et le petit oncle, tous m'étaient indifférents. Les oiseaux souperont ce soir chez moi, parce qu'il faut bien leur donner la pâture, et je souperai dimanche chez eux. J'ai troqué de jour à cause du rhume de votre nièce.

Je sais peu de nouvelles. Le gouvernement d'Amiens est donné à M. de la Ferrière,[14] sous-gouverneur du Dauphin; celui de Landrecies à M. du Sauzay,[15] major des gardes, qui est un peu de mes amis. M. de Monclar,[16] avec qui vous avez soupé, fut l'autre jour chez Monsieur le Duc de Choiseul, qui lui dit: 'Je vous fais mon compliment sur la pension de cinq mille francs que le Roi vous donne sur les affaires étrangères.' Ensuite il alla chez Monsieur le Chancelier, qui lui dit: 'Je vous fais mon compliment sur la gratification annuelle que le Roi vous donne sur les états de Provence.' Puis il alla chez M. de Saint-Florentin, qui lui dit: 'Je vous fais mon compliment sur le remboursement que le Roi vous fait de votre charge.' Il voulait aller chez l'Évêque d'Orléans,[17] espérant un compliment sur le don de quelques bénéfices; c'est de Mme de la Vallière que je tiens ce fait, qui le tenait de M. d'Entragues.

Je crois que nos parents[17a] ne sont pas contents; j'ai reçu un billet du Baron[18] qui me fait juger qu'ils ne sont pas de bonne humeur.

Je ne fermerai cette lettre que dimanche, ainsi j'aurai le temps d'y

14. Augustin de Masso (ca 1706–82), Chevalier de la Ferrière (*Rép. de la Gazette*).
15. Jean-Baptiste du Sauzay (b. 1716), Marquis du Sauzay.
16. Jean-Pierre-François de Ripert (1711–73), Marquis de Monclar. HW had supped with him twice at the Duc de Choiseul's house, 19 and 22 Sept. 1769 (*Paris Jour.*).

'Il eut l'honneur de déterminer la restitution à la France du comtat Venaissin . . . À cette occasion il reçut de Louis XV une pension et le titre de marquis (octobre 1769)' (NBG).
17. Who had the gift of benefices.
17a. Les Choiseul (HW).
18. De Gleichen (HW).

ajouter ce que je saurai. Adieu. Ma signature sera toujours un T, un I, etc.

Ce vendredi, à 3 heures.

Je viens de visiter toutes mes paperasses;[19] il me reste votre correspondance avec Voltaire; vos lettres à Mme de Forcalquier, à la grand'maman, à Mme d'Aiguillon, deux de mes lettres à vous dont j'avais gardé copie; mon portrait en anglais,[20] votre traduction, et celle de Mme de Meinières; cela m'a fait passer une heure agréablement. Tout ce que j'ai fait hier ne vaut pas la peine de vous être raconté, j'eus l'Abbé la plus grande partie de la journée. Je le vois presque tous les jours; il est dans des inquiétudes mortelles,[21] il n'avoue que celle sur la santé, qui en effet ne va pas bien. Le soir j'eus à souper les gens que je vous ai dit, ces oiseaux sont de bonne compagnie. L'humeur de votre nièce est passée, je m'accoutumerai à ses inégalités, en n'y prenant pas garde. Elle a de l'esprit, de la sensibilité, elle est votre nièce, c'en est assez pour excuser ses défauts.

Ce samedi.

J'appris hier les plus tristes nouvelles de la grand'maman. Il y avait plusieurs jours qu'elle n'avait écrit ni au petit oncle ni à l'Abbé ni à moi. Gatti, qui en était revenu avant-hier, avait dit à l'Abbé qu'elle était bien, et la lettre de M. de Beauvau[22] m'apprend le contraire. Elle est de jeudi au soir; il me dit que depuis cinq ou six jours qu'elle a une toux sèche et continuelle, qui avait été précédée deux jours auparavant d'un crachement de sang, mais qui n'avait duré que deux jours, qu'elle est d'une faiblesse extrême, et infiniment triste. Jugez de mon inquiétude, du chagrin que j'aurais de la perdre. D'abord pour elle, dont la privation me serait bien amère, et puis cette privation n'en rendrait-elle pas d'autres plus difficiles à inter-

19. Copies of the four letters exchanged by HW and Voltaire, of two letters from HW to Mme de Forcalquier (8 Sept. 1766 and 27 Oct. 1766), of four letters from HW to Mme de Choïseul (6 May 1766, 27 Oct. 1766, 16 Oct. 1767, and 23 Feb. 1767), and of one letter from HW to Mme d'Aiguillon (3 Nov. 1766) were among the papers bequeathed by D to HW. Except for the copy of Voltaire to HW 15 July 1768, which is in the Folger Shakespeare Library,

Washington, D. C., these copies are all WSL.

20. HW's *Where do wit and memory dwell?* (Appendix 3f). A copy of this 'portrait' was bequeathed by D to HW, and is with the MSS; another copy, in HW's hand, is at the beginning of D's MS *Recueil de divers ouvrages,* also bequeathed to HW.

21. Because of the growing power of Mme du Barry, his enemy.

22. Missing.

rompre? Je m'explique mal, mais vous devez m'entendre. Il est doux de se croire l'objet unique, mais il est tel objet qui a besoin d'aide. Enfin, mon ami, pardonnez-le-moi, je n'ai dans l'âme que des sentiments douloureux.

J'eus hier la visite de M. de Richmond, il va à Fontainebleau pour une affaire[23] que sans doute vous savez; il passera d'abord chez Gerbier,[24] qui a une campagne sur le chemin, et le consultera, il suivra ses conseils. Il souhaiterait que le grand-papa lui fût favorable. Je lui ai avoué ma nullité de crédit, mais je lui ai dit qu'il fallait qu'il m'écrivît une lettre où il m'exposerait ses prétentions, ses moyens, etc., que j'enverrais cette lettre à la grand'maman, qui en ferait usage, selon qu'elle jugerait à propos; en lui faisant connaître mon impuissance il a connu le désir que j'aurais de l'obliger.

Le souper de lundi sera sans lui. J'aurai à sa place Milady Holland et le petit petit Craufurd.[25] Je serai bien aise de revoir son frère, mais je ne me flatte pas de retrouver en lui beaucoup d'amitié, il n'y a pas deux exemples de constance.

Les oiseaux m'ont demandé si vous ne me parliez point d'eux, ils se piquent de vous aimer à la folie. Mme de Jonzac me prie de vous parler d'elle. La Bellissima, avec sa dignité et sa froideur ordinaires, m'a beaucoup recherchée ces derniers jours-ci. De tous les empressements qu'on me marque j'en laisse tout l'honneur au désœuvrement. Je vous dirai demain les nouvelles que j'aurai apprises de la grand' maman.

Ce dimanche, à 3 heures.

J'attendais l'arrivée du facteur pour fermer ma lettre, j'avais quelque lueur d'espérance; je n'ai rien reçu, ainsi je n'ai rien à dire de plus. Hier je me trouvai un peu mal, d'une suite de casse jointe à une indigestion. Je me mis au lit, je ne soupai point, je n'ai pas mal dormi, et je me porte bien; mais je suis fort triste et fort inquiète de l'état de la grand'maman. L'Abbé m'a mandé ce matin qu'elle était

23. Probably relating to the duchy of Aubigny, in Berry, given by Louis XIV to the Duchess of Portsmouth, the Duke of Richmond's great-grandmother (see *post* 2 Nov. 1769, and HW to Conway 14 Nov. 1769).

24. Pierre-Jean-Baptiste Gerbier de la Massillaye (1725–88), lawyer (*Journal de Paris*, 1788, i. 390).

25. Perhaps Fox was also invited. 'I have supped at Madame du Deffand's, who asked me if I was *déjà sous la tutèle de M. Selvin?* I boasted that I was. I gained great credit there by guessing a *logogryphe*. She says you have neglected her of late; that you *used* to write to her. There is hardly anybody at Paris but these old women.' (C. J. Fox to Selwyn 25 Oct. 1770 [1769], John Heneage Jesse, *George Selwyn and his Contemporaries*, 1882, ii. 398–9).

mieux, il devait aller aujourd'hui à Fontainebleau, et il n'y va pas, sans doute elle ne l'a pas voulu. Je compte qu'il viendra chez moi cet après-dîner, s'il m'en apprend des nouvelles je vous les manderai, mais il faut qu'elle soit bien faible, puisque depuis sept ou huit jours elle n'a pas écrit un mot. Votre nièce s'est conduite très honnêtement hier avec moi, elle m'a rendu des soins, marqué de l'intérêt, tout va bien. Chacun a son caractère, il faut prendre les gens comme ils sont.

À 8 heures du soir.

Je n'ai point vu l'Abbé, ainsi je n'ai rien à ajouter à ma lettre.

To Madame du Deffand, Friday
20 October 1769, N° 2

Missing. Probably written at Strawberry Hill. Answered, 24 Oct.

From Madame du Deffand, Monday 23 October 1769

N° 5. Paris, ce lundi 23 octobre 1769.

LE petit Craufurd part mercredi, je ne veux pas perdre cette occasion. Vous direz, si vous voulez, que j'aime à écrire, je conviendrai que cela est vrai quand c'est à vous; pour tout autre c'est une corvée.

Je n'ai pas grand'chose à vous dire sur la politique. Le Roi soupa jeudi 19, pour la première fois, chez Mme du Barry. Les convives étaient Mmes de Mirepoix, de Flavacourt, de l'Hôpital. Les hommes, MM. de Condé, de Lusace,[1] de Soubise, de Richelieu, d'Aiguillon, d'Estissac,[2] de Croissy,[3] de Chauvelin, de Noailles,[4] et de Saint-Florentin. M. de Beauvau, qui me l'avait mandé, me marquait qu'on était en peine de savoir si M. de Gontaut[5] avait été invité; il pouvait

1. Franz Xaver (1730–1806), P. of Saxe; 'Comte de Lusace' (Whilhelm Karl, Prinz von Isenburg, *Stammtafeln*, Berlin, 1935–6, i. tafel 55).

2. Louis-François-Armand de la Rochefoucauld de Roye (1695–1783), Duc d'Estissac.

3. Jean-Baptiste-Joachim Colbert de Torcy (1703–77), Marquis de Croissy.

4. Louis de Noailles (1713–93), Duc d'Ayen, 1737, and de Noailles, 1766, 'célè-

bre par ses bons mots' (HW's note to D's MS *Recueil de lettres*).

5. Charles-Antoine-Armand de Gontaut (1708–1800), Duc de Gontaut, had married Mme de Choiseul's sister, and therefore the King's coldness to him would be a slight to the Duc de Choiseul. See Gaston Maugras, *La Disgrâce du Duc et de la Duchesse de Choiseul*, 1903, p. 489; Appendix 5u.

n'avoir pas reçu l'invitation, parce qu'il pouvait n'être pas rentré chez lui depuis qu'elle y serait arrivée; doute qui met du problématique dans cette affaire, et que je n'ai point éclairci.

Je reçus hier au soir une très longue lettre[6] de la grand'maman; elle me rend un compte très détaillé de sept ou huit petites commissions dont elle s'était chargée: la principale était le payement de ma pension; elle ne me dit pas un mot de sa santé; elle s'excuse de ne m'avoir pas écrit plus tôt, parce qu'elle n'a pas un moment à elle, et qu'il faut qu'elle prenne sur son sommeil pour écrire. J'ai envoyé chez l'Abbé aussitôt que j'ai été éveillée pour le prier de me venir voir cet après-dîner, le petit oncle[6a] m'avait dit hier qu'il ne devait partir pour Fontainebleau que demain mardi; il était parti ce matin à 7 heures, ce qui me fait craindre quelque accident nouveau. Je n'en recevrai peut-être des nouvelles que mercredi au soir, ce qui me fâche extrêmement. Je crains que cette grand'maman ne soit très malade; son mari voudrait qu'elle revînt à Paris; peut-être a-t-on fait venir l'Abbé pour l'y déterminer; indépendamment de sa délicatesse et de son rhume, elle a certainement beaucoup de chagrin. Vous devriez lui écrire,[7] je ne puis douter qu'elle n'ait véritablement de l'amitié pour vous, une parfaite estime, un véritable goût. Ne vous en faites point une tâche, ne mettez pas plus de recherche que quand vous m'écrivez, et laissez-vous aller à votre sensibilité naturelle; elle n'a pas plus de répugnance que moi pour tout ce qui part du sentiment. Sentiment! ce mot vous semble ridicule; eh, bien, moi je vous soutiens que sans le sentiment l'esprit n'est rien qu'une vapeur, qu'une fumée; j'en eus la preuve hier. Je soupai chez les oiseaux, nous feuilletâmes leurs manuscrits, on lut une douzaine de lettres du Chevalier, il y en avait de toutes sortes; elles me parurent insupportables. Beaucoup de traits, je l'avoue, parfois naturels, mais le plus souvent recherchés, enfin fort semblables à ceux de Voiture, si ce n'est que le Chevalier a plus d'esprit. Je n'ai rien emporté parce que je n'ai rien trouvé digne de vous. Tenez, mon ami, vous avez beau déclamer contre le sentiment, il y en a plus dans vos invectives que dans tous les semblants du Chevalier.

Les empressements de la Bellissima ont la fièvre continue avec des redoublements; vous vous souvenez de la chanson des oiseaux sur

6. Mme de Choiseul to D 21 Oct. 1769, S–A i. 257.

6a. M. de Thiers (HW).

7. HW wrote to Mme de Choiseul, 3 Nov. 1769 (missing).

mon tonneau.[8] Voici ce que je reçus par la petite poste sur le même air, qui est celui de *L'Ambassade:*[9]

> Ce n'est pas quand on voyage
> Que l'on trouve le plaisir;
> Ce n'est que près du rivage
> Qu'il remplit notre désir.
> On a beau voguer sur l'onde,
> Parcourir dans un vaisseau
> Les quatre coins de ce monde,
> Rien ne vaut votre tonneau.

Quelques jours après, étant avec les oiseaux, je fis ce couplet sur l'air, *Du haut en bas:*[10]

> Dans son tonneau,
> On voit une vieille sibylle,
> Dans son tonneau,
> Qui n'a sur les os que la peau,
> Qui jamais ne jeûna vigile,
> Qui rarement lit l'Évangile,
> Dans son tonneau.

Le lendemain autre billet par la petite poste, où était mon couplet, suivi de celui-ci:[11]

> Dans ce tonneau
> Venez puiser la vraie sagesse,
> Dans ce tonneau;
> Il aurait enchanté Boileau;
> Car vous trouverez la justesse,
> Le goût et la délicatesse
> Dans ce tonneau.

8. Some verses which had been made while Mr Walpole was at Paris, and which do not appear in the letters (B).

9. A different version of this is among the papers bequeathed by D to HW:

'En vain dans ce long voyage,
J'ai cru trouver le plaisir,
Et les mers, et le rivage,
Tout a trompé mes désirs,
J'ai longtemps vogué sur l'onde,
J'ai vu lancer un vaisseau,
Je n'ai rien vu dans le monde,
Qui valût votre tonneau.'

10. A different version of this is among the papers bequeathed by D to HW:

'Dans son tonneau

Il est une vieille sibylle
Dans son tonneau
N'ayant sur les os que la peau
Elle ne jeûne point vigile
Et dit rarement l'Évangile
Dans son tonneau.'

11. These two couplets are in D's bequest to HW; the first is the different version quoted in the note above; the second is the same as D's version, as given in the text. Another copy, by Wiart, of both couplets, agrees with D's version in both cases; it is followed by the three stanzas on the air of *l'Ambassade,* which D quotes below.

Quoique ces couplets soient anonymes, je ne doute pas qu'ils ne soient de la Bellissima. Mais hier, elle m'apporta elle-même trois couplets dont elle se vanta d'être auteur. Les voici, toujours sur l'air de *L'Ambassade:*

Voulez-vous que je vous dise
Où l'on goûte le plaisir,
Sans braver le chaud, la bise,
Sans effort et sans courir?
C'est chez l'époux de Marie,[12]
À mi-côté du hameau.
Qu'il fait bon passer la vie
À l'enseigne du tonneau!

Là jamais par un orage
On ne voit finir le jour,
La gaîté fait le partage
De ce fortuné séjour.
La haine et la jalousie
N'y portent point leurs flambeaux,
Et l'amour n'est plus folie
À l'enseigne du tonneau!

Vous dont toutes les journées
À l'étude, à l'embarras,
Semblent être destinées,
Ne vous en affligez pas,
Venez dans notre village
Jouir d'un sort tout nouveau,
Car il fait bon à tout âge
À l'enseigne du tonneau!

Ce mardi matin.

Je n'ai point eu de nouvelles directes de la grand'maman, mais Mme de la Vallière, qui soupa chez moi avec les dames anglaises,[13] me dit qu'elle avait vu M. de Gontaut, et qu'on lui avait montré des lettres du grand-papa et de Mme de Gramont qui lui donnaient une grande inquiétude; elle ne doute pas, ainsi que moi, qu'on ait mandé l'Abbé pour aider à la déterminer à revenir. Quelle perte ce serait que cette grand'maman! serais-je destinée à voir périr tout ce que j'ai estimé et aimé véritablement? Si vous lui écrivez, ne lui parlez point de sa santé comme la croyant malade; ne touchez rien non plus

12. À St Joseph (HW).

13. Lady Holland and the Duchess of Richmond (see *ante* 17 Oct. 1769).

de ces chagrins; marquez-lui du goût, de la reconnaissance, enfin une lettre de *Chantilly*,[14] que vous ne lui reprendrez peut-être pas. Je suis triste à la mort, ainsi je finis, ne voulant pas vous ennuyer.

Le petit Craufurd ne part que demain après dîner, si j'en reçois une de vous avant son départ je pourrai ajouter un mot, et vous dire ce que j'aurai appris de la grand'maman.

À 3 heures.

Par extraordinaire, la poste arrive aujourd'hui et m'apporte une lettre.[15] Vous commencez par me dire que vous en avez reçu deux des miennes,[16] dont vous êtes *assez content;* que faut-il faire pour que vous le soyez tout à fait? En vérité je n'en sais rien. Vous avez écrit à votre nièce[17] que vous désirez que je sois heureuse, que vous ferez tout ce qui vous sera possible pour y contribuer et que vous m'écrirez souvent, puisque cela me fait plaisir; je voudrais que cela vous en fît aussi, car si ce n'était qu'une complaisance et qu'une tâche cela ne m'en ferait guère. J'ai reçu des nouvelles de la grand'maman depuis ce matin par M. de Beauvau, et par le Baron de Gleichen; ils disent qu'elle se porte mieux, qu'elle commence à cracher son rhume, et qu'elle est moins triste; elle ne veut revenir à Paris qu'à la fin du voyage. Le petit oncle va la trouver demain, ainsi elle aura la société qu'elle aime, et pourra faire fermer sa porte à tous les importuns. Je lui transcrirai[18] ce que vous m'écrirez pour elle. Mes conseils sur la manière dont vous lui devez écrire vous arriveront trop tard, mais si vous n'avez consulté que votre cœur votre lettre sera fort bien. C'est le meilleur conseiller pour quelques gens, mais pas pour tout le monde—comme pour moi, par exemple.

La Marquise de Boufflers m'apporta hier une liasse des lettres de son fils; je les ai parcourues, il y en a que j'avais déjà, j'en ai mis quatre ou cinq à part que je ferai copier;[19] vous verrez cela un jour.

La Bellissima avait fort envie de souper hier chez moi, elle m'envoya demander si elle en était priée, je lui dis que non, mais qu'elle me ferait beaucoup de plaisir d'y venir. Elle ne vint qu'après souper; elle connaissait un peu Milady Holland. La Milady Cécile n'est point morte;[20] et je crois que les Richmond resteront ici encore quinze

---

14. HW to D 17 April 1766 (missing), which D considered the most affectionate letter that HW had written to her.

15. HW to D 20 Oct. 1769 (missing).

16. Probably *ante* 6 Oct. and 10 Oct. 1769.

17. The letter is missing.

18. Missing.

19. D had ten letters from the Chevalier de Boufflers to his mother copied in her MS *Recueil de lettres,* and also in her MS *Œuvres de Boufflers.*

20. She died 11 Nov. 1769. 'Lady Cecilia is as she was; Frouchin [Tronchin] visits

jours pour le moins; je les verrai avec grand plaisir tant qu'ils voudront, je les trouve très aimables. Je savais que M. Churchill[21] était à Londres. Vous ne me parlez point de Rosette.

Je vous dirai pour nouvelle que votre nièce est très enrhumée; elle ne gouverne pas trop bien sa santé. Je suis fort aise que la vôtre soit bonne; je désire que vous m'en disiez un mot dans chacune de vos lettres.

On remplit aisément huit pages, comme vous voyez. Quand on veut écrire comme si l'on causait ensemble, qu'on dit tout ce qui passe par la tête, on pourrait écrire des volumes; mais pour cela il faut n'avoir rien à faire, c'est bien le cas où je suis, il n'en est pas ainsi de vous.

Je soupe ce soir chez Mme de Forcalquier, je ne sais si je vous l'ai dit; le petit Craufurd y sera, et je lui remettrai cette lettre.[22] Adieu, jusqu'à demain en huit, car j'observerai exactement les conditions prescrites.

J'oubliais de vous dire que je vis l'autre jour la divine Comtesse,[23] qui me demanda de vos nouvelles, je lui dis que vous étiez parti; elle en fut étonnée, elle me dit que vous ne m'aviez point quittée.—'Cela n'est pas bien étonnant,' répondis-je, 'puisque ses meilleurs amis sont les personnes avec lesquelles je vis, Mme de Jonzac, Mme de Choiseul, et Mme d'Aiguillon'; que vous l'aviez été chercher à votre arrivée, et que vous aviez été fort aise de la rencontrer chez Mme d'Usson.[24]—'Il est très-aimable,' dit-elle.—'Oui, Madame.'—'Reviendra-t-il bientôt?'—'Je l'ignore.'—'Mais il reviendra sûrement?' dit-elle. —'Je l'espère.' Politesse et froideur, c'est le ton que nous eûmes. Je ne connais point l'*Évangile du jour*,[25] Voltaire ne me l'a point envoyé. Mme Denis l'est allée trouver;[26] il ne viendra point à Paris.

her, but does not give any hopes' (C. J. Fox to Selwyn 25 Oct. 1770 [1769], John Heneage Jesse, *George Selwyn and his Contemporaries*, 1882, ii. 399).

21. Charles Churchill (1720–1812), husband of HW's half-sister, Lady Mary Churchill (Cole ii. 398).

22. 'There is no English here of your acquaintance or mine, except young Crawford, whom I charge with this letter. Lady Holland says it is French to grudge the expense of postage' (C. J. Fox to Selwyn, see n. 20, above).

23. De Boufflers.

24. HW met the Comtesse de Boufflers

at Mme d'Usson's, 14 Sept. 1769 (*Paris Jour.*).

25. Voltaire's *Collection d'anciens Évangiles par l'Abbé B——* [Abbé Bigex, Voltaire's secretary, the ostensible author of the book]. It was written in May 1769 (Voltaire, *Œuvres* xxvii. 439).

26. During HW's recent visit to Paris, Mme Denis had come there to get permission for Voltaire, her uncle, to return. She asked Mme de Choiseul to use her influence, but Mme de Choiseul was afraid to endanger her husband's position by making such a request (*Paris Jour.*, 13 Sept. 1769).

To MADAME DU DEFFAND, Friday
27 October 1769, N° 3

Missing. Probably written at Arlington Street. Answered, 31 Oct.

From MADAME DU DEFFAND, Tuesday 31 October 1769

N° 6. Paris, ce mardi 31 octobre 1769, à 3 heures
après midi.

VOUS débutez toujours par dire que vous n'avez rien à dire; vous
tenez toujours parole, mais quand cela ne serait pas, cette annonce jette sur une lettre une froideur qui en diminue l'agrément.
Je vous ai volé, dites-vous, le refrain de la chanson de votre nièce;[1] ah!
je vous ai fait bien d'autres vols, vous devez vous apercevoir que je
vous ai réduit à l'excessive pauvreté. Qu'est-ce que cela fait? Vous
vivrez à mes dépens; je suis assez riche pour cela.

Les Richmond s'en vont aujourd'hui; ils passent par la Hollande,
où ils feront un petit séjour, vous ne les reverrez que dans trois semaines, je me flatte d'être fort bien avec eux. Rien ne me surprend
moins que l'affection que vous avez pour eux, et celle qu'ils ont pour
vous; tout est naturel en eux; pas le moindre apprêt, beaucoup de
simplicité, de bon sens, et, il me semble, le cœur excellent; je traiterai leur article plus au long par une lettre que vous portera M.
Chamier qui s'en retourne samedi ou dimanche. Votre Compagnie[2]
le rappelle, elle n'a plus à traiter avec la nôtre puisque nous n'en
avons plus, mais il manquera beaucoup à celle de Saint-Joseph;
j'avais compté le voir souvent cet hiver, c'est un bon *panem nostrum* quotidien.

Ce mercredi, à 8 heures du matin.

La grand'maman arriva hier, amenée par son mari; votre nièce et
moi soupâmes chez elle avec le grand-papa, M. de Gontaut, le grand
Abbé, le petit oncle, et Gatti. La grand'maman ne me parut pas à
beaucoup près si mal que je m'y attendais, elle toussa fort peu, fut
fort gaie, et votre nièce lui trouva bon visage. La première parole
que me dit le grand-papa fut de me demander de vos nouvelles; il

1. Not explained.
2. Des Indes (HW). Chamier, who came
of a French family established in England,
had been sent to Paris to transact business
for the East India Company.

retourne ce matin à Fontainebleau, et la nièce et moi nous passerons toutes les soirées chez la grand'maman; on tâchera de lui arranger un whisk pour l'empêcher de parler, et heureusement elle l'aime. Nous étions engagées à souper chez Mme d'Aiguillon, elle eut l'honnêteté de nous rendre notre parole. Nous serons occupées cet après-dîner du trousseau de la poupée que nous porterons ce soir chez la grand'maman; le grand-papa y joint une petite montre d'or. Vous voyez qu'on ne manque pas de choses à dire quand on prend plaisir à causer. Il faut, quand on s'interdit de parler de soi, et de la personne à qui on écrit, se répandre sur tout ce qui environne.

Je reçus l'autre jour par la petite poste ces quatre vers:[3]

> Adoptant malgré lui la sagesse moderne,
> Dépouillant son orgueil et son sale manteau,
> Diogène aujourd'hui ne prendrait sa lanterne
> Que pour chercher votre tonneau.

Voilà tout ce que vous aurez aujourd'hui. Vous recevrez malgré moi une lettre de contrebande[4] par M. Chamier, mais en n'imitant pas mes fautes vous voudrez peut-être bien me les pardonner. Non, je ne finirai pas tout à l'heure, il faut vous dire que ce qui a fait revenir la grand'maman hier, c'est qu'on a jugé qu'elle était si mal logée à Fontainebleau, exposée à recevoir tant de visites et par conséquent à tant parler, qu'il serait impossible qu'elle se rétablît dans cette détestable habitation. On ne lui fait nul remède, peut-être fait-on bien, mais je ne sais si sa poitrine n'exigerait pas du moins quelque observation dans le genre des aliments, on la laisse manger de tout indifféremment.

J'ai écrit ce matin au Baron[5] que vous aviez ce qu'il désirait, et qu'il le recevrait par la première occasion.

Les oiseaux[6] me font toujours fort bien, vraisemblablement je les vais voir un peu moins. Ces quatre vers[7] sortirent de leur boutique et

3. A copy of these verses is in D's bequest to HW, now WSL. Their authorship is unknown.

4. Post 2 Nov. 1769. Probably so called because it was not written in answer to a letter from HW, and was therefore a violation of their rule of correspondence. Also, it was a 'smuggled' letter, not sent by the post.

5. Missing. The Baron apparently wanted some of HW's books (see post 19 Nov. 1769).

6. Mmes de Boufflers et de Cambis.

7. Probably those beginning 'Broussin dès l'âge le plus tendre,' in ante 17 Oct. 1768. D writes to Mme de Choiseul, 16 Oct. 1769: 'les oiseaux de Steinkerque y arrivèrent; ils m'apportèrent quatre petits vers qu'ils avaient trouvés dans de vieilles chroniques, nous nous hâtâmes d'en prendre copie' (S–A i. 254). The verses quoted at the end of the letter are those about Broussin, and are probably the ones to which D refers.

ne sont pas d'elles, c'est d'un très petit Abbé[8] qui a été docteur du Chevalier[9] quand il devait être prêtre; je ne l'ai vu qu'une fois et je lui ai trouvé de l'esprit. Ce n'est pas chose commune que d'en rencontrer. On s'en passe.

Mandez-moi ce que c'est que le Duc de Dorset;[10] le Général veut me l'amener, il m'a nasillonné ce qu'il était, mais je ne me fie pas à ses définitions, ses descriptions. Ah! c'est un bon homme, mais il est du genre que Voltaire dit être le seul qu'il faut interdire.[11]

Je ne pense pas que le petit Craufurd vienne, je serais bien aise de le voir, mais j'aurais souhaité qu'il prît mieux son temps. Pendant Chanteloup, par exemple. N'allez pas [le] lui dire, il en ferait un prétexte pour ne point venir du tout.

De quelle humeur me croyez vous? Daignez y penser un moment, et mandez-moi si vous me croyez gaie ou triste. Pour vous, je vous crois parfaitement content. Faites mes compliments à Rosette et dites-lui de ne pas imiter Maroquine;[12] la grand'maman dit qu'hors le parricide elle a commis tous les crimes, inceste, adultère, etc., etc.

Vous me dites de m'en tenir à mes opéras de Quinault, en voici un trait par où je finis:[13]

> N'aimons jamais ou n'aimons guère,
> Il est dangereux d'aimer tant,
> Ce n'est pas le plus sûr pour plaire, etc.

From Madame du Deffand, Thursday 2 November 1769

N° 7. Paris, ce jeudi 2 novembre 1769.

JE vous ai menacé[1] de vous écrire par M. Chamier; il faut tenir ma parole, sans quoi vous vous moqueriez de mes menaces. Je pensais avoir beaucoup de choses à vous dire, et aujourd'hui je ne trouve presque rien.

Le Duc de Richmond m'a parlé avec beaucoup de confiance, primo

8. Perhaps the Abbé Porquet (see *post* 24 Dec. 1769).

9. De Boufflers (HW). He was destined for the Church, in his boyhood, and actually studied for a time at the seminary of Saint-Sulpice in Paris (see Nesta Webster, *The Chevalier de Boufflers*, 1916).

10. John Frederick Sackville (1745–99), 3d D. of Dorset.

11. 'Encore une fois, tous les genres sont bons hors le genre ennuyeux' (Voltaire, Préface, 1738, to *L'Enfant prodigue*, *Œuvres* iii. 445).

12. Chienne de Mme de Choiseul (HW).

13. Quinault, *Thésée* ii. 5.

———

1. See *ante* 31 Oct. 1769.

de son duché: les difficultés qu'il trouve, ou plutôt l'impossibilité de faire enregistrer au parlement ses lettres ou patentes de pairie à cause de sa religion; le parti qu'il prend de se contenter qu'il soit hérédi-taire, la consultation de M. Gerbier, la conversation qu'il a eue avec le grand-papa, dont il m'a dit être très content. Il m'avait recom-mandé de lui en parler, ce que j'ai fait; je n'ai pas été extrêmement contente de ce que m'a répondu le grand-papa, il m'a paru peu au fait de l'affaire, mais ses dispositions ne m'ont pas paru défavorables; je lui dis que le Duc était très satisfait de lui, qu'il m'en avait dit mille biens. 'Il me semble,' a-t-il répondu, 'qu'il ne pensait pas de même étant ambassadeur'; mais il n'avait point le ton d'aigreur ni d'ennui; je suis persuadée que s'il n'arrive aucun changement, c'est-à-dire s'il reste dans sa situation présente, il rendra service à votre ami; mais ce que je trouvai plaisant, c'est que la grand'maman entendait mieux cette affaire que lui; je crois qu'il fera bien de la poursuivre, et qu'elle réussira. Ensuite, votre ami me parla de ses chagrins, et du parti que sa sœur[2] allait prendre de revenir pour vivre avec lui; je fus édifiée et touchée de l'honnêteté, de la bonté, de la tendresse de ses sentiments. Je trouve que c'est un homme excellent. Ah! je ne suis pas étonnée qu'il vous plaise, je sens que si je vivais avec lui je l'aimerais de tout mon cœur, et sa femme aussi, qui est d'un naturel et d'une simplicité charmante. J'avais une double satisfaction avec eux, leur mérite personnel, et d'être avec vos meilleurs amis. Ne me laissez point oublier d'eux, et répondez-leur qu'ils peuvent m'em-ployer à tout ce qu'ils jugeront à propos.

Le grand-papa paraît de très bonne humeur, cependant il n'est pas sans inquiétude; la dame[3] ne dissimule plus sa haine pour lui, et cette conversation qu'il eut avec elle,[4] pendant que vous étiez ici, a été une fausse démarche de sa part, puisqu'elle n'a produit aucun bon effet; il reçoit journellement de petits dégoûts, comme de n'être pas nommé ou appelé pour les soupers des cabinets, et chez elle; des grimaces, quand au whisk il est son partenaire; des moqueries, des haussements d'épaules, enfin des petites vengeances de pensionnaire, mais qui ne laissent pas d'écarter une sorte de gens, des sots à la

2. Lady Sarah Bunbury (HW).
3. Mme du Barry (HW).
4. 'At the same time, probably by the King's direction, in hopes of some ac-commodation, the mistress sent for the Duc de Choiseul. He replied, if she wanted him, she might come to him. She sent again that she was not dressed, and must see him. It was to ask preferment for the very postmaster that was his enemy. The Duke went; and though he stayed an hour and a quarter with her, came away re-fusing her request; and leaving her, who had been only an instrument in the Cabal, an offended principal' (*Mem. of Geo. III* iv. 15).

vérité, mais c'est une petite brèche à la considération; jusqu'à présent, il n'y a encore rien eu qui attaque le crédit dans ce qui regarde ses départements. Le nombre des soupeuses et des voyageuses n'augmente pas;[5] la dame Valentinois est comme hors de combat, on dit qu'elle redevient folle; elle n'a point été à Fontainebleau; elle ne dort point; il y a dix ou douze jours que je ne l'ai vue.

La Princesse de Montmorency est une soupeuse, parce que son mari[6] veut être menin du Dauphin. M. de Gontaut n'est plus d'aucun souper, et c'est sur lui que s'exerce la vengeance contre le grand-papa; c'est son *hussard;* je ne sais pas si vous entendez cela: le Roi dans son enfance avait un petit hussard qu'on fouettait quand le Roi n'avait pas bien dit sa leçon.

La grand'maman est beaucoup moins triste qu'elle n'était. Vous souvenez-vous de cette lettre[7] qu'on prétend qu'elle avait écrite de Chanteloup? Le fait ou la croyance qu'on a de ce fait l'a chagrinée mortellement; c'est la Maréchale[8] qui en a répandu le bruit, et c'est la cause de la haine qu'on a pour elle; mais on observe de ne parler à la grand'maman de rien qui ait rapport à toutes ces sortes de tracasseries; elle est des nôtres, elle a une tête qui se trouble et qui la rend malade. Son mari se conduit avec elle dans la plus grande perfection; s'il n'était pas le plus léger de tous les hommes, il en serait le meilleur: il est noble, généreux, gai, franc, mais il est gouverné par des personnes qui ne consultent que leurs intérêts personnels; il aurait bien fait, selon mon avis, de ne se point brouiller avec la Maréchale;[9] mais Mme de Beauvau a voulu qu'ils fussent aux couteaux tirés, et elle lui a persuadé qu'il perdrait toute estime et toute considération s'il avait la moindre intelligence avec elle, et elle a entraîné son mari à agir de même.

Vendredi.

J'oubliai hier, à l'article des Richmond, de vous dire que le Duc se contenterait, pour le présent, de l'héréditaire, mais sans renoncer à la

---

5. She means the number of ladies who were prevailed upon to be of the suppers with Mme du Barry, and of the excursions to the different country palaces, which she made with the King (B).

6. Louis-François-Joseph (b. 1737), Prince de Montmorency-Logny. He was not given this position until 1770, when the Dauphin (later Louis XVI) was nearly sixteen years old (*Rép. de la Gazette*, 7 May 1770).

7. Missing; it was evidently a fiction spread by Choiseul's enemies.

8. De Mirepoix (HW).

9. 'In one of her moments of poverty she had offended Choiseul by matching her nephew, the Prince d'Henin, with the daughter of Madame de Monconseil, a capital enemy of the Prime Minister, but rich and intriguing' (*Mem. of Geo. III* iv. 12).

prétention de la pairie, que par la suite des circonstances différentes pourraient mettre en valeur. J'oubliai aussi de vous dire que je parlai à la grand'maman de sa parenté avec eux, qu'elle savait parfaitement bien, et dont elle est mieux instruite que le Duc; il y avait déjà de l'alliance entre les Querouaille et les Gouffier avant que la sœur de la Duchesse de Portsmouth[10] épousât un Gouffier. Je suis très convaincue qu'elle rendra tous les services qui dépendront d'elle. Sa toux n'est pas extrêmement fréquente, elle n'a pas bien dormi la nuit d'avant celle-ci, elle est faible, elle parle trop, elle mange peu, mais elle mange de tout; on n'ose rien dire, les représentations la fatiguent et sont inutiles.

Ah! mon ami, je passai hier une belle journée. La Bellissima m'avait envoyé demander du thé pour quatre heures; elle arriva à trois et resta jusqu'à six; nous eûmes la moitié du temps pour tiers la Sanadona; je me trouvais dans un désert, je ne voyais pas d'horizon, pas un arbre, pas une plante, pas une herbe, rien que du sable et de la poussière qui augmenta par l'arrivée de Mlle de Bédée.[11] Eh bien! cela n'est-il pas honteux? j'aimais encore mieux cela que d'être seule. Vous pouvez bien m'appeler *ma petite,* car je suis bien petite en effet, mais pas assez cependant pour m'amuser des poupées. Je suis excédée d'une commission dont je me suis chargée pour la grand' maman, qui en veut donner une à la petite de Stainville;[12] son trousseau est immense; j'ai mis Mme de Narbonne à la tête de cette affaire, c'est elle qui fait toutes les emplettes; cela sera étalé lundi sur une grande table, la poupée au milieu assise dans son fauteuil. C'est un spectacle qu'on donnera au grand-papa[13] qui doit arriver ce jour-là: il a donné une montre d'or émaillée qui va jusqu'au genou de la poupée, mais qui sera proportionnée à la petite fille; il a cru

---

10. Henriette-Mauricette de Penancoët de Keroualle (ca 1649–1728), sister of the Duke of Richmond's great-grandmother, Louise-Renée de Penancoët de Keroualle (ca 1647–1734), Duchess of Portsmouth, m. (1) (1675) Philip Herbert, 7th E. of Pembroke; m. (2) (1685) Jean-Timoléon Gouffier (1645–1729), Marquis de Thois. Mme de Choiseul's mother was a Gouffier, and consequently there was a distant connection between her and the Duke of Richmond.

11. Françoise-Jacquette-Charlotte-Antoinette Botherel de Bédée (d. 1788) (*Journal de Paris,* 1788, ii. 1282). She was evidently

a friend of Mme d'Aiguillon's (see *Paris Jour.,* 12 July 1771), and HW met her at Rueil.

12. Niece to the Duchesse de Choiseul, and daughter of the unfortunate Mme de Choiseul-Stainville (B). See *ante* 13 Oct. 1769.

13. It was, perhaps, well for the Duc de Choiseul, that the natural levity of his disposition allowed him to amuse himself for the moment with the wardrobe of a doll, when his own existence, as first minister of France, was hanging upon the breath of a profligate and silly woman (B).

faire plaisir à la grand'maman, il ne manque à aucune attention. Nous porterons la poupée mardi ou mercredi à Panthémont; nous entrerons dans le couvent, je ne m'en promets pas un grand divertissement; c'est toujours tuer le temps; qu'importe la manière?

Le Président se porte toujours bien, mais sa tête s'affaiblit de jour en jour. Quel malheur de vieillir! Qui est-ce qui peut espérer de trouver une Mme de Jonzac? Sa patience, sa douceur me comblent d'admiration. Ah! mon Dieu, la grande et estimable vertu que la bonté! Je fais tous les jours la résolution d'être bonne, je ne sais si j'y fais des progrès. Je vous envoie une chanson dont j'ignore l'auteur; mais il n'a pas eu en la faisant le même désir que moi de devenir bon; je vois que les ennemis lèvent la crête; je ne sais ce qui arrivera de tout ceci, mais je croirai toujours qu'on a eu tort d'aliéner la Maréchale, et qu'il était très facile de se la concilier.

Quelque plaisir que j'ai à bavarder avec vous, je ne trouve plus rien à vous dire, si ce n'est que ce misérable d'Ussé[14] est convaincu d'avoir la pierre, et qu'il doit être taillé par Guérin[15] le 12 ou le 15 de ce mois. M. de Grave part mercredi 8 pour le Languedoc, où il sera peut-être un an. Le bon Éléazar est plus ennuyeux que jamais, plus politique sans raisonnement, plus affectueux sans sentiment; je le trouve presque aussi ennuyeux que le Chevalier de Redmond. Votre nièce ne saurait m'être indifférente, ni se faire aimer, elle est agréable quelquefois, enfin elle est telle qu'il faut qu'elle soit pour que je suive facilement vos conseils. Mais vous avez un meilleur moyen que les conseils, celui de tout absorber. Oh! cela est bien vrai. Adieu. Je compte que vous direz à M. Chamier que vous savez combien je le regrette.

[C'est le Duc de Choiseul qui parle.][16]

Sur l'air: *Vive le vin, vive l'amour.*[17]

Vive le roi! foin de l'amour;
Le drôle m'a joué d'un tour,
Qui peut confondre mon audace.
La du Barry, pour moi de glace,

14. Louis-Sébastien Bernin (1696–1772), Marquis d'Ussé, friend of D and Hénault (*Rép. de la Gazette* 'Valentinay'; Charles-Jean-François Hénault, *Mémoires*, 1911, pp. 189–90). HW had met him often in Paris, 1765–6 (*Paris Jour.*). See Appendix 5v.

15. See Grimm ii. 296, 1 Nov. 1753 (T).

He may also have been Pierre Guérin (1740–1827) (Haberling, Hübotter, und Vierordt, *Biographisches Lexikon hervorragenden Ärzte*, Berlin, 1929–34).

16. These words were inserted by HW in the MS.

17. A MS copy of these verses is in D's

Va, dit-on, changer mes destins;
Jadis je dus ma fortune aux catins[18]
Je leur devrai donc ma disgrâce.

                                        Ce samedi.

La grand'maman était hier en fort bon état. Voilà un whisk établi, votre nièce et elle, pour partenaires les survenants; cela lui ôte l'occasion de parler, et c'est l'important pour elle. Demain je donne à souper aux Idoles,[18a] aux oiseaux,[19] au démon, à son élève; j'envoie inviter Milady Holland et son fils,[20] moins pour moi que pour faire plaisir à votre nièce; je la cède à la grand'maman, elle ne sera pas fâchée que je dise à la compagnie la raison de son absence, et puis elle reviendra de bonne heure et nous apprendra de ses nouvelles.

L'honneur seul peut flatter un esprit généreux.

Oh! écoutez, et ne m'interrompez pas.[21] J'avais dit au grand-papa du bien de M. Chamier, qu'il m'avait confié ses regrets que l'affaire dont il était chargé n'eût pas été de son département, qu'elle aurait été finie en un quart d'heure, qu'on venait de le rappeler, qu'il allait le lendemain à Fontainebleau, et qu'il voudrait bien lui rendre ses hommages et ses respects avant son départ.—'Il dînera jeudi chez moi,' dit le grand-papa, 'je retourne demain matin à Fontainebleau, et j'ai dit ce matin à M. Walpole de l'amener jeudi dîner chez moi.' M. Chamier arrive mardi de très bonne heure à Fontainebleau, il demande à votre cousin s'il s'est acquitté de sa commission auprès de M. de Choiseul pour lui demander à le voir; il lui dit que oui (et cela était vrai)—'Eh bien! à quelle heure irai-je?'—'Bon, il est parti.'—'Et quand reviendra-t-il?'—'Je n'en sais rien, mais il faudra qu'il soit ici vendredi pour le conseil.' Le pauvre Chamier qui voulait partir demain dimanche de grand matin, et qui avait beaucoup d'affaires ici, est revenu, et il a été fort surpris quand je lui ai dit que le grand-papa avait dit à votre cousin de l'amener jeudi dîner chez lui. Ce fait n'est-il pas singulier? On ne sait à qui en a le cousin, il est plus Quaker que jamais. Mais qu'est-ce que cela vous fait? Rien, ni à moi non plus. *Écoutez, écoutez.*[22] J'ai fait hier une chanson chez la

bequest to HW. It agrees with this version, except that 'va,' at the beginning of the sixth line, is changed to 'veut' in the MS copy. It is a parody of Sedaine's *Déserteur* (II. xvii.) (Charles Vatel, *Mme du Barry*, 1883, i. 293).

18. Mme de Pompadour (HW).

18a. La Comtesse de Boufflers (HW).

19. La Marquise de Boufflers, et Vicomtesse de Cambis (HW).

20. Charles James Fox (1749–1806).

21. Probably an expression of HW's (see below).

22. This was a common phrase of Mr Walpole's when speaking French (B).

grand'maman, avec l'aide de l'Abbé, pendant son whisk, dont les partenaires étaient M. de Gontaut et le petit oncle; il n'y avait de plus que le Castellane, l'Abbé et moi.

> Bellissima,
> Vous êtes la dixième Muse;
> Doctissima,
> Vos écrits sont sublissima:
> À vous louer qui se refuse,
> Ne saurait être qu'une buse,
> Bêtissima.[23]

Cette chanson me charme. Savez-vous qui vous aime à la folie, mais beaucoup, beaucoup? C'est le Castellane, et c'est être aussi grand que Cyrus, c'est avoir conquis les Scythes.

Peut-être avant de fermer ma lettre apprendrai-je les soupeurs de jeudi, je ne sais de nouveau que M. Bertin,[24] et c'est bien quelque chose.

La grand'maman comble d'amitiés votre nièce; si vous saviez votre Quinault, je vous dirais,[25]

> C'est Jupiter qu'elle aime en elle.

Réellement cette grand'maman vous aime tendrement. Elle vous trouve plus aimable que le feu ambassadeur de Sardaigne;[26] c'est tout dire. Vous aurez un jour (mais je ne sais pas quand) le groupe de Henri IV et de M. de Sully,[27] j'espère qu'il pourra être mis dans la caisse que la Dulac[27a] enverra à M. Chamier.

Adieu. Ne vous flattez pas que ma lettre soit finie, et dites, si vous voulez: 'Oh, la grande et ennuyeuse parleuse!'

23. A MS copy of these verses is in D's bequest to HW. In it, 'sublissima' is changed to 'bonissima.'

24. D probably means that Bertin had joined Mme du Barry's circle.

25. 'C'est Jupiter que j'aime en elle' (Quinault, *Proserpine*, III. iv).

26. See *ante* 27 Oct. 1767, n. 8a.

27. A small biscuit china group of the reconciliation of Henri IV and Sully, which Mme du Deffand had sent to Mr Walpole to be placed at Strawberry Hill (B). HW had given a medallion of Henry IV to the Princess Amelia, and D had offered to give him another in its place (*ante* 25

Jan. 1769). This gift was broken in transit to England (see *post* 12 Jan. 1770), and D sent him another medallion of Henry IV (see *post* 3 Sept. 1772) which was apparently the one kept in the China Room at Strawberry Hill (see 'Description of SH,' *Works* ii. 412).

27a. 'Mme Dulac's *magasin* of china, toys, etc.' (*Paris Jour.*, 20 Sept. 1765). HW bought many things there. Cole calls it 'that extravagant and tempting shop; where the mistress was as tempting as the things she sold' (Wm Cole, *Journal of my Journey to Paris*, 1931, pp. 233-4, 244).

À 6 heures du soir.

J'ai reçu une lettre de M. de Beauvau[28] qui ne m'apprend rien de nouveau.

To Madame du Deffand, Friday
3 November 1769, N° 4

Missing. Probably written at Strawberry Hill. Answered, 12 Nov.

To Madame du Deffand, Friday
10 November 1769, N° 5

Missing. Probably written at Strawberry Hill. Answered, 15 Nov.

From Madame du Deffand, Sunday
12 November 1769

N° 8. Paris, ce dimanche 12 novembre 1769.

JE vous ai écrit[1] si longuement par M. Chamier qu'il fallait bien donner relâche au théâtre; heureusement la poste du mercredi n'arriva que le jeudi, il n'était plus temps de répondre à votre lettre,[2] effort que je ne me serais peut-être pas fait de bon gré; mais comme j'avais du temps de reste, et que j'aime à causer avec vous, je commençai jeudi à vous écrire; il y avait hier quatre pages qui ont servi aujourd'hui à allumer mon feu; c'est l'usage que vous m'avez ordonné de faire de mes écrits quand je peux juger qu'ils pourraient vous ennuyer ou vous déplaire. Il n'est pas juste pourtant que je me contraigne jusqu'à un certain point; j'étoufferais si je ne vous disais pas que vous êtes un fol; le mot *sentiment* vous trouble la tête. Ce n'était pas celui dont j'aurais dû me servir dans ma critique des lettres du Chevalier de Boufflers,[3] ç'aurait dû être 'âme'; la comparaison que je faisais de lui à Voiture aurait dû suppléer à la justesse de l'expression, mais dans le moment Monsieur se fâche, il me dit que je suis vieille, ridicule. Vieille, d'accord, mais pour ridicule vous en

---

28. Missing.

———

1. *Ante* 2 Nov. 1769.

2. HW to D 3 Nov. 1769 (missing).
3. See *ante* 23 Oct. 1769.

avez menti. Vous ressemblez bien plus à Don Quichotte, ou à un fol quelconque, que moi à Mlle Scudéry. Je vous ai dit mille fois que je n'avais jamais pu lire aucun de ses romans. En vérité vous n'êtes pas digne d'une femme telle que moi; craignez que je ne suive la mode de votre pays, et que je ne demande le divorce.

La grand'maman a été charmée de votre lettre,[4] elle aime son petit-gendre, et toute sa petite cour suit son exemple. Le grand Abbé, le petit oncle, l'excellent Castellane, à l'envi l'un de l'autre disent du bien de vous; jugez si l'héroïne de Mlle Scudéry est contente et satisfaite. Je le suis infiniment du portrait du Duc de Richmond, c'est un chef-d'œuvre de Raphaël.[5] C'est dommage qu'avec autant d'esprit vous ayez la tête dérangée. Vous aurez vu ce que je pense de ce Duc, je ne démêle pas si bien mes idées, mais mon instinct a du rapport à vos pensées.

La grand'maman se porte beaucoup mieux, je ne la vis point hier de la journée, parce que j'eus à souper Mme de Beauvau et Pont-de-Veyle, mais votre nièce, qui alla souper avec elle, me dit en revenant qu'elle était très bien, et qu'elle craignait que je ne perdisse votre lettre qu'elle m'avait donnée suivant son usage pour en tirer copie; ce que je lui ai laissé croire que je ferais, et ce que je ne ferai pas; je n'ai plus tant de *sentiment* que cela; puisque je n'ai pu garder ce qui m'appartient je ne me chargerai pas de ce qui appartient aux autres. Je suis bien aise que votre cousine[6] soit hors d'affaire. Pourquoi ne prendriez-vous pas de temps en temps une petite dose de ces excellentes poudres?[7] Essayez-en quand il vous prend envie de m'écrire des injures. Si ces poudres rajeunissent, j'en prendrai volontiers, non pas pour vivre plus longtemps, mais pour n'avoir pas des incommodités qui sont un effet nécessaire de la vieillesse; le manque de ressort qui rend mes digestions très lentes, très pénibles, et cause des langueurs, des insomnies, et qui pis est, de l'humeur et de la tristesse.

La Princesse fut fort bien, elle ne m'apprit pas grand'chose, mais je ne fus pas mécontente du peu qu'elle me dit. Je n'ai pas peur, et je me flatte que tout ira bien.[8] J'ai votre groupe de Henri IV et de M.

4. HW to Mme de Choiseul 3 Nov. 1769. The copy and the letter are both missing.

5. Doubtless a 'portrait' by HW in his letter to Mme de Choiseul.

6. Anne Seymour Conway (d. 1774), sister of Lord Hertford and General Conway, m. (1755) John Harris. She was seriously ill at this time (see HW to Lady Ossory 26 Oct. 1769).

7. Dr James's powders, which Mrs Harris was using. HW had great faith in them, though they were of no use in helping his gout (ibid.).

8. Mme de Beauvau had evidently encouraged D's hope that the Duc de Choiseul

de Sully; je voudrais qu'il n'y en eût point à Londres et que vous fussiez le seul qui l'eût; je le ferai emballer demain et je l'enverrai chez Mme Dulac[9] pour qu'on le mette dans la caisse des porcelaines qu'elle doit envoyer à M. Chamier, il m'en a donné la permission. Je vous avertis de bien prendre garde en le tirant de la caisse, il y a des parties dans ce groupe très délicates et très fragiles, des épées, des éperons. Vous nicherez cela dans la même pièce où est mon portrait,[10] et je vous prie qu'il y ait une table assez grande pour y placer mon cabaret,[11] je veux qu'un jour il y soit placé.

Les oiseaux m'apportent de temps en temps des liasses du Chevalier de Boufflers; j'[ex]trais ce qu'il y a de bon, et quand j'aurai tout, je vous l'enverrai[12] ou je vous le donnerai à vous-même, s'il est écrit que je doive vous revoir un jour.

Votre cousin est de retour de Fontainebleau, il me rendit visite hier, sa première parole fut, 'Comment vous portez-vous?' la seconde, 'Avez-vous des nouvelles de mon cousin? comment se porte-t-il?' Il devait souper chez la Bellissima avec le Général. Cette Bellissima s'ennuie de s'être ennuyée si longtemps, elle essaie de changer de vie, et pour prendre un autre essor elle se fait intime amie de Mme Boucault, qui n'est pas plus gaie ni plus amusante qu'elle. Vous avez tort de n'être pas content des couplets de l'enseigne du tonneau;[13] les vers du deuxième couplet sont charmants:

> Là jamais par un orage
> On ne voit finir le jour.

On ne peut mieux louer l'agrément de la société, il n'y a point là de Scudéry. Adieu, Monsieur, en voilà assez pour aujourd'hui.

To Madame du Deffand, Tuesday 14 November 1769, N° 6

Missing. Written at Strawberry Hill. Answered, 19 Nov.

would remain in power, in spite of Mme du Barry's opposition to him.

9. See *ante* 2 Nov. 1769, n. 27a.

10. D's portrait by Carmontelle was in the Breakfast Room at Strawberry Hill (see 'Description of SH,' *Works* ii. 425).

11. D evidently intended to leave HW a cabaret, but he refused it (see *post* 27 Nov. 1769).

12. It is possible that HW did not receive all of the Chevalier de Boufflers' letters which were in D's possession, for in his letter to Thomas Walpole 26 Oct. 1780, he gave the Prince de Beauvau permission to retain any of Boufflers' letters.

13. See *ante* 23 Oct. 1769.

From MADAME DU DEFFAND, Wednesday
15 November 1769

N° 9. Paris, ce mercredi 15 novembre 1769.

SAVEZ-VOUS que rien n'est si ridicule? Il est absolument impossible de vous remettre la tête! Je veux mourir si j'ai pensé en vous donnant à deviner si j'étais triste ou gaie, si cela avait rapport à vous. Je ne suis point du tout occupée à vous persuader que je vous aime, vous êtes le maître d'en penser ce qu'il vous plaira, je ne vous en parlerai jamais, mais n'ayez pas peur de votre ombre.

Milady Cécile[1] est morte dimanche au soir, je n'ai vu depuis personne de chez eux. Milady Holland me paraît très commune, et je lui parais de même. Le petit Fox[2] a infiniment d'esprit, mais c'est de ces esprits de tête; je ne pousserai pas plus loin la définition, parce que vous êtes ainsi que Don Quichotte, vous prenez des moulins à vent pour des châteaux. Je n'ai point entendu parler du Duc [de] Dorset, c'est-à-dire je ne l'ai point vu, je ne sais pas même s'il est arrivé; mais je mentirais en disant que je n'en ai pas entendu parler, et n'ayez pas peur, je ne crois qu'en ce que vous me dites. Mes dernières lettres vous auront répondu sur le Duc de Richmond.[3] Mais savez-vous qui le grand-papa aime beaucoup, et dont j'ai été toute surprise? C'est votre cousin, il lui trouve de l'esprit, de l'originalité; il serait fort content si tous les autres ministres lui ressemblaient; je lui dis, 'Pourquoi ne pas s'en tenir à lui? on penserait peut-être de même de l'autre côté.'

De tels lieutenants n'ont de chef qu'en idée.[4]

(C'est du Corneille.) J'aimerais volontiers ce cousin, mais ses manières avec vous m'ont choquée;[5] il n'avait aucun motif.

Votre nièce fait fort bien, nous sommes très bien ensemble, son exil est aussi doux qu'il est possible, elle reçoit des marques d'amitié et de considération de tous ceux qui la voient. La Bellissima a envie de réparer ses torts, mais nous ne faisons semblant de rien. Elle m'accable de couplets, mais comme vous vous déclarez n'aimer que ceux

---

1. Lennox (HW).
2. Charles James Fox.
3. See *ante* 2 Nov. 1769.
4. 'De pareils lieutenants n'ont des chefs
   qu'en idée.'
   (Corneille, *Sertorius*, III. i.)

5. Doubtless this refers to some slight, probably unintentional, of Robert Walpole's during HW's last visit. 'Mme du Deffand . . . takes all occasions of abusing her friend Mr Robert Walpole to me like a pickpocket' (*post* 26 June 1771, n. 4).

qui sont excellents, je ne vous rappellerai point un des miens qui commençait par ce vers, 'Malgré la fuite des amours.'[6] Elle a prétendu qu'il était pour vous, elle a fait votre réponse en trois couplets[7] qu'elle m'apporta hier. Je croyais que c'était Mme de Meinières qui était son Apollon, mais on m'a dit que c'était un nommé d'Arget,[8] manière de bel esprit; il y a des lettres imprimées de Voltaire à lui.[9] Je reçus, il y a dix ou douze jours, une lettre de Voltaire,[10] il persiste à me parler de mon aveuglement comme vous de mon âge; il dit qu'il viendra ce printemps pour se faire faire une opération aux yeux; je ne crois pas qu'il en ait la permission, je ne lui ai point encore répondu.[11]

Je vous remercie de votre thé. J'ai donné votre vase à La Frenaye[12] pour qu'il y mette un pied, il y veut mettre des anses et un couvercle. Il a trouvé ce caillou admirable, il prétend qu'il a une pierre toute semblable qui sera très propre pour le dessus; je viens de lui mander tout à l'heure de ne rien risquer parce que je serais au désespoir qu'on le cassât. Je serai encore bien plus fâchée si le ballot[13] que je vous envoie, et qu'un des gens de la grand'maman se charge de vous faire arriver à bon port, souffrait le plus petit dommage. Je vous écrirai[14] le jour qu'il partira pour que vous preniez vos précautions pour qu'il ne soit ouvert qu'en votre présence. Vous trouverez dans ce ballot un livre sur la goutte[15] que m'a vanté l'ambassadeur de Sardaigne. Il vient d'éprouver le remède des sangsues, dont il est très content. Il y a une autre brochure[16] que votre nièce envoie à une de ses amies, je ne sais ni son nom ni son adresse,[17] mais j'aurai le temps de l'apprendre et de vous le dire avant l'arrivée du ballot.

---

6. Missing. See *post* 22 April 1772.

7. In D's bequest to HW are three couplets, copied by Wiart, which may be those to which D refers; the first begins 'Sans avoir l'âge des amours.' See Appendix 26.

8. Claude-Étienne Darget (1712–78), correspondent of Voltaire and Frederick the Great (Voltaire, *Œuvres* xxxvi. 567–8; *Politische Correspondenz Friedrich's des Grossen*, Berlin and Leipzig, 1879–1937, ix. 460; *Œuvres de Frédéric le Grand*, Berlin, 1846–57, iii. 130, xx. p. xii).

9. Voltaire's correspondence with Frederick the Great was printed in 1746, but there is no record of letters to Darget printed separately (Bibl. Nat. Cat.; Voltaire, *Œuvres* i).

10. Voltaire to D 1 Nov. 1769 (Voltaire, *Œuvres* xlvi. 490).

11. D's next letter to him seems to be that of 20 Dec. 1769 (ibid. 517).

12. Either Léonor la Frenaye, or his brother Pierre, jewellers near the Palais Royal (Lazare Duvaux, *Livre-Journal*, 1873, i. xc). Pierre d. before 1778 (*Journal de Paris*, 1778, i. 560).

13. The biscuit group of Henri IV and Sully, which was broken in transit to England.

14. *Post* 25 Nov. 1769.

15. Not identified.

16. Not identified.

17. D evidently forgot to send this information.

La grand'maman se porte toujours bien, elle va dimanche à Versailles. J'aurais encore pour emplir l'autre page, mais il est tard, il faut que je me lève. Adieu. Vous avez eu la goutte,[18] vous ne m'en avez rien dit, voilà ce qui me fâche.

To Madame du Deffand, Sunday 19 November 1769, N° 7

Missing. *Post* 25 Nov. 1769 gives this date, but *Paris Journals* give 21 Nov. Probably written at Arlington Street.

From Madame du Deffand, Sunday 19 November 1769

Paris, ce dimanche 19 novembre 1769.

S'IL m'en coûtait des efforts pour éviter un certain style je devrais avoir grand regret à ma peine, car en vérité je ne sais lequel je choisirais entre des craintes continuelles ou des plaintes de temps en temps. Il me semble que ce ne serait pas trop prétendre que de désirer que vos lettres fussent à tout jamais exemptes de l'un et de l'autre.

Je me casse la tête pour trouver quel est ce voyage que vous aviez prévu devoir être funeste; je ne me rappelle point vous avoir rien écrit qui ait rapport à un voyage quelconque. Ce que je puis vous dire aujourd'hui, c'est que l'on n'est plus pensionnaire de couvent, que le ton est fort changé, et que la supérieure du monastère n'a trouvé pas bon que l'on se moquât des officiers, et que la règle est très bien observée dans notre monastère.

N'ayez nulle inquiétude sur Bellissima; il ne serait pas impossible qu'elle ne fût contente du couplet.[1] Mais de quoi je ne suis pas contente, c'est de la santé de la grand'maman; elle était hier d'une si grande faiblesse qu'elle ne se mit point à table; je restai auprès d'elle pendant le souper, et elle fut se coucher avant que la compagnie sortît de table; elle est fort maigre, son estomac va fort mal, j'en suis bien sérieusement inquiète. J'ai bien de différents sujets de tristesse, et quand il m'arrive de me laisser aller à quelque gaîté, je puis bien

18. HW had an attack of gout, lasting ten days (see HW to Lady Ossory 26 Oct. 1769).

1. See *ante* 15 Nov. 1769.

donner à deviner si je suis gaie ou si je suis triste; et la réponse ne devrait pas être une correction ou bien une leçon d'une page. Mais je vous l'ai déjà dit,[2] quand on a l'esprit blessé ainsi que Don Quichotte, on prend des moulins pour des châteaux et des troupeaux de moutons pour une armée; je prie Dieu qu'il vous donne de meilleures lunettes et que vous voyiez les choses telles qu'elles sont. Si cela arrive jamais vous serez content de mes lettres présentes et moi des vôtres à venir.

Je reçus hier votre petit paquet, je vous renouvelle mes remercîments de votre thé; j'ai donné vos livres[3] au Baron, et je lui ai défendu de vous écrire ses remercîments, et lui ai promis que je m'en chargerais. La brochure[4] a été rendue ce matin à M. Mariette. Mon ballot pour vous est tout prêt; le valet de chambre de la grand' maman doit l'envoyer chercher quand il trouvera une occasion pour vous l'envoyer. Je suis très fâchée d'avoir mis dedans ce livre sur la goutte,[5] j'ai impatience que vous l'ayez, je pourrai bien en envoyer chercher un autre; je ne manquerai pas d'occasion de vous le faire tenir incessamment.

Vous aurez vu ce que je vous mandais de votre cousin.[6] Il a un tort que je ne lui pardonnerai jamais; je suis cependant très persuadée que ce n'a été que pure gaucherie.

Vous avez bien jugé que j'ai eu l'Idole sans le grand sacrificateur;[7] j'ai revu depuis cette Idole, elle est à la campagne, et nous devons nous revoir à son retour.

Oh! oui, je suis très bonne, non seulement je ne chansonne point, mais je ne montre point les chansons que l'on fait pour moi[8] quand je crois qu'on se moquerait de l'auteur.

Les oiseaux arrivent pour prendre du thé; je vous quitte. Je ne fermerai cette lettre que demain matin pour vous dire des nouvelles de la grand'maman.

Ce lundi 20.

Je me fais relire ma lettre, le commencement n'a pas le sens commun. J'ai voulu avoir un beau style, mettre de la dignité; et je n'ai fait que du galimatías; vous pourriez fort bien n'y rien comprendre.

2. See ibid.
3. Probably books from the Strawberry Hill Press, which HW was giving to the Baron de Gleichen.
4. Not identified.
5. See *ante* 15 Nov. and *post* 4 Dec. 1769.

6. See *ante* 15 Nov. 1769.
7. Probably the Prince de Conti.
8. D probably refers to Mme de Forcalquier's verses, which are mentioned in the same letter.

Oh! écoutez![9] Vous exigez que je ne parle point sentiment, et vous avez grande raison. Moi j'exige à mon tour que vous ne me fassiez plus de leçon sur cet article. Vos craintes m'ennuient autant que mes plaintes vous ennuieraient. Croyez-moi, vous n'avez pas besoin de préservatif, ne remplissez plus vos lettres de ces vérités qui doivent vous coûter à me dire, et dont je n'ai pas besoin qu'on me fasse souvenir.

Rassurez-vous aussi sur la Bellissima; il est douteux qu'elle fût piquée de la chanson; j'ai hésité si je l'y[10] montrerais, il aurait été possible de [la] lui faire trouver bonne, mais ne [la] lui ayant pas montrée, je me suis abstenue de la dire aux oiseaux et aux autres personnes qui auraient pu en parler. Elle a fait de nouveaux couplets pour moi très flatteurs, mais très plats, je ne les ai point voulu faire voir pour ne lui point donner de ridicule; je veux être bien avec elle, ainsi qu'avec tout le monde. Il n'y a pas une si grande différence entre les indifférents et ceux qu'on appelle amis, pour sacrifier ceux-là à ceux-ci.

Je soupai hier au soir avec la grand'maman, elle était mieux. J'ai distribué vos compliments, qui furent bien reçus; et comme de raison je fus chargée d'y répondre.

J'ai mal dormi cette nuit, je ne me porte pas bien. J'aurai ce soir à souper la Maréchale de Mirepoix, Milady Holland, Mmes d'Aiguillon et de Forcalquier, le Général, le petit Fox et votre cousin. Je donnerai à celui-ci[11] cette lettre, qui partira par son courrier. Votre cousine soupera chez la grand'maman. Je vous dis adieu jusqu'à l'arrivée de votre première lettre.[12] Les miennes vont reprendre leur train ordinaire et ne seront plus que des réponses aux vôtres.

Si l'histoire de votre Baronne[13] se confirme vous me le manderez. La cousine prétend que c'est Milady Grosvenor.[14]

Je reçois de Lyon une lettre de M. de Grave,[15] il y a rencontré les Trudaine et l'Archevêque de Toulouse. Le Trudaine est dans un pitoyable état, ils vont tous à Avignon, puis ils se rendront à Montpellier. Les Beauvau partent demain pour s'y rendre. La grand'

9. D is imitating HW.
10. The MS reads thus.
11. Robert Walpole.
12. HW to D 19 Nov. 1769 (missing).
13. The letter in which HW told this story is missing.
14. Henrietta Vernon (d. 1828), m. (1) (1764) Richard, 1st Bn Grosvenor (sepa-

rated, 1770, because of her intrigue with the Duke of Cumberland, George III's brother); m. (2) (1802), George Porter, cr. Baron de Hochepied of Hungary. See HW to Mann 31 Dec. 1769; *Mem. of Geo. III* iv. 109.
15. Missing.

maman ira jeudi à Versailles, c'est son projet, je ne serais pas bien étonnée qu'elle ne partît pas, sa santé n'est pas bonne; je crains que Gatti ne la conduise fort mal. Je n'ai point vu le grand-papa depuis huit jours, il se porte et se comporte bien. Le Général doit présenter aujourd'hui le petit Fox à la grand'maman. On m'annonce toujours l'arrivée de M. Craufurd, mais je n'y compte pas. Je n'ai point encore vu l'ambassadeur, je ne sais quel parti prendra votre cousin, je ne doute pas que le grand-papa ne désire qu'il reste. Adieu, je n'attends de vos nouvelles que dimanche au plus tôt, et après cette lettre-ci, vous n'aurez des miennes que le vendredi premier décembre.

From MADAME DU DEFFAND, Saturday 25 November 1769

Memoranda by HW (evidently for *Mem. of Geo. III*):

Till past twelve critical[1] . . . have been adjourned . . . on D. of R. Question on Lord Camden why removed.[2] A[ccount] of Yorke's death.[3] Wednesday 226–186.[4] Lord North. 180–224.[5] Grenville Luttrel charged.[6] Barré—Lord North—his situation.[7] 35 Grafton—34.[8] That a person eligible by right cannot be expelled but <by Act of> Parliament.[9] Leave chair together[10] . . . This Mon[day] more active. Duke <of Gr>afton. Lord North no timidity; will not shrink from <post>; back to Barré.[11]

Ce 25 novembre.

J'APPRENDS que Henri IV[12] part ce soir, j'aurais voulu le savoir plus tôt et avoir pu vous en prévenir par la poste de lundi 20, mais ce n'est que dans ce moment que je reçois le billet que je vous envoie. C'est le courrier de M. du Châtelet qui vous rendra ma

---

1. 'A more critical day had seldom dawned' (*Mem. of Geo. III* iv. 50).

2. Camden had been removed as Lord Chancellor (ibid. 30, 67).

3. See ibid. iv. 36, and HW to Mann 22 Jan. 1770.

4. 31 Jan. 1770 (HW to Mann 2 Feb. 1770). See *Mem. of Geo. III* iv. 51.

5. 'Last Friday, upon a question on that endless topic, the Middlesex election, the Court had a majority, at past three in the morning, of only four and forty' (HW to Mann 30 Jan. 1770).

6. A reference to Luttrell's illegal election to Parliament (*Mem. of Geo. III* iv.

51–2). Grenville made a speech about libellers hired by the court. Luttrell charged that Grenville himself was privy to a libel.

7. 'Lord North . . . laid down his own situation' (ibid. iv. 51).

8. Grafton had resigned (HW to Mann 30 Jan. 1770).

9. See *Mem. of Geo. III*. iv. 51, and HW to Mann 2 Feb. 1770.

10. 'The courtiers moved that the chairman should leave the chair, and carried it' (*Mem. of Geo. III* iv. 51).

11. See ibid.

12. See *ante* 2 Nov. 1769.

lettre, je souhaite que vous la receviez assez à temps pour prendre les mesures nécessaires pour qu'à l'ouverture rien ne soit cassé; j'aurais voulu vous éviter les frais de l'entrée mais je n'ai pas osé l'adresser au Duc de Grafton;[13] tout ce que je fais est maussade. Avec la meilleure volonté du monde je ne fais jamais rien qui vaille. Je vous écrirai par la poste de jeudi. Je n'ai pas le temps aujourd'hui de répondre à votre lettre du 19. On enverra chercher chez vous la brochure[14] que votre nièce a fait mettre dans le ballot.

From MADAME DU DEFFAND, Monday 27 November 1769

Entirely in Colmant's hand.

Memoranda by HW (unexplained):
   398–6–7
   29.

Ce lundi 27e novembre.

SOUFFREZ que je vous parle encore de Henri et de Sully;[1] vous les aurez peut-être quand vous recevrez cette lettre, mais peut-être aussi seront-ils à Londres arrêtés à la douane sans que vous en sachiez rien; le courrier de M. du Châtelet, à qui on a remis le ballot est parti avant-hier au soir; je lui ai fait donner un billet pour vous,[2] en lui faisant recommander de vous le remettre dans l'instant de son arrivée. S'il suit ces ordres cette lettre-ci sera superflue, mais s'il les a oubliés, elle suppléera à son oubli. Ce courrier doit arriver à Londres mercredi 29, ou jeudi 30; tout ceci n'est que pour que vous preniez vos précautions pour que Henri et Sully vous arrivent sains et saufs; après quoi nous n'en parlerons plus; vous les placerez où vous voudrez; vous leur rendrez les honneurs qu'il vous plaira.

Voilà donc mon pauvre cabaret[3] exclu pour jamais d'entrer dans votre château, il n'en est pas digne, et c'est vous traiter comme *ma femme de chambre* de songer à vous le destiner. Eh bien! il n'y faut plus penser; je serai fidèle à la résolution que j'ai prise, me soumettre sans raisonner à toutes vos volontés.

Milady Rochford m'a envoyé par l'ambassadeur un fort joli pré-

13. Who was then Prime Minister.
14. See *ante* 15 Nov. 1769.

1. See *ante* 2 Nov. 1769.
2. *Ante* 25 Nov. 1769.
3. See *ante* 12 Nov. 1769.

sent, c'est des corbeilles, des petits poissons et des jetons pour le whisk, le tout de tôle peint ou émaillé. Je voudrais lui renvoyer un petit présent, par le petit Fox, qui s'en retourne à la fin du mois prochain, mandez-moi ce que vous croyez qui pourra lui faire plaisir; Mme d'Aiguillon m'a dit hier ce qu'elle avait reçu et ce qu'elle lui renvoyait; je n'aurais certainement pas eu la même idée. Si je lui donne des porcelaines, elle croira les avoir vues chez moi et cela n'aura pas de grâce; ah! je vous ennuie à la mort, n'en parlons plus. Je veux vous parler de ce que j'ai entendu hier, un ouvrage de deux cents vers pour le moins sur *La Dispute,* c'est d'un nommé de Rulhière;[4] il ne veut le donner à personne; mais notre ami M. de l'Isle l'a retenu par cœur; il me le récita hier presque tout entier. Je ferai des bassesses pour obtenir de lui qu'il l'écrive et qu'il me permette d'en prendre une copie; je suis sûre que vous serez ravi de le voir.

La grand'maman retourna hier à Versailles, mais son beau-père,[5] qui est à la dernière extrémité, ne tardera pas à la faire revenir; je l'exhorte à ne se point presser à vous répondre, et d'attendre qu'elle en ait la force. Je n'ai point de nouvelles importantes à vous apprendre; je pourrais vous raconter beaucoup de petits riens de société, mais vous trouveriez sans doute que je me laisse trop aller au plaisir de causer avec vous; une femme de mon âge doit s'interdire tout ce qui éloigne de la gravité; il ne me sera pas difficile de ne m'en point écarter; je trouve peu d'occasions d'être gaie et joyeuse. Adieu.

N'avez-vous pas les Richmond?[6]

To Madame du Deffand, Tuesday 28 November 1769, N° 8

Missing. Probably written at Arlington Street. Answered, 4 Dec.

4. 'Reuiller' in the MS. Claude-Carloman de Rulhière (1735–91) wrote a poem called *Discours sur les disputes* which he entered for the French Academy prize in 1768, and which Voltaire included in his *Dictionnaire philosophique* (see *La Grande encyclopédie,* and Voltaire, *Œuvres* xviii. 397). Two MS copies of this poem (one in Wiart's hand) are in D's bequest to HW.

5. François-Joseph de Choiseul (1695–1769), Marquis de Stainville, died at Paris, 27 Nov. 1769 (*Rép. de la Gazette*).

6. 'On Tuesday, [28 Nov.] her Grace the Duchess of Richmond arrived at her house in Privy Garden from France. His Grace is daily expected' (*London Chronicle* xxvi. 528, 30 Nov. 1769).

From MADAME DU DEFFAND, Monday 4 December 1769

N° 11. Paris, ce lundi 4 décembre 1769.

JE ne suis pas comme vous; quand vous vous mettez à m'écrire vous avez la crainte de n'avoir pas de quoi remplir deux pages de petit papier, et ma crainte à moi est de me laisser aller à remplir dix pages.

Les lettres n'arrivèrent point hier, je n'en fus pas fâchée. J'espérais bien en recevoir aujourd'hui, et je n'étais pas hier en train de vous écrire. J'aurai donc manqué une poste, et c'est un mérite auprès de vous, mais il en résulte que vous en aurez reçu la lettre de la grand' maman[1] trois jours plus tard.

Vous craignez, dites-vous, d'interrompre mes causeries avec M. Craufurd; eh bien! je ne l'ai pas encore vu un moment en particulier; il arriva vendredi, il me manda qu'il était chez Milady Holland et qu'il n'osait venir chez moi en habit de voyage; j'allai chez la Milady, je passai une demi-heure avec lui chez elle; le samedi il vint chez moi où il y avait beaucoup de monde, hier dimanche il y arriva à neuf heures, il y soupa avec Pont-de-Veyle, votre nièce, et la Sanadona. J'avais prié Milady Holland et son fils, qui étaient engagés chez Mme de Monconseil; le petit Fox revint après souper et nous avons veillé un peu tard. Voilà mon histoire jusqu'à ce moment. Comme cette lettre ne partira que jeudi il y aura beaucoup d'additions. Je vous dirai simplement aujourd'hui que rien ne saurait me déplaire davantage que ces maudits bruits de guerre;[2] j'espère qu'ils ne sont pas fondés, mais ce mot guerre, n'eût-il que le son, me déplaît mortellement. Je soupe ce soir avec tous mes parents, mais je n'en saurai pas davantage.

Vous avez trouvé la vraie pierre philosophale sans la chercher; une indifférence parfaite pour tout événement. C'est celle-là qui me conviendrait bien d'avoir, que je ne trouverai jamais quand je pourrais me résoudre à la chercher. Pour l'autre après laquelle vous croyez que je cours, si je ne l'ai pas déjà trouvée j'en abandonne la recherche. Comme vous oubliez ce que vous écrivez, quoique ceci réponde à un article de votre lettre,[3] cela pourra bien vous paraître un

1. Mme de Choiseul to HW 30 Nov. 1769.

2. There was talk of war between France and England (see HW to Mann 30 Nov. 1769).

3. HW to D 28 Nov. 1769 (missing).

galimatias. En voilà assez pour aujourd'hui, demain nous parlerons d'autres choses.

Ce mardi 5.

Il y a aujourd'hui deux mois que vous couchâtes à Clermont;[4] belle remarque, belle mémoire, direz-vous; chacun se fait des époques à sa manière, chacun a ses ères et ses airs, nul n'est maître de ses pensées, *mais on est maître de ne les point dire;* pour moi j'aime passionnément qu'on ait le cœur sur les lèvres, qu'on dise franchement sa pensée. C'est un charme que je trouve dans le grand-papa. Je soupai hier avec lui, je l'aimai à la folie. Ah, fi donc! je ne veux point croire qu'il veuille la guerre. S'il avait cette intention il deviendrait mon plus grand ennemi, j'aimerais cent fois mieux qu'il consentît à ma ruine; c'est à quoi il n'est pas disposé, tout au contraire, il me fait payer ma pension; la grand'maman et lui seraient ravis de me procurer plus d'aisance; mais la paix, la paix, voilà tout ce que je leur demande.

Le croirez-vous, je n'entendis point parler hier dans toute la journée de M. Craufurd, je n'ai point envoyé chez lui, il est six heures du soir, je n'en ai point encore entendu parler, il n'entendra point parler de moi, je me forme beaucoup. Je prends les manières anglaises, et j'aurai bientôt toute la dignité que donnent la froideur et l'indifférence; alors serez-vous content?

J'attends avec impatience votre première lettre pour apprendre si vous avez le Duc de Richmond et Henri IV. Vous ne voulez pas lire le livre de la goutte;[5] tant pis, il y a des remèdes qui ne peuvent pas être dangereux et qui peuvent être souverains; les sangsues, par exemple.

Ce mercredi 6.

Oh! la belle conduite! si je n'ai pas l'esprit de mon âge j'en ai encore moins le régime; j'ai honte de vous le dire. Je suis rentrée cette nuit à 7 heures du matin! J'avais préféré le Président aux oiseaux; Mme de Luxembourg soupait chez eux, mais votre nièce et moi y fûmes après souper; grand vingt et un, j'y perds un louis et j'en demeure là; votre nièce s'y établit, gagne, perd, regagne; le désir qu'elle fît fortune, ou que si elle faisait une lessive elle se dégoûtât du jeu,

4. HW slept at Clermont, the night after his departure from Paris, 5 Oct. 1769 (*Paris Jour.*).

5. See *ante* 15 Nov. 1769.

joint au penchant que j'ai pour veiller, tout cela, dis-je, a fait que nous ne sommes rentrées qu'à sept heures, et nous avons encore laissé au jeu les trois oiseaux[6] et le petit Fox. Votre nièce a gagné 12 ou 13 louis, elle donne à souper samedi aux oiseaux, pour tout homme MM. Fox et Craufurd; je n'y arriverai qu'au retour du souper de la grand'maman, à qui je ne peux manquer ce jour-là.

Vous voyez la vie que je mène, elle vous fait espérer d'être pour jamais à l'abri de tout ce que vous craignez tant.

J'ai vu hier pour la première fois seul le petit Craufurd, je l'aime toujours beaucoup, nous ne fûmes pas longtemps ensemble, tous les Visigoths et Ostrogoths arrivèrent. Il est six heures du soir, il faut que je me lève. Vous abrégez vos lettres pour de moins bonnes raisons que celle-là. Voilà celle de la grand'maman,[7] vous verrez par sa date que c'est ma faute si vous ne l'avez pas reçue plus tôt.

To MADAME DU DEFFAND, Tuesday 5 December 1769, N° 9

Missing. Written at Arlington Street. Answered, 10 Dec.

From MADAME DU DEFFAND, Sunday 10 December 1769

N° 12. Paris, ce dimanche 10 décembre.

JE reçois votre lettre du 5; mais comme je vous ai récrit le 7, et qu'il faut observer la règle des sept jours, celle-ci ne sera remise à la poste que jeudi 14.

Vos dernières lettres ressemblent à la queue d'un orage, le tonnerre gronde encore; mais il s'éloigne, le bruit diminue, nous aurons bientôt le beau temps. J'ai bien envie d'apprendre que notre Henri soit arrivé à bon port et de savoir quelle sera la place qu'il occupera. J'ai ri du présent que vous me conseillez de faire à Milady Rochford,[1]

6. The third was Louise-Julie de Boufflers (1741–94), m. (1760) Louis-Bruno de Boisgelin de Cucé, Comte de Boisgelin (Henri-Alexandre Wallon, *Histoire du tribunal révolutionnaire*, 1880–2, iv. 423; *post* 10 Dec. 1769, n. 2).

7. Mme de Choiseul to HW 30 Nov. 1769, evidently enclosed in this letter. Probably D made a copy of Mme de Choiseul's letter, because it was published

by M. de Sainte-Aulaire, who had access to the Prince de Beauvau's copies of D's correspondence.

———

1. Mme du Deffand had consulted Mr Walpole upon what she should send to Lady Rochford in return for a present of painted and enamelled fish and counters for playing at whist; and he recommended a mask of the same materials (B).

il n'y aurait pas assez de différence entre le masque et le visage. Vous êtes fort gai, et votre style a un *délibéré* qui doit vous rendre fort difficile sur celui des autres. Si vous saviez parfaitement notre langue, je ne balancerais pas (flatterie et amitié à part) à vous dire que vos lettres valent mieux que celles de votre sainte. N'allez pas prendre cela pour une douceur, je ne vous en dirai de ma vie; mais je vous prie de ne vous pas fâcher quand vous trouverez de la tristesse ou de l'ennui dans mes lettres. Je suis tout par moments. J'accepterais très volontiers la proposition que vous me faites de n'écrire que quand on en a envie, mais vous n'y gagneriez rien, tout au contraire; pour une fois que je ne vous écrirais pas selon notre règle, je vous écrirais peut-être vingt postes de suite: ainsi restons comme nous sommes, ayez assez de justice pour convenir que je suis bien corrigée. Parlons du petit Craufurd: c'est un être bien malheureux; il a une mauvaise santé, mais sa tête est encore bien plus mauvaise. Je ne sais pas ce qu'il fera, rien ne ressemble à son incertitude: l'ennui le ronge, je le plains. Oh! sa société ne vous convient nullement; il perdit hier au vingt et un une centaine de louis; c'était votre nièce qui donnait à souper dans mon appartement; j'étais engagée chez la grand'maman; je ne rentrai qu'à une heure; je trouvai toute la compagnie autour de la table de jeu, excepté votre cousin, qui, très prudemment, s'était allé coucher: il y avait les trois oiseaux,[2] votre nièce, la Sanadona, le petit Fox, le petit Craufurd, et M. de l'Isle. Le Fox gagna trois cents louis; mais la veille il en avait perdu deux cents soixante contre Mme de Boisgelin. Je crains quelque mésaventure pour votre nièce. Je suis interrompue.

Ce lundi, à 4 heures après midi.

Je reviens à vous, et ce n'est pas une corvée pour moi. Votre nièce perdit cinq louis, elle dit qu'elle ne fera jamais de folie; tant mieux, mais j'en doute.

Je soupai hier chez la Bellissima, avec Mme de la Vallière, le Général, le petit Craufurd, MM. Hessenstein, de Belsunce,[2a] Chabrillan, et un évêque; on joua au vingt et un, le Craufurd perdit vingt louis, voilà le seul événement. Les propos ne pouvaient se retenir. Ce matin j'ai été payée de ma pension,[3] j'en étais très pressée, parce que

2. The Marquise de Boufflers, her daughter the Comtesse de Boisgelin, and her niece the Vicomtesse de Cambis (B).

2a. Antonin-Louis de Belsunce (1741–96), Marquis de Castelmoron, called Marquis de Belsunce (Woelmont de Brumagne ii. 57).

3. D had asked Mme de Choiseul to get the pension paid (see *ante* 23 Oct. 1769, and Mme de Choiseul to D 21 Oct. 1769, S–A i. 258).

le plus petit délai pouvait le faire devenir infini. Tel événement[4] dont on parle beaucoup peut m'être fort contraire; je vais payer mes dettes, et dans le courant de la semaine je ne devrai pas un écu. J'aime l'ordre, j'aime la raison; si je m'écarte quelquefois, ce n'est pas sans remords; enfin, si je m'égare, je reviens bientôt au gîte. Je ne saurais aimer ni la folie ni les fous. Je voudrais qu'une fois en votre vie vous me donnassiez cette louange: *ma petite est raisonnable.* Ah! oui, je le suis, et mille fois plus que vous ne le croyez. Ce n'est pas à la manière de ceux qui sont sans âme, car je suis aussi vivante que si je n'avais que vingt ans, mais ma conduite en a soixante-treize. Je vous vois rire et vous moquer de moi à cause de l'heure où je me couche, qui est quelquefois un peu indue; mais qu'est-ce que cela fait, quand on ne saurait dormir, d'être dans un fauteuil plutôt que dans un lit? Quand cela nuira à ma santé, ou que cela ne s'accordera pas avec le régime des gens avec qui j'aime à vivre, je me coucherai à minuit, s'il le faut.

Je soupe ce soir chez la grand'maman, avec votre nièce. Voilà Mlle de Bédée qui m'interrompt.

Ce mercredi 13, à 7 heures du matin.

Votre nièce n'a point soupé hier chez la grand'maman; elle fut contremandée, parce qu'il y avait trop de monde: c'était les La Rochefoucauld. Le Duc a toutes les qualités qui s'acquièrent; il ne doit à la nature que le désir qu'elle lui a donné de s'instruire et de bien faire. Sa mère a la même volonté. Pour la dame Chabot,[5] ce n'est rien du tout. La grand'maman se porte mieux; voilà deux jours qu'elle est plus forte et plus gaie; elle a réellement un goût véritable pour vous; elle ne souffre pas que rien vous soit comparé. Je lui parle de temps en temps du Duc de Richmond; je la dispose à lui rendre service quand l'occasion arrivera; je lui dis que c'est le plus grand plaisir qu'elle puisse vous faire, et rien n'est plus capable de la faire bien agir. Je ne la verrai ni aujourd'hui ni demain: elle donne à souper tour à tour à toutes les amies et tous les amis de son mari; son appartement est fort petit; elle n'y peut pas rassembler beaucoup de monde; ce monde m'ennuierait, et de plus, je me souviens du conseil que vous m'avez donné de ne me pas mettre à tous les jours. Vous

---

4. The imminent downfall of Choiseul, who had been able to get D's pension paid more promptly.

5. Élisabeth-Louise de la Rochefoucauld (1740–86), m. (1757) Louis-Antoine-Auguste de Rohan-Chabot, Comte de Chabot, Duc de Chabot, 1775, and de Rohan, 1791 (*Rép. de la Gazette*).

avez bien du bon sens, et la comparaison que je fais de vous avec mes compatriotes, et avec ce que je connais des vôtres, est fort à votre avantage: votre morale est un peu sévère, et je ne la suivrai pas au pied de la lettre, mais je ne la veux enfreindre que pour vous.

M. de l'Isle m'a donné la copie des vers sur *La Dispute;*[6] je lui ai promis de lui en garder le secret; je serai parjure pour vous: vous la recevrez par le petit Craufurd, qui ne saura pas ce qu'il porte. Je n'ai rien à vous prescrire sur le secret; vous ne pouvez jamais que bien faire. Vous ne serez pas fort content de cet ouvrage; à la première lecture il m'avait plu, à la seconde je l'ai trouvé médiocre, et à la troisième assez mauvais: c'est du même homme qui a fait la *Relation de la révolution de Russie,*[7] qu'on dit être un chef-d'œuvre: on en disait autant de ce que je vous envoie; je n'ai pas grande foi aux jugements qu'on porte; le goût est perdu.

Le petit Craufurd partira vers Noël avec le petit Fox. Je me suis contentée d'approuver son départ sans lui rien dire de ce que vous m'avez écrit. Je dois aller demain avec lui, sur les cinq heures, chez Milord et Milady Holland prendre du thé.

La Maréchale de Luxembourg part aujourd'hui pour Montmorency et n'en reviendra que le 24. Elle m'enlève les oiseaux. Elle m'y avait invitée, ainsi que votre nièce; il m'a paru qu'elle s'en repentait, et cela m'a bien confirmée dans le dessein que j'avais formé de n'y point aller. Le Craufurd vous contera son engouement pour le petit Fox; je ne suis point sa rivale. Je lui trouve beaucoup d'esprit, mais il a pris toute sa croissance, il n'ira pas plus loin; il pourra augmenter de témérité, quoiqu'il en ait déjà une bonne dose. Voilà le seul progrès qu'il pourra faire. Pour le petit Craufurd, c'est bien dommage qu'il soit fol, son cœur est excellent. Je crois que voilà la dernière visite que j'en recevrai, j'en suis fâchée, j'ai de l'amitié pour lui et sa conversation me plaît.

Je ne compte pas avoir de lettres aujourd'hui, je ne fermerai cependant mon paquet qu'après l'arrivée du facteur. Adieu.

À 3 heures après midi.

Voulez-vous avoir un petit ménage de chats angora, le frère et la sœur, qui ont deux mois, qui sont tout blancs, et de la plus belle

6. See *ante* 27 Nov. 1769.

7. Rulhière had been secretary at the French embassy in Russia, at the time when Catherine the Great dethroned her

husband; his *Anecdotes sur la révolution de Russie, en l'année 1762* was circulated in manuscript after his return to France in 1765, and was vainly sought by Catherine's

espèce? S'ils vous font plaisir je chercherai un moyen sûr de vous les envoyer. Il faut me répondre sur-le-champ pour ne pas laisser échapper l'occasion, en cas que je la trouve; vous établirez cette race en Angleterre, il n'y a rien de si beau ni de si aimable que ces animaux-là.

To Madame du Deffand, Tuesday 12 December 1769, N° 10

Missing. Probably written at Arlington Street. Answered, 20 Dec.

To Madame du Deffand, Tuesday 19 December 1769, N° 11

Missing. Probably written at Arlington Street. Answered, 24 Dec.

From Madame du Deffand, Wednesday 20 December 1769

N° 13. Paris, ce mercredi 20 décembre 1769.

AH, je confesse que j'ai tort, mais la mort de M. de Stainville[1] a été un si petit événement pour le public, et même pour le comité le plus intime, qu'il s'était effacé de ma mémoire; la seule circonstance qui aurait dû m'en faire souvenir c'est la générosité du grand-papa envers une vieille maîtresse[2] qui logeait avec lui; il a eu le même procédé que Grandison[3] avec la maîtresse[4] de son père: il lui a laissé les meubles, la vaisselle, en un mot tout ce qui était dans la maison. Pour Mme de Lauraguais[5] j'aurais dû m'en souvenir; sa

emissaries, who wanted to suppress it. It was printed after her death, in Paris, 1797 (NBG, and Grimm viii. 493, 1 April 1770).

———

1. Father of the Duc de Choiseul (see *ante* 27 Nov. 1769). D had forgotten to announce his death to HW.
2. Not identified.
3. Sir Charles Grandison, the hero of

Richardson's novel, refused to leave his father's mistress destitute, although she had no legal claim on the family property (Samuel Richardson, *Sir Charles Grandison*, 1754, ii. Letters xx–xxii).
4. Mrs Oldham.
5. She died at Paris, 30 Nov. 1769 (*Rép. de la Gazette*).

GATTI
BY CARMONTELLE

mort ne m'a pas été indifférente, elle s'adonnait depuis quelque temps à la grand'maman; c'était la plus sotte, la plus orgueilleuse, et la plus impertinente des femmes; elle était abîmée de dettes, de sa vie elle n'avait payé ni domestiques ni marchands, ni ouvriers, elle empruntait à tous les gens obscurs et ne rendait rien; on lui avait déjà payé pour cinquante mille écus de dettes; elle avait eu toute la vaisselle, les bijoux, etc., etc., à la mort de deux Dauphines[6] comme droit de sa charge de dame d'atour. Son mobilier est très considérable, mais pas assez pour acquitter toutes ses dettes; elle avait eu la bassesse de préférer d'emprunter à se défaire d'aucun bijou. En un mot c'était une vilaine femme. Mme du Châtelet ne vous en parlera pas de même, elle était son amie. Je ne vous avais pas mandé non plus la petite vérole de Mme de Guerchy, dont elle s'est parfaitement bien tirée. Il arrive un nouveau dégoût à Gatti;[7] Mlle d'Albert,[8] fille de M. de Chevreuse, qu'il avait inoculée, a la petite vérole. Le grand Abbé fait une grande histoire pour justifier Gatti, mais c'est la dix ou douzième aventure pareille. Mais laissons là toutes ces sortes de nouvelles pour en venir à une plus intéressante.

M. d'Invault a donné hier matin sa démission;[9] si son successeur est nommé avant le départ de cette lettre, je vous l'apprendrai.

Vous aviez il y a deux ans un grand désir de voir ma parodie d'Inès[10] en mirliton. À force de recherche la grand'maman est parvenue à la trouver; j'en ai fait faire une copie, mais je n'ai pas trop d'envie de vous l'envoyer, elle fut faite en 1721 ou '22,[11] tout le monde savait cette tragédie par cœur, aujourd'hui personne ne s'en souvient, ce qui ôte tout le mérite à la parodie, et puis c'est une gaîté de jeunesse faite dans une société particulière; toutes ces circonstances manquent aujourd'hui, ainsi ce qui était plaisant il y a près de cinquante ans paraîtrait une platitude aujourd'hui. Je ne vous l'enverrai donc point par M. Craufurd; il ne vous portera que les

6. Marie-Thérèse-Antoinette of Spain (1726–46), and Marie-Josèphe de Saxe (1731–67), the first and second wives of the Dauphin Louis, son of Louis XV.

7. When HW was in Paris, Dr Gatti was much distressed because two patients whom he had inoculated caught smallpox (*Paris Jour.*, 2 Oct. 1765).

8. Pauline-Sophie d'Albert de Luynes (b. 1756).

9. As contrôleur général des finances. He was succeeded by the Abbé Terray (see *post* 26 Dec. 1769; *Mem. of Geo. III* iv. 222).

10. D's parody of the tragedy *Inès de Castro* by Antoine Houdart de la Motte (1672–1731). D's verses each end with a refrain of 'mirliton mirliton.' Two copies of her parody are in her bequest to HW; both MSS are in Wiart's hand. See also *Paris Jour.*, 25 Sept. 1767.

11. La Motte's tragedy appeared in 1723.

vers sur les *Disputes*[12] dont vous ne lui parlerez point, parce que j'ai promis à de l'Isle de ne dire à personne qu'il me les avait donnés. Pour peu que cela transpirât en Angleterre il l'apprendrait par les du Châtelet. Le petit Craufurd et le Fox partiront jeudi 28. Ce dernier, toute réflexion faite, me plaît médiocrement; il a de l'esprit, mais c'est un esprit précoce, il ne mûrira jamais, il est sans goût, sans saveur, il est âpre et vert; son imagination, son feu, le mèneront loin, mais il croit trouver tout en lui et il négligera toujours l'instruction et l'étude dont il n'aura pas besoin pour la circonstance du moment. Enfin, je ne crois pas qu'il ait de la nature. Il y a du Jean-Jacques. J'aime cent fois mieux l'esprit du petit Craufurd. S'il n'était pas fou, il pourrait beaucoup valoir,[12a] mais il est fou et c'est sans remède. J'ai du goût pour lui; cependant je le verrai partir sans grand regret, quoique sans espérance de le revoir. N'est-il pas étrange de ne rencontrer personne qu'on puisse parfaitement estimer? rien ne dégoûte autant de la vie. Ah! je comprends toutes les raisons que vous avez de mépriser les hommes.

Je vois souvent les oiseaux; ils ne valent rien, cela est sûr, mais je m'en amuse, et je suis bien éloignée de m'y attacher. C'est assez parler des autres, il faut que je vous dise un mot de moi.

Depuis huit jours je ne me porte pas trop bien, avant-hier lundi j'eus beaucoup de douleurs d'entrailles qui me causèrent des faiblesses, de petits évanouissements; pendant ce temps-là la grand' maman, avec qui j'avais soupé la veille, et qui m'avait vue fort enrhumée, envoya savoir de mes nouvelles; je lui mandai que je m'évanouissais à tout moment, mais que cela ne m'avait pas empêchée d'ajouter une scène à la parodie en mirliton qui y manquait, et je la lui envoyai. Je devais ce jour-là souper chez le Président. Quand elle eut reçu ma réponse, elle me fit proposer par l'Abbé de venir passer la soirée chez moi, de m'apporter son souper et de m'amener sa compagnie; cette proposition était dans quatre couplets de mirliton.[13] Je l'acceptai. Nous fûmes cinq à souper, la grand' maman, l'Abbé, le Castellane, le Souza et moi. Elle m'apporta une galanterie charmante, une jolie boîte avec le médaillon du grand-papa en émail, ressemblant comme deux gouttes d'eau. Elle a plu-

12. Rulhière's *Discours sur les disputes.*
12a. The rest of this sentence and the first clause of the next were omitted in Toynbee.

13. These couplets, beginning 'La maman est affligée,' are in D's bequest to HW (see Appendix 27).

sieurs de ces médaillons, je lui en ai demandé un sans lui dire pourquoi ni pour qui, vous le saurez *si vous le voulez*,[14] mais je ne lui en reparlai point hier parce que je ne veux pas la presser de me le donner que je n'aie votre réponse; si c'était le sien je n'hésiterais pas. En voilà assez pour aujourd'hui, je vous en dirai davantage par le petit Craufurd. Votre nièce donnait à souper lundi à des Anglais et Anglaises, elle vint nous trouver quand sa compagnie fut partie.

From Madame du Deffand, Sunday 24 December 1769

Nº 13. Paris, ce dimanche 24 décembre 1769.

JE ne comprends pas comment M. Wilkes peut devenir un obstacle[1] à l'arrivée de Henri IV, mais tout me paraît incompréhensible, grands et petits événements, grands et petits personnages; on ne peut juger de rien, on se trompe sur toutes choses; le plus sage parti est de rester dans son ignorance sans observer et sans chercher à pénétrer. À quel propos cette morale? me direz-vous; je n'en sais rien, elle ne porte sur aucun sujet particulier, mais en général je sais par mon expérience et par ce que je vois des autres que presque tous les jugements sont faux, que tout est illusion, qu'on ne peut s'assurer de rien, qu'il n'y a de certain dans le monde que le peu de durée de la vie, et que cette connaissance, la seule vraie et la seule consolante, est la seule qui la fasse supporter. Si c'est là de la métaphysique vous conviendrez que celle de ce genre convient à mon âge; si j'en ai fait d'autre, qui vous ait paru ridicule, j'en suis bien corrigée, ce n'était pas un penchant qui dût me coûter à surmonter; excepté vous, qui que ce soit au monde n'a cru que ce fût mon genre; je m'en suis toujours moquée dans les autres, et je puis vous dire avec la plus grande vérité que vous étonneriez bien tous les gens qui me connaissent en me taxant d'être métaphysicienne romanesque; mais comme vous m'en trouvez corrigée je dois être contente, et ne plus rabâcher sur cet article.

Cette lettre vraisemblablement vous attendra à Londres, puisque vous devez passer les fêtes chez les Richmond.[1a]

Tous vos Anglais partiront cette semaine, et malgré mon anglo-

14. See *ante* 27 Nov. 1769.

_____

1. Probably HW meant that the disturbances following Wilkes's successful suit against Lord Halifax had made the streets unsafe, and so had delayed the delivery of articles from the customs.

1a. HW was in London 21 and 31 Dec.

manie je n'y aurai pas grand regret. L'article de votre lettre sur Charles Fox[2] est parfaitement bien, je me désiste aisément de mon opinion pour me ranger à la vôtre; il perd immensément au vingt et un, au trictrac, à toutes sortes de jeux. Oh! c'est bien mon intention de ne pas souffrir qu'on joue chez moi, et de ne pas former une grande liaison avec les oiseaux, mais ils soupent ce soir chez moi avec les Anglais, il me sera bien difficile, pour ne pas dire impossible, d'empêcher qu'il ne s'y perde beaucoup d'argent. J'ai fait à votre nièce toutes les représentations les plus sérieuses, j'espère qu'elle y fera attention; mais avec d'excellentes qualités elle n'a pas la tête trop bonne, c'est une providence qu'elle ait assez de défauts pour m'empêcher de m'y attacher.

La grand'maman retourne aujourd'hui à Versailles. Elle y restera jusqu'à samedi qu'elle viendra souper chez moi. Le dimanche, veille du premier jour de l'an, je souperai chez le Président suivant l'usage qui s'observe depuis plus de trente ans, le lendemain suivant le même usage on soupera chez moi. Excepté la société de la grand' maman tout le reste m'est à peu près égal, je suis résolue de m'accoutumer à l'ennui; en ne le craignant point, en ne cherchant point à l'éviter, je me le rendrai peut-être supportable. Le petit Craufurd me fait faire bien des réflexions, je vois que son esprit ne lui sert de rien si ce n'est à le rendre plus malheureux. Je vous écrirai par lui. Peut-être n'aurai-je rien de bien particulier à vous mander; cette pièce de vers[3] qu'il doit vous porter, dont je vous ai demandé un si grand secret, est entre les mains de plusieurs personnes.

J'espère que votre commission sera bien faite, j'y emploierai les gens à qui je crois le plus de goût; le petit Craufurd a fait faire une robe de vingt et tant de louis pour cette demoiselle qui est morte,[4] il n'en sait plus que faire. Le testament de votre Milady Germain[5] ressemble à celui du Cardinal Mazarin.[6]

---

2. Probably HW to D 19 Dec. 1769 (missing).

3. Rulhière's *Discours sur les disputes*.

4. Perhaps Lady Cecilia Lennox.

5. Lady Elizabeth Berkeley (1680–1769), m. (1706) Sir John Germain, cr. (1698) Bt, from whom she inherited Drayton, Northants, and a large fortune; she bequeathed Drayton and £20,000 sterling to Lord George Sackville, second son of the first Duke of Dorset, in accordance with the wishes of her husband, who was a friend of the Dorset family. She died 16 Dec. 1769 (*London Chronicle* xxvi. 586, 18 Dec. 1769). The catalogue of the sale of her pictures etc. (7–10 March 1770), several of which were bought by HW after her death, is now WSL.

6. Cardinal Jules Mazarin (1602–61) offered to leave all his property to Louis XIV, who refused it. He then bequeathed most of it to his nieces and nephews, but left the Pope 600,000 livres to carry on the war with Turkey. These donations to

Vous n'aurez point les chats,[7] j'en donne un à votre cousin; votre nièce avait envie de l'autre, mais elle a changé d'avis.

Nous avons un contrôleur général, c'est l'Abbé Terray,[8] conseiller de grand'chambre, qui était à la tête du conseil de Monsieur le Prince de Condé.

Voici des vers que l'on me dit hier, ils sont du petit Abbé Porquet,[9] pour être mis au bas du buste du Roi Stanislas:

> Il n'est point de vertus que son nom ne rappelle,
> Philosophe, guerrier, monarque, et citoyen;
> Son génie étendit l'art de faire le bien,
> Charles[10] fut son ami, mais Trajan son modèle.

Adieu jusqu'à jeudi que je vous écrirai par le petit Craufurd.

Je viens d'envoyer de votre part chez Mme d'Haussonville. Mme de Guerchy a une fluxion sur les yeux; d'ailleurs elles se portent bien et sont fort touchées de votre souvenir, et m'ont fait prier de vous en marquer leur reconnaissance.

To MADAME DU DEFFAND, Tuesday
26 December 1769, N° 12

Missing. Probably written at Arlington Street. Answered, 2 Jan.

From MADAME DU DEFFAND, Tuesday
26 December 1769

N° 14. Paris, ce mardi 26 décembre 1769.

CONTRE toute règle, en ne gardant aucune mesure, je vous écris aujourd'hui, quoique je vous aie écrit dimanche. Vous tolérerez cet excès d'écriture en considération de l'occasion du départ de vos Anglais et du compte que j'ai à vous rendre de vos commissions. M. Craufurd vous portera deux boîtes, dont l'une ovale est de Hazard,[1]

people outside the family and the presence in each estate of valuable art collections made them seem similar.

7. D had offered to HW two Angora cats (see *ante* 10 Dec. 1769).

8. Joseph-Marie Terray (1715–78).

9. Abbé Pierre-Charles-François Porquet (1728–96), former tutor of the Chevalier de Boufflers.

10. Charles XII (1682–1718), King of Sweden, friend and ally of Stanislas.

1. Jean-Louis Hazard (b. 1736) was a glass-painter at Nantes (Emmanuel Bénézit, *Dictionnaire des peintres*, 1911–23). D may mean, however, that the box was purchased from a dealer named Hazard.

elle vaudrait dix-huit ou vingt louis, il l'a payé douze. L'autre est de dix louis. J'ai tiré parole de lui qu'il vous en laisserait le choix. Je lui ai donné une tasse pour Mme Greville; faites-le souvenir, je vous prie, de cette commission. Il se porte beaucoup mieux; nous sommes assez bien ensemble: c'est bien malheureux qu'il soit fou; mais de tous ses maux c'est le plus véritable et le plus incurable. Je ne suis point dans l'admiration de son compagnon de voyage;[2] il a plus d'esprit que de jugement, et je ne sens pas que ce soit à la jeunesse qu'on doive l'attribuer. Je fus dimanche prendre du thé avec son père:[3] je vois bien que c'est un homme d'esprit; sa femme est simple et bonne; on la verrait volontiers et l'on s'en passerait sans peine.

Je pense comme vous sur les oiseaux; je ne leur trouve nul attrait: c'est une société dangereuse pour votre nièce. Leur fureur pour le jeu est contagieuse: je ne veux point pénétrer ce qui en est arrivé; je me borne à prévenir autant que je peux les inconvénients à venir. On joua chez moi dimanche jusqu'à cinq heures du matin; le Fox y perdit quatre cent cinquante louis. Ne paraissez point instruit de ce que je vous dis: je crois que ce jeune homme ne sera pas quitte de son séjour ici pour deux ou trois mille louis; le Craufurd, jusqu'aujourd'hui, n'a pas fait de grandes pertes, mais il y a encore deux jours d'ici à jeudi.

Vous savez que nous avons un nouveau contrôleur général, l'Abbé Terray: cet homme, à soixante et tant d'années,[4] est conseiller de grand'chambre, a de la réputation dans le Parlement, est chef du conseil de Monsieur le Prince de Condé. Il a cinquante mille écus de rente. Concevez-vous qu'il ait pris cette place, s'il n'est pas sûr de s'en bien acquitter? C'est le Chancelier[5] qui l'a fait choisir. Ce magistrat paraît avoir un crédit prépondérant: il n'est pas encore démontré si c'est tant pis ou tant mieux pour ceux qui nous intéressent. Quand M. d'Invault eut donné sa démission, le Roi ordonna un comité chez le Chancelier, avec les quatre secrétaires d'État, MM. de Choiseul et de Praslin, Bertin et Saint-Florentin, pour qu'ils avisassent le choix qu'il fallait faire. On nomma plusieurs personnes, entre autres l'Archevêque de Toulouse; chacun se tint sur la réserve, pour être en état d'être le très humble serviteur de celui qui serait nommé. Ce fut le mardi 19 que se tint ce comité, et le mercredi

2. C. J. Fox.

3. Lord Holland.

4. He was fifty-four; D corrects her estimate, later.

5. Maupeou.

matin l'Abbé Terray fut nommé. Je soupai le mardi avec le grand-
papa: il est toujours de la plus grande gaîté; il sera comme Charles
VII,[6] à qui on disait: 'On ne peut perdre un royaume plus gaiement.'
Ah! mon ami, il y a bien peu de bonnes têtes, et quand on voit le
derrière des coulisses, on n'admire guère la décoration.

On parle beaucoup du nouvel assassinat[7] du Roi de Portugal, et de
votre écrit de Junius.[8] Adieu, demain je continuerai.

Ce mercredi.

Je passai hier deux heures entre le petit Craufurd et votre cousin;
celui-ci a bien plus d'esprit que je ne croyais, sa tête est bonne; je
lui crois un bon cœur, parlez-en au Craufurd, vous verrez ce qu'il en
pense. Je fus souper chez la Duchesse de Boufflers. Le Craufurd
soupait chez Mme d'Aiguillon, et votre nièce, qui donnait à souper
à des Anglais, alla chez la Marquise de Boufflers quand ils furent
partis. J'apprends tout à l'heure qu'elle n'est rentrée qu'à sept heures
du matin, ramenée par Mme de Boisgelin. Je crains bien qu'elle n'ait
beaucoup perdu. Que faire à cela? Semblant de rien; je ne l'interrogerai point.

Je lui dis l'autre jour qu'elle pouvait compter sur moi, que je
serais toujours une ressource pour elle excepté dans un seul cas, les
pertes qu'elle ferait au jeu. Ces oiseaux, si je ne me trompe, lui seront
bien funestes. Je crains aussi que le petit Craufurd qui devait aller
chez Mme de Boufflers, au sortir de chez Mme d'Aiguillon, n'ait
beaucoup perdu, c'est ce que j'apprendrai tantôt. Pour le Fox, je ne
m'en soucie guère. Ah! je suis bien résolue d'être sur mes gardes avec
ces oiseaux. Je me couchai à deux heures. On joua au vingt et un
chez la Duchesse de Boufflers. Je ne touchai pas une carte, je n'ai pas
fermé l'œil de la nuit et je n'ai pas autant de santé que de bon sens.
Je ne puis vous rien dire de la politique, je ne vis hier personne qui
m'en ait pu rien apprendre. Milord et Milady Holland partent demain pour Nice. Le Duc de Devonshire[9] et M. Fitzherbert[10] partiront dans huit ou dix jours, je vous écrirai par eux, et vous n'en-

---

6. (1403–61), King of France, who lost
most of his kingdom to the English, and
regained it through Joan of Arc.

7. José I (José Manoel) (1714–77), King
of Portugal, had been attacked by assassins
near Lisbon in 1758; this time, a disap-
pointed officer attacked him with a club
(see HW to Mann 31 Dec. 1769).

8. See ibid.

9. William Cavendish (1748–1811), 5th
D. of Devonshire.

10. Perhaps William Fitzherbert (d.
1772), M.P. HW had met him in Paris in
1765 (Paris Jour.).

tendrez point parler de moi d'ici à ce temps-là. Adieu, je suis d'une grande stérilité.

Ce jeudi.

Ces messieurs ont changé d'avis, ils ne partent que demain: [la cause est] un dîner qu'ils font aujourd'hui chez M. de Lauzun, où se trouveront les oiseaux; un Milord[11] dont je ne me souviens pas du nom, mais qui est le cousin germain de M. Fox, le Chevalier de Beauvau,[12] le Chevalier de Boufflers, etc., doivent être de la partie. Je soupçonne qu'une partie de la compagnie passera la soirée ensemble, car je demandai hier à votre nièce si elle souperait chez le Président, et elle me dit que non; je ne voulus point pousser plus loin mes questions, je ne veux ni l'embarrasser ni l'engager à me confier ce que je ne saurais approuver. Vraisemblablement elle ne sera pas du dîner, parce qu'il y a des personnes dont elle est peu connue, Mme de Lauzun, Mme de Poix, peut-être Mme d'Hénin; mais ce soir, il n'y aura sans doute que les oiseaux et les joueurs; peut-être aussi me trompé-je, et qu'elle soupera ailleurs: je consens volontiers à ignorer ce qu' elle fait; elle est extrêmement contente de la grand'maman, qui parla beaucoup d'elle avant-hier au dîner des ambassadeurs, où il y avait beaucoup d'Anglais. Votre cousin et elle sont très froidement ensemble, j'en ignore la cause; il veut cependant donner des étrennes à ses filles: il m'a consultée, et ce sera environ cinquante volumes de nos théâtres, que leur mère n'a pas. Je crois que vous approuveriez ma conduite, si vous en étiez témoin.

J'ai eu une attention que personne n'a eue que moi, j'ai écrit un mot de compliment à M. de Souza sur l'assassinat de son Roi.[13] Il m'a envoyé le récit qu'il venait d'en recevoir dans une lettre de M. d'Oeyras;[14] le voici:

11. Henry Thomas Fox-Strangways (1747–1802), Lord Stavordale, later 2d E. of Ilchester, nephew of Lord Holland.

12. Ferdinand-Jérôme de Beauvau-Craon (1723–90), later Prince de Craon (Woelmont de Brumagne vii. 982). HW met him often in Paris, 1765–6 (*Paris Jour.*). 'He married Mme Bonnet [Beaunay] née d'Archiac by whom he had a son, who, upon the death of his uncle, became Prince de Beauvau. This young man had emigrated to England, at the beginning of the French Revolution, with his mother, the Princesse de Craon, and there married a daughter of the Duc de Mortemart, in emigration like himself. He afterwards returned to France, and was in the year 1802 in possession of part of his family fortune in Lorraine' (B).

13. See above. Souza was Portuguese minister to France (1763–74), ambassador (1774–92).

14. Sebastião-José de Carvalho e Mello (1699–1782), Conde de Oeiras, later Marquès de Pombal, prime minister to José I of Portugal (see Julio Firmino Judice Biker, *O Marquez de Pombal*, Lisboa, 1882).

Dimanche, 3 de décembre, le Roi, suivi de sa cour, sortit du château de Villa-Viçosa[15] pour chasser dans le parc. À l'extrémité de la place est une porte qu'on nomme la porte du *Nó*, laquelle est si étroite qu'à peine une voiture peut y passer. Sa Majesté ne fut pas plutôt de l'autre côté, qu'elle aperçut collé contre le mur un homme[16] qui avait l'air d'un mendiant, armé d'une grosse massue, avec laquelle il lui porta dans l'instant un coup dirigé à la tête, qui eût été très dangereux sans la présence d'esprit de Sa Majesté, qui, au lieu de s'éloigner, comme il était naturel, poussa son cheval contre l'assassin, diminuant tellement le coup, qu'elle ne reçut qu'une légère contusion sur la main qui tenait les rênes. Ce scélérat lui porta un second coup qui heureusement n'a touché que le cheval.

La suite du Roi se jetant immédiatement sur l'assassin, il eut la hardiesse de se défendre, et d'en blesser même quelques-uns. Sa Majesté, avec un sang-froid admirable, ordonna expressément qu'on ne lui fît aucun mal, et continua comme à l'ordinaire l'amusement de la chasse jusqu'au soir. Ce monstre a été arrêté et conduit en prison.

Peut-être savez-vous déjà ces circonstances par votre ministre de Portugal.[17]

Pour ce qui concerne ce qui nous regarde, je n'ai vu personne qui m'ait pu instruire; j'ignore si le contrôleur général est agréable à nos parents; peut-être en saurai-je davantage dans quelques jours; je vous écrirai par le Duc de Devonshire. Je vis hier son gouverneur, qui s'appelle M. Litt;[18] il m'a promis de se charger de tout ce que je voudrais.

Je fermerai cette lettre ce soir, et je la remettrai entre les mains de M. Craufurd. Dieu veuille qu'il n'oublie pas de vous la remettre!

Le contrôleur général n'a que cinquante-trois ou cinquante-quatre ans.

Je vous envoie une brochure des ouvrages du Président,[19] que M. de Paulmy a fait imprimer à son insu.

15. Between Lisbon and Badajoz, headquarters of the house of Bragança.

16. 'Migas Frias' of Fundão (see John Athelstane Smith, Conde da Carnota, *Memoirs of the Marquis of Pombal*, 1843, ii. 128; Pierre-Marie-Felicité Dezoteux, Baron de Cormartin, *L'Administration de . . . Comte d'Oeyras, Marquis de Pombal*, Amsterdam, 1786, ii. 126–7).

17. Dom Martinho Mello e Castro (d. 1795), who had just been recalled to Portugal (see HW to Lady Mary Coke 14

Dec. 1769; *Royal Kalendar*, 1768, p. 102; gm, 1795, lxv. pt i. 352; *Recueil des instructions données aux ambassadeurs*, 'Portugal,' ed. Caix de Saint-Aymour, 1886, p. lix; Julio Firmino Judice Biker, *O Marquez de Pombal*, Lisboa, 1882, pp. 19–22).

18. Not identified.

19. A collection called *Pièces de théâtre en vers et en prose* appeared at Paris. It is dated 1770, but the pieces in it are, except the last, dated 1769 (Bibl. Nat. Cat.).

TO MADAME DU DEFFAND, Tuesday
2 January 1770, N° 13

Missing. Probably written at Arlington Street. Answered, 8 Jan.

From MADAME DU DEFFAND, Tuesday 2 January 1770

N° 15. Paris, ce mardi 2 janvier 1770.

LA plus grande partie de vos compliments est distribuée, et je les ai étendus plus loin. Je ne verrai pas la grand'maman avant jeudi. Nous avons eu de grandes nouvelles hier. Monsieur le Comte de Broglie[1] a les entrées, il y avait vingt personnes qui les demandaient, lui seul les a obtenues. Madame la Maréchale de Mirepoix a les grandes,[2] c'est-à-dire, les mêmes que Mme de Brionne, de la femme du grand chambellan, des femmes des quatre premiers gentilshommes de la chambre et des deux maîtres de la garderobe; Monsieur le Prince d'Hénin un brevet de colonel dans les grenadiers de France. Mais voici la grandissime nouvelle. Monsieur le Marquis de Castries[3] commande la gendarmerie, ainsi que M. de Poyanne[4] les carabiniers, c'est une place créée pour lui, et une marque de distinction la plus honorable, la plus flatteuse, et la plus grande. Excepté les capitaines de ce corps, qui jusqu'ici n'avait point eu de chef, cette grâce n'afflige personne. En mon particulier j'en suis fort aise, d'autant plus que, selon toute apparence, mes parents et mes amis en sont fort contents, et je me flatte même que c'est leur ouvrage. Quand je serai plus instruite vous le serez aussi.

Monsieur le Duc de Devonshire partira dimanche; vous recevrez par lui le livre du Père Griffet,[5] une autre petite brochure[6] qui est une plaisanterie, et un manchon que vous donnerez de ma part à Mlle Lloyd.

1. The Comte de Broglie was a favourite with Louis XV, with whom he carried on a secret correspondence for twenty years.

2. 'Les grandes entrées, se disait des entrées qu'avaient les gentilshommes de la chambre' (Émile Lîttré, *Dictionnaire de la langue française*).

3. Charles-Eugène-Gabriel de la Croix (1727–1801), Marquis de Castries, afterwards minister of the marine.

4. Charles-Léonard-Bernard de Baylens (d. 1781), Marquis de Poyanne (Woelmont de Brumagne ii. 82).

5. *Traité des différentes sortes de preuves qui servent à établir la vérité dans l'histoire,* by Henri Griffet (1698–1771), Jesuit historian.

6. D's *Inès de Castro* (see *post* 8 Jan. 1770).

Apparemment que Henri et Sully se sont égarés en chemin, ou bien ont été massacrés, il est ineffable que vous ne m'en disiez pas un mot. Souvenez-vous en m'écrivant de me dire si vous les avez reçus, et si le petit Craufurd vous a remis le paquet dont il était chargé.

Je suis toujours étonnée et fâchée de l'embarras où vous êtes quand vous vous mettez à m'écrire; vous êtes trop amateur des faits; il n'y a qu'à se persuader qu'on est avec la personne à qui on écrit, et dire à l'aventure tout ce qui passe par la tête. Mais vous aviez pris l'habitude de saisir des prétextes pour me gronder, et depuis que je n'en laisse aucun, Monsieur n'a plus rien à dire. Ah! vous êtes cependant dans le cas de pouvoir jaser bien plus facilement que moi. Depuis quinze jours ou trois semaines je ne me porte point bien, mon humeur est changée, et ce n'est que par effort que je conserve la même contenance avec les gens que je vois. Je vous demande pardon de cette confidence, je ne la pousserai pas plus loin, je sais qu'il n'y a personne sous le ciel que l'on doive ennuyer de ce qui nous regarde.

Ne laissez pas oublier au petit Craufurd de vous montrer les deux boîtes[7] dont il vous doit donner le choix. Votre nièce était fort gaie ces jours-ci, ce qui m'avait rassurée sur son jeu; mais hier au soir, chez moi, elle perdit trois louis qui la mirent dans une grande tristesse, ce qui me fait craindre que les eaux ne soient fort basses; il n'en est pas de même de celles de la rivière, car elles sont si hautes qu'elles seront incessamment dans mes caves et dans ma cuisine.

Je ne me flatte pas d'avoir de vos nouvelles dimanche prochain, les campagnes[8] dont vous me parlez m'annoncent une lettre de moins; cela est tout simple, n'en craignez point de reproches. Je remets à demain la continuation de cette épître.

Ce mercredi.

Hier, en rentrant, je trouvai sur ma cheminée une charmante tasse envoyée par Poirier[9] de la part de M. Walpole de Londres. Oh! ce sera ma tasse chérie; j'y prendrai à l'avenir mon café. Voilà tout mon remercîment.

La nouvelle de M. de Castries souffre quelque difficulté; il n'a ni remercié ni il ne reçoit de compliment, on dit cependant que cela

---

7. See *ante* 26 Dec. 1769.
8. Over the opening of Parliament, 9 Jan. 1770.

9. Mme Poirier's shop in the Rue St-Honoré. HW had often shopped there (*Paris Jour.*).

sera; dimanche je vous en dirai davantage par le Duc de Devonshire. J'ai reçu enfin une lettre du Selwyn, il y avait plus de six mois que je n'en avais entendu parler, il dit qu'il viendra ici après le parlement; moi je voudrais bien aller quelque part, car je me trouve bien mal où je suis, je suis dans des nuages de vapeurs, qui m'ôtent presque le bon sens, et dans cette situation où le sommeil serait une ressource je ne puis parvenir à l'attraper. Vous êtes heureux, à ce que j'espère, la nature vous a donné une bonne tête, des goûts que vous pouvez satisfaire, des talents qui vous occupent, des parents,[9a] des amis que vous aimez et qui vous aiment; c'est une consolation pour moi de vous savoir heureux, et c'est en vérité la seule que j'ai; oui, la seule, exactement la seule, mais je crains pour votre santé, cette espèce d'épidémie[10] m'inquiète. Adieu, bonjour, il est un peu tard pour commencer ma nuit, car il est dix heures.

To Madame du Deffand, Friday 5 January 1770, N° 14

Missing. Probably written at Arlington Street. Answered, 12 Jan.

From Madame du Deffand, Monday 8 January 1770

N° 16. Paris, ce lundi 8 janvier 1770.

AH! mon Dieu, mon ami, je n'ai pas tort de vous aimer, mais j'ai grand tort de vous donner de l'inquiétude. Mes évanouissements[1] n'ont été rien, c'était un embarras dans les entrailles, je n'aurais pas dû vous en parler; je n'ai de véritables incommodité[s] que les insomnies; je me couche depuis quelque temps d'assez bonne heure, j'observe un très grand régime, et comme si votre génie commandait au mien je me suis avisée depuis trois jours de prendre un petit bouillon sur les midi ou une heure; mais pour le thé, ne me le défendez pas, je vous supplie, il ne me fait aucun mal, tout au contraire, il aide à ma digestion, il me ranime; vous savez que je ne le prends pas fort, j'y mets un peu de lait, c'est mon repas favori; c'est de votre

---

9a. Conway and Lady Ailesbury.

10. 'London is very sickly, and full of bilious fevers, that have proved fatal to several persons, and in my Lord Gower's family have even seemed contagious' (COLE i. 196).

1. 'I really think la chère Tante's health as good as ever I have known it; her faintings were more owing to the sudden effects of cassia than to weakness' (Mrs Cholmondeley to HW 13 Jan. 1770).

thé dont j'use présentement, il est excellent, c'est dans votre tasse[2] que je le prends; *hélas, hélas, ne m'ôtez pas le bonheur de ma vie.*[3] Soyez sûr que j'ai fort envie de la conserver puisqu'elle vous intéresse. Pourquoi ne me dites-vous rien de votre santé? Vous voulez me laisser vivre dans l'inquiétude pour m'en éviter de momentanée.

Le Duc de Devonshire, au lieu d'être parti aujourd'hui, soupera chez moi ce soir; je saurai le jour de son départ, cette lettre partira peut-être par lui, mais s'il différait trop longtemps je la ferai partir jeudi, et je vous écrirai encore par lui en vous envoyant les brochures et les mirlitons,[4] puisque vous les voulez, quoiqu'ils n'en valent pas la peine. Il vous portera aussi un manchon[5] qui n'a de mérite que d'être à la mode, vous le donnerez, si vous le voulez, à Mlle Lloyd, ou à votre comédienne, ou à qui vous voudrez.

J'ai actuellement le médaillon du grand-papa,[6] qu'en voulez-vous faire? Une boîte, ou bien l'encadrer? ou le placer dans votre médaillier[7] si vous en avez un? J'attendrai votre réponse pour vous l'envoyer.

Il y aura demain trois jours que je n'aurai vu la grand'maman; je souperai chez elle avec le grand-papa, et mercredi je continuerai cette lettre.

Ce mardi 9.

Je la reprends aujourd'hui. Le Devonshire soupa hier chez moi, il ne part plus que lundi 15, ce serait être trop longtemps sans que vous entendissiez parler de moi, c'est une habitude que je ne veux point vous laisser prendre. Nous étions hier quatorze. Mmes d'Aiguillon, de la Vallière, de Forcalquier, de Boucault, de Crussol, la Sanadona et moi; MM. de Devonshire, de Fitzherbert, Hervey,[8] le cousin, Pont-de-Veyle, Creutz, et Hessenstein.

2. The *étrenne* which HW had had sent to her from Poirier's (see *ante* 2 Jan. 1770).

3. 'I have begged of her in your name, because I know she will do for you what she would not do for any other person living, to leave off tea but without effect, for she assured me, as I suppose she has you, sir, that it not only agrees with her but does her infinite good' (Mrs Cholmondeley to HW 13 Jan. 1770).

4. The brochures were that by Père Griffet (see ibid), and perhaps that containing Président Hénault's works (see *ante* 26 Dec. 1769); the 'mirlitons' were D's parody of *Inès de Castro* (see *ante* 20 Dec. 1769).

5. See *ante* 2 Jan. 1770.

6. See *ante* 20 Dec. 1769.

7. HW's 'medaillier' consisted of two cabinets in The Star Chamber, at Strawberry Hill. The Duc de Choiseul's medallion is not listed among their contents in 'Description of SH.' It may have been sold SH x. 118, among 'Foreign Coins in Silver': 'French, various, Louis XIV, XV, XVI, etc. 15.'

8. Hon. Felton Hervey (1710–75), son of the 1st E. of Bristol.

Votre nièce était dans sa chambre, qu'elle garde depuis jeudi; sa santé est fort dérangée, elle dit qu'elle a la fièvre toutes les nuits, elle ne mange point, je crois qu'elle ne sortira pas encore de quelques jours. Vous me mettriez en mauvaise main si vous la chargiez de ma conduite. Je ne me pique pas d'avoir une bonne tête, mais je ne gagnerais pas à la troquer contre la sienne.

Je vous dirai pour nouvelle que j'ai fait garnir votre vase[9] en ormoulu, tout le monde en est dans l'admiration, mais il n'est pas complet, il lui faut un couvercle, je vous en envoie le modèle, et j'ai l'indiscrétion de vous prier de le faire faire de la même pierre que le vase, on le garnira ici d'ormoulu, et vous pouvez être assuré qu'il n'y aura rien de plus beau ni de plus agréable. Vous m'enverrez ce couvercle bien empaqueté, à l'adresse de la grand'maman, par le courrier de M. du Châtelet. Vous voyez, mon ami, que j'en use librement et que je ne m'embarrasse guère de ce qu'il vous en peut coûter; je serais flattée si vous en usiez de même.

Ce ne sera que dans ma lettre de lundi que je pourrai vous dire des choses intéressantes;[10] je compte en apprendre ce soir. Dans ce moment je ne sais rien de bien particulier; on ne prévoit point encore quels sont les arrangements du nouveau contrôleur général, mais je me suis hâtée de payer toutes mes dettes, et je me détermine à beaucoup d'économie;[11] vous m'approuverez, je ne puis souffrir le désordre; je vous promets d'avoir aussi une très bonne conduite pour ma santé, mais n'exigez point que je renonce au thé; l'usage que j'en fais est très modéré, et je suis sûre qu'il ne me fait nul mal. Vous devez avoir vu le petit Craufurd; nous sommes fort bien ensemble; s'il n'était pas fol je l'aimerais davantage. Je conviens que le petit Fox a beaucoup d'esprit, mais il n'a que de l'esprit, et une grande témérité, sans sentiment, ni discernement; il est enchanté des oiseaux, surtout du plus ancien.[12] Je suis bien éloignée de penser de même, son esprit me paraît médiocre, et son caractère détestable,

9. See *ante* 15 Nov. 1769.
10. D's news of Mme de Mirepoix and Mme du Barry (see *post* 15 Jan. 1770). This letter was sent by the Duke of Devonshire, and D was therefore able to write things which she did not dare to write by the ordinary post. It was generally believed that 'all letters from England that pass through their general post office [at Paris], are opened and inspected' (*London Chroni-* cle xxvi. 566, 12 Dec. 1769), and so there was reason to suspect that letters to England met the same fate. See *Mem. of Geo. III* iv. 222–8.

11. D feared that her pension would suffer, now that the Abbé Terray, who was Choiseul's enemy, was in control of the treasury.

12. The Marquise de Boufflers.

cependant nous sommes fort bien ensemble. Je ne vois presque plus les Maréchales, et je m'en passe à merveille; je ne me soucie de personne, mon ami, et je m'en trouve bien; que votre santé soit bonne, que j'aie de vos nouvelles toutes les semaines, que je ne perde point l'espérance de vous revoir, voilà tout ce qu'il me faut.

Ce mercredi 10.

Je soupai hier chez la grand'maman avec le grand-papa, la petite sainte,[13] et le grand Abbé. La compagnie, comme vous voyez, n'était pas nombreuse, mais le grand-papa était de bonne humeur, et moi aussi, et cela fut fort gai.

J'ai envoyé ce matin chez Mme Poirier pour savoir si elle vous avait envoyé vos deux tasses,[14] et qu'en cas qu'elles ne fussent pas parties, de les faire bien emballer et de les envoyer chez moi pour vous les envoyer par le Duc de Devonshire. Elles ne sont point parties, ainsi vous les recevrez par ce Duc. J'abuserai un peu de sa complaisance, car outre ce petit ballot il aura deux manchons, dont l'un est de votre cousin, qui l'envoie à sa nièce,[15] et puis un paquet qui contiendra deux brochures, les mirlitons et d'autres bagatelles tant bonnes que mauvaises, et peut-être une grande lettre de moi.

La grand'maman s'en ira demain à Versailles, dont elle ne reviendra que de lundi en huit; je soupe ce soir chez elle; demain chez Mme de Meinières, autrement Mme Belot, à qui je porterai les lettres de M. Swift,[16] qu'elle veut traduire; elle m'a écrit une lettre d'invitation la plus merveilleusement pédante. La compagnie sera la Bellissima et le vieil oiseau.[17] Vendredi je donnerai à souper aux Broglie, aux Narbonne, etc. Samedi et dimanche chez le Président, et lundi chez votre ambassadeur. Il croyait avoir la grand'maman, mais il ne l'aura pas, je ne sais qui il substituera à sa place.

---

13. The Comtesse de Choiseul-Beaupré, generally called Mme de Choiseul-Betz because Betz was her maiden name.

14. Perhaps these were among the commissions mentioned *ante* 24 Dec. 1769. HW had apparently sent the designs from which the cups were to be made (see *post* 12 Jan. 1770).

15. Probably the Hon. Catherine Walpole (1750–1831); or the Hon. Mary Walpole (1754–1840), later (1777) m. Thomas Hussey; they were daughters of Horatio Walpole, 2d Bn Walpole of Wolterton,

later (1806) E. of Orford, n.c. (Sir John Bernard Burke, *Landed Gentry of Ireland*, 1904, p. 279; *Peerage*, 1928, p. 1786; Arthur Collins, *Peerage*, ed. Brydges, 1812, v. 674). The daughters of the Hon. Thomas and the Hon. Richard Walpole were young children at this time.

16. The fifth edition of Swift's letters was published, London, 1767, in three volumes (BM Cat.). Mme de Meinières does not seem to have carried out her intention to translate them.

17. The Marquise de Boufflers.

Je suis fâchée de l'état du Duc de Bedford;[18] dites-moi pourquoi je m'intéresse à sa santé, à votre parlement, à votre ministère, autant que je fais au nôtre. On dit que M. Francès est très malade; vous le connaissez, qu'en pensez-vous? N'est-il pas un peu fat? Mme de Ville-gagnon[19] l'est allée trouver, vous n'en serez pas fâché, je vous ai ouï dire que vous la trouviez aimable. Je me flatte que vous aurez Henri IV quand vous recevrez cette lettre; vous aviez donc oublié de l'envoyer chercher?

Adieu, je me porte mieux, et j'ai un peu moins mal dormi cette nuit-ci. Je n'ai point vu votre nièce depuis samedi.

Vous trouverez le modèle du couvercle de votre vase dans ce que vous portera M. de Devonshire; vous comprendrez bien qu'il faut qu'il soit creusé, et aussi bien poli que le vase; je ne saurais l'avoir trop tôt, c'est pour moi un vrai plaisir que l'admiration qu'il cause.

To Madame du Deffand, Tuesday 9 January 1770, N° 15

Missing. Written at Arlington Street. Answered, 15 Jan.

From Madame du Deffand, Friday 12 January 1770

N° 17. Paris, ce vendredi 12 janvier 1770.

VOILÀ une lettre[1] à laquelle je ne m'attendais pas, elle ne tombe cependant pas des nues, je juge par sa date que j'aurais dû la recevoir mercredi; apparemment le passage a été difficile et a causé ce retardement; il n'importe, elle est toujours la bienvenue.

Applaudissez-vous de votre contentement de moi; c'est ce que je pense pour vous, ce que vous pensez pour moi, qui arrange ma tête et met de l'ordre dans ma conduite; c'est un point fixe auquel tout

18. The Duke of Bedford had a stroke of paralysis in the spring of 1770; he had never been in good health since he was mobbed in July, 1769.

19. Jeanne-Marguerite Batailhe de Montval, sister of M. Batailhe de Francès, m. (1) (1755), —— Durand, Marquis de Villegagnon; m. (2) (1787), the Hon. Thomas Walpole, HW's cousin (see HW to Thomas Walpole 9 Dec. 1787, and to Lady Ossory 15 Dec. 1787; HW, *Letters* ed.

Toynbee xvi. 256; Henri Jougla de More-nas, *Grand Armorial de la France*, 1934–, ii. 251). HW had met her once in 1769 in Paris, and had written verses for her when she visited Strawberry Hill in that year (see *Paris Jour.;* HW to Montagu 11 May 1769).

1. Probably HW to D 5 Jan. 1770 (missing).

se rapporte. Je m'étais prescrit tout ce que vous me conseillez pour votre nièce; ne craignez pas qu'elle me fasse veiller, il y a plus de quinze jours qu'elle n'est restée le soir chez moi,[2] et en dernier lieu j'ai été quatre jours sans la voir, elle se disait fort malade; avant-hier elle vint fort languissante, mais elle arriva hier avant cinq heures en chantant, en riant, enfin d'une gaîté extrême; elle est un peu folle, je ne m'y attacherai jamais, mais cependant elle est quelquefois fort aimable, et le fond de son caractère n'est pas mauvais, elle n'est ni fausse ni imprudente, elle a un bon cœur, beaucoup d'esprit; elle n'est point intéressée, tout au contraire, elle a de la générosité et de la fierté. Tout cela à la vérité est assez mal entendu, mais elle est malheureuse et intéressante, il ne faut pas que vous vous dégoûtiez d'elle, je lui dois la justice qu'elle vous est fort attachée; elle est fort glorieuse de la lettre[3] qu'elle a reçue de vous, elle m'en a dit des choses qui me plaisent infiniment, mais elle ne m'a point offert de me la lire, et je ne l'en ai pas priée. Ne craignez point qu'il s'établisse un jeu chez moi; premièrement je ne joue point, mais les jours que j'aurai les oiseaux, Madame de Luxembourg, et que nous serons quatorze ou quinze il pourra y avoir un vingt et un parce que cela occupe tout le monde, qu'on le quitte, qu'on le reprend, mais quand il n'y aura pas de vos compatriotes, cela ne s'appelera pas un jeu. C'est le petit Fox dont la déroute en a entraîné plusieurs autres; je ne sais pas ce qu'il en a coûté à votre nièce, et je ne chercherai point à le savoir.

J'ai reçu une lettre du petit Craufurd qui m'a fait grand plaisir, et plus que la vôtre parce qu'il me dit que vous vous portez fort bien, mais ce n'est pas dans cette saison-ci qu'ordinairement vous avez la goutte, c'est vers la fin de l'été, et dans le mois de septembre c'est un temps bien critique pour moi.

La grand'maman partit hier pour Versailles, dont elle ne reviendra que de lundi en huit, c'est-à-dire le 22. Cette absence me déplaît; indépendamment de l'amitié je suis d'habitude.

Si le Devonshire part lundi comme il le dit, vous recevrez cette lettre par lui, en ce cas-là elle sera fort longue; s'il retarde encore son départ je la ferai mettre à la poste lundi et je n'ajouterai rien, ou peu de chose.

2. 'I supped the night before last for the first time since I received your orders and went away before some of the com- pany' (Mrs Cholmondeley to HW 13 Jan. 1770).

3. Missing.

Wiart est très persuadé que ce n'est pas la faute de l'emballage si Henri est arrivé tout massacré, ce sont ceux[4] qui reçoivent ces groupes de Nancy qui ont emballé le mien, c'est qu'on l'aura ouvert à Douvres, et qu'on l'aura après emballé tout de travers; enfin c'est un malheur; vous ne voulez pas que je le répare, il faut vous obéir. Je dirai à Mme Poirier de vous envoyer vos tasses comme elle a de coutume. Ne serait-il pas plus raisonnable que vous les reçussiez de moi que moi d'en recevoir une de vous de mon propre pays?[5] Je vous serais fort obligée si vous vouliez permettre que cela fût comme cela devrait être. Si je croyais que vous puissiez chez vous avoir une boîte avec le médaillon du grand-papa, je ne vous consulterais pas sur la manière de vous envoyer ce médaillon, vous le recevriez de la même façon que je l'ai, mais c'est encore ce que je n'ose faire sans votre consentement.

Je soupai hier chez Mme de Meinières, avec l'ancien oiseau, la Bellissima, une Mme de Lénoncourt,[6] sœur de M. d'Haussonville, amie et parente des oiseaux; on dit qu'elle a beaucoup d'esprit. Elle m'a paru assez aimable, elle désire faire connaissance avec moi. Le Chevalier de Boufflers y était, la soirée fut assez gaie, mais elle a été suivie de la plus parfaite insomnie. Cela est désolant, mais je ne m'en porte pas moins bien le jour.

J'aurai sans doute cet après-dîner le grand Abbé, je n'ai de ses visites qu'en l'absence de la grand'maman. Quand elle est à Paris il ne la quitte point et je ne le vois que le soir; je vous parlerai quelque jour sur son chapitre. Enfin, mon ami, je ne parle qu'à vous, mais je vous dis tout. Ah! pourquoi êtes-vous un insulaire? Pourquoi ne pas habiter le continent? Adieu.

Ce dimanche.

Le Devonshire ne part que mercredi. On m'apporta hier de chez Mme Poirier les deux tasses que vous avez choisies, et dont vous avez fait le dessin; celle qu'ils m'ont donnée de votre part, et dont vous leur avez laissé le choix, est beaucoup plus jolie. Le Président depuis deux jours a la fièvre. Adieu jusqu'au départ du Devonshire. Ce sera Mme Poirier qui vous enverra vos tasses. Avez-vous reçu les brochures qui étaient avec Henri?[7]

4. At Mme Dulac's (see *ante* 12 Nov. 1769).
5. HW had had a cup sent to D from Poirier's in Paris (see *ante* 2 Jan. 1770).

6. Marie-Jeanne-Thérèse de Cléron, m. (1749) Charles-François-Antoine, Marquis de Lénoncourt.
7. See *ante* 15 Nov. 1769.

To Madame du Deffand, Friday
12 January 1770, N° 16

Missing. Written at Arlington Street. Answered, 17 Jan.

From Madame du Deffand, Monday 15 January 1770

N° 18. Paris, ce lundi 15 janvier 1770.

LE Devonshire enfin part mercredi, et je vais commencer ma gazette; Dieu sait comment je m'en tirerai. Je ne vous réponds pas
d'être fort claire, parce qu'il y a bien des choses dont je vous parlerai, lesquelles je n'entends pas bien moi-même.

Il faut commencer par la maréchale;[1] je ne suis ni bien ni mal
avec elle, et sa position présente ne m'a rien fait changer à ma conduite. Vous croyez bien qu'elle ne me parle pas avec confiance, et je
ne tâche pas à l'y induire. Elle vient rarement à Paris, je ne la vois
pas toutes les fois qu'elle y vient; elle y est actuellement; je fus la voir
avant-hier à l'heure de son thé. Je ne lui fis point compliment sur
ses *grandes entrées,* personne n'ose lui en parler; cette grâce lui
donne beaucoup plus de ridicule que de considération. *Grandes entrées!*[2] Ces mots n'ont rien de magnifique que le son. M. Chauvelin
les a, Mmes de Maillebois et de Souvré[3] les ont eues par les charges
de maître de la garde-robe qu'avaient leurs maris; il valait bien
mieux avoir les boutiques de Nantes.[4] La dame du Barry[4a] avait sol-
licité pour qu'on les donnât à la Maréchale, mais le Roi les lui donna
à elle-même. Le grand-papa[5] ne s'est point mêlé de tout cela; il ne se
raccommodera point avec la Maréchale. La dame du Barry ne prend
nul crédit, et il n'y a pas d'apparence qu'elle en prenne jamais: elle
n'a ni d'affection ni de haine pour personne; elle pourra dire ce
qu'on lui fera dire comme un perroquet, mais sans vue, sans intérêt,
sans passion: ce n'est pas avec un pareil caractère qu'on parvient à
gouverner. Le triumvirat, qui voudrait s'en faire un appui, sont

1. De Mirepoix (HW).
2. See *ante* 2 Jan. 1770.
3. Félicité de Sailly (1716–after 1805), m.
(1767) François-Louis le Tellier, Marquis
de Souvré (Woelmont de Brumagne iv.
856).
4. A particular part of the town of
Nantes thus called which belonged to the

royal domain, and of which the King had
a right to dispose of the revenue, worth
about 30,000 livres, or £1,500 a year (B).
4a. Expanded by HW from Wiart's 'B.'
HW has similarly expanded other initials
in the letter.
5. Expanded by HW from Wiart's 'G.-P.'
Duc de Choiseul (HW).

ennemis les uns des autres, Broglie,[6] d'Aiguillon, et Maillebois.[7] Ce
dernier est si décrié, que personne ne se rallie à lui. Les deux premiers ont une sorte d'intelligence entre eux; mais le d'Aiguillon est
craint; ses amis sont des sots; sa conduite en Bretagne[8] a donné mauvaise opinion de son caractère; pour s'établir et s'impatroniser à la
cour, il lui a fallu payer douze cent cinquante mille livres les chevau-
légers, qui n'avaient jamais été vendus que cinq à six cent mille
livres. Le petit Comte de Broglie, qui sans contredit est celui qui a
le plus d'esprit et de talent, ne tient à personne; il blâme, il fronde,
il ne lui importe avec qui; je passai hier la soirée avec lui chez la
Bellissima, il eut une conversation d'une heure avec le Chabrillan,
qui est, comme vous savez, un vrai automate; il croit tirer parti de la
grosse Duchesse, de la Bellissima; enfin, ses moyens me paraissent
pitoyables; il est confondu de ce qu'on vient de faire pour M. de
Castries,[9] et c'est là le plus grand trait de politique du G.-P.:[10] Dieu
veuille qu'il ne se soit pas trompé. Pour parler de cette affaire, il
faut reprendre les choses bien plus haut. Feu le Maréchal de Belle-
Isle[11] avait fait M. de Castries lieutenant général hors de son rang,
par une promotion particulière. M. de Beauvau, qui était son ancien, jeta feu et flammes; on était dans une crainte perpétuelle qu'il
ne se battît contre M. de Castries; tous les parents et amis communs
s'employèrent pour empêcher cet incident: quand le G.-P. devint
ministre, on obtint de lui qu'il réparerait les torts de M. de Belle-
Isle, en faisant M. de Beauvau lieutenant général, en lui rendant
son grade d'ancienneté. Suivant la morale, cela n'était point injuste,
mais cela était contre toute règle et sans exemple; c'était un affront
fait à M. de Castries; son ressentiment fut extrême; il fit alors un serment authentique de ne jamais se réconcilier avec le grand-papa.
Tout le monde blâma le G.-P. de ce qu'il avait fait pour M. de Beauvau, et M. de Beauvau m'avoua lui-même que si le G.-P. avait été à
sa place, et lui à la sienne, il n'aurait pas fait la même chose pour lui.
Le G.-P. ne tarda pas à sentir qu'il avait mal fait, et il avait un grand
désir de se réconcilier, mais cela était impossible. Enfin, Mme du
Barry est arrivée. La conduite de M. de Castries a été sage et honnête,

6. Charles-François, Comte de Broglie.

7. Yves-Marie Desmarets (1715–91), Comte de Maillebois.

8. Aiguillon's oppressive rule as governor of Brittany had antagonized the
Breton parliament, which resented his imprisonment of La Chalotais and others of
its members.

9. He had been given command of the
gendarmerie (see *ante* 2 Jan. 1770).

10. Grand-papa.

11. Louis-Charles-Auguste Fouquet (1684
–1761), Duc de Belle-Isle, minister of war
in 1759, when the Marquis de Castries was
made lieutenant-general.

il n'a eu ni empressement ni froideur; il n'a point formé de nouvelles liaisons. Il était ami de M. de Soubise et de Mme de Brionne. On soupçonne cette dame (qu'on dit être bien avec le G.-P.) d'avoir travaillé à sa réunion avec M. de Castries. Ce qui est de certain, c'est que le grand-papa proteste qu'il y a six mois qu'il travaille au projet qu'il vient d'exécuter et qu'ils n'étaient que trois qui en eussent connaissance—le Roi, lui et M. de Castries. Il en donne pour preuve que jamais secret n'a été si bien gardé, c'est ce que je lui ai entendu dire; et il ajouta qu'il y avait bien longtemps qu'il cherchait une occasion de réparer ses torts avec M. de Castries, et qu'il avait saisi avec joie la nécessité où on était de faire des changements dans la gendarmerie; qu'il fallait en former un corps comme celui des carabiniers et y nommer un commandant; que personne ne lui avait paru plus digne de cet emploi que M. de Castries; qu'il n'avait point eu d'autre objet, en le choisissant, que le bien du service; qu'il n'avait point eu en vue sa réconciliation. Voilà le langage que je lui ai entendu tenir. M. de Castries déclare de son côté qu'il n'a point reçu cet emploi à la condition que cela le rendrait ami du G.-P., qu'il ne pouvait jamais le devenir, mais qu'il ne serait plus son ennemi, et qu'il serait toujours d'accord avec lui et dans une parfaite intelligence dans toutes les choses de son devoir et de son service. En conséquence, il n'a point été ni chez la grand'maman, ni chez sa belle-sœur. Je doute un peu, je vous l'avoue, malgré ce que j'ai entendu dire au G.-P., qu'il n'eût espéré une meilleure issue de cette affaire quand il a commencé à l'entreprendre; mais ce qui est de certain, c'est que la cabale du Barry n'a eu aucune part dans cette affaire. Enfin, quoi qu'il en arrive, cela ne peut pas être regardé comme un pas de clerc, parce que le choix est bon et que les amis de M. de Castries, qui sont en grand nombre, doivent être apaisés; tout ce qui peut arriver de pis, c'est de faire soupçonner le grand-papa d'un peu de légèreté et de faiblesse.

Les Beauvau, qui étaient en Languedoc[12] aux états, arrivent à la fin de la semaine; je suis curieuse de savoir ce que dira le Prince.

Le grand-papa ne me paraît dans aucun danger pressant; mais tout ceci n'a point pris couleur. Pour la du Barry, elle n'est point à craindre, mais le Chancelier[13] joint au contrôleur général,[14] voilà ce qui est un peu suspect.

À l'égard de moi, mon ami, je suis fort tranquille; je ne crois pas

12. The Prince de Beauvau was governor of Languedoc.

13. Maupeou (HW).

14. The Abbé Terray.

que l'on m'ôte ma pension, et en vérité ce n'est pas ce qui m'occupe. La paix, la paix, voilà ce qui m'intéresse; et s'il fallait tout bouleverser, perdre ma pension, et encore davantage, pour nous assurer que nous ne serons jamais en guerre, j'y consentirais sans balancer.

Vous ne serez pas trop content du récit que je viens de vous faire. Je n'ai point la chaleur nécessaire pour rendre les récits intéressants, je vois tout ce qui se passe avec assez d'indifférence; nulle confidence particulière ne me met en jeu; l'Abbé[15] et le Marquis[16] sont les Sénèque et les Burrhus[17] de la grand'maman; quand je suis seule avec elle, et qu'elle a quelque ouverture avec moi, ses secrets lui échappent, mais elle ne les confie pas. Convenez que cela diminue beaucoup de l'intérêt. Je vous ai dit que je vous parlerais de l'Abbé; je pense qu'il est provençal, un peu jaloux, un peu valet et peut-être un peu amoureux. Le Marquis est précepteur, misanthrope et fort indifférent. Le grand-papa est plus franc que tous ces gens-là, et j'en apprends plus dans une soirée avec lui, qu'en quinze jours avec tous les autres. Mon intention est de vous tout dire, mais ma mémoire ne me sert pas bien; si j'étais à portée de vous voir, je vous dirais mille choses qui sans doute m'échappent: mais laissons la politique.

Le Président depuis trois jours a la fièvre et la tête entièrement partie. Vernage cependant n'en est point inquiet; moi je le suis et je doute qu'il passe l'hiver. Sa perte apportera du changement dans ma vie; mais je ne veux point anticiper les choses désagréables, c'est bien assez de les supporter quand elles sont arrivées.

Je suis bien avec vous, vous êtes content de moi, voilà ce qui me console de tout.

Je ne vous parlerai point des oiseaux, de votre nièce, de la Maréchale de Luxembourg, toutes ces choses sont pour le courant.

À propos, Henri V, autrement dit l'Abbé Chauvelin,[18] mourut hier; c'était le Gilles de votre Wilkes. Malgré l'abondance de vos lettres j'en attends encore une mercredi qui m'apprendra des nouvelles de la première séance. Connaissez-vous Milord Stormont?[19] Votre ambassadeur me l'a amené, il soupera mercredi chez moi. Je

15. Barthélemy (HW).
16. De Castellane (HW).
17. An allusion to Racine's *Britannicus*, which HW had seen in Paris, 30 Nov. 1765 (see *Paris Jour.*). In the tragedy, Seneca and Burrhus are Nero's good counsellors.
18. The Abbé Henri-Philippe de Chauvelin died 14 Jan. 1770. He was instru-

mental in having the Jesuits banished, and he tried to lead the opposition against Louis XV. He was probably named Henry V because his bold and presumptuous conduct imitated that of Henry IV of France. D implies that Chauvelin was a ludicrous counterpart of John Wilkes.
19. David Murray (1727–96), 7th Vct

soupai hier avec lui chez la Bellissima. La grosse Duchesse et elle se rengorgent de cette connaissance, elles l'élèvent au troisième ciel, moi je le laisse dans son fauteuil, ainsi que beaucoup d'autres. Parlons de tout ce que je vous envoie; le livre du Père Griffet;[20] l'application à Mme du Barry[21] est à la page 340; *Le Roué vertueux*,[22] assez bonne plaisanterie; les mirlitons, que je suis très-fâchée de vous envoyer, parce qu'ils sont sots; une feuille, où il y une plaisanterie de l'Abbé qui est un *Pater* en imitation du *Credo*[23] que j'avais fait voir à la grand'maman, le *Credo,* et puis une lettre de Voltaire à la grand' maman.[24] Il ne m'écrit plus, il n'a pas répondu à ma dernière lettre[25] que le petit Craufurd m'avait fait écrire au sujet de M. Robertson,[26] qui veut lui envoyer ses ouvrages.

Il y aura encore dans le paquet le portrait de mon vase,[27] que Mme de Grave a eu la complaisance de peindre, il est ressemblant comme deux gouttes d'eau, mais il lui faut un couvercle, et le petit Fitzherbert en a le modèle dans sa poche; il vous paraîtra peut-être trop bas, mais la garniture le haussera.

Donnez-moi donc des commissions à votre tour. Je serai bien aise de revoir les Richmond. Le petit Craufurd m'annonce des voyages sans fin, sans cesse, le Selwyn se promet après le parlement; que croyez-vous de tout cela? et que croyez-vous que j'en pense? je ne vous le dirai pas. Adieu, mon ami; jamais lettre ne m'a tant fatiguée.

J'oubliais de vous dire que votre ambassadeur est en bien mauvais prédicament, qu'il est plus que soupçonné d'avoir consenti et approuvé le projet de ce Gordon[28] qu'on a exécuté; pourquoi nous envoyez-vous toujours d'aussi sottes gens? Le grand-papa me paraît bien ennuyé et bien mécontent de lui; je crois que sans votre cousin l'am-

Stormont, 2d E. of Mansfield, 1793. He became English ambassador to France in 1772.

20. See *ante* 2 Jan. 1770.

21. Not found.

22. Prose poem by Charles-Georges Coqueley de Chaussepierre (1711–90), lawyer and writer. It is a parody of Fenouillot de Falbaire's *Honnête criminel.*

23. Not found.

24. Probably Voltaire to Mme de Choiseul 1 Jan. 1770 (Voltaire, *Œuvres* xlvi. 519).

25. D's last letter to Voltaire was that of 20 Dec. 1769 (ibid. p. 517); Voltaire answered it, 28 Jan. 1770 (ibid. p. 543).

26. William Robertson (1721–93), Scottish historian.

27. See *ante* 15 Nov. 1769, and 8 Jan. 1770.

28. Alexander Gordon (d. 1769) (Constance O. Skelton, *Gordons under Arms,* Aberdeen, 1903–12, p. 25). He had fled to France after a duel, was arrested at Brest as a spy, and executed, Nov. 1769. He was said to have been in the pay of Lord Harcourt, whom he accused of having abandoned him. See GM 1769, xxxix. 629–30; *London Chronicle* xxvi. 566, 12 Dec. 1769; *St James Chronicle,* No. 1473, 2 Aug. 1770; *Mem. of Geo. III* iv. 114).

bassade irait bien mal. Le grand-papa m'a demandé une fois s'il ne serait pas possible que vous fussiez ambassadeur,[29] il ne m'a pas répété cette question, mais dans notre dernière soirée il me parla beaucoup de vous et me fit plusieurs questions sur le parti dont vous étiez. Je dis que vous n'étiez plus au parlement; que vos amis et vos parents étaient du parti de la cour, et qu'il y avait apparence que vous pensiez de même; puis il me demanda quelle était votre fortune, je dis que vous ne teniez rien que de monsieur votre père, et que vous n'aviez point voulu avoir obligation à personne. 'Aime-t-il ce pays-ci?'—'Mieux que tout autre après le sien.'—'Quelles sont ses liaisons?' La grand'maman prit la parole et dit: 'Il n'y vient que pour la petite-fille, et il n'y voit qu'elle et moi.' Et moi j'ajoutai: 'Il y verrait le grand-papa si cela était possible, parce qu'il lui plaît infiniment.' Le grand-papa dit à cela qu'il vous trouvait fort aimable, et qu'il serait fort aise de vous voir.

Je puis vous assurer que de tous les ambassadeurs et de tous les secrétaires d'ambassade depuis le ministère du grand-papa il n'y a que votre cousin qui lui ait plu; cependant il ne me parla point de lui l'autre jour, mais il m'en a parlé plusieurs fois, et son air ingénu et sans façon lui plaît beaucoup.

Vous ne m'avez jamais parlé de M. Francès, il a, dit-on, pensé mourir, le grand-papa en était fort alarmé.

From Madame du Deffand, Wednesday 17 January 1770

In Colmant's hand, except the last paragraph, which is in Wiart's.

N° 19. Ce mercredi 17 janvier 1770, à 6 heures du matin.

La poste vous arrivera plus tôt que vos messieurs anglais;[1] ainsi ce ne sera point par eux que je vous dirai que je suis enchantée des bonnes nouvelles que vous m'apprenez; remportez tous les jours des victoires civiles,[2] mais n'ambitionnez jamais d'en remporter d'étrangères; faites-moi bénir vos succès, et qu'ils détruisent toutes mes appréhensions.

29. See HW to Mann 30 Jan. 1770.

1. The Duke of Devonshire, and Fitzherbert.

2. HW to Mann 10 Jan. 1770, expresses satisfaction that Parliament, which had just opened, had proved unexpectedly tractable, so that the government won vic-

Je ne suis pas sans inquiétude sur tout ce que vous portent ces messieurs, c'est au petit Fitzherbert que j'ai confié ma lettre; je n'ai point voulu la mettre dans un paquet qui sera peut-être ouvert à Douvres; elle aurait couru le risque d'être perdue, ou de vous être rendue plus tard; peut-être ma prévoyance m'aura fait prendre un mauvais parti, je ne connais point ces jeunes gens, ils n'ont pas l'air étourdi; enfin tels qu'ils puissent être, je leur ai tout confié; ils disent qu'ils partent demain, qu'ils seront lundi à Londres; j'en doute. Je vous demande en grâce de ne pas tarder une minute à me faire savoir quand ils vous auront tout remis.

Vous me faites encore une petite leçon dans votre dernière lettre;[3] c'est un reste d'habitude; vous ne pouvez pas disconvenir que je ne m'en attire plus; je pousse la chose plus loin que vous ne pensez, je m'interdis de vous parler de toutes mes petites peines, qui sont des milliers de piqûres d'épingle, et qui ne rendent pas ma vie fort agréable, surtout n'ayant personne à qui m'en plaindre. Si je hasardais de les confier je donnerais à mes confidents ou confidentes de nouvelles lumières pour me tourmenter. Oh! que le monde est méchant, et qu'on est sot et imbécile de ne pouvoir s'en passer; du moins si on pouvait dormir la nuit ce ne serait que demi mal.

Je souhaite de tout mon cœur que le Docteur James ait le succès que vous en attendez; quelles délices pour vous, si votre ami[4] recouvre sa santé, et qu'il vous la doive; ne me laissez point oublier de lui, ni de Madame son épouse.

Je vous prie de dire mille choses pour moi à M. Montagu; si le corps pouvait suivre l'esprit et la pensée, vous m'auriez en tiers à Strawberry Hill, et j'y resterais jusqu'au moment que je vous ennuierais. Je n'y resterais pas longtemps, n'est-ce pas? et ce ne serait pas la peine de quitter mon tonneau. Adieu.

Je conviens que mes jugements sont souvent précipités et téméraires; le petit Fox m'a étonnée, éblouie, mais il ne m'en est rien resté, je ne me souviens en aucune sorte de nos conversations; je me rappelle seulement que je n'étais pas d'accord de toutes ses décisions. Cela ne prouve pas qu'elles soient mauvaises, car on rappelle de presque toutes les miennes, et on a sans doute raison.

Wiart fut hier à la noce de la fille de La Grange,[5] qui a épousé le

tories in both houses. HW's sympathies were with the government because Conway was still secretary of state.

3. HW to D 12 Jan. 1770 (missing).

4. Not identified.

5. Président Hénault's servant (see *post* 31 July 1774).

cuisinier de Monsieur le Maréchal d'Armentières.[6] Le cuisinier[7] de Milord Carlisle est son élève.

Le Président a toujours de la fièvre, sa tête ne revient point, j'augure mal de son état, sa perte sera pour moi un surcroît de malheur.

À 11 heures.

Je vous parlais de la noce où a été Wiart, et je ne vous expliquais pas pourquoi, c'est parce qu'il s'était couché tard et qu'il dormait à l'heure où je vous ai écrit. Bon jour; il est actuellement onze heures, je vais tâcher d'attraper quelque quart d'heure de sommeil.

To Madame du Deffand, Friday
19 January 1770, N° 17

Missing. Written at Arlington Street. Answered, 24 Jan.

To Madame du Deffand, Tuesday
23 January 1770, N° 18

Missing. Written at Arlington Street. Answered, 29 Jan.

From Madame du Deffand, Wednesday
24 January 1770

N° 20. Paris, ce mercredi 24 janvier 1770.
à 10 heures du matin.

QUI m'aurait dit que la gazette deviendrait un jour pour moi la lecture la plus intéressante? Je n'aurais jamais pu le croire; cependant cela est arrivé; je la parcours, j'arrive à l'article de Londres, et j'ai de la joie ou de l'inquiétude. La première séance de votre Parlement[1] m'avait fort réjouie, ce qui a suivi[2] me trouble; mais

---

6. Louis de Conflans (1711–74), Marquis and Maréchal d'Armentières.

7. Couty, who later married another of La Grange's daughters (see *post* 31 July 1774).

1. See HW to Mann 10 Jan. 1770.

2. See HW to Mann 18 Jan. 1770.

je voudrais que cette gazette s'expliquât plus clairement. Ce M. Yorke[3] qui est Chancelier, n'a-t-il pas été otage en France avec un Milord Cathcart?[4] J'estropie peut-être son nom. Que font tous vos amis dans ce moment-ci? J'ai ouï dire que le Duc de Richmond avait parlé assez vivement dans la première assemblée;[5] mais M. Chamier, que vous m'annoncez, répondra peut-être à toutes mes questions. Je suis fort aise de son retour. J'avais impatience du départ du Devonshire, aujourd'hui je trouve qu'il est parti trop tôt; j'aurais voulu qu'il retardât de huit jours, mais toutes choses vont de travers.

Je vis hier la grand'maman, après dix jours d'absence; je souperai demain avec le grand-papa. Ce soir j'aurai chez moi les Bellissima, les Grossissima, les Bêtissima et tous les Ennuyeusissima; je suis Tristissima. Je ne sais pas pourquoi Diogène cherchait un homme, il ne pouvait lui rien arriver de mieux que de ne le pas trouver; s'il avait été forcé de s'en séparer, cet homme unique lui aurait fait prendre tous les autres en aversion. Il n'y a de bien et de mal que par la comparaison; mais vous n'aimez pas les *traités;* brisons-là et venons à des faits.

Le Baron de Gleichen est de mes connaissances celle dont je fais le plus d'usage. Il me voit souvent; son esprit n'est pas à mon unisson, mais il en a; son cœur est bon. Il me marque du goût et de l'amitié: eh bien! eh bien! il est rappelé; j'en suis fâchée, je le trouverai à redire; je disputais avec lui: enfin il valait mieux pour moi qu'aucun des gens qui me restent; il est franc, il est sincère, il n'est ni Italien, ni Gascon, ni Provençal. Il me semble que tous nos Septentrionaux ne prennent pas racine ici. Cela me déplaît beaucoup: ai-je tort, ai-je raison?[6]

La grand'maman se porte bien, et le grand-papa pour le moins aussi bien que jamais; vous m'en félicitez et vous faites bien.

Mais dites-moi si je dois être sans inquiétude.[7] Je ne saurais m'expliquer plus clairement; devinez ma pensée, si vous pouvez, et répondez-y, si cela est possible.

3. Hon. Charles Yorke (1722–70), who became Chancellor, and died almost immediately afterwards, 20 Jan. 1770 (see HW to Mann 22 Jan. 1770).

4. Corrected by HW from Wiart's 'Ketcart.' After the peace of Aix-la-Chapelle, the English hostages at Paris were Lords Cathcart and Sussex. Charles Yorke's younger brother Joseph, later Lord Dover,

was secretary of the English embassy at Paris, 1749–51. Lord Cathcart was Charles Schaw Cathcart (1721–76), 9th Bn.

5. See *St James Chronicle,* No. 1386, 12 Jan. 1770.

6. See *post* 30 Jan. 1770.

7. Perhaps D refers to the rumors of war between France and England.

Vous ne me dites jamais un mot de votre santé;[8] dois-je en conclure que vous vous portez bien? Je crois que vous n'avez pas le temps d'y penser. J'ai été un peu incommodée ces jours-ci, les entrailles et les insomnies sont des incommodités habituelles. Vous ne me parlez plus du Duc de Bedford,[9] je ne sais si c'est bon signe.

Le Président se porte assez bien, mais sa tête est totalement perdue;[9a] c'est un grand bonheur pour lui, c'est le seul moyen de supporter la vieillesse.

Nous avons eu ici un Milord Stormont, qui, je ne sais pourquoi, a voulu faire connaissance avec moi; je n'en vois pas la raison, si ce n'est de me manquer de politesse. Il soupa chez moi, il y a aujourd'hui huit jours; il partit hier[10] sans m'être venu dire adieu. Cette conduite a été pour la plus grande gloire de la Bellissima et de la Grossissima, de qui il était un courtisan assidu.

Voilà les événements de mon petit tourbillon, jugez de sa petitesse par les misères qu'on y observe; l'esprit en est rétréci. Comme cette lettre vous arrivera peu après celle[11] que vous porte le Devonshire, je ne vous fatiguerai pas en la rendant plus longue; adieu, mon ami; ne vous lassez point de m'écrire; des sept jours de la semaine, il n'y en a pour moi qu'un seul qui soit heureux.

Ce mercredi à 6 heures.[11a]

Wiart arrive[12] de chez Mme Poirier. Il a vu les deux tasses qui sont destinées pour M. Walpole; elles ont été envoyées de la manufacture de Sèvres par M. Marmet,[13] sous-directeur de cette manufacture, avec un billet à Mme Poirier par où il la priait de faire tenir ces deux tasses à M. Horace Walpole à Londres, les ayant choisies cet été à la manufacture; mais comme ces deux tasses sont de grands gobelets

8. HW does not mention his health in his letters of this month.

9. See *ante* 8 Jan. 1770.

9a. See Grimm's anecdote of Hénault babbling to D about her faults and Mme de Castelmoron's virtues (Grimm ix. 181–2, 1 Dec. 1770).

10. '*Vienna, February 10.* Lord Stormont, ambassador from the King of Great Britain to this court, is returned hither, by way of Paris, from England' (*London Chronicle* xxvii. 210, 3 March 1770).

11. *Ante* 15 Jan. 1770.

11a. Omitted in Toynbee.

12. The rest of this letter seems to have been written by Wiart without D's dictation. Wiart probably thought that she was too proud to burden HW with her financial troubles, although her next letter makes an explanation of them.

13. *Contrôleur* of the Sèvres workshop in 1756; in 1770, after being vice-director, he replaced M. Shonen as cashier. He was apparently dismissed in 1773, when most of the staff was changed. Shopkeepers like Poirier and Dulac were steady customers of the Sèvres factory. See Xavier-Roger-Marie, Comte de Chavagnac, and Gaston-Antoine, Marquis de Grollier, *Histoire des manufactures de porcelaine*, 1906, pp. 159, 165.

couverts avec des medaillons, et que M. Walpole a dessiné deux gobelets, ce qu'on appelle Hébert,[14] et qu'ils ne sont pas conformes au dessin, Mme Poirier attend les ordres de M. Walpole pour les envoyer. Elle a de plus ajouté qu'on n'avait point fait de médaillon aux tasses de la forme dont M. de Walpole a laissé le dessin.

Il vient de paraître aujourd'hui des arrêts[15] qui rognent six cents francs par an au revenu de Mme du Deffand; ce sont sur des effets payables au porteur, qui étaient à 4½ pour cent, et qu'on a mis a 2½.

From Madame du Deffand, Monday 29 January 1770

Nº 21. Paris, ce lundi 29 janvier 1770.

LE passage de la vie à la mort est bien plus court que celui de l'Angleterre à la France; il n'a fallu que deux fois vingt-quatre heures à votre chancelier pour passer de ce monde-ci dans l'autre et je ne reçois votre lettre du mardi 23 qu'aujourd'hui 29.

Ah! mon Dieu, quel pays que le vôtre! nous sommes les limbes en comparaison. Je n'ambitionnerais point votre activité, elle suffoque. Ce qui m'impatiente c'est que je ne sais ce que je dois désirer ou craindre; je n'aime point le changement,[1] ainsi je penche à souhaiter qu'il n'en arrive point. Je trouve la conduite de votre cousin fort belle et je vous en fais mon compliment.[2] Je vous sais un gré infini de votre attention à m'informer de ce qui vous intéresse; sans compliment, sans roman, sans exagération, sans fadeur, vous n'avez personne dans le monde qui soit plus totalement à vous que moi, et vous êtes en vérité le seul que je crois qu'on puisse aimer et estimer sans craindre de s'en repentir, et d'avoir à se reprocher de s'être trompée.

Ah! vraiment, mon ami, je ne ferai pas de grands frais pour faire

14. 'Thomas-Joachim Hébert, rue Saint-Honoré vis-à-vis le Grand-Conseil, avait à ce moment une forte grande réputation. Il donnait son nom à une forme de vase. On disait à Sèvres: la forme Hébert, comme la forme Calabre . . . ' (Lazare Duvaux, Livre-Journal, 1873, i. lxxxix).

15. See post 29 Jan. 1770. 'By advices from Paris, the report is confirmed that the claims for the loans to the French government will be totally annulled; and no further interest will be paid on any public debt now subsisting' (London Chronicle xxvii. 98, 27 Jan. 1770). A list of the various financial edicts is given in Mercure historique clxviii. 174–5, Feb. 1770.

1. The changes in the English ministry, culminating in the replacement by Lord North of the Duke of Grafton as prime minister.

2. Conway accepted the position of Master of Ordnance, but refused the salary (see HW to Mann 22 Jan. 1770).

monter le médaillon,[3] il m'a été redemandé, j'ai d'abord résisté à le rendre, mais on a mis tant d'instance pour le ravoir, que j'en ai été choquée, et que j'ai pensé que vous me sauriez très mauvais gré d'arracher une faveur tandis que je pensais que vous en faisiez une en l'acceptant. Sénèque et Burrhus[4] sont les ministres de ce temple, ils ne veulent point admettre d'autre encens que le leur, et la divinité[5] ne rend d'oracles qu'autant qu'ils le lui permettent; enfin, depuis trois mois il y a du changement; ce n'est que depuis peu que j'en suis frappée, mais je ne m'en aperçois que depuis un mois, je me rappelle beaucoup de choses auxquelles je n'avais pas pris garde et qui me confirment qu'il n'y a que vous qu'on doive aimer; il faut mépriser tout le reste. Cela ne me coûtera pas, parce qu'en descendant dans mon cœur je n'y trouve que vous, et il n'y a que ce qu'on aime par qui on doive avoir de la peine ou du plaisir.

Oh! non, n'ayez pas peur, je ne parlerai point à votre nièce indépendamment de votre recommendation; nous ne sommes pas sur le ton de la confiance—son caractère est singulier; il y a dans sa tête tous les troubles, toutes les combustions de votre pays; jamais on n'a vu tant d'inégalité. Elle pleure, elle chante, tantôt elle est faible, prête à s'évanouir, tout de suite elle est forte comme un turc; tout cela ne me fâche point, c'est un bonheur pour moi qu'elle soit ainsi faite, j'en aurai moins de regret à la perdre.

Comme cette lettre ne partira que jeudi, j'aurai le temps de la reprendre, je souperai aujourd'hui et demain chez la grand'maman; aujourd'hui avec les La Rochefoucauld, et demain avec votre nièce, il y a plus de trois semaines qu'elle ne l'avait priée.

Ce mardi 30.

Je viens de relire ce que j'écrivis hier, je devrais le jeter au feu, mais tolérez-le sans conséquence.

Nous étions hier petite compagnie chez la grand'maman; la Duchesse d'Anville, MM. de Puységur,[6] et de Créqui,[7] que je connais peu et qui me paraissent assez raisonnables; Sénèque et Burrhus et le

3. Of the Duc de Choiseul (see *ante* 20 Dec. 1769, and 8 Jan. 1770).

4. Abbé Barthélemy and the Marquis de Castellane (see *ante* 15 Jan. 1770).

5. Mme de Choiseul.

6. Either Louis-Pierre de Chastenet (1726–1807), Comte de Puységur, or his brother, Barthélemi-Athanase-Hercule (b.

1729), Vicomte de Puységur, or (more probably) Jacques-François-Maxime de Chastenet (1716–82), Marquis de Puységur, their cousin.

7. Jacques-Charles (1700–71), Marquis de Créqui; or Charles-Marie (1737–1801), Marquis de Créqui.

Prince de Bauffremont; il est de retour depuis trois jours, il remplacera le Gleichen. Vous lui donneriez toute préférence, je suis bien trompée s'il ne vous plaît pas beaucoup quand vous le connaîtrez;[8] c'est l'homme le plus doux, le plus calme, et le plus grand philosophe qui ait jamais existé; la nature en a tout l'honneur; on peut avoir plus d'esprit, mais il est impossible d'être plus raisonnable, plus sociable, et plus heureux. Il avait un procès de cinq ou six cent mille francs qu'on lui redemandait, il n'en avait pas la plus petite inquiétude, il se serait consolé de le perdre parce que cela l'aurait dispensé de se marier; il l'a gagné, et il est indécis sur le parti qu'il doit prendre, parce qu'il ne veut pas être singulier et que l'usage est de vouloir soutenir son nom; je crois que M. de Choiseul lui fera épouser une de ses cousines[9] qui n'a que dix-sept ans, pas un sol, belle comme le jour, et qu'on lui donnera un brevet d'honneur.

Savez-vous nos opérations de finance?[10] Ce n'est encore qu'un prélude, j'y perds déjà cent pistoles de rente, mais on parle des pensions, des gratifications; ce serait un peu plus sérieux; on dit que tout sera décidé avant un mois. Je n'en suis pas fort inquiète; vraisemblablement mes amis auront assez de crédit pour me préserver du naufrage. J'ai réussi dans une entreprise que j'avais fort à cœur. M. de Maulévrier,[11] dont l'appartement est au-dessus du mien, me laisse souveraine maîtresse de son appartement tout le temps qu'il passe à la campagne.[11a] Il part tous les ans le 15 de mai, et ne revient que le 15 de décembre; personne ne loge au dessus, il est tout semblable au mien, excepté que les deux antichambres sont beaucoup plus grandes et qu'étant un étage plus haut, on a la vue du jardin de l'Hôtel de Conti.[12] J'aurai tout l'été la jouissance du jardin de l'Hôtel de Noailles,[13] parce que le Comte et la Comtesse ne quitteront pas la

8. HW had met him twice in 1767 (*Paris Jour.*).

9. This marriage did not take place. The cousin was probably Marie-Charlotte-Félicité-Amélie du Hamel de Saint-Rémy (1752–77), later (Dec. 1770) m. Philippe-Louis-Maximilien-Ernest-Marie, Comte de Sainte-Aldegonde-Noircarmes (Woelmont de Brumagne i. 717; *post* 2 Oct. 1770). Choiseul's aunt had married (1714) François du Hamel, seigneur de Saint-Rémy; Mlle du Hamel was probably their granddaughter.

10. The Abbé Terray, who had just been put in charge of the treasury, was reforming the government finances (see *ante* 24 Jan. 1770).

11. René-Édouard Colbert (1706–1771), Marquis de Maulévrier (Albert, Vicomte Révérend, *Titres . . . de la Restauration*, 1901–6, ii. 170).

11a. His country-seat was the Château d'Éverly, in Brie (ibid.).

12. On the Rue Saint-Dominique, residence of the dowager Princesse de Conti (*Dict. de Paris*).

13. Near the Palais-Royal (ibid.).

cour. Wiart ira cet après-dîner chez Mme Poirier, et terminera l'histoire de vos tasses; celle que vous m'avez donnée est comme celle que vous demandez.

Jeudi, 1er février.

J'attendais de vos nouvelles par le courrier d'hier, ne doutant pas que le Devonshire ne fût arrivé à Londres le vendredi 26.[14] Je fus fort inquiète de ce que les lettres d'Angleterre étant arrivées, il n'y en avait point pour moi; j'envoyai chez votre nièce, pour savoir si elle en avait reçu, et comme elle n'en avait point eu nous conclûmes que le Devonshire n'avait pas fait grande diligence, et qu'il n'était sûrement pas arrivé avant le départ de votre courrier.

Je n'ai point voulu faire partir cette lettre-ci, elle ne contient rien qui puisse vous intéresser. Elle ne partira que lundi; j'aurai sûrement de vos nouvelles dimanche, et je vous apprendrai d'ici à ce temps-là les nouvelles opérations de notre contrôleur général. Ma journée d'hier se passa sans rien de remarquable; je ne sortis point, parce que je devais souper chez moi, et je ne sors point ces jours-là. J'eus à souper Mmes de la Vallière, d'Aiguillon, de Forcalquier et de Crussol; MM. de Broglie, Pont-de-Veyle, Walpole, Chamier, de Creutz, votre nièce, la Sanadona, et moi. Au milieu du souper arriva la Marquise de Boufflers, qui n'avait pas voulu rester chez Madame la Comtesse de la Marche, parce que tout le Palais-Royal[15] y était venu. Sur les une heure, le Chevalier son fils vint nous trouver; il y a eu un whisk et un vingt et un. Je me mets toujours d'un quart avec votre cousin, qui ne perd jamais, et d'un quart avec votre nièce, qui perd presque toujours. Je crois qu'elle a fait des réflexions, elle joue présentement fort sagement. On ne parla que de la guérison de Madame la Duchesse de Luynes:[16] elle avait eu le bras démis il y a trois ou quatre mois, les chirurgiens le lui avaient remis tout de travers, elle était restée estropiée, il fallait que son bras fût soutenu par une écharpe, et elle ne pouvait pas remuer les doigts; les chirurgiens prétendaient qu'elle avait un os fêlé, et disaient tous qu'il faudrait en venir à lui couper le bras. Il y a en Lorraine une famille qu'on appelle les Valdageoux,[17]

14. 'On Saturday last [?27 Jan. 1770] his Grace the Duke of Devonshire arrived at his house in Piccadilly, from his travels abroad' (*London Chronicle* xxvii. 98, 27–9 Jan. 1770).

15. The family of the Duc d'Orléans.

16. Guyonne-Josèphe-Élisabeth de Mont-

morency-Laval (1755–1830), m. (1768) Louis-Joseph-Marie-Charles-Amable d'Albert, Duc de Luynes (see Jacob-Nicolas Moreau, *Mes souvenirs*, 1899–1901, ii. 200).

17. Probably Val d'Ajol; there is a village of that name in the Vosges Mountains. 'M. Dumont de Valdagou, chirurgien

parce qu'ils habitent le village de ce nom, qui ont un talent singulier et infaillible pour remettre les membres cassés ou démis; on a fait venir un de cette famille qui, après avoir examiné le bras de Mme de Luynes, a affirmé qu'elle n'avait point d'os fêlés, et qu'il répondait de sa guérison; mais que, comme le bras avait été mal remis, il s'était formé une espèce de calus qu'il fallait commencer par dissoudre; c'est ce qu'il a fait: il n'y a que quatre jours, qu'après des douleurs inouïes qui ont duré très longtemps, et où il a fallu employer la force de plusieurs hommes, il lui a remis si parfaitement le bras qu'elle s'en est servie sur-le-champ, et qu'elle s'en sert actuellement tout comme de l'autre. Ce pauvre homme logeait chez un de ses amis, et il y a dix ou douze jours qu'étant à une porte où il voulait entrer, il fut attaqué par deux hommes; il reçut un coup d'épée qui heureusement n'a pas été dangereux. Actuellement, il loge à l'Hôtel de Luynes.[18] La rage des chirurgiens contre ces bonnes gens qu'on appelle les Valdageoux est si grande, qu'ils ont obtenu dans leur pays d'être toujours accompagnés d'un homme de la maréchaussée, quand ils vont d'un lieu à un autre.

Adieu, à demain.

Ce vendredi, 2 février.

Les édits ont paru; toutes les pensions perdent selon leur valeur, celles au-dessous de six cents francs ne payent que ce qu'elles payaient depuis longtemps, un dixième; celles de mille deux cents francs, un dixième et demi; ainsi par gradation jusqu'à deux mille écus, qui est ma classe; et celle-là et toutes celles qui sont par delà sont taxées aux trois dixièmes; ce qui, comme vous voyez, avec la retenue de deux vingtièmes, fait un tiers de diminution; ainsi, de deux mille écus que j'avais, je perds deux mille francs, et mille francs sur les papiers royaux font mille écus; c'est un malheur, mais qui m'affecte médiocrement. Je voudrais n'avoir pas à en craindre d'autres. Il y en a qui me seraient bien plus sensibles. Je n'ai nulle raison qui me les fasse prévoir, mais je ne puis m'empêcher de les craindre. Revenons aux pensions. À l'instant que l'arrêt a paru, Tourville, que vous connaissez, et qui est l'ami de l'Abbé Terray, a couru chez lui et lui a dit

renoueur du Roi, de ses camps et armées, de Monsieur, etc., ci-devant rue du Four, Faubourg S. Germain, demeure actuellement rue du petit musc . . .' (*Journal de Paris,* 1779, i. 499).

18. On the Rue St-Dominique (*Dict. de Paris*).

qu'il ne venait pas lui parler pour lui, quoiqu'il perdît cinq cents écus sur sa pension; mais qu'il venait le solliciter pour moi; que mon âge, mes malheurs, et le genre de ma gratification, qui était sur l'état de la maison de feu la Reine, me mettaient dans le cas d'une exception; qu'il ne pouvait jamais donner à lui Tourville une marque d'amitié à laquelle il fût plus sensible. Le contrôleur général a répondu qu'il me connaissait, qu'il serait fort aise de m'obliger, mais qu'il s'était imposé la loi de ne faire aucune exception; que tout ce qu'il pouvait faire, c'était de lui indiquer le moyen de réparer ma perte; qu'il fallait que je tâchasse d'obtenir une grâce nouvelle; que si M. de Choiseul ou quelque autre la demandait pour moi, loin de s'y opposer, il concourrait de tout son pouvoir à me la faire obtenir. Voici ce que j'ai écrit ce matin, que je compte donner au grand-papa. S'il fait difficulté de se mêler de cette affaire, je m'adresserai à M. de Saint-Florentin,[19] d'autant plus qu'elle est de son département; je me ferai accompagner chez lui par le Prince de Bauffremont, son ami intime.

MÉMOIRE

Le Roi accorda à Mme du Deffand, en 1763, à la sollicitation de la Reine, une gratification annuelle de six mille livres. Cette Princesse l'honorait de sa protection, en considération de feu sa tante la Duchesse de Luynes, dont les services assidus, le respectueux attachement, l'absolu dévouement, avaient mérité de Sa Majesté ses bontés, son amitié et sa reconnaissance.

Aujourd'hui Mme du Deffand, âgée de soixante-treize ans, privée de la vue, dont les infirmités augmentent ses besoins, est contrainte à faire des retranchements sur les choses les plus nécessaires. Elle perd trois mille livres de rente par les nouveaux arrangements; elle a représenté sa situation à Monsieur le contrôleur général; mais comme il s'est fait une loi de ne faire aucune exception, elle n'en a rien obtenu. C'est à la bonté du Roi qu'elle a recours. Monsieur le contrôleur général ne fera aucune difficulté contre une nouvelle grâce que le Roi voudrait bien lui accorder. Elle sait bien qu'elle ne mérite rien par elle-même; mais la Reine l'honorait de ses bontés; Sa Majesté avait cherché à reconnaître l'attachement et les services de Mme de Luynes par la protection qu'elle accordait à sa nièce: et la compassion de la Reine avait ajouté un motif de plus.

Voilà les seuls titres de Mme du Deffand pour implorer la bonté du

19. He was minister of state, but D later refers to him as 'lord-trésorier' (see *post* 10 Feb. 1770).

Roi; elle n'oserait parler de son respectueux attachement, quoique aucun de ses sujets n'en ait un plus véritable.

Ce dimanche [4 Feb.], à midi.

Par bien des choses qu'on m'a dites hier, je doute que le grand-papa se charge de mon mémoire; je verrai ce que je ferai, peut-être resterai-je tranquille; je me rappelle des vers de Rousseau:[20]

> . . . Le plus petit vaurien
> En fera plus que tous vos gens de bien;
> Son zèle actif peut vous rendre service,
> La vigilance est la vertu du vice.

Je ne connais point de ces petits vauriens vigilants. La grand'ma-man vient demain à Paris. J'eus hier la visite de l'Abbé, qui ne me dit rien de sa part; je crus que la politique devait m'interdire toute question. J'ai peine à croire que je n'entende pas parler d'elle: mais quoi qu'il en soit, je donne à souper demain, lundi, et mercredi. La Fontaine dit dans un de ses contes:

> . . . Le Florentin
> Montre à la fin ce qu'il sait faire.

> LA FONTAINE, *Épigr. contre Lulli*.[20a]

Je suis bien tentée de penser la même chose du Provençal;[21] mais je me tais, et j'observe.

M. Chamier nous apprit hier une grande nouvelle, la démission de Monsieur le Duc de Grafton;[22] je compte dans deux heures en avoir la confirmation dans votre réponse[23] à ma lettre du Devonshire: je sais qu'il n'est arrivé à Londres que le samedi 27.

Vous serez effrayé de l'énormité de cette lettre: mais remarquez que j'ai passé un ordinaire sans vous écrire. Mes lettres vous rui-nent;[24] vous les payez sûrement plus qu'elles ne valent, mais punissez-moi selon la loi du talion, et vous verrez que je ne m'en plaindrai pas.

20. Jean-Baptiste Rousseau, *Épîtres,* i. v.
20a. The quotation is from La Fontaine, *Le Florentin* (Épître xiv).
21. Abbé Barthélemy.
22. Grafton resigned 27 Jan. 1770, but the news was not generally known until 30 Jan. (*Mem. of Geo. III* iv. 47).
23. *Post* 30 Jan. 1770.
24. Single letters (letters written on one sheet) from Paris to London, cost 10*d*.; double letters 1*s*. 8*d*.; triple letters 2*s*. 6*d*.; the price per ounce was 3*s*. 4*d*. (*A Complete Guide to all Persons who have any Trade . . . with . . . London*, 2d. ed., 1740, p. 77). The fee was collected at the London post office from the recipient of the letter. In 1779, when the London–Paris mail went by way of Ostend, another

À 2 heures après midi.

Voilà votre lettre qui arrive:[24a] je suis parfaitement contente de ce que vous êtes content; mais je n'aime pas que vous me croyiez inégale, que je m'enthousiasme et que je me dégoûte: tout au contraire, je suis d'habitude; mais je m'aperçois des changements qui arrivent. Je pourrai bien vous écrire ces jours-ci, si j'en trouve l'occasion. Vos tasses partiront, Mme Poirier a écrit à Sèvres pour en avoir telles que vous le désirez. D'où vient, s'il vous plaît, faut-il que le Chevalier Lambert[25] soit chargé de les payer, cela n'est pas honnête à vous, je satisferai à cette dette, n'en ayez point d'inquiétude. Ma confiance est plus grande que la vôtre, et la vôtre serait pour le moins aussi bien fondée que peut l'être la mienne. Vous m'avez dit bien des raisons contre l'ambassade,[26] je les aurais toutes imaginées, et rien ne pourrait jamais vous rendre ce séjour-ci agréable, c'est cette connaissance qui pourrait peut-être un peu nuire à ma gaîté.

Je voudrais bien que vous profitassiez de la première occasion que vous aurez pour entrer dans le plus grand détail sur ce qui vous regarde, de mon côté j'en userai de même. Ne croyez point que je m'attriste, je suis presque toujours d'assez bonne humeur, c'est quand je ne me porte pas bien que je me fais des dragons. J'ai été pendant près d'un mois assez incommodée; actuellement je commence à me mieux porter.

Il y a ici de grandes clameurs contre le nouveau contrôleur général. Un nommé Billard,[27] caissier des fermes des postes, fit, il y a trois semaines ou un mois, une banqueroute de quatre à cinq millions; on a mis au-dessus de la porte de l'Abbé Terray: *Ici on joue le noble jeu de billard.* On nous promet encore des édits une fois la semaine pendant quelque temps, mais je n'ai plus rien à craindre, et je crois que je pourrais ajouter rien à espérer.

Je croyais hier, quand j'ai appris la démission du Duc de Grafton, que ce serait M. de Grenville[28] qui le remplacerait.

4*d.* for single letters was added (Herbert Joyce, *History of the British Post-Office,* 1893, pp. 296–7). D's letters were addressed to Arlington Street because delivery at Strawberry Hill would involve an extra charge. Some of her later letters were postmarked 'payé,' implying that they were prepaid.

24a. *Post* 30 Jan. 1770.

25. Sir John Lambert, English banker at Paris.

26. Reasons against HW's becoming ambassador to France (see *ante* 15 Jan. 1770; HW to Mann 30 Jan. 1770).

27. See Grimm viii. 485–6, 15 March 1770; and *Mercure historique* clxviii. 313, March 1770.

28. George Grenville (1712–70).

Oh! les Anglais qu'on m'amène n'y viennent pas par curiosité, c'est ou votre cousin ou votre nièce qui les produisent, excepté le Stormont qui m'a été amené par la grosse Duchesse. Je ne vous ai point parlé d'un M. Hervey,[29] qui me paraît le meilleur homme du monde, mais perclus de goutte. Adieu, vous devez être bien las de moi. Dites à M. Craufurd de me faire savoir quand il aura reçu les deux boîtes,[30] de me les renvoyer sur-le-champ si elles ne lui conviennent pas. Dites-lui aussi que j'ai reçu une lettre de Voltaire,[31] dont je lui enverrai l'extrait. J'ai fait partir le *Charles V* de Robertson.

To Madame du Deffand, Tuesday 30 January 1770, N° 19

Fragment, B ii. 11 n. Written at Arlington Street. Answered, 4 Feb. (*ante* 29 Jan.).

JE trouverais votre Baron[1] une perte bien légère. Son cœur peut être droit, mais son esprit ne l'est guère. De ce que Voltaire s'est mis en tête d'être philosophe, lui qui de tous les hommes l'est le moins, on se croit de l'esprit dès qu'on a affiché la philosophie, sans songer que la philosophie affichée cesse de l'être. Les charlatans de la Grèce et ceux de Paris sont également ridicules. Quand tout le monde était dans l'aveuglement, il fallait peut-être un effort pour se mettre au-dessus des préjugés, mais quel mérite y a-t-il à n'en point avoir, quand c'est ridicule que d'en avoir? On sait si peu, qu'il ne demande pas beaucoup de génie pour avouer qu'on ignore de tout; et voilà le sublime des philosophes modernes, dont, sauf votre permission, était votre triste Baron.

To Madame du Deffand, Tuesday 6 February 1770, N° 20

Missing. Probably written at Arlington Street.

29. See *ante* 8 Jan. 1770.
30. See *post* 14 Feb. 1770.
31. Voltaire to D 28 Jan. 1770 (Voltaire, *Œuvres* xlvi. 543). See also D to Voltaire 20 Dec. 1769 (ibid. p. 517), and *ante* 15 Jan. 1770.

1. Baron de Gleichen. See *ante* 24 Jan. 1770.

To Madame du Deffand, Friday
9 February 1770, N° 21

Fragment, B ii. 22 n. *Post* 24 Feb. 1770 gives this date, but *Paris Journals* give 13 February. Probably written at Arlington Street. Answered, 24 Feb.

JE ne saurais souffrir une telle diminution de votre bien.[1] Où voulez-vous faire des retranchements? Où est-il possible que vous en fassiez? Excepté votre générosité[1a] qu'avez-vous de superflu? Je suis indigné contre vos *parents:*[2] je les nomme tels, car ils ne sont plus vos *amis,* s'ils vous laissent manquer un dédommagement. Je sens bien qu'ils peuvent avoir de la répugnance à solliciter le contrôleur général,[3] mais tout dépend-il de lui? J'aime aussi peu que vous les sollicitiez. Je m'abaisserais à solliciter un inconnu plutôt qu'un ami qui n'aurait pas pensé à mes intérêts. Vous savez que je dis vrai. Bon Dieu! quelle différence entre les *parents* et l'excellent cœur de M. de Tourville! Dites-lui, je vous en prie, qu'au bout du monde il y a un homme qui l'adore; et ne me dites point que je suis votre unique ami: pourrais-je en approcher! Comment! un ami qui cède ses prétentions en faveur des vôtres! Non, non, ma Petite, c'est un homme unique et je suis transporté de joie que vous ayez un tel ami; moquez-vous des faux amis et rendez toute la justice qui est due à la vertu de M. de Tourville. C'est là le vrai *Philosophe sans le savoir.* Ayant un tel ami, et encore un autre, qui quoique fort inférieur ne laisse pas de s'intéresser à vous, ne daignez pas faire un pas, s'il n'est pas fait pour remplacer vos trois mille livres. Ayez assez d'amitié pour moi pour les accepter de ma part. Je voudrais que la somme ne me fût pas aussi indifférente qu'elle l'est, mais je vous jure qu'elle ne retranchera rien, pas même sur mes amusements. La prendriez-vous de la main de la grandeur et la refuseriez-vous de moi? Vous me connaissez; faites ce sacrifice à mon orgueil, qui serait enchanté de vous avoir empêchée de vous abaisser jusqu'à la sollicita-

---

1. See *ante* 29 Jan. 1770.

1a. Besides occasional charities, like that to Jacqueline and Jeanneton (see *ante* 14 Oct. 1767) or the 'aumône' mentioned in D's Journal, 14 Aug. 1779, D apparently helped a poor blind woman (see *post* 22 Oct. 1780).

2. Choiseul, though he was soon to be

dismissed from his post, was still minister of foreign affairs, and might have used influence in D's behalf. HW's warmth was doubtless increased by the bitter memory of Conway's neglect of HW's financial interest in 1765, when Conway held a similar post.

3. Terray.

tion. Votre *Mémoire*[4] me blesse. Quoi! Vous! vous, réduite à représenter vos malheurs! Accordez-moi, je vous conjure, la grâce que je vous demande à genoux et jouissez de la satisfaction de vous dire, j'ai un ami qui ne permettra jamais que je me jette aux pieds des grands. Ma Petite, j'insiste. Voyez si vous aimez mieux me faire le plaisir le plus sensible, ou de devoir une grâce qui, ayant été sollicitée, arrivera toujours trop tard pour contenter l'amitié; laissez-moi goûter la joie la plus pure, de vous avoir mise à votre aise, et que cette joie soit un secret profond entre nous deux.[5]

From MADAME DU DEFFAND, Saturday 10 February 1770

N° 22. Paris, ce samedi 10 février 1770.

SOIT à tort ou à raison je me persuade que vous vous intéressez beaucoup à moi, ainsi je ne veux point vous laisser dans l'inquiétude. Sénèque et Burrhus ne me feront pas grand mal, ils ne veulent pas me faire périr, ils se contentent d'avoir des préférences de confiance et de crédit, et j'y consens. J'ai vu ces jours-ci le lord-trésorier,[1] il a très bien reçu l'écrit[2] que je vous ai envoyé, il parlera au chancelier de l'échiquier,[3] et si cela ne produit rien il prendra d'autres mesures qui seront plus directes. Enfin, il prétend qu'il réparera les torts. Je vous l'ai déjà dit, ce n'est pas cela qui m'inquiète. On dit que j'ai tort de m'alarmer, ne pourriez-vous pas me dire ce que je dois espérer ou craindre? Mon Dieu, que j'aurais des choses à vous conter! J'en aurais pour plus dix ou douze voyages à Gennevilliers,[4] et

---

4. See *ante* 2 Feb. 1770.

5. HW twice offered, in the same spirit, an even larger gift to Conway (see HW to Conway 20 July 1744, and 21 April 1764). In this case he was merely offering to sacrifice about £150 a year out of an annual income of about £4,000. He received £300 a year from his patent places, £1,800 a year from his ushership of the exchequer (after a ten per cent reduction), £1,000 a year from his patent for collector of customs, and £400 from his small places. Besides this income of £3,500 a year, he had about £300 a year from investments. These included £1,000 from his father's estate, £6,000 from the estate of his uncle, Erasmus Shorter, and £2,000 given as compensa-

tion for the cut in his exchequer ushership. In 1775, he gave £2,000 compensation to Mr Challis; in 1784 he lost £1,400 a year by Sir Edward Walpole's death; in 1786 he received the remaining £4,000 from his father's estate; in 1791 he inherited the Orford estates.

---

1. Apparently the Comte de Saint-Florentin. (See *ante* 29 Jan. 1770.)

2. D's petition (ibid.).

3. Abbé Terray.

4. A country house near Paris, which the Duchesse de Choiseul had inherited from her father the Comte du Châtel (B). HW had been there often, during his latest visit to Paris (*Paris Jour.*).

vous seriez à l'abri de m'entendre proférer le nom de Mme Hervey.
Vous souvenez-vous de vos colères? Je n'en ai jamais rien compris. Je
suis sûre que vous êtes étonné et encore plus fâché que je n'écrive
pas tout ce que je pourrais dire, mais ce n'est pas la seule discrétion
qui m'arrête. Les plus petites choses dites avec chaleur ont leur prix,
mais tracées sur le papier elles sont à la glace, et par conséquent très
ennuyeuses. Un jour viendra peut-être? Mais ne parlons pas de cela.
Nos parents sont très enrhumés, ils étaient ici depuis lundi, je les ai
beaucoup vus, j'en suis très contente, ils s'en retourneront aujour-
d'hui à Versailles, je ne sais quand ils reviendront. La grand'maman
m'inquiète, elle tousse beaucoup, elle est maigrie et fort changée.
Nous eûmes hier à souper chez elle l'Archevêque de Toulouse, et le
Chevalier de Boufflers, celui-ci nous dit des chansons qu'il avait faites
au séminaire,[5] que nous trouvâmes très plaisantes. Mais je n'ose vous
les envoyer, cela grossit trop mes paquets, et puis tout cela vous arrive
dans le moment que vous avez la tête troublée de toutes vos factions,
et j'en suis pour la peine d'écrire des volumes qui vous fatiguent et
vous ennuient.

Il faut que je justifie votre nièce; elle m'a confié sans que je l'in-
terrogeasse qu'elle était sans un sol, qu'elle avait cependant très peu
perdu au jeu, mais qu'elle avait prêté, il y a six semaines, soixante-dix
louis à Mme de Boisgelin; elle en a parlé à Mme de Boufflers, elle
sera payée quand Mme de Boisgelin le sera; on lui doit cinq ou six
cents louis; mais quand sera-t-elle payée? Voilà ce que j'ignore. Je
crois avoir avec votre nièce la conduite que vous me prescririez; elle
fut hier chez la grand'maman; elle soupera ce soir avec moi chez le
Président, et après souper nous irons à l'Hôtel de Luxembourg.

J'attends une lettre aujourd'hui ou demain, et je réserve ce qui
reste de papier pour y répondre.

Ce dimanche, à 4 heures du soir.

Eh bien! il n'y a point de courrier. C'est ce qui m'arrive toujours,
ce que j'attends n'arrive jamais. Les maudits ouragans de mercredi
sont certainement la cause de ce retardement; il faut prendre patience. M. Chamier y aura encore plus de peine que moi. J'aurais
voulu que cette lettre n'eût parti qu'après avoir reçu la vôtre. Je
viens d'écrire à la grand'maman, qui comme je vous l'ai dit est re-

5. Saint-Sulpice.

tournée hier à Versailles. Je la prie de ne pas laisser refroidir le grand-papa sur ce qui me regarde, et de lui représenter que si l'on ne répare pas mes pertes je ne pourrai plus soutenir la dignité de petite-fille du grand-papa et de la grand'maman. Quand j'aurai dit et fait tout ce qui dépend de moi, je resterai tranquille, et je n'y penserai plus.

Vos tasses ont dû partir vendredi, elles sont certainement semblables au dessin que vous avez donné; ne vous mettez point en peine de vos comptes avec Mme Poirier, j'en fais mon affaire.

Vous voilà quitte de moi pour aujourd'hui, ne soyez ni surpris ni fâché si je vous récris mercredi, cela dépendra de la lettre que je recevrai de vous. Vous me trouvez une grande bavarde; je la suis avec vous j'en conviens, mais avec nul autre je vous assure. Comme il y a du papier de reste, je ne puis me tenir de vous dire une chanson du Chevalier de Boufflers, qu'il fit et chanta sur-le-champ au Roi de Pologne, qui lui reprochait que depuis qu'il avait quitté le petit collet, il passait sa vie dans les auberges et cabarets.

Sur l'air: *Reveillez-vous, belle endormie.*

> Chacun regarde avec surprise
> Le grand changement qui s'est fait
> D'une colonne de l'église
> En un pilier de cabaret.[6]

La première fois je vous en dirai une autre. Je le vois très souvent, il soupera ce soir chez moi avec sa mère, les Beauvau et les Luxembourg. Adieu.

La nièce et moi ne soupâmes point hier chez le Président. La Marquise[7] de Boufflers m'avait obligée de souper à l'Hôtel de Luxembourg, j'y consentis, à condition de ne me point mettre à table, d'en prévenir la Maréchale et de lui faire trouver bon que la nièce et moi restassions avec elle (Boufflers) à manger un morceau au coin du feu. Nous arrivâmes comme on était à table, et nous trouvâmes la Maréchale, le Chevalier de Boufflers, sa mère, le Lauzun, et le d'Hénin qui nous attendaient, nous fûmes six à la petite table, on était vingt à la grande. Cela se passa à merveille.

6. A copy of these verses is in the MS *Œuvres de Boufflers,* bequeathed by D to HW.

7. Expanded by HW from Wiart's 'M.'

From MADAME DU DEFFAND, Wednesday
14 February 1770

Nº 23. Paris, ce mercredi 14 février 1770.

J'AVAIS une lueur pour hier ou aujourd'hui, le courrier l'a éteinte, mais je ne m'en plains pas. Cette lettre-ci qui ne partira que lundi pourra bien devenir volume, je n'y mettrai pourtant que le pur nécessaire. Je reçus hier une réponse de la grand'maman, qui me confirme toutes les promesses du grand-papa, et que ma perte sera réparée de *façon ou d'autre*. *Façon ou d'autre* ne me plaît pas, il me donne bien la sûreté d'obtenir, mais non pas celle de conserver; ce pourrait être quelque sorte de grâce dépendante des circonstances, mais il faudra bien se contenter de ce qu'on fera, et se souvenir du proverbe *à cheval donné on ne regarde pas à la bouche*.

Il vient d'arriver un événement heureux pour le contrôleur général,[a] la mort subite de M. de Béringhen,[1] premier écuyer. Le contrôleur général voulait retrancher de prodigieux abus, et il aurait trouvé de prodigieuses difficultés; Monsieur le premier en avait tant de peur qu'il en est mort. Voilà une heureuse circonstance. Le contrôleur général pourra faire toutes les réformes, tous les arrangements qu'il voudra sans trouver d'obstacles. Je crois que nous voudrions que cette charge fût supprimée, et que la petite écurie fût remise à la grande, on en pourrait inférer quelque chose de bon, mais si cela n'est pas, il n'y aura point de conséquence à en tirer en mal.

Je soupai hier chez la grosse Duchesse avec la Maréchale de Mirepoix.[1a] Votre nièce y était et cinq ou six personnes. La Duchesse eut ses grands accès de gaîté, et elle fut fort divertissante. La Maréchale de Mirepoix me parut d'une profonde tristesse, elle était venue la surveille me proposer de venir à la comédie. Je refusai parce que j'attendais Sénèque. J'avais fait le projet[2] d'aller vendredi souper à Versailles, et de mener avec moi votre nièce et le Chevalier de Boufflers; ce projet était concerté avec le Prince de Bauffremont que j'aurais trouvé là, et que j'aurais ramené avec nous. Je contai cela à Sénèque[2a] qui combattit ce projet par mille raisons qu'on aurait fait tomber

a. Expanded by HW from Wiart's 'C.G.,' which is often used in this and the following letters.
1. Henri-Camille (ca 1693–1770), Marquis de Béringhen, d. at Paris, 12 Feb. 1770 (*Rép. de la Gazette*).

1a. Expanded by HW from Wiart's 'M.'
2. See D to Mme de Choiseul 14 Feb. 1770, S–A i. 262.
2a. M. de Castellane (HW). HW is mistaken; the Abbé Barthélemy is 'Sénèque' (see S–A, loc. cit.).

toutes avec un souffle; mais j'ai cru de la prudence d'y renoncer: on a toujours pour ennemis les jaloux, et il faut tâcher de n'en point faire. Ne dites-vous pas, 'Ah! la petite devient bien prudente'? C'est de toute vérité; je suis toute surprise que cela ne me coûte rien, et comme il n'y a que le premier pas qui coûte, peut-être incessamment serai-je fausse; c'est ma sincérité qui vous a conquis, ce sera peut-être ma fausseté qui vous conservera.

Je ne voulais point faire partir cette lettre demain, mais elle partira, et voici pourquoi. Il faut absolument que vous me fassiez avoir raison de M. Craufurd de deux boîtes que Milord Byng[3] a dû lui remettre, elles sont à La Frenaye, qui m'en demande des nouvelles, et je ne sais que lui répondre; je ne veux plus à l'avenir faire d'autres commissions que les vôtres; voyez donc, je vous supplie, ce petit Craufurd; s'il ne veut pas de ces boîtes, je désire qu'il vous les remette, et que vous preniez la peine de les bien empaqueter et de me les renvoyer par quelqu'un de sûr, et le plus tôt qu'il sera possible.

Je ne sais d'où vient je suis fort aise quand vous me dites que vous aimez Rosette. Adieu.

J'aurai ce soir quinze personnes à souper, je voudrais bien ne me pas mettre à table et manger mon potage au coin du feu avec vous.

To Madame du Deffand, Friday
16 February 1770, N° 22

Missing. Probably written at Arlington Street. Answered, 24 Feb.

From Madame du Deffand, Wednesday
21 February 1770

Address: To Monsieur Monsieur Horace Walpole in Arlington Street near St James's London Angleterre.
Postmark: FE ?25.

N° 24. Paris, ce mercredi 21 février 1770.

JE crois, mon ami, que vous me retenez les trois dixièmes;[1] voilà la troisième poste qui ne m'apporte rien; il est vrai qu'aujourd'hui il n'y a point de courrier, mais pour dimanche passé, 18,

---

3. There was no Lord Byng at this time. D may mean the Hon. John Byng, later 5th Vct Torrington.

1. She means that HW's letters to her are diminishing like her pension, which, under Terray's reform, was to be reduced

j'aurais parié toute chose que j'aurais eu de vos nouvelles. Vous aviez reçu plusieurs de mes lettres et entre autres une de douze pages.[2] Vous deviez juger que je serais bien aise d'en apprendre la réception; nous verrons demain s'il y aura un courrier et si j'aurai une lettre. Je ne suis pas, comme vous croyez bien, sans quelque inquiétude, mais il ne m'est pas permis de vous en parler, ainsi je me tais. Je supporte cependant fort impatiemment la crainte que j'ai que vous ne soyez malade. Pour moi, je ne me porte pas trop bien, mais ce n'est pas tant pis, les arrangements de M. Terray ne laissent point à désirer, mais bien à craindre un grand nombre d'années; à peine laissera-t-il le nécessaire. Les espérances dont je vous ai parlé dans mes dernières lettres se dissipent en fumée. Si je trouve quelque occasion sûre je vous en dirai davantage; pour aujourd'hui je n'ai pas le mot à dire. Si j'ai une lettre de vous demain, je vous écrirai par l'ordinaire de lundi.

To MADAME DU DEFFAND, Friday
23 February 1770, N° 23

Missing. Probably written at Arlington Street. Answered, 28 Feb.

From MADAME DU DEFFAND, Saturday 24 February 1770

N° 24. Paris, ce samedi 24 février 1770.

ENFIN, nous voilà débredouillés, vous avez reçu mes lettres, et je reçois les vôtres du 9 et du 16. Si je n'avais pas perdu le don des larmes, elles m'en feraient bien répandre; elles me causent un attendrissement délicieux, quoique triste. Ah! mon ami, pourquoi ne vous ai-je pas connu plus tôt? Que ma vie aurait été différente! Mais oublions le passé pour parler du présent: vous me faites éprouver ce que Voltaire dit de l'amitié:[1]

Change en bien tous les maux où le ciel m'a soumis.

Je n'en ai pas encore d'assez grands à mon avis, puisque je ne suis pas dans le cas d'accepter vos offres;[2] croyez-moi, je vous supplie, je

by a three-tenths' tax (see *ante* 29 Jan. 1770).
2. See ibid.

1. See *ante* 5 July 1767.
2. See *ante* 9 Feb. 1770.

les accepterais, non-seulement sans rougir, mais avec joie, mais avec délices, mais avec orgueil; soyez-en sûr, mon ami, vous savez que je suis sincère; je vais chercher une occasion pour vous écrire à cœur ouvert sans aucune réserve; votre cousin me la fournira. Vous aurez vu nos derniers édits,[3] vous pourrez apprendre par notre ambassadrice la conduite qu'a tenue le grand-papa;[4] on lui dresserait des autels; il a éteint l'incendie. Je souperai demain avec lui; mais ce ne sera pas dans un petit comité, dont je suis très fâchée; il a véritablement de la franchise quand il est à son aise.

Je donnerai la chaîne[5] demain; ceux qui l'ont vue la trouvent jolie, mais ce ne sont encore que votre nièce et mes gens; au toucher je craindrais qu'elle ne fût pas encore assez fine. Si le manchon[6] que vous avez donné à Mlle Lloyd est couleur de rose, vous me faites voler votre cousin, c'était celui-là qu'il envoyait à sa nièce, le mien était blanc.

J'ai reçu la boîte du petit Craufurd par le Milord;[7] toutes nos affaires sont en règle. Je satisferai Mme Poirier; n'ayez nulle inquiétude de me donner des commissions, je suis, je vous jure, fort en état de les faire. Je remets à demain à continuer.

Ce dimanche 25.

J'ai envoyé hier la chaîne à la grand'maman par le Prince de Bauffremont; j'en saurai le succès ce soir; tout ce qui vint chez moi hier la trouva charmante. Je vis Tourville, je lui fis faire la lecture de votre lettre;[8] il vous adore. L'estime que vous marquez avoir pour lui et qu'il doit au récit que je vous ai fait de son procédé, le paye au centuple, à ce qu'il dit, de ce qu'il croit avoir mérité. Je suis bien déterminée à ne plus parler à mes parents; j'ai lieu de croire qu'ils se conduiront bien; mais, quoi qu'il puisse arriver, n'ayez, je vous prie, nulle inquiétude; je ne serai forcée à aucune réforme. La seule différence qui sera dans mon état, c'est que je ne pourrai rien mettre en réserve, ce qui n'est pas un inconvénient aujourd'hui, ayant placé des

---

3. Those of 18 Feb. 1770, ordering the suspension of various payments by the government (*Mercure historique* clxviii. 279–94, March 1770).

4. Choiseul opposed Terray's reforms, on the ground that they ruined France's foreign credit; he stirred up the bankers to resistance, and persuaded the King's council to uphold the credit of the nation (*Mem. of Geo. III* iv. 16–17).

5. Which had apparently been ordered by HW for Mme de Choiseul.

6. See *ante* 8 Jan. 1770.

7. ? Byng (see *ante* 14 Feb. 1770).

8. Probably *ante* 9 Feb. 1770.

rentes viagères pour mes gens.[8a] C'est avec vérité, mon ami, que je vous promets d'user de tout ce qui vous appartient avec la même liberté et confiance que si c'était mon propre bien; n'insistez plus, je vous conjure, à exiger d'autres marques de ma soumission. Je n'aime point à vous résister, et cependant je le ferais très certainement. Vous avez des moyens bien sûrs de m'obliger; vous les connaissez bien, mais je ne vous en parle point; je ne veux que ce que vous voulez, et votre cœur m'est trop connu, pour avoir rien à lui dicter. Sachez-moi gré de la bride que je mets à ma reconnaissance; si je m'y laissais aller, je gâterais tout. J'aime bien que M. Montagu[9] me fasse faire des compliments. Ils me sont d'autant plus agréables, que je vous les dois entièrement; mettez-le à portée de m'en faire souvent: mais pourquoi ne ferait-il pas un tour à Paris?

Il faut que je vous parle de votre cousin. Vous avez pris de fausses idées de lui; c'est le plus aimable et le meilleur garçon du monde, il a des soins et des attentions pour moi infinies; si jamais je vous revois avec lui, je me propose de former entre vous une sincère amitié, et je suis sûre d'y réussir; il a été très gauche avec vous,[10] il en convient, et cela ne sera pas de même à l'avenir; il a eu de terribles secousses[11] ces jours-ci, mais il est fort tranquille présentement; je crains que votre nièce ne soit jamais payée de ses soixante-dix louis; j'en parlai hier à Mme de Cambis, et par le détail qu'elle me fit des finances de Mme de Boisgelin, je conclus que votre nièce attendrait bien longtemps.

Je ne sais pourquoi, mais je ne suis point en train d'écrire aujourd'hui. Votre cousin va être à l'affût du premier Anglais qui partira, je vous enverrai par lui le *Théâtre espagnol*,[12] et peut-être un volume de ma façon.[13] Vous devez avoir reçu vos tasses, en êtes-vous content? Ne ferai-je pas bien d'attendre le retour du petit Craufurd à Londres pour lui écrire?

L'ambassadeur de Naples[14] mourut mercredi, en présence de Mme

8a. These annuities are listed near the end of Appendix 2.

9. No letters from Montagu to HW, between Dec. 1769 and March 1770, have survived; Montagu sent compliments to D in his letter to HW, 18 Sept. 1769, when HW was in Paris, and said that the only inducement which could bring him to Paris was to see D.

10. The nature of this *gaucherie* is not known.

11. Terray's financial reforms had prob-

ably endangered English investments which Robert Walpole wanted to protect; his family fortunes were involved through his brother Thomas, a banker in Paris.

12. Simon-Nicolas-Henri Linguet's translation, published in four volumes, Paris, 1770. (Bibl. Nat. Cat.)

13. Probably La Harpe's *Mélanie* (see *post* 28 Feb. 1770).

14. The Marchese di Castromonte (d. 1770), probably Giuseppe Baeffa, Marchese di Castromonte, Neapolitan ambassador to

de Chimay[15] et de M. de Fitzjames[16] qui étaient chez lui; il parlait sur le temps où il quitterait le deuil de sa sœur:[17] ce sera, dit-il, le 15; il se tut, pencha la tête, et mourut sans aucune convulsion, sans faire le moindre mouvement. Il était sorti le matin, avait eu du monde à dîner, et il demandait ses chevaux pour aller chez l'ambassadeur d'Espagne:[18] on croyait bien qu'il ne vivrait pas plus de six mois, parce qu'il était hydropique, mais il se portait beaucoup mieux; on lui a trouvé de l'eau dans le cervelet, c'est une mort qu'on peut dire être fort agréable. Il avait été trois jours auparavant chez son notaire, où il avait déchiré un testament qu'il avait fait, il y avait quelques années; il ne trouvait pas ses gens assez bien récompensés, il songeait à en faire un autre pour les mieux traiter, et ils n'auront rien du tout.

Adieu, mon bon et parfait ami.

To MADAME DU DEFFAND, Tuesday
27 February 1770, N° 24

Missing. Written at Arlington Street. Answered, 4 March.

From MADAME DU DEFFAND, Wednesday
28 February 1770

N° 25. Paris, ce mercredi 28 février 1770.

VOTRE nièce est la plus extraordinaire du monde; je ne puis expliquer sa conduite avec moi qu'en lui supposant de l'antipathie. Jugez-en vous-même. Pendant que le petit Fox était ici elle était livrée aux oiseaux, leur intelligence roulait sur le jeu, et c'était des mystères pour moi; je croyais qu'elle perdait beaucoup; vous savez quand elle m'a détrompée, vous l'ayant mandé sur-le-champ. Je crus entrevoir dans cette confidence de la confiance et de l'amitié;

Savoy in 1750 (Antonio Manno, *Mémoires historiques sur la maison royale de Savoie par M. de Sainte-Croix*, in *Miscellanea di storia italiana*, Torino, 1877, xvi. 324).

15. Laure Fitzjames (1744–1814), m. (1762) Philippe-Gabriel-Maurice-Joseph d'Alsace-Hénin-Liétard, Prince de Chimay (GM 1814, lxxxiv. pt ii. 499).

16. Charles (1712–87), Duc de Fitzjames, father of Mme de Chimay.

17. Not identified.

18. Juan Joaquín Atanasio Pignatelli de Aragón (1724–76), Conde de Fuentes, who lived at the Hôtel de Soyecourt, Rue de l'Université (*Almanach royal*, 1769, p. 137; Vittorio, Marchese Spreti, *Enciclopedia storico-nobiliare italiana*, Milano, 1928–32, v. 358; *Enciclopedia universal ilustrada*, Barcelona, [1905–33], xliv. 832).

Wiart lui porta le lendemain vingt-cinq louis, qu'elle reçut de bonne grâce, je lui en sus gré, elle me fit bonne mine pendant quelques jours. Elle parla à Mme de Boufflers de la dette de sa fille; et Mme de Boufflers lui offrit vingt-cinq louis sous le secret, ne voulant pas que sa fille s'accoutumât, ou plutôt continuât, à lui laisser payer ses dettes. Votre nièce la refusa, et lui dit qu'elle avait en moi une ressource. Voilà qui va bien, direz-vous, mais ce n'est pas tout. L'autre jour soupant chez Mme de Caraman avec Mme de Cambis, celle-ci me confirma dans le doute que j'avais conçu qu'il y avait un grand refroidissement entre elle et Mme de Boufflers. Elle me dit qu'elles étaient brouillées pour des dits et redits qui ne vous font rien ni à moi non plus, et qui ne peuvent jamais me rien faire. Je parlai à Mme de Cambis de la dette de Mme de Boisgelin, je lui en marquai de l'inquiétude et lui demandai ce qu'elle en pensait. Elle a certainement, me dit-elle, l'intention de la payer, mais elle-même ne l'est de personne; le M. de Duras lui doit quatre-vingt-quinze louis, un M. de Beaumont[1] cent-cinquante, d'autres personnes que je ne nomme point (dit-elle) encore davantage; je suppose que c'est dans sa famille. Vous ai-je mandé que Mme de Boisgelin avait offert à votre nièce six louis à compte, qu'elle ne voulut point prendre, et elle eut raison? Enfin rêvant quel expédient on pourra trouver pour la faire payer, voici l'idée qui m'était venue; de payer à votre nièce la somme[1a] entière, de me mettre en sa place vis-à-vis Mme de Boisgelin, de lui faire faire un billet et de convenir avec elle qu'elle me payerait dans l'espace de six mois, un an, ou deux ans s'il le fallait, en me donnant des acomptes quand elle aurait de l'argent. Je communiquai hier à votre nièce ce projet, elle le reçut comme une insulte, et me dit avec une dureté et grossièreté que cela ne lui convenait point, et qu'elle ne voulait pas de cet arrangement; jamais elle ne voulut m'en apprendre la raison. Il vous suffit, me dit-elle, que je ne le veux pas. Dans ce même moment elle apprit que la petite Fanny[2] était fort malade et que les religieuses la prièrent de l'envoyer chercher; comme il était neuf heures de soir, ce ne pouvait être que ce matin; j'offris mon carrosse, qu'elle accepta; j'offris de lui faire faire du bouillon, qu'elle refusa avec sa sécheresse ordinaire; je lui dis que rien n'était plus choquant que sa conduite avec moi, qu'elle me faisait sentir en toutes occasions sa répugnance extrême pour recevoir

1. Not identified.
1a. The MS has 'en' after this word.

2. Mrs Cholmondeley's younger daughter, Hester Frances.

de moi des soins et des attentions; je ne sais si ce fut ce propos ou le chagrin de la maladie de sa fille qui la firent fondre en larmes. Nous allions chez la grand'maman, quand nous fûmes dans la cour de la grand'maman, je lui proposai de retourner chez elle si elle craignait de se faire voir dans l'état où elle était; elle ne me répondit point, je descendis du carrosse, elle me suivit, et fut de très bonne humeur. Nous ramenâmes le Prince de Bauffremont chez lui, et quand nous fûmes seules je lui dis: 'Madame, je suis bien fâchée que vous ne vouliez point accepter l'arrangement que je vous propose avec Mme de Boisgelin; vous n'en serez jamais payée, et moi je trouverais bien le moyen de l'être.'—'Je ne le veux pas,' voilà sa réponse; elle refusa aussi le bouillon sous prétexte que le Docteur James ne voudrait peut-être pas que sa fille en prît. 'Tout comme vous voudrez,' lui dis-je. 'Je vous le répète pour la dernière fois que tout ce que j'ai est à votre service, vous demanderez quand vous le voudrez ce qui vous conviendra, mais je ne vous offrirai plus rien.' Voilà où nous en sommes. Elle a actuellement ses deux filles chez elle. Wiart les a vues; on saignait la petite fille qu'il a trouvée très enflammée, et qui a un point de côté. Prescrivez-moi la conduite que je dois avoir et je m'y conformerai entièrement; cette femme serait très aimable si elle n'était pas folle ou si elle n'avait pas une inégalité et une humeur qui est l'équivalent de la folie. Puisque vous voulez bien la secourir, il faudrait que vous m'écrivissiez de lui donner de l'argent de votre part, elle n'en recevra point de moi autrement. Peut-être en empruntera-t-elle à M. Chamier. A l'égard des 25 louis que je lui ai prêtés vous me désobligeriez au delà de toute expression si vous prétendiez me les rendre; ce n'est pas que je me croie en droit de lui en faire présent; si elle n'est point en état de me payer, je consentirai à l'être par vous, mais ce sera quand je vous verrai, pas plus tôt que cela, mon ami, je vous prie, et n'en parlons plus. Cet article est bien long, mais j'ai cru ne devoir omettre aucune circonstance, pour que vous puissiez me bien conseiller.

Sénèque est plus provençal que jamais; depuis que j'ai commencé à lever son masque tout me confirme dans l'opinion que j'en ai conçue, mais qu'est-ce que tout cela me fait? Rien du tout, je vous assure.

J'ai donné hier à notre bon ami M. de l'Isle les quatre volumes du *Théâtre espagnol*, et un drame[3] de La Harpe qui fait ici grand bruit,

---

3. *Mélanie*, three-act tragedy in verse (see Grimm viii. 459, 470, 475, 15 Feb., 1 March 1770). D's copy of the *Théâtre espa-gnol*, in 31 vols 12mo, was chosen after her death by the Prince de Beauvau (Appendix 2).

vous m'en manderez votre avis. M. de l'Isle fera partir par deux ou trois courriers les dites brochures. On a trouvé la chaîne très jolie, mais je vous la renverrai pour y faire ajouter deux porte-mousquetons, l'un pour un cachet, l'autre pour la clef.

Vous me ferez savoir quand le petit Craufurd sera de retour, il a laissé ici une robe de chambre[4] dont il avait fait l'emplette pour une fille dont il apprit la mort. Cette robe de chambre est chez une Mme de Marigny[5] qui voudrait la renvoyer chez votre nièce ou chez moi; votre nièce ne la veut point recevoir ni moi non plus jusqu'à ce que le petit Craufurd me mande ses intentions. C'est le Général Irwin qui l'avait chargé de l'emplette de cette robe, elle n'est point payée, vous voyez bien qu'il faudra qu'il me donne des instructions sur tout cela.

Nous avons eu ici un grand tapage sur un nouvel édit[6] qui jetait dans de grands embarras, mais ce n'est pas matière à lettre par la poste. Si vous étiez curieux de tous nos édits je vous les enverrais. Croyez-moi, mon ami, que je suis indifférente à tout ce qui n'est point vous, et qui n'a point rapport à vous, et qu'il n'y a point de malheur qui puisse m'abattre puisque je peux compter sur votre amitié; c'est un bonheur si singulier et si grand qu'il absorbe tout. Cette lettre est assez longue et ne contient rien qui puisse vous amuser et intéresser. Quand votre cousin aura trouvé une occasion j'en profiterai.

Voulez-vous pour remplir le papier un couplet[7] du Chevalier de Boufflers fait au séminaire, dans une lettre où il rendait compte de la vie qu'il menait?

Sur l'air de la romance de *Gabrielle de Vergi*.

Après[8] dîner souvent je range
Quelques marrons au coin du feu.
Mon esprit lorsque je les mange
Ne cesse de penser à Dieu;
Je dis, 'Sa bonté que j'admire,
Sur les diaboliques charbons
Me laissera plus longtemps cuire
Que je n'ai laissé ces marrons.'

4. See *ante* 24 Dec. 1769.

5. Probably Marie-Françoise-Julie-Constance Filleul (1751–1804), m. (1766) Abel-François Poisson, Marquis de Marigny (Alfred Marquiset, *Le Marquis de Marigny*, 1918, pp. 135–47, 215–9).

6. Probably that of 25 Feb. 1770 (*Mercure historique* clxviii. 288, March 1770).

7. A copy of these verses is in D's MS *Œuvres de Boufflers*, bequeathed to HW.

8. 'Auprès' in D's copy.

Je serai fort aise du récit de votre bal,[9] il m'est plus agréable qu'à vous, puisqu'il me vaudra une lettre de plus.

Votre nièce ne sait point que je vous ai écrit rien sur elle; elle ne le saura que quand vous le jugerez à propos.

To Madame du Deffand, Friday 2 March 1770, N° 25

Missing. Probably written at Arlington Street. Answered, 7 March.

From Madame du Deffand, Saturday 3 March 1770

N° 26. Paris, ce samedi 3 mars 1770.

VOILÀ une occasion dont il faut profiter; j'aurais bien voulu qu'elle eût tardé de quelques jours, j'aurais peut-être eu plus de choses à vous mander; mais Milady Dunmore n'est pas d'avis de retarder son départ; je vous envoie par elle la suite du *Théâtre espagnol,* dont vous aurez reçu la première partie par le courrier de l'ambassadeur.

Que vous dirai-je de nos nouvelles? Rien de trop bon. Je suis persuadée que le contrôleur général[1] prend l'ascendant. S'il réussit dans son projet de mettre la recette et la dépense au même niveau, que les particuliers soient bien payés de ce qu'il leur aura laissé, que les impôts soient diminués, on criera *Domine Deus Sabaoth!* Il est aux pieds de Mme du Barry et n'en rougit point; il suit, dit-il, l'exemple de tous les ministres qui ont voulu se faire écouter des Rois, et même leur être utiles. Jusqu'à présent notre ami[2] a bonne contenance; mais je doute que l'année se passe sans une grande révolution. Ce sera demain qu'il portera au conseil les états de ses différentes administrations, de la guerre et de toutes ses dépendances, fortifications, artillerie, etc.; des affaires étrangères: pour cette partie-ci, on trouvera une grande diminution; depuis plusieurs années elles n'ont monté qu'à sept millions, et sous le Cardinal de Bernis elles ont été jusqu'à cinquante-huit millions, ce qui est exorbitant, mais qui dépend souvent des circonstances. Nous ne payons plus, dit-on, aujourd'hui de subsides. À l'égard de la guerre, ce n'est pas de même; jamais en

9. The subscription masquerade at Soho (see HW to Mann 27 Feb. 1770).

1. Terray.
2. The Duc de Choiseul.

temps de paix M. d'Argenson²ª n'a passé cinquante millions. Il est vrai que l'artillerie en était séparée, et, je crois, les fortifications. Il y a, dit-on, aujourd'hui moins de troupes, c'est-à-dire moins de soldats; mais M. de Choiseul a augmenté le nombre des bas officiers, a presque doublé leur paye; a réparé toutes les fortifications; a remonté l'artillerie qui manquait de tout; enfin a remis les troupes dans un état de splendeur où elles n'ont jamais été. Il a des magasins de tout, quatre-vingt mille habits en réserve; tout cela est d'une bonne administration, et n'a pu se faire qu'à grands frais; aussi cela a-t-il prodigieusement coûté. Vraisemblablement le contrôleur général proposera de grands retranchements; il y consentira sans difficulté, parce qu'il en fera de grands dans la dépense, soit en réformant des troupes, en laissant les fortifications et l'artillerie sans entretien et sans augmentation. Il faut savoir si tout cela se passera sans humeur. Comme vous voilà au fait de ce que nous attendons, vous pourrez m'entendre à demi-mot dans mes lettres suivantes. La du Barry n'est rien par elle-même; c'est un bâton dont on peut faire son soutien, ou son arme offensive ou défensive. Il n'a tenu qu'au grand-papa d'en faire ce qu'il aurait voulu; je ne puis croire que sa conduite ait été bonne et que sa fierté ait été bien entendue. Je crois que Mmes de Beauvau [et] de Gramont l'ont mal conseillé. Il a aujourd'hui une nouvelle amie qui n'est pas d'accord avec ces dames, mais qui ne diminue pas l'ascendant qu'elles ont pris. C'est Mme de Brionne: il lui doit son racommodement avec M. de Castries, ce qui a été bon; mais je crois qu'elle lui coûte beaucoup d'argent. Dans tout cela, le rôle de la grand'maman, c'est d'étaler de grands sentiments, de grandes maximes, de laisser échapper ce qu'elle pense, et d'en demander pardon à l'Abbé, qui fait des soupirs, et couvre ce que la grand'maman a dit d'indiscret par des aveux de ce qu'il pense, de ce qu'il prévoit, qui ne sont que platitude et fausseté.

Le d'Aiguillon, dit-on, est bien avec la du Barry. Ce mot *bien* a toute l'extension possible, mais cela ne signifie rien pour le crédit. Le contrôleur général mangera les marrons que les autres tireront du feu. Je ne sais pas quelles sont ses vues; il n'est peut-être pas impossible qu'il n'ait pour but que le rétablissement des finances, et qu'il ne se contente de la gloire qui lui en reviendra. Il a toute la dureté et la fermeté de M. Colbert;³ reste à savoir s'il en a la capacité et les

2a. Marc-Pierre de Voyer (1696–1764), Comte d'Argenson. See Appendix 5w.

3. Jean-Baptiste Colbert (1619–83), Marquis de Seignelay, minister under Louis XIV.

lumières, et si son intention n'est pas de pousser notre ami, et d'en faire un second Fouquet.[4]

Je voulais vous envoyer tous nos édits; mais Wiart prétend que vous les avez tous par les gazettes; l'un des derniers, qui est sur les rescriptions,[4a] a fait ici un tintamarre horrible. La Balue[5] avait fermé son bureau, c'était mercredi 21. M. de Choiseul, ce jour-là, tenait une cloche et dînait chez le curé de Saint-Eustache;[6] il apprit cet événement, où, si l'on n'[y] avait remédié sur-le-champ, il pouvait s'en ensuivre une banqueroute générale; il courut chez le contrôleur, lui fit sentir tout le danger; l'on fit porter chez La Balue trois millions, qui rouvrit son bureau, recommença ses payements, et tout a été réparé ou du moins pallié. Une moitié du public croit que le contrôleur a fait une grande cacade qui a montré son ignorance et sa mauvaise foi. D'autres disent qu'il y a été forcé par les intrigues de M. de Choiseul, qui, d'intelligence avec La Borde et La Balue, leur avait fait refuser de faire le prêt pour l'année, à moins d'une augmentation d'intérêt exorbitante.

Votre cousin, qui était comme un fou, parce que son frère[7] y est intéressé pour seize millions, assure qu'il n'en est rien, et les deux papiers que je vous envoie confirment ce qu'il dit. Reste à savoir si dans l'espace d'un jour ou deux qu'il y a eu entre les propos des banquiers, de ces écrits et de l'édit, il ne s'est pas passé des choses que nous ignorons.

Voilà à peu près tout ce que je puis vous dire. J'ajoute que le Roi est toujours fort épris de sa dame, mais sans lui marquer beaucoup de considération; il la traite assez comme une fille; enfin elle ne sera bonne ou mauvaise que suivant celui qui la gouvernera; son propre caractère n'influera en rien. Elle pourra servir les passions des autres, mais jamais avec la chaleur et la suite que l'on a quand on les partage; elle répétera sa leçon; mais, dans les circonstances où elle n'aura pas été soufflée, son génie n'y suppléera pas.

4. Colbert exposed the false statements made to Louis XIV by Nicolas Fouquet (1615–80), Marquis de Belle-Isle, minister of finance, and Fouquet was consequently imprisoned, after a long trial which is described in some of Mme de Sévigné's letters (see *ante* 26 Nov. and 30 Nov. 1766).

4a. That of 18 Feb. 1770, ordering suspension of payments on rescriptions (see *Mercure historique* clxviii. 279, March 1770).

5. Jean-Baptiste Magon de la Balue (1713–94), guillotined in the Revolution (Henri-Alexandre Wallon, *Histoire du tribunal révolutionnaire*, 1880–2, v. 54), 'a great banker, who, as well as La Borde, was much attached to the interests of the Duc de Choiseul' (B).

6. Jean-François-Robert Secousse (ca 1696–1771) (*Rép. de la Gazette; Almanach royal*, 1770, p. 87).

7. The Hon. Thomas Walpole, banker at Paris.

Votre cousin s'est attiré l'indignation du petit Comte de Broglie, par ses déclamations contre le contrôleur général; ce petit comte est un des plus animés dans notre opposition. Depuis que je vous ai parlé de Tourville, je ne l'ai point revu. C'est l'homme le plus craintif qu'il y ait au monde. Quand je lui lus votre lettre,[8] il fut confondu de toutes les louanges que vous lui donniez, et je crus démêler en effet, malgré sa bonne conduite, que ces louanges ne convenaient qu'à un cœur comme le vôtre, et non à nul autre. Soyez-en sûr, mon ami, il n'y a personne au monde de fait comme vous, et puisqu'il est de toute impossibilité que je passe ma vie avec vous, je n'ai nul chagrin de prévoir sa fin prochaine. Tout ce que je vois, tout ce que j'entends, ne m'inspire qu'ennui, dégoût ou indignation. Tous les hommes, disait le feu Régent, sont sots ou fripons: mais cela n'est-il pas vrai? Voilà assez parler de nous, parlons de vous.

N'êtes-vous pas très mécontent de votre Duc de Richmond? Les gazettes lui font faire un sot personnage,[9] je bénis le ciel de votre situation, vous n'êtes que spectateur, et la pièce, quant à présent, ne vous paraît point mauvaise. Vous me ferez plaisir d'entrer dans tous les détails qui peuvent vous intéresser, je ne suis pas tout à fait ignorante sur les choses de votre pays, et puis M. Chamier et le cousin m'instruisent.

Mais, dites-moi donc, où en êtes-vous de votre ouvrage?[10] à quelle année en êtes-vous? Pourquoi ne me pas parler de cela? Votre nièce a ses deux filles chez elle, la petite[11] est malade, elle a eu un point de côté et une grosse fièvre. Elle fut saignée deux fois mercredi, elle est aujourd'hui beaucoup mieux. L'Abbesse de Panthémont n'a pas envoyé savoir de ses nouvelles, je crains qu'elle n'ait envie de s'en défaire. Voilà une lettre bien longue. Il la faut finir, pour l'envoyer à Milady,[12] qui part cet après-dîner.

Adieu, mon ami; vous ne me reprocherez pas d'être romanesque, j'imite plus les gazetiers que les Scudéry.

Je pourrai vous écrire demain, si je reçois une lettre de vous.

8. *Ante* 9 Feb. 1770.
9. Perhaps because of his obstinate support of Lord Rockingham (see *Mem. of Geo. III* iv. 44).
10. Probably HW's *Memoirs of the Reign of King George the Third,* covering the years 1760–72.
11. Hester Frances Cholmondeley.
12. Lady Dunmore.

From Madame du Deffand, Sunday 4 March 1770

Two enclosures are with this letter. See Appendix 28.

N° 27. Paris, ce dimanche 4 mars.

TOUT rentre dans l'ordre accoutumé; depuis deux ordinaires j'ai reçu vos lettres exactement, il en doit être ainsi des miennes. Votre lettre du 27 m'apprend le succès de votre bal.[1] J'aime votre petite cousine[2] à la folie, et je suis ravie que son déguisement, qui n'était pas une recherche pour être plus belle, l'ait rendue encore plus jolie. Mais j'abandonne le bal pour vous apprendre une nouvelle qui vous fera plaisir. Je vous envoie la copie de deux lettres qu'on vient de me rendre dans l'instant. J'en suis fort contente pour plus d'une raison, dans lesquelles il n'entre point celle de ne vous pas être redevable. Je n'aurais pas accepté vos offres parce que je n'étais pas dans le cas d'en avoir besoin. Très certainement je les aurais acceptées si ma situation me les avait rendues nécessaires. Il est inutile de vous dire que je vous en ai la même obligation et que je crois vous devoir tout; je vous écrirai mercredi par une occasion que me fournit M. Chamier, je n'ai que le temps aujourd'hui de vous dire que je suis parfaitement et très parfaitement contente de vous. Je pourrais cependant l'être davantage; si vous avez encore ma lettre de douze pages relisez-la, et voyez si vous avez répondu à tous les articles.

(Tournez, s'il vous plaît.)

Lettre de Mme la Duchesse de Choiseul à Mme du Deffand.

Voici, ma chère petite-fille, la lettre de M. Terray sur votre pension; nous n'y perdrons rien, c'est tout ce que nous avons pu obtenir; mais c'est bien peu en comparaison de ce que vous perdez d'ailleurs; il faut donc chercher d'autres ressources pour vous en indemniser que celle de M. Terray; et c'est de quoi le grand-papa s'occupera avec tout l'intérêt et la tendresse qu'il a pour sa petite-fille.

De M. l'Abbé Terray à M. le Duc de Choiseul.

Paris, 24 février 1770.

Je suivrai l'usage, Monsieur, que j'ai trouvé établi pour le payement de la gratification de 6000 francs de Mme la Marquise du Deffand, et je don-

---

1. See *ante* 28 Feb. 1770, and HW to Mann 27 Feb. 1770.

2. Mrs Damer.

nerai des ordres pour que les deux ordonnances au porteur de 3000 francs chacune, qui s'expédient de six mois en six mois, soient payées sans aucune retenue comme par le passé; mais il ne m'est pas possible dans les circonstances aussi orageuses de demander pour cette dame de nouvelles grâces à Sa Majesté.

J'ai l'honneur d'être, avec un très sincère attachement, Monsieur,

Votre très humble et très obéissant serviteur,

(Signé) TERRAY.

From MADAME DU DEFFAND, Wednesday 7 March 1770

One sentence was omitted in Toynbee.

N° 28. Paris, ce mercredi 7 mars 1770.

VOTRE lettre du 2 me plaît beaucoup, quoiqu'elle ne me promette pas plus de beurre que de pain; mais j'ai tant et tant de confiance dans votre amitié, que je veux non-seulement lui tout devoir, mais je ne veux me permettre aucun désir qui ne soit conforme à vos volontés et intentions. J'aurais seulement voulu que vous m'eussiez dit un mot sur le logement dont je me suis assurée pour vous, j'en serai la maîtresse depuis le mois de mai jusqu'au mois de décembre.

Je dois aller à six heures chez la grand'maman entendre une tragédie de Sedaine.[1] Il est trois heures, et je suis encore dans mon lit; je n'ai que le temps de vous dire que le grand-papa est plus ferme que jamais; il parla dimanche au conseil pour représenter l'importance dont il était de tenir les engagements pris avec La Balue; que le crédit était perdu dans toute l'Europe, et l'honneur du Roi compromis, si l'on ne lui fournissait pas l'argent nécessaire. Son discours dura trois quarts d'heure. Il le finit en priant le Roi de prendre les avis. Le Roi se leva, et dit: Les avis ne sont point nécessaires, il faut suivre le vôtre, il n'y a pas d'autre parti à prendre; les opinions ne sont pas de l'argent, et c'est de l'argent qu'il faut; chacun doit se cotiser, et j'en veux le premier donner l'exemple; j'ai *deux mille louis* que je suis prêt à donner: M. de Choiseul dit qu'il avait deux cent vingt-cinq mille francs à toucher, qu'il ferait porter chez La Balue. M. de Soubise dit qu'il n'avait point d'argent, mais du crédit; qu'il offrait d'en faire usage dans cette occasion. Les *deux mille louis* vous surprendront; mais l'idée de l'argent comptant est peut-être ce qui a

1. *Maillard, ou Paris sauvé* (see *post* 8 March 1770).

produit cette offre, qui peut paraître une plaisanterie, et qui aurait gâté le reste du propos; il n'a pensé qu'au moment présent, et il n'avait peut-être que cette somme en argent, quoiqu'il en ait d'immenses en différents effets. Ce qui est de certain, c'est que le grand-papa est dans ce moment-ci au comble de la gloire dans sa nation et dans les étrangères. Il y eut hier une assemblée du Parlement pour l'enregistrement de cinq édits nouveaux dont l'objet est de donner des moyens pour subvenir aux besoins présents et urgents; le Parlement fera des remontrances,[2] ce qui tirera cette affaire en longueur, et peut causer de grands embarras. On ne peut pas plus mal s'expliquer, je vous en demande pardon; je deviens plus bête de jour en jour, je suis incapable d'aucune application. Je suis pressée dans ce moment, votre nièce m'a interrompue au milieu de ma lettre par une visite qui m'a peu satisfaite; on ne peut avoir plus de hauteur et de sécheresse. Tous mes soins et mes attentions la choquent, la blessent, et ne lui paraissent que des vanités; je vais m'en tenir aux simples politesses comme avec tout le monde.

Je ne puis vous mander le prix de vos tasses, je ne le sais point encore; Mme Poirier n'est point encore venue chez moi; mais que vous importe? Songez que si vous voulez que j'en use librement avec vous, il est à propos que vous me donniez l'exemple.

Ah! mon Dieu, mon ami, je ne sais que trop combien d'obstacles s'opposent à vos voyages ici, ils m'effraient plus que vous, et je sacrifierais le plaisir de vous revoir, qui est l'unique pour moi, au plus léger inconvénient que vous y pourriez trouver.

Votre cousin soupera ce soir chez la grand'maman. Je vous quitte pour me lever. Adieu. Cette lettre partira ou par le courrier de votre ambassadeur ou par une occasion qu'a M. Chamier.

Ce vendredi 9.

Vous saurez en recevant cette lettre ce qui l'a empêchée de partir plus tôt; mon étourderie, qui m'a fait manquer deux occasions, ce qui fait que vous avez eu une lettre de plus. Convenez que vous êtes bien las de toutes mes écritures, vous en êtes inondé, il vous en arrive de toutes parts, mais toutes choses n'ont qu'un temps, tout rentrera bientôt dans l'ordre accoutumé, et nous reprendrons notre règle de tous les huit jours. Je ne sais si je vous ai mandé[3] que j'ai vu Mme de

2. See *Mercure historique* clxviii. 434, April 1770. The remontrances were presented 14 March 1770.

3. D had not told this.

Boisgelin, et que je lui fis des représentations fort vives sur sa dette à votre nièce; je le racontai à votre nièce, et c'est cette conversation qui m'a fâchée contre elle et qui m'a fait vous dire qu'elle était haute et sèche; je ne m'en dédis pas encore, cependant nous sommes bien ensemble. Elle vint me voir hier pour la première fois depuis huit jours parce qu'elle n'était point sortie à cause de la maladie de sa petite fille, qui est guérie; elle me rapporta vingt-cinq louis que je lui avais prêtés, et comme nous étions ensemble je reçus une lettre de Mme de Boisgelin qui m'envoyait vingt louis pour elle, et me mandait qu'elle espérait m'envoyer les cinquante louis restant dans trois ou quatre jours. Cette petite aventure sera pour votre nièce une bonne leçon; elle soupa hier avec moi chez la grand'maman, elle est enrhumée à faire peur, elle a une toux terrible, elle se laisse mourir de froid, parce que, dit-elle, dans son pays, on se vêt l'hiver aussi légèrement que l'été. Vous recevrez avec cette lettre un livre[4] que j'ai demandé au grand-papa pour vous, il est, je crois, fort ennuyeux, mais il est fort recherché ici parce qu'il dit beaucoup de mal de M. d'Aiguillon. Je ne sais pas si la personne qui vous rendra ma lettre voudra se charger du livre; s'il le refuse, vous l'aurez par une autre occasion. La grand'maman me dit hier que vous ne l'aimiez plus, que vous lui préférez Mme du Châtelet. Écrivez-moi quelque galanterie que je puisse lui montrer, et qu'il y ait un mot pour le grand-papa. Il est extrêmement content de votre cousin et de son frère.[5] Ce grand-papa donna lundi neuf mille louis qu'il venait de toucher pour envoyer en Hollande.[6] Vous ne me parlez plus de vos affaires; je vous ai ennuyé des nôtres, je ne dirai pas des miennes, car je ne puis douter qu'elles ne vous intéressent.

Ce samedi 10.

Je ne me souviens plus si je vous ai rendu compte, dans ma lettre du jeudi 8, de la conversation que j'avais eue la veille au soir avec le

4. At least four publications dealing with d'Aiguillon and the Breton parliament appeared in 1770. They were Linguet's *Mémoire pour M. le duc d'Aiguillon*, and three anonymous publications: *Procédures faites en Bretagne et devant la cour des pairs en 1770*, *Procès instruit extraordinairement contre MM. de Caradeuc de La Chalotais*, edition of 1770, 4 volumes, and the *Recueil de pièces, actes, lettres et discours de félicitations à l'occasion du rappel de l'Universalité des* *membres du parlement de Bretagne, au 15 juillet 1769* (see Henri Carré, *La Chalotais et le Duc d'Aiguillon*, 1893, p. 612). Linguet's *Mémoire* was sent to HW later, so that this 'livre' must be one of the others (see *post* 19 June 1770).

5. Robert and Thomas Walpole had supported Choiseul's opposition to Terray's financial reforms (see *ante* 3 March 1770).

6. Apparently to support France's foreign credit.

grand-papa; en tout cas je vais vous la redire. Je le remerciai de ma pension. Il me dit: Cela n'est pas suffisant, je veux aller chez vous, causer avec vous, me mettre au fait de votre état et aviser aux moyens de le rendre solide. Nouveaux remercîments de ma part, mais succincts; je me hâtai de lui parler de lui et de tous ses succès. Il nous fit le détail de ce qu'il avait dit au conseil, de ce qu'il pensait sur le contrôleur général, avec franchise, simplicité et clarté. Si cet homme avait autant de solidité que de lumière et de bonté, il serait accompli; mais il est léger. Je ne doute pas qu'il n'oublie ses bonnes intentions pour moi; mais en cas qu'il les effectue, je vous demande vos conseils. J'aurai bien le temps de les recevoir avant l'occasion. Dois-je lui donner le petit mémoire que voici? Le détail de mon revenu n'est pas fidèle; j'ai cru pouvoir, sans blesser la bonne foi, supprimer cinq ou six mille livres de rente qui sont ignorées et qui font que j'ai aujourd'hui trente-cinq mille livres de rente.[7] Si vous pensez que cela ne soit pas bien, dites-le-moi; j'en ai bien un peu de scrupule; mais lisez la fable de La Motte[8] intitulée *La Pie.*[9]

Pour avec vous, mon ami, je n'ai ni la volonté ni ne pourrais avoir le pouvoir de vous rien cacher; jugez par le détail[10] que je vous fais, si je suis dans le cas d'accepter vos offres. Je serais charmée de tenir tout de vous; la reconnaissance pour vous ne sera jamais pour moi un sentiment pénible; bien loin de m'humilier, j'en ferais gloire et serais tentée de m'en vanter; mais vous voyez que dans le fond je n'ai besoin de rien, mais on peut recevoir d'un ministre; ce qu'il ne me donnerait pas, il le donnerait à d'autres; ce ne sont pas proprement des bienfaits qu'on reçoit d'eux; ce qu'ils donnent ne leur coûte rien. Enfin conduisez-moi, faites-moi agir en me considérant comme un autre vous-même; je le suis en effet par mes sentiments pour vous; mais quand il faut que je me détermine sur ce qui n'a point de rapport à vous, je me méfie de moi-même et j'ai toujours peur de mal faire.

Cette lettre partira lundi matin par une occasion de M. Chamier. Vous recevrez le livre, dont j'ai le double. Tout le monde veut

7. About £1,700 a year (B).

8. D's copy of the *Fables* was in 8 vols, 4to; her copy of La Motte's works was in 16 vols, 12mo; the former was among the books chosen after her death by the Prince de Beauvau (Appendix 2).

9. Antoine Houdart de la Motte, *Fables,*

II, ii. In this fable, the magpie steals from the valet, who steals from the commissary, who steals from the banker, who steals from the King.

10. D enclosed her memorandum in her next letter to HW, 8 March 1770.

l'avoir, parce que M. d'Aiguillon y est fort maltraité; je ne l'ai pas encore ouvert, ainsi je ne puis vous en rien dire.

Je ne puis m'empêcher, mon ami, de vous dire encore un mot sur votre voyage ici; c'est de la meilleure foi du monde que je consens que vous n'y veniez plus; je vois tout ce qui vous en coûte, et je ne vois pas ce qui peut vous en dédommager; ce n'est pas que je doute de votre amitié et que je ne sois bien persuadée que vous ne fussiez fort aise de me revoir, mais six semaines sont si tôt passées, le voyage est si pénible. Il est vrai que vous n'auriez pas à l'avenir l'inconvénient d'un mauvais logement; mais excepté le plaisir de me voir vous ne trouveriez qu'ennui, et votre ennui serait pour moi un chagrin aussi grand que votre absence. Savez-vous que tout mon regret quand je pense à vous, c'est qu'il n'y ait pas de champs élysées, j'irais bien volontiers vous y attendre. Ne m'accusez point d'artifice en consentant que vous ne me veniez pas voir, je serais très affligée, je vous l'avoue, que vous me prissiez au mot, mais je m'efforce à avoir des sentiments généreux, et s'il faut vous tout dire, je me flatte que cette manière me sera plus utile que les empressements et les instances; mais ce qui est de la même vérité, c'est que j'aimerais mieux ne jamais vous revoir que d'être cause que votre santé en pût être le moins du monde altérée.

Je soupai hier chez les Caraman en petite compagnie; on parla des ambassades; je ne crois pas qu'il y eût personne bien au fait; mais on dit que M. d'Ossun[11] revenait d'Espagne et M. de Durfort de Vienne;[12] cela me déplut parce que cela m'a fait penser qu'en cas que cela fût vrai, et que l'état du grand-papa ne fût pas bien solide, on destinerait le d'Ossun aux affaires étrangères; et pour la guerre[13] il y en a deux ou trois à choisir, pitoyables à la vérité, mais dignes de celle qui choisirait: le Paulmy, le Maillebois, peut-être M. de Castries; enfin tout me fait peur. La grand'maman reviendra mardi de Versailles. Je traiterai cet article, ainsi que celui des ambassadeurs. On dit aussi que nous allons vous envoyer le Baron de Breteuil.[14] Pourquoi après le d'Harcourt ne nous donneriez-vous pas votre cousin? Je ferai parler le grand-papa, si je le vois. Je ne tiens pas ce

11. Pierre-Paul (1713–88), Marquis d' Ossun, afterwards minister of state (1778). He was not recalled from Spain at this time (*Rép. de la Gazette*).

12. He was recalled from Vienna, and became *chevalier d'honneur* to Mme Victoire (ibid.).

13. The Marquis de Monteynard was made minister of war, 4 Jan. 1771, succeeding the Duc de Choiseul (ibid.).

14. Breteuil was later made ambassador to Naples; the Comte de Guines succeeded the Comte du Châtelet as ambassador to England.

grand-papa, malgré toute la gloire qu'il s'est acquise, aussi affermi que je le voudrais; la du Barry le hait plus que jamais, et on ne cesse de la harceler pour lui nuire. Adieu, je crois ma lettre finie; cependant, comme elle ne partira que lundi, vous n'êtes peut-être pas encore quitte de moi.

J'avais raison, vous n'êtes point quitte de moi: ma toilette est faite, il est cinq heures, je suis seule, et pour me désennuyer je vais causer avec vous. J'ai envie de vous conter une réponse de Madame la Maréchale de Mirepoix, qui m'a paru très jolie. Mme du Barry, pour lui plaire, ne cesse de lui parler de sa haine pour le grand-papa: 'Comprenez-vous,' lui dit-elle il y a quelque temps, 'qu'on puisse autant haïr M. de Choiseul, ne le connaissant pas?'—'Ah! je le comprends bien mieux,' répondit la Maréchale, 'que si vous le connaissiez.' C'est bien dommage que le cœur et le caractère de cette femme ne répondent pas à son esprit et à ses grâces. Elle est sans contredit la plus aimable de toutes les femmes qu'on rencontre; je lui trouve beaucoup plus d'esprit qu'aux oiseaux, et ces oiseaux valent pour le moral encore moins qu'elle. Vous ai-je dit que les dames Boufflers et Cambis sont brouillées? Il y a une petite aventure de jeu qui rend la première de ces dames un peu suspecte: un certain valet de cœur que celui qui tenait la main au vingt et un lui donna, et lequel ne se trouva point avec ses autres cartes, mais avec celles du Chevalier de Boufflers qui était à côté d'elle, et sur lesquelles cartes elle avait mis beaucoup d'argent et fort peu sur les siennes. Ce valet de cœur fit avoir vingt et un au Chevalier; celui qui tenait la main se récria, et demanda raison de l'échange; on le lui nia. Tout le monde baissa les yeux, se proposant sans doute de raconter l'aventure, dont on s'est fort bien acquitté. La scène était à l'Hôtel de Luxembourg; heureusement je n'y étais pas et je peux avoir l'air de l'ignorer.

La petite Fanny se porte bien, votre nièce l'a avec elle et sa sœur.[15] Je lui conseille de ne les pas remettre sitôt au couvent; la petite Choiseul[16] avait eu un rhume semblable à celui de Fanny, on la croyait guérie, elle a depuis trois jours une fluxion de poitrine, a été saignée quatre fois; on ne croit pas qu'elle en réchappe. La jolie Mme de Belsunce[17] est très malade, elle crache le plus[17a] après avoir craché le

---

15. Henrietta Maria Cholmondeley.
16. Marie-Stéphanie de Choiseul-Stainville.
17. Adélaïde-Élisabeth de Hallencourt de Drosménil (1746–70), m. (1763) Anto-

nin-Louis, Marquis de Belsunce. She died 4 Oct. 1770 at Bagnères-de-Luchon (*Rép. de la Gazette*).
17a. ?Pus.

sang; tout le monde s'y intéresse. Allons, voilà assez causé, je vous quitte.

Ce dimanche 11, à 7 heures du matin.

Me revoilà encore. Je soupai hier chez le Président. Je préférai d'y rester à aller à l'Hôtel de Luxembourg; une des raisons qui m'y détermina fut l'arrivée de Mme de Forcalquier; je crus faire plaisir à Mme de Jonzac. Il n'y avait que Mme de Verdelin et un provincial de ses parents.[18] L'avant-souper se passa à merveille. Excuses réciproques de ne s'être point vus, projets de se voir plus souvent. On se met à table; jusqu'au fruit tout va bien: on vient par malheur à parler des édits; d'abord cela fut fort doux; petit à petit on s'échauffa. La Bellissima fit des raisonnements absurdes, loua tous les édits, attribua au contrôleur général une victoire complète; soutint que ce qu'on avait raconté du conseil du dimanche[19] 4 était de toute fausseté, qu'on en savait la vérité par M. Bertin; je ne pus soutenir tranquillement une telle imposture; elle passa à des déclamations de la dernière impertinence; je perdis patience et je lui dis avec assez d'emportement: 'Toutes vos colères, Madame, viennent de ce que M. de Canisy[20] n'a pas été fait brigadier.' Alors elle devint furieuse, me dit cent sottises; qu'il n'était pas étonnant que je fusse scandalisée qu'on ne respectât pas des gens à qui je faisais servilement la cour, à qui je baisais les mains. 'Ah! pour baiser les mains, Madame, cela peut être; c'est une caresse que je fais volontiers aux gens que j'aime, ne voulant pas leur faire baiser mon visage.' Nous entrâmes dans la chambre. 'Je voudrais bien savoir,' me dit-elle, 'pourquoi vous m'avez apostrophée sur M. de Canisy. C'est un homme de mon nom, qui a vingt-sept ans de service. Il n'était pas besoin de ce mécontentement-là de plus, pour penser de ces gens-là ce que j'en pense.'—'Vous avez poussé ma patience à bout, Madame,' lui dis-je, 'dans toute occasion vous faites des déclamations contre eux; depuis longtemps je me fais violence pour n'y pas répondre. Jamais je n'ai parlé de vos amis d'une façon qui ait pu vous déplaire; vous me deviez bien la pareille.' —'Si vous n'en parlez pas devant moi,' dit-elle, 'vous ne vous en contraignez pas en absence; vous ramassez tous les écrits contre eux, vous les distribuez partout, et aujourd'hui vous finissez par m'insulter: on

18. Not identified.
19. The council at which Choiseul had persuaded the King to uphold the nation's foreign credit (see above).

20. Charles-Éléonor-Hervé de Carbonnel (1729–1814), Marquis de Canisy, cousin of Mme de Forcalquier (Woelmont de Brumagne iii. 153).

pardonne à cause de l'âge.'—'Cela est un peu fort, Madame; mais je vous remercie de m'apprendre que je radote; j'en ferai mon profit.' Nous étions alors seules, la compagnie rentra; nous restâmes environ une heure. Quand on se leva pour sortir, je lui dis: 'Madame, après ce qui vient de se passer et sur ce que vous m'avez dit de ma vieillesse, vous jugez bien que je ne souperai pas demain chez vous.' Elle marmotta quelques paroles et alla se coucher. Ainsi finit une liaison qui était bien mal assortie, et à laquelle je n'ai nul regret; je ne m'en plaindrai ni n'en parlerai à personne. Je vous prie très fort de n'en être nullement fâché, c'est la plus petite perte que je pouvais jamais faire.

Je ne m'attends pas à avoir aujourd'hui de vos nouvelles; mais je ne fermerai cependant ma lettre que quand le facteur sera passé.

Après le passage du facteur.

Point de lettres, presque plus de papier, il ne me reste qu'à vous prier de ne pas rester un instant sans m'accuser la réception de cette lettre; vous sentez bien que j'en dois être en peine. Ne le soyez point, je vous prie, de mon aventure avec Mme de Forcalquier; croyez-moi, c'est tant mieux; et à l'égard de la conversation que j'aurai avec le grand-papa, de l'usage que je ferai de mon mémoire, tout cela n'aura peut-être point lieu, il n'y pensera plus, ni moi non plus. Adieu, mon ami, de vos nouvelles *tôt tôt tôt.* J'ai reçu ce matin un billet du grand-[papa] qui part pour Versailles, il craint que la grand'maman ne soit malade, parce qu'elle a envoyé chercher Gatti. Je vous manderai demain ce que j'en saurai.[21]

From Madame du Deffand, Thursday 8 March 1770

No 28. Ce jeudi 8 mars, à 6 heures du matin.

JE vous écrivis hier aussitôt après avoir reçu votre lettre du 2. Je comptais donner la mienne à M. Chamier ou à votre cousin; ils m'avaient dit avoir chacun une occasion de vous la faire tenir; je ne vis point M. Chamier. Je sortis à six heures pour aller chez la grand'maman, je portai ma lettre avec moi pour la donner à votre cousin. Je savais qu'il y souperait, il me dit que son courrier était parti, ainsi que celui de M. Chamier; je réserve donc cette lettre, je

21. Sentence omitted in Toynbee.

vous l'enverrai par la première occasion, et j'y ajouterai ce que je ne veux pas mettre dans celle-ci; mais je n'ai pas voulu laisser partir le courrier d'aujourd'hui sans répondre à ce que vous me dites sur votre voyage ici.

Croyez-vous, mon ami, que je ne sache pas aussi bien que vous la multitude de raisons qui doivent m'empêcher d'espérer de vous revoir et peut-être même de le désirer? Je ne saurais admettre celle de votre âge,[1] il ne peut être un obstacle à rien; le mien suffit, on ne traverse point les mers, on ne s'expose point à des dangers et à des fatigues infinies pour une femme de mon âge à qui l'on ne doit rien, et qui serait indigne de toute complaisance, si elle était assez indiscrète pour laisser paraître qu'elle les désirait. Je vous ai dit que M. de Maulévrier me laissait la maîtresse de son appartement en son absence, il ne s'ensuit point que vous soyez engagé à le venir occuper, mais si par votre pure volonté, et si votre santé vous le permet, vous vous déterminiez à me rendre une visite vous seriez très bien logé, et vous ne trouveriez aucun des inconvénients de votre appartement du Parc-Royal; je me garderai bien de vous dire rien de plus sur ce sujet, nous nous connaissons trop bien pour que nous nous puissions rien apprendre de ce que nous pensons l'un pour l'autre, mais je puis vous apprendre que je ne parle de vous qu'à ceux qui en sont dignes, et par conséquent à fort peu de personnes. La grand'maman me demande souvent de vos nouvelles, et elle me dit, 'Il m'a oubliée, il ne se soucie plus de moi'; vous entendez ma réponse sans vous donner l'ennui de vous la dire.

Je fus hier à six heures chez cette grand'maman pour entendre la lecture d'une tragédie en prose de Sedaine, l'auteur du *Philosophe sans le savoir;* il n'y avait que le grand Abbé, le Prince de Bauffremont et moi; la porte était fermée, et le plus grand secret nous fut imposé. Cette pièce a plus de ressemblance à celles de votre Shakespeare qu'aucune des nôtres. Nous avons décidé que le titre serait *Paris sauvé.*[2] Les principaux personnages (et qui m'ont parus de la plus grande force) sont Marcel,[3] prévôt des marchands, et Maillard,[4] premier échevin; le temps de cette tragédie est le jour[5] où Marcel doit livrer la ville de Paris à Charles le Mauvais.[6] Il y a deux personnages que je trouve insupportables, c'est le fils de Marcel et la fille

1. HW was fifty-two.
2. The title finally given to the tragedy was *Maillard, ou Paris sauvé* (see *ante* 7 March 1770). It was never acted.
3. Étienne Marcel (d. 1358).

4. Jean Maillart.
5. 31 Aug. 1358.
6. Charles the Bad (Charles II, 1332–87, of Navarre) was a claimant of the French throne. When John II of France was

de Maillard[7] qui sont mariés secrètement, et qui ont un petit enfant au berceau qui doit paraître sur le théâtre, et qui fera un grand effet, selon Sedaine; mais le mari, la femme, l'enfant et le berceau, au lieu d'intéresser, me semblent d'une importunité insupportable; quand ils sont sur la scène on a une extrême impatience qu'ils en sortent pour s'instruire des projets et des mesures que prennent Marcel et Maillard. Il y a aussi un chancelier[8] de Charles le Mauvais qui joue un très bon rôle. Le sujet de la pièce est très bien choisi, et dans le deux et troisième actes il y a des choses très belles et très neuves. Ce Sedaine a certainement du génie. Cet ouvrage n'est point fini et il ne le sera pas sitôt, dès qu'il paraîtra vous l'aurez; en attendant n'en parlez à personne.

Je suis bien aise que vous soyez content de vos tasses; elles ont eu plus de bonheur que mon Henri IV. Je ne sais point en vérité ce qu'elles coûtent, parce que je n'ai point vu Mme Poirier; je l'attends ces jours-ci, n'ayez point d'inquiétude, je vous présenterai mon mémoire, à condition que vous me donnerez le vôtre. On trouve la chaîne très jolie mais je vous la renverrai pour que vous y fassiez ajouter deux porte-mousquetons.

Bon, j'oubliais de vous raconter le reste de ma journée d'hier. La lecture, les louanges, les remarques, les critiques; tout cela dura jusqu'à neuf heures; après quoi on ouvrit la porte; le cousin,[9] le Baron,[10] le Marquis,[11] et le Duc de Gontaut arrivèrent. La soirée fut assez gaie, il n'y eut que le Gontaut, la grand'maman et moi qui parlâmes. La grand'maman me dit que le grand-papa lui avait dit de me retenir parce qu'il voulait me voir en rentrant; tout le monde sortit successivement excepté l'Abbé et le Prince; le grand-papa n'arriva qu'à deux heures un quart. Il vint m'embrasser de bonne grâce et avec amitié, je lui fis mes remercîments, mais j'appuyai bien plus sur les circonstances dans lesquelles il s'était souvenu de moi que sur le bienfait; il me dit qu'il ne serait pas satisfait qu'il n'eût tout réparé, qu'il voulait venir chez moi, avoir un entretien particulier, s'instruire de mon état et aviser aux moyens de le rendre solide. Je le remerciai et sur-le-champ je changeai la conversation en des sujets

captured by the English, his son Charles was so obnoxious to the bourgeoisie of Paris that Marcel, their leader, attempted to deliver the city to Charles the Bad. On the night when this was to be done, Marcel was murdered by his former comrade Maillart, who assisted Charles the Dauphin to defeat Charles the Bad.

7. Probably fictitious characters introduced to complete the plot.
8. Probably Josseran de Mâcon.
9. Robert Walpole.
10. Gleichen.
11. Castellane.

plus intéressants. Je me suis couchée à quatre heures, je n'ai point dormi, il en est sept. Adieu.

Mon état[12] et mes goûts ne m'obligent à aucune dépense extraordinaire, mais mon âge et mes malheurs augmentent beaucoup mes besoins. La société m'est nécessaire, bientôt il deviendrait indécent que j'allasse la chercher, il m'est donc important d'en pouvoir jouir chez moi; ce qui ne se peut qu'en ayant un souper; il me faut plus de domestiques qu'à d'autres personnes de mon âge et de mon état, ne pouvant ni lire ni écrire moi-même. On peut aisément juger ce qu'il faut de revenu pour avoir dix ou douze domestiques et un souper pour cinq ou six personnes. Il est bien difficile que ce puisse être avec moins de mille écus par mois. Je vais entrer dans le détail qui le prouvera:

	Livres.
Pour la table chaque mois 1,500 f., ce qui fait	18,000
Pour le loyer, qui n'est présentement que de deux mille francs, mais que j'augmenterai dès qu'il y aura quelque logement de vacant, parce qu'ils me sont nécessaires . .	3,000
Pour un carrosse et trois chevaux	4,000
Pour les gages des domestiques et habillements	6,000
Pour les provisions de bois, de lumières, etc.	4,000
Pour mes entretiens	4,000
Total	39,000

Voici l'état de mon revenu présent:

Six mille francs que m'a laissés Mme de Luynes, sur lesquels le dixième retenu	5,340
Une rente viagère que j'ai placée sur M. le Président Hénault	4,600
Mon douaire	4,000
Des rentes viagères sur l'Hôtel de Ville	6,000
Des actions sur les fermes, dont la principale était de 50,000 francs, dont la rente est réduite à dix-huit cent livres ci .	1,800
3 contrats des 50 millions que j'ai achetés à 18 de perte rapportant	450
Une gratification annuelle	6,000
Total	28,190

12. The rest of this letter is the memorandum, mentioned *ante* 7 March 1770.

Voici ce que j'ai caché:

Pour des rentes viagères que j'ai faites à mes gens et dont je
   jouis ma vie durant 3,100
Des rentes viagères sur la ville de Rouen 3,900

To Madame du Deffand, Friday 9 March 1770, N° 26

Missing. Probably written at Arlington Street. Answered, 21 March.

To Madame du Deffand, Friday 16 March 1770, N° 27

Fragment, B ii. 45 n. Written at Arlington Street. Answered, 21 March.

VOUS mesurez l'amitié, la probité, l'esprit, enfin tout, sur le
   plus ou le moins d'hommages qu'on vous rend. Voilà ce qui
détermine vos suffrages et vos jugements, qui varient d'un ordinaire
à l'autre. Défaites-vous, ou au moins faites semblant de vous défaire,
de cette toise personnelle; et croyez qu'on peut avoir un bon cœur
sans être toujours dans votre cabinet. Je vous l'ai souvent dit, vous
êtes exigeante au delà de toute croyance; vous voudriez qu'on n'exis-
tât que pour vous; vous empoisonnez vos jours par des soupçons et
des défiances, et vous rebutez vos amis en leur faisant éprouver l'impossibilité de vous contenter.

From Madame du Deffand, Wednesday 21 March 1770

N° 29. Paris, ce mercredi 21 mars 1770.

JE suis étonnée en vérité qu'on vous laisse la clef de votre chambre; rien n'est si extravagant (permettez-moi de vous le dire) que
   vos deux dernières lettres.[1] Je m'attends que la première que je
recevrai sera dans le même goût; mais je me promets bien que ce sera
la dernière, parce qu'en ne vous écrivant plus tout ce qui me passe
par la tête, vous n'aurez plus à vous plaindre de mon indiscrétion.
Oui, oui, je suis discrète, et pour le moins autant que vous; je ne suis

1. HW to D 9 March 1770 and ante 16 March 1770.

pas plus variable que vous; mais ce qui est bien pis, c'est que ma tête ne vaut pas mieux que la vôtre; un rien la trouble, la dérange; j'ai la sottise de vous le confier, et ne vous parlant plus de vous pour plusieurs raisons, dont la principale est que je n'ai pas à m'en plaindre, je vous fais mes plaintes sur les autres, ou, pour parler plus juste, je vous dis avec franchise ce que je pense de tout le monde. Vous prenez mes lettres pour des feuilles volantes imprimées, et vous croyez que le public les lit ainsi que vous. Mais venons à ma justification.

La question que je vous ai faite n'est nullement imprudente;[2] quand je vous écris, je crois être tête à tête avec vous au coin de mon feu; mais il faut que vous me grondiez, et telle est mon étoile qu'il faut que je n'aie jamais un contentement parfait. Est-ce ma faute si M. Hervey[3] fait une mauvaise plaisanterie et exprime ce qu'il croit que je pense pour vous, comme il exprimait ce qu'il disait penser pour moi? Votre nièce m'a dit cent fois qu'il était amoureux de moi, en présence de tout le monde: si moi et tout le monde s'en étaient scandalisés, ç'aurait été un grand ridicule ou une grande bêtise; mais vous n'avez pas le talent d'entendre la plaisanterie, ou vous croyez que mon estime et mon amitié vous déshonorent. Il faut donc que je m'engage à faire l'impossible pour que l'on ne vous profère jamais mon nom; nous verrons alors quelle sera la nouvelle querelle que vous me chercherez. Venons au reste. Où prenez-vous que je suis mécontente de Tourville, et que je me plains de lui? il y a douze ou quinze ans qu'il est de mes amis sans aucune variation; je vous ai dit[4] simplement que ce qu'il avait fait pour moi (quoique très honnête) était un peu exagéré par vous.

Je suis très bien avec votre nièce, et soyez tranquille sur cet article. Je me conduis comme vous me le prescrivez, et vous n'aurez jamais sujet de me faire aucun reproche. Ce que je vous ai dit de Sénèque et de Burrhus ne prouve point de légèreté dans mes jugements, ce sont les occasions qui nous font connaître les gens. Je suis très bien avec eux, et d'autant mieux que je règle ma conduite sur mes observations et remarques.

Je suis au désespoir de vous avoir conté[5] ma querelle avec la Bellissima, cela m'attirera encore une lettre terrible; mais sachez que

2. Perhaps D's question about the Duke of Richmond in *ante* 3 March 1770.

3. The Hon. Felton Hervey. He had said that *he* was in love with Mme du Deffand, and that *she* was in love with Mr Walpole (B).

4. See *ante* 3 March 1770.

5. See *ante* 7 March 1770.

moi, qui suis la plus imprudente personne que vous ayez jamais connue, je n'en ai parlé à qui que ce soit, ni à la grand'maman ni à aucune personne avec qui je vis, et que cette *doctissima* l'a racontée à tout le monde, et tout le monde lui a dit qu'elle avait grand tort. On a envie de nous raccommoder, je ne m'y refuserai point si cela convient à la société, mais je ne le rechercherai pas.

La grand'maman est à Paris; elle y restera jusqu'à samedi; je crois que je souperai avec le grand-papa demain; il doit être content de l'estime du public. Je ne puis en dire davantage.

Je ne sais si vous avez reçu ma dernière lettre[6] de douze pages: mais vraiment non, c'est la réponse que vous y ferez que je prévois qui sera terrible: je m'arme de courage pour en soutenir la lecture sans chagrin et sans colère; mais je me promets bien de ne me plus exposer à telle aventure. Malgré tout cela, mon ami, je suis fort contente de vous. Vous voulez avoir de l'amitié pour moi parce que vous ne doutez pas que je n'en aie pour vous. Je ne veux point vous savoir mauvais gré de la mauvaise opinion que vous avez de mon caractère; puisqu'elle ne vous empêche pas d'être de mes amis, je ne dois pas m'en affliger: je serais cependant bien aise que vous ne me crussiez pas *si vaine, si tyrannique* et *si imprudente;* ces trois défauts sont un peu contraires à une liaison intime. Que puis-je faire pour vous ôter cette opinion? C'est de ne vous plus parler de moi, de ne désirer rien de vous, et de ne vous rien raconter de personne; moyennant cela, vous serez à l'abri des lettres de douze pages, je ne troublerai plus votre tête, et vous ne pourrez pas me dire que je vous ferme les portes de Paris.

Ah! mon ami, que conclurai-je de tout ceci? c'est que je ne suis pas digne d'avoir un ami tel que vous; que vous croyez me devoir de l'amitié, et que ne trouvant pas ce sentiment dans votre cœur, vous vous en prenez à mes défauts. Il est tout simple que vous soyez ennuyé d'un commerce qui vous cause peu de plaisir, mais de la contrainte, de la fatigue et du dégoût. Je ne me crois ni vaine ni tyrannique; j'ai été souvent imprudente, j'en conviens; mais je m'en crois fort corrigée. Je suis bien éloignée de me croire sans défauts; j'en suis toute pleine, et mon plus grand malheur, c'est d'en être bien persuadée. Je suis plus dégoûtée de moi-même que ni vous ni qui que ce soit ne peut l'être, et je ne supporte la vie que parce qu'il m'est bien démontré qu'elle ne saurait être encore bien longue.

6. See ibid.

Informez-vous chez M. du Châtelet si l'on n'a pas reçu par leur courrier les deux premiers volumes du *Théâtre espagnol,* et *Mélanie,* que M. de l'Isle s'était chargé de vous envoyer. Adieu, je finis ainsi que mon papier.

To MADAME DU DEFFAND, Friday 23 March 1770, N° 28

Missing. Written at Arlington Street. Answered, 28 March.

From MADAME DU DEFFAND, Wednesday 28 March 1770

N° 30. Ce mercredi 28 mars 1770.

ÉCOUTEZ-MOI bien, je vous prie, et que ce que je vais vous dire soit pour vous la loi et les prophètes.

Quoique vous soyez un fagot d'épines et qu'on ne sache par où vous prendre, je ne m'en embarrasserai point, et dussiez-vous devenir tout à fait fou, je vous dirai exactement la vérité sur toutes choses sans ménagement et surtout sans *manège.*

À peine ma grande lettre[1] fut-elle partie que je me repentis bien de vous avoir parlé de la Bellissima, me doutant bien que vous en perdriez le peu de bon sens qui vous reste; je ne me suis pas trompée. Un ciron vous paraît une montagne, et vous êtes si fort prévenu contre mon indiscrétion, qu'à moins que je n'aie sur la langue une paralysie comme sur les yeux vous me croirez toujours aussi babillarde que le barbier de Midas.[2] Apprenez pourtant, Monsieur, que je soupe ce soir avec Mme de Forcalquier, et que c'est chez Mme d'Aiguillon; que je n'ai conté cette querelle à personne, et que cette querelle et l'excessive discrétion que j'ai eue m'ont fait un honneur infini. La Bellissima n'a pas été si prudente, elle l'a contée à tout le monde, mais avec tant de vérité que M. de Maurepas, et tous les gens qui ne m'aiment pas, tout le monde enfin, lui a dit qu'elle avait très grand tort; et quand au bout de huit ou dix jours on est venu à m'en

1. *Ante* 7 March 1770.
2. The barber alone knew that Midas had ass's ears. He promised not to tell, but uttered the secret to a hole in the ground, whence grew a bush that whispered the news to the wind. See Ovid, *Metamorphoses* xi. 146–193.

parler et à me presser de raconter comment cela s'était passé j'ai renvoyé à l'édition de la Bellissima, disant que je ne soupçonnerais jamais qu'elle ne dît pas exactement la vérité. Le grand-papa apprit cette tracasserie chez les Beauvau quinze jours après qu'elle était arrivée, et c'est lui qui l'a apprise à la grand'maman; l'un et l'autre, ainsi que les Beauvau, m'ont fait de grands reproches de ce que je ne leur en avais rien dit; enfin jamais je n'ai été grondée si injustement; mais pour mettre fin à vos colères ou plutôt à vos folies, je vous répète que nous nous raccommodons ce soir, et que c'est Mme d'Aiguillon qui fait le raccommodement, qu'on ne peut être plus contente que je le suis de Mme d'Aiguillon; il n'y aura point d'éclaircissement entre nous, et comme c'est la Bellissima qui a eu tous les torts je ne serai nullement embarrassée de mon rôle, j'aurai de la douceur, de la bonne humeur, et la dignité qui convient à celle qui pardonne; j'ajouterai demain matin le récit de ce qui se sera passé afin d'obtenir, si je puis, quelque part dans votre estime; non pour conserver votre amitié, vous me menacez trop souvent de cesser d'en avoir pour que je puisse me flatter qu'elle existe encore.

Venons actuellement à mes *manèges*. J'en ai donc avec vous, et vous ne vous y laisserez pas surprendre? Ah! que je serai attrapée! Comment, je ne réussirai pas à vous gouverner? Ah! bon Dieu, quel décompte! Effectivement comment ai-je pu croire que vous donneriez dans mes panneaux? J'ai osé vous proposer de loger dans la cour de Saint-Joseph! Quelle indécence! Sied-il bien à une femme aussi jeune que moi de donner occasion à la médisance? Que penserait-t-on en France, en Angleterre, dans toutes les cours de l'Europe quand on apprendrait qu'un homme de cinquante-deux ans vient de Londres à Paris pour loger dans la même maison où loge son amie qui en a soixante-treize! Quel horrible scandale! Oh! je n'y ai pas pensé! mais il faut pour ma justification vous dire que la grand'maman, l'Abbé, le Marquis, les Maulévrier,[2a] qui offrent leur logement, n'ont pas eu plus de pudeur que moi. Vous ne l'accepterez donc pas, en vérité vous avez bien raison, je vous aurais là sous ma main, et quoique vous puissiez faire je vous gouvernerais tout à mon aise. Non, non, vous n'êtes pas un homme à donner dans de tels pièges, et pour me punir de mes projets vous ne viendrez point du tout, je ne pourrai m'en prendre qu'à moi-même, et incessamment il en sera de vos lettres comme de vos voyages; ce n'est plus actuellement le style de Scudéry

2a. See *post* ii. 398, n. 2.

qui vous blesse; j'avais pris celui de Mme Desnoyers,[3] il ne vous plaît pas davantage. Ne vous contraignez point, et si ma correspondance vous importune n'êtes vous pas le maître de la faire finir quand il vous plaira? Il n'est pas bien étonnant que je vous ai écrit par des occasions particulières tout ce que je vous aurais dit au coin de mon feu, comptant parler à mon meilleur ou plutôt à mon unique ami, mais je ne le vois que trop, il n'en existe pas dans le monde.

Les conseils que vous me donnez sur le petit mémoire[4] que je vous ai envoyé je me les étais donnés moi-même; non seulement je suis bien déterminée à n'en faire aucun usage, mais bien résolue à laisser au hasard le soin de tout ce qui me regarde, je suis si dégoûtée de moi et des autres que je ne veux plus penser à rien, je veux vivre comme un automate; la société des taupes me conviendrait infiniment, je pense qu'il vaut mieux être sous terre que d'être dessus.

Tranquillisez-vous, je vous prie, sur votre nièce, pour la dernière fois je vous dis que nous sommes bien ensemble, et que nous serons toujours de même; à l'avenir je ne vous en parlerai plus. Je ne vous ai point commis avec votre cousin, je ne lui ai point donné à penser que vous n'aviez pas été content de lui. Je ne prends point votre nom en vain, et si j'ai le malheur qu'on vous dise quelquefois que je suis *amoureuse* de vous, daignez ne me pas soupçonner d'une telle folie, ayez le bon sens de croire que ceux qui vous le disent ne le pensent pas.

Il me reste quelque espérance que votre mauvaise humeur ne durera pas toujours, et que si vous voulez bien continuer à m'écrire vos lettres seront dans cinq ou six semaines plus douces que celle d'aujourd'hui;[5] mais dites-moi, je vous conjure, de quoi vous voulez que je remplisse les miennes, vous en avez proscrit le sentiment, vous voulez en bannir la confiance, voulez-vous m'amener à ne plus vous écrire? Vous êtes un étrange homme; je ne puis avoir de vous une idée fixe; quand je crois être bien avec vous c'est le moment où j'y suis le plus mal, et quand je crois vous avoir perdu, je vous retrouve; souffrez que je vous dise que mon âge et ma santé rendent ces soubresauts un peu trop forts; vous ne pouvez ignorer ce que je pense pour vous, et ce que je pense de tous les autres; vous savez de qui je

3. T suggests that D meant Marie-Catherine-Jumelle de Berneville (d. 1705), Comtesse d'Aulnoy, author of fairy stories, novels, and historical memoirs. She was a favourite with HW, who often quotes her.

4. See *ante* 8 March 1770.

5. HW to D 23 March 1770 (missing).

puis attendre de la consolation; faut-il que j'y renonce? et faut-il me dévouer aux malheurs? Adieu, à demain que j'ajouterai le récit du souper.

Ce jeudi, à 7 heures du matin.

Si vous avez lu l'*Avare* de Molière rappelez-vous le raccommodement de Maître Jacques;[6] c'est positivement celui qu'a fait la grosse Duchesse. Je fus chez elle un peu après neuf heures, il y avait sept ou huit personnes; Mme Boucault, votre cousin, le Prince de Bauffremont, le Marquis de Brancas, etc. La Bellissima arriva à dix heures, elle ne me dit mot ni moi à elle, on dit qu'on avait servi; comme je suis assez malade depuis trois ou quatre jours, et que je ne mange que du potage et des œufs, la Duchesse me dit de ne me point mettre à table; je restai avec votre cousin au coin du feu. Au sortir de table la Duchesse vint à moi, et me dit: 'Dites donc à la Bellissima que vous êtes bien aise de la voir.'—'Ah, Madame, vous ne le voudriez pas, et certainement vous ne me le conseillez pas.'—'Non,' dit-elle, 'mais je suis fâchée que cela ne se tourne pas mieux.'—'Qu'est-ce que cela fait, Madame, il n'est question que de pouvoir nous avoir ensemble sans que cela embarrasse ceux chez qui nous serons, et sans avoir de démêlé l'une avec l'autre.' Elle alla faire un piquet avec le Marquis de Brancas et un autre, et je me mis au vingt et un avec le reste de la compagnie; j'y fus de fort bonne humeur, et ne pensai pas plus à la Bellissima que si elle avait été à Londres. Après le vingt et un et le piquet il y eut de la conversation, je la tournai sur M. de Penthièvre[7] afin de pouvoir faire quelque question à la Bellissima, elle y répondit et s'en tint là; à une heure elle s'alla coucher, ainsi que le reste de la compagnie, excepté le Prince, votre cousin, et moi; alors la Duchesse fit des lamentations sur le peu de succès de sa négociation, je la consolai en lui disant que cela s'était tourné à merveille, qu'il n'en fallait pas davantage, qu'elle pourrait nous avoir toutes les deux ensemble quand elle voudrait, mais qu'il fallait s'engager à ne point raconter les circonstances de notre beau raccommodement, qu'il fallait seulement dire qu'il n'y avait point eu d'embrassade ni d'éclaircissements, et que nous avions été ensemble comme s'il n'y avait point eu de différend, enfin tout comme à l'ordinaire. La grand'maman, avec qui je serai plus véridique, sera fort contente que

6. See *L'Avare*, IV, iv.
7. The Duc de Penthièvre was a half-brother of Mme de Forcalquier's first husband.

cela se soit passé ainsi, car elle insistait que je n'allasse jamais chez elle quand même elle viendrait chez moi. La Duchesse après tout cela nous parla de ce qui l'intéressait avec tout le bon sens et la raison possible. Ne croyez point que je sois mal avec la cabale; hors les principaux personnages que je ne connais pas, je suis bien avec tout le reste, il y en a plusieurs que je vois souvent; enfin, quoique vous en vouliez croire, j'égale en prudence et conduite les sept sages de la Grèce; et ce que je puis vous assurer encore, ce n'est par aucune vue intéressée, je suis contente de mon état, et si vous étiez content de moi il ne me manquerait rien, mais vous êtes un peu barbare, un peu cruel. Vous ne savez pas le mal que me font vos querelles d'allemand, elle me dérangent l'estomac, et augmentent mes insomnies, ce qui ne peut qu'abréger ma vie, ce vous sera un moyen de me faire le bien que vous vouliez, j'aurai plus de fortune qu'il ne me sera nécessaire. Adieu, il ne tiendrait qu'à vous qu'en dépit des Terray, des Bellissima, des Idoles, etc., je ne fusse fort heureuse.

Je vous voudrais à Strawberry Hill, le séjour de Londres m'est contraire. Les folies et les fureurs de l'opposition sont contagieuses, vous valez cent fois mieux au milieu de vos vaches, de vos moutons et de vos dindons.[8] Mes compliments à Rosette, faites-lui faire des enfants pour m'en donner un.

Demandez donc à M. Craufurd où est sa robe de chambre, et ce qu'il veut que je fasse.

To MADAME DU DEFFAND, Thursday
29 March 1770, N° 29

Missing. Written at Arlington Street. Answered, 4 April.

FROM MADAME DU DEFFAND, Wednesday 4 April 1770

N° 31. Paris, ce 4 avril 1770.

MON ami, mon unique ami, au nom de Dieu, faisons la paix; j'aimais mieux vous croire fou qu'injuste, ne soyez ni l'un ni l'autre; rendez-moi toute votre amitié. Si j'avais tort, je vous l'avouerais, et vous me le pardonneriez; mais, en vérité, je ne suis point

8. HW had hens, cows, and sheep in 1778 (his Turkish sheep had been killed, 1763). (See HW to Conway 27 June 1778.)

coupable, je ne parle jamais de vous; vos Anglais, qui ont été contents de moi, croient me marquer de la reconnaissance en vous parlant de mon estime pour vous; ceux qui vous aiment croient vous
faire plaisir; ceux qui ne vous aiment pas cherchent à vous fâcher,
s'ils se sont aperçus que cela vous déplaisait; mais je suis sûre que le
bon Hervey a cru faire des merveilles; je lui pardonne, malgré le
mal qu'il m'a fait.

À l'égard de ma question indiscrète,[1] elle ne pouvait être comprise
ni par les lecteurs ni par l'imprimeur; de plus, ce n'était point par la
poste, c'était dans une de ces deux lettres de douze pages que vous
reçûtes par des occasions sûres. Ayez meilleure opinion de moi, mon
ami. Vous m'avez corrigée de bien des défauts; je n'ai qu'une pensée,
qu'une volonté, qu'un désir, c'est d'être, jusqu'à mon dernier soupir,
votre meilleure amie. Ne craignez pas que j'abuse jamais de votre
amitié ni de votre complaisance. Jamais je ne vous presserai de me
venir voir; eh! mon Dieu! je ne sens que trop de quelle difficulté sont
pour vous de tels voyages, tous les inconvénients qu'ils entraînent. Je
pensais à remédier à celui qui est le plus insupportable, le bruit des
auberges. Rien ne paraîtrait ici plus simple et plus raisonnable que
cet arrangement; je me proposais bien de ne vous pas laisser apercevoir que nous habitions la même maison; eh bien, il n'y faut plus
penser.

Disons un mot de la Bellissima; c'est une affaire oubliée, il n'est
point question *de dits et redits;* cela n'a point formé deux partis; ses
amis sont les miens, les miens sont les siens, nous nous verrons en
maisons tierces, en attendant que nous nous voyions l'une chez l'autre; enfin cela ne fait rien à personne, pas même à elle ni à moi.

Pour votre nièce, nous sommes parfaitement ensemble, et nous y
serons toujours; personne ne s'est jamais aperçu de nos petits différends. Vous ne me soupçonnerez pas de pouvoir manquer d'égards
pour votre nièce; la connaissance que j'ai de son caractère, jointe à
vos conseils, répondent d'une paix imperturbable. J'espère, mon ami,
qu'il en sera de même entre vous et moi, et qu'après cet éclaircisse-
ment-ci, nous ne troublerons plus nos pauvres têtes. Nous voulons
l'un et l'autre nous rendre heureux; je vais pour cet effet redoubler
de prudence; de votre côté, tâchez d'avoir un peu d'indulgence, et ne
me dites jamais que nous ne nous convenons point. Songez à la distance qui nous sépare; que quand je reçois une lettre sévère, pleine

1. See *ante* 21 March 1770.

de reproches, de soupçons, de froideur, je suis huit jours malheureuse, et quand au bout de ce terme j'en reçois encore une plus fâcheuse, la tête me tourne tout à fait. Je n'aime pas le sentiment de la compassion: cependant rappelez-vous quelquefois mon âge et mes malheurs, et dites-vous en même temps qu'il ne tient qu'à vous malgré tout cela de me rendre très heureuse.

Vous ne me parlez plus de votre chose publique. Je suppose que vous ne vous souciez pas que je vous parle de la nôtre; ainsi je finis.

Avez-vous reçu les deux premiers volumes du *Théâtre espagnol?*

Voilà des vers que Voltaire a envoyés à la grand'maman;[2] j'en ai reçu d'autres,[3] mais ils ne sont pas si jolis.

Quatrains sur la Fondation de Versoix.[4]

Madame, un héros destructeur,
S'il est grand, n'est qu'un grand coupable.
J'aime bien mieux un *fondateur,*
L'un est un dieu, l'autre est un diable.

Dites bien à votre mari
Que des neuf filles de mémoire
Il sera le seul favori,
Si de *fonder* il a la gloire.

Didon, que j'aime tendrement,
Sera célèbre d'âge en âge,
Mais quand Didon fonda Carthage,
C'est qu'elle avait beaucoup d'argent.

Si le vainqueur de la Syrie[5]
Avait eu pour surintendant,
Un conseiller du parlement,
Nous n'aurions point Alexandrie.

Nos très sots aïeux autrefois
Ont *fondé* de pieux asiles
Pour mes moines de Saint François,
Mais ils n'ont point *fondé* de ville.

---

2. Voltaire's latest letter to Mme de Choiseul was that of 26 March 1770 (Voltaire, *Œuvres* xlvii. 28).
3. Missing.
4. The Duc de Choiseul, who hated the Genevese, intended to make Versoix on Lake Léman a rival city to Geneva. A MS

copy of these verses, in Wiart's hand, is in D's bequest to HW. In it, the verb 'fonder' and its derivatives are italicized throughout.

5. 'L'Assyrie' in Wiart's copy. The allusion is to Alexander the Great.

Envoyez-moi des Amphions,
Sans quoi nos peines sont perdues;
À Versoix nous avons des rues,
Et nous n'avons point de maisons.[6]

Sur la raison, sur la justice,
Sur les grâces, sur la douceur,
Je fonde aujourd'hui mon bonheur,
Et vous êtes ma fondatrice.

To MADAME DU DEFFAND, Friday 6 April 1770, N° 30

Missing. Answered, 11 April.

To MADAME DU DEFFAND, Tuesday 10 April 1770, N° 31

Missing. Answered, 14 April.

From MADAME DU DEFFAND, Wednesday 11 April 1770

N° 32. Ce mercredi 11 avril.

MOI, vouloir vous gouverner, moi, employer des manèges avec vous, moi, vous avoir perdu par ma faute, voilà de quoi me rendre folle. Rien n'a peut-être été plus extraordinaire que l'amitié que vous aviez prise pour moi, mais les raisons qui me la font perdre le sont mille fois davantage. Il est inutile de vous répéter tout ce que je vous ai dit dans ma dernière lettre. Je n'ai plus qu'une chose à vous dire aujourd'hui; il ne me pouvait rien arriver de plus malheureux que de perdre votre amitié, mais vous y ajoutez encore ce qui peut me le rendre plus cruel, en me disant que c'est par ma faute. Mais n'en parlons plus. Vous voulez vous débarrasser de moi, je n'ai pas le moyen de vous ramener; comment pouvez-vous croire que je puisse me reprocher quelque faute; plus je me creuse la tête

6. The streets of Versoix had been laid out, on paper, but no houses had been built.

pour chercher quel tort je puis avoir, moins je le trouve. Ceux que vous m'imputez (permettez-moi de vous le dire) n'ont pas le sens commun. J'ai parlé du logement[1] *à la grand'maman, à l'Abbé, au Marquis, et aux Maulévrier.*[2] En vérité, en vérité, est-ce un crime? Les Maulévrier, je les connais peu, mais je leur ai demandé la jouissance d'une partie de leur logement soit pour vous ou pour tout autre. La grand'maman me demandant si vous reviendriez ici je lui dis que je n'en savais rien, que vous aviez été fort incommodé du logement à votre dernier voyage, mais que j'avais une proposition à vous faire qui pourrait vous convenir, que c'était le logement de M. de Maulévrier; le Marquis et l'Abbé,[3] qui y étaient, trouvèrent, ainsi qu'elle, que rien n'était plus raisonnable. Voilà mon crime. Rien n'est plus faux que je parle de vous, votre amitié m'honore infiniment, mais ce n'est pas mon défaut que la jactance. Si j'ai des ennemis qui aient pu réussir à me faire des tracasseries avec vous, comment puis-je m'en défendre? J'ignore quels ils sont, et ce qu'ils peuvent dire. Mais à quoi me servira tout ce que je puis vous dire? Vous voulez rompre avec moi; j'ai poussé trop loin ma confiance en vous, j'ai cru, oui, je l'ai cru, avoir trouvé en vous un ami véritable, un ami, un consolateur, un protecteur, et je me suis trompée. Jamais vous ne m'avez estimée. Vous vous êtes ennuyé auprès de mon tonneau, ah! je n'ai pas de peine à le croire! Vous avez de la honte de vos attentions pour moi, vous ne me trouvez pas digne de vous. Tout cela peut être, et n'est point extraordinaire; mais vous perdre par ma faute, par mes manèges, par mes imprudences, par mes projets de vous gouverner, voilà ce qui est faux, et à quoi je suis bien étonnée que vous ayez recours. Quel parti prendre? Je n'en sais rien; ma tête est si troublée, je trouve une si grande différence de vous à vous-même qu'il m'est impossible de rien conclure. J'ai reçu de vous tant de marques d'amitié, j'étais si persuadée que rien au monde ne pouvait me la faire perdre, que je ne sais aujourd'hui si je dors ou si je veille. Toutes mes paroles vous sont suspectes, mes plus cruels ennemis n'ont pas pour moi plus de haine ni de mépris que vous m'en marquez. Je suis au désespoir; je ne vous le cache pas. Voilà un singulier malheur et auquel je crains bien qu'il n'y ait point de remède.

1. See *ante* 28 March 1770.

2. The Marquis de Maulévrier m. (2) (1754) Charlotte-Jacqueline-Françoise de Manneville (d. 1794) (Albert, Vicomte Révérend, *Titres . . . de la Restauration,* 1901–6, ii. 170).

3. Castellane and Barthélemy.

From Madame du Deffand, Saturday 14 April 1770

No 33. Paris, ce samedi 14 avril 1770.

JE suis aussi contente de la lettre que je reçois,[1] qu'un pendu le serait d'obtenir sa grâce; mais la corde m'a fait mal au cou, et si je n'avais été promptement secourue, c'était fait de moi. Oublions le passé; j'aime mieux me laisser croire coupable, que de risquer de troubler de nouveau la paix; je suis bien avec tout le monde. Votre nièce est contente de moi et je ne crains pas qu'elle se plaigne de ma tyrannie.

La grand'maman arriva hier; elle passera toute la semaine prochaine à Paris; je la verrai souvent: enfin, enfin, je ne suis mal avec personne, car quoique je ne sois point encore raccommodée avec Mme de Forcalquier, cela ne saurait s'appeler être brouillée.

Le grand événement d'aujourd'hui est la retraite de Madame Louise.[2] Il y avait dix-huit ans qu'elle voulait être religieuse, dix qu'elle s'était déterminée à être carmélite; elle n'avait dans sa confidence que le Roi et l'Archevêque,[3] qui combattaient son dessein. Apparemment qu'après qu'elle les y eut fait consentir, elle détermina le jour avec eux; ce fut le mercredi saint.[4] La veille, le Roi dit à M. de Croismare,[5] écuyer, d'aller prendre les ordres de Madame Louise, et qu'on eût à obéir à tout ce qu'elle ordonnerait. Elle demanda un carrosse pour le lendemain, sept heures du matin, sans gardes du corps, sans pages; elle ordonna à Mme de Guistelle,[6] l'une de ses dames, d'être à sept heures chez elle tout habillée. Elle ne dit rien à ses sœurs, qui n'avaient pas le moindre soupçon de sa résolution. Le mercredi, elle monta dans son carrosse[7] à sept heures précises, changea de relais à Sèvres, et dit: *À Saint-Denis.* Entrant à Saint-Denis, elle dit: *Aux Carmélites.* La porte ouverte, elle embrassa Mme de Guistelle: 'Adieu, Madame,' lui dit-elle, 'nous ne nous reverrons jamais.' Elle donna une lettre pour le Roi, et une pour ses sœurs; elle

1. HW to D 10 April 1770 (missing).

2. Louise-Marie (1737–87), youngest dau. of Louis XV, who entered the convent of the Carmelites at St-Denis, 11 April 1770.

3. Christophe de Beaumont du Repaire, Archbishop of Paris.

4. Wednesday, 11 April 1770.

5. Jacques-François de Croismare. The escort's name is also given as M. d'Haranguier de Quincerote (Casimir Stryienski, 'La Vocation de Madame Louise,' in the *Revue des études historiques*, 1910, p. 123).

6. Louise-Élisabeth de Melun (b. 1738), m. (1758) Philippe-Alexandre-Emmanuel-François-Joseph, Prince de Guistelle. She had entered the household of the Mesdames de France in January 1768 (*Rép. de la Gazette*).

7. See Abbé Liévain-Bonaventure Proyart, *Vie de Madame Louise*, Tours, 1838, and Casimir Stryienski, op. cit.

n'avait pas apporté une chemise ni un bonnet de nuit. Elle devait prendre le voile blanc en arrivant. Le jeudi, on lui apporta des nippes dont elle ne prit que deux chemises et une camisole; elle se fait appeler la sœur Thérèse-Augustine. C'est ainsi qu'elle signe la seconde lettre qu'elle a écrite au Roi, avec la permission de *notre révérende mère.*[7a] Elle le supplie de vouloir bien payer *douze mille francs pour sa dot. C'est le double des dots ordinaires, mais ce que payent pourtant les personnes contrefaites, qui sont plus délicates et peuvent avoir besoin de quelques douceurs;* elle lui demande aussi *de continuer ses pensions jusqu'à sa profession, pour avoir le moyen de faire quelque gratification à ceux et à celles qui l'ont servie.* Cela ne vous fait-il pas pitié? Notre espèce est étrange! Quand on n'est pas malheureux ni par les passions ni par la fortune, on se le rend par des chimères. Voilà tout ce que vous aurez de moi aujourd'hui; il me faut quelque temps pour rétablir le calme dans mon âme: je suis ravie d'être bien avec vous, et ce ne sera certainement pas par ma faute si à l'avenir j'y suis jamais mal.

Ce jour de Pâques.

Nous soupâmes, Madame votre nièce et moi, hier chez la grand' maman. Le grand-papa, qui est fort enrhumé, rentra de bonne heure, et vint nous trouver; il avait été, suivant la prière que lui en avait faite la grand'maman, chez Madame l'Abbesse de Panthémont, pour l'engager à garder Mlle Cholmondeley l'aînée,[8] qu'elle veut rendre à Madame sa mère. L'Archevêque et l'Abbé de Cîteaux[9] la tourmentent et l'exigent; il n'a pu réussir, elle consent à garder la petite, mais Mme Cholmondeley ne veut pas séparer les deux sœurs; le parti qu' elle va prendre, c'est de mettre la petite à Saint-Joseph, et d'avoir l'aînée avec elle.

Je souperai ce soir avec le grand-papa, je l'espère du moins, et qu' une médecine que je viens d'avaler tout à l'heure ne m'empêchera pas de sortir à neuf heures.

La grosse Duchesse a un gros rhume, la goutte aux deux pieds et bien des inquiétudes dans la tête, dont elle n'est cependant point accablée; je la vois souvent, c'est une très bonne femme.

7a. Mme Craig (Jacques Hérissay, *Scènes et tableaux du règne de Louis XV*, 1936, p. 223).

8. Henrietta Maria Cholmondeley, who was then sixteen years old, had already been expelled from a convent because of her outspoken remarks about Roman Catholicism (see *ante* 15 April 1769).

9. Probably Dom François Trouvé, Abbé de Cîteaux, 1748–82; Abbé général de Cîteaux and head of the Bernardines, 1782–90 (*Almanach royal*, 1769, p. 62; 1782, pp. 71, 95; 1790, p. 97).

Il n'y avait que deux mois que le Roi était au fait des projets de Madame Louise; elle avait laissé faire tous ses habits pour les fêtes du mariage;[10] elle n'a point pris le voile blanc; ce ne sera que dans six mois. Cette aventure n'a pas fait une grande sensation; on hausse les épaules, on plaint la faiblesse d'esprit, et l'on parle d'autre chose.

Vous avez beau temps à votre campagne; je vous en félicite.

To Madame du Deffand, Tuesday 17 April 1770, N° 32

Missing. Probably written at Arlington Street. Answered, 22 April.

From Madame du Deffand, Sunday 22 April 1770

N° 34. Ce dimanche 22 avril 1770.

IL faudrait être bien incorrigible et bien ensorcelée si le mot amitié entrait jamais dans aucune de mes lettres. Il me semble que le mot de reconnaissance avait été le plus fréquent dans cette dernière reprise-ci. Vous avez craint qu'il ne me menât plus loin, et c'est plus une terreur panique qui vous a troublé qu'une réalité. Je crois que ma véritable faute, c'est d'avoir poussé ma confiance trop loin, en entrant dans des détails qui vous ont ennuyé, et qui vous ont fait craindre d'entrer dans des tracasseries; c'est de quoi vous deviez être sûr d'être à l'abri. Je n'en ai, Dieu merci, avec personne, et si j'en avais, je n'y ferais jamais entrer mes amis. Je crois que nous voilà au terme de terminer ces ridicules procès, qui vous sont fort indifférents, mais qui ne me le sont pas à moi. Soyez certain que vous n'entendrez plus dire que j'ai proféré votre nom; j'espère à l'avenir que vous voudrez bien adoucir votre style, et que continuant la correspondance vous voudrez bien qu'elle me soit aussi agréable qu'elle devrait l'être. Mais enfin loin d'exiger de la complaisance je ne veux de vous que ce qui sera volontaire et de bon gré. Il est assez naturel quand on écrit à ses amis de se laisser aller à dire tout ce qui passe par la tête, et de rendre compte de tout ce qui intéresse; et sans cette condition il est difficile qu'un commerce soit agréable; mais comme il m'est absolument impossible de renoncer au vôtre, je souscris aux ordres que vous me prescrivez, ainsi parlons de la pluie et du beau temps.

10. The wedding of the Dauphin (later Louis XVI) to Marie-Antoinette of Austria.

Votre séjour à la campagne n'a pas dû être agréable, et je me flatte que vous n'y êtes pas aujourd'hui, il fait un vent affreux. Rien ne me déplaît autant, il me jette du noir dans l'âme; j'imagine qu'il vous fait le même effet.

Je suis fort en peine de la sortie de M. Wilkes,[1] on en aura des nouvelles mercredi prochain. J'espère que vous ne vous trouverez dans aucune bagarre. Nous ne sommes ici occupés qu'à préparer des fêtes;[2] le grand-papa prêtera un logement à Madame votre nièce à Versailles, et je compte que M. de Beauvau aura soin de la bien placer. Il y aura le 16, jour du mariage, festin royal, illuminations, feux d'artifice. Les jours suivants, bals parés, bal masqué, opéra, comédies, un jour de repos entre chaque divertissement. Les fêtes de la ville ne seront qu'entre le 1er et le 9 juin. Il y aura une foire sur les boulevards et un feu d'artifice dans la Place de Louis XV, mais qui sera très mal placé, il tournera le dos à la rivière; on y donnera la girandole de Rome.

Ne voilà-t-il pas des nouvelles bien intéressantes; je pourrais vous parler de MM. Billard[3] et Grisel, mais vous n'avez peut-être jamais entendu parler d'eux, et je crois que vous ne vous en souciez guère.

Vous me ferez plaisir de me marquer quand j'aurai réussi à vous écrire du style qui vous convient.

To MADAME DU DEFFAND, Tuesday 24 April 1770, N° 33

Missing. Probably written at Arlington Street. Answered, 1 May.

To MADAME DU DEFFAND, Tuesday 1 May 1770, N° 34

Missing. Probably written at Strawberry Hill.

1. Wilkes' release from prison, 17 April 1770 (see HW to Mann 19 April 1770).
2. For the Dauphin's marriage to Marie-Antoinette, 16 May 1770.
3. Billard du Monceau had just been declared bankrupt (see *ante* 29 Jan. 1770).

It was found that Billard's confessor, Abbé Joseph Grisel (1703–87), had obtained large sums from Billard, and had been made director of the post-office treasury. Grisel was therefore arrested (see Grimm viii. 485, 15 March 1770).

From Madame du Deffand, Tuesday 1 May 1770

N° 35. Paris, ce 1ᵉʳ mai 1770, à 7 heures du matin.

JE suis malheureuse depuis que je suis mal avec vous; voilà trois jours que le courrier manque; j'attends votre lettre[1] avec impatience et la plus grande inquiétude, je me prépare autant que je peux à soutenir le chagrin qu'elle pourra me causer; il est de toute vérité que vos dernières colères contre moi me paraissent injustes; et sans la parfaite estime que j'ai pour vous, vous me paraîtriez de mauvaise foi, je croirais que c'est des prétextes que vous cherchez pour rompre un commerce qui vous ennuie. Mais non, je connais trop bien votre vérité pour pouvoir vous soupçonner d'aucun manège ou d'aucune adresse. Pourquoi, si vous étiez las de moi ne me le diriez-vous pas tout franchement? et pourquoi ajouteriez-vous à la douleur de vous perdre celle d'avoir à me le reprocher? J'ai pu quelquefois vous déplaire par trop de vivacité, par quelques imprudences; le ridicule en était pour moi, vous ne pouviez pas le partager; mais enfin je suis au point aujourd'hui que toute votre sévérité ne trouverait rien à reprendre. Votre nom m'inspire une sainte horreur, je croirais faire un blasphème de le prononcer, mais moins je parle de vous plus j'y pense; je me figure que vous êtes témoin de tout ce que je fais et de tout ce que je dis. Jugez après cela si je fais des fautes; oh non! je n'en fais point, et je n'en ferai plus jamais. J'ai eu tort, j'en conviens, de vous raconter toutes sortes de puérilités et de misères qui vous auraient parues moins que rien en vous les contant à vous-même; c'est le papier qui leur a donné de la consistance, elles n'en avaient pas intrinsèquement plus que les pensées que l'on n'articule pas, et qui se détruisent par elles-mêmes en se succédant; mais je devais me souvenir que votre tête se trouble aisément, c'est mon tort de l'avoir oublié; mais si cela ne vous ennuie pas trop, relisez les lettres qui vous ont mécontenté, vous y verrez que loin de rien exiger je ne me permets pas de rien désirer ni de rien espérer, et que cet appartement des Maulévrier n'était pas pour un temps préfix ni un piège pour tirer de vous quelque connaissance de vos projets; je suis pénétrée de reconnaissance de tout ce que je vous dois; vos deux voyages ici, le vif intérêt que vous m'avez marqué prendre à ma fortune, ne s'effaceront jamais de ma mémoire. Ah! que vous avez tort de croire que c'est ma vanité qui en est flattée, votre amitié a beau m'honorer, ja-

1. HW to D 24 April 1770 (missing).

mais la vanité n'entrera dans mes sentiments pour vous; l'avenir vous fera connaître si je suis raisonnable et si vous auriez raison de me refuser votre estime. En voilà assez, ceci servira de préliminaire à la lettre que j'attends.

3 heures.

Enfin voilà votre lettre; pardonnez le préambule que vous venez de lire; voilà qui est fini pour jamais, et Dieu merci tout va rentrer dans l'ordre accoutumé; c'est comme si l'on m'avait ôté cent livres de dessus l'estomac, la respiration en est plus libre, je ne crains plus l'ennui, enfin je suis contente. Je conviens que je suis une espèce de monstre dans la nature, il est sans exemple d'être aussi vivante à soixante-treize ans.

Je ne sais pourquoi Milady Marie Coke[2] est si contente de moi, je ne savais en vérité que lui dire. Vos raisonnements sur Sœur Thérèse de Saint-Augustin,[3] quoique bien pensés, ne se trouvent pas justes; c'est une tête chaude très agissante, extrême dans tout ce qu'elle pense; son exemple ne fera rien à personne, elle est déjà presque oubliée; ses sœurs l'ont vue, son père la verra en allant à Compiègne; il ne paraît pas qu'elle se repente encore, mais il n'est pas impossible que cela n'arrive entre ci et dix-huit mois.

Tout le monde est allé au devant de Madame la Dauphine,[4] on n'est occupé que des préparatifs des fêtes, c'est à quoi va tout l'argent.

Votre petite-nièce l'aînée est avec sa mère, la petite est restée à Panthémont. La grand'maman devait venir à Paris aujourd'hui et y rester jusqu'au 10, qu'elle doit partir pour Chanteloup; elle a changé d'avis, elle ne viendra que le 8 et ne sera que vingt-quatre heures ici.

Je fus avant-hier à Versailles, je lui rendis une petite visite et je soupai chez les Beauvau. Le grand-papa est fort occupé, il vient, pour la seconde fois, de sauver la banqueroute des banquiers.

La grand'maman sera partie quand le reste de sa chaîne[5] arrivera; mais le couvercle de mon vase,[6] l'avez-vous donc oublié?

---

2. Lady Mary Campbell (1727–1811), m. (1747) Edward, Vct Coke. She had already met D in Paris in 1767, when HW was there (*Paris Jour.*, 6 Sept. 1767). Lady Mary Coke called on D, 6 April 1770, and said, 'She talks so well that I wished to write down every thing she said, as I thought I should have liked to read it afterwards' (Lady Mary Coke, *Letters and Journals*, Edinburgh, 1889–96, iii. 233).

3. Madame Louise of France (see *ante* 14 April 1770).

4. Marie-Antoinette of Austria, who saw her future husband for the first time in the forest of Compiègne, 15 May 1770.

5. See *ante* 24 Feb. 1770.

6. See *ante* 15 Nov. 1769.

Le Président s'affaiblit tous les jours, je ne saurais croire qu'il passe l'été; il ne donne point appétit de vieillir.

Je suis bien aise qu'il n'y ait point eu de bagarre à la sortie de Wilkes; j'aime beaucoup les ordonnances de votre parlement sur les petits chiens.[7] Faites donc avoir des enfants à Rosette, je voudrais avoir une petite chienne de sa façon. Adieu.

From Madame du Deffand, ca Sunday 6 May 1770

A missing 'Nº 36' was probably written at this time.

To Madame du Deffand, Monday 7 May 1770, Nº 35

Missing. Probably written at Strawberry Hill. Answered, 13 May.

From Madame du Deffand, Sunday 13 May 1770

Nº 37. Paris, ce dimanche 13 mai 1770.

SI je traitais votre lettre[1] selon ses mérites je la ferais partir tout à l'heure pour Ferney; Voltaire en serait charmé; vous reveilleriez sa verve.

Je vous envoie un petit ouvrage[2] que je ne doute pas qu'il soit de lui. Vous verrez qu'il désire autant que vous la révolution de Turquie.[3] Ma correspondance avec lui continue toujours; la grand'maman, qui y est entrée, la rend beaucoup plus vive; il lui écrit encore plus souvent qu'à moi, et nous envoie souvent des brimborions; quand je ne vous les envoie pas, c'est qu'ils n'en valent pas la peine.

Comment avez-vous pu vous résoudre à entreprendre M. de Thou?[4]

---

7. The Act for Preventing the Stealing of Dogs, passed by Parliament in April 1770. It imposed severe penalties on those convicted of stealing or killing dogs (*London Chronicle* xxvii. 342, 373, 375, 10 April, 18–19 April 1770). The act was to take effect 1 May 1770.

1. HW to D 7 May 1770 (missing).
2. Voltaire's *Traduction du poème de Jean Plokof, conseiller de Holstein, sur les affaires présentes* (see Appendix 29). This

enclosure is now bound with *post* 29 May 1770.
3. See HW to Mann 6 May 1770.
4. Jacques-Auguste de Thou (1553–1617), author of *Historia sui temporis*. HW's copy, in 14 volumes, London, 1733, was bought at Sir Charles Cotterel's auction in 1764 for fifty guineas. It was 'adorned with a great variety of the finest and most scarce prints of the principal personnages' (MS Cat.) and was sold for £40 to 'Tiffin' (*A Catalogue of the Collection of Scarce*

Hors les mémoires je ne puis lire aucune histoire. Je suis bien de votre avis, tout auteur impartial est froid et ennuyeux; enfin on ne sait que lire, j'aime autant aujourd'hui les fables que les vérités.

Vous me demandez pourquoi la grand'maman est allée à Chanteloup. Le deuil de son beau-père,[5] qui n'est point encore fini, ne lui permettait pas de se trouver aux fêtes, elle en est comblée de plaisir; elle mourait de peur que le mariage ne fût retardé jusqu'au 29 de ce mois, que son deuil étant fini elle n'aurait pu se dispenser de se trouver partout. Ses forces n'auraient pas été suffisantes pour soutenir une fatigue aussi grande pendant quinze jours. Elle partit mercredi 9 à minuit précis avec une petite Mme d'Achy,[6] le grand Abbé, et Gatti. J'ai reçu une lettre de l'Abbé en même temps que la vôtre, qui me mande qu'elle est arrivée jeudi à deux heures après midi, qu'elle s'est mise dans le bain en arrivant, qu'ensuite elle s'est promenée sur l'eau, qu'elle n'a pas trop bien dormi la nuit, qu'elle a la voix éteinte, il me paraît inquiet de son état. Je soupai avec elle et le grand-papa le jour de son départ; je remis à celui-ci l'ordonnance de ma pension, ayant peu d'espérance de m'en faire payer par moi-même; cette tournure m'a très bien réussi, et il me l'envoya hier avec un fort joli petit billet où il me promet de me venir embrasser dans l'absence de la grand'maman.

Je donne ce soir à souper à Mme de Beauvau, à l'Archevêque de Toulouse et à l'ami Pont-de-Veyle; celui-ci a la fièvre depuis cinq ou six jours avec une toux infernale, j'en suis très inquiète; c'est le seul ami que j'ai dans mon pays.

Madame la Dauphine est aujourd'hui à Soissons; le Roi et toute la famille royale sont partis ce matin pour Compiègne. La Dauphine y arrivera demain, elle y couchera. M. le Dauphin par décence ne logera pas au château, il couchera chez M. de Saint-Florentin. Mardi toute la cour soupera à la Meute;[7] toutes les dames du service et toutes les femmes et filles de tous ceux qui ont des charges, et Mme du Barry sont sur la liste; tout le monde après souper retournera à

Prints, Removed from Strawberry Hill, 1842, Nº 1099). HW also had a set of Thou's *Histoire universelle* in 16 volumes quarto, which was sold SH v. 180.

5. Choiseul's father, the Marquis de Stainville, had died 27 Nov. 1769 (see *ante* 27 Nov. 1769). As mourning for a father-in-law was limited to six months, Mme de Choiseul would have two days to spare.

6. Marie-Catherine-Jeanne Jubert de Bouville (1736–80), m. (1757) Jacques-François de Carvoisin, Marquis d'Achy (Woelmont de Brumagne i. 107; *D's Journal*).

7. The spelling 'la Muette' was becoming more customary at this time (*Dict. de Paris*).

Versailles, excepté Madame la Dauphine qui n'y arrivera que le lendemain à sept heures du matin; elle y fera sa toilette, sera mariée à
midi; il y aura grand appartement après dîner, le soir le banquet
royal dans la salle du théâtre, qui est cent fois plus admirable que les
sept merveilles du monde. Après le souper grande illumination, et un
feu superbe, le lendemain l'opéra de *Persée*.[8] Je compte que madame
votre nièce aura partout des places pour elle et trois personnes de sa
suite, elle a déjà vu le logement que le grand-papa lui prête, dont elle
est fort satisfaite, et je crois qu'elle ne le sera pas moins des attentions
de M. de Beauvau.

Vous ne sauriez vous imaginer à quel excès on porte la magnificence et la dépense; il y a bien peu de vos compatriotes, mais il ne
laisse pas d'y avoir grand nombre d'étrangers qu'on aura bien de la
peine à placer.

Voilà toutes les nouvelles de la cour, celles de la ville sont des as-
sassinats, des roués, des pendus.

Votre petite chaîne a été reçue et admirée de nouveau; effectivement je la crois charmante; la grand'maman m'en a demandé le prix
et tout de suite beaucoup de vos nouvelles, dont elle m'a trouvée
très peu instruite; elle croit que vous ne l'aimez plus, elle prétend
vous aimer beaucoup. Je suis très contente d'elle et du grand-papa.
Mme de Gramont va à Barèges les premiers jours de juin; comme
elle prendra les deux saisons, elle ne sera vraisemblablement de retour qu'au mois d'octobre.

La grand'maman reviendra à la fin de juin ou les premiers jours
de juillet, mais ce sera pour aller à Compiègne.

Je vais passer le temps des fêtes dans une grande solitude, heureusement il m'est arrivé une connaissance de Mâcon,[9] qui se pique
d'avoir de l'amitié pour moi et croit me devoir quelque reconnaissance, pour l'avoir fait sortir de la Bastille où il avait été mis injustement; je travaille à lui faire avoir un bénéfice.

Le Président est toujours dans le même état, à peine est-il l'ombre
de ce qu'il a été; mais j'espère pour lui qu'il ne sent point cet état.
Mme de Jonzac est digne de la plus grande estime, je ne cesse d'ad-

8. Quinault's *Persée*.

9. The Abbé Pierre Sigorgne (1719–
1809), philosopher. D had spent the early
part of 1753 at Mâcon (see D's *Correspondance*, ed. Mathurin-François-Adolphe de
Lescure, 1865, i. cxv–cxvi). The Abbé was
confined to the Bastille, 16 July 1749, and
on 23 Nov. 1749 was exiled from Paris
(*Catalogue général des MSS de la Bibliothèque de l'Arsenal*, ix, 'Archives de la
Bastille,' p. 165). D was apparently unable
to get him a benefice.

mirer sa persévérance, c'est le sceau de la véritable vertu. Les vers[10] de Voltaire que je vous envoie sont à propos d'une lettre[11] dans laquelle il me mandait que la grand'maman était une cruelle, une volage, une perfide. L'autre ouvrage[12] ne me vient point de lui, c'est Mme d'Aiguillon qui me le donne, mais je ne doute pas qu'il n'en soit l'auteur. Je vous remercie de vos couvercles.

To MADAME DU DEFFAND, Tuesday 15 May 1770, N° 36

Missing. Answered, 19 May.

To MADAME DU DEFFAND, Friday 18 May 1770, N° 37

Missing. Probably written at Arlington Street. The words 'D[uke] of Richmond' in *Paris Journals* indicate the subject of this letter. Answered, 23 May.

From MADAME DU DEFFAND, Saturday 19 May 1770

N° 38. Paris, ce samedi 19 mai 1770.

VOS lettres sont toujours les bienvenues: qu'elles soient longues ou courtes, cela est égal; il me suffit qu'elles me soient une preuve de votre complaisance et de votre souvenir, et qu'elles m'instruisent de votre santé. Je ne prétends ni ne désire rien de plus. C'est à moi de craindre pour les miennes; je ne puis les remplir que de choses qui vous soient très indifférentes, et qui, par le peu d'intérêt que j'y prends moi-même, deviennent très ennuyeuses sous ma plume; le ciel ne m'a point favorisée du talent de Mme de Sévigné. Indépendamment de son esprit, l'intérêt qu'elle prenait à tout rendait ses narrations très intéressantes. Cela dit, il faut pourtant vous conter des nouvelles. Vous avez deviné très juste; il y a des tracasseries sans nombre;[1] le menuet que doit danser aujourd'hui Made-

10. These verses are copied at the end of *post* 29 May 1770.

11. Voltaire to D 25 April 1770 (Voltaire, *Œuvres* xlvii. 60).

12. Voltaire's *Traduction du poème de Jean Plokof* (see Appendix 29).

———

1. 'Au mariage de Marie-Antoinette, la noblesse, qui ne voulait pas reconnaître la supériorité des ducs, c'est-à-dire des hommes titrés, s'opposa même vivement aux droits que la reine voulait établir en faveur de la maison de Lorraine, et menaçait de ne pas se trouver au bal paré, si la princesse Charlotte de Lorraine ouvrait ce bal. Comme la résistance était opiniâtre, la

moiselle de Lorraine[2] a troublé bien des têtes; les Pairs joints à la
noblesse ont présenté au Roi une requête contre les prétentions des
Princes lorrains; ce fut hier que le Roi y répondit, et voici sa réponse. Il y a un certain doute sur la demande de M. de Mercy, qui
pourra bien faire que beaucoup de dames se dispenseront d'aller à
son souper et à son bal.

Rien n'a été plus beau que la chapelle, que l'appartement, et par-
dessus tout le banquet royal; mais l'ambassadrice aura sans doute des
relations plus circonstanciées et plus exactes que celles que je pourrais faire. L'opéra[3] qu'on donna jeudi fut trouvé déplorable. Le feu
ne fut point tiré mercredi, jour du mariage, à cause de la pluie, mais
il le sera aujourd'hui après le bal paré; il fait le plus beau temps du
monde.

Ce dimanche, à 2 heures.

J'attendais des nouvelles pour continuer; les voici:

Le jeudi au soir, après la réponse du Roi, il y eut une assemblée,
chez le Duc de Duras, des Pairs et de la noblesse; on y conclut que
personne ne danserait. Tout le vendredi on crut qu'il n'y aurait
point de bal; le samedi matin le Roi dit qu'il y en aurait, et qu'il re-
marquerait ceux qui n'y viendraient pas. Cependant, à cinq heures,
il n'y avait de danseuses dans la salle que Mademoiselle de Lorraine,
Mlle de Rohan[4] et Madame la Princesse de Bouillon.[5] Les autres
danseuses étaient restées chez elles avec le projet de ne pas venir au
bal; le Roi, qui en fut averti, envoya ordre à plusieurs de se rendre
dans la salle du bal, et de danser; [à] près de sept heures, plusieurs
danseuses arrivèrent, huit ou neuf, ce qui, avec les trois princesses
étrangères,[6] fit onze ou douze danseuses. Voici l'ordre qui fut observé. D'abord, Monsieur le Dauphin et Madame la Dauphine; puis

négociation sur ce point frivole fut difficile.
Enfin il fut décidé que la princesse jouirait
de la faveur qu'on voulait lui accorder,
mais sans conséquence pour l'avenir, et
uniquement parce qu'elle était parente de
la reine' (Louis-Philippe, Comte de Ségur,
Mémoires, 1824–6, i. 92). See also Grimm
ix. 33–42, 1 June 1770.

2. Anne-Charlotte (1755–86), Princesse
de Lorraine, afterwards Abbess of Remire-
mont (*Journal de Paris*, 1786, i. 600).

3. *Persée*.

4. Probably Charlotte-Victoire-Josèphe-
Henriette (1761–71), Princesse de Rohan-

Guémené. She had been presented at
court, 26 March 1770 (*Rép. de la Gazette*).
Her younger sister, Marie-Louise-Joséphi-
ne, was only five years old at this time,
and was not presented until 1773; she was
known as Mlle de Rohan.

5. Maria Hedwig Eleonore Christine von
Hessen-Rheinfels-Rothenburg (1748–1801),
m. (1766) Jacques-Léopold-Charles-Gode-
froy de la Tour d'Auvergne, Prince de
Bouillon (Wilhelm-Karl, Prinz von Isenburg, *Stammtafeln*, Berlin, 1935, i. Table
101).

6. Apparently the three just mentioned.

Madame[7] et le Comte de Provence;[8] Monsieur le Comte d'Artois[9] et Madame la Duchesse de Chartres; Monsieur le Duc de Chartres et Madame la Duchesse de Bourbon;[10] Monsieur le Prince de Condé et Madame la Princesse de Lamballe; Monsieur le Duc de Bourbon[11] et Mademoiselle de Lorraine. Après ce menuet, le Roi fit signe à Monsieur le Comte d'Artois de lui venir parler, et Monsieur le Comte d'Artois fut prendre Madame la Maréchale de Duras pour le septième menuet; Monsieur le Prince de Condé et la Vicomtesse de Laval;[12] le Prince de Lambesc[13] et Mlle de Rohan; le Duc de Coigny[14] et la Princesse de Bouillon; le Marquis de Fitzjames et Mme de Mailly;[15] M. de Blagnac[16] et Mme Donnissan;[17] M. de Belsunce et la Comtesse Jules,[18] M. de Vaudreuil,[19] Mme Dillon,[20] M. de Starhemberg,[21] Mme de Trans,[22] M. de Tonnerre,[23] Mme de Pajet,[24] et puis,

7. Madame Adélaïde, daughter of Louis XV.

8. Louis-Stanislas-Xavier (1755–1824), Comte de Provence, afterwards Louis XVIII, brother of the Dauphin.

9. Charles-Philippe (1757–1836), Comte d'Artois, afterwards Charles X, youngest brother of the Dauphin.

10. Louise-Marie-Thérèse-Bathilde de Bourbon d'Orléans (1750–1822), m. (1770) Louis-Henri-Joseph, Duc de Bourbon.

11. Louis-Henri-Joseph (1756–1830), Duc de Bourbon.

12. Catherine-Jeanne Tavernier de Boullongne (ca 1750–1838), m. (1765) Mathieu-Paul-Louis, Vicomte de Laval, later Comte de Montmorency-Laval (Albert, Vicomte Révérend, *Titres . . . de la Restauration,* v. 180). She is also mentioned in Lauzun's *Mémoires,* and survived to resent their publication (Armand-Louis de Gontaut, Duc de Lauzun, *Mémoires,* 1858, p. 102n).

13. Charles-Eugène de Lorraine d'Elbeuf (1751–1825), Prince de Lambesc.

14. Marie-François-Henri de Franquetot (1737–1821), Duc de Coigny.

15. Marie-Jeanne de Talleyrand-Périgord (1747–92), m. (1762) Louis-Marie de Mailly d'Haucourt, Marquis (later Duc) de Mailly (Alcius Ledieu, *Le Maréchal de Mailly,* 1895, p. 69).

16. 'Civrac' in the Duc de Croÿ's list of the guests (Emmanuel, Duc de Croÿ, *Journal,* 1906–7, ii. 411). He was probably François-Aimery de Durfort (ca 1724–73), Marquis de Civrac, Comte de Blaignac (Woelmont de Brumagne iv. 620).

17. Marie-Françoise de Durfort-Civrac (1747–1839), m. (1760) Guy-Joseph, Marquis de Donnissan (Achille-Ludovic, Vicomte de Rigon de Magny, *Nobiliaire universel,* 1856–60, iii. 114).

18. Gabrielle-Yolande-Claude-Martine de Polastron (d. 1793), m. (1767) Armand-Jules-François, Comte de Polignac. She was Marie-Antoinette's favourite. See Lévis, *Souvenirs,* p. 132.

19. Probably Joseph-Hyacinthe-François de Paule Rigaud (1740–1817), Comte de Vaudreuil, lover of the 'Comtesse Jules,' and friend of the Comte d'Artois (Jean-François de Pérusse, Duc des Cars, *Mémoires,* 1890, i. 227–8; Albert, Vicomte Révérend, *Titres . . . de la Restauration,* 1901–6, vi. 81).

20. Louise (or Lucie)-Thérèse de Rothe (1750–82), m. (1769) Colonel Arthur Dillon (*Rép. de la Gazette;* Sir John Bernard Burke, *Peerage,* 1928, p. 755).

21. Georg Adam (1724–1807), Fürst von Starhemberg, *envoyé extraordinaire* from Austria to France for Marie-Antoinette's wedding.

22. Anne-Madeleine de Chamillart-la-Suze (1753–1820), m. (1767) Louis-Henri de Villeneuve, Marquis de Trans (Claude, Marquis de Rigon de Magny, *Livre d'or de la noblesse,* 1856, iii. 120).

23. Charles-Henri-Jules (1720–94), Comte (later Duc) de Clermont-Tonnerre, guillotined in the Revolution (Emmanuel, Duc de Croÿ, *Journal,* 1906–7, iv. 326).

24. 'Puget' in the Duc de Croÿ's list. Probably Marie-Marguerite de Bourbon-

Mme de Duras et M. de Lambesc dansèrent la mariée.[25] On servit la collation; ensuite il y eut des contredanses jusqu'à dix heures qu'on tira le feu; il n'a pas été trouvé aussi beau qu'on l'espérait, parce que la fumée a empêché d'en voir tout l'effet. L'illumination, ainsi que le spectacle du bal, ont été de la plus grande et de la plus superbe magnificence.

Vous remarquerez que Mme de Lauzun n'est point du nombre des danseuses. Si j'apprends quelques nouveaux détails avant le départ de la poste, je l'ajouterai. Dans ce moment je vous quitte pour lire une lettre que je reçois de Chanteloup.

Je reprends; c'est une lettre de la grand'maman[26] toute pleine de tendresse; elle me mande que Voltaire a écrit à sa femme de chambre en lui envoyant six montres fabriquées par les émigrants de Genève. Il veut que le grand-papa les fasse acheter au Roi pour des présents qu'on fait aux subalternes; la grand'maman les lui a envoyées en lui mandant que s'il ne réussissait pas à cette négociation, elle prendrait les montres sur son compte. Il n'y a point d'exemple d'une aussi grande activité que celle de Voltaire; il écrit continuellement à la grand'maman; il met à son adresse les lettres qui sont pour moi, parce qu'elles sont en grande partie pour elle. Le voilà qui écrit aujourd'hui à sa femme de chambre.[27] J'ai déjà reçu six cahiers de son *Encyclopédie*. Certainement il ne s'ennuie pas, parce qu'il trouve mille objets pour exercer son activité.

Je serai fort aise de revoir M. et Mme de Richmond, et de faire connaissance avec votre petite cousine,[28] si elle veut me faire cet honneur-là. Je prévois bien que ma société ne lui saurait convenir; mais étant avec madame sa sœur, elle n'aura besoin de personne.

Dans ce moment-ci Paris est un désert. Excepté Pont-de-Veyle, qui ne se porte pas bien, le Prince de Bauffremont, qui est sur son départ pour Chanteloup, un grand vicaire de Mâcon,[29] homme d'esprit

---

Charolais (b. 1752), legitimated dau. of Charles, Comte de Charolais, m. (1769) Denis-Nicolas, Comte du Puget (*Rép. de la Gazette; Intermédiaire des chercheurs et curieux* xlviii. 614; René, Marquis de Belleval, *Les Bâtards de la maison de France*, 1901, p. 223).

25. A dance figure in pantomime; the Duc de Croÿ says that M. de Lambesc, and his sister, Mlle de Lorraine, did the tapping for it (Emmanuel, Duc de Croÿ, *Journal*, 1906–7, ii. 411).

26. Mme de Choiseul to D 17 May 1770, S–A i. 269.

27. Voltaire to Mme de Choiseul, 11 May 1770 (Voltaire, *Œuvres* xlvii. 73). The letter was apparently addressed to two femmes de chambre, because the answer to it is signed 'Angélique,' 'Marianne' (ibid. xlvii. 74). Her favourite femme de chambre was Mme Corbie (see *post* 29 May 1770), who was perhaps 'Angélique.' The watches were made by Genevese emigrants whom Voltaire sheltered at Ferney.

28. Mrs Damer.

29. Abbé Sigorgne.

que j'ai connu en province, et que le ciel a envoyé à mon secours; sans ces trois personnes, je serais réduite à la Sanadona, et je n'ai pas le bonheur de vous ressembler. Je n'aime pas la solitude; j'y suis moins heureuse que cet homme qui, vivant seul, se vantait d'être heureux: *Oui, je suis heureux,* disait-il, *et aussi heureux que si j'étais mort.* Eh bien, moi, je le suis beaucoup moins que si j'étais morte, parce que toutes mes pensées m'attristent. Vous cesserez de trouver cela bizarre, quand vous vous souviendrez que je suis vieille et aveugle.[30]

J'ai joint à la réponse du Roi une lettre[31] de l'Impératrice[32] au Dauphin, que je trouve assez touchante.

Copie de la réponse du Roi au mémoire qui lui a été présenté.

L'ambassadeur de l'Empereur et de l'Impératrice-Reine, dans une audience qu'il a eue de moi, m'a demandé, de la part de ses maîtres (et je suis obligé d'ajouter foi à tout ce qu'il me dit), de vouloir marquer quelque distinction à Mademoiselle de Lorraine, à l'occasion présente du mariage de mon petit-fils avec l'Archiduchesse Antoinette. La danse au bal étant la seule chose qui ne puisse tirer à conséquence, puisque le choix des danseurs et danseuses ne dépend que de ma volonté, sans distinction de place, rang ou dignités, exceptant les Princes et Princesses de mon sang, qui ne peuvent être comparés, ni mis au rang avec aucun autre Français; et ne voulant d'ailleurs rien innover à ce qui se pratique à ma cour, je compte que les grands et la noblesse de mon royaume, de la fidélité, soumission, attachement et même amitié qu'ils m'ont toujours marqués et à mes prédécesseurs, n'occasionneront jamais rien qui puisse me déplaire, surtout dans cette occurrence-ci, où je désire marquer à l'Impératrice ma reconnaissance du présent qu'elle m'a fait, qui, j'espère ainsi que vous, fera le bonheur du reste de mes jours.

Bon pour copie.

SAINT-FLORENTIN.

Copie de la lettre de l'Impératrice à Monseigneur le Dauphin.

Votre épouse, mon cher Dauphin, vient de se séparer de moi. Comme elle faisait mes délices, j'espère qu'elle fera votre bonheur. Je l'ai élevée en conséquence, parce que depuis longtemps je prévoyais qu'elle devait partager vos destinées; je lui ai inspiré l'amour de ses devoirs envers vous, un tendre attachement, l'attention à imaginer et à mettre en pratique les

---

30. The closing words of HW's portrait of D (see Appendix 3f).

31. Fictitious, but believed, at the time, to be authentic (Grimm ix. 43, 1 June 1770).

32. Maria Theresa (1717–80), Empress of Germany, 1740.

moyens de vous plaire. Je lui ai toujours recommandé avec beaucoup de soin une tendre dévotion envers le maître des rois, persuadée qu'on fait mal le bonheur des peuples qui nous sont confiés, quand on manque envers celui qui brise les sceptres et renverse les trônes comme il lui plaît.

Aimez donc vos devoirs envers Dieu; je vous le dis, mon cher Dauphin, et je le dis à ma fille; aimez le bien des peuples sur lesquels vous régnerez toujours trop tôt. Aimez le roi votre aïeul, inspirez ou renouvelez cet attachement à ma fille; soyez bon comme lui; rendez-vous accessible aux malheureux. Il est impossible qu'en vous conduisant ainsi, vous n'ayez le bonheur en partage. Ma fille vous aimera, j'en suis sûre, parce que je la connais; mais, plus je vous réponds de son amour et de ses soins, plus je vous demande de lui vouer le plus tendre attachement.

Adieu, mon cher Dauphin; soyez heureux. Je suis baignée de larmes.

From Madame du Deffand, Wednesday 23 May 1770

Address: To Monsieur Monsieur Horace Walpole in Arlington Street near St James's *London* Angleterre.
Postmark: MA 28.

N° 39. Paris, ce mercredi 23 mai 1770.

JE viens d'écrire à la grand'maman, il n'est pas besoin de vous dire de quelle manière; je la prie d'écrire à son mari, et de ne rien omettre pour la réussite.[1] Dès que j'aurai des nouvelles vous les saurez; dites en attendant à Monsieur le Duc de Richmond que ce serait le plus grand bonheur de ma vie de pouvoir lui être utile, et le plus grand plaisir d'avoir l'honneur de le voir ainsi que Madame la Duchesse de Richmond, et de faire connaissance avec votre petite cousine. Je serais bien fâchée que leur voyage fût remis à l'année prochaine, je ne puis plus compter sur des espérances si éloignées.

Je n'ai point entendu parler du petit Dumont depuis son retour, je saurai par la grand'maman[2] si ce qu'il a mandé à sa mère est vrai.

Comme cette lettre est un hors-d'œuvre il ne faut pas qu'elle soit longue. Adieu.

1. D, at HW's request, had urged Mme de Choiseul to use her influence in behalf of the Duke of Richmond, who was coming to France to press his claim to Aubigny. D writes: 'Vous sentez bien que ce n'est pas la personne de M. de Richmond qui m' intéresse; mais le succès de cette affaire décidera, je crois, du retour de M. Walpole' (D to Mme de Choiseul 26 May 1770, S–A i. 275).

2. Mme de Choiseul replied: 'J'ai oublié de répondre à l'article de votre précédente lettre concernant le petit Dumont, je n'ai pas ouï parler de lui, et je parierais qu'il n'est pas vrai qu'il soit page de la petite écurie; cela me semble impossible parce qu'il faut des titres, et qu'il me semble que vous m'avez dit qu'il n'en avait pas' (Mme de Choiseul to D 28 May 1770, ibid. i. 278).

To Madame du Deffand, Friday 25 May 1770, N° 38

Missing. Probably written at Arlington Street. Answered, 30 May.

From Madame du Deffand, Tuesday 29 May 1770

N° 40. Ce mardi 29 mai 1770.

JE vous ai dit dans une de mes dernières lettres[1] qu'il n'importait pas que les vôtres fussent courtes ou longues, qu'elles m'étaient agréables parce qu'elles me laissaient sans inquiétude sur votre santé, qu'elles m'étaient une preuve de votre souvenir, et j'ajoutais de votre complaisance, mais je ne veux point abuser de cette dernière raison, et si c'est pour vous une contrainte que la règle des huit jours il ne faut point vous y assujettir.

Voici la réponse que j'ai reçue de la grand'maman, à qui j'avais envoyé le fragment de votre lettre sur Monsieur de Richmond:[2]

J'ai envoyé la lettre que vous m'écrivez à M. de Choiseul. Le fragment de la lettre de M. Walpole servira à l'instruire de l'affaire, et toute votre lettre à lui faire voir l'intérêt que vous y prenez, ce qui m'a paru devoir être le meilleur plaidoyer que je pusse faire en sa faveur; cependant il ne m'a pas dispensé d'y ajouter de mon cru tout ce que j'ai pu trouver de mieux. M. Walpole peut être aussi sûr de ma bonne volonté pour lui que vous le devez être de ma tendresse.

Dans ce même temps-là j'eus une occasion[3] qui m'obligeait d'écrire au grand-papa, je mis dans ma lettre un mot sur M. de Richmond, en lui disant que c'était à la grand'maman que je m'étais remise du soin de le solliciter; je n'ai point reçu de réponse à cette lettre et je n'en suis ni formalisée ni étonnée, il est accablé d'embarras et de tracas; je ne négligerai pas de vous mander ce que la grand'maman m'apprendra.

Votre ambassadeur part demain. Je ne puis pas me persuader que vous puissiez prendre le plus petit intérêt aux événements de ce moment-ci, ce n'est que des tracasseries ennuyeuses à entendre et encore plus à raconter.

Le temps paraît s'être remis au beau, vous en aurez plus de plaisir

1. *Ante* 19 May 1770.
2. HW to D 18 May 1770 (missing).

3. Probably with regard to D's pension.

à votre campagne, et les journées qui ne sont jamais trop longues pour vous, vous paraîtront encore plus courtes, j'en suis fort aise et je ne doute pas que vous n'en soyez persuadé, parce que vous devez l'être, de mon amitié.

Ce mercredi matin.

Je viens de relire votre lettre;[4] il est clair que la règle des huit jours[5] vous est insupportable; j'en suis fâchée, mais je suis raisonnable, et je vous répète tout de bon qu'il ne faut plus s'y soumettre; vous m'écrirez quand vous en aurez la fantaisie, et je m'engage à ne vous jamais écrire qu'en réponse, ainsi il dépendra uniquement de vous que nos lettres soient fréquentes ou rares; cela est dans l'ordre, il n'est pas juste que dans un commerce dont tout l'agrément est pour moi, et tout l'ennui pour vous, vous ne soyez pas le maître de le rendre tel qu'il vous convient. Voilà donc la seule épine qui restait entre nous que je viens d'arracher. J'espère que vous me trouverez raisonnable et que je regagnerai dans votre estime ce que je peux y avoir perdu.

Dans le moment que je vous écris (et il est sept heures) tout Saint-Joseph est au bal excepté Mmes de la Galissonnière, de Grave, et moi. Je donnai hier à souper à toutes mes compagnes, j'avais arrangé cette partie par un premier mouvement de bon cœur pour Mlle de Polignac[6] qui mourait d'envie d'aller au bal, sa mère[7] ne voulait pas l'y mener, mon invitation à souper l'y détermina; je suis dans le voisinage de M. de Mercy, j'eus soin d'assortir la compagnie; j'eus Mme d'Aubeterre, M. de Soisy,[8] M. de Montyon,[9] une grande partie de tout ce qui vient chez le Président; nous étions quinze. Excepté votre nièce et sa fille[10] qui est fort aimable, tout le beau monde m'ennuya si cruellement que j'en étais presque aux larmes, tout ce que je mangeai se tourna en poison, je n'ai pas fermé l'œil, et à l'heure que je vous écris j'ai des vapeurs à devenir folle. À propos de folle, Corbie[11] est devenu fou, vous savez qui c'est, il est mari de la femme

4. HW to D 25 May 1770 (missing).
5. The rule of writing once a week.
6. Probably Henriette-Zephyrine de Polignac (b. 1753) (*Rép. de la Gazette*).
7. Marie-Louise de la Garde (d. 1779), m. (1742) François-Camille, Marquis de Polignac (*Journal de Paris*, 1779, i. 68). HW had met her and her daughter in Paris in 1769 (*Paris Jour.*).

8. Perhaps the Marquis de Soisy (d. 1789) (*Journal de Paris*, 1789, ii. 1668).
9. Antoine-Jean-Baptiste-Robert Auget (1733–1820), Baron de Montyon, philanthropist.
10. Probably Henrietta Maria Cholmondeley, the older daughter.
11. Not further identified.

de chambre favorite[12] de la grand'maman, c'est une grande dame, lui un grand seigneur, qui a trois ou quatre cent mille francs de bien et peut-être davantage, je l'ai vu laquais de feue Mme du Châtel.[13] On ne s'était point aperçu du dérangement de sa tête, quand il y a environ quinze jours il entra dans le cabinet de M. de Choiseul et lui dit avec un air fort égaré: *'Monsieur, je suis contrôleur général, et je m'engage à vous donner tous les mois tant de millions,'* je crois que c'est cent. M. de Choiseul le crut ivre, et appela pour le faire emmener, mais il n'a point changé de propos, on a fait revenir sa femme de Chanteloup, et d'accord avec elle, on l'a mis à Charenton,[14] espèce d'hôpital où on met les fous, et où M. de Thiers a fait placer il y peu de temps un médecin nommé Castera[15] qui était un homme d'esprit, et qui se croit proche parent de l'Empereur du Mexique, et qu'il est le Comte de Montézuma.[16] Tous ces exemples me font peur; c'est une maladie dont on ne peut s'assurer d'être à l'abri.

Ce soir je me rendrai à sept heures chez le Président. De peur du tête-à-tête je mènerai avec moi mon grand vicaire de Mâcon, parce que je veux que Mme de Jonzac et tout le népotisme[17] aient la liberté d'aller voir le feu et les illuminations; c'est, comme vous voyez, bien remplir les charges de mon état. Le Roi ira à Bellevue dont il verra le feu, Madame le Dauphine et Mesdames seront avec lui. Voilà mon papier fini, je vous souhaite le bonjour. Vous aurez M. de Guines,[18] tout le monde le dit, ce n'est pas lui que j'eusse nommé.

Dizain contre votre grand'maman

Oui, j'ai tort si je vous ai dit
Qu'elle n'était qu'une volage
Fière du brillant avantage
De sa beauté, de son esprit
Et se moquant de l'esclavage

12. Perhaps Angélique (see *ante* 19 May 1770, n. 27). Mme Corbie d. 1773 (D to Mme de Choiseul 17 Sept. 1773, S–A iii. 2).

13. Marie-Thérèse-Catherine Gouffier (d. 1758), m. (1722) Louis-François Crozat, Marquis du Châtel (Charles-Philippe d'Albert, Duc de Luynes, *Mémoires*, 1860–5, xvi. 468); mother of Mme de Choiseul. See Appendix 5x.

14. A hospital for the insane had been established by a religious order at Charenton-Saint-Maurice, southeast of Paris, in 1644 (*Dict. de Paris*; Louis-Sébastien Mercier, *Tableau de Paris*, Amsterdam, 1783–8, iii. 283).

15. Perhaps Castera, the surgeon, who d. 1783 (*Journal de Paris*, 1783, ii. 763, 802).

16. Montezuma (1466–1520) was the last of the Aztec rulers.

17. Probably M. and Mme d'Aubeterre, the President's nephew and niece.

18. Adrien-Louis de Bonnières (1735–1806), Comte (later Duc) de Guines, was named ambassador to England, 24 June 1770 (*Rép. de la Gazette*). See Lévis, *Souvenirs*, p. 159.

De tout ce qu'elle assujettit
Cette image est trop révoltante
Je crois qu'on la peut définir
Une adorable indifférente
Faisant du bien pour son plaisir.

From Madame du Deffand, Wednesday 6 June 1770

Entirely in Colmant's hand.

Nº 41. Ce mercredi 6 juin, à 6 heures du matin.

WIART n'est point éveillé, et moi, suivant ma louable coutume, je ne dors point; et pour charmer mon ennui, je vais me par-jurer, en vous écrivant malgré l'engagement que j'avais pris de ne jamais vous écrire que pour répondre à vos lettres; et vous savez que le dernier courrier ne m'en a point apporté: je puis, sans me flatter, n'en prendre point d'inquiétude pour votre santé; votre silence peut avoir mille autres causes, dont une seule vous aura paru suffisante. N'avoir rien à dire! Eh bien, je ne suis pas de même; j'ai bien des choses à vous dire, mais je crains bien fort de me mal expliquer.

J'eus avant-hier la visite de Monsieur le Duc de Choiseul; je n'avais avec moi qu'une personne que je renvoyai, et je fis fermer ma porte. Il entra dans ma chambre avec toute la grâce et la gaîté que vous lui connaissez. 'Eh bien, ma petite-fille, me voilà; je ne devais jamais vous venir voir, mandiez-vous à M. de Beauvau; je viens pour vous parler de Monsieur le Duc de Richmond. Je veux vous bien instruire de l'affaire, pour que vous en puissiez rendre compte à M. Walpole; je serais ravi de pouvoir l'entretenir un quart d'heure; je lui ferais connaître le désir que j'ai de l'obliger, et je le ferais juge de ce que je puis faire; mais écoutez-moi bien, et mandez-lui tout ce que je vais vous dire.

'Louis XIV accorda à feue la Duchesse de Portsmouth le titre de Duchesse, en érigeant sa terre d'Aubigny en duché-pairie, pour elle et pour toute sa postérité. Son fils,[1] son petit-fils[2] en ont joui; son ar-rière-petit-fils[3] en jouit présentement; ses enfants en jouiront après

---

1. Charles Lennox (1672–1723), 1st D. of Richmond. He was made Duc d'Aubigny in substitution for his mother, the Duchess of Portsmouth. He would not otherwise have had the title, as his mother survived him.

2. Charles Lennox (1701–50), 2d D. of Richmond.

3. The third Duke of Richmond, now trying to establish his title to Aubigny.

lui, et s'il n'en a point, le duché passera au Comte de Lennox, son frère,[4] et à ses enfants;[4a] enfin le duché et le titre seront à tout jamais aux descendants de la Duchesse de Portsmouth. C'est ainsi (dit-il) que je m'en suis expliqué au Duc de Richmond, et je n'ai dû ni pu lui faire d'autres promesses. L'enregistrement au parlement est impossible,[5] à cause de la catholicité, qui en ferme l'entrée au parlement.'— À ces mots, je lui demandai la permission de lui faire lire ce que vous m'aviez écrit: Wiart lui en fit la lecture. Il fut fort content de ce qu'il y avait d'obligeant pour lui; puis il dit: 'Monsieur le Duc de Richmond ignore qu'il faut le même enregistrement au parlement pour un duché héréditaire que pour un duché-pairie; que gagnerait-il à changer la pairie en héréditaire? La nouvelle qualification, inférieure à la première, n'ajouterait rien à la solidité de la grâce accordée par Louis XIV à sa trisaïeule, et je ne comprends pas (dit-il encore) d'où naissent ses inquiétudes; sa femme et lui ont joui à notre cour de toutes les prérogatives de son titre, et ils en jouiront à l'avenir quand ils s'y présenteront.'—'Mais n'y aurait-il point d'événements,' repartis-je, 'qui pourraient apporter du changement?'—'Non,' repartit-il. Je n'eus plus rien à répliquer, et je finis par le beaucoup remercier de la grâce et de l'amitié qu'il mettait dans cette affaire.

Mais voici à présent ce que je pense: l'envie d'obliger la grand' maman l'a très bien disposé pour cette affaire, qu'il n'aurait pas sans cela fort à cœur, par des raisons que vous pouvez imaginer, et dans lesquelles vous n'avez rien de commun, parce qu'il est très bien informé (comme vous n'en pouvez pas douter) de tout ce qui se passe chez vous. Le conseil que je vous donne, c'est de lire la patente donnée à la trisaïeule, et de lire avec attention l'édit de la révocation de l'édit de Nantes; et si cette lecture peut fournir des doutes et des inquiétudes à Monsieur le Duc de Richmond, qu'il fasse un petit mémoire; je me chargerai de le présenter et de faire agir la grand' maman.

Avez-vous appris les horribles désastres arrivés au feu de la ville?[6]

4. Lord George Lennox.

4a. The children were Charles Lennox (1764–1819), 4th D. of Richmond, 1806; Maria Louisa Lennox (d. 1843); Emilia Charlotte Lennox (d. 1832), m. (1784) Hon. Sir G. Cranfield Berkeley; Georgiana Lennox (d. 1841), m. (1789) Henry Bathurst, 3d E. Bathurst (Sir Bernard Burke, *Peerage*, 1928, p. 1950).

5. On 1 July 1777, the *Duché-Pairie* of Aubigny was registered by the parliament, and on 6 July, the Duke of Richmond expressed his thanks to Louis XVI (*Rép. de la Gazette*).

6. The fireworks in honor of the Dauphin's wedding, 30 May 1770, attracted great crowds of people, who were pressed into a narrow space surrounded by deep

Le nombre des morts et des blessés est de cinq ou six cents. Vous aurez lu la lettre[7] du Dauphin au lieutenant de police; Madame la Dauphine et Mesdames ont suivi son exemple; le Roi a donné cent mille francs, beaucoup de particuliers ont envoyé des aumônes, et M. de Sartine a actuellement une somme assez considérable.

Le Roi vient d'acheter de Monsieur le Prince de Conti le duché de Mercœur et la terre de Senonches, qui valent deux cent cinquante mille livres de rente, sur le pied de trois pour cent, dont il placera en rentes viagères une partie pour se faire le même revenu; du surplus, il payera ses dettes, et il jouira de onze cent mille livres de rente, et d'une fistule qu'il a depuis quelques mois, et dont il va se faire traiter.

Adieu, il est temps de tâcher de dormir. Cette lettre a été un vrai travail.

L'acquisition que le Roi fait de ces deux terres est pour faire partie de l'apanage de l'un de nos Princes.[8]

Est-il vrai que M. Hume est marié à une dévote?[9]

To MADAME DU DEFFAND, Thursday 7 June 1770, N° 39

Fragment, B ii. 68 n. The date of this letter is given by B; *Paris Journals* give 8 June. Probably written at Strawberry Hill. Answered, 13 June.

IL part demain une autre dame[1] dont le voyage fait et fera beaucoup plus de bruit. C'est Mme la Princesse de Galles.[2] Les commentaires sont aussi larges que le texte en est obscur. Pour moi, je ne prétends pas l'éclaircir, et ne me mêlant pas de la méchanceté de la

---

ditches. No precautions had been taken to control the crowd, and hundreds were crushed to death (*Mercure historique* clxviii. 680–4, 1 June 1770; Grimm ix. 67–71, 1 July 1770; and Louis-Philippe, Comte de Ségur, *Mémoires*, 1824–6, i. 33–5; Raymond Tabournel, 'La catastrophe de la rue Royale,' in the *Revue des études historiques*, 1900, p. 414).

7. The Dauphin's letter to Antoine-Raimond-Jean-Gualbert-Gabriel de Sartine (1729–1801), Comte d'Alby, and lieutenant of police, is printed in *Mercure historique* clxviii. 685, 1 June 1770.

8. Not identified.

9. The rumor was not true; D may have heard some version of the story that Hume, when stuck in a bog, was rescued by an old woman on condition that he say the Creed and the Lord's Prayer.

---

1. HW had probably mentioned in the previous sentence that Mme du Châtelet, wife of the French ambassador, was returning to France. D in her reply to this letter, 13 June 1770, says: 'Vous voulez que je remplace notre ambassadrice.'

2. Augusta (1719–72) of Saxe-Gotha, m. (1736) Frederick, Prince of Wales, they were parents of George III.

ville, je ne la répéterai pas. Elle va voir sa fille de Brunswick,[3] son frère à Saxe-Gotha,[4] et sa fille de Danemark[5] je ne sais où. Il y a trente-quatre ans[6] qu'elle est ici, et depuis dix elle ne sort quasi plus de son palais. Elle reviendra, dit-on, au mois d'octobre.

From Madame du Deffand, Wednesday 13 June 1770

N° 42. Paris, ce mercredi 13 juin 1770.

IL fait un vent affreux, j'ai une fenêtre qui ne fait que ballotter, et qui me désole et me trouble l'imagination: attendez-vous à une sotte lettre. Je ne sais d'où vient vous vous obstinez à dire tant de mal des vôtres; si je ne vous connaissais pas bien, je croirais que c'est des éloges que vous recherchez; mais vous n'avez pas cette petitesse, et je croirais pouvoir vous dire que vous écrivez mal, avec la même simplicité que je vous affirme que vous écrivez très bien. Je ne dis pas que vos lettres soient également agréables. Ah! il s'en faut bien; mais on ne peut mieux exprimer ses pensées; la franchise, l'energie, rien n'y manque; je suis fort aise que vous soyez attaché à la règle des huit jours, et tant qu'il vous conviendra d'y être exact, j'en aurai beaucoup de plaisir.

Oui, Dieu merci! nos fêtes sont passées. Ce n'est pas à cause du monde qu'elles pouvaient m'enlever, mais, au pied de la lettre, par l'ennui d'en entendre parler; c'était positivement réaliser le proverbe, *parler aux aveugles des couleurs;* des lampions, des bombes, des girandes, des guirlandes, etc., etc. Cependant cela valait mieux que les massacres, les étouffades du feu de la ville.

Vous voulez que je remplace notre ambassadrice;[1] je veux bien y tâcher, mais vous en serez bientôt las. Ce sont les nouvelles de cour qui vous plaisent le plus; je ne suis pas souvent à portée de les savoir, et puis facilement je les oublie; l'ennui et les insomnies nuisent extrêmement à la mémoire, du moins à la mienne, qui s'en va grand

---

3. Augusta (1737–1813), dau. of Frederick, Prince of Wales, m. (1764) Karl Wilhelm Ferdinand, Hereditary Prince (later Duke) of Brunswick.

4. Frederick III (1699–1772), Duke of Saxe-Gotha.

5. Caroline Matilda (1751–75), dau. of Frederick, Prince of Wales, m. (1766) Christian VII, King of Denmark. The real object of the Princess Dowager's journey was to break, if possible, the scandalous relations between the Queen of Denmark and Struensee, the physician (*Mem. of Geo. III* iv. 186).

6. She had married Prince Frederick in 1736.

---

1. Mme du Châtelet.

train; je n'y ai pas grand regret; je ne gagnerais rien en me souve-
nant du passé; il augmenterait le goût du présent, et pour le présent
il ne me fait rien connaître ni entendre que je me soucie de retenir.
Oui, je vois toujours les oiseaux, la mère[2] presque tous les jours, la
fille[3] souvent, et la nièce[4] très rarement, celle-ci est celle qui peut être
la moins aimable, mais qui cependant vaut le mieux; je mène ma vie
ordinaire. Le Baron de Gleichen est parti, et c'est une perte pour
moi.

Je m'occupe actuellement à faire obtenir un bénéfice ou une pension à un certain Abbé,[5] dont je crois vous avoir parlé: je voudrais
qu'il se fixât ici, c'est un homme de bon sens, même d'esprit; il a
cinquante et quelques années;[6] il a été professeur à l'Université;[7] il
n'est ni agréable ni pédant; il est tout simple, nullement flatteur, poli
sans recherche: il ne vous déplairait pas; ce serait un bonheur pour
moi de l'attacher ici. Cela vaudrait mieux que toutes les dames et les
demoiselles passées, présentes et à venir.

Pourquoi ne vous expliquez-vous pas plus clairement sur le départ
de la grande dame?[8] tient-il aux mœurs, à la morale ou à la politique?
À propos de grande dame, Mme de Gramont part samedi pour Barèges; elle ne sera, dit-on, de retour qu'au mois d'octobre; peut-être
en son absence le grand-papa soupera-t-il chez moi; cela sera, si Mme
de Beauvau le juge à propos; il est (sans qu'il s'en doute) soumis à
toutes ses volontés; elle a l'ascendant sur tout ce qui l'environne, et sa
place dans le paradis sera à la tête des Dominations. Pour la grand'
maman, on la trouvera à la tête des Vertus. Je suppose que vous
savez la hiérarchie des anges;[9] si vous l'ignorez, instruisez-vous, si vous
voulez m'entendre; mais je ne vous le conseille pas, cela n'en vaut
pas la peine. Je ne sais quand la grand'maman reviendra; je désire
son retour, mais je supporte son absence; ma patience est à toute
épreuve; j'ai trouvé qu'il fallait tant de choses pour être heureuse,
que j'ai abandonné le projet d'y parvenir;[10] je laisse tout aller comme
il peut et comme il veut; je bâille dans mon tonneau, et je ne m'em-

---

2. The Marquise de Boufflers.
3. Mme de Boisgelin.
4. Mme de Cambis.
5. Abbé Sigorgne.
6. He was fifty-one.
7. He had been professor of philosophy
at the Collège du Plessis, 1740–9.
8. The Princess of Wales (see *ante* 7
June 1770).

9. Saint Dionysius the Areopagite classi-
fied the angels into three hierarchies: first,
thrones, cherubim, and seraphim; second,
powers, dominions, and virtues; third,
principalities, archangels, and angels (*De
Cœlesti Hierarchia*, cap. vi–x, in J–P
Migne, *Patrologia Græca*, Paris, 1857, iii.
199–284).
10. See *post* 20 June 1770.

barrasse pas de ce qui l'entoure; les ridicules me choquent, les men-
teries m'indignent; mais je me tais, et je pense que tout cela ne peut
être autrement.

Hier je traînai le Président à un concert chez Mme de Sauvigny,[11]
intendante de Paris. Mlle Lemaure[12] y chantait; il ne l'entendit
point, non plus que les instruments qui l'accompagnaient; il me demandait à tout moment si j'entendais quelque chose; il me suppose
aussi sourde qu'aveugle et aussi vieille que lui; sur ce dernier point,
il ne se trompe guère.

À propos, j'ai reçu les couvercles, je vous en remercie, mais il est
ineffable que vous, qui avez plus de connaissance qu'un autre de tout
ce qui est ornement, ayez pu penser qu'il fallait qu'ils fussent comme
le modèle de bois, qui n'était que pour la proportion, et qu'on n'avait
pas creusé, parce qu'il paraissait impossible qu'on ne jugeât pas qu'ils
devaient l'être. La Frenaye viendra chez moi cet après-dîner, s'il se
charge de les faire creuser; je les lui donnerai, sinon je vous les renverrai par M. Chamier; mon premier mouvement en les voyant a été
beaucoup d'impatience et un peu de colère contre vous, il m'a paru
une indifférence dont je n'aurais pas été capable pour aucune de vos
commissions.

Je serai bien aise si le petit Craufurd vient ici, je ressemble un peu
au Misanthrope, non pas au point de désirer que les gens que j'aime
soient malheureux et abandonnés,[13] mais il est doux de leur être
nécessaire.

Adieu; mes fenêtres me tournent la tête. Il n'y a pas de sorte de
bruit que le vent ne leur fasse faire.

To Madame du Deffand, Friday 15 June 1770, N° 40

Missing. Written at Arlington Street. Answered, 19 June.

11. Louise-Bernarde Durey d'Harnon-
court (d. ca 1791), m. (1736) Louis-Jean
Berthier de Sauvigny, Intendant de Paris.
She was one of the first victims of the
French Revolution (*Lettres de la Marquise
du Deffand*, ed. Alexis-François Artaud de
Montor, 1824, ii. 68).
12. Catherine-Nicole Lemaure (1704–
86), m. the Chevalier Jean-Baptiste Molin
(*Journal de Paris*, 1786, i. 47).

13. The words are Alceste's:
'Que vous fussiez réduite en un sort misérable,
Que le Ciel, en naissant, ne vous eût donné
rien,
Que vous n'eussiez ni rang, ni naissance, ni
bien.'

(Molière, *Le Misanthrope*,
IV. iii. 1426–8)

From Madame du Deffand, Tuesday 19 June 1770

Memoranda:

Williams[1]   breeches
book fr[om] Lond[on]   d'Aiguillon
Robinson[2]   Letters to Howe[3]

Nº 43. Ce mardi 19 juin 1770.

SI je me permettais d'être mécontente, je le serais des excessifs remercîments que vous me faites. Je n'aurais point cru l'affaire
manquée, jamais un Protestant ne peut faire enregistrer ses patentes
au parlement; si M. de Richmond veut donner un mémoire on y répondra, mais que peut-il désirer de plus que de jouir des honneurs du
titre et que lui et tous ceux de son nom, descendant de feu la Duchesse de Portsmouth, en jouissent successivement et perpétuelle-
ment?

Je donnerai votre billet à madame votre nièce; je ne me propose
pas pour une telle commission, n'ayant pas ce qu'il faut pour la bien
faire. Je n'ai point encore vu La Frenaye, mais beaucoup de gens disent qu'il n'est pas nécessaire que le couvercle soit creusé, ainsi je
vous demande pardon de la brutalité de mes reproches.

Le testament de Milord Cholmondeley[4] est bien ridicule; madame
votre nièce n'espérait rien de lui, mais elle est choquée avec raison
du faste qu'il y a mis. Vous ne dites point que vous en êtes l'exécu-
teur.

Mme de Boufflers a acquitté la dette de sa fille.[5] Je suis en peine de
la grand'maman, j'ai vu un homme ce matin qui avait parlé à son
suisse, qui lui avait dit qu'elle était malade. J'attendais de ses nou-

1. Probably George J. ('Gilly') Williams
(ca 1719–1805).

2. Probably John Robinson (1727–1802),
M.P. for Westmoreland 1764–74 and for
Harwich 1774–1802, who had just been
made Secretary of the Treasury.

3. Richard Howe (1726–99), 4th Vct
Howe, cr. (1788) E., was Treasurer of the
Navy. The 'letters' are not explained.

4. He died 10 June 1770, leaving a small
estate but an elaborate will. HW and
General James Cholmondeley, as executors,
were to hold certain Dutch property in
trust for Mrs Cholmondeley's sons (her
husband, Robert, was merely left a

tortoise-shell snuffbox and two fowling
pieces). Lord Malpas, now Lord Cholmondeley, was residuary legatee, and was to
become sole executor when he came of age
(he was already of age). He was to have his
grandfather's town house until he inherited
his great-uncle's, and then the former
house was to be sold for the benefit of
Robert Cholmondeley's sons and daughters. (MS will in Somerset House, probated
22 June 1770). The new Lord Cholmondeley had only £2,500 a year (HW to Mann
15 June 1770).

5. Mme de Boisgelin, who owed money
to Mrs Cholmondeley.

velles aujourd'hui, je n'en ai point eu, cela m'inquiète. Il n'est point nécessaire que vous vous donniez la gêne de lui écrire,[6] je lui parlerai de votre reconnaissance, cela suffit.

La tuerie au feu de la ville a été beaucoup trop grande, mais pas autant qu'on l'a dit, le nombre des morts ne va pas à deux cents.

Je n'ai point entendu parler de M. Craufurd. M. Chamier partira incessamment. Si vous voulez que vos fauteuils et votre canapé partent avec le bagage de Milord Harcourt, prenez vos précautions; si c'est par M. de Guines vous le manderez.

Il n'y a ici de nouvelles que les mêmes que vous avez en Angleterre, qui sont que le temps est aussi froid qu'en hiver. Le corps et l'âme en sont gelés.

J'ai reçu la lettre qui avait retardé,[7] je vous remercie de votre exactitude, mais je vous l'ai dit et je vous le répète, elle ne me peut être agréable qu'autant qu'elle n'est pas pour vous une contrainte.

Si vos fauteuils partent avec le bagage de M. de Guines je m'informerai quand il le fera partir; pour sa personne il ne partira qu'au mois de novembre, dans le même temps que vous nous enverrez un nouvel ambassadeur.

Cette lettre n'aura pas quatre pages, l'inquiétude que j'ai de la grand'maman me trouble la tête, sa perte serait pour moi un malheur à nul autre pareil. Comment peut-on désirer de vieillir? Adieu.

Ce mercredi, à midi.

Je relis ce que j'ai écrit hier; il me semble que je ne me suis pas bien expliquée; je vous dis sur M. de Richmond: *je n'aurais pas cru l'affaire manquée.* Cela est vrai je le pense, nous avons notre *test* aussi bien que vous,[8] notre parlement n'est pas si fameux que le vôtre, mais il fait aussi le difficile. Les patentes données à Mme de Portsmouth assurent à jamais à tous les Richmond descendant d'elle le titre et les honneurs de ducs. Je ne crains point de m'être mal expliquée avec M. de Choiseul, puisque je lui fis faire la lecture par Wiart de ce que vous m'aviez écrit, mais je vous le répète, que votre duc fasse un mémoire et je m'en chargerai.

6. HW does not record any letters to Mme de Choiseul in 1770.

7. Probably *ante* 7 June 1770; his previous letter was dated 25 May.

8. The English 'Test act' of 1673 (25 Charles II. c. 2) extended the provisions of the Corporation Act of 1661 (requiring all municipal office-holders to be communicants of the Church of England) to all office-holders under the Crown (OED).

Nous avons un nouveau duc, M. de Saint-Florentin.[9] L'affaire de M. d'Aiguillon occupe la cour et la ville. La grosse Duchesse vient de m'envoyer tout à l'heure un mémoire[10] et une lettre[11] pour vous, je ferai mettre la lettre à la poste et M. Chamier vous portera le mémoire.

Sachez de Milord Harcourt si vos fauteuils peuvent partir avec son bagage, et dans quel temps il le fera partir. Si c'est avec celui de M. de Guines, je saurai vendredi dans quel temps à peu près le sien partira.

J'ai remis à madame votre nièce votre billet; l'emplette n'est pas assez considérable pour la faire payer par un banquier; pourquoi ne m'en laissez-vous pas le soin?

Je crois qu'on presse Mme Cholmondeley de retourner en Angleterre, son départ m'affligera; depuis assez de temps je n'ai qu'à me louer de ses manières, elles sont très agréables quand elle veut.

J'ai une grâce à vous demander, c'est que les mots 'remercîments' et 'reconnaissance' soient à jamais proscrits de vous à moi, ils peuvent être d'usage de moi à vous. On ne doit rien à ceux qui ne suivent dans ce qu'ils font que leur penchant et leur goût; c'est à ceux à qui il en coûte des efforts ou beaucoup de complaisance à qui l'on doit infiniment.

Je donne à souper vendredi à M. de Choiseul, à Mmes de Beauvau et de Poix et à l'Archevêque de Toulouse, nous ne serons pas davantage.

Je ne suis plus inquiète de la grand'maman, j'en recevrai apparemment des nouvelles aujourd'hui par la petite Choiseul,[12] qui arrive de Chanteloup, et qui certainement ne l'aurait pas quittée si elle était malade.

Voilà le facteur, voilà une lettre[13] du grand Abbé, la grand'maman se porte bien et revient les premiers jours du mois prochain; j'en suis fort aise. J'ai vu le petit Dumont, il n'y a que sept ou huit jours qu'il est de retour, il est parti pour Mons, il y est allé chercher ses titres de noblesse, il est important qu'il les trouve pour pouvoir être page, s'il ne les rapporte pas, il deviendra fort embarrassant.

9. He was made Duc de la Vrillière in 1770.

10. Simon-Nicolas-Henri Linguet's *Mémoire pour le Duc d'Aiguillon*, 1770 (see *post* 27 June 1770).

11. Missing.

12. The Comtesse de Choiseul-Betz, usually called 'la petite sainte.'

13. Barthélemy to D 18 June 1770 (S–A i. 284).

To Madame du Deffand, Wednesday
20 June 1770, N° 41

Fragment, B ii. 69 n. *Post* 27 June 1770 gives this date, but *Paris Journals* give 22 June. Probably written at Strawberry Hill.

VOUS renoncez, dites-vous,[1] au projet d'être heureuse. Ma Petite, ma Petite! comment tel projet vous a-t-il pu rester si longtemps? C'est un projet de jeunesse, et dont la jeunesse seule peut profiter: n'était-ce que parce que la jeunesse seule est capable d'avoir une telle idée. Toute expérience mondaine prouve qu'on ne peut arriver qu'à la tranquillité, à moins d'être sot.[2] Voilà les gens heureux. La félicité est une chimère et qui existant se détruirait elle-même parce qu'on serait au désespoir de la certitude qu'il faudrait qu'elle finît. Les dévots qui sont des usuriers mettent leur bonheur dans les fonds du Paradis et se refusent le nécessaire pour avoir des millions dans l'autre monde. Pour mesurer notre bonheur ou malheur il faut se comparer avec les autres. Vous et moi ne sommes-nous pas mille fois plus heureux que les gueux, les prisonniers, les malades? et sommes-nous beaucoup plus malheureux que les princes, les riches et tout ce qui s'appelle des gens fortunés? Voilà une réflexion qui me donne de la véritable dévotion. Je rends grâces à la Providence de mon sort, et je n'envie personne.

From Madame du Deffand, Wednesday 27 June 1770

N° 44. Ce mercredi 27 juin 1770.

VOUS voyez bien qu'il est très facile d'écrire, quoiqu'en s'y mettant on n'ait rien à dire. La lettre que je reçois, qui est du 20, est une vraie causerie, et par conséquent est fort agréable. Je pense absolument comme vous sur les lectures; ce qui fait que je ne trouve presque point de livres qui m'amusent, et qu'ayant plus de deux mille volumes, je n'en ai pas lu quatre ou cinq cents, et que je relis toujours les mêmes. Je n'aime que les mémoires, les lettres, les contes, de certains romans; j'aime assez les recueils, les anecdotes, les voyages qui peignent les mœurs et les usages; mais pour les grandes histoires, la morale, la métaphysique, je déteste tout cela.

1. See *ante* 13 June 1770.   2. Changed to 'fol' in Toynbee.

Avez-vous donc quitté ou fini M. de Thou? Jamais je n'ai pu me résoudre à le lire quoiqu'on m'en ait fort pressée. À peine me soucié-je de ce qui se passe de mon temps, quand mes amis ou moi n'y sont point intéressés; comment pourrais-je m'intéresser à tous les événements passés? D'ailleurs je n'aime point les narrations qu'autant qu'elles ont l'air de causeries. Enfin, enfin, parmi les morts ainsi que parmi les vivants, on trouve peu de gens de bonne compagnie. Je perds un homme que je regrette fort, c'est M. Chamier; il est parti ce matin assez mécontent de n'avoir pu terminer ses affaires;[1] je le voyais tous les jours. Il ne s'ennuyait pas auprès de mon tonneau, et même il paraissait se plaire chez moi; il ne sera à Londres que mercredi ou jeudi de la semaine prochaine.

On vient de me dire que les petits Elliot[2] ont passé chez moi. Ils y ont laissé une lettre de leur père et une de Madame Dumont. Je ferai savoir à celle-ci par eux les nouvelles que je saurai de son fils. Je reviens à M. Chamier. Il vous porte les *Mémoires* de M. d'Aiguillon.[3] Je suis curieuse de savoir ce que vous en penserez; ils ont produit un assez grand effet dans le public, et ont assez disposé les esprits à l'événement qui vraisemblablement est arrivé ce matin, et dont je vous dirai ce que je saurai, aussitôt que je l'apprendrai. Le Parlement, les Pairs, furent mandés hier pour un lit de justice qui a été tenu ce matin.[4] L'on ne doute point que ce ne soit pour supprimer toutes les recherches et les procédures contre M. d'Aiguillon. On déclarera qu'il n'a rien fait que suivant les ordres souverains; que, loin d'être répréhensible, il mérite des récompenses, et on prétend qu'il ne tardera pas à les recevoir, et qu'il aura incessamment une place dans le conseil d'État. Je suis bien aise du contentement qu'en aura la grosse Duchesse, dont la conduite dans tout ceci a été d'une grande sagesse et d'une grande honnêteté.

La grand'maman ne revient pas si tôt de Chanteloup que je l'espérais; elle ne sera ici que dans trois semaines, et partira tout de suite pour Compiègne. Le grand-papa soupa chez moi vendredi dernier; il fut très aimable. Je lui dis encore un mot de M. de Richmond, et réellement je crois qu'il a raison quand il prétend que ce Duc doit se

1. He was attached to the service of the East India Company, and was sent by them to transact some business relative to their affairs in Paris (B).

2. Gilbert Elliot (1751–1814), 4th Bt, 1777; cr. (1797) Bn and (1813) E. of Minto;

and his brother, Hugh (1752–1830). HW had met them in Paris in 1765, when they were studying there (*Paris Jour.*).

3. The *Memoirs* of Linguet in favour of the Duc d'Aiguillon (B).

4. See Appendix 30.

contenter de jouir des honneurs qui lui sont assurés et à sa postérité, et qu'il est de toute impossibilité d'enregistrer ses patentes, sa religion étant un obstacle invincible.

Je reçus l'autre jour une lettre dont le timbre était de Strasbourg. Je ne comprenais pas de qui elle pouvait être, le devinez-vous? C'était de M. Craufurd, qui s'en allait à ses eaux proche de Venise,[4a] il n'a pas passé par la France parce qu'un ami[5] qui voyage avec lui ne l'a pas voulu; il prétend qu'il y passera à son retour; tout comme il voudra. Je n'entends plus parler du Selwyn.

J'ai prié le grand-papa de dire à M. de Guines de me venir voir, je veux m'assurer de pouvoir vous envoyer vos tapisseries avec son bagage; elles ne sont point encore choisies. J'ai donné le couvercle à La Frenaye, il me l'a promis pour samedi prochain. On ne le creusera point, ç'a été son avis et l'avis général. Ce vase sera de toute beauté; je le laisserai à la grand'maman, comme la seule chose que j'aie digne d'elle.[5a] Je vous quitte actuellement parce qu'il faut que je me lève, il est près de quatre heures, je n'ai pas coutume de me lever si tard, mais je n'ai commencé ma nuit qu'à midi; mes insomnies sont insupportables.

À 6 heures du soir.

Voilà les nouvelles du lit de justice;[6] elles rendront les mémoires que M. Chamier vous porte, *de la moutarde après dîner*. Les amis de M. d'Aiguillon publient qu'il est très mécontent de ce qu'il ne peut plus être jugé juridiquement; il faudra, pour le consoler, le faire ministre d'État,[7] et l'on ne doute point que dimanche il n'entre au conseil.

Je crois devoir un compliment à la grosse Duchesse; l'embarras est de savoir s'il sera *allegro* ou *tristitio;* je me déterminerai à *adagio*.

Je vous trouve heureux autant que vous vous le trouvez vous-même en vous comparant à tous ceux qui le sont moins que vous; excepté le Président et un très petit nombre de gens qui éprouvent de grands malheurs, je n'en connais guère qui soient plus malheureux que moi; mais je sais que l'on ajoute à ses maux en les ra-

---

4a. Probably Abano-Terme, or Battaglia, where the waters were supposed to cure the gout and rheumatism.

5. Not identified.

5a. It is not mentioned in D's will (Appendix 2).

6. See *Extrait du discours de M. le*

Chancelier, Appendix 31. A MS copy of this extract, in Wiart's hand, is in D's bequest to HW.

7. The Duc d'Aiguillon became minister of foreign affairs in 1771; he did not join the council of state at this time.

contant à ses amis; on les ennuie, et l'ennui est le tombeau de tous les sentiments. Adieu, portez-vous bien, trouvez tous les jours de nouveaux amusements, continuez à être heureux, c'est le seul bonheur que je puisse avoir.

To Madame du Deffand, Thursday 28 June 1770, N° 42

Missing. Probably written at Strawberry Hill. Answered, 4 July.

From Madame du Deffand, Wednesday 4 July 1770

The first two paragraphs are in Colmant's hand; the letter is finished by Wiart.

N° 45. Paris, ce mercredi 4 juillet 1770.

VOUS voulez des nouvelles du procès de Monsieur le Duc d'Aiguillon; il y en a tant et tant que je suis bien embarrassée par où commencer; pour vous mettre bien au fait, il faudrait que vous commençassiez d'abord par lire les deux mémoires que M. Chamier a dû vous remettre, et que vraisemblablement vous trouverez chez vous, au retour de votre campagne; ces mémoires firent beaucoup d'effet dans le public, il en a paru depuis un de M. de la Chalotais, et une réponse de Monsieur le Duc d'Aiguillon,[1] que je n'ai point vus, et qui sont devenus de peu d'importance par ce qui s'est passé depuis.

Les pairs devaient s'assembler au parlement mardi 26, pour délibérer sur des récusations de parenté, où l'on prétendait assujettir les princes, ainsi que les autres. Plusieurs pairs se rendirent au parlement, les autres se préparaient à s'y rendre, quand ils reçurent tous, ainsi que le parlement, un ordre du Roi de se trouver à Versailles le lendemain matin mercredi 27, pour un lit de justice qui s'y devait tenir; je vous ai envoyé l'extrait de la patente qui y fut dressée; le lendemain, jeudi 28, le parlement s'assembla; j'oubliais de vous dire que le Roi défendit à tous les princes de se trouver au parlement quand on y traiterait l'affaire de M. d'Aiguillon; ce fut au sortir du

---

1. Not in Bibl. Nat. Cat. The states-general of Brittany published a reply to d'Aiguillon's *Mémoire*, and Linguet published in 1771 his observations on their reply (see Henri Carré, *La Chalotais et le Duc d'Aiguillon*, 1893, p. 612).

lit de justice[2] qu'il le signifia à Monsieur le Duc d'Orléans, et ensuite à tous les autres princes; je crois que ce même ordre n'a pas été signifié aux pairs, du moins dans les formes, cependant il ne se trouvèrent point à l'assemblée de jeudi, où il fut délibéré qu'on ferait des remontrances, et puis après on lut toutes les informations, les procédures, les dénonciations, etc., du procès depuis le commencement jusqu'à ce jour. L'assemblée ne se sépara qu'entre onze heures et minuit, et l'on arrête que l'on se rassemblerait le lundi 2, à cause de la fête du 29 et du dimanche premier. Bien des gens croyaient que le parlement recevrait ordre de ne point s'assembler; d'autres croyaient que le Roi viendrait lui-même au parlement; tous furent trompés, le Roi partit pour Saint-Hubert; le parlement s'assembla, dressa l'arrêt ci-joint,[3] qu'il envoya sur-le-champ signifier à Monsieur le Duc d'Aiguillon, et le fit imprimer tout de suite; il partit sur l'heure un courrier pour Saint-Hubert, et hier mardi matin a paru l'arrêt du conseil d'État[3] qui casse celui du parlement; voilà où en était l'affaire hier au soir; j'ajouterai ce que j'apprendrai.

Mme d'Aiguillon est à Rueil, je lui écrivis un mot après le lit de justice. Il fut regardé dans le premier moment comme une sorte de victoire, et le bruit public était que M. d'Aiguillon entrerait le lendemain jeudi dans le conseil; ma lettre était un compliment qu'elle pouvait interpréter comme elle voudrait, mais qui lui marquait amitié et intérêt; je n'ai point eu de réponse, je n'en suis point étonnée, elle doit être bien occupée, et elle est en vérité fort à plaindre.

Ne soyez point inquiet de vos fauteuils, j'apporterai tous mes soins pour que vous soyez content, vous les recevrez le plus tôt qu'il sera possible; je compte les faire partir avec le bagage de M. de Guines.

On me rapporta hier votre vase, il est charmant, je me plais à l'entendre admirer, je me dis pour me consoler de ne point voir que l'on ne se soucierait guère que les choses qu'on a fussent belles ou laides s'il n'y avait jamais que soi qui les dût voir; il y a donc deux sortes de jouissance, celle qu'on a par ses propres sens et celle qu'on a par ceux des autres; cette dernière est mon partage.

Je ne suis point fâchée de votre voyage chez Milord Temple;[4] il me semble que j'aime assez la Princesse Amélie, je me figure qu'elle s'honore des soins que vous lui rendez et qu'elle en conclut qu'elle a du mérite; je lui crois du goût puisqu'elle vous recherche; je lui par-

2. See *ante* 27 June 1770, n. 4.   4. See *post* 8 July 1770.
3. See Appendix 32.

donne de ce que je n'aurai point de vos nouvelles dans huit jours, c'est un petit repos pour vous. On ne croirait pas en lisant vos lettres que vous eussiez de la répugnance à écrire, je ne connais pas de style plus facile que le vôtre, et comme je vous l'ai dit cent fois, de plus délibéré.

Je vois que vous avez des inquiétudes sur votre nièce, vous avez tort; quand elle resterait ici quatre ou cinq ans, c'est-à-dire tant que je vivrai, je suis assurée que nous n'aurions pas le plus petit démêlé, et si c'est d'elle dont vous entendez parler quand vous souhaitez que je n'ai point d'épines dans ma vie, vous pouvez ne point désirer son départ, je n'aurai jamais par elle ni grands plaisirs ni petits chagrins; je serais bien aise qu'elle restât ici, mais comme elle désire passionnément de retourner chez elle je la verrai partir sans une grande douleur.

Je crois pouvoir me flatter d'avoir profité de vos leçons et de votre exemple, et s'il n'y avait pas d'inconvénient à parler de soi je trouverais de la satisfaction à vous apprendre combien je suis devenue raisonnable, il vaut mieux vous le prouver que de vous le dire.

Je ne suis point si contente de la santé de la grand'maman; les dernières nouvelles que j'en ai eues m'ont un peu inquiétée; le projet de son mari était de l'aller trouver lundi 9 et de la ramener le 16 ou le 17; elle est actuellement dans la plus grande solitude, entre l'Abbé et Gatti, cependant elle pourrait avoir le Chevalier de Boufflers; j'aurai peut-être de leurs nouvelles aujourd'hui. Celles que j'ai à vous dire du Président sont bien mauvaises, je crains que sa fin ne soit très prochaine. J'ai une consolation pour tout ce qui me fâche; c'est le peu de temps que j'ai à être fâchée.

À 7 heures du soir.

Il ne s'est rien passé de nouveau.

To Madame du Deffand, Sunday 8 July 1770, N° 43

Two fragments, B ii. 80 n, 78 n. The letter is headed 'dimanche,' but is dated 10 July in *Paris Journals*. Answered, 15 July.

De Strawberry Hill. Ce dimanche.

C'EST avec beaucoup de satisfaction que je me retrouve chez moi. Hah! qu'il est incompréhensible qu'on aime à être attaché aux princes! c'est-à-dire qu'on aime à être faux, soumis et flatteur. Je préférerais une chaumière et du pain bis, à tous les honneurs dont on pourrait décorer la dépendance. Malgré cette aversion pour le métier, j'ai fort bien joué mon rôle de courtisan; mais c'est que le terme était assez court. Nous nous sommes assemblés chez Milord Temple,[1] le lundi,[2] au matin, nous nous sommes séparés le samedi[3] avant midi. C'était toujours une partie de huit personnes, le maître et la maîtresse du logis[4] au lieu de M. Conway et Madame sa femme;[4a] un autre seigneur[5] qui remplaçait Milord Hertford, la Princesse,[6] ses deux dames,[7] Milady M. Coke, et moi. Voilà tout notre monde. La maison est vaste, les jardins ont quatre milles de circonférence outre la forêt. Des temples, des pyramides, des obélisques, des ponts, des eaux, des grottes, des statues, des cascades, voilà ce qui ne finit point. On dirait que deux ou trois empereurs romains y eussent dépensé des trésors. Tout cela ne m'était pas nouveau, mais un ciel fort beau, une verdure éclatante, et la présence de la princesse donnait un air de grandeur à ce séjour que je ne lui avais jamais vu. Milord Temple venait de faire bâtir un fort bel arc de pierre, et de le dédier à la princesse. Cet arc est placé dans une orangerie au sommet d'un endroit qu'on nomme les Champs-Élysées et qui domine un très riche paysage, au milieu duquel se voit un magnifique pont à colonnes, et plus haut la représentation d'un château à l'antique. La princesse était dans des extases et visitait son arc quatre ou cinq fois par jour. Je m'avisai d'un petit compliment qui réussit à merveille. Autour de l'arc sont les statues d'Apollon et des Muses. Un jour, la princesse trouva dans la main du dieu des vers[8] à sa louange. Je ne vous les envoie pas parce que ces sortes de choses ne valent rien que dans l'instant, et se perdent tout à fait dans une traduction. On nous donna aussi un très joli amusement le soir. C'était un petit souper froid dans une grotte au bout des Champs-Élysées, qui étaient éclairés par mille lampions dans des bosquets; et sur la rivière, deux petits vaisseaux également ornés de lampions en pyramide, faisaient le spec-

1. At Stowe. See HW to Montagu 7 July 1770.

2. 2 July 1770.

3. 7 July 1770.

4. Richard Grenville-Temple (1711–79), 1st E. Temple, m. (1737) Anne Chambers (1709–77).

4a. Caroline Campbell (1721–1803), m. (1) (1739) Charles Bruce, 3d E. of Ailesbury; m. (2) (1747) Henry Seymour Conway.

5. William Ponsonby (1704–93), 2d E. of Bessborough.

6. Amelia.

7. Lady Ann Howard (1744–99), dau. of the 4th E. of Carlisle; and Catherine Middleton (d. 1784), dau. of Sir William Middleton (GM, 1799, lxix. pt ii. 909; 1784, liv. pt i. 237).

8. See HW to Montagu 7 July 1770.

tacle le plus agréable. Mais en voilà assez, il ne faut pas vous ennuyer de nos promenades en cabriolets, de notre pharaon[9] le soir, et de tous ces petits riens qui remplissent les moments à la campagne. Il suffit de dire que tout s'est passé sans nuages et que nos hôtes se sont conduits avec infiniment de politesse et de bonne humeur, que nous avons beaucoup ri; que la princesse était fort gracieuse et familière, et que si de telles parties ont peu de charmes, il serait difficile de composer une pareille qui n'eût mille fois plus de désagréments. Mais avec tout cela, *Signora mia* je suis ravi qu'elle soit finie.

Faites, je vous prie, mon compliment à la grosse duchesse, du je ne sais pas quoi de monsieur son fils;[10] je ne trouve pas, moi, aucun mot honorable qu'on puisse y appliquer. Enfin, je suis bien aise pour l'amour d'elle,[11] et un peu de n'être pas obligé de lire sa défense.

From Madame du Deffand, Sunday 15 July 1770

One sentence was omitted in Toynbee.

N° 46. Paris, ce dimanche 15 juillet 1770.

JE ne sais pas ce qui m'arrive depuis quelque temps, je perds la faculté d'écrire, je n'ai que des idées confuses. Quand je reçois des lettres que je trouve bonnes, je tombe dans le découragement, par l'impossibilité que je trouve à y répondre. Votre dernière lettre me fait cette impression; vous avez des pensées, vous les rendez avec une netteté, une énergie singulières. Moi, je ne pense point; il faudrait que j'eusse recours à des phrases pour dire quelque chose; je raconte mal, et tout ce que je vois et que j'entends me fait si peu d'impression, qu'il me semble que je n'ai rien à raconter; je me dis, et cela est vrai, c'est que je n'ai point d'esprit, et que quand mon âme n'est ni occupée ni remuée, je suis comme un chat, comme un chien, mais beaucoup moins heureuse qu'eux, parce qu'ils sont contents de leur état et que je ne le suis point du mien. Il n'entre point de système dans ma tête sur ce qui pourrait faire mon bonheur; je voudrais m'amuser à faire des châteaux de cartes et que cela pût me suffire pour me délivrer de l'ennui; j'y emploierais tous mes

9. They played pharaoh until ten o'clock at night (see ibid.).

10. The Duc d'Aiguillon, who incurred HW's resentment by his persecution of La Chalotais, and other members of the Breton parliament.

11. This phrase is followed, in Toynbee by 'et un peu pour l'amour de moi,' which is not in B's MS note on the original MS in the Bodleian, nor in B's printed text.

moments. Il est très vrai que j'ai quelquefois des instants de gaîté: mais ce sont des éclairs qui ne dissipent point l'obscurité ni les nuages. Je n'ai point le projet de n'être heureuse que par telles ou telles choses; je laisse toutes les portes de mon âme ouvertes pour y recevoir le plaisir; je désirerais de barricader celles par où entrent le regret, l'ennui et la tristesse; mais mon âme est une chambre dont le destin ou le sort ne m'ont pas laissé la clef. Ce qui est de certain, c'est que je n'ai point d'affiches, et que, si j'en avais, elles seraient toujours réelles et n'en imposeraient à personne.

Je suis ravie que vous ne vous souciiez plus de l'affaire de M. d'Aiguillon; j'en suis excédée. Ce sont des députations, des remontrances, etc., qui ne vous font rien ni à moi non plus: votre embarras est très juste, et vous le peignez fort bien en me chargeant de faire vos compliments à la grosse Duchesse[1] du *je ne sais pas quoi de monsieur son fils,* et *de ne trouver aucun mot honorable qu'on puisse y appliquer.* C'est tout ce qui a jamais été dit de mieux à ce sujet.

Vous avez un singulier esprit; prenez-le en louange si vous voulez. Je ne vous en prie pas, mais je ne m'y oppose pas.

Nous avons ici Jean-Jacques.[2] Si je me délectais à écrire, j'aurais de quoi remplir deux feuilles sur son compte. Mais je ne saurais parler longtemps de ce qui ne m'intéresse pas; il prétend qu'il ne veut pas toucher sa pension d'Angleterre.[3] Je voudrais savoir si cela est vrai; il veut gagner sa vie à copier de la musique, il ne veut point voir les Idoles, ni leurs amis, ni leurs courtisans. Le Prince de Ligne, qui est un assez bon garçon et me paraissait assez simple, vient de lui écrire[4] pour lui offrir un asile chez lui en Flandre; son intention, ce me semble, a été de faire quelque chose d'aussi bon que la lettre du Roi de Prusse,[5] avec un sentiment différent; il veut marquer un bon cœur, de la compassion, de la générosité, et il ménage toutes les faiblesses de cet homme en lui montrant qu'il les connaît toutes.

Jean-Jacques lui a répondu qu'il n'acceptait ni ne refusait; le spectacle que cet homme donne ici est au rang de ceux de Nicolet.[6] C'est actuellement la populace des beaux esprits qui s'en occupe.

---

1. See *ante* 8 July 1770.

2. See Grimm ix. 91–3, 15 July 1770.

3. He tried to support himself by copying music (ibid.).

4. The letter is printed in ibid. ix. 92–3.

5. HW's letter to Rousseau under the name of the King of Prussia, Jan. 1766.

6. A theatre upon the boulevards, at Paris, for the representation of pantomimes (B). See *Dict. de Paris,* 'Théâtres.'

Je ne vous parlerai plus de M. de Richmond puisque vous ne vous en souciez plus; mais j'ai bien de la peine à croire qu'il ne soit pas en jouissance de la chose qu'il demande.

Quand vous verrez M. Chamier, il vous mettra au fait de ce qui me regarde autant que vous voudrez l'être; car il me voyait tous les jours. Sa société me convenait et me plaisait fort. Il y a peu de gens ici qui me soient aussi agréables. Il vous parlera d'un Abbé[7] dont je voudrais fixer le séjour ici; je crois vous en avoir déjà dit quelque chose. Je l'ai connu en province. C'est un homme d'esprit, sans beaucoup d'agrément; mais il a de la justesse, des connaissances, du goût, de la franchise et de la simplicité.

Madame votre nièce a choisi vos fauteuils et votre canapé. Le marchand veut que le canapé soit compté pour trois fauteuils et demi, à quarante-cinq francs pièce, il se souvient de vous en avoir vendu au même prix en soixante-six. Il voudrait les mettre dans une caisse.[7a] Je lui ai proposé un rouleau, il en fait quelque difficulté, je lui ai dit de revenir dans quinze jours, et que je lui dirais votre volonté. Les bagages de M. de Guines ne partiront pas avant le mois de septembre. Madame votre nièce les suivra de près, car elle compte partir le 1er octobre.

Vous avez grand tort de ne m'avoir pas envoyé vos vers à la Princesse Amélie.[8] La description de votre voyage[9] m'a fort amusée, rien n'est plus singulier que d'écrire aussi bien dans une langue étrangère.

Nous avons ici les enfants[10] de M. Elliot;[11] ils sont infiniment aimables, ils savent parfaitement le français, ils sont gais, doux et polis, et plaisent à tout le monde; je les vois souvent; j'ai pour eux toutes les attentions possibles; mais ils n'ont besoin de personne pour les faire valoir. On leur trouve une fort jolie figure; vous ne pouvez pas dire tout cela à leur père, car il est en Écosse.

J'ai fait mon deuil du petit Craufurd. Pour du Selwyn je ne m'en soucie guère. Soyez sûr que je suis philosophe autant qu'il m'est possible de l'être. Adieu. La grand'maman revient le 20, avec son mari qui l'est allé chercher.

7. Abbé **Sigorgne.**
7a. Sentence omitted in Toynbee.
8. See HW to Montagu 7 July 1770.
9. See *ante* 8 July 1770.

10. Their ages were eighteen and nineteen.
11. Sir Gilbert Elliot, 3d Bt.

To Madame du Deffand, Monday 16 July 1770, N° 44

Missing. Written at Strawberry Hill. Answered, 22 July.

From Madame du Deffand, Sunday 22 July 1770

Address: To Monsieur Monsieur Horace Walpole in Arlington Street, near St James's *London* Angleterre.
Postmark: IY 27

Ce dimanche 22 juillet 1770.

CE n'est pas ma faute si je n'ai pas les mêmes amusements que vous; bien loin d'avoir du dégoût pour les occupations champêtres et domestiques, rien ne me plairait davantage, j'aimais aussi l'ouvrage passionnément, et beaucoup plus que la lecture. Mais aujourd'hui puis-je choisir mes occupations? À quoi puis-je exercer cette activité que vous me reprochez toujours? Heureusement elle n'est pas telle que vous l'imaginez; je préfère actuellement la paresse à toute chose, je ne me trouve bien que dans mon tonneau; je voudrais bien dormir les nuits, avoir quelque compagnie dans la journée, souper tous les jours chez moi, et ne pas avoir la peine d'aller chercher l'ennui, et supporter patiemment celui que je ne puis éviter. Je passe mes journées à effiler mes chiffons, j'en fais faire des habits pour Wiart et des fraques[1a] pour tout le monde. Si vous en voulez un, vous l'aurez. Voilà le compte que je puis vous rendre de ma vie et de mes occupations.

Le Président existe encore, je lui rends des soins qui me sont assez pénibles, je suis forcée de sortir à des heures qui ne me conviennent pas, mais je prends patience sur toute chose et je sens arriver la décrépitude et tous ses accompagnements sans en avoir beaucoup de chagrin.

La grand'maman arriva avant-hier au soir, elle était partie à 6 heures du matin et arrivée à 7 heures du soir; le grand-papa revint avec elle, il avait passé neuf jours à Chanteloup, il y a été fort gai; j'ai été bien aise pour lui de ce petit séjour et qu'il n'ait pas été ici témoin de ce qui s'y est passé. J'aurais pu vous mander dans ma dernière lettre un événement qui a fait quelque bruit, mais ma lettre était cachetée, et peu vous importe de savoir ce qui se passe ici. Cet événement est l'exil de la Comtesse de Gramont,[1] elle a ordre d'être

---

1a. *Sic* in the MS. D perhaps means 'frocs' or the English 'frocks.'

1. Marie-Louise-Sophie de Foucq de Garnetot (d. 1798), m. (1748) Antoine-

THE DUCHESSE DE CHOISEUL

Reproduced by permission of the Librairie Plon from
Gaston Maugras's Le Duc et la Duchesse de Choiseul.

à quinze lieues de la cour et de Paris. On prétend qu'elle n'est pas plus coupable que toutes les autres femmes de la cour, mais apparemment on voulait faire un exemple, et elle a été choisie. Vous jugez bien que c'est une occasion à beaucoup de propos et de murmures; l'absence du grand-papa a été par conséquent bien placée, on ne peut lui attribuer aucun propos; si ses amis sont imprudents, ce n'est pas sa faute, car il est bien sage et bien réservé; je soupai avec lui avanthier, il se porte à merveille. Je ne fus pas si contente de la santé de la grand'maman, et je le fus encore moins hier, elle a de l'enrouement et une petite toux sèche; elle part mercredi pour Compiègne dont je suis très fâchée, elle a besoin de beaucoup de repos et elle aura beaucoup de fatigue. Elle regrette bien Chanteloup, la vie qu' elle y mène est très agréable; c'est étonnant tout le bien qu'elle fait dans le pays: elle a établi à Amboise[2] un chapitre de chanoines, un collège, des manufactures de draps, de toile, d'étoffes de soie, elle m'a apporté une robe de sa fabrique, elle est très jolie; elle a des troupeaux, une basse-cour, elle rend tous ses habitants heureux; en vérité c'est une femme charmante, je suis on ne peut pas plus contente de son amitié.

Voilà tout ce que vous aurez de moi aujourd'hui, je ne suis pas en train de causer davantage, je ne me suis pas fait une loi de remplir les quatre pages.

To Madame du Deffand, Tuesday 24 July 1770, N° 45

Missing. Probably written at Strawberry Hill. Answered, 29 July.

From Madame du Deffand, Sunday 29 July 1770

N° 48. Paris, ce dimanche 29 juillet 1770.

VOTRE commission a pensé être faite tout de travers, vos tapisseries étaient chez moi depuis six ou sept jours, et par un bonheur extrême j'attendais votre réponse pour en faire faire le ballot; hier je m'avisai qu'il fallait examiner si ce qu'il m'apportait

---

Adrien-Charles de Gramont, Comte de Gramont, brother-in-law of Choiseul's sister, the Duchesse de Gramont (Woelmont de Brumagne ii. 786). She was among the women who refused to make way for Mme du Barry at the theater at Choisy (Maria

Theresa, and Florimond-Claude-Charles, Comte de Mercy-Argenteau, *Correspondance secrète*, 1874, i. 29–30).

2. The nearest town to the Choiseuls' country-seat, Chanteloup.

était bien semblable et s'il n'y avait rien de défectueux; votre nièce ne croyait pas cela nécessaire, c'était des gens si pleins de probité, si charmés d'avoir votre pratique; je m'obstinai à faire l'examen; on trouva le canapé très beau, mais qu'aucun fauteuil n'y était assorti, enfin si vous les aviez reçus tels qu'ils étaient, vous auriez eu raison d'être très mécontent; heureusement il n'était point payé; tout sera réparé et je m'applaudis bien de ma méfiance. On a raison de dire qu'elle est mère de sûreté, mais il est bien malheureux dans toutes les choses de la vie d'être obligé d'en avoir.

On ne parle plus ici de l'affaire de M. d'Aiguillon, celle de Mme de Gramont y avait fait diversion, mais il en vient de survenir une qui [nous] occupera pendant bien du temps, la voici. Jeudi dernier à sept heures et demie du soir[1] Mme de Monaco partit de chez elle avec Mme de la Vaupalière, une autre dame[2] dont je ne me souviens plus du nom, et une Mme de Sontete;[3] elles se rendirent à Bellechasse.[4] Mme de Monaco avait une permission de l'Archevêque[5] pour y entrer; le prétexte était une visite à la petite Mlle d'Aumont[6] qui y est élevée; dès qu'elle fut dans l'appartement elle dit à la supérieure[7] qu'elle n'en voulait pas sortir, elle avait fait venir à sa suite Gerbier avec un notaire ou un procureur[8] et fit dresser un acte par lequel elle attaquait M. de Monaco en demande de séparation de corps; la supérieure ne voulait pas la garder, mais comme après cette démarche elle ne pouvait point retourner à l'Hôtel de Monaco,[9] elle obtint de passer la nuit à Bellechasse; le lendemain elle en sortit et

1. 'Ma femme est sortie de ma maison le 26 juillet 1770, à onze heures du matin. Elle n'est point rentrée pour dîner, et j'appris le soir à huit heures qu'elle s'était retirée dans le couvent de Bellechasse. Le lendemain, elle se transporta dans celui de l'Assomption, où elle est restée jusqu'au 16 janvier 1771' (statement of the Prince de Monaco, quoted by Pierre-Marie-Maurice-Henri, Marquis de Ségur, *La Dernière des Condé*, 1899, p. 220).

2. Not identified.

3. Not identified.

4. The convent of the canonesses of the Holy Sepulchre, Rue St-Dominique (*Dict. de Paris*). Mme de Genlis describes it (Stephanie-Félicité Ducrest, Comtesse de Genlis, *Mémoires*, Bruxelles, 1825, iii. 85–8).

5. Presumably the Archbishop of Paris, Christophe de Beaumont du Repaire.

6. Probably her future daughter-in-law, Louise-Félicité-Victoire d'Aumont de Mazarin (1759–1826), m. (1) (1777) Honoré-Aimé-Charles-Maurice Goyon-de-Matignon de Grimaldi, Duc de Valentinois; (2) (1801) René-François Tirand des Arcis; (3) Maître Maine (a notary); (4) a former procureur au Châtelet; and (5) a Maître clerc (Woelmont de Brumagne i. 25).

7. Not identified.

8. Probably Alexandre-Jérôme Loiseau de Mauléon (1728–71), who drew up the indictment for Mme de Monaco (see Mme de Vermenoux to Mme Necker 13 Aug. 1770, in Gabriel-Paul-Othenin de Cléron, Vicomte d'Haussonville, *The Salon of Mme Necker*, London, 1882, i. 195).

9. On the Rue de Varenne (Charles Lefeuve, *Histoire de Paris*, 1875, iv. 124).

elle alla à l'Assomption[10] d'où elle va plaider son mari. Cette démarche est bien hardie et va bien amuser le public.

Je vous avais mandé le retour de la grand'maman, j'avais oublié de vous dire qu'elle m'avait parlé de vous, elle dit que vous ne l'aimez plus; elle part aujourd'hui pour Compiègne dont elle ne reviendra que le 27 du mois prochain, et alors je crois qu'elle s'établira à Gennevilliers, ce qui me fâchera; je ne la pourrai pas voir aussi souvent que si elle restait à Paris. Je garderai mon professeur[11] de l'université jusqu'aux premiers jours de septembre. Vous m'avez appris ce que voulait dire *exotique,*[12] je ne l'avais jamais entendu, j'en ai trouvé la signification dans le dictionnaire de l'Académie. Je crois en effet qu'il faut s'en tenir au vin du cru, on peut en user sans craindre qu'il enivre. Je suis un peu étonnée que vous n'ayez pas encore vu M. Chamier. Il n'a point de maison à Londres, mais je crois qu'il y vient toutes les semaines pour y voir sa mère,[13] il a laissé chez moi en partant deux paquets d'étoffes qui sont contrebande chez vous; M. de Guines, avec qui je me suis arrangée pour votre ballot, m'a recommandée de ne point mettre de contrebande, mais votre cousin [m']assure que les ballots à l'adresse de l'ambassadeur ne seront point visités à la douane, et qu'il n'y a nul inconvénient à mettre dessous vos tapisseries les deux paquets de M. Chamier. J'ai fort envie d'y ajouter la robe de chambre de M. Craufurd, dont vous avez tant entendu parler. Comme votre caisse ne partira qu'après le 20 du mois prochain, j'aurai le temps d'avoir votre réponse, et je ne ferai que ce que vous me prescrirez; je vous obéirai encore en faisant payer vos emplettes par le Chevalier Lambert; enfin j'aurai du moins avec vous le mérite de la soumission parfaite.

Je vois avec plaisir que vous vous amusez très bien, vos bêtes, vos fenêtres[14] remplissent vos journées, et je suis très d'accord que cela vaut pour le moins autant que toute autre chose, et je pense bien que les jours que vous avez belle et nombreuse compagnie ne sont pas les plus agréables. De toutes les personnes que vous me nommez,[15] je ne connais que Milady Marie Coke, elle m'a parue fort aimable.

10. The convent of the filles de l'Assomption or Haudriettes, on the Rue St-Honoré (*Dict. de Paris* iii. 20).

11. The Abbé Sigorgne.

12. 'Qui ne croît point dans le pays' (*Dictionnaire de l'Académie française,* 1772).

13. Suzanne de la Mejanelle, wife of Daniel Chamier. She may be the Mrs

Chamier (ca 1701–87) whose death at Southampton is recorded GM, 1787, lvii. pt ii. 1129.

14. The stained-glass windows at Strawberry Hill.

15. D probably means the guests at Stowe (see *ante* 8 July 1770), among whom was Lady Mary Coke.

Vous ne me parlez plus de la bonne Lloyd. J'imagine que les Hertford ne regretteront guère leur fille,[16] ils n'aiment que Milord Beauchamp.[17]

Compiègne ne produit aucune nouvelle, son seul effet c'est d'enlever la bonne compagnie de Paris, ainsi que Villers-Cotterets.

Ah! mon Dieu, j'oubliais de vous mander une grande nouvelle, c'est que j'ai soupé au Temple mercredi dernier. Le Prince[18] avait choisi pour m'inviter un jour où il n'y avait que des personnes de ma connaissance, il devait, me disait-on, n'y avoir que très peu de monde, nous étions vingt-deux. Cela se passa fort honnêtement, mais cela ne se répétera guère.

Vous ne voulez pas me répondre à mes questions sur Rousseau,[19] à la bonne heure, je ne m'en soucie pas.

J'ai envie de rire quand vous me louez sur mon esprit, je n'ai que celui de sentir combien j'en manque, mais si vous vous en contentez je n'en désire pas davantage.

Le Président est toujours dans le même état, c'est une lampe qui s'éteint.

Que dites-vous de la terrible et abominable aventure de Saint-Domingue?[20] Les relations s'accordent, et font frémir.

To Madame du Deffand, Monday 30 July 1770, N° 46

Missing. Probably written at Strawberry Hill. Answered, 6 Aug.

From Madame du Deffand, Monday 6 August 1770

N° 49. Paris, ce lundi 6 août 1770.

JE viens de sauter une poste; je n'eus pas le temps hier d'écrire, mais vous n'y gagnerez rien: cette lettre à la vérité arrivera plus tard, mais elle en sera plus longue; j'en ai bien quelques scrupules, mais je suis dans l'habitude avec vous de les étouffer. Vos lettres, par exemple, m'en donnent d'infinis; vous m'avouez très ingénu-

16. Lady Sarah Frances Seymour-Conway (1747–70), m. (1766) Robert Stewart, cr. (1789) Bn, (1796) E., and (1816) M. of Londonderry. She died 18 July.

17. Francis Seymour-Conway (1743–1822), styled Vct Beauchamp, 2d M. of Hertford (3d creation), 1794, eld. son of HW's cousin.

18. De Conti.

19. See *ante* 15 July 1770.

20. The earthquake of 3 July 1770 (*London Chronicle* xxviii. 94, 122, 28 July and 6 Aug. 1770).

ment combien elles vous causent de gêne et d'ennui; ma conscience me dit alors ce que je devrais faire, mais je n'ai pas le courage de la croire, ni même de l'écouter; votre mauvaise étoile vous a fait faire connaissance avec moi, la même m'a fait prendre de l'amitié pour vous; c'est une sorte de boîte de Pandore d'où sont sortis la méta-physique, les spéculations, les styles de Scudéry, les jérémiades, les élégies, voici ma part: les épigrammes, les mépris, les dédains, et le pis de tout, l'indifférence, voilà la vôtre. Mais, ainsi que dans la boîte de Pandore, il y reste l'espérance, et chacun se la figure selon son goût. Vous voilà quitte de ce que je vous dirai de nous; passons aux nouvelles.

C'est la Comtesse et non la Duchesse.[1] La Comtesse est belle-sœur de la Duchesse; elle est veuve du Comte,[2] frère cadet du Duc;[3] elle s'appelait de Faux, demoiselle de Normandie, qui a eu beaucoup de bien; elle n'est amie de nos parents que par *bricole;* le terme est juste, car elle est l'intime du frère prélat.[4] Mme du Châtelet mène un grand deuil de cette aventure, c'est sa meilleure amie; elle n'est pas même de ma connaissance; je ne l'ai rencontrée que deux ou trois fois; elle me parut sotte, hardie et bavarde.

J'ai dit, et j'ai eu raison, que j'étais bien aise que cette aventure fût arrivée en l'absence des miens, parce qu'on n'était pas à portée de leur imputer des propos imprudents. Ils se conduisent à merveille; ils sont environnés d'armes et d'ennemis; mais ils ont, pour résister aux attaques, leur bonne administration, leur attachement pour le maître; l'intérêt véritable qu'ils prennent à sa gloire, l'arme et le maintient dans une sécurité parfaite. Je ne sais ce qu'il arrivera d'eux, mais quoi qu'il en soit, ils conserveront l'estime des étrangers et de tous leurs compatriotes qui ne seront pas coquins avérés.

Pour moi, mon ami, je suis fort tranquille, je me prépare à tout événement, parce que je suis intimement persuadée qu'ils conserve-ront toujours leur réputation, et ce sera leur gloire; et leurs ennemis dans leur triomphe, s'ils l'obtiennent, ne perdront point la leur, et c'est ce qui peut leur arriver de pis.

Il y a eu deux nouvelles dames admises à Compiègne aux soupers du petit château,[5] la Duchesse[6] et la Vicomtesse de Laval; leurs maris[7]

1. De Gramont.
2. Antoine-Adrien-Charles   (1726–62), Comte de Gramont.
3. Antoine-Antonin (1722–99), Duc de Gramont (Woelmont de Brumagne iii. 466).

4. The Archbishop of Cambrai, brother of the Duc de Choiseul.
5. There were two royal châteaux at Compiègne (*Dict. de Paris*).
6. Jacqueline-Hortense de Bullion de

sont gouverneur et survivancier de ce lieu. La Comtesse de Valentinois a été nommée dame d'atour de la Comtesse de Provence.[8]

M. de Rosières,[9] frère de l'Abbé Terray, est déclaré chancelier du Comte de Provence; le Marquis de Lévis[10] capitaine de ses gardes: on travaille à faire leur maison. Mais la nouvelle la plus surprenante, et que je gardais pour la dernière, c'est que M. le Prestre de Château-Giron,[11] extrêmement fameux dans les affaires de Bretagne, a été nommé survivancier de la charge du Président Hénault, surintendant de la maison de la feue Reine, et présentement de celle de Madame la Dauphine. Elle avait été donnée au Président Ogier; mais on trouva des prétextes pour différer son remercîment, et M. le Prestre n'a pas perdu de temps pour faire les siens; ainsi c'est pour lui une affaire conclue. On fait aussi une sorte de maison à Madame Victoire et à Madame Sophie. Le Marquis de Durfort et le Chevalier de Talleyrand[12] sont leurs chevaliers d'honneur; les autres officiers ne sont point encore nommés.

J'ai peine à me persuader que toutes ces nouvelles vous intéressent; mais si vous avez la patience de lire les gazettes, cette lettre en sera une de plus. Voulez-vous à présent savoir ce que je fais? Il est actuellement trois heures, je viens de prendre mon thé, je suis dans mon tonneau, j'effile mes chiffons, j'attends grande compagnie à quatre heures, nous irons à Sceaux, et de là nous souperons à Montrouge chez mon frère. Nous serons trois carrossées. Dans l'une seront vos deux nièces avec le Baron de Sickingen,[13] ministre palatin, et l'aîné Elliot; dans une autre la Marquise de Boufflers avec le Prince de

Fervaques, m. (1740) Guy-André-Pierre de Montmorency-Laval (1723–98), Duc de Laval (Albert, Vicomte Révérend, *Titres . . . de la Restauration* v. 178).

7. The Vicomtesse's husband was Mathieu-Paul-Louis de Montmorency-Laval (1748–1809), Vicomte de Laval, later Comte de Montmorency-Laval (St-Allais iii. 309; ibid.).

8. Marie-Joséphine-Louise de Savoie (1753–1810), m. (1771) Louis-Stanislas-Xavier, Comte de Provence, later Louis XVIII. See M. de Reiset, 'Les dernières années de la Comtesse de Provence,' *Le Correspondant*, 25 April 1912, p. 357.

9. Pierre Terray (1712–80), seigneur de Rosières (*Rép. de la Gazette*).

10. François-Gaston (1720–87), Marquis

(later Duc) de Lévis. See Lévis, *Souvenirs*, p. 68.

11. Auguste-Félicité le Prestre de Château-Giron (1728–82), former councillor of the parliament of Brittany, and superintendent of finances to the Dauphiness' household, 1770–3 (*Rép. de la Gazette*; Louis Petit de Bachaumont, *Mémoires secrets*, Londres, 1780–9, xx. 82).

12. Augustin-Louis, Chevalier de Talleyrand. This household is first listed in the *Almanach royal* in 1772.

13. Karl Heinrich Joseph (1737–91), Reichsgraf von Sickingen (*Allgemeine Deutsche Biographie*, Leipzig, 1875–1912). His Paris residence was on the Rue Dauphine, near the Rue d'Anjou (*Almanach royal*, 1770, p. 142).

Bauffremont et le Chevalier de Beauvau; et dans la troisième Mlle Sanadon, l'Abbé Sigorgne, le cadet Elliot, et votre servante. Adieu jusqu'à demain.

Ce mardi 7.

La partie s'est exécutée par le plus beau temps du monde, il y a eu peu de changement dans l'arrangement que je vous ai dit, nous avons eu Pont-de-Veyle à la place du cadet Elliot. Je me fatiguai horriblement; je me rappelai certains souvenirs. Je vais aujourd'hui avec vos nièces et le Prince de Bauffremont souper à Rueil. J'ai eu ce matin des nouvelles de la grand'maman, elle se porte assez bien. Cette année il n'y a point de camp à Compiègne, et il y a très peu de monde, elle en a moins de fatigue, ce qui me fait plaisir.

Ce mercredi 8.

Nous avons été à Rueil, nous y avons trouvé la Marquise de Crussol et Mlle de Bédée, si vous savez compter vous voyez que nous étions sept. Nous nous sommes promenés, nous avons fait un vingt et un, et nous étions de retour à deux heures. Voilà le récit de mes aventures, il doit vous encourager à me raconter les vôtres; je ne sais comment vous paraissent les miennes, mais les vôtres m'intéressent.

Je ne vous dirai plus que je m'ennuie, vous y trouvez de la métaphysique, et vous avez grand tort, je n'ai jamais eu de penchant pour tout ce qui y ressemble, et vous êtes la première personne qui m'ait fait ce reproche. Tout ce que je désirais (et que j'espère obtenir) c'est que vous fussiez content de moi et que vous daignassiez me le dire.

Je ne vous parlerai de vos commissions que quand la caisse partira, mais je vous avertis que si vous voulez que je fasse payer le Chevalier Lambert, il faut que vous me fassiez savoir ce que coûte la petite chaîne de la grand'maman, elle veut absolument la payer, et vous la jetteriez dans de l'embarras si vous vouliez lui en faire un présent.

Adieu, mon ami, je suis trop contente de vous pour que vous ne le soyez pas de moi. Je vois tout ce que vous faites pour moi, et loin d'en exiger davantage je suis prête à vous prier de ne mettre aucune gêne ni aucune contrainte dans toutes vos attentions.

Par une espèce de miracle le Président a recouvré ses forces, il est incomparablement mieux qu'il n'était avant sa dernière maladie où il reçut le viatique; il sort tous les jours, il vient quelquefois chez moi, il joue tous les jours son piquet, il a le meilleur visage du monde, enfin on peut espérer qu'il durera encore quelque temps.

Ce jeudi 16.[13a]

Au lieu de continuer ce journal, je suis bien tentée de le brûler; je me figure l'indifférence avec laquelle vous le lirez. En effet, qu'importe de savoir ce qui se passe dans un lieu et parmi des gens dont on ne se soucie guère? Après ces considérations je vais cependant le continuer.

On avait ôté toutes les entrées chez Monsieur le Dauphin à ses ancient menins; on ne les avait pas données aux nouveaux; tout cela partait de la politique du gouverneur.[14] Ces jours passés on les rendit; le lendemain on les retira, et le surlendemain on les redonna: on ne savait pas bien encore si ce serait le dernier mot. On les a accordées à plusieurs qui ne les avaient jamais eues, à MM. de Soubise, le Maréchal de Biron,[15] Duc de Gontaut, Duc d'Aiguillon, et deux ou trois autres[16] dont je ne me souviens pas. En conséquence de la grande amitié que la Maréchale de Luxembourg affiche pour Monsieur le Dauphin le gouverneur lui a écrit qu'il lui donnait les entrées chez lui. Il me passe par la tête une polissonnerie que je n'ose dire; c'est sur toutes les entrées que le Dauphin donne, et sur celle qu'il n'a pas.[17]

Mes parents se conduisent dans la plus grande perfection; ils ne prennent part à aucune tracasserie; ils s'occupent de leur besogne, et laissent faire et dire tout ce qu'on veut sans paraître s'en soucier, et ne s'en soucient guère en effet. Le maître se porte bien, et si nous le conservons, comme je l'espère, je ne doute pas que tout ne rentre dans l'ordre accoutumé, d'autant plus qu'il n'y a rien d'entamé sur ce qui regarde leur ministère, et que les ennemis sont de si sots coquins, qu'ils se perdront eux-mêmes. Je me souviens que les Maréchaux de Richelieu et de Broglie et le Duc[18] et le Comte de Noailles sont dans la liste des entrées.

La Duchesse de Gramont est encore à Barèges. Elle ne revient que

---

13a. Omitted in Toynbee.

14. The governor of the *enfants de France* was Paul-François de Quélen de Stuer de Caussade (1746–1828), Marquis and Duc de Saint-Maigrin (1772), Duc de la Vauguyon (*Rép. de la Gazette;* Emmanuel, Duc de Croÿ, *Journal,* 1906–7, iii. 264).

15. Louis-Antoine de Gontaut (1700–88), Maréchal-Duc de Biron.

16. See below.

17. See *post* 26 March 1771, n. 10.

18. Louis (1713–93), Duc de Noailles (*La Grande encyclopédie*).

le 15 du mois prochain, il ne serait pas malheureux s'il en arrivait d'elle comme de Mme de Montespan[19] à Bourbon, ce serait à la grand'maman que Barèges aurait fait du bien; elle est charmée de son époux; il la ramène lundi à Paris où il la laissera et retournera le mercredi ou le jeudi à Compiègne. Je ne souperai point avec eux le lundi parce que j'ai engagé une nombreuse compagnie à passer ce jour-là l'après-dîner et la soirée chez mon frère à Montrouge. Le grand-papa fait chasser à Gennevilliers le dimanche pour m'envoyer du gibier.

Je fus hier avec la Maréchale de Boufflers, la Maréchale de Luxembourg, la Duchesse de Lauzun, et plusieurs hommes, à Gonesse,[20] à une représentation de la *Religieuse*[21] de La Harpe; elle fut aussi bien jouée pour le moins qu'elle le serait à la Comédie; mais cette pièce est traînante; il y a peut-être une vingtaine de vers assez bons: à tout prendre elle ne vaut rien, et elle m'ennuya. Votre nièce n'était point avec nous, il y a des Anglais ici qui sont jeunes,[22] à qui on donne des bals, elle y mène sa fille qui aime fort à se divertir, je crois qu'elle a beaucoup d'esprit.

Je souperai demain chez Mme de Beauvau dans un très petit comité, si j'apprends quelque chose qui en vaut la peine je vous le manderai. La grand'maman me charge de la prier à souper avec la Princesse sa belle-fille[23] pour mardi. Le Prince part demain pour la Lorraine, et ne reviendra que le 15 du mois prochain.

Toutes ces nouvelles sont le pendant de celles de vos visites et de vos campagnes,[24] à une petite différence près, si vous ne la devinez pas vous me forcez à vous la dire: l'intérêt que je prends à tout ce qui vous regarde.

Ce mardi 21.

Ceci sera un volume, mais cette forme de correspondance ne vous plaît-elle pas davantage que la règle des sept jours? Il n'y a aucune de vos lettres qui ne me fasse sentir que l'assujettissement vous est

---

19. Françoise-Athénaïs de Rochechouart (1641–1707), Marquise de Montespan, mistress of Louis XIV, died at Bourbon when she was taking the waters there. D means that if Mme de Gramont should die at Barèges, Mme de Choiseul would regain her influence over the Duc de Choiseul.

20. Town northeast of Paris.

21. *Mélanie, ou la religieuse.*

22. Probably the Elliots, who were two and three years older than Henrietta Maria Cholmondeley.

23. The Princesse de Poix, step-daughter of the Princesse de Beauvau.

24. HW had visited Park Place and Stowe, and had thought of going to Wentworth Castle; in August he went to Sussex.

insupportable, c'est donc tout de bon que je vous en dispense. Tout ce qui est marqué au coin de la complaisance ou d'une prétendue reconnaissance ne m'est nullement agréable. Je continue donc ce journal, je ne sais ni quand ni comment je vous le ferai tenir, mais il vous parviendra certainement.

Je soupai le vendredi 17 avec Mme de Beauvau, il n'y avait que Pont-de-Veyle, je n'appris que des riens de nulle importance.

La grand'maman arriva hier à cinq heures du matin: je ne la vis point à cause de cette partie à Montrouge; elle a été très agréable; nous eûmes une musique charmante, une dame[25] qui joue de la harpe à merveille; elle me fit tant de plaisir que j'eus du regret que vous ne l'entendissiez pas; c'est un instrument admirable. Nous eûmes aussi un clavecin, mais quoiqu'il fût touché avec une grande perfection, ce n'est rien en comparaison de la harpe. Je fus fort triste toute la soirée; j'avais appris en partant que Mme de Luxembourg, qui était allée samedi à Montmorency pour y passer quinze jours, s'était trouvée si mal, qu'on avait fait venir Tronchin, et qu'on l'avait ramenée le dimanche à huit heures du soir, qu'on lui croyait de l'eau dans la poitrine. L'ancienneté de la connaissance; une habitude qui a l'air de l'amitié; voir disparaître ceux avec qui l'on vit; un retour sur soi-même; sentir que l'on ne tient à rien, que tout fuit, que tout échappe, qu'on reste seule dans l'univers, et malgré cela on craint de le quitter; voilà ce qui m'occupa pendant la musique.[25a] Ce matin j'ai appris que la Maréchale était beaucoup mieux; elle m'a fait dire qu'elle me verrait. Je sortirai de bonne heure, j'irai chez le Président, chez elle, et puis chez la grand'maman; le grand-papa y soupera, nous aurons Mme de Beauvau, dont la grand'maman se passerait bien, ainsi que moi. À demain la suite.

Ce jeudi 23.

Je vous écrivis hier par la poste comment s'était passée ma soirée de la veille. Il n'y a nulle particularité à y ajouter. Mme de Luxembourg est hors de tout danger à ce que dit Tronchin. J'ai peur qu'il ne se trompe, elle a des douleurs vagues, si elles se fixent sur quelques parties nobles il y aura tout à craindre, elle ne paraît pas fort inquiète. Je passai ma soirée chez la grand'maman, avec l'Abbé, le Prince de Bauffremont, et Gatti; la conversation fut fort douce, de la

25. Not identified.
25a. See Giles Lytton Strachey, 'Madame
du Deffand,' in *Books and Characters*, 1922.

politique, de la métaphysique, des chansons. La grand'maman va samedi à Gennevilliers jusqu'au jeudi de la semaine prochaine, j'irai deux fois souper avec elle, le samedi et le mardi; j'y mènerai votre nièce samedi; demain j'irai à Marly chez Mme de Beauvau, qui y est pour trois ou quatre jours avec Mme de Poix; la Marquise de Bouf- flers et le Prince de Bauffremont viendront avec moi, nous souperons à sept heures, nous en repartirons à minuit. Vous trouverez que je mène une vie bien ambulante, ce n'est pas le plaisir que je vais cher- cher, c'est l'ennui que je fuis, et que j'ai bien de la peine à éviter; il y a aujourd'hui un an que j'eus la meilleure recette contre le mal; j'avais le pressentiment que c'était pour la dernière fois que j'en jouirais, je crains de ne m'être pas trompée.

Presque tout le monde reviendra dimanche de Compiègne; le Roi ira le mardi à Chantilly avec Madame la Dauphine, Mesdames et les dames de leur suite, Mme du Barry et sa suite. Il en pourra résulter quelque événement,[26] c'est-à-dire quelque lettre de cachet. On dit que Mme de Mirepoix ne veut point être du voyage; le prétexte est que M. de Beauvau est brouillé avec Monsieur le Prince de Condé. On s'en moque, parce qu'elle est brouillée elle-même avec son frère,[27] et qu'elle passe sa vie avec M. de Soubise, qui est bien plus mal avec M. de Beauvau que n'est le Prince de Condé.

Je lis l'*Histoire de Louis XIII*, de Le Vassor;[28] je n'en suis qu'au commencement de la régence.[29] Toutes les intrigues de ce temps-là ont beaucoup de rapport à ce qui se passe aujourd'hui. Je ne sais par où tout ceci finira; il est impossible qu'il n'y ait pas quelqu'un qui succombe; savoir qui ce sera, voilà ce que je ne peux deviner; mais je ne suis pas sans crainte. La maîtresse est bien animée contre nos amis, on ne cesse de l'irriter; les bons mots et les épigrammes pleuvent contre elle. L'autre jour, chez elle, on parlait de la rage. L'on disait que le plus sûr remède était le mercure; elle demanda ce que c'était que le mercure: 'Ze ne sais,' dit-elle, 'ce que c'est, ze voudrais qu'on me le dît.'[30] Cette affectation fit rire; on la raconta à quelqu'un qui

26. D probably means the downfall of the Duc de Choiseul.

27. The Prince de Beauvau.

28. Michel Le Vassor (1646–1718). D had a *Histoire de Louis XIII* in 18 vols 12mo (Appendix 2), but she later says that her edition of Le Vassor's *Histoire* is in 23 vols.

29. The regency during Louis XIII's childhood.

30. Children pronounce 'je' as 'ze'; B says that the 'lowest order of people at Paris' also did so at that time.

dit: *Ah! il est heureux qu'elle ait son innocence mercurielle:* ce quelqu'un est la Maréchale de Luxembourg; ne la citez pas.

Je ne prévois pas avoir beaucoup de choses à ajouter à ce volume. Je compte qu'il pourra partir les premiers jours de la semaine prochaine.

Ce samedi 25.

Je fus hier à Marly en la compagnie que je vous ai dit, j'y trouvai mon neveu l'Archevêque[31] et sa servante maîtresse la dame de Loménie.[32] Ce que nous fîmes, ce que nous dîmes, ne vaut pas le récit; je ne rentrai qu'à trois heures, j'ai mal dormi, j'ai eu les pensées les plus tristes. Je viens de recevoir votre lettre;[33] vous attribuez à humeur sur ce que je vous ai rappelé ce que vous m'aviez écrit, que vous n'étiez pas d'avis de faire *chiffre* auprès de mon tonneau. J'ai eu cette phrase sur le cœur sans vous en parler, M. Chamier a été une occasion de vous en dire un mot, je n'y ai point résisté, vous y avez très bien répondu, je suis contente, soyez-le de votre côté et bannissons à jamais toutes noises.

Salamalec[34] est, je crois, un mot grec ou turc, il veut dire respect, compliment, révérence; il faut que vous n'ayez jamais lu les œuvres de Rousseau[35] et que vous n'ayez pas connaissance de ces couplets contre Longepierre[36] dont le refrain est 'Vivent les Grecs.' Voilà le dernier couplet:[37]

> Écrivains du bas étage
> Venez en bref
> Pour faire devant l'image
> De votre chef
> Cinq ou six salamalecs.
> Vivent les Grecs!

Salamalec est arabe, je viens de l'apprendre.

Ce lundi 27.

Ce volume est à sa dernière feuille. Il faut qu'il soit fermé demain pour partir mercredi; l'on me répond que c'est une occasion sûre; je

31. The Archbishop of Toulouse, D's *neveu à la mode de Bretagne.*
32. The Marquise de Loménie, wife of the Archbishop's cousin.
33. HW to D 21 Aug. 1770 (missing).
34. Arab salutation meaning 'salut sur toi' (Émile Littré, *Dictionnaire de la langue française*).

35. Jean-Baptiste Rousseau.
36. Hilaire-Bernard de Requeleyne (1659–1721), Baron de Longepierre; translator of Greek classics.
37. See *Vaudeville* in Jean-Baptiste Rousseau's *Œuvres,* 1820, ii. 374.

ne laisserai pas d'être inquiète jusqu'au moment que j'apprendrai que vous l'aurez reçu. Ce n'est que par excès de prudence que je serai inquiète; la plupart du monde se donne bien plus de licence que je n'en ai pris; mais je crains si fort d'avoir des tracasseries et d'en faire faire aux autres, que je porte la discrétion jusqu'à un excès ridicule. Mais, comme je me crois aujourd'hui en sûreté, je vous dirai nettement qu'il est impossible que la situation présente subsiste; il faut qu'avant l'espace de neuf ou dix mois il arrive un changement. Il y a une fermentation générale; tous les Parlements se donnent la main,[38] tous marquent leur mépris et leur indignation contre le Chancelier; le contrôleur général rendra bientôt sa banqueroute complète. Le crédit est absolument perdu; il n'y a, disent ses émissaires, d'autre recette pour relever le crédit, que de faire la banqueroute totale; alors le Roi ne devant plus rien, tous les particuliers qui renferment aujourd'hui leur argent s'empresseront à le placer sur lui, parce qu' alors il sera en état d'en payer les intérêts. Je ne sais comment vous trouvez le raisonnement, il me paraît à moi fort mauvais. Nous sommes accablés de remontrances, de représentations, de réquisitoires, d'arrêts, de lettres patentes, etc., etc. Je ne saurais croire que le détail de toutes ces choses vous fût agréable. Elles m'ennuient si fort que c'est tout ce que je peux faire que d'en entendre parler, je me garde bien de les lire. D'ailleurs, mon ami, je trouve très ridicule, à l'âge que j'ai, de me passionner pour tout ce qui se passe et pour tout ce qui peut arriver. J'aime fort mes parents, je le leur prouve par ma conduite, et si je pouvais leur être utile, je m'y mettrais jus-

---

38. After the *lit de justice* of the 27th of June, mentioned in the letter of that date, and the speech of the Chancellor Maupeou on the forced enregisterment of the letters patent, which, by the King's sole authority, stopped the whole of the proceedings against the Duc d'Aiguillon in the Parliament of Paris, while his trial was pending there. All the Parliaments of the kingdom took part in the resistance made by that of Paris to this undisguised act of despotism. Arrêt followed arrêt from the Parliaments of Toulouse and Bordeaux, by which the Duchy of Aiguillon was stripped of all the rights and privileges of the peerage until the Duke should be acquitted, by due course of law, of the charges laid against him. The Parliament of Rennes, that of the province where his misdeeds had taken place, returned unopened the King's letters patent, which were sent to annul one of their arrêts. A deputation of nineteen of their number having obtained permission to wait upon the King at Compiègne, on the 20th of August, were forbid to pass through Paris either going or coming back, and were not allowed to utter a sentence to the King, who told them that his letters patent ought to have imposed an absolute silence on them; that their conduct was of too serious a nature to pass unpunished, but that he should be content with punishing two of their number, which he hoped would keep the rest to their duty. Two of the members were accordingly sent prisoners to the castle of Vincennes. (B).

qu'au cou; mais dans tout ceci, je ne puis être que spectatrice; je prétends que leurs ennemis les servent mieux que leurs amis; ceux-ci poussent leur zèle un peu trop loin; leur imprudence, leur fierté ressemble trop à l'insolence, et ne peut manquer de déplaire et d'envenimer les esprits. Les autres ont tant d'infamies, de bassesses, de fourberies, et sont si fort à découvert, qu'ils sont en horreur au public, et qu'ils n'ont de partisans que leurs complices. Il y a un M. Séguier,[39] avocat général, qui trahit sa compagnie, et qui vient d'en recevoir des affronts. Dans les arrangements que le public imagine, on dit qu'il aura le département des affaires étrangères, M. de Paulmy celui de la guerre, et M. d'Aiguillon la marine.[39a] Tout cela n'arrivera pas, à ce que j'espère; mais qui est-ce qui oserait en répondre? Rien n'est impossible à l'Amour; on le peint aveugle; cette idée des poètes se réalise bien aujourd'hui.

La grand'maman est à Gennevilliers avec son Abbé; elle a quitté Paris pour éviter l'ennui; elle l'a retrouvé à Gennevilliers. Quand le cœur n'est pas satisfait, l'ennui s'en empare, et il est impossible de s'en débarrasser. Son époux vit fort bien avec elle; et si l'absence de la belle-sœur[40] pouvait être éternelle, elle se trouverait bien partout; mais cette belle-sœur sera de retour dans un mois.

Il y a bien des détails que je pourrais vous conter, et qui vous amuseraient, mais que je ne puis écrire. Enfin je suis sûre que j'aurais pour plusieurs jours des détails à vous raconter, qui vous intéresseraient autant que les anecdotes du règne de Louis XIV.

Votre chaîne est payée. Je fus souper avant-hier avec votre nièce à Gennevilliers, nous fîmes le voyage avec l'Évêque d'Arras;[41] nous nous perdîmes en retournant et nous fûmes deux heures et demie en

39. Antoine-Louis Séguier (1726–92), Advocate General of the Parliament of Paris, was by his office called upon to write the requisition (*réquisitoire*) against the books condemned to be burnt by the united authority of the general assembly of the clergy and of the Parliament of Paris, for their improper doctrines; but M. Séguier, was supposed to have betrayed the interests of the Parliament when sent, in his capacity of advocate general, to the King at Versailles, by not having delivered his message to the King himself, and by condescending to receive an answer from the Chancellor. The Parliament, to mark their displeasure and contempt for his conduct,

would not allow the publication of his requisition, but issued their arrêt without it. This was considered as so great an affront to the author, that he had recourse to authority, and the requisition was printed at the Louvre by order of the King (B).

39a. These appointments did not take place.

40. Mme de Gramont, who was at Barèges.

41. Louis-François-Marc-Hilaire de Conzié (1732–1804), Bishop of Saint-Omer 1766–9, and of Arras 1769–90. HW met him, the following summer, in Paris (*Paris Jour.*). See Lévis, *Souvenirs*, p. 201.

chemin. La grand'maman aime beaucoup cet évêque, vous le connaîtrez et il vous plaira, il ira l'année prochaine en Angleterre, et je
lui ai promis une lettre de recommandation pour vous et pour M.
Chamier, de plus il trouvera votre nièce qui pourra lui être utile.

Mme de Luxembourg est beaucoup mieux, on croit que c'est la
goutte, elle n'est pas absolument fixée, mais il y a apparence qu'elle
se fixera aux pieds.

Pourquoi donc ne pas donner de lettre pour moi à votre Docteur
James? Est-ce que je suis si délicate sur la politesse? J'aime bien
mieux la simplicité, et même la grossièreté que la fausse et la fastidieuse civilité, mais en absence vous ne conservez de moi que le souvenir de mon extérieur et de quelques défauts de mon caractère, et
vous oubliez tout ce qui mérite quelque estime. Vous allez encore
dire que ceci est un reproche? non, en vérité, mon ami, je ne prétends jamais vous en faire, mais n'exigez point, je vous prie, que je
ravale tout ce que je pense, et comme vous m'avez toujours dit tout
ce que vous pensiez sans vous embarrasser de l'effet que cela pouvait
me faire, souffrez à votre tour quelques licences de ma part; ne craignez point qu'elles aillent trop loin.

Je vais encore aujourd'hui à Montrouge avec la même compagnie,
et entendre la même musique qu'il y a huit jours, mais ce sera pour
la dernière fois, s'il plaît à Dieu. Je sors de chez moi pour sortir
d'avec moi, mais me retrouvant toujours je reviens à préférer mon
tonneau, c'est où je me trouve le mieux, je n'aime à sortir que pour
aller souper et j'aimerais mieux encore souper tous les jours chez moi.

J'irai demain à Gennevilliers, je ne sais pas si ce sera avec votre
nièce. Elle fait un recueil de toutes sortes de polissonneries pour vous
en faire part à son retour. Adieu, vous n'êtes pas encore quitte de
moi, j'ajouterai encore quelques lignes avant de fermer cette lettre.

Ce mardi 28.

Voici la fin; mandez-moi avec votre franchise ordinaire si ce journal ne vous a point excédé, et si vous seriez content d'en recevoir de
temps en temps.

Notre partie de Montrouge se passa très bien; nous avions un
piano-forte,[42] c'est le plus bel instrument qu'on puisse jamais entendre; son effet est de jeter dans une grande mélancolie.

42. The pianoforte was invented early
in the eighteenth century, but was not yet
in general use. The French did not manufacture pianos before 1777; before that,

Je vais ce soir à Gennevilliers; tous les projets de la grand'maman sont changés depuis samedi que je ne l'ai vue; au lieu de revenir à Paris comme je l'espérais, elle restera à Gennevilliers, ce qui me déplaît beaucoup.

Voici des vers sur notre Chancelier. J'ai eu des nouvelles des tapisseries d'Aubusson, j'espère que les fauteuils que nous attendons arriveront au plus tard la semaine prochaine, ne soyez point en peine de cette commission, je me flatte que vous serez content. Adieu. Voici des vers sur notre Chancelier:[43]

> Le grand vizir qui dans la France,
> Pour régner seul met tout en feu,
> Méritait le cordon, je pense,
> Mais était-ce le cordon bleu?[44]

To Madame du Deffand, Monday
6 August 1770, N° 47

Missing. Probably written at Strawberry Hill. Answered, 12 Aug.

From Madame du Deffand, Sunday 12 August 1770

N° 50. Paris, ce dimanche 12 août 1770.

PEUT-ÊTRE serez-vous étonné d'avoir passé plusieurs postes sans recevoir de lettres; la dernière a dû vous arriver le 3 de ce mois, vous ne recevrez celle-ci que le 17. En voici la raison; j'ai voulu vous écrire par quelque occasion, il n'en est point survenue, ainsi j'ai encore dans mon écritoire une lettre datée du 6, du 7 et du 8. Vous la recevrez un jour, mais j'ignore quand elle partira, ce ne sera pas absolument un journal, mais elle y ressemblera par beaucoup de différentes dates.

Je me contenterai aujourd'hui de répondre à votre lettre du 6. Je

they imported them from England (see Grove's *Dictionary of Music,* ed. H. C. Colles). Dr Charles Burney heard a pianoforte played by Mme Brillon at her house in Passy, 20 June 1770 (Charles Burney, *Present State of Music in France and Italy,* 1771, p. 42). D later tried to borrow Mme de Choiseul's piano for Mlle Sanadon's use (see D to Mme de Choiseul 13 March

1772, S–A ii. 152; and D to Barthélemy 12 March 1772, S–A ii. 150). D had Balbastre bring his pianoforte for her party, 24 Dec. 1774, to play carols during the supper (see D to Voltaire 9 Dec. 1774, in Voltaire, *Œuvres* xlix. 152; and *post* 4 Dec. 1774).

43. Sentence omitted in Toynbee.

44. The decoration worn by the Chevaliers du Saint-Esprit.

suis bien reconnaissante du désir que vous me marquez que je garde mon professeur, mais je fais une réflexion: nous ne pouvons juger parfaitement bien des choses que nous ne voyons point; j'ai presque la certitude d'obtenir une pension ou un prieuré pour le dit Abbé, mes parents adoptifs et mes vrais parents, l'Archevêque de Toulouse: qui est tout-puissant sur l'Évêque d'Orléans, sollicitent très vivement, mais je n'espère pas qu'avant un an ou deux il obtienne rien. Ce retardement me fâche, il est assez jeune pour attendre, il n'en est pas de même pour moi, mais heureusement je peux aisément me passer de lui pendant cet espace.

La grand'maman n'ira point à Fontainebleau cette année, il n'y a plus de petits voyages pour elle, ainsi elle sera continûment à Paris, et puis (je vous l'avouerai) je me flatte d'être parvenue à ne me plus rendre rien nécessaire. D'ailleurs le professeur est un vrai professeur, un très bon homme, un sens très droit, tant soit peu lourd, qui sans être pédant a pourtant le ton de la chaire; il argumente, tire de tout des conséquences; ce qui me plaît en lui, c'est que je lui crois un bon cœur, peut-être s'attachera-t-il à moi, et il pourra me rendre des soins dans les temps où j'en aurai grand besoin (si ces temps-là doivent exister pour moi); enfin jusqu'à ce qu'il ait un bénéfice et qu'il puisse s'établir à Paris, il viendra tous les ans y passer mai, juin, juillet, et août; c'est le temps de Chanteloup, de Compiègne et de toutes les campagnes particulières.

Je suis fort aise que vous ayez vu M. Chamier,[a] j'espère qu'il m'aura réhabilitée dans votre esprit, et qu'il aura effacé les impressions qui n'étaient pas à mon avantage; il ne me croit ni vaine ni artificieuse ni tyrannique, il paraissait se plaire à côté de mon tonneau, il n'était point honteux d'y faire *chiffre,* cette idée ne lui a pas passé par la tête. Je le regrette beaucoup, c'est un esprit très raisonnable, d'une conversation facile, il est sage et prudent. Je suis fâchée que vous ne vouliez pas que je mette ses deux paquets dans votre caisse, il est très persuadé, ainsi que votre cousin, qu'il n'y aurait pas le moindre risque, mais comme je suis dans l'habitude de souscrire à vos volontés sans aucune représentation je ne les y mettrai pas; je verrai avec votre cousin M. Thomas, qui est ici, s'il m'indiquera quelqu'autre moyen de le faire passer.

Ma correspondance avec Voltaire continue toujours, et j'ai reçu aujourd'hui une très grande lettre de lui[1] en même temps que la

a. Chamier went to England early in July (see *ante* 27 June, and 4 July 1770), but HW did not see him until much later (see *ante* 29 July 1770).

1. Voltaire to D 8 Aug. 1770 (Voltaire, *Œuvres* xlvii. 165).

vôtre. Il m'envoie des vers intitulés *Pot Pourri;*[2] cela ne me semble
pas trop bon; en voici de l'Abbé Porquet, auteur de petits vers sur
mon tonneau[3] que vous trouvâtes jolis; c'est un remercîment à Mme
Cholmondeley sur le livre du *Système de la nature*[4] dont elle lui a
fait présent:

Digne de votre siècle et de votre patrie
Vos présents sont des vérités.
Voici les miens; je vous dédie
En deux quatrains ces deux traités.

Morale.

La morale que je dois suivre
Sur mon cœur, malgré moi, réclame son pouvoir.
Ma conscience est le seul livre
Où je peux lire mon devoir.

Dogme.

En vains dogmes la terre abonde;
Pour être convaincu, je dois sentir ou voir;
Croire n'est rien que concevoir,
Hors de mes sens finit le monde.

Sur les vers précédents, pour répondre à un défi de remplir sur-le-
champ toutes les rimes de notre langue en *ec* et en *eugle:*

J'entends contre ces vers la Sorbonne qui *beugle*
Et me prépare un dur *échec.*
Que ne puis-je emprunter pour lui fermer le *bec*
Les lumières de notre *aveugle?*
Cette Française à mes yeux vaut un *Grec,*
Son esprit est sensé mais jamais froid et *sec,*
Elle a de la raison, mais de la grâce *avec,*
À Du Deffand *Salamalec!*

Il faut absolument que vous me fassiez savoir ce que coûte la
chaîne de la grand'maman; si vous ne me le mandez pas, je ne me
ferai point rembourser de ce que vous me devez.

Votre caisse ne pourra partir que tout à la fin du mois ou au commencement de l'autre, il n'y avait que six fauteuils pareils; on en fait

2. These verses do not appear in Voltaire's published works, but in 1764 he
wrote a prose essay with this title (ibid.
xxv. 261).

3. Perhaps the verses 'Sur ce tonneau,'
quoted *ante* 23 Oct. 1769, and then attributed to Mme de Forcalquier, were by
the Abbé Porquet.

4. The Baron d'Holbach's *Système de la
nature ou des loix du monde physique et
du monde moral . . . par M. Mirabaud,*
Londres, 1770 (Bibl. Nat. Cat.).

venir de semblables d'Aubusson; il y a beaucoup de rouge dans les bordures, mais ce n'est point du cramoisi. Adieu, le papier me manque.

J'oubliais de vous répondre sur Mme de Monaco. Dans la lettre suspendue[5] et que vous recevrez je vous instruirai pleinement. Quant à present, tout ce que je puis vous dire c'est qu'elle s'est retirée à l'Assomption, qu'elle a présenté une requête en séparation, on ignore ses griefs,[6] chacun les imagine à sa fantaisie; le temps nous instruira.

To Madame du Deffand, Monday
13 August 1770, N° 48

Missing. Answered, 22 Aug.

To Madame du Deffand, Tuesday
21 August 1770, N° 49

Missing. Answered, 25 Aug. (*ante* 6 Aug.).

From Madame du Deffand, Wednesday 22 August 1770

Memoranda by HW (unexplained):

	aged
	38–71
96	19
77	——
——	52
19	

N° 51. Paris, ce mercredi 22 août.

ÊTES-VOUS de retour de vos courses?[1] J'attendais que vous fussiez dans votre petit château et que vous n'eussiez plus d'autres projets à remplir que celui de jouir de ses charmes. Vous devez être à bout de vos visites, et vos occupations vous laisseraient le temps d'écrire si vous aviez quelque chose à dire; vous vous plaignez de

---

5. *Ante* 6 Aug. 1770.

6. Mme de Monaco complained that her husband had ill-treated her; had once tried to throw her out of a carriage; and had threatened to shut her up in his castle at Monaco (Pierre-Marie-Maurice-Henri, Marquis de Ségur, *La Dernière des Condé*, 1899, pp. 212–9).

1. HW had been in Sussex, visiting Up Park, and Stanstead (*Country Seats*, p. 68). He intended to visit Goodwood (see HW to Conway 12 July 1770), but there is no proof that he did so.

la disette de sujets pour causer, mais est-ce que vous n'aimez plus Rosette? Il y a mille ans que vous ne m'en avez parlé; et vos lectures, n'est-ce pas encore un sujet? Vous n'êtes point paresseux; j'espère que votre voyage à Richmond[2] pourra produire une lettre. Il y a eu des intercadences dans celles que vous avez reçues de moi; en dernier lieu j'ai laissé passer un courrier; il y a quelque temps que j'en laissai passer trois, je suis bien aise de vous le faire remarquer en cas que vous ne vous en soyez pas aperçu. Je ne fais rien qui ait rapport à vous par inadvertence; tout ce qui paraîtrait faute à tout le monde est envers vous volontaire et tant soit peu forcé; il n'en est pas de même quand je tombe dans de certains inconvénients, mais il n'y faut plus penser; quand on est bien corrigé, il ne reste pas même le souvenir de ses fautes. Je ne sais plus quelle est ma position avec vous, quelquefois je m'avise de chercher à la pénétrer, et n'y pouvant rien comprendre je l'abandonne; je ne laisse pas de m'occuper de vous; je vous ai dit que j'avais commencé le 6 de ce mois un journal, je le continue, il a déjà neuf pages et il en aura je ne sais combien selon le temps qu'il partira, et les événements qui arriveront.

Je soupai hier chez la grand'maman avec le grand-papa, Mmes de Beauvau, du Châtelet et de Damas, MM. du Châtelet, de Bauffremont, et Marquis de Boufflers.[3] Le grand-papa est très gai, il est aussi tranquille que s'il n'avait rien à craindre; je le souhaite et de plus j'espère qu'il a raison, mais vous savez que les ministres ne trouvent pas toujours leur sûreté dans l'habileté et les succès de leur administration, et que c'est presque toujours par les intrigues qu'ils périssent; elles sont sans nombre aujourd'hui, mais si grossières, si à découvert, conduites par des gens si connus, si haïs, si méprisés, qu'il vaut bien mieux être leur victime que leur complice; mais en voilà assez.

Je fus fort aise de voir M. du Châtelet, je pris de lui toutes les instructions nécessaires pour vos fauteuils. N'ayez point d'impatience ni d'inquiétudes, vous les recevrez sans inconvénient, mais je ne sais pas dans quel temps. Mme du Châtelet me demanda si j'avais souvent de vos nouvelles, elle me dit plusieurs choses qui me furent fort agréables, il y en eut sur lesquelles je lui dis qu'elle s'était trompée, et comme elle m'affirmait ce qu'elle me disait, je lui dis qu'apparemment vous aviez changé d'avis; elle en parut fâchée, et elle exigea

2. D apparently means HW's intended visit to the Duke of Richmond's country-seat, Goodwood.

3. Charles-Marc-Jean de Boufflers (1736–74).

que je vous l'écrivisse; je le lui promis, je lui tiens parole et je vous dis adieu.

Je rouvre ma lettre pour vous dire que la tête me tourne, je crains que votre commission de fauteuils ne soit faite tout de travers; il y a plus de six semaines qu'un nommé Desserteaux,[4] vraisemblablement le même marchand où vous prîtes il y a quatre ou cinq ans vos quatre fauteuils, apporta chez moi un canapé et huit fauteuils que votre nièce avait choisis. Je m'avisai il y a environ un mois de les faire examiner pièce à pièce, on trouva deux fauteuils défectueux, dont le fond n'était pas bien blanc, ni les couleurs assorties aux autres. Je les rendis au marchand et j'en fis chercher chez d'autres, on n'en put pas trouver; Desserteaux me dit qu'il en attendait six d'Aubusson semblable à ceux qu'il me laissait et qu'ils arriveraient dans trois semaines ou un mois; ce terme expiré il m'a fait dire que ses fauteuils ne partiront d'Aubusson qu'entre le 15 et le 20 de ce mois et arriveraient le 12 ou 15 de septembre; je crains qu'on ne puisse compter sur cette parole et que de délai en délai nous perdions l'occasion des bagages de M. de Guines. Ne vaudrait-il pas mieux ne point attendre ces deux fauteuils et faire partir les six avec le canapé? Les deux autres arriveront peut-être encore assez à temps pour profiter du droit que l'ambassadeur a de faire passer ses bagages.

Voilà sur quoi il faut me répondre promptement; de plus voici une nouvelle chose qui m'inquiète; je viens de voir tout à l'heure un fameux tapissier du Faubourg Saint-Antoine[5] qui achète et vend des meubles, je lui ai fait voir votre canapé et vos fauteuils; le dessin, les couleurs lui ont paru très bien, mais il prétend que la forme des fauteuils est ancienne et absolument passée de mode. Je ne sais s'il a raison, mais ce qui est de certain c'est qu'il n'y en a point d'autres dans tout Paris en fond blanc; si cette forme ne vous convient pas, il faudra en commander à Aubusson. Voici la mesure du dossier et du fond que j'ai fait prendre bien exactement:

> Hauteur du dossier, 23 pouces.
> Largeur du dossier, 22 pouces.
> Profondeur du fond, 25 pouces.
> Largeur du fond par devant, 27 pouces.

Ne tardez pas un moment à me répondre.

4. Not identified.
5. Perhaps Le Nain fils, whose shop was on the Grand Rue du Faubourg Saint- Antoine (see Henry Havard, *Dictionnaire de l'ameublement et de la décoration*, 1887–90, iv. 1248).

To Madame du Deffand, Friday 31 August 1770, N° 50

Missing. Written at Arlington Street. Answered, 5 Sept.

From Madame du Deffand, Monday
3 September 1770

Paris, ce lundi 3 septembre 1770.

IL faut de nécessité que je vous écrive aujourd'hui; ma lettre ne partira que jeudi, mais je ne puis me refuser de vous raconter le trouble où j'ai été ce matin. J'avais soupé hier au soir à Gennevilliers avec votre nièce, j'avais soupé le samedi avec le grand-papa et Mmes du Châtelet et de Damas: rien n'annonçait l'orage; le grand-papa était gai, il était arrivé le matin à Gennevilliers pour chasser; il devait y coucher, le lendemain dimanche aller au conseil à Versailles, et le lundi partir pour La Ferté, chez La Borde, dont il devait revenir le mercredi 5. Ce matin à dix heures j'entends tirer le canon, je suis étonnée, je dis: Le Roi est à Versailles depuis vendredi qu'il est de retour de Chantilly. Serait-ce Madame la Dauphine qui viendrait à Notre-Dame? Je sonne mes gens, on me dit: La place de Louis XV est pleine de mousquetaires, le Roi vient d'arriver au Parlement. Voilà que je me figure que tout est perdu, que l'on va faire main basse pour le moins sur une partie du Parlement, que peut-être . . . Enfin, la tête me tourne. Chez qui enverrai-je? Chez Mme de Mirepoix, avec qui, par parenthèse, je suis le mieux du monde: on y va, elle n'est point éveillée. J'envoie dans tout mon voisinage chez les personnes de ma connaissance, je finis par chez la grosse Duchesse; chacun est étonné et ne sait rien. Je suis prête à me lever, je demande mes chevaux, je veux aller chez Mme de Beauvau et peut-être tout de suite à Gennevilliers. Ces premiers mouvements passés, je me calme et je me dis qu'il n'en résultera qu'une curiosité satisfaite, que la fatigue que je me donnerai ne sera utile à personne; je reste dans mon lit et je m'endors après avoir entendu de nouveau le canon, le Roi n'étant pas resté plus d'une demi-heure ou trois quarts d'heure au Parlement. On m'éveille sur les deux heures et l'on m'apporte un bulletin de la part de la grosse Duchesse, que je joindrai à cette lettre, que je reprendrai quand je saurai quelque chose de plus.

Ce mercredi 5.

Voilà votre lettre[1] qui arrive et qui ne me met point en train de continuer mon récit. Votre goutte fait un peu de diversion à ce sujet; je voudrais que vous vous contentassiez de savoir qu'il ne s'est agi que de l'affaire de M. d'Aiguillon. Le Roi a réprimandé son Parlement, a fait enlever les minutes, les grosses et toutes les pièces de la procédure, a défendu qu'il fût jamais plus question de cette affaire, et a ajouté à cette défense les plus sévères menaces, si l'on y contrevenait. Personne n'était averti de la résolution qu'avait prise le Roi, et ce ne fut que le dimanche à dix heures et demie du soir, au sortir du conseil, que le Roi déclara ce qu'il devait faire le lendemain matin. Il le dit à tout le monde et particulièrement au grand-papa, qui lui dit que, comme il ne lui était pas nécessaire dans cette occasion, il lui demandait s'il ne pouvait pas faire son petit voyage. Le Roi y consentit de bonne grâce. Le grand-papa partit le lendemain à six heures; il arrivera ce soir à neuf ou dix; la grand'maman revient aujourd'hui de Gennevilliers pour l'attendre: je souperai avec eux ce soir; il y aura Mmes de Beauvau et de Poix, et Mme de Choiseul qu'on appelle la petite sainte, le Prince de Bauffremont et le grand Abbé. Je recommencerai un journal puisqu'ils vous font plaisir, où je mettrai des particularités qui m'échappent aujourd'hui; dans ce moment-ci, je ne puis entrer dans des détails, votre goutte me trouble un peu la tête; j'attends de votre amitié que vous me donnerez de vos nouvelles plus souvent qu'à l'ordinaire, et que vous me direz exactement la vérité.

L'on fait aujourd'hui votre ballot, votre commission sera très bien faite et je me flatte que vous serez content. Je vous manderai le jour qu'il partira de Paris et vous serez averti si je le peux du jour qu'il arrivera à Calais et à Londres. Vous aurez huit fauteuils très semblables, il en est arrivé six d'Aubusson, ainsi on a pu les très bien assortir; voilà tout ce que vous aurez de moi aujourd'hui, je ne puis vous parler que du pur nécessaire. Adieu. Je ne vous envoie point le bulletin de Mme d'Aiguillon; il n'est pas exactement fidèle. Il y a un imprimé de tout ce qui s'est passé. Je vous l'enverrais si cela ne rendait pas mon paquet très gros. Je verrai avec votre cousin s'il y a quelque moyen de vous le faire parvenir.

P. S. à 6 heures.

Je vous envoie l'imprimé du Parlement.[2]

1. HW to D 31 Aug. 1770 (missing).   2. See Appendix 33.

To MADAME DU DEFFAND, Tuesday
4 September 1770, N° 51

Missing. Probably written at Strawberry Hill. Answered, 12 Sept.

To MADAME DU DEFFAND, Friday
7 September 1770, N° 52

Missing. Probably written at Strawberry Hill. Answered, 12 Sept.

To MADAME DU DEFFAND, Tuesday
11 September 1770, N° 53

Missing. Probably written at Strawberry Hill. Answered, 16 Sept.

From MADAME DU DEFFAND, Wednesday
12 September 1770

N° 53. Paris, ce mercredi 12 septembre 1770.

JE suis fort inquiète, je l'avoue, et quand cela devrait vous mettre en colère je ne puis pas m'empêcher de vous le dire. Voilà le troisième accès[1] depuis que je vous connais, et je n'oublierai jamais quel fut le premier, je n'y puis penser sans que la tête me tourne. Je sais que la goutte, pour l'ordinaire, n'est pas un mal dangereux, et peut-être si j'étais auprès de vous, ne serais-je pas inquiète, mais l'éloignement augmente (dans un esprit tel que le mien) tout ce qui peut troubler et inquiéter. Je fus fâchée dimanche de n'avoir point de vos nouvelles, mais je me persuadai que ce n'était point votre santé qui en était cause, je jugeais que si vous étiez malade vous me le manderiez, parce que je vous avais demandé pour toute grâce de ne me pas exposer à l'apprendre par d'autres; je jugeai donc au contraire que votre goutte n'avait point eu de suite, j'aurais voulu que vous me l'eussiez fait savoir, mais vous portant bien vous ne deviez pas naturellement m'écrire; enfin la lettre à votre nièce m'ap-

---

1. HW's previous attacks of the gout, during his acquaintance with Mme du Deffand, were in Oct. 1765, Sept. 1766 and Oct. 1768.

prend que vous souffrez, et il faut que je passe quatre ou cinq jours sans avoir de vos nouvelles, et il ne faut pas que je vous dise le chagrin que j'en ai. Voilà une nouvelle occasion et la plus difficile de toutes de me faire un effort pour ne vous pas déplaire; parlons donc d'autres choses.

Votre ballot est chez l'ambassadeur, il partira ces jours-ci pour Calais où il arrivera les premiers jours d'octobre. L'intendant de M. de Guines, qui s'appelle Boyer,[2] sera à la fin du mois à Londres, et il reviendra à Calais pour faire partir tous les bagages de son maître, il se charge de vous faire remettre votre ballot. Je crois que nos mesures sont parfaitement bien prises, et que vous serez content. Vous aurez soin des paquets de M. Chamier, je lui mande qu'ils sont dans votre caisse. Je vous envoie des sachets de ma façon, il me semble qu'il y a trois ou quatre ans que vous les trouvâtes bons.

Je soupe ce soir chez la grand'maman avec son mari, qui m'avait chargée d'y inviter votre cousine[3] et vos deux cousins;[4] il les aime beaucoup tous les deux, mais surtout Thomas, dont il ne cesse de faire l'éloge, et tous les deux de leur côté l'aiment infiniment. Il doit y avoir aussi M. Stanley, il est ici depuis quelques jours, je n'en ai point entendu parler, le grand-papa ne se soucie plus de lui.

J'eus hier à souper les oiseaux, avec les Princesses de Beauvau et de Poix, il y eut un assez gros vingt et un, auquel je ne pris point de part, je restai pendant le jeu à causer avec Pont-de-Veyle. Votre nièce soupait chez elle, elle avait été la maîtresse de venir chez moi, mais elle ne se soucia pas de souper avec Mme de Beauvau; je ne la pressai point de venir, mais Mme de Boufflers après souper envoya lui proposer de venir jouer et d'amener MM. Elliot et Douglas qui étaient avec elle; il n'y eut que M. Douglas[5] qui vint et qui perdit une centaine de louis qu'il avait gagnés la surveille. La société de ces oiseaux a quelque agrément, mais leur fureur pour le jeu me déplaît fort.

Quand j'aurai l'esprit tranquille je commencerai un journal, mais tant que je serai inquiète il me sera de toute impossibilité de m'en occuper.

Adieu, mon ami, sachez-moi gré de tout ce que je ravale.

2. Perhaps the M. Boyer whom HW met, 14 March 1766 (*Paris Jour.*).

3. Probably Mrs Cholmondeley; D sometimes calls her 'cousine' instead of 'nièce.'

4. Robert and Thomas Walpole.

5. Sylvester Douglas (1743–1823), cr. (1800) Bn Glenbervie, a friend of the Elliots and Mrs Cholmondeley. See his *Diaries*, ed. Bickley, 1928, ii. 84, 315.

To MADAME DU DEFFAND, Friday
14 September 1770, N° 54

Missing. Written at Strawberry Hill. Answered, 19 Sept.

To MADAME DU DEFFAND, Sunday
16 September 1770, N° 55

Missing. *Post* 27 Sept. 1770 dates this letter 16–17 Sept., but *Paris Journals* give 18 Sept. Written at Strawberry Hill.

From MADAME DU DEFFAND, Sunday
16 September 1770

Address: To Monsieur Monsieur Horace Walpole in Arlington Street near St James's *London* Angleterre.
Postmark: SE 21.

N° 54. Ce dimanche 16 septembre 1770.

OH! non, je n'augmenterai point vos inquiétudes en vous parlant des miennes; je me suis imposée une loi sévère sur tout ce qui vous regarde, je la suivrai à la dernière rigueur. Ce n'est pas y manquer que de vous dire que je suis touchée jusqu'aux larmes de l'effort que vous avez fait de m'écrire de la main gauche, et encore plus de la main droite. Je vois que le 11, malgré vos bottines, vous souffriez plus que jamais. J'attends de votre amitié, et de votre contentement de ma conduite, que vous m'aurez écrit ou fait écrire vendredi, et que j'aurai de vos nouvelles mercredi au plus tard. Vous ne me laisserez certainement pas huit jours complets dans l'incertitude. Depuis mardi dernier jusqu'à ce moment-ci j'ai eu tant soit peu de peine, mais c'est de quoi il ne faut pas parler.

Adieu, jusqu'à mardi ou mercredi, je ne puis pas croire que vous me fassiez attendre plus longtemps.

Au nom de Dieu, soyez tranquille, personne au monde ne sait ce qui se passe *dans ma tête,* je n'ose même pas vous dire dans mon cœur.

From Madame du Deffand, Wednesday
19 September 1770

Address: À Monsieur Monsieur Horace Walpole in Arlington Street near St James's *London Angleterre.*
Postmark: SE 23.

N° 55. Paris, ce mercredi 19 septembre 1770.

AH! oui, mon ami, je suis contente de vos attentions, mais je suis bien loin de l'être de votre état. Il n'y a point de danger, mais les souffrances sont horribles. Je craignais de n'avoir point de vos nouvelles aujourd'hui. J'aurais été bien inquiète; j'espère en avoir encore dimanche, et tous les ordinaires jusqu'à ce que vous soyez guéri; vous ferez après tout ce qui vous plaira. Dès que vous vous porterez bien je trouverai tout bon. Je compte bien à l'avenir me conduire si bien que vous ne me gronderez jamais; mais au nom de Dieu, que mon silence sur ce que je pense pour vous ne vous le fasse pas oublier, et plus j'aurai de discrétion, ayez aussi plus d'attention à prévenir mes inquiétudes. Je voudrais bien apprendre dimanche que vous n'ayez plus de douleurs. Cette attaque est bien forte, je crains l'impression qu'elle peut laisser. Il m'est impossible de vous parler de choses indifférentes. Dès que je vous saurai dans un état tranquille je commencerai ma causerie. Le grand-papa, la grand'maman, les Beau-vau, votre nièce, etc., soupèrent hier chez moi; depuis huit jours je soupe tous les soirs avec le grand-papa, cela durera jusqu'au 28 qu'il ira joindre sa sœur à Chanteloup, je serai alors tranquille sur votre santé, je réparerai le temps perdu, vous recevrez de moi des volumes.

Je compte que votre ballot est en route pour Calais. Adieu, mon bon et très bon ami; ne m'écrivez pas plus de trois lignes, mais que j'aie de vos nouvelles.

From Madame du Deffand, Sunday 23 September 1770

N° 56. Paris, ce dimanche 23 septembre.

JE commence, mon ami, par vous remercier avec toute la recon-naissance possible de votre exactitude, mais en même temps je me reproche la fatigue que je vous cause. Votre pauvre main n'est point en état d'écrire, et vous n'avez point la force de vous tenir à votre séant. Vous augmentez vos douleurs, et c'est pour moi que vous faites ces efforts; je vous demande en grâce jusqu'à votre parfait rétablissement de ne point écrire vous-même, dictez des bulletins en anglais, Wiart est assez savant pour les traduire, il n'a appris l'anglais que pour nous être utile dans l'occasion; si quelques mots l'embarrassaient, votre nièce n'est-elle pas là pour l'expliquer? Enfin, mon ami, ôtez-moi le scrupule et la crainte que j'ai d'augmenter votre mal. Vous n'avez point eu d'accès plus long que celui-ci, plus douloureux, et peut-être plus dangereux. Je me flatte cependant que vous ne me dissimulez rien. J'admire votre courage, mais vous me paraissez si peu attaché à la vie que vous me faites haïr la mienne; mais je ne veux point vous faire part de toutes mes pensées; je ne suis occupée qu'à éviter de vous déplaire. Quand vous vous porterez bien, vous me direz si vous êtes content de moi. Je n'ai pas la liberté d'esprit qu'il faut pour parler des choses indifférentes, j'ai la tête trop occupée pour qu'elles me fassent impression; et puis pourriez-vous vous en amuser ni vous y intéresser? Quand vous vous porterez bien, c'est-à-dire quand vous ne souffrirez plus, mon unique soin sera de vous mander tout ce que je croirai qui pourra vous amuser, je vous dirai seulement aujourd'hui que la cabale[1] ne me paraît pas faire de grands progrès; tous vos parents par adoption, et vos parents véritables, souperont chez moi après-demain mardi. Le vendredi d'ensuite le grand-papa ira trouver sa sœur à Chanteloup, où elle est établie avec Mme de Beauvau depuis hier, ils en reviendront tous le 7 ou le 8. Pendant ce voyage la grand'maman ira à Gennevilliers, ce qui me fâche, il est bien plus commode pour moi qu'elle soit à Paris. Le projet de votre nièce est toujours de s'en retourner à la fin du mois prochain. Que ne puis-je la reconduire?

Il faut que je vous dise encore un mot de votre santé; je conçois l'antipathie que vous avez pour les médecins, je pense de même, et puis la goutte n'est pas un mal de leur ressort, mais cependant je serais d'avis que vous consultassiez sur vos sueurs, je crains que vous ne les excitiez trop, et qu'elles ne vous causent un grand épuisement. Vous dites que vos nuits sont assez bonnes, mais n'y a-t-il pas plus d'accablement que de sommeil? je voudrais savoir quelle est votre nourriture. Pour moi, mon ami, je passe des nuits blanches, mais j'aime autant mes nuits que mes jours, tout ce qui m'environne m'importune plus qu'il ne me dissipe. Mes neveux de province, qui

1. The enemies of the Duc de Choiseul: d'Aiguillon, Terray, Maupeou, and Mme du Barry.

sont M. et Mme de Vichy,[2] sont arrivés ici pour quinze jours ou trois semaines, il faut leur rendre des soins, ce qui est fort ennuyeux. Vous êtes ravi d'être seul, vous pouvez avoir raison. Si j'étais dans l'habitation de votre comédienne[3] j'aurais bien de la peine à vous laisser jouir de ce bonheur, mais je suis bien hors de portée de vous importuner.

J'espère que mes lettres ne me font pas courir ce risque, souvenez-vous que je ne veux plus de vôtres tant qu'elles vous coûteront un effort, des bulletins en anglais, exactement deux fois la semaine jusqu'à votre rétablissement.

Adieu, mon véritable et unique ami.

To Madame du Deffand, Monday
24 September 1770, N° 56

Missing. *Post* 2 Oct. 1770 gives this date, but *Paris Journals* give 25 Sept. Written at Strawberry Hill.

To Madame du Deffand, Thursday
27 September 1770, N° 57

Missing. *Post* 2 Oct. 1770 gives this date, but *Paris Journals* give 28 Sept. Written at Strawberry Hill.

From Madame du Deffand, Thursday
27 September 1770

Address: To Monsieur Monsieur Horace Walpole in Arlington Street near St James's *London* Angleterre.
Postmark: OC 1.

N° 57. Paris, ce jeudi 27 septembre 1770.

WIART fut hier à la poste pour satisfaire mon impatience en avançant de quelques moments la réception de votre lettre; il n'y en avait point pour moi, il en rapporta deux pour votre nièce.

2. Abel - Claude - Marthe - Marie - Cécile (1740–93), Marquis de Vichy, later Comte de Champrond, shot by revolutionists, m. (1764) Claude-Josèphe-Marie de St-Georges (1742–75) (Woelmont de Brumagne ii. 1044–5). They stayed at the Hôtel de Mars, Rue de Richelieu (Pierre-Marie-Maurice-Henri, Marquis de Ségur, *Julie de Lespinasse* [1905], p. 593).

3. Mrs Clive's house, Little Strawberry Hill.

J'espérais qu'il y en avait une de vous, que vous auriez dictée, mais c'est ce que je ne pus apprendre qu'à neuf heures du soir, Mme Cholmondeley était allée dîner à Saint-Cloud. La journée fut difficile à passer, et le soir je n'appris rien. J'aurais mauvaise grâce et je serais injuste de soupçonner que ce soit oubli ou manque d'attention; les marques singulières d'amitié que vous m'avez données depuis que vous êtes malade, ne me permettent pas de le penser. Pourquoi donc n'ai-je point eu de lettres? Peut-être n'a-t-elle pas été mise exactement à la poste? Voilà ce que je me dis, mais qui ne me rassure pas, il faut que je reste jusqu'à dimanche dans cette incertitude. Par quelle nouvelle sera-t-elle terminée? Voilà ce qui me trouble la tête, souffrez cette expression sans vous fâcher, elle n'est point exagérée; votre lettre du 16 et du 17 est bien propre à donner de l'inquiétude. Vous savoir dans les souffrances et dans un état de faiblesse causé par des sueurs excessives, dénué de tout secours, vous applaudissant de n'avoir auprès de vous ni parent ni ami—comment voulez-vous que je ne sois pas dans les plus grandes alarmes? Dans quel état serez-vous quand vous recevrez cette lettre? Je ne puis croire qu'aucune de celles que je vous ai écrites depuis que vous êtes malade vous ait offensée, et que ce soit pour me punir que vous ne m'avez point écrit. Quelque chagrin que j'en eusse je le préférerais assurément à toute autre raison.

J'aurais pu ne vous point écrire aujourd'hui, peut-être l'aurais-je dû, cette lettre ne peut arriver que mal à propos; si vous vous portez mieux, comme je l'espère, elle vous déplaira, et si vous êtes plus mal . . . Je ne puis soutenir cette idée. Enfin, mon ami, pardonnez-moi, plaignez-moi, donnez-moi de vos nouvelles je vous supplie. Si vous recouvrez votre santé je vous dédommagerai de la tristesse de ces lettres-ci; enfin souffrez que je vous le dise, vous n'avez point de meilleure amie que moi.

From MADAME DU DEFFAND, Sunday 30 September 1770

Address: To Monsieur Monsieur Horace Walpole in Arlington Street near St James's *London* Angleterre.
Postmark: OC 5.

Ce dimanche 30 septembre 1770.

VOUS serez fatigué de mes lettres, mais comment voulez-vous que je fasse? Je ne puis rester sans rien dire. Les dernières nouvelles que j'ai de vous, sont du 17, je les reçus le 22. Le mercredi 25 la poste ne m'apporta rien; aujourd'hui 30 il n'y a point de courrier. S'il faut pour vous plaire et vous contenter attendre avec patience, j'avoue que je suis très coupable, car on ne peut être plus inquiète et plus impatiente que je le suis; il vous appartenait de me faire désirer d'abréger ma vie, j'en retrancherais volontiers tous les jours où je suis dans l'attente. Comment pourrais-je n'être pas inquiète? vous n'êtes point mécontent de moi, ce n'est pas par humeur ni fâcherie que vous ne m'avez point donné de vos nouvelles; il faut donc que vous soyez plus malade et que vous n'ayez pas été en état d'écrire ou de dicter; jugez de mon état; je renferme tout ce que je sens en moi-même, cela ne me fait pas de bien, je vous jure.

J'espère que le courrier qui devait arriver aujourd'hui arrivera demain, mais ce ne sera qu'après que notre courrier sera parti.

Je ne vous en dirai pas davantage.

To Madame du Deffand, Tuesday 2 October 1770, N° 58

Missing. Written at Strawberry Hill. Answered, 9 Oct.

From Madame du Deffand, Tuesday 2 October 1770

N° 59. Paris, ce mardi 2 octobre 1770.

ENFIN, vous voilà en convalescence, il en était temps; cet accès-ci a été d'une furieuse longueur, les douleurs horribles, et les sueurs si excessives qu'il vous faudra bien du temps pour recouvrer vos forces, et ce que je trouve encore de bien fâcheux, c'est la forte impression de tristesse qui s'empare de votre âme; vous prévoyez que vous passerez votre vie dans les souffrances. Mais, mon ami, n'y aurait-il pas moyen de les prévenir? le lait vous est-il contraire? Je connais des goutteux qui se sont guéris en s'y mettant pour toute nourriture. Vous ne pouvez rien ajouter à votre régime, vous ne buvez point de vin, vous mangez peu et des choses saines, malgré cela votre sang est très-âcre; il faudrait donc essayer des aliments qui pourraient l'adoucir. Je ne puis soutenir l'idée qu'il n'y ait point de remède pour vous; ce dernier accident a été le plus long de tous, mais il n'a pas été le plus effrayant. Il y a quatre ans que vous fûtes à la mort, je craignais bien qu'il n'en arrivât de même cette fois-ci, et ce vendredi

21, où vous ne voulûtes pas m'écrire, m'alarma bien. La dernière lettre[1] m'avait appris une sueur de quinze heures qui ne vous avait pas soulagé, je crus tout perdu, je vous l'avoue, et pour mettre le comble à mon inquiétude, votre lettre du 24 que j'aurais dû recevoir le 29 n'est arrivée qu'aujourd'hui avec celle du 27. Il faut oublier tout cela, et même vos injustices; permettez-moi seulement de vous dire que vous êtes par trop sévère, et que la phrase que vous me reprochez est la plus simple du monde; si elle a un défaut c'est celui d'être trop commune. Comment pouvez-vous jamais prendre en mauvaise part *je suis fort inquiète, je l'avoue, et quand cela devrait vous mettre en colère, je ne puis m'empêcher de vous le dire?*[2]

Si ç'a été la raison qui vous a empêché de m'écrire, vous conviendrez que la peine n'a pas été proportionnée au délit. Ne soyez plus injuste pour moi, mon ami, je vous le demande en grâce, je suis devenue raisonnable au point d'en être étonnée. Oh! il est vrai que rien n'est impossible à la parfaite amitié, mais ne parlons pas de cela.

Le petit Craufurd est ici depuis avant-hier; il convient qu'il se porte mieux; il parle de ses vapeurs passées comme en étant guéri, mais moi, je suis persuadée qu'elles ne sont qu'interrompues. Il a un caractère qui le rendra malheureux toute sa vie, je le plains bien plus que je ne le critique; s'il pouvait s'attacher à quelqu'un comme vous et qu'il pût s'en faire un ami véritable, ce serait un moyen sûr pour guérir son âme, et son corps s'en trouverait bien. Il a besoin de s'attacher et il ne sait où se prendre; personne ne s'intéresse assez à lui pour plaindre ses faiblesses, pour supporter son humeur, il est malheureux et le sera vraisemblablement toujours. C'est grand dommage, car il a bien de l'esprit, bien des vertus, et le cœur excellent. Il a passé par Ferney, a soupé et couché chez Voltaire, qui se porte à merveille, et qui lui a beaucoup parlé de moi, à ce qu'il dit. Je lui dois une réponse[3] depuis près d'un mois, et je ne me sens pas le courage de lui écrire; vous avez le privilège exclusif d'être ennuyé de mes écritures, je ne saurais m'amuser ni m'occuper de ce qui ne m'intéresse point.

Je reçus l'autre jour une lettre de M. de l'Isle,[4] qui est à Bour-

1. HW to D 27 Sept. 1770 (missing).
2. The beginning of *ante* 12 Sept. 1770.
3. D answered Voltaire's letter of 8 Aug. on 5 Oct. 1770 (Voltaire, *Œuvres* xlvii. 165, 215).

4. See Appendix 34. This letter is with the MS, and is copied in D's MS *Recueil de lettres.*

bonne avec Mme du Châtelet, j'ai envie de vous l'envoyer parce que
je la trouve très jolie, vous avez du temps de reste ne pouvant pas
vous promener, et c'est le moment où l'on peut hasarder de vous conter des fagots.

La grand'maman est à Gennevilliers depuis le 27 du mois passé;
j'y allai souper ce même jour avec un nouvel évêque[5] qui est une
nouvelle connaissance, il est très aimable, fort doux, fort gai, d'une
conversation facile, il vous plairait.

Le samedi 29 second voyage avec le même évêque et avec celui
d'Arras, celui-ci n'est pas si agréable, mais il a beaucoup de bon sens
et de bonté.

Le lundi qui était hier troisième voyage avec votre nièce et vos
deux cousins. Demain sera le quatrième et dernier voyage. J'irai en
compagnie de votre nièce, de l'Abbé d'Aydie[6] et de M. de Creutz.
La grand'maman revient jeudi, son mari qui est à Chanteloup depuis
le 28, en reviendra vendredi 5, il ira à Fontainebleau au commencement de la semaine prochaine, le Roi y va le 8, et la grand'maman
ira le même jour avec le Prince de Bauffremont et le grand Abbé à
la Roche-Guyon[7] chez Mme d'Anville, elle n'en reviendra que le samedi 13. Son mari a la plus brillante cour à Chanteloup, il n'y a que
cinq femmes, mais vingt-cinq ou trente hommes. Ce baromètre n'annonce point l'orage, il est entre le variable et le beau temps. Les
femmes sont Mmes de Gramont, de Beauvau, de Tessé, d'Amblimont,[8] et une *Mlle du Hamel,*[9] parente des Choiseul, *qu'on dit être
fort jolie, et qu'on croit que Mme de Gramont gardera auprès d'elle.*
Dans l'instant que je vous écris ceci, il me vient une idée que je crois
véritable, bon droit a besoin d'aide, et pour qu'on n'en cherche pas
ailleurs, il n'est pas mal à propos qu'on puisse le trouver chez soi. J'ai
cherché à mieux m'expliquer, j'aurais voulu citer un exemple, mais
je n'en ai pu trouver, j'espère que vous me comprenez.

5. Jérôme-Marie Champion de Cicé
(1735–1810) had been made Bishop of Ro-
dez, June 1770 (*Rép. de la Gazette*).

6. François-Odet (1703–94), Abbé d'Aydie (Woelmont de Brumagne vi. 70). He
is not to be confused with D's old friend,
the Chevalier d'Aydie (d. 1768) (Eugène
Asse, *Lettres de Mlle d'Aïssé,* 1873, p. 393,
n. 3).

7. The Duchesse d'Anville lived in the
ancestral castle of the La Rochefoucaulds
at la Roche-Guyon on the Seine, north-
west of Paris.

8. Marie-Anne de Chaumont de Quitry
(1736–1812), m. (1754) Claude-Marguerite-
François Renart de Fuchsamberg, Comte
d'Amblimont (Woelmont de Brumagne
iii. 205).

9. See *ante* 29 Jan. 1770, n. 9.

En voilà assez pour aujourd'hui. Vos cousins souperont ce soir chez moi, s'ils ont une occasion pour faire partir cette lettre je la continuerai demain, s'ils n'en ont pas, je vous dis adieu, je ne veux pas vous envoyer de si gros paquets par la voie ordinaire.

Ce mercredi.

Le cadet des cousins se charge de mon paquet, ainsi je puis sans ménagement le rendre aussi considérable qu'il me plaira, cela me détermine à vous envoyer la lettre de M. de l'Isle, et le réquisitoire[10] de M. Séguier, que le parlement avait défendu d'imprimer et dont la cour ordonna l'impression et le fit crier dans les rues; cela vous expliquera la plaisanterie de M. de l'Isle, rien n'est plus singulier que de donner au public l'extrait d'un livre qu'on a fait brûler par la main du bourreau. Ce fait et toute la conduite de l'affaire de M. d'Aiguillon est dépourvu de bon sens.

Je comprends, mon ami, que quand on a la goutte comme vous l'avez eue on ne s'intéresse à rien et que les bruits de guerre[11] ne vous ont pas fait grande impression; pour moi ils achèvent de m'accabler; il y a cependant beaucoup d'espérance qu'ils ne se réaliseront pas, mais l'espérance ne m'est pas de grande ressource, je ne m'y livre guère.

Il faut que je vous conte une chose assez plaisante. La dernière fois que le grand-papa soupa chez moi, nous parlâmes de ces bruits de guerre; je proposai de tirer dans les sibylles pour savoir si la crainte était bien fondée, et voici la réponse qu'on trouva:[12]

> Sans appréhender d'accident,
> Tu peux de tout côté voyager sur la terre;
> Mais il n'est pas certain que tu ne trouves guerre
> Dessus l'empire du trident.

Le grand-papa voulut tirer sur la question, *si la fille est pucelle.* Je cherchai à deviner à quelle fille il pouvait penser, il ne s'en présenta aucune à mon idée, mais ce que je vous ai mandé[13] sur le voyage de

---

10. See *ante* 6 Aug. 1770, n. 39.

11. The Duc de Choiseul hoped to retain his power by engaging France in a maritime war, preferably with England (Jean-Charles-Dominique de Lacretelle, *Histoire de France*, 1810, iv. 245). D wrote to the Chevalier de l'Isle, 30 Sept. 1770,

'J'espère qu'il [HW] ne deviendra point notre ennemi, et que le ministre de la guerre [Choiseul] le deviendra de la paix' (D's *Correspondance*, ed. Mathurin-François-Adolphe de Lescure, 1865, ii. 98).

12. Not found.

13. About Mlle du Hamel (see above).

Chanteloup m'a donné le mot de l'énigme. Je ne sais si la grand'maman l'imagine; cela pourrait bien être. Nul n'est heureux, mon ami, mais les deux plus grands malheurs, et peut-être les seuls, ce sont les douleurs pour le corps et l'ennui pour l'âme, mais pour ce dernier vous prétendez ne le pas connaître; c'est que rien ne vous est nécessaire; je vous en félicite et vous porte bien envie.

Mon ami Pont-de-Veyle est bien triste, sa bonne amie Mme de Bezons vient de mourir;[14] il est si peu accoutumé au chagrin qu'il fait (à ce que dit Mme de Luxembourg) tout ce qu'il peut pour se consoler. En effet il a été à l'Isle-Adam, et puis à Pontchartrain, et puis il retournera à l'Isle-Adam, et enfin il en fera tant qu'il ne s'en souviendra plus. Les caractères sont aussi différents que les visages, je ne sais pas lequel vaut le mieux pour soi, je sais bien celui qu'on aime le mieux dans les autres et j'en dirais de bonnes sur cela si j'osais.

Vous ne sauriez lire, dites-vous; ah! je le comprends bien, cependant, dans ce moment-ci, je fais une lecture qui m'amuse assez, c'est l'*Histoire de Louis XIII* par Le Vassor; il en faut passer les trois quarts, mais comme il y a des sommaires marginaux, on choisit ce qu'on veut lire; si on retranchait les trois quarts de ce livre on en ferait un ouvrage excellent. J'ai trouvé un très bon lecteur, c'est un Invalide[15] qui vient chez moi sur les six ou sept heures du matin et qui me lit quatre heures de suite, il lit bien et avec intelligence. En lisant l'autre jour l'exécution de M. de Chalais,[16] tout d'un coup il s'écria, 'Comment peut-on appeler le Cardinal de Richelieu un grand homme? C'est un monstre. Je n'entre jamais dans l'église de Saint-Louis du Louvre[17] parce qu'on y a placé sa statue.'

14. She died 4 Sept. 1770 (*Rép. de la Gazette*).

15. Pétry (see D to Mme de Choiseul 30 June 1776, S–A iii. 226). 'Mme du Deffand had an old soldier from the *Hôpital des Invalides* at Paris, who came and read aloud to her every morning before her servants were up' (B). In the last year of her life, she had four lackeys who also took turns reading to her (see *post* 20 April 1780). Pétry was Nicolas-Antoine Pétry. He was born about 1734, and was, therefore, hardly old. He was a native of Paris, was married to Marie Anne Ladbury, was admitted to the Invalides in 1765 and died in 1812 (Archives of the Invalides, Reg. 75, Reg. 138 p. 138, Reg. 228 p. 42 verso, Reg. 'Successions,' f. 171, No. 1078); information supplied through the kind offices of General Daille.

16. Henri de Talleyrand (1599–1626), Comte de Chalais. He was involved in the quarrels between Richelieu and Gaston of Orléans, and planned the assassination of the former; he was arrested and executed at Richelieu's command.

17. HW had visited St-Louis du Louvre, 4 Dec. 1765 (*Paris Jour.*). It was a new church, completed in 1744, situated on the Rue St-Thomas-du-Louvre (*Dict. de Paris*).

Vous conviendrez, mon ami, qu'il faut que je vous croie bien désœuvré pour vous dire tant de bagatelles; on croit se rapprocher des gens quand on leur écrit ce qu'on leur raconterait; et puis n'êtes vous pas le maître de me faire taire, et n'êtes-vous pas sûr de me soumettre à tout ce qui vous plaît?

Voulez-vous des nouvelles à peu près aussi intéressantes que tout ce que je vous viens de dire?

Mme du Barry dîna hier à quatre heures après midi chez M. de la Vallière[18] avec Mmes de Mirepoix, de Valentinois, de Montmorency, de l'Hôpital, de Mazarin, MM. le Chancelier, l'Abbé Terray, d'Aiguillon, et nombre de courtisans; toutes les dames allaient coucher à Choisy où le Roi restera jusqu'à lundi qu'il se rendra à Fontainebleau. Mme de Mirepoix se dispense de temps en temps des voyages, elle a pris une maison de campagne qu'on appelle le Port-à-l'Anglois, qui n'est pas fort éloignée de Choisy, elle y va souvent; elle m'y invite fort à l'y aller voir, je n'y ai point encore été, mais je pourrai bien y aller la semaine prochaine si elle ne part pas d'abord pour Fontainebleau.

Je voudrais bien, mon ami, avoir encore de vos nouvelles dimanche qui pussent me confirmer votre convalescence.

Adieu, je vous quitte à regret, mais je me reproche d'avoir abusé de votre patience.

Je ne sais pas bon gré à M. de l'Isle de mettre Milord Holdernesse à côté de vous.

P.S.—Je viens de manier le réquisitoire, je le trouve trop gros pour le mettre dans mon paquet, qui doit vraisemblablement entrer dans celui de votre cousin, je vous l'enverrai par le premier Anglais qui partira.

Vous devez recevoir incessamment votre ballot; quand vous serez à Londres, ne manquez pas d'envoyer chez l'ambassadeur, faites-les demander à M. Boyer, son intendant, il y a pour lettre initiale un T. A., qui veut dire tapisserie d'Aubusson.

To Madame du Deffand, Friday 5 October 1770, N° 59

Missing. Written at Strawberry Hill. Answered, 9 Oct.

18. Louis-César de la Baume le Blanc (1708–80), Duc de la Vallière.

From Madame du Deffand, Tuesday 9 October 1770

Nº 60. Paris, ce mardi 9 octobre 1770.

SI j'étais aussi déraisonnable que vous, vous n'entendriez plus parler de moi. La lettre que je reçois[1] dans ce moment est si offensante, et si j'osais, je dirais, si extravagante, que je la jetterais au feu sans y répondre. Je fais serment que j'ai gardé le plus profond silence sur l'inquiétude que m'a donnée votre maladie; que je n'ai point prié votre nièce d'écrire,[2] que c'est par vous que j'apprends qu'elle a écrit, que je ne suis nullement en confidence avec elle, et que je pousserai la discrétion jusqu'à ne lui point parler du chagrin qu'elle m'attire.

On vous a dit que j'étais la plus exigeante créature qu'il y ait au monde; on vous aura bien dit d'autre mal de moi si vous vous êtes prêté à les entendre. Si vous les croyez, il faut finir une liaison qui vous cause tant d'importunité, et vous fait appréhender tant de honte. Je n'ai jamais prétendu jouer de rôle en ma vie, et celui par où je commencerais dans ce doux commerce avec vous ne serait point du tout de mon goût. J'ai eu pour vous une amitié véritable et j'ai cru avoir trouvé en vous un parfait ami. Je n'ai rien à me reprocher qui ait dû me faire perdre votre estime et votre amitié, mais je vois que vous aviez raison quand vous m'avez tant de fois répété qu'il n'y avait point d'amis;[3] je me persuadais (et j'avais grand tort) que vous, ainsi que moi, devions en être exceptés. Enfin, je vais me ranger, ainsi que vous, dans l'ordre général.

Vous saurez par votre nièce, quand vous la verrez, si j'ai su qu'elle avait écrit, et si je lui ai fait des reproches d'avoir écrit. Je ne profanerai plus votre nom en le faisant sortir de ma bouche. Je comptais si peu sur une correspondance de deux fois la semaine que je n'avais point encore répondu à votre lettre que je reçus dimanche;[4] je devais y répondre jeudi et vous faire remarquer que j'étais la première à reprendre la règle des huit jours.

Adieu, Monsieur, il me semble que vous auriez pu finir d'une manière plus honnête.

1. HW to D 5 Oct. 1770 (missing).
2. Missing.
3. 'Mes amis, il n'y a point d'amis.' D

attributes this quotation to Socrates (see *ante* 18 Jan. 1767, and 11 March 1768).
4. HW to D 2 Oct. 1770 (missing).

Ce mercredi 10.

Je viens de relire votre lettre;[5] je trouve que la réponse que je fis hier n'est pas suffisante, il faut que je vous fasse une question. Si par hasard vous vous trompiez et que je ne jouasse pas un rôle, que je sentisse tout ce que je dis et j'écris, n'auriez-vous pas quelque honte et quelque remords de la façon dont vous me traitez? Je n'entrerai point en explication sur mes sentiments, je me bornerai seulement à justifier ma conduite dans votre dernière maladie. Je vous ai caché autant qu'il m'a été possible l'excès de mon inquiétude, je ne vous parlais que de ma reconnaissance pour vos attentions dont j'étais pénétrée jusqu'au fond de l'âme: je n'ai point laissé voir ma douleur, pas plus à votre nièce qu'à d'autres, mais je vous ai raconté, je crois, dans une de mes lettres,[6] qu'ayant appris un samedi que vous aviez eu une sueur qui avait duré quinze heures, que vous n'en aviez point été soulagé, et que votre faiblesse était extrême, j'attendais avec une grande impatience les nouvelles du mercredi; qu'elles manquèrent ce jour-là, que votre nièce n'étant pas chez elle, le facteur remit à Wiart deux lettres qu'il lui apportait. J'avoue que quand elle fut de retour je lui demandai avec empressement si elle n'apprenait rien de vous, imaginant que vous auriez pu dicter une lettre comme vous aviez déjà fait.

Voilà exactement ce qui s'est passé et rien de plus, je n'employai aucune insinuation pour qu'elle s'informât à qui que ce soit de vos nouvelles, et elle ne m'a pas dit un mot qui pût me faire soupçonner ce qu'elle avait fait. Ce détail est fort long, mais comme toute votre fureur roule sur ce prétendu crime il m'est important de m'en justifier.

À présent, Monsieur, il me reste à vous dire que si votre correspondance a le pouvoir d'écarter l'ennui, ce n'est pas le motif qui me la fait rechercher, ce n'est pas la vanité non plus; vos lettres sont bien plus propres à m'humilier qu'à m'inspirer une vaine gloire. Vous m'avez assez reproché l'artifice et le manège. Enfin il y a peu de défauts et de vices que vous n'ayez découvert en moi. Vous vous faites illusion, Monsieur, vous ne pensez pas aussi mal de moi que vous voulez me le faire croire. Mais ou vous n'avez plus d'amitié pour moi, ou vous rougissez d'en avoir. Je ne suis pas à l'abri de l'impression d'une plaisanterie faite contre moi; mon âge et les malheurs qui

5. HW to D 5 Oct. 1770 (missing).   6. *Ante* 27 Sept. 1770.

y sont joints sont une belle occasion pour les sots et les mauvais cœurs de vous plaisanter sur notre liaison. L'ombre d'un ridicule suffit pour vous faire renoncer à l'amie la plus véritable que vous ayez jamais eue et que vous puissiez jamais avoir. Cependant, si vous êtes persuadé que je joue un rôle, vous n'avez point d'autre parti à prendre que de me laisser là. Mais, Monsieur, si vous vous trompiez, n'auriez-vous pas à vous reprocher toute votre vie d'avoir mis le comble aux malheurs des derniers jours de la mienne?

To Madame du Deffand, Tuesday 16 October 1770, N° 60

Missing. Written at Arlington Street. Answered, 21 Oct.

From Madame du Deffand, Sunday 21 October 1770

Memoranda by HW (unexplained):

Mr Raftor[1]	Mme du Deffand
Gardiner	*Mémoires*
Locksmith	Painters heads
*Mr Franks[2]	Parcels of my
*Lady Waldegrave	works to town

N° 61. Ce dimanche 21 octobre 1770.

J'ACCEPTE sans balancer, Monsieur, les conditions que vous me faites, jamais vous ne trouverez dans aucune de mes lettres ce détestable mot.[3] Souffrez seulement que je vous dise que la lettre[4] que j'ai reçue de vous avant celle-ci a été comme une pierre qui m'a tombé sur la tête, et que jamais querelle n'a été moins méritée.

1. Mrs Clive's brother, James Raftor (d. 1790) (COLE ii. 373).

2. Names marked * are crossed out in the MS. This was Moses Franks (1718–89) (ibid.).

3. Probably 'amitié' in *ante* 2 Oct. 1770,

a conjecture strengthened by D's reference (*post* 5 Nov. 1770) to the impossibility of a friendship between HW and Craufurd.

4. HW to D 5 Oct. 1770 (missing); 'celle-ci' is HW to D 16 Oct. 1770 (missing).

Je finis, Monsieur, j'ai la tête trop troublée pour en dire davantage. J'espère que vous ne refuserez pas de me donner de vos nouvelles.

Adieu, mon cher Monsieur Walpole.

To Madame du Deffand, Monday
29 October 1770, Nº 61

Missing. Probably written at Arlington Street. Answered, 5 Nov.

From Madame du Deffand, Monday 5 November 1770

Paris, ce lundi 5 novembre.

VOTRE dernière lettre[1] est d'un style un peu plus doux que les deux précédentes, mais pour ces deux-là[2] elles sont si épouvantables qu'il m'est impossible de les garder. Que ne les brûlez-vous, me direz-vous? Non, non, je ne veux pas même en avoir les cendres; il faut qu'elles retournent d'où elles sont parties et qu'elles vous donnent des remords quand vous les relirez de sang-froid. Si je ne vous connaissais pas pour la personne la plus vraie qu'il y ait dans le monde, la plus incapable d'art et la moins faite pour chercher des prétextes, je croirais que la querelle que vous m'avez faite n'était pas de bonne foi. Mes *vacarmes,* mes *violences, cette lettre de votre nièce,* tout cela sont des crimes supposés, je n'ai fait part de mes inquiétudes à personne, je vous les ai cachées autant qu'il m'était possible, je vous priais de ne me point écrire, je ne vous demandais que des bulletins; votre nièce a la fantaisie d'écrire sans insinuation ni instigation de ma part et tout est perdu. Vous ne me croyez pas quand je vous dis que c'est à mon insu; cela est si vrai pourtant qu'elle ne sait pas un mot de tout ceci. Je ne parle point de vous et il me serait impossible d'en parler, je croirais lire dans la pensée de ceux à qui je parlerais qu'ils se moquent de moi et qu'ils se disent, 'Elle est bien sotte et bien vaine de s'occuper tant de quelqu'un qui ne s'occupe guère d'elle'; ainsi ce n'est pas seulement pour vous obéir que je ne parle point de vous, mais c'est par ma propre volonté; fiez-vous à mon amour-propre de mon silence si vous ne voulez pas en faire honneur

1. HW to D 29 Oct. 1770 (missing).   2. HW to D 5 Oct. and 16 Oct. 1770 (missing).

à ma discrétion. Mais enfin tout cela est fini, s'il plaît à Dieu, et je suis très réellement déterminée à ne vous plus tourmenter de façon quelconque, vous m'écrirez tant et si peu qu'il vous plaira; ne trouvez pas mauvais s'il m'est agréable que ce soit souvent, mais ne pensez jamais que vos maladies puissent être *les bienvenues* comme étant une occasion de rendre notre correspondance plus fréquente; ce n'est pas dans ces moments-là que je cherche à me désennuyer.

Je compte que présentement vous vous portez bien et j'espère que c'est pour toujours, mais si par malheur vous étiez encore malade je vous donne ma parole d'honneur de vous cacher mon inquiétude, promettez-moi à votre tour de n'avoir pas la dureté de ne me pas donner de vos nouvelles.

Votre nièce part jeudi 8 de ce mois, elle est charmée de retourner dans sa patrie, d'aller retrouver sa famille, ses amis; rien n'est plus naturel; j'ai beaucoup de regret de la perdre, mais ne pouvant pas la garder il aurait été heureux pour moi qu'elle fût partie il y a trois mois, j'aurais évité beaucoup de chagrins. Je crois qu'elle est contente de son séjour ici, elle a plu à tous ceux qui l'ont connue, elle a reçu des marques d'estime et de considération de tout le monde, en particulier de la grand'maman, puis de Mme de Jonzac, de Mme d'Aiguillon, de Mme de la Vallière, des oiseaux, etc., etc. Si vous avez quelque curiosité de la vie que nous menons elle pourra vous instruire; elle a de quoi vous entretenir longtemps si cela vous amuse.

Je ne sais si vous avez vu le petit Craufurd, il est parti il y a dix ou douze jours, plus malade, plus triste que jamais. Ah! je n'ai point le projet de former une liaison entre vous et lui, mais comme je lui veux du bien je voudrais qu'il eût un ami aussi sensé, aussi sensible, et aussi estimable que vous, mais c'est lui souhaiter la chose impossible.

Je suis charmée que vous soyez content de votre commission, j'en étais inquiète. Je n'ai point voulu me faire payer avant de savoir que vous l'eussiez reçue; Wiart a été chez M. Lambert et il vous enverra les quittances. Employez-moi à tout ce qui vous conviendra, vous ne sauriez douter du plaisir que j'aurai à vous rendre service.

Il faut à l'avenir, pour rendre notre commerce plus facile et plus agréable, que vous m'interrogiez sur les choses que vous aurez la fantaisie de savoir; je n'oserais vous raconter de moi-même toutes sortes de bagatelles, j'aurais la crainte de vous ennuyer; pour vous, vous devez être sûr que tout ce que vous me manderez me sera toujours très agréable. J'ai lu ce matin dans notre gazette que M. Conway avait le régiment des gardes bleus de M. Granby[3] cela m'a fait plaisir.

Adieu, j'ajouterai peut-être à cette lettre, votre nièce ne devant partir que jeudi.

Ce mardi 6.

Je soupai hier avec le grand-papa, il m'a prêté un livre que j'aurais bien du plaisir à vous faire voir, les mémoires de feu Monsieur le Duc de Saint-Simon,[4] qui sont remplis d'anecdotes curieuses des dernières années de Louis XIV et de la Régence.

Vous ne recevrez cette lettre que le 13 ou le 14, je n'en attends la réponse que le 20 ou le 21. Ne me tenez point rigueur, je vous prie, ayez la complaisance de me dire un mot de votre santé.

Ce mercredi 7.

Ce n'est que pour vous dire que je n'ai rien à vous dire. Je sors cet après-dîner avec votre nièce pour lui faire achever ses adieux. J'aurai ce soir à souper les personnes qui l'aiment le mieux, et demain elle partira à sept heures.

To MADAME DU DEFFAND, Tuesday
6 November 1770, N° 62

Missing. Probably written at Arlington Street. Answered, 14 Nov.

To MADAME DU DEFFAND, Tuesday
13 November 1770, N° 63

Two fragments: B ii. 107 n. and a sentence quoted by D in her reply *post* 21 Nov. 1770. Written at Arlington Street.

VOUS cherchez souvent des lectures amusantes, j'en fais une actuellement qui me plaît extraordinairement, mais que peut-être vous avez faite. C'est l'*Histoire des Chevaliers de Malte,* par

---

3. Lord Granby died 18 Oct. 1770. 'Mr Conway has succeeded Lord Granby as Colonel of the Blues, the most agreeable post in the army' (HW to Mann 12 Nov. 1770).

4. Louis de Rouvroy (1675–1755), Duc

de Saint-Simon. His *Mémoires* were published in fragmentary form by Soulavie in 1788, and more completely by the Marquis de Saint-Simon, 1829–30 (Gustave Lanson, *Manuel bibliographique,* 1931, p. 903; Bibl. Nat. Cat.). For a history of the Saint-

l'Abbé Vertot.[1] J'avais lu ses *Révolutions*[2] (excepté celles de Rome) il y a longtemps que les Grecs et les Romains m'ennuient à la mort,[3] mais je ne sais pas pourquoi j'avais mauvaise opinion de son *Histoire de Malte,* comme ne devant contenir qu'un mélange de dévotion et de guerres barbares. Pendant la goutte je voulais la lire, m'attendant à y trouver quelque sujet de tragédie. J'en fus frappé. C'est le livre du monde le plus amusant, des histoires qui se succèdent rapidement, des anecdotes, une revue de tous les événements du dernier siècle qui se trouvent liés avec cette histoire; et le tout conté dans le style le plus clair, le plus facile, et le plus coulant, et ce qui est encore plus surprenant, nulle superstition, point de bigoterie, et du romanesque guère. Enfin, j'en suis charmé, et si vous ne l'avez point lu, ou si vous l'avez oublié, je vous prie de la lire.

Le courrier d'Espagne[4] doit nous apporter ou la paix ou la guerre, j'espère bien que ce sera la dernière.

From Madame du Deffand, Wednesday 14 November 1770

N° 64. De Paris, ce mercredi 14 novembre 1770.

QUAND vous recevrez celle-ci, vous en aurez eu sans doute une autre par madame votre nièce,[1] j'ai préféré de l'en charger plutôt que de vous l'envoyer par la poste. Vous en aurez compris aisément la raison.[2] Vous aurez été assez longtemps sans avoir de mes nouvelles, mais cet arrangement en est la cause.

Simon MSS, see Armand Baschet, *Le Duc de Saint-Simon,* 1874; also *post* 27 June 1771.

———

1. 'Abbé de Vertot' in Toynbee. René Aubert de Vertot (1655–1735) wrote *L'Histoire des chevaliers hospitaliers de St Jean de Jérusalem . . . chevaliers de Malte,* 1726. HW's copy, 5 vols, 1726, was sold SH v. 171, and is now WSL. It contains no notes by HW, but has several of his pencilled marginalia. D's copy was apparently in 18 vols 12mo (Appendix 2).

2. Vertot wrote *L'Histoire de la conjuration de Portugal* (called, after 1711, *Révolutions de Portugal*), *L'Histoire des révolutions de Suède,* and *Révolutions romaines.* HW had English translations of all three: *Revolutions in Portugal,* 1712; *Revolutions in Sweden,* 1716 (apparently the 4th ed. of Mitchell's translation); and *Revolutions of Rome,* tr. Ozell, 2 vols, 1720; the first and last of these were SH iii. 92 (see also MS Cat. and BM Cat.).

3. T ends the parenthesis here.

4. The courier arrived 19 Nov. 1770. England and Spain had disputed the ownership of the Falkland Islands, but they finally came to an agreement in 1771. The news which the courier brought was unsatisfactory, and it was not until several weeks later that the fear of war was ended (see *Mem. of Geo. III* iv. 136; HW to Mann 26 Nov. 1770).

———

1. *Ante* 5 Nov. 1770.

2. Since D's letter was a very personal one, describing her relations with HW, she

Mme Cholmondeley partit jeudi dernier 8 du mois, elle fit le plus beau départ du monde, elle s'attendrit, elle nous toucha, il y eut de part et d'autre des larmes répandues; c'est une femme très aimable et qui a bien des moyens de plaire, de l'esprit, de la sensibilité, quelquefois de la gaîté, de la grâce, de la noblesse, et encore d'autres bonnes qualités; j'avais beaucoup de goût pour elle, je la regrette. Vous apprendrez par elle tout ce que vous aurez envie de savoir, vous pouvez être assuré qu'elle n'a reçu de moi aucune instruction, et que par delà le paquet que je l'ai priée de vous remettre je ne lui ai dit rien de plus, mais la grand'maman et Mme de Jonzac l'ont chargée de bien de choses pour vous; elle doit être fort contente de ces deux dames, et puis de tout le monde en général.

Ce fut hier que je reçus votre lettre du 6, parce que la poste avait retardé de deux jours; je n'en espère pas aujourd'hui du 9, vous ne deviez m'écrire, me mandez-vous, qu'en cas que vous eussiez reçu de mes lettres, et cette lettre sur laquelle vous pouviez compter est celle que j'ai donnée à votre nièce.

Je ne vis point monsieur votre cousin[3] avant son départ. Le grand-papa l'aime à la folie. Ce que vous me dites du petit Craufurd me fait de la peine, c'est un homme radicalement malheureux; il l'est par sa santé, par son caractère, et il y ajoutera par la mauvaise fortune, car je prévois qu'il se ruinera; cela est bien fâcheux, d'autant plus que c'est sans remède.

Vous allez avoir la tête bien remplie. Malgré l'indifférence que vous croyez avoir pour toutes choses, je répondrais bien qu'elle ne s'étendra pas sur les affaires du gouvernement, et sur l'intérêt que peuvent y avoir vos amis. Je suis extrêmement aise que vous ne soyez plus du parlement, du moins vous en serez quitte pour l'agitation de l'esprit (et c'est encore beaucoup trop), mais vous n'aurez pas du moins la fatigue du corps.

Quelque intérêt que nous autres puissions prendre à la chose publique, il est d'un autre genre que chez vous, nous ne savons les événements que quand ils sont arrivés, et quand on[4] a prononcé *tel est notre bon plaisir* on obéit, et si l'on murmure, c'est tout bas.

Ah! mon Dieu, que je voudrais que vous pussiez lire un manuscrit qu'on m'a prêté.[5] Vous souvenez-vous de la joie que vous eûtes

obviously did not want it to be read by the postal officials.

3. Robert Walpole.

4. D refers to Louis XV.

5. Saint-Simon's *Mémoires* (see *ante* 5 Nov. 1770).

quand je vous dis que j'avais vu Mme de Coulanges,[6] quel plaisir vous vous promettiez de tout ce que je pourrais vous en dire? vraiment, vraiment, ceci est bien autre chose, j'aurais bien le projet d'en transcrire quelques faits curieux, mais ils le sont presque tous, et je serais dans l'embarras du choix.

Je ne sais quand notre ambassadeur partira, ce sera quand vous ferez partir le vôtre,[7] ainsi vous êtes pour le moins aussi savant que moi. Je suis bien aise que ses bagages aient pris les devants.

Si je reçois tantôt une lettre de vous j'ajouterai à celle-ci, sinon, adieu.

Je vous prie de faire tenir cette lettre à Mme Cholmondeley, qui est arrivée ici après son départ.

To Madame du Deffand, Thursday
15 November 1770, N° 70

Missing. Written at Arlington Street. Answered, 25 Nov.

To Madame du Deffand, Tuesday
20 November 1770, N° 71

Missing. Written at Arlington Street. Answered, 25 Nov.

From Madame du Deffand, Wednesday
21 November 1770

N° 65. Ce mercredi, 21 novembre, à 8 heures du matin.

RIEN n'est si irrégulier que la poste. Elle n'arrive souvent que le lundi; alors il n'est plus temps de répondre; c'est la dernière aventure. Vous m'annoncez dans votre dernière lettre, de mardi 13, que vous m'écrirez le vendredi 16; c'est ce que je ne saurai qu'à trois heures après midi, et comme alors je ne serai pas seule, je me détermine à vous écrire actuellement, et à ne répondre à cette lettre du 16

6. See *post* 27 Jan. 1775, and *ante* 29 April 1768.

7. 'Lord Harcourt, who set out yesterday for France, and Count de Guines, ambassador from thence, are expected to meet at Calais this day' (*London Chronicle* xxviii. 458, 10 Nov. 1770). The Comte de Guines did not reach London until 27 Nov. (ibid. xxviii. 518, 29 Nov. 1770).

(si en effet je la reçois) que par un nommé M. Liston,[1] qui doit retourner à Londres jeudi ou vendredi. Je vous enverrai par lui une
nouvelle traduction de Suétone,[2] faite par l'ordre du grand-papa;
vous serez content de l'épître dédicatoire, médiocrement du discours
préliminaire; mais pour le reste, je n'en sais rien, n'en ayant lu que
cinq ou six pages. Je ne peux pas lire présentement l'*Histoire de
Malte*;[3] je me suis enfoncée depuis deux mois dans la *Vie de Louis
XIII*, par Le Vassor, dont il y a vingt-trois volumes: j'en suis au quin-
zième, et j'aurai la persévérance d'aller jusqu'à la fin. Comme il y a des
sommaires marginaux qui m'avertissent de quoi il va être question,
je passe tout ce qui ne m'intéresserait pas, et je ne lis guère que les
intrigues et les manèges de la cour, qui m'amusent infiniment. Cet
auteur me plaît; il dit ce qu'il pense avec franchise et audace; son
style est dans le goût des *Mémoires* de Mademoiselle,[4] et j'aime bien
mieux cette manière que celle des beaux diseurs. De plus, nous
faisons une lecture l'après-dîner: les *Mémoires* de M. de Saint-Simon,
où il m'est impossible de ne vous pas regretter: vous auriez des
plaisirs indicibles; ajoutez les gazettes, des traductions de vos papiers
anglais que je reçois une ou deux fois la semaine, le *Journal encyclopédique*; voyez si je puis entreprendre d'autres lectures! Je résiste
avec peine à celle que vous me conseillez; j'ai beaucoup de respect
pour votre goût; mais n'y a-t-il point bien des guerres dans l'*Histoire
de Malte?* y démêle-t-on les intrigues, les manèges? C'est ce que j'aime
dans les histoires, et ce qui est charmant dans Le Vassor, et qui me
fait voir que dans les choses qui se passent journellement on n'en
démêle point la vérité, on ne voit point le dessous des cartes, et bien
moins chez nous que chez vous. C'est à vous à m'apprendre s'il y
aura guerre[5] ou non; nous sommes très contents de la réponse d'Espagne.[6] Reste à savoir si vous le serez: tout ce que je puis vous dire,

---

1. Robert Liston (1742–1836), K.B. 1816,
diplomatist. At this time he was tutor to
Gilbert and Hugh Elliot. HW had met him
in Paris, 1765–6 (*Paris Jour.*).

2. La Harpe, *Les Douze Césars, traduits
du latin de Suétone*, 1770, dedicated to the
Duc de Choiseul, and preceded by a 'discours préliminaire' by La Harpe.

3. See *ante* 13 Nov. 1770.

4. The *Mémoires* of Anne-Marie-Louise
de Bourbon d'Orléans (1627–93), Duchesse
de Montpensier; they were first published
in 1729.

5. England and Spain were on the verge
of war over the Falkland Islands, where the
English garrison had been expelled by a
Spanish expedition. France was in sym-
pathy with Spain, and the Duc de Choiseul
evidently thought that his position would
be strengthened by involving France in a
naval war with England. (See *ante* 2 Oct.
1770, and 13 Nov. 1770).

6. Spain had made no definite reply to
England at this time; the ambassador at
London said that he must await the return
of another courier from Madrid before
beginning negotiations (*London Chronicle*
xxviii. 506, 26 Nov. 1770). Eventually, the
Spanish government disavowed the seizure
of the Falkland Islands.

c'est que M. de Guines est parti cette nuit; je le trouvai hier au soir chez la grand'maman, et il écrivit de sa main le nom des personnes à qui nous voulons qu'il distribue nos compliments; je le connais fort peu; mais il me paraît assez aimable.

Il y a dans votre lettre[7] une phrase où vous vous êtes mépris, du moins je m'en flatte, la voici:

'Le courrier d'Espagne doit nous apporter ou la paix ou la guerre, j'espère bien que ce sera la dernière.'

Est-ce en effet ce que vous pensez? Dois-je le croire? Vous ne m'avez rien dit sur la lettre de M. de l'Isle,[8] est-ce que vous ne l'avez pas trouvée jolie? Vous ne m'avez pas non plus parlé du réquisitoire de M. Séguier. Mais c'était dans le temps de vos colères; actuellement qu'elles me paraissent passées dites m'en un mot, je vous supplie. Je vous écrirai par M. Liston en réponse à votre lettre de vendredi[9] que je recevrai aujourd'hui si vous l'avez écrite, et si vous ne l'avez pas écrite je ne laisserai pas de vous écrire encore. Mais pour aujourd'hui voilà qui est fini, vous n'aurez rien de plus, et vous pensez qu'en voilà bien assez. Adieu. Ah! j'oubliais de vous parler de votre Princesse russe;[10] j'ai, ainsi que vous, curiosité de la voir. Je voudrais que la grand'maman lui donnât à souper; le grand-papa l'y a exhortée; et comme elle est brouillée avec sa souveraine,[11] c'est une raison pour qu'elle n'ait pas d'éloignement à faire connaissance avec mes parents, qui ne sont pas ses amis intimes.

À 7 heures du soir.

Il n'y a point de courrier, ainsi point de lettres.

From MADAME DU DEFFAND, Friday 23 November 1770

Nº 65. Ce vendredi 23 novembre 1770.

VOUS saurez que la poste, qui, quand tout va bien, arrive le mardi, n'est point encore arrivée; j'en suis fâchée, vous m'aviez annoncé une lettre à laquelle je comptais répondre par un nommé

7. *Ante* 13 Nov. 1770.

8. The Chevalier de l'Isle to D 24 Sept. 1770, enclosed by D in *ante* 2 Oct. 1770 (see Appendix 34).

9. HW to D 15 Nov. 1770 (missing), written on Thursday, though D evidently expected it to be written, or sent, on Friday, 16 Nov.

10. Catherine Romanovna Voronzov (1744–1810), Princess Dashkov. She had been visiting England (see HW to Mann 12 Nov. 1770), and apparently went to France afterwards. Diderot (*Sur la Princesse Dashkoff*, 1770, in Denis Diderot, *Œuvres*, 1875–7, xvii. 491) describes an argument between her and Robert Walpole.

11. Catherine the Great of Russia.

M. Liston, qui part cet après-dîner pour Londres, et qui vous rendra celle-ci. Il vous porte le Suétone[1] dont je vous ai parlé, et que j'imagine que vous ne lirez point. J'espère recevoir une lettre cet après-dîner, et j'y répondrai dimanche. Vous vous trouverez accablé de mes lettres, mais n'ayez point d'appréhension pour l'avenir, c'est un hasard qui ne se tournera pas en habitude.

Je crains de toucher au moment de perdre le Président, je pourrai bien dimanche vous apprendre cette triste nouvelle. Elle m'affligera sans doute, mais je n'en serai pas inconsolable; il y a plus de quatre mois qu'il ne restait plus de lui que sa représentation, et il y a plus de six ans que j'étais détrompée sur son amitié,[2] mais c'est toujours une perte qu'une ancienne habitude. Il en résultera quelque changement dans ma vie, il faudra que je m'arrange à souper tous les jours chez moi et à m'assurer d'y avoir compagnie, je m'accoutumerais difficilement à passer les soirées seule; quand la grand'maman est à Paris je suis à l'abri de cet inconvénient, mais elle n'y est pas toujours. Je travaille fortement à faire avoir une pension à mon professeur,[3] ce sera n'être pas seule, il me servira de tiers avec la Sanadona, et la Sanadona de tiers avec lui; le tête-à-tête avec ces deux personnes serait un peu trop froid et trop languissant. Je vous inspire un grand mépris de ne pas savoir être seule, mais songez que je n'ai ni votre esprit, ni vos talents, ni vos yeux. En récompense j'ai vingt et tant d'années plus que vous, et une disposition à la mélancolie dont il n'y a que l'occupation et la dissipation qui puissent me tirer.

Il paraît une brochure qui a pour titre *Testament de M. de Voltaire*,[4] je n'ose vous l'envoyer, je craindrais qu'elle ne vous ennuyât; il y a du bon et du mauvais, il y est parlé de beaucoup de gens dont il n'y a que la lettre initiale de leur nom, ce qui le rendrait obscur pour vous; je serai toujours à portée de vous l'envoyer si vous en êtes curieux.

Je ne vous parlerai point ni de la paix ni de la guerre, c'est une loi que je me suis imposée. Je laisserai à l'avenir à votre pénétration de deviner tout ce que je pense.

J'écris par ce M. Liston à Mme Elliot sur le sujet du fils de Mme Dumont; il voudrait être page de Madame la Comtesse de Provence,

1. La Harpe's *Douze Césars*.

2. The Président had refused to break his friendship with Mlle de Lespinasse after her rupture with D in 1764.

3. Abbé Sigorgne.

4. Jean-Henri Marchand (d. ca 1785), *Testament politique de M. de V——*, Genève, 1770.

il en coûterait douze cents francs pour l'y faire entrer, et cinq cents francs par an pour l'y entretenir; au bout de trois ans il faudrait obtenir un emploi dans le service, ce qui serait fort difficile, et la même somme pour l'y soutenir. Je prie Mme Elliot de persuader sa mère de le faire venir auprès d'elle, de le mettre en apprentissage chez quelque ouvrier ou marchand, de lui promettre que je contribuerai aux frais qu'il faudra faire, mais qu'il est à propos qu'elle l'ait sous ses yeux et ne le laisse pas à Paris sans soutien et sans personne qui veille à sa conduite; ce petit garçon est un fat et un fainéant, et malgré l'amitié que j'ai pour sa mère, je suis très décidée à ne m'en point charger. Si j'osais je vous supplierais de l'envoyer chercher et de tâcher de lui faire entendre raison. Je vous demande pardon de l'énormité de cette lettre, supportez-là comme une marque de ma confiance.

From Madame du Deffand, Sunday 25 November 1770

Paris, ce dimanche 25 novembre 1770.

CE que je vous annonçais dans ma dernière lettre (qu'un M. Liston a dû vous rendre) est arrivé. Le Président mourut hier à sept heures du matin.[1] Je l'avais jugé à l'agonie dès le mercredi; il n'avait ce jour-là, ni n'a eu depuis, ni souffrance ni connaissance; jamais fin n'a été plus douce, il s'est éteint. Mme de Jonzac en a paru d'une douleur extrême; la mienne est plus modérée. J'avais tant de preuves de son peu d'amitié, que je crois n'avoir perdu qu'une connaissance; cependant, comme cette connaissance était fort ancienne et que tout le monde nous croyait intimes (excepté peu de personnes qui savent quelques-uns des sujets dont j'avais à me plaindre),

---

1. The death of the Président Hénault is thus mentioned in the news of the day: '24 Novembre 1770, le Président Hénault, surintendant de la maison de Mme la Dauphine, membre de l'Académie française et celle des inscriptions, vient de mourir ce soir, après avoir lutté contre la mort depuis plusieurs années, âgé de plus de quatre-vingt-six ans. Tout le monde connaît son *Abrégé chronologique de l'histoire de la France*, qui lui a fait tant de réputation, loué tour à tour et denigré outre mesure par M. de Voltaire, qui ne méritait ni tant de célébrité ni une critique si amère. Il était forte riche; sa table était ouverte à tous les gens de lettres ses confrères, et surtout aux académicians. Il n'était pas moins fameux par son cuisinier, que par ses ouvrages. Le premier passait pour le plus grand Apicius de Paris, et tout le monde connaît la singulière épître du philosophe de Ferney à ce Lucullus moderne, qui débute ainsi:

"Hénault fameux par vos soupers
Et votre Chronologie," etc.'

(B, quoting Louis Petit de Bachaumont, *Mémoires secrets*, Londres, 1784–9, v. 193.)

je reçois des compliments de toutes parts. Il ne tient qu'à moi de croire qu'on m'aime beaucoup; mais j'ai renoncé aux pompes et aux vanités de ce monde, et vous avez fait de moi une prosélyte parfaite; j'ai tout votre scepticisme sur l'amitié, cependant j'ai peine à l'étendre sur la grand'maman. Il serait difficile de vous faire entendre quels sont ses procédés pour moi; et quelque disposée que je sois à la méfiance, j'ai peine à la soupçonner d'indifférence, et j'aurais bien plus de peine encore à en avoir pour elle. Je ne verrai pendant plusieurs jours que les personnes qui seraient scandalisées si je ne les recevais pas, et jusqu'à jeudi, que la grand'maman va à Versailles, je ne souperai que chez elle. M. de Jonzac vint hier chez moi très poliment; il me rendit compte du testament: il n'y a que des legs pour ses parents, pour ses domestiques; il ne dit pas un mot d'aucun de ses amis.[2] Je savais que Mme de Jonzac avait absolument exigé de lui de ne lui faire aucun legs particulier, ne voulant pas, m'avait-elle dit, qu'on pût concevoir le moindre soupçon que les soins qu'elle lui avait rendus eussent pour objet l'intérêt; il lui laisse seulement tous ses manuscrits, en parlant de sa reconnaissance et en faisant son éloge. Elle est aux Filles Sainte-Marie de Chaillot[3] pour quelques jours; elle y avait loué un appartement depuis six mois. Cette femme a beaucoup de conduite, parce qu'elle a beaucoup de raison et de courage. Elle a un mari affreux, elle prévoit tout ce qu'elle peut en avoir à craindre, et depuis six ans qu'elle vivait avec le Président, elle a eu pour objet de s'assurer un état tranquille après sa mort. Ce couvent lui deviendra un asile contre les humeurs de son mari, et lui sauvera toutes sortes d'éclats; elle s'y retirera sous prétexte de retraite, quand elle aura à en craindre; elle est séparée de biens, et elle jouira d'un revenu assez honnête. Elle est la première créancière de son mari; ainsi toutes les avances qu'elle a faites pour lui lui vont être rendues; elle est fort contente de mes procédés, et je compte que nous serons toujours très bien ensemble.

Ce que vous a rapporté votre nièce est la conclusion de tout ce qui s'est passé entre nous. Hélas! vous avez raison de croire que notre paix ne sera pas imperturbable, s'il y a lieu de craindre de votre part

2. Voltaire resented Hénault's neglect of D in his will (see Voltaire to D 16 Dec. 1770, Voltaire, Œuvres xlvii. 286). 'Lucien Perey' [Clara-Adèle-Luce Herpin], *Le Président Hénault et Mme du Deffand*, 1893, p. 488, says that an annuity to D is listed in the inventory of Hénault's estate; this, however, is certainly the annuity which D had placed on Hénault (see *ante* 8 March 1770, and Appendix 2).

3. The convent of the Visitation de Sainte-Marie, at Chaillot, west of Paris (*Dict. de Paris*).

des querelles aussi peu fondées que l'était la dernière. Mais si j'étais assez heureuse d'en être à l'abri tant que je n'y donnerais pas lieu, je serais, je vous assure, extrêmement tranquille.

Votre nièce ne m'a point encore écrit, je n'en suis point surprise, elle est présentement trop occupée.

Quand vous recevrez cette lettre, vous en aurez reçu deux ou trois autres tout de suite, et j'ai bien plus à craindre que vous ne vous plaigniez de mon exactitude que de mes négligences. Je vous manderai toutes les nouvelles qui pourront vous amuser. Je vous viens de faire un détail qui vous paraîtra peut-être bien long et bien ennuyeux, mais c'est ce qui m'occupe présentement; d'autres objets y succéderont.

Je vous remercie des détails que vous voulez bien me faire sur votre santé, c'est ce qui m'intéresse le plus.

Si vous voyez M. Craufurd, dites-lui, je vous prie, que je lui écrirai[4] par l'ordinaire prochain, actuellement je n'en ai pas le temps.

Cette bague dont vous me remerciez, et qui vous fait plaisir, est un présent que Mme Cholmondeley me fit la veille de son départ, et comme je lui représentai que je n'avais pas des mains à porter des bagues, elle me dit que j'en ferais l'usage que je voudrais. Je compris que c'était un fidéi commis et qu'elle voulait qu'elle passât par moi, pour vous la faire recevoir.

To Madame du Deffand, Tuesday 27 November 1770, N° 72

Fragment, B ii. 106 n. Written at Arlington Street. Answered, 2 Dec.

J'AI lu l'épître dédicatoire,[1] le discours préliminaire et les observations sur chaque César. Pardonnez si excepté la dernière phrase,[2] je trouve la dédicace assez commune. Le discours me plaît comme ça—ses jugements me paraissent assez justes. Pour les observations elles valent peu, et ne contiennent que des critiques d'un M. Linguet,[3] qui malgré M. de la Harpe, me paraît par les citations mêmes (car je ne l'ai jamais lu) n'avoir pas toujours tort.

4. D wrote to Craufurd, 26 Nov. 1770, S–A i. 293.

———

1. HW refers to La Harpe's translation of Suetonius (see *ante* 21 Nov. 1770).

2. 'Le génie, dans tout ce qu'il entreprend de grand et de beau, ne peut être jugé que par des siècles.'

3. Simon-Nicolas-Henri Linguet, who had written *L'Histoire des révolutions de*

From MADAME DU DEFFAND, Sunday 2 December 1770

N° 67. Ce dimanche 2 décembre 1770.

APPAREMMENT vous n'aviez pas encore reçu la nouvelle de la mort du Président, le 27, qui est la dernière date de votre lettre, car sans doute vous m'en auriez dit un mot, et vous auriez répondu aussi à ce que je vous mandais de Mme Dumont. Je suis aussi un peu étonnée de ce que vous ne me parlez point du tout de Mme Cholmondeley, elle ne m'a pas écrit depuis son depart, je n'ai reçu qu'un billet de sa fille le lendemain de son arrivée; mes femmes[1] sont dans la plus vive inquiétude de tout ce qu'elle a emporté, elles croient que tout aura été saisi à la douane. Elle leur avait promis de leur faire savoir ce qui en serait, elles me demandent sans cesse si je n'en ai rien appris; si vous pouvez satisfaire leur curiosité vous me ferez plaisir.

On parle ici de guerre tout autant qu'à Londres; mais nous prétendons que ce ne sera ni notre faute ni celle d'Espagne, qui consent, dit-on, à tout ce qu'on exige. Vous êtes fort heureux d'avoir acquis une si belle indifférence; c'est effectivement un très grand bonheur.

Il n'y aura point cet hiver de spectacles à la cour, il y aura seulement de petits bals tous les lundis chez Madame la Dauphine; il n'y a qu'une voix sur elle; elle grandit, elle embellit, elle est charmante. La grand'maman est actuellement à Versailles; j'espérais qu'elle reviendrait demain, mais on m'a dit qu'elle pourrait bien y passer la semaine. Cela me fâche; j'aime à passer les soirées chez elle. Hier je soupai chez moi avec Mmes de Mirepoix, d'Aiguillon et de Boufflers. Je vois assez de monde. Mes connaissances ont assez d'attentions. Je suis rarement seule.

Je continue la lecture de Le Vassor; j'en suis toujours contente; je voudrais qu'on pût le rédiger, et que des vingt-trois volumes on le réduisît à six ou sept. Je ne me soucie pas de Louis XIII, mais je m'intéresse aux événements de son règne; on y voit le dessous des cartes de tout ce qui se passait, et le style de l'auteur me plaît infiniment; il doit paraître trop simple et trop ingénu aux beaux esprits; mais il est tel que le peuvent désirer les amateurs de la vérité. On l'accuse d'être partial, et c'est ce que je ne trouve point; il l'est cer-

---

l'empire romain depuis Auguste jusqu'à Constantin, 1766–8, which was a continuation of Vertot's Révolutions romaines. La Harpe, in the 'Discours préliminaire' to his translation of Suetonius, speaks of Linguet as 'l'auteur des Révolutions de l'empire romain, qui prodigue aisément le blâme et le mépris.'

---

1. D's women servants were Mlle Couty, Mlle Devreux and Toinette (D's Journal).

tainement entre le vice et la vertu; il loue les honnêtes gens, et tombe à cartouche sur les fripons et les scélérats; en un mot, il dit ce qu'il pense, et n'écrit point pour se faire admirer. La vérité est une chose si charmante, qu'elle ne cesse point de plaire, quand bien même elle offense.

J'ai envoyé au petit Craufurd une épître de Voltaire au Roi de la Chine;[2] je lui ai recommandé de vous la montrer.

Nous avons ici force chansons et épigrammes; il y en a d'assez jolies; mais ce n'est pas gibier de poste; si je trouve quelque occasion, vous les aurez.

Les *Mémoires* de Saint-Simon m'amusent toujours, et comme j'aime à les lire en compagnie, cette lecture durera longtemps. Elle vous amuserait, quoique le style en soit abominable, les portraits mal faits; l'auteur n'était point un homme d'esprit; mais comme il était au fait de tout, les choses qu'il raconte sont curieuses et intéressantes; je voudrais fort pouvoir vous procurer cette lecture.

Nous avons deux places vacantes[3] à l'Académie, il ne m'importe par qui elles seront remplies. Je ne sais rien de plus. Adieu.

To Madame du Deffand, Tuesday 4 December 1770, N° 73

Missing. Probably written at Arlington Street. Answered, 12 Dec.

To Madame du Deffand, Tuesday 11 December 1770, N° 74

Two fragments: B ii. 115 n. and a phrase quoted by D *post* 17 Dec. 1770. Probably written at Arlington Street.

JE me rapporte à votre goût[1] quant au style de M. de St-Simon, que M. Durand[2] m'avait extrêmement vanté. Cela rabattrait beaucoup de mon approbation sans diminuer ma curiosité. Non qu'un homme sans esprit peut donner le véritable intérêt même à

2. 'Je vous envoie l'épître de Voltaire au roi de la Chine; vous la montrerez à M. Walpole' (D to Craufurd 26 Nov. 1770, S–A i. 294). The emperor to whom the *Épître* is addressed was K'ien Lung (1710–99).

3. Those of Président Hénault and of François-Augustin Paradis de Moncrif (d. 19 Nov. 1770). The former was succeeded

by the Prince de Beauvau, 21 March 1771, and the latter by Jean-Armand de Bessué-jouls (1721–1818), Comte de Roquelaure, Bishop of Senlis, who was received 4 March 1771 (*Lalanne*, and NBG).

1. See *ante* 2 Dec. 1770.

2. Probably François-Marie Durand de Distroff, formerly chargé d'affaires at the

des anecdotes, qu'il doit avoir envisagées grossièrement, et sans démêler les caractères. Un fait, un événement raconté crûment par un homme sans génie, n'est jamais exactement vrai. Il ne saisit pas les nuances essentielles; les petites circonstances qu'il aura ramassées ne sont point celles qui auraient donné le coloris à ce qui vient d'arriver. Il peut être minutieux sans être exact. C'est le choix des riens qui marque l'entendement. Si le Roi de Prusse dit des riens à un conseiller de la diète, c'est parce qu'il n'a pas d'autre chose à lui dire. S'il dit la même chose à un ambassadeur de France, c'est qu'il ne *veut* pas lui dire autre chose. On peut relever le dernier cas, mais non pas le premier. Voilà pourquoi je n'aime pas Tite-Live.[3] Qu'apprend-on à des centaines de harangues qui ne sont jamais prononcées, et frappées toutes au même coin? Des généraux sauvages dans les siècles barbares, ont-ils parlé *tutti quanti* comme Cicéron? Tous ont-ils eu le même style? Ce sont des grandes puérilités que tous ces essais-là. La conséquence est, que tous ces consuls et ces dictateurs se ressemblent, preuve que Tite-Live en avait fort peu de connaissance.[4]

. . . magnificences dont elle m'aurait dispensée.[5]

From Madame du Deffand, Wednesday 12 December 1770

Nº 68. Paris, ce mercredi 12 décembre 1770.

JE ne crains point de vous faire l'aveu que je regrette fort peu le Président, il avait si mal reconnu ma franchise et mon attachement que je n'avais plus pour lui ni estime ni amitié. Les soins que je lui rendais assidûment étaient devenus une gêne; comme il se couchait tous les jours à huit ou neuf heures je ne soupais plus que très rarement chez lui. Cependant, comme vous le dites, c'était une ressource pour les jours où je n'avais rien à faire, mais la compagnie était si plate et si ennuyeuse, qu'ennui pour ennui, autant vaut la Sanadona et le professeur. L'habitude a bien du pouvoir, je suis presque parvenue à faire de tout une lanterne magique;[1] un objet

French embassy in London (*ante* 11 Sept. 1766).

3. See HW to Mann 22 Jan. 1742.

4. The last clause is in B's MS note, but was omitted from her printed footnote.

5. HW had probably written 'vous' instead of 'm,' but D quotes thus. 'Elle' was Mrs Cholmondeley.

1. See *ante* 21 May 1766, n. 5.

paraît, un autre lui succède, l'un est un peu plus ou un peu moins agréable que l'autre, je les vois tous sans attache, sans prédilection, sans désir d'en fixer aucun. Applaudissez-vous de cet heureux changement, il est votre ouvrage, tirez-en la conséquence que vous n'avez plus rien à craindre de moi.

Les bruits sur la paix et la guerre sont ici tout comme chez vous.

Les affaires du parlement[2] sont ce qui occupent le plus dans le moment présent, mais ce n'est point matière à lettre; s'il se présente quelque occasion je vous dirai ce que j'en sais et ce que j'en pense. Tout ce que je puis vous dire aujourd'hui, c'est que mes parents ont la paix de la bonne conscience et sont tout aussi gais qu'à l'ordinaire; je les vois souvent et je ne les importune point de ce qui me regarde, je suis d'un âge à ne me plus inquiéter de l'avenir, c'est un emplâtre que j'applique à tous les maux.

Je vois très souvent Mme de Mirepoix *avec privilège et approbation,*[3] je suis aussi fort bien avec les Beauvau et je jouis du bonheur de n'être suspecte à personne. Je ne sors jamais avant neuf heures, je me livre à la paresse et je m'en trouve bien; l'activité est un ridicule quand on est vieille. J'ai quelquefois, je l'avoue, besoin de me rappeler, la plupart des gens que je vois évitant de m'en faire souvenir. Si j'avais des livres qui pussent m'amuser je mènerais une vie assez douce, mais comme je passe des nuits entières sans dormir, je suis à bout de lecture, presque toutes m'ennuient.

Je reçus hier une lettre de votre nièce en même temps que la vôtre,[4] j'aurais dû les recevoir dimanche, mais elles eurent le vent contraire. Votre nièce me mande qu'elle ne m'avait pas écrit plus tôt parce que sa maison est pleine de monde depuis le moment qu'elle se lève jusqu'au moment qu'elle se couche. Sa lettre est très naturelle, et elle m'a fait beaucoup de plaisir en m'apprenant que vous vous portez à merveille, et qu'elle ne vous a jamais vu si bon visage.

Le récit que vous me faites des visites de la pauvre Dumont m'a attendrie, mais c'est une chimère que l'espoir d'une place de page,[5] il

---

2. The King issued an edict, 7 Dec. 1770, and appeared that day at a *lit de justice,* at which Séguier's requisition was registered, and the parliament was reprimanded. The parliament, in revenge, suspended the administration of justice, and was finally abolished by the King after Choiseul's disgrace, 24 Dec. 1770 (*Mercure historique* clxx. 76–115, Jan. 1771).

3. The title-page of the *Mercure de France* has the imprint 'Avec approbation et privilège du Roi.'

4. HW to D 4 Dec. 1770 (missing).

5. Mme Dumont's son wanted to be a page to the Comtesse de Provence (see *ante* 23 Nov. 1770).

n'aurait pas les titres qu'il faut, et quand il les aurait, et qu'il aurait aussi l'argent qu'il faudrait pour s'y soutenir, qui est-ce qui veillerait à sa conduite? il n'aime que la fainéantise, il est sot et orgueilleux; que deviendrait-il en sortant de chez la Princesse? un vagabond, un vaurien. Son père, qu'on croyait perdu, est de retour, il a été aux grandes Indes, je le crois à Sèvres présentement chez le frère de Mme Dumont, où est son fils. Il a écrit à Wiart en arrivant à Paris pour lui demander des nouvelles de sa femme et de son fils. Wiart l'en a instruit, et on n'en a pas entendu parler depuis. Je consentirais volontiers, je le répète, à aider sa mère si cela est nécessaire, mais pour me charger de la fortune du petit garçon, c'est ce que je ne puis faire; la mère a été trois ans à mon service, elle voulut suivre son mari à Cayenne,[6] à son retour je l'ai placée chez les Elliot, je fis avoir un emploi à son mari, et son fils fut placé chez M. de Durfort, je ne peux rien faire de plus. Je suis cependant fâchée de la douleur de sa mère, dites-moi si je puis faire quelque chose, j'ai une confiance totale en vous, et jamais vous ne me donnerez aucun avis que je ne le suive aveuglément.

Je suis extrêmement aise que vous soyez content de M. de Guines. Je dis hier au grand-papa ce que vous m'en aviez mandé, il en fut content et point surpris, et il me dit que l'ambassadeur de son côté lui avait écrit que tout ce qu'il avait vu lui plaisait fort, que toute sa crainte était de ne pas rester longtemps chez vous, qu'il aurait du regret à ne pas connaître plus particulièrement une nation qui lui semblait fort estimable, et il ajouta qu'il était bien sûr que le choix qu'il avait fait vous serait plus agréable que celui qui l'avait précédé.

Je souperai demain pour la première fois chez Mme de Jonzac, je n'ai pas pu y aller plus tôt; je compte conserver beaucoup de liaison avec elle, c'est une honnête femme; sa dévotion, et un peu d'air qu'elle attache à la considération, ne m'empêcheront pas de la rechercher et d'être bien aise de la voir.

Je trouve que vous jugez fort bien La Harpe, je n'ai lu que les quatre premiers empereurs,[7] parce que je voulais finir Le Vassor; je vais reprendre La Harpe, après quoi je lirai l'*Histoire de Malte* par obéissance et déférence à votre goût.

---

6. Dumont had evidently been one of the colonists sent to French Guiana in 1763 by the Duc de Choiseul. Most of them died immediately.

7. The first four Cæsars in La Harpe's *Douze Césars,* translated from Suetonius.

Vous aurez par la première occasion le *Testament de Voltaire*. Il est d'un nommé Marchand, vous en serez médiocrement content. M. Craufurd vous a-t-il montré l'*Épître au Roi de la Chine?*

From Madame du Deffand, Friday 14 December 1770

Paris, ce 14 décembre 1770.

JE profite d'une occasion sûre pour vous apprendre tout ce qui nous regarde; vous en savez sans doute une partie par les gazettes. L'édit du Roi, le refus de l'enregistrement, le lit de justice à Versailles, les protestations que le Parlement arrêta contre tout ce qui s'y passerait.[1] Vous verrez tout ce qui s'y est passé par le procès-verbal que je vous envoie; il n'y eut rien le samedi et le dimanche à cause des fêtes. Lundi matin 10, assemblée, arrêté que le premier Président[2] partirait sur-le-champ, porterait au Roi les représentations pour qu'il retirât son édit,[3] ou du moins le préambule;[4] que, s'il le refusait, le Parlement d'une voix unanime se démettrait de leurs charges et offrirait leurs têtes. Le Roi lui fit cette réponse:[5] *Rien ne prouve mieux la nécessité de ma loi, que la résistance que vous apportez à son exécution; reprenez vos fonctions, je vous l'ordonne.*

Ceci se passa mercredi, 12 de ce mois. Le soir, nouvelle assemblée, nouveau message du premier Président vers le Roi, même réponse et ordre au premier Président de ne plus paraître, et au Parlement d'obéir. Voilà où nous en sommes; ce qui s'ensuivra, je l'ignore. Il me semble difficile que tous nos ministres se maintiennent. La division est trop forte et trop déclarée: quel est celui qui sera la victime? dites-le-moi, si vous le savez. On n'a point encore envoyé cet édit aux autres Parlements. La Bretagne est plus troublée que jamais, depuis l'emprisonnement d'un nommé le Marquis Duzel,[6] accusé d'avoir fait

1. See *Mercure historique* clxx. 76–95, 1 Jan. 1771.
2. Étienne-François d'Aligre.
3. Of 7 Dec.
4. See *Mercure historique* clxx. 76–82, Jan. 1770.
5. 'Rien ne prouve mieux la nécessité de ma loi, que la conduite actuelle de mon parlement, je lui ordonne de reprendre ses fonctions' (MS copy by Wiart, dated 13 Dec. 1770, in D's bequest to HW). This is

followed by the remonstrance of the parliament, 13 Dec. 1770, which is to be found also in *Mercure historique* clxx. 95–8.
6. D is perhaps thinking of Marc-Antoine, Marquis d'Ussel. The author of the libel was M. Dusel des Monts. 'Une autre réponse à l'ouvrage du sieur Linguet, faite par un particulier, qu'on croit être M. Dusel des Monts, ce qui lui avait attiré son enlèvement et sa prison, a été condamné au feu, le 3, par un arrêt du

un libelle contre le pacha d'Aiguillon,[7] et du libraire[8] qui l'a imprimé. Joignez à tout cela les bruits de guerre qui se soutiennent. Mais voici comme nous nous en dépiquons, par des chansons, par des épigrammes;[9] ne les montrez qu'à vos amis particuliers, parce qu'on soupçonnerait avec vraisemblance que vous les avez par moi. Les chansons sont un peu obscènes,[10] mais l'épigramme[11] est jolie. *Peloter en attendant partie*[12] est une expression des joueurs de paume; on en fait souvent l'application en différentes occasions.

Ceci n'est point une lettre. Accusez-moi la réception de ce paquet.

J'ai toujours oublié de vous dire que M. d'Éon est une femme.[13] Cela passe pour constant.

From MADAME DU DEFFAND, Monday 17 December 1770

Nº 69. Ce lundi 17 décembre 1770.

JE ne vous ai point écrit par la poste d'aujourd'hui, parce que je ne veux point vous accabler de lettres; vous en recevrez une de jeudi 13, et puis un petit billet[1] qui accompagne le *Testament de Voltaire*. Malgré les assurances que vous me donnez que mes lettres vous font plaisir, je ne perdrai plus jamais la retenue et la réserve qu'il me convient d'avoir. On dit qu'il faut juger des autres par soi-même, et moi je dis qu'il n'y a point de règle qui n'ait son exception; on courrait souvent le risque d'être fort indiscret et fort importun, si l'on en usait avec les autres comme on serait bien aise qu'ils en usassent avec nous.

parlement de Rennes, comme injurieux à plusieurs membres des États, et contenant des faits hasardés et calomnieux' (ibid. clxx. 105, Jan. 1771).

7. *Réponse au grand mémoire de M. le Duc d'Aiguillon* (B).

8. Not identified.

9. These verses were not found with the MS of D's letter, but in D's bequest to HW are several poems dealing with the events of this month.

10. D probably refers to the song beginning 'Le Roi dans son conseil dernier,' and the reply to it, beginning 'Le chancelier lui repondit.' A copy of these songs, in Wiart's hand, is in D's bequest to HW. It is dated 1770 by HW, and two

blank spaces have been filled in, by HW, with the improper words. See Appendix 35.

11. *Épigramme sur M. d'Aiguillon*, copied by Wiart on the same sheet with the songs mentioned above. See Appendix 36.

12. 'Je pelotais en attendant partie' (Appendix 36). HW has written, below this, 'terme du jeu de paume.'

13. Charles-Geneviève-Louis-Auguste-André-Timothée de Beaumont (1728–1810), Chevalier d'Éon. Rumours to this effect had been in circulation in London (where he then was) for some months. A *post mortem* proved him to be a man.

————

1. *Ante* 14 Dec. 1770.

Oui, j'ai reçu des nouvelles de madame votre nièce; elle écrit à merveille, c'est-à-dire sans prétention et d'un naturel parfait. Je ne sais ce que vous voulez dire de mes *magnificences dont elle m'aurait dispensée;*[2] je n'ai à me reprocher dans aucun genre (et moins dans celui-là que dans tout autre) d'avoir pu blesser sa vanité; elle m'a fait des présents considérables, je n'ai fait nulle difficulté de les recevoir, je n'en ai point été ni fâchée ni humiliée; n'était-il pas convenable qu'il en fût de même d'elle? Mais on éprouve à tous moments la vérité d'un très beau vers de ma façon.[3] Que paille en l'œil du voisin choque plus que poutre au sien:

> *Le monde, chère Agnès, est une étrange chose!*

Il est singulier qu'à mon âge il y ait tant de choses qui me paraissent nouvelles et qui me causent tant de surprise. C'est en vérité dommage qu'il me reste si peu de temps pour en tirer du profit; peut-être n'en tirerai-je pas l'utilité que j'imagine, et si je n'étais pas dupe à certains égards, je le serais à d'autres; je l'ai été jusqu'à présent par trop de confiance, je le deviendrais par trop de méfiance; mais ce qui est[3a] sûr, c'est que j'ai acquis un fonds très profond de mépris pour les hommes; je n'en excepte pas les dames, tout au contraire, je les trouve bien pis que les hommes. Il serait bien doux d'avoir un ami à qui l'on pût confier toutes ses observations, toutes ses remarques, mais il est impossible.

Vous aurez vu par mon billet que nous ne sommes pas dans un état tranquille; je ne sais ce que tout ceci deviendra, mais je ne prévois rien de bon; vous êtes accoutumés chez vous aux divisions, aux factions; vous en êtes quittes pour des changements de décorations: il n'en est pas de même chez nous. La scène est plus tragique. Elle se termine toujours par quelque catastrophe.

Ce mercredi 19.

Je ne sais que penser de la paix ou de la guerre; je tâche d'être comme le sage, préparée à tout événement. Le mois prochain ne se passera pas sans qu'il en arrive d'assez importants pour moi.[4] On serait bien heureux si on pouvait s'abandonner soi-même comme on peut abandonner les autres; mais on est forcément avec soi, et fort

2. See *ante* 11 Dec. 1770.
3. Molière, *École des femmes,* II. vi.
3a. The MS has 'de' after this word.
4. She means the disgrace of the Duc de Choiseul, in which she was not mistaken. It took place on the 24th of the month in which she was writing (B).

peu d'accord avec soi; la raison apprécie la valeur des choses, et la faiblesse en rend dépendante. Si l'on se soumettait à la raison, on se mettrait au-dessus de tout événement, on se détacherait de tout, on se passerait de tout: mais il faudrait avoir du courage. C'est un don qu'on reçoit de la nature et qu'elle ne m'a pas accordé. J'éprouve tous les jours qu'on avait grand tort d'être étonné de l'aveu que faisait Madame la Duchesse du Maine:[5] *Je ne suis point assez heureuse,* disait-elle, *pour pouvoir me passer des choses dont je ne me soucie pas.*[6] J'enchérirais sur elle, et j'ajouterais: de celles que je méprise. Ah! oui, il y a bien des choses que je méprise, et que la crainte de l'ennui me rend nécessaires. C'est un terrible malheur que d'être née sujette à l'ennui, et de ne connaître qu'une seule arme pour le vaincre; quand cette arme manque, on est perdu sans ressource, on ne sait que devenir, on a recours à la dissipation, à la lecture, on ne trouve dans l'une ni dans l'autre rien qui satisfasse ni intéresse. Il y a longtemps que j'ai senti que, pour supporter le malheur d'être née, il faudrait partager les vingt-quatre heures en en donnant vingt-deux au sommeil et deux autres à manger; c'est à peu près ce que font la plupart des animaux.

Avouez que tout ceci vous déplaît beaucoup; mais il faut que vous me permettiez de me laisser aller à vous dire tout ce qui me passe par la tête, sans quoi je ne saurais écrire, ce serait pour moi une gêne d'observer toutes mes paroles.

N'ayez point d'inquiétude sur ce que je crains d'*important* pour moi le mois prochain; ce n'est point un malheur particulier. Bien des gens le partageront; j'y serai plus sensible qu'un autre, parce qu'il influera beaucoup sur l'arrangement de ma vie; je ne crois point tomber dans la fatuité en voulant vous rassurer sur ce qui me regarde. Je me flatte que vous vous y intéressez.

Mes femmes ne sont point satisfaites de Mme Cholmondeley. Elle leur avait promis de leur faire savoir si toutes ses hardes seraient arrivées à bon port, et n'auraient point été saisies, et elle ne m'en dit pas un mot. Il fait un vent effroyable, je remarque qu'il y en a presque toujours les mardis et les mercredis, ce qui retarde le courrier. Adieu.

5. Anne-Louise-Bénédicte de Bourbon (1676–1753) m. (1692) Louis-Auguste de Bourbon, Duc du Maine. See Appendix 5y. A letter from her to D (who spent many summers with the Duchesse at Sceaux) is in D's MS *Recueil de lettres*.

6. See Charles-Jean-François Hénault, *Mémoires,* ed. Rousseau, 1911, p. 132.

To Madame du Deffand, Tuesday
18 December 1770, N° 75

Missing. Written at Arlington Street. Probably answered, 26 Dec.

To Madame du Deffand, Tuesday
25 December 1770, N° 76

Missing. Written at Arlington Street. Answered, 2 Jan.

From Madame du Deffand, Wednesday
26 December 1770

Missing. *Post* 10 Jan. 1771, dates this letter 26–7 Dec. B says: 'It is particularly unlucky that the letter here mentioned is nowhere to be found. It was written on the 27th of December, three days after the disgrace of the Duc de Choiseul, which took place on the 24th, and probably contained every little particular relating to that event.' (note to *post* 2 Jan. 1771).

In this letter, D probably described the party at her apartment to hear Midnight Mass (see Gilly Williams to Selwyn 13 Dec. 1770, John Heneage Jesse, *George Selwyn and his Contemporaries*, 1882, iii. 2).

To Madame du Deffand, Monday
31 December 1770, N° 77

Missing. Written at Strawberry Hill. D says of this letter: 'Je viens de recevoir une lettre de M. Walpole; il serait bien tenté de vous écrire, mais je l'en détournerai. Il est bien persuadé de l'état où je suis' (D to Mme de Choiseul 7–8 Jan. 1771, S–A i. 309). Answered, 9 Jan.